编 委 会

主任：张维迎

编委：

（按姓氏笔画排序）

刘 力	刘 学	庄贵军	张一弛
沈艺峰	汪 涛	武常岐	陆正飞
周春生	范秀成	席酉民	郑振龙
涂 平	徐信忠	梁钧平	符国群
廖泉文			

全美最新工商管理权威教材译丛

Introduction to Management Accounting

管理会计

第14版

查尔斯·T. 亨格瑞（Charles T. Horngren）
加里·L. 森登（Gary L. Sundem）
〔美〕威廉姆·O. 斯特尔顿（William O. Stratton） 著
戴维·博格斯塔勒（David Burgstahler）
杰夫·舒兹伯格（Jeff Schatzberg）

潘 飞 沈红波 译

北京大学出版社
PEKING UNIVERSITY PRESS

北京市版权局著作权登记号　图字：01-2008-1036 号
图书在版编目(CIP)数据

管理会计:第 14 版:翻译版/(美)亨格瑞(Horngren,C. T.)等著;潘飞,沈红波译.—北京:北京大学出版社,2011.1
(全美最新工商管理权威教材译丛)
ISBN 978-7-301-16780-9

Ⅰ.①管… Ⅱ.①亨… ②潘… ③沈… Ⅲ.①管理会计-教材 Ⅳ.①F234.3

中国版本图书馆 CIP 数据核字(2010)第 238509 号

Authorized translation from the English language edition, entitled INTRODUCTION TO MANAGEMENT ACCOUNTING, 14th Edition, 0136129219 by Charles T. Horngren; Gary L. Sundem; William O. Stratton; David Burgstahler; Jeff Schatzberg, published by Pearson Education, Inc, publishing as Prentice Hall, Copyright © 2008 by Pearson Education, Inc.

All rights reserved. No part of this book may be reproduced or transmitted in any form or by any means, electronic or mechanical, including photocopying, recording or by any information storage retrieval system, without permission from Pearson Education, Inc.

本书原版书名为《管理会计》(第 14 版),作者亨格瑞、森登、斯特尔顿、戴维、杰夫,书号 0136129219,由培生教育出版集团 2008 年出版。

版权所有,盗印必究。未经培生教育出版集团授权,不得以任何形式、任何途径,生产、传播和复制本书的任何部分。

CHINESE SIMPLIFIED language edition published by PEARSON EDUCATION ASIA LTD., and PEKING UNIVERSITY PRESS Copyright © 2011.

本书简体中文版由北京大学出版社和培生教育亚洲有限公司 2011 年出版发行。

书　　　　名：	管理会计(第 14 版)
著作责任者：	〔美〕查尔斯·T.亨格瑞(Charles T. Horngren)　加里·L.森登(Gary L. Sundem)　威廉姆·O.斯特尔顿(William O. Stratton)　戴维·博格斯塔勒(David Burgstahler)　杰夫·舒兹伯格(Jeff Schatzberg) 著　潘　飞　沈红波　译
策 划 编 辑：	朱启兵
责 任 编 辑：	谢　超
标 准 书 号：	ISBN 978-7-301-16780-9/F·2669
出 版 发 行：	北京大学出版社
地　　　　址：	北京市海淀区成府路 205 号　100871
网　　　　址：	http://www.pup.cn　电子邮箱：em@pup.cn
电　　　　话：	邮购部 62752015　发行部 62750672　编辑部 62752926　出版部 62754962
印 刷 者：	三河市博文印刷有限公司
经 销 者：	新华书店
	850 毫米×1168 毫米　16 开本　47.25 印张　1120 千字
	2011 年 1 月第 1 版　2018 年 6 月第 4 次印刷
印　　　数：	9501—12000 册
定　　　价：	99.00 元

未经许可,不得以任何方式复制或抄袭本书之部分或全部内容。
版权所有,侵权必究
举报电话:010-62752024　电子邮箱:fd@pup.pku.edu.cn

前　言

在如今竞争激烈的商业环境当中,管理者了解决策如何影响成本的必要性日益突显。

管理会计是能够帮助管理者作出正确的经济决策的工具。由于概念的理解比死记硬背更为重要,《管理会计》(第14版)将同时介绍理论和实务,从而使读者更好地理解如何得出对日常决策有用的信息。从第1章起,我们就鼓励读者思考为什么公司要采用不同的方法,而不是盲目套用这些技术。

本书涉及了各个行业——非营利性组织、零售业、批发业、服务业、销售业、行政部门和制造业。而且,本书的重点在于介绍计划与控制决策,而不是基于存货价值和收益决策的产品成本计量。

本书编写思路

对于管理会计的基本概念、基本理论,本书先做基本介绍。随着学生理解能力的增强,本书将在更复杂的情况下,帮助读者进一步理解概念和理论,并且在各个学习阶段都配有恰当的真实案例。

由于管理会计建立在财务会计的基础之上,两者的概念也互相渗透其中。在理解管理会计的过程中,学生们一开始会问:"我所作的决策对成本和收入会有怎样的影响?"进而深入到更复杂的问题:"最适合公司的成本管理系统是哪一个?""我们应该把重点放在哪一种产品和服务上?""预算差异意味着什么?"

我们的目标是从大量的实际案例中选取相关的篇章主题,并且以一种简明易懂的方式呈现出来。我们采用了星巴克、波音、AT&T、麦当劳、微软等公司许多案例作为章节引例,在学习过程中又不断回顾,使得读者可以在真实的背景下理解管理会计的概念。

《管理会计》(第14版)和《财务会计》(第9版)紧密相连,适用于任何会计课程的第一年教学。

新版本的补充与更新

戴维·博格斯塔勒和杰夫·舒兹伯格这两位新的合作者,给这本书注入了新的思想与活力。最显著的改变在于:

- 新增商务知识库——提供了微软、通用电气、西南航空、哈雷-戴维森、NORTEL NETWORKS 和哈佛大学等知名公司及机构的运营分析。
- 新增开篇实例——帮助读者理解会计在当前商务运作中所扮演的角色。我们会在整章中不断分析开篇的公司,使读者了解会计在实际中是如何影响公司的管理者的。其中很多公司读者都有所了解,如星巴克、波音公司、美国航空、麦当劳、耐克和戴尔。
- 更广泛地分析商业道德问题——在每一章的习题中都有商业道德相关的问题。
- 一些章节内容的重大改编和修订,特别是第 4、5、6 和 12 章。
- 章节最后的材料——准备了一些最新的问题。

相关章节内容的更新

- 第 1 章:拓展了商业道德的问题,特别是在"商业道德的重要性"这一部分,新增了国际会计教育准则理事会所提及的相关内容。此外,详述了六西格玛理念,并更新了 CMA 考试和 IMA 职业道德行为准则的相关内容。
- 第 2 章:补充了一个比较传统成本法和作业成本核算法的图表。关于变动成本和固定成本的内容变得更加完整和清晰易懂,并且附有一道总结性的习题。改动了贯穿整章例子中的数据。
- 第 3 章:开篇例子更新为美国航空的实例。成本动因和成本性态的部分变得更加简明易懂。
- 第 4 章:为了内容的简明和清晰,这一章进行了重大的修改和重写。我们将成本对象这一内容放在成本核算系统的第一部分,这样一来成本对象的概念可以用来描述成本核算系统。此外,这一章还新增了成本分配的内容,并且解释了存货在制造业中的分类。这一章的附录被替换为传统成本系统和作业成本系统的举例(原来是放在章节正文中),而原来附录中多阶段作业成本系统的内容被移到了第 12 章的附录。
- 第 5 章:针对定价的问题进行分析,并采用了新的耐克案例。第 13 版第 6 章的完全成本法和贡献成本法的内容被移到了这一章,使得内容更加连贯。而原来这一章的有关新增/舍弃产品、有限资源的最佳利用的内容放到了第 6 章。
- 第 6 章:针对经营决策进行分析,重点是这一章开头的增量分析法。原来第 5 章的有关新增/舍弃产品、稀缺资源的最佳利用的内容放到了这一章来讲述。这一章使用了耐克案例。经过重新编排,增加了不相关成本和不确切成本的内容。此外,原来本章的完全成本法和贡献成本法的内容被移到了第 5 章。

- **第 7 章**：这一章经过了重新编排，第一部分是关于预算问题而进行的概念性的阐述，第二部分是关于编制全面预算而进行的拓展性的讨论。本章还进一步讨论了有效预算的优点，以及由于缺乏激励措施而导致的缺点。同时，本章附有的图 7-1 举例说明了由于间断支付奖金而造成欺骗性的激励措施；图 7-2 进行了更新，能更好地说明全面预算各个部分之间的关系。
- **第 8 章**：重新编排了固定预算和弹性预算的比较和对比。新增了关于联合定价以及数量差异的讨论，并附有图 8-2 加以说明。为了强调差异来源于产品的价格乘以数量，差异的相关术语被分为价格差异和数量差异。而在实务中，差异的术语与书本上是不一致的，因此学生们应该明白这些差异背后的含义，而不是简单地记忆差异的名称。
- **第 9 章**：介绍设计管理控制系统时，采用了新的结构。
- **第 10 章**：对转移定价的内容进行了削减，采用了新的编写方式，使得内容简明，在整章的讨论过程中，例子清晰易懂。把留存收益这一术语改成经济收益，把业绩计量改成了业绩指标。投资回报率的例子采用了耐克的材料。对转移定价的总结性习题答案进行了重写。
- **第 11 章**：对贯穿整章的例子进行了重大的修改，包括重新修订数据。此外，章节内容的阐述更为流畅和连贯。
- **第 12 章**：进行了重大修订。其中，拓展了成本会计系统的基本框架，包含了决定顾客获利能力的问题。成本分配的内容大部分被移至第 4 章，但是在这一章，我们对将成本分配到最终成本对象的讨论延伸到了把顾客作为最终的成本对象。关于顾客获利能力的问题增加了一个详细的例子，其中有一种图表法来估计为顾客服务的成本。复习要点中的总结性题目采用了章节引例中的例子，举例说明了如何计量和管理顾客的获利能力。此外，把原来第 4 章的多阶段作业成本系统的内容移到了这一章。
- **第 13 章**：关于间接生产成本的讨论更加清晰易懂。
- **第 14 章**：经过修改，整章的论述更加清晰易懂。

教学配套资源

教师资源光盘　　这是一个为教师准备的完整易用的光盘，包括所有教师及学生的补充资料和测试软件。如需要请向当地 Person/Prentice Hall 代理机构申请。

教师教学指南　　这本手册进行了重大的修订。对于使用《管理会计》(第 14 版) 如何进行教学安排提供了有效的建议。为了帮助老师顺利进行教学，附有逐章的分析和讲解，清晰地解释了其中的教学理念和方法。

解题指南和幻灯片　　所有章节后面的习题均附有详细的答案解析。同时，答案解析也有幻灯片版本，方便课堂上的教学。针对每个学习目标，解题指南有一系列的题目答案、第 13 版中相关的题目、每一章的出题意图以及一部分题目的最佳答案的关键点。

测试题库 这是一套现成的题库,每一章都有许多类型的题目,如判断题、选择题、思考题等。为了方便使用,每一道题目都与章节的学习目标相联系,分为不同的难度等级,并指明答案在课文中的出处。

试题生成软件 这个软件致力于在短时间内定制试题。它的特色是可以随机选择题目,拥有一个定点和拖动的编辑界面,以及可以进行拓展的个性化设定。

PowerPoint 幻灯片展示 每一章都配有完整的 PowerPoint 幻灯片。教师可以下载后直接使用,或者利用现有的幻灯片制作合适的幻灯片。通过使用彩色的图片、列出章节大纲、利用图像解释复杂的问题,每个幻灯片都能使老师讲课生动、激发学生的互动性。PowerPoint 幻灯片可以在网站(http://www.prenhall.com/horngren)以及教师资源光盘中找到。

课程网站 http://www.prenhall.com/horngren 这是一套完整的网络教学资源,给师生提供了丰富的资料,包括线上学习指南等。

学生学习指南 该指南包括了一系列帮助学生理解课文内容的资料。每一章都有内容透析、学习技巧、自测题、示范性的问题解答以及计算题等等。

致　　谢

通过交谈和通信,我们从学生、教授以及商业精英处得到了许多宝贵的思想、帮助、批评以及齐全的资料。我们应该感谢他们每一个人,但是名单太长,难以一一列出。在此,我们衷心地感谢下述人士,他们的反馈意见对新版本的推出起到了至关重要的作用。他们是:

Jim Carroll, Georgian Court University

William Creel, Herzing College

Valerie Goodwin, Olean Business Institute

Lawrence Grasso, Central Connecticut State University

Henry Huang, Butler University

Cody King, Georgia Southwestern state University

Roman J. Klusas, University of Indianapolis

Lisa Martin, Hampton College

Jerold R. Miller, Chaparral College

Julian Mooney, Georgia Southern University

Bill Rankin, Colorado State University

Patrick Rogan, Cosumnes River College

Walter Smith, Siena College

Ken Snow, Kaplan University & Florida Community College at Jacksonville

John Stancil, Florida Southern College

Holly Sudano, Florida State University

Diane Tanner, University of North Florida

Michael Tyler, Barry University

Karen Wisniewski, County College of Morris

我们也要感谢 Carolyn Streuly 为本书以及解题指南的校对工作提供的帮助。最后,我们的学生对以前的版本提供了难得的反馈意见,对此我们感到非常感激。

此外,Prentice Hall 出版公司的很多人员对本书的出版作出了贡献,他们是 Kevin Holm, Steve Sartori 和 Susan Abraham。我们还要感谢 Cynthia Zonneveld, Kerri Tomasso,

Marybeth Ward、Richard Bretan、Charles Morris、Ashley Lulling、Diane Peirano、Janet Slowik 以及 Mahon。

查尔斯·T. 亨格瑞（Charles T. Horngren）

加里·L. 森登（Gary L. Sundem）

威廉姆·O. 斯特尔顿（William O. Stratton）

戴维·博格斯塔勒（David Burgstahler）

杰夫·舒兹伯格（Jeff Schatzberg）

目 录

第一部分 决策的制定

第1章 管理会计、企业组织和职业道德 / 3
会计与决策 / 5
 会计信息的使用者 / 6
 对会计系统的影响 / 8
道德的重要性 / 9
服务性组织和非营利性组织中的管理会计 / 12
成本—收益与行为意义 / 12
管理过程与会计 / 13
 计划与控制的实质 / 13
 例外管理 / 15
产品生命周期及价值链的计划与控制 / 16
 价值链 / 17
会计在组织中的地位 / 20
 业务权限和辅助权限 / 20
 总会计师和财务主管的职能 / 22
管理会计中的职业机会 / 23
 注册管理会计师 / 24
 高级管理职位的培训 / 24
适应变化 / 25
 当前的趋势 / 25
企业流程的变化 / 26
 学习管理会计与流程改变的关系 / 28
职业会计师的道德准则 / 29
 道德品行的标准 / 29
 道德的两难处境 / 32
 道德冲突的解决方法 / 33
记忆重点 / 35
会计词汇 / 36
基础习题 / 37
补充习题 / 40

第2章 成本性态和成本—数量关系 / 49
识别原材料、作业、成本与成本动因 / 51
变动成本性态和固定成本性态 / 53
 相关范围 / 57
 成本分类时的困难 / 58
本—量—利分析 / 59
 本—量—利分析案例 / 59
 计算盈亏平衡点 / 60
 目标利润法和增量法 / 67
 关键因素的多种变化 / 68
 本—量—利分析和Excel表格 / 69
成本—数量分析的其他作用 / 71
 最佳成本结构 / 71
 经营杠杆 / 72
 安全边际 / 73
 边际贡献和毛利 / 73
非营利性组织中的应用 / 75
记忆重点 / 77
附录2A：销售组合分析 / 77
附录2B：所得税的影响 / 79
会计词汇 / 80
基础习题 / 81
补充习题 / 84

第3章 成本性态的计量 / 101
成本动因和成本性态 / 103

阶梯成本和混合成本性态模式 / 104
管理者对成本性态的影响 / 106
　　产品和服务决策以及价值链 / 106
　　生产能力决策 / 106
　　约束性固定成本 / 107
　　酌量性固定成本 / 107
　　技术决策 / 109
　　成本控制激励 / 109
成本函数 / 109
　　成本函数的形式 / 109
　　建立成本函数 / 110
　　成本动因的选择：作业分析 / 111
确定成本函数的方法 / 114
　　工程分析法 / 114
　　账户分析法 / 115
　　高低点法、直观法和最小二
　　　乘回归法 / 117
记忆重点 / 123
附录3：最小二乘回归法的使用
　　　及说明 / 124
会计词汇 / 127
基础习题 / 128
补充习题 / 130

第4章　成本管理系统与作业成本
　　　　核算法 / 148
成本管理系统 / 150
成本会计系统 / 151
决策制定和经营管理中使用到的
　　成本术语 / 153
　　直接成本、间接成本和成本分配 / 153
　　成本分配的目的 / 155
　　成本分配的方法 / 156
　　未分配成本 / 158
用于外部报表的成本术语 / 160
　　生产成本的分类 / 160
　　产品成本和期间成本 / 161
　　成本在资产负债表和利润表上的
　　　列报 / 163

传统成本核算法和作业成本核算法 / 165
　　作业成本核算法与传统成本
　　　核算法的比较 / 166
　　对传统成本核算系统和作业成本
　　　核算系统的举例说明 / 168
作业管理：一种成本管理系统工具 / 175
　　作业成本和作业管理的优越性 / 176
记忆重点 / 178
附录4：传统会计系统和作业成本
　　　会计系统的详细说明 / 179
　　设计一个作业成本系统 / 181
　　战略决策、运营成本控制和
　　　作业管理 / 186
会计词汇 / 189
基础习题 / 190
补充习题 / 196

第5章　制定决策的相关信息：
　　　　定价决策 / 211
相关性概念 / 212
　　什么是相关性？ / 213
　　一个决策模型 / 214
　　准确性和相关性 / 215
　　不同利润表中的相关性 / 216
　　完全成本法 / 218
　　贡献成本法 / 218
　　贡献成本法与完全成本法的比较 / 219
特殊销售订单的定价 / 220
　　例子 / 220
　　正确的分析——聚焦相关信息和
　　　成本性态 / 220
　　错误的分析——单位成本的误用 / 222
　　变动成本和固定成本的混淆 / 222
　　作业成本法、特殊订单及
　　　相关成本 / 224
定价决策的基本原则 / 226
　　定价的概念 / 226
　　定价与会计 / 228
实践中影响定价的因素 / 229

法律要求 / 229
竞争对手的行为 / 230
顾客的需求 / 230
成本加成定价法 / 230
　什么是成本加成定价法？ / 231
　成本加成定价法的成本基础 / 231
　成本加成定价中边际贡献法的
　　优点 / 232
　完全成本法在成本加成定价法中的
　　优点 / 234
　运用多种方法 / 234
　定价模式 / 235
目标成本法 / 238
　目标成本法和新产品开发 / 238
　目标成本法举例 / 240
　目标成本法和成本加成法的比较 / 241
记忆重点 / 243
会计词汇 / 243
基础习题 / 244
补充习题 / 248

第6章　制定决策的相关信息：
　　　　经营决策 / 265
分析相关信息：聚焦未来导向的
　且有差异的属性 / 267
机会成本、实支成本和差量成本
　及其分析 / 267
自制或外购决策 / 270
　基本的自制或外购决策和
　　闲置设施 / 270
　自制或外购决策与设施的利用 / 273
撤销或增加产品、服务或部门 / 276
　可避免成本和不可避免成本 / 276
有限资源的最优利用：产品
　混合决策 / 279
联产品成本：销售或进一步加工
　的决策 / 282
　销售或进一步加工 / 283
续用或重置设备 / 284

识别不相关和不确切的成本 / 288
决策制定和业绩评价之间的冲突 / 290
记忆重点 / 292
会计词汇 / 292
基础习题 / 293
补充习题 / 297

第二部分　计划和控制

第7章　预算简介和全面预算的编制 / 319
预算和组织 / 321
　预算的优点 / 323
实施预算的潜在问题 / 324
　参与预算和承担责任 / 325
　说谎和欺骗的动机 / 325
　难以获得准确的销售预测 / 328
预算的类型 / 329
　全面预算的组成部分 / 330
全面预算的编制 / 331
　厨屋公司 / 331
　编制全面预算的步骤 / 333
　第一步：准备基础数据 / 334
　第二步：编制经营预算 / 336
　第三步：编制财务预算 / 337
　基于作业的全面预算 / 344
财务计划模型 / 347
记忆重点 / 347
附录7：Excel表格在预算编制中
　　的应用 / 348
会计词汇 / 351
基础习题 / 351
补充习题 / 354

第8章　弹性预算和差异分析 / 369
使用预算来评价实际结果 / 370
　有利差异和不利差异 / 371
　固定预算对弹性预算 / 372
　固定预算差异的局限性 / 373
　弹性预算公式 / 373

弹性作业预算 / 375
利用弹性预算评价财务业绩 / 376
差异原因的分解 / 377
 弹性预算差异 / 378
 销售作业差异 / 380
 制定标准 / 380
 差异中的相互代替 / 383
 何时调查差异 / 383
 与前期结果的比较 / 383
弹性预算差异详解 / 385
 材料和人工标准的差异 / 385
 价格差异和用量差异 / 386
 总结物料和人工差异 / 388
 对价格差异与数量差异的解释 / 389
间接费用差异 / 391
 变动间接费用差异 / 391
 固定间接费用差异 / 393
记忆重点 / 394
会计词汇 / 395
基础习题 / 396
补充习题 / 399

第9章 管理控制系统和责任会计 / 418

管理控制系统 / 420
管理控制系统与组织目标 / 420
设计管理控制系统 / 422
 确认责任中心 / 423
 制定业绩指标 / 424
 监控和报告结果 / 425
 权衡成本与收益 / 428
 激励员工取得目标一致并通过
  报酬发挥管理努力 / 428
财务业绩的可靠性及计量 / 430
 边际贡献 / 431
 责任部门经理可控的边际贡献 / 432
 责任部门边际贡献 / 433
 不可分摊成本 / 433
 非财务业绩计量指标 / 436
 平衡积分卡 / 436

质量控制 / 439
周期控制 / 442
生产率控制 / 443
 生产率指标选择 / 444
 不同时期的生产率指标 / 444
服务业、政府以及非营利性组织中的
 管理控制系统 / 446
管理控制系统的前景 / 447
记忆重点 / 448
会计词汇 / 449
基础习题 / 449
补充习题 / 453

第10章 分权组织中的管理控制 / 466

集权与分权 / 469
 成本与收益 / 469
 中间立场 / 469
 责任中心与分权 / 471
业绩尺度与管理控制 / 471
 动机、业绩和报酬 / 472
 代理理论、业绩、报酬与风险 / 473
赢利能力的计量 / 474
 投资回报率 / 474
剩余收益与经济增加值 / 476
投资回报率还是剩余收益 / 478
对投入资本的进一步讨论 / 481
 投入资本的定义 / 481
 资产计价 / 482
 厂房和设备：总值还是净值 / 482
转移定价 / 483
 转移定价的目的 / 484
 转移定价的基本原则 / 484
 基于市场的转移价格 / 486
 基于成本的转移价格 / 487
 基于协商的转移价格 / 490
 跨国转移定价 / 491
管理控制系统成功的关键因素 / 494
 强调可控性 / 494
 目标管理和预期设定 / 494

预算、业绩目标和道德 / 495
记忆重点 / 496
会计词汇 / 497
基础习题 / 498
补充习题 / 502

第三部分　资本预算

第 11 章　资本预算 / 519

规划或项目的资本预算 / 520
现金流量折现模型 / 521
　现金流量折现模型的主要方面 / 522
　净现值 / 523
　净现值法的运用 / 524
　选择正确的表格 / 525
　最低报酬率的影响 / 526
　净现值模型的假设 / 527
　折旧与净现值 / 527
　关于决策制定的回顾 / 527
　内含报酬率模型（IRR） / 528
　实物期权模型 / 528
现金流量折现模型中的敏感性
　分析及风险评估 / 529
两个项目净现值的比较 / 530
　全部项目法和差别法 / 530
　净现值的相关现金流量 / 532
　技术投资的现金流量 / 534
所得税和资本预算 / 535
　折旧扣除效果 / 536
　纳税扣除、对现金的影响和
　　时间分布 / 538
　加速折旧法 / 538
　修正的加速成本回收制 / 539
　MACRS 折旧的现值 / 540
　清算的损失与利得 / 542
关于折旧的一些疑问 / 544
分析长期决策的其他模型 / 544
　回收期模型 / 545

会计收益率模型 / 546
业绩评估 / 546
　潜在矛盾 / 546
　矛盾的协调 / 547
记忆重点 / 548
附录 11　资本预算和通货膨胀 / 549
会计词汇 / 552
基础习题 / 552
补充习题 / 555

第四部分　产品成本核算

第 12 章　成本分配 / 577

成本分配的一个基本框架 / 579
服务部门成本的分配 / 582
　一般指导原则 / 582
　变动成本库 / 582
　固定成本库 / 584
　采用一次性总额法的问题 / 585
　交互服务 / 585
将成本分配到最终成本对象中 / 589
　传统法 / 589
　作业成本法（ABC 法） / 591
顾客成本对象的成本分配，
　确定顾客收益 / 595
　计量和管理顾客收益 / 596
分配企业的总部辅助成本 / 604
　使用预计销售分配 / 605
联合成本和副产品成本的分配 / 606
　联合成本 / 606
　副产品成本 / 607
记忆重点 / 610
附录 12：多级作业成本法体系
　　（Multistage ABC System or
　　MSABC System） / 611
会计词汇 / 619
基础习题 / 619
补充习题 / 623

第13章 制造费用的会计处理 / 643

制造费用核算 / 645
 怎样从制造费用到产品？/ 645
 预算间接费用分配率 / 645
间接费用分配示例 / 646
 成本分配动因量的选择 / 647
间接费用分配的问题 / 650
 标准化的间接费用率 / 650
 不足分配和超额分配间接
  费用的处置 / 651
 变动和固定分配率的使用 / 652
变动成本法与完全成本法 / 655
 固定制造间接费用的会计处理 / 655
 证明资料 / 656
 变动成本法 / 657
 完全成本法 / 658
固定间接费用与产品的完全成本 / 660
 变动和固订单位成本 / 660
 产量差异的性质 / 661
 变动成本法和完全成本法的调整 / 663
 为什么采用变动成本法 / 664
其他差异的影响 / 665
 弹性预算差异 / 665
记忆重点 / 670
附录13：产量差异与其他差异的
 比较 / 670
会计词汇 / 671
基础习题 / 672
补充习题 / 676

第14章 分批成本及分步成本
    核算系统 / 697

分批成本核算法与分步成本核算法的
 区别 / 698
分批成本核算法举例 / 699
Enriquez 机械零件公司的基本记录 / 701
 直接材料和直接人工成本的分摊 / 702
 间接制造费用的分摊 / 702
 完工产品、销售收益和销售成本 / 704
分批成本核算环境下的作业成本
 分析法及管理 / 705
 分批成本核算环境下作业成本
  分析法的说明 / 705
服务和非营利机构中的分批成本
 核算法 / 708
 合同的预算和控制 / 708
 合同成本的精确性 / 709
分步成本核算法基础 / 709
 分步成本核算法与分批成本
  核算法之比较 / 711
分步成本核算法的应用 / 715
实物数量和约当产量
 （步骤1和步骤2）/ 716
产品成本的计算（步骤3—5）/ 717
期初存货的影响 / 719
 加权平均法 / 720
 转入成本 / 721
适时生产制中的分步成本核算法：
 反冲成本法 / 725
 反冲成本法的原理 / 725
 反冲成本的计算实例 / 725
记忆重点 / 727
会计词汇 / 728
基础习题 / 729
补充习题 / 732

附录A / 745

第一部分　决策的制定

- 第1章　管理会计、企业组织和职业道德
- 第2章　成本性态和成本—数量关系
- 第3章　成本性态的计量
- 第4章　成本管理系统与作业成本核算法
- 第5章　制定决策的相关信息：定价决策
- 第6章　制定决策的相关信息：经营决策

第1章 管理会计、企业组织和职业道德

学习目标

学习完本章之后,你应该做到:
1. 阐述会计信息的用途和主要使用者;
2. 解释为什么道德对管理会计是至关重要的;
3. 解释设计会计系统时涉及的成本—收益与行为问题;
4. 解释预算和业绩报告在企业计划和控制中的作用;
5. 论述会计人员在企业价值链职能中的作用;
6. 比较总会计师和财务主管的职能;
7. 解释为什么会计在多种职业领域中都是重要的;
8. 明确管理会计当今的发展趋势;
9. 评价职业道德标准对会计职业人员的重要性。

星 巴 克

当张梅华走进北京的星巴克时,她会和走进科威特的星巴克的穆罕默德、走进苏黎世的星巴克的弗郎茨有着相同的感受。星巴克是怎样使坐落于全世界的11 000家咖啡店的经营风格保持一致的呢?

星巴克的所有管理者,从吧台服务员到店长再到首席执行官,都有着共同的目标。他们在一定程度上通过财务报表来评价每一家店是否很好地完成了目标。会计为帮助世界范围内的管理者交流财务信息提供了统一的语言。没有了会计信息,管理者会感觉到他们的工作更加困难。当你读完这本书时,你就会熟悉管理者用来做决策的会计信息。你将可以连同其他信息,综合运用这些会计信息来制订计划、进行短期和长期决策以及评价业绩表现,并成为更好的管理者。

星巴克是一个年轻的、发展迅速的公司,自从1971年在西雅图帕克市场成立第一家店面,已经在全世界范围内建立了声誉。最近,《品牌频道》杂志的读者调查把星巴克列为全球第四大最具影响力品牌。在《财富》杂志评选出的100家"最值得工作"的公司中,星巴克名列第29位。《商业道德》杂志选取星巴克为100家"最佳企业公民"

之一。星巴克主席霍华德·舒尔茨被提名为《商业周刊》年度最佳25名经理人之一。最后,《财富》连续五年评选星巴克为全美食品服务业最受尊敬企业,并且在2006年星巴克又被评为全美最受尊敬企业第五名。星巴克是如何取得这些成就的呢？

所有的星巴克餐厅,比如这家位于八达岭长城的星巴克餐厅,装修都是非常相像的。而且其服务和产品在全球范围内也保持着高度的一致性。这都得益于星巴克良好的管理,而且优良的管理来自好的信息。对于星巴克的管理者来说,管理会计信息是至关重要的,同理,世界上所有的组织,不管是大是小,无论是营利性的还是非营利性的,不论是位于世界上的哪个国家,管理会计信息对于其管理者来说,都是至关重要的。

如果在十年或者二十年前,你问消费者是否会为一杯更好的咖啡支付更高的价格,很少会有人回答是。然而到了今天,星巴克已经成为一个显著的代表。2005年,星巴克的总收入(包括公司销售所有产品的收入)是64亿美元,而在1996年只有7亿美元。星巴克获得的净利润从1996年的4 200万美元上升到了4.94亿美元。总资产——即星巴克所拥有的全部资产的账面价值从1996年的不到9亿美元上升到2005年的35亿美元。所有这些都是证明星巴克公司取得成功的会计数据。管理者就是用这些数据后面的详细信息进行每日的决策并且对业绩进行衡量。在各个国家无数的星巴克咖啡店的管理者累积下来的成功的总和构成了上述数据。

在步入管理会计领域后,我们就可以发现像星巴克这样的公司是用什么来管理它的日常活动的,以及整个公司的管理者是怎样利用会计信息更好地履行他们的工作的。请注意,用来辅助1980年时还是一家小咖啡公司的星巴克的管理者们的基本会计需求和程序同样也可以帮助如今这家公司的管理者们。而且,事实上,这些基本的会计信息既可以应用于大公司也可以应用于小公司，既可以应用于成熟企业也可以应用于新兴企业，更可以应用于跨国公司。会计系统可以更庞大、更精细，但是驾驭它们的始终都是相同的原则。

管理会计可以帮助各种组织形式中的管理者回答重要的问题。在以下情形中假设你是管理者，你应该怎样决策呢？

- 波音公司的工程师们已经为一种新型飞机787制定了生产规范：目前有三种可行的生产方案，究竟哪一种方案成本最低呢？
- 假如你是通用磨房的一名生产管理者并且正在为Cheerios制订新的营销方案。市场调查显示，通过在邮箱中发放免费试用品可以增长4%的年销售率。如何对试用品的成本（包括邮递费用）与销售额增加所带来的利润进行比较呢？
- 美洲银行为银行账户最低余额为600美金以上的储户提供免费支票转账服务。银行为这项免费服务花费的成本是多少？
- 基萨普乡村特殊奥林匹克运动会为有残疾的年轻人举办了一系列体育赛事。作为筹办人员，你必须决定要顺利开展计划中的活动，每年需要筹集多少资金。
- 麦迪逊公园咖啡馆是一家坐落于中产阶级聚居区的专门供应晚餐的饭店。假设你是经营者并且正打算增设午餐。为了具有竞争力，午餐的平均价格应该定为9美金左右，并且可以容纳40位顾客。这个饭店能以低于9美金的成本提供符合质量标准的午餐吗？
- 西雅图学校管委会正在和教师协会进行谈判，谈判的内容涉及教师的薪金、班级规模及课外活动的数量等。双方各自提出了几个方案。假设你是学校的负责人，你想知道每一个方案的成本是多少。如果每个班级增加一名学生，成本将增加多少呢？这些增加的成本对于小学、初中及高中来说是否有所不同呢？

为了回答类似上述的各种问题，管理人员会求助于会计信息。拉里·怀特——上任管理会计协会的主席，总结了管理会计的角色："管理会计，凭借高道德水准和专业能力，通过为企业活动提供关于制订决策、计划以及控制的信息来帮助企业组织完成战略目标。"

在这一章中，我们将讨论在不同类型的组织中管理会计及管理会计人员的目标和角色，以及会计人员今天面临的挑战和未来发展趋势。只有值得决策制定者信任的信息才是有用的。因此，我们必须强调道德的重要性。因为只有会计人员都十分正直，他们提供的信息才会有价值。

会计与决策

获取会计信息的基本目的是帮助有关人员作出决策——这里所说的有关人员可以是公司总裁、生产经理、医院或学校的行

目 的 1

阐述会计信息的用途和主要使用者。

政人员及投资者等。掌握适当的会计信息，可以让决策者作出更好的、更明智的决策。

会计信息的使用者

会计信息的使用者一般可以分为两类：
1. 利用会计信息控制日常经营活动和制定长期战略决策的内部管理人员。
2. 利用会计信息作出企业各项决策的外部人员，如投资者、政府机构等。

内部人员（管理者）和外部人员都需要会计信息。但两者使用信息的目的不同，因此，他们需要的会计信息的类型也不一样。管理会计是为企业中的管理人员提供会计信息。换句话说，**管理会计（management accounting）** 是帮助管理者为完成企业目标而对会计信息进行确认、计量、收集、分析、准备、解释和交流的过程；相反，**财务会计（financial accounting）** 是为股东、供应商、银行和政府监管机构等外部决策者提供信息的会计领域。两者的主要区别如表 1-1 所示。尽管两者之间存在差异，但大多数机构往往采用一套普遍适用性的会计系统，以满足上述两种使用者对会计信息的需求。由于用于内部决策的信息通常和用于外部决策的信息有所不同，因此，作为管理者在制定决策时要仔细地从形形色色的会计系统中筛选正确的信息。

> **管理会计（management accounting）**：会计的一个分支，主要是为一个组织中的管理层提供组织的有关信息。管理会计是帮助管理者为完成企业目标而对会计信息进行确认、计量、收集、分析、准备、解释和交流的过程。

> **财务会计（financial accounting）**：是会计的另一个分支，是为股东、供应商、银行和政府监管机构等外部决策者提供信息的会计领域。

表 1-1 管理会计与财务会计的区别

	管理会计	财务会计
主要使用者	企业内部的各级管理人员	外部人员，如投资者、政府机构，也包括企业内部的管理人员
会计方法选择的自由度	除了考虑改进管理决策所涉及的成本效益问题外没有任何限制	严格遵循公认会计准则
会计方法选择的行为影响	所做的选择应该考虑到方法和报告对管理人员日常行为的影响	尽管基于报告结果的补偿行为会对管理人员的行为产生影响，但选择是基于如何衡量和传达业绩表现，对行为的影响的考虑位居其次
报告的关注时点	未来导向型，即关注历史资料又运用预算指标。例如将 20×2 年的预算与实际的经营业绩相对比	历史导向型，重视历史的评估，例如将 20×2 年的经营业绩同 20×1 年的经营业绩相对比
报告的时间跨度	灵活，从每小时到 10—20 小时不等	不灵活，通常是一年或一个季度
报告的类型	详细报告，包括产品、部门及地区等	概括报告，主要是企业整体的状况
其他领域的影响	领域没有明确的限定，更多的涉及经济学、决策科学和行为科学	领域明确划分，较少涉及其他学科

那么,管理者究竟需要哪种会计信息呢?好的会计信息通过帮助回答如下三种问题来帮助组织顺利实现目标:

1. 记录评价问题:公司做得好还是不好?**业务记录(scorekeeping)** 就是对数据的收集和分类。这一方面的会计信息可以帮助企业内部和外部人员对企业的经营业绩作出评价。星巴克公司每年提供的利润表、资产负债表、现金流量表以及政府部门的所得税资料就是公司会计人员执行的一部分业务记录职能。

> **业务记录(scorekeeping)**:就是对数据的收集和分类。

> **重点引导(attention directing)**:即报告并解释信息,以使管理者注意到现存的经营问题和不完善、低效率之处,也可以让管理者认识到面临的机遇。

2. 重点引导问题:我应该着重研究什么问题?**重点引导(attention directing)** 即报告并解释信息,以使管理者注意到现存的经营问题和不完善、低效率之处,也可以让管理者认识到面临的机遇。重点引导通常包括对比真实经营结果和事前预期的报告。例如,一家星巴克报告获得 120 000 美元的利润,而预期利润是 150 000 美元的利润。随后,会计报告就要解释为什么这家店面没有完成预算。

3. 方案选优问题:完成一项工作的诸多方案中,哪一种是最好的呢?在**问题解决(problem solving)** 方面,会计通过对可能的行动方案进行评估,进而提出最优的行动方案。例如,星巴克试验在咖啡店中推行销售食品和音乐制品,经过对收入和成本的重点分析后,管理层决定取消食品销售但是继续保留音乐制品的销售。

> **问题解决(problem solving)**:就是会计中通过对可能的行动方案进行评估,进而提出最优的行动方案的领域。

信息的记录评价和重点引导职能密切相关,某一信息对于一位经理来说可能起到记录评价的作用,而对这位经理的上级来说,同样的信息可能发挥重点引导的作用。例如,很多会计系统提供的业绩报告将决策和业务活动的实际结果与事先确定的计划相比较,通过在业绩报告中指出实际结果与计划的差异,可以让经理们知道他们做得如何,同时还可以让经理们的上司知道哪些方面还需要采取一些措施来改进。

相反,管理者使用方案选优型的信息安排长期计划并进行特殊的非重复性决策,如零件是自制还是外购、设备是否需要更新、增加还是减少产品种类。只有在需要进行具体的决策或者为决策做准备时,会计人员才会准备这些信息。例如,在决定是否要在播放体育赛事的过程中插播广告时,星巴克就需要这种问题解决型的信息。

管理决策练习

管理者利用会计信息进行不同的决策。而会计人员必须确保他们产生的信息对这些决策是有用的。对于不同的决策,管理者需要哪种信息呢?是业务记录信息,是重点引导信息,还是问题解决信息?为什么?

1. 决定是否用全自动的机器人生产代替传统的生产线。

> 2. 评估某个部门去年的业绩表现。
> 3. 判断哪种商品的赢利超过预算、哪种低于预算。
>
> **答案:**
> 1. 问题解决信息。这是一个一次性的决策过程,管理者需要利用信息来对考虑中的几个被选方案进行选择。
> 2. 业务记录信息。这是一个对组织单元的日常评估过程,管理者需要基于相同基础的系统的数据。
> 3. 重点引导信息。管理者希望了解哪些产品偏离了预算,以便关注这些产品。

对会计系统的影响

管理者所需要的会计信息通常来源于公司内部的会计系统。**会计系统(accounting system)** 是对一个组织的活动进行信息收集、整理和传送的规范机制。正如后文会谈到的,许多组织开发会计信息系统都是为了满足外部人员的需要。因为管理者是可以选择信息的,管理者必须在考虑成本效益问题的基础上判断他们的信息需求——更好的管理决策所产生的利益必须大于产生信息的成本。

> **会计系统(accounting system):** 是对一个组织的活动进行信息收集、整理和传送的规范机制。

会计信息对会计系统的主要影响是上市公司披露年度财务报告的需要。这些财务报告必须遵循**公认会计准则(general accepted accounting principles,GAAP)** 然而,公认会计准则并没有限制内部会计报告。只要管理者愿意支付开发和运行系统的成本,他们可以创造出任何他们想要的报告形式。

> **公认会计准则(general accepted accounting principles,GAAP):** 是所有上市公司披露的年度财务报表必须遵循的一系列准则。

第二个对会计系统的外部影响就是政府监管。其中一个特殊的例子就是政府合同,大学和国防承包商在与政府签订承包合同时必须按照特定的方式列示成本,否则就存在政府拒绝付款的风险。一个更明显的例子就是**反国外贿赂行为法(foreign corrupt practices act)**,这项法律是美国为禁止贿赂和其他腐败行为而制定的一部法案。该法案的名称容易引起误解,因为它其实适用于所有美国的上市公司,即使它们在美国境外没有经营行为。该法案要求公司以合理的方式详细、准确地保存公司的会计记录,并且公司必须有恰当的**内部控制系统(internal controls)** 或政策用以保护公司的

> **反国外贿赂行为法(foreign corrupt practices act):** 是美国政府的一项立法。是美国为禁止贿赂和其他腐败行为而制定的一部法案。该法案适用于所有美国的上市公司,即使它们在美国境外没有经营行为。该法案要求公司以合理的方式详细、准确地保存公司的会计记录,并且公司必须有恰当的内部控制系统或政策用以保护公司的资产,并最高效率地使用公司的资产。

> **内部控制系统(internal controls):** 用以保护并确保最高效率地使用公司的资产的政策。

资产,并最高效率地使用公司的资产。**内部审计人员(internal auditors)** 通过帮助复核和评估会计系统,包括内部控制系统,减少错误、欺诈和浪费。他们也执行**管理审计(management audit)** 的职责——检查管理人员是否贯彻管理高层所制定的政策和程序。通常,这种行为可以把管理人员的注意力集中到会计系统提供的会计信息的质量问题上来。在2002年,**萨班斯法案(Sarbances-Oxley Act)** 又增加了额外的政府监管层。鉴于会计信息失误(以及公司管制缺陷、宽松证券管理和执行者的贪婪)对企业破产的责任,该法案要求高层管理者要更关注公司的会计政策和程序。通过要求首席执行官在报表上签字以证明公司财务报表的准确性,这项法案使得不仅会计人员关注会计数据,所有的管理者也要关心会计数据。萨班斯法案的总体影响是引起争议的,特别是它要求外部审计人员检查公司的内部控制系统并发表相关的独立报告。很多管理者坚持认为为了遵循该项法案而花费的成本超过了任何可能得到的利益。然而,唯一的利益就是管理执行者必须更加熟悉他们的会计系统。这种对系统的改变有时可以提供更强大的控制力以及更具有信息性的报告。

> **内部审计人员(internal auditors):** 公司会计人员中帮助复核和评估会计系统,包括内部控制系统,以减少错误、欺诈和浪费的会计师。

> **管理审计(management audit):** 一种复查程序,以确定管理人员是否贯彻管理高层所制定的政策和程序。

> **萨班斯法案(Sarbances-Oxley Act):** 2002年的一项立法,该法要求成立高于公司管理层的政府监管层,对公司的会计政策和措施进行监管。

道德的重要性

对会计系统进行管制是为了确保会计人员提供的信息的可靠性。然而,同保持会计人员具有高道德标准的管制相比,没有哪种管制可以真正地确保会计信息的可靠性。而且,由于近10年来会计人员在公司倒闭中所扮演的角色,公众对会计人员的尊敬也日渐下降。建立正直的声誉的过程是缓慢的,而且需要很多的努力,而破坏声誉却是很容易的。现在会计行业正准备重建他们的声誉。

> **目的 2**
> 解释为什么道德对管理会计是至关重要的。

为什么正直对会计人员这么重要呢?你可以这样想:如果你买一辆车,你可以看到很多关于质量的细节部分。一旦车坏了,你可以很快地知道是什么原因,而不需要依赖于销售人员。但是会计信息不同,你看不到它的质量。可能直到无法挽救的时候你才会发现它存在的错误。因此,你只能通过依赖会计人员的正直性来确保关于公司的信息是正确的。如果你不能信任会计人员,那么你得到的信息也就几乎没有价值了。

在安然、世通、泰科等公司的案例中,它们提供的会计信息都是错误的,有的甚至还存在着欺诈。然而,即使它们没有违法行为,这些公司提供的会计信息也存在一定的误导性。会计人员应该如何面对这些呢?在上述几个案例中,会计人员参与了欺诈活动。

但更多的时候他们只是不揭露那些他们明知道或他们应该知道存在误导性的行为。例外的时候，他们也会担当吹哨者。保持正直绝不仅仅是不说谎就可以的，大多数会计人员从不公开地说谎。但是事实上他们也不说真话，他们并不校正错误的或者令人混淆的信息。他们也没有做到使自己提供的信息是可靠的——尽管这是他们的职责。

为什么这对你是重要的呢？因为无论你是管理者还是会计人员，你在私人生活中积累起来的道德习惯会延伸到你的职业生涯中。一项最近的对美国大学生的调查中显示，有80%的学生表示对公司执行过程中的道德行为有恐惧心理，而59%的学生承认在大学中有欺骗行为。在另外一项调查中，有56%的商学院毕业学生曾经有欺骗行为，而对于非商学院学生，这个比例只有47%。在很大程度上，执行人员和会计人员的不道德行为与大学生的欺骗行为是不同的，但是道理是相同的：“很多人都在欺骗”，"只做这一次并不会伤害到什么"，"这份工作或赢利报告太重要了，因此欺骗的利益要大于成本"，"我被发现的概率很小"，等等……而且，正如一名学生在2004年ABC新闻的特别节目中所说，"那些取得比我高的分数的人也在欺骗，为什么我就不能欺骗呢？如果我不欺骗，我就是傻瓜了"。实际上，任何这些理由都不是不道德行为的合法论据。在这个世界里，有30%的青少年认为一个人要取得成功就必须屈服于规则，而作为管理者和会计人员就必须更近一步并且坚持高的道德标准。

我们不能否认企业执行人员和政府官员都存在着说谎或者欺骗行为，一些人甚至已经被发现并为此付出了沉重的代价。尽管有些还没有被发现，但这并不表明欺骗是通往成功的路径。相反，如果参与者都十分正直，企业和社会就会运行得更好。对于道德的恰当的态度不是像学生在ABC节目中说的那样，"无论你做没做过，只要你能让法官认为你是无罪的，你就自由了"。这种态度会导致安然和世通那样的行为，这种行为有损价值。由此可知，如果你能在整个人生中都保持自己的正直，你就会为自己创造更多的价值；如果你能在毕业之后以及开创事业的过程中保持高的道德水准，你就可以为你的公司创造更多的价值。

管理者、会计人员以及学生已经日益认识到了道德的重要性。《华尔街日报》报告了两种积极的趋势——越来越多的毕业生在企业雇佣他们的时候询问有关道德准则和实践中的问题；越来越多的企业开始调查他们潜在的雇员的道德承诺。

在这一章的后面部分，我们会解释会计行业的一些具体的道德准则。但是现在，只要记住不可靠的会计信息是没有价值的就可以了。会计人员提供可靠的信息，不仅要求会计人员本身要有道德，而且信息的使用者也要相信会计人员是有道德的。好的名誉是很难建立的，但是却很容易毁坏。

道德、会计与吹哨者

公司通常依赖于会计人员来保卫公司的道德。会计人员有责任确保公司的管理人员是保持正直的，同时还要保证公司公布给顾客、供应商、监管者以及公众的信息是准确的。如果会计人员没有认真履行这一责任，或者如果公司并不重视会计人员的报告，那么就会导致灾难性的后果。你可以询问世通和安然的股东们，在这两家公司中都有成为吹哨者的会计人员，他们向监管层汇报了公司内部的错误行为。而且，这两名吹哨者最终成为时代杂志评选出的三位"2002年年度人物"中的两位。

在2002年的6月，世通集团内部审计部门的副总裁Cynthia Cooper通知公司的董事会："在2001年，公司通过利用错误的会计分录把价值66.2亿美元的损失扭转为24亿美元的赢利。"披露了这些假账后，人们又发现了额外的价值90亿美元的错误会计分录——这是历史上出现过的金额最大的会计做假。Cooper一直以世通为傲并且高度赞扬它的成功，然而，当她和她的内部审计团队发现了她们所尊敬的高管人员所作出的不道德的事情后，她毫不犹豫地告发了他们。当她看到公司的CEO和CFO被戴上手铐带走的时候，她没有丝毫的快感。她知道她只是应用了她在大学里所学到的东西。会计人员通常要提出有难度的问题，还要有道德地寻找答案。像Cooper这样成为一名吹哨者并不容易。对于一些人来说，她是英雄，而对另外一些人来说，她是作恶者。但是无论人们有什么样的反映，她都清楚她所做的只不过是作为一名会计人员应该做的事情——不管说出真相是多么的痛苦。

然而在安然，Sherron Watkins却有着不同的经历。Watkins毕业于得克萨斯大学奥斯汀分校的会计专业，之后他在安达信开始了她的职业生涯。1993年，她跳槽到安然。但是，在2001年春天她又回归到财务领域直接为CFO Andrew Fastow工作。随着她对安然的会计信息熟悉起来，她发现该公司的表外负债金额越来越显著。于是在8月份，她写了一封备忘录给公司的CEO并和他进行了单独会谈。Watkins解释了公司中存在的会计骗局。然而之后不久，她发现备忘录中提到的问题非但没有被调查，法律部门反而公布了另一个备忘录。备忘录的内容大概是"怎样管理那些喜欢发布敏感性报告的员工"，并提到了得克萨斯州的法律没有保护吹哨者的条例。公司的老板没收了她的权力，她被完全孤立了。她十分后悔当初没有把情况报告给公司的高层管理人员，但她认为得克萨斯州应该重视她的指控。最终，Watkins被证明是正确的。尽管安然的大多数人都已经认识到了公司发生了什么事情，但他们并没有引起足够的重视。凭借Watkins的会计背景，她很快识别出公司内部存在的不规范并努力改正它们。安然公司的另外一名员工说道："成百上千的员工实际已经知道了发生了什么，但是他们都选择旁观。"只有Watkins作出了正确的决定。

资料来源："The party Crasher," *Time*, December 30, 2002—January 6, 2003. pp. 52—56; "The Night Detective," *Time*, December 30, 2002—Januray 6, 2003, pp. 45—50; M. Flynn, "Enron Insider Shares Her insights," *Puget Sound Business Jounal*, March 7—13, 2003, p.50。

服务性组织和非营利性组织中的管理会计

管理会计的基本思想很大程度上来源于生产制造型企业的会计。然而，这些思想通过演变已经可以适用于各行各业，包括服务性组织和非营利性组织。在我们的定义中，**服务性组织(service organizations)** 是指那些制造或销售的不是有形商品的企业。注册会计师事务所、律师事务所、管理咨询公司、房地产公司、运输公司、银行、保险公司和旅馆，都是以营利为目的的服务性组织。

> **服务性组织(service organizations)**：不生产或者销售有形物品的组织。

大多数非营利性组织(如医院、学校、图书馆、博物馆和政府机构)也都是服务性组织。非营利性组织的管理人员和会计人员与营利性组织的同行之间有很多的共同之处。他们都需要筹集和利用资金，都需要制定预算，都需要设计并执行控制系统。所有的管理人员都有责任有效地利用资源。灵活运用会计信息，对提高经营效率，帮助营利组织和非营利性组织完成目标都有至关重要的作用。

营利性和非营利性服务组织的共同特点归纳如下：

1. **劳动力密集**：对于类似学校和律师事务所这样的组织，费用中所占比例最大的就是和工资有关的支出，而不是那些与使用机器、设备和固定设施有关的支出。

2. **产出难以计量**：因为服务业的产品是无形的，所以很难准确地计量。例如，大学的产出可以定义为授予学位的数量，但是很多评论家坚持认为真正的产出是学生学到的知识。

3. **主要的投入和产出不能储存**：服务不能被储存起来。例如，一个航班多余的机位不能被暂时储存起来，然后供下次航班使用，而一家旅馆每天提供的服务和房间也同样不能储存。

在服务性行业和非营利性组织中建立会计系统，简单化是一项重要原则。因为很多专业人员如医生、教授和政府官员都没有时间处理复杂的系统。因此他们使用的信息必须以一种简明易懂的形式存在。实际上简单化是设计任何会计系统都应该遵循的重要原则。由于复杂所带来的收集信息和解释信息的成本往往会超过预期的收益。简单化有时可以表示为 KISS(即 "keep it simple and stupid"，或者更确切的是 "keep it simple for success")。

成本—收益与行为意义

除简单化外，在设计会计系统时管理人员还应该考虑另外两个因素：(1) 成本—收益的权衡；(2) 行为影响。

> **目 的 3**
> 解释设计会计系统时涉及的成本—收益与行为问题。

成本—收益权衡（cost-benefit balance）——估算可能的成本，并与可能的收益进行权衡，是一个企业在选择所用的会计系统和方法时考虑的首要问题。因此，本书将不断强调考虑成本—收益的问题。会计

> **成本—收益权衡（cost-benefit balance）**：估算可能的成本，并与可能的收益进行权衡，是一个企业在选择所用的会计系统和方法时考虑的首要问题。

系统像办公用品或者劳务一样是一种商品，因此它是有各种价位的。那么管理人员希望购买什么样的系统呢？一个简单的收集、存放收据和已注销支票的文件抽屉？还是一个基于公司及其下属单位之间的计算机化模型的精心设计的预算系统？或者是介于这两者之间的什么系统？

究竟选择哪一种系统，取决于管理人员对预期收益和成本的比较。例如，一个大学医院的行政人员可能考虑安装一个用于控制医院经营的计算机化高级医疗系统：使用者只需输入一条信息，该系统就会自动将信息载入预算、购买和支付记录。这种系统效率高、错误率低，那么它值得购买吗？这取决于它的预期收益：如果它为医院带来的收益大于成本 300 000 美元，那它就是一个好的选择；反之，行政人员就应该选择其他会计系统。

除了考虑会计系统的成本—收益问题，在购买系统时还应该考虑会计的**行为意义**（behavioral implications），即会计系统对管

> **会计的行为意义（behavioral implications）**：会计系统对管理者的行为，尤其是所做决策的影响。

理人员的行为（特别是决策行为）的影响。系统必须以一种适用于管理人员的方式为他们提供准确、及时的预算和业绩报告。如果管理人员不使用会计报告，会计报告就不会产生任何收益。

管理会计报告会影响雇员的情绪和行为。例如，管理人员的上级利用业绩报告来评价管理者是否对经营负责任。如果报告不公正地将过多的成本归入该部门，则该部门的管理人员可能会对会计系统失去信任，而且不再利用它来进行未来的决策；相反，一个受管理者信赖的会计系统会对他们的决策和行为产生重要的影响。

简言之，管理会计如果能够意识到对行为影响的重要性，则更有理由被认为最好地权衡了会计信息的成本—收益。因此，为了提供给管理者更好的信息，管理会计必须懂得相关的其他学科，如经济学、决策学和行为科学。

管理过程与会计

无论什么类型的组织，管理人员都可以从会计所提供的有助于计划和控制组织经营管理的信息中获益。

计划与控制的实质

管理过程就是计划和控制循环中的一系列活动。**决策制定**（decision making）——从为实现某个目标而设计的一系

> **决策制定（decision making）**：从为实现某个目标而设计的一系列可行方案中作出目的性的选择。

列可行方案中作出目的性的选择——这是管理过程的核心。决策的范围可以从常规决策(安排生产日程)到非常规决策(开设一条新的生产线)。

一个组织内的决策通常可以分为两种类型:(1) 计划决策;(2) 控制决策。在实务中,计划和控制是紧密交织在一起的,这种划分只是人为地把它们分开。然而,在学习管理的过程中,为了简化分析,这种人为的划分有助于将注意力集中在计划方面或是控制方面。

图 1-1 的左侧列举了某家星巴克使用的日常经营计划和控制循环。**计划(planning)**(左上第一个方框)为组织制定目标并描述怎样实现目标。这样,计划回答了两个问题:组织想达到的目标是什么?什么时候以及怎样组织才能实现目标?对于星巴克来说,管理人员希望提高企业的赢利能力。为实现这个目标,管理者计划扩充饮品种类并加大广告投入力度。而**控制(control)**是指将计划付诸实施并通过不断地反馈来评价目标实现的程度。与之对应,星巴克扩充了菜单上的品种并加大了宣传力度。管理者会基于选定的业绩指标,如饮品、售增长率等,评价这些活动的效率。反馈对于计划和控制循环是至关重要的,计划决定行动,行动产生反馈,反馈进而又影响计划和行动。有效的反馈的主要来源是内部会计系统提供的及时、系统的报告。没有一个循环可以脱离会计系统而独立存在。

> **计划(planning)**:确定一个组织的目标,并为如何达成这些目标设计计划。
>
> **控制(control)**:执行计划,并通过不断的反馈来评价目标实现的程度。

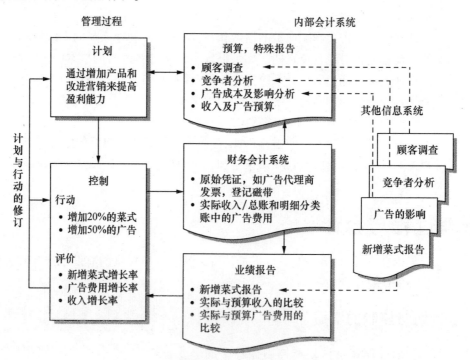

图 1-1　乔普饭店:计划与控制循环的会计框架

例外管理

图 1-1 的右侧说明会计通过预算的形式把计划正式地确定下来。**预算(budget)** 是行动计划的数量化表达形式。星巴克通过收入和广告预算确定了它的增加产品和改进营销的计划。预算也是一种协调和实施计划的辅助手段,它还是控制和规范管理计划的主要方式。没有预算,计划就不会得到应有的重视。

会计系统是计划和控制这两个方面的共同基础。它通过对业务活动进行记录、计量和分类,从而产生业绩报告(最后一个方框)。**业绩报告(performance reports)** 通过对实际结果与计划的比较,并通过强调**差异(variances**,即与计划的差异)来提供反馈信息。例如,星巴克的管理人员通过对比收入增长率和广告费用增长率来评价广告计划的有效性。通过这些评估结果,管理人员可以对计划进行有效的改进和修正。

表 1-2 是一家假想的星巴克店——梅非尔星巴克的简单业绩报告。企业利用业绩报告来判断管理人员的决策正确性以及企业的生产效率。业绩报告通过对比实际经营结果和预算,激励管理人员完成预算目标。

> **目 的 4**
> 解释预算和业绩报告在企业计划和控制中的作用。

> **预算(budget)**:行动计划的数量化表达形式,它是协调和实施计划的辅助手段。

> **业绩报告(performance reports)**:通过对实际结果与计划的比较,以及强调差异来提供的反馈信息。

> **差异(variances)**:与计划的差异。

表 1-2　梅非尔星巴克:20×7 年 3 月 31 日业绩报表

	预算	实际	差异
销售收入	$50 000	$50 000	0
减:			
原材料	22 000	$24 500	$2 500 U
服务人员(吧台服务员等)	12 000	11 600	400 F
其他员工(经理等)	6 000	6 050	50 U
设备、维修等	4 500	4 500	0
总费用	44 500	46 650	2 150 U
净收入	$5 500	$3 350	$2 150 U

U——实际费用(收入)大于(小于)预算;F——实际费用(收入)小于(大于)预算。

表 1-2 的第一列代表该公司 20×7 年 3 月的预算。预算是根据预计的销售额以及相应所需的成本额计算出来的。在管理者和他的上级达成一致后,这个预算就成为管理者该月的经营目标。

随着咖啡店开始卖出商品并发生费用,星巴克的会计系统开始收集有关收入和成本的信息。在月末(如果管理者需要及时的反馈,也可以是在周末甚至每天结束营业时),会计部门就会制备一张类似表 1-2 样式的本店的业绩报告。真正的报告往往包含更多的详细内容,但是报告的形式一般都与该表类似。

咖啡店的管理者及上级通过使用业绩报告来帮助评估该店的经营状况,他们的关注点是与预算的差异。梅非尔店的业绩报告表明它完成了预期的销售额,但原材料的成本却比预计高出了 2 500 美元,服务人员费用减少了 400 美元,其他人员的成本高出了 50 美元。通过对这些差异进行调查,管理者可以发现更好的经营方法。从上可知,原材料与预算产生了重大的差异,毫无疑问,管理者要先对它进行调查。

业绩报告会促使管理层对例外事件(实际金额与预算金额之间存在较大差异的项目)展开调查,这样能使经营活动符合计划安排,或者对计划进行修改。这个过程常常被称为**例外管理**(management by exception),即把注意力集中在偏离计划的项目上,而无须关注那些运行平稳的项目。因此,例外管理的方法可以使管理人员不再考虑那些与计划相符的经营方面。另外,设计周到的计划应该有足够的自主权和灵活性,这样管理人员就可以随时抓住那些未预见到的机会。换句话说,控制不应该是一种束缚。当发生某些事件,需要采取一些未在计划中给予特殊授权的行动时,管理人员应该能随机应变地采取行动。

> **例外管理**(management by exception):即把注意力集中在偏离计划的项目上,而无须关注那些运行平稳的项目。

产品生命周期及价值链的计划与控制

许多管理决策会与某一产品或服务,甚至是一系列产品有关。为了有效地计划和控制这些产品和服务,会计人员和其他管理者必须考虑产品的生命周期。**产品生命周期**(product life cycle)是指某一产品所经历的不同阶段,从产品构想、开发到进入市场,经过成熟发展,最终退出市场。在每一个阶段,管理人员必须考虑不同的成本及可能带来的回报。图 1-2 介绍了一个典型的产品生命周期。

> **产品生命周期**(product life cycle):是指某一产品所经历的不同阶段,从产品构想、开发到进入市场,经过成熟发展,最终退出市场。

图 1-2 典型的产品生命周期

产品生命周期的跨度可以从几个月(如时装或时尚玩具)到很多年(如汽车或电冰箱)。有些产品,像许多计算机软件包,其开发阶段很长,而销售寿命则相对较短;其他像波音 777 飞机等产品的市场寿命则是开发阶段的许多倍。在计划阶段,无论产品生命周期是长还是短,管理人员都必须确认整个生命周期的收入和成本,而会计系统则需要记录整个生命周期的实际成本和收入。定期将计划的成本与收入和实际的成本与收入进行比较,有助于管理人员评价产品目前的赢利能力,确定当前产品所处的生命周期阶段,并获得对战略部署及时作出必要的调整的能力。

例如,假设一家制药公司正在研制一种降低血压的新药。这个产品的预算必须包括产品开发阶段发生的、没有产生收入的那部分成本。而大部分收入产生于进入市场和市场发展成熟阶段。这时,产品的定价策略必须考虑:收入不仅要补偿生产药物的直接成本,还要弥补产品开发和衰退阶段的成本。在衰退阶段,药物的生产成本必须与所得的收入和维持药物依赖者的市场需求相平衡。

价值链

除了考虑产品的生命周期,管理人员在制订计划和控制决策时要想到哪些活动对公司开发新的产品或服务项目是必要的。每一个企业——无论是在购物中心制作面包圈,还是在车间制造价值 5 000 万美元的飞机——都需要根据顾客的需求来制造产品或提供服务。**价值链(value chain)** 是使企业的产品或服务增值的一系列经营活动,这些活动包括:

> **目 的 5**
> 讨论会计在企业价值链职能中的作用。

> **价值链(value chain)**:一系列使企业的产品或服务增值的商业活动或者作用过程。

- 研究与开发——形成对新产品、服务或流程的构想并付诸实验
- 产品、服务或流程的设计——对产品的具体设计和技术要求
- 生产——协调和配置资源以生产产品或提供服务
- 市场营销——使个人或团体了解产品或服务价值和特点的方式(例如广告和销售)
- 配送——企业向客户提供产品或服务的机制
- 客户服务——向客户提供支持活动
- 支持性职能——向其他内部业务职能部门提供支持性活动(如管理信息系统、会计)

图 1-3 列示了这些经营活动。就一个企业的成功而言,并不是所有的活动都处于同等重要的地位。高级管理人员必须判断哪些活动能使企业获得并保持竞争优势。例如,戴尔电脑公司把设计活动视为一个项目取得成功的决定性因素,因为该公司的设计特色使其产品具有更高的品质;除此之外,有效的制造、销售流程设计也降低了制造成本,加快了产品的供应速度。当然,戴尔公司也执行了价值链上的其他活动,但是它更注重成为电脑市场上最佳的流程设计者。

会计人员在整个价值链中起着至关重要的作用,其中最重要的就是在生产环节。在这一阶段,会计人员计量生产的成本并帮助追踪不断改进的生产流程所带来的影响。会计人员帮助计划成本并通过利用预算和业绩报告帮助控制生产过程。然而,在价值链上生产活动之前发生的两种活动中,会计也有着重要的影响。例如,会计人员在研发阶段,特别是设计阶段估计可能产生的收入和利润,利用这些数据,管理人员决定应该把哪项设计付诸生产、哪项产品应该放弃。这些数据还可以帮助管理人员和工程师通

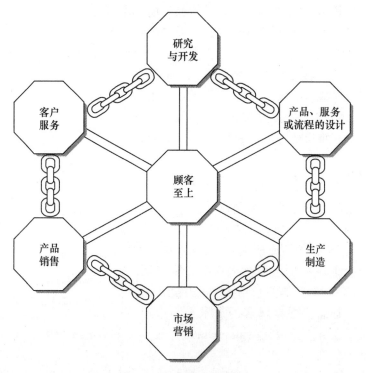

图 1-3　经营活动价值链

注：诸如管理信息系统和会计这样的支持性活动并未在图中列示。这些活动也支持着整个价值链的其他活动。

过改进生产和流程的设计来减少产品或服务的生命周期成本。使用计算机化的计划软件，会计人员可以在决定购买昂贵的设备前为管理人员提供有利于降低成本的反馈意见。

　　会计人员在价值链上生产之后的各个环节中也起着重要的作用。例如，营销决策对销售收入有着重大的影响，而宣传活动的成本也是十分重要的。因此，会计人员就要比较增加的成本和消耗的费用。此外，会计信息也会影响配送商品和服务方面的决策。公司应该直接销售给零售商还是销售给批发商？应该利用什么运输工具——火车还是汽车？会计人员能为每项决策提供有关成本的重要信息。最后，会计人员还能为客户服务活动提供成本数据，如保证、修理费用和退货成本。管理人员还可以通过成本—收益分析为客户提供更好的服务。如上所述，成本管理贯穿着价值链的整个过程，并发挥着重大的作用。

　　应该注意到，顾客至上位于图 1-3 的中心，每一个价值链的功能都应该强调为顾客创造价值。成功的企业永远不会忽视顾客需求的重要性。例如，星巴克责任报告中最重要的原则就是"无论何时都要积极地满足顾客"。在一个完全不同的行业中——航空业，顾客同样也是核心。正如波音公司的前任董事会主席和首席执行官菲利普·康迪特所说：

　　　　"顾客的选择可以给予企业美好的未来，也可能预示了它们的衰亡。我们不断地努力以使每位顾客满意……我们追求的是真正了解顾客的各种需要,而不是推行我们的观念和技术。"

价值链、增值及顾客至上是成功的关键。会计人员都必须关注价值链的每一个环节中所创造的价值与发生的成本之间的比较。因此,我们将以价值链为出发点,围绕它展开本书的讨论。

 管理决策练习

计算价值链上的各个环节中的成本是对星巴克至关重要的管理环节。假设你是星巴克的管理人员或会计人员,针对下面列举的每项活动,请问其执行的是价值链的哪部分活动?在这个活动中对管理者是有用的是哪些会计信息?

1. 工艺工程师负责研究缩短焙烧咖啡豆的时间和更好地保留咖啡豆风味的方法。
2. 建立一个送货上门的电子订货系统来销售咖啡。
3. 购买阿拉伯咖啡豆并运送到公司的加工车间。
4. 成立专门小组,研究调查建立一条卡布其诺咖啡饮品新生产线的可行性。
5. 为电子订货的顾客开通一条热线,收集有关产品质量和供货速度的反馈意见。
6. 公司所属的每家零售店向顾客提供有关咖啡制品生产工序的信息。

答案:

1. 设计。不论是产品设计还是这里所说的工艺设计,都是设计活动的一部分。管理人员需要有关的不同种备选产品的成本信息以制定决策。
2. 配送。这里开发了一条向顾客提供产品的新途径。管理者需要衡量送货上门产生的收益和成本。
3. 生产。咖啡豆的买价和运输及装运成本都是生产阶段发生的成本的一部分。星巴克只购买优良的咖啡豆,但是公司始终关注支付的价格和运输成本。
4. 研究与开发。在管理人员最终决定设计和生产新产品之前,这些成本(主要是工资)就已经发生了。针对卡布其诺市场预测收入和成本可以帮助管理者设计一种既有市场竞争力又具赢利能力的产品。
5. 客户服务。这些成本包括产品售出之后的所有支出。在这个例子中客户服务成本包括星巴克为获得有关产品质量和供货速度的反馈而产生的成本。管理者要权衡热线的成本和由此产生的收益。
6. 市场营销。这一阶段的成本是为了增加现有或潜在客户对产品的了解和评价而产生的。就像很多广告一样,很容易得出成本但是很难计算产生的收益。

会计在组织中的地位

在过去的十几年中,管理会计在企业中的角色经历了迅速的变化。考虑如下四个管理会计的行为活动:

- 收集、编辑信息
- 制备标准报告
- 解释并分析信息
- 参与制定决策

最近的调查显示,管理会计在前两项活动中花费较少的时间,更多的精力是花在后两个活动过程中。通常,管理会计已经成为有关信息方面问题的内部咨询人员——也就是说,他为管理者建议哪些信息是有用的、哪些信息是可用的以及怎样分析信息并把它应用到决策过程中。

业务权限和辅助权限

随着组织规模的扩大,在管理人员之间分配责任就变得至关重要,而且每个执行人员都应该有自己特定的责任。**业务管理者(line managers)** 直接参与生产或销售公司产品的管理权限。他们所做的决策直接决定着能否实现公司的目标。相反,**辅助管理者(staff managers)** 是为业务权限管理者提供建议的管理者。他们的权限在业务管理者之下,他们仅仅是为业务管理者提供信息和建议。

> **业务管理者(line managers)**:是指直接参与生产或销售公司产品的管理者。他们所做的决策直接决定着能否实现公司的目标。

> **辅助管理者(staff managers)**:是为业务权限管理者提供建议的管理者。他们的权限在业务权限之下,绝对不能逾越业务管理者,他们仅仅为业务管理者提供信息和建议。

图 1-4 中的组织结构图展示了一个传统的生产型企业是怎样在业务管理者和辅助管理者之间分配责任的。在图中,销售、工程、人事、财务对整个公司提供辅助作用;而仓储、检验、工具库、采购、生产控制以及维护为生产车间提供辅助作用;最终所有辅助人员都为负责生产的业务管理人员提供辅助作用。

很多现代企业组织已经抛弃了图 1-4 中所示的等级分明的结构,他们更偏好于一种更加水平的结构模式。在这种结构中,跨部门决策代替了个人决策,而管理会计仍然是提供信息的专家,只不过他们不再被局限在组织框架的一个分支中。管理会计人员不再仅仅是坐在办公室中制作那些提供管理人员决策的报告,而是和业务管理人员们一起工作,一起决定哪些潜在的信息对管理决策是有帮助的。

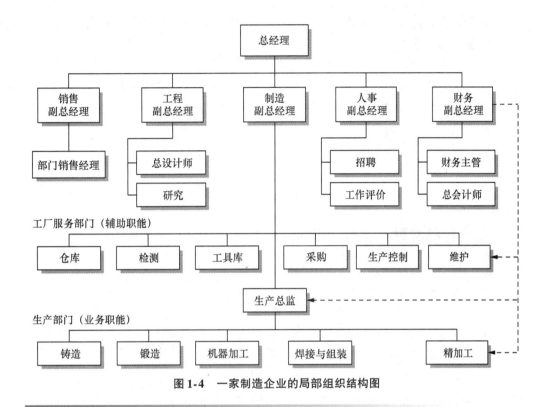

图 1-4　一家制造企业的局部组织结构图

商业快讯

Marmon Group 公司中会计人员的角色

Marmon Group 公司的案例可以完全解释为什么管理会计人员在当今优秀企业中起着越来越重要的作用。Marmon Group 是一家总部位于芝加哥的跨国公司,麾下有 100 多家工厂及服务机构,该公司的平均年收入超过 63 亿美元,平均资产超过 74 亿美元。它是美国 20 大私有企业之一。该公司的业务遍布全球 40 多个国家,拥有上千种不同的产品和服务(包括手套、饮水机、铁路油罐车、医药产品以及为银行提供信用服务)。Marmon Group 的管理人员在制定决策的时候都要使用大量的管理会计信息。

在 Marmon Group 公司中管理会计人员的角色到底是什么呢?根据 Marmon Group 前任成本管理总裁史密斯所说:"在我们的诸多公司中,管理会计的角色已经发生了翻天覆地的变化。"以前,管理会计人员只不过是一些文职人员,他们的工作就是月底的时候分析企业成本的差异。然而现在,Marmon Group 的管理会计人员同经营人员和销售人员紧密配合,并为他们提供有意义的成本信息。史密斯说:"在过去的几年中,管理会计人员已经不仅仅是财务战略和商业战略的咨询者,经营和销售管理人员也同样需要他们提供的信息。管理会计人员可以帮助他们分析他们的行为是怎样影响成本及盈亏平衡点的。"

管理会计对 Marmon Group 越来越重要了。据史密斯所说,由于过去十年里的经济大萧条和来自国外的竞争,管理人员已经认识到管理成本是十分重要的。一个产品或服务的真实成本可以影响公司的赢利能力。

史密斯说:"为了帮助管理企业生产的真实成本,管理人员和会计人员不再把财务报表上的成本作为唯一重要的成本。"现在,他们是为手中的决策计算成本。史密斯认为这是一种积极的转变。因为这可以使管理会计人员理解自己的全部功能,以及这些功能是怎样产生价值的。

资料来源:The Marmon Group Web site(www. marmon. com):discussions with James Smith, former director of cost management, the Marmon Group。

总会计师和财务主管的职能

我们已经讨论过了企业组织中管理会计的各种职能,而承担管理会计职能的雇员们的头衔也有很多种。**首席财务官(chief financial officer, CFO)** 是管理财务与会计方面问题的最高官职,在大多数企业中都是他在掌管着会计职能。正如图1-4所示。财务主管和总会计师通常都要向他汇报。**财务主管(treasurer)** 主要管理像筹集资金和管理资金这种财务方面的事情。而**总会计师(controller, 在很多企业中也称为审计官, comptroller)** 主要管理帮助制定决策有关的操作方面的事情,换言之,财务主管负责与财务有关的事情,而总会计师负责与会计有关的事情。总会计师是企业中会计部门的最高负责人,他帮助管理人员制作预算、分析差异、定价以及做其他特殊的决策,他通常还为外部人员提供财务报表。

> **目 的 6**
> 比较总会计师和财务主管的职能。

> **首席财务官(chief financial officer, CFO)**:是一个企业中管理财务与会计方面问题的最高官职,通常来说,首席财务官需要宏观掌握企业的会计职能。

> **财务主管(treasurer)**:主要管理企业经营中,筹集资金和管理资金之类的财务方面事务的人员。

> **总会计师(controller, 在很多企业中也称为审计官, comptroller)**:是一个企业中级别最高的会计事务人员。他主要是处理诸如帮助管理决策制定之类的运营事务。

财务执行委员会——公司财务主管和总会计师组成的组织,如下区分他们的职责:

总会计师	财务主管
1. 规划控制	1. 资本供应
2. 报告与解释	2. 与投资者的联系
3. 评价与咨询	3. 短期融资
4. 税务管理	4. 银行与保管
5. 向政府报告	5. 放贷与投资
6. 资产保全	6. 投资
7. 经济评估	7. 风险管理(保险)

第1章　管理会计、企业组织和职业道德　23

管理会计是执行总会计师前三项职能的主要手段。对于小型企业来说,财务主管和总会计师可能是同一个人,但是区分二者的角色是很重要的。

小结与复习

问题:

下面描述的是财务主管或者是总会计师的一些活动,说明下述是不是他们职能并解释为什么?

1. 在朗讯公司,梅杰女士负责运行公司融资中获得的120多亿美元的资金,管理顾客财务活动,监督公司人员与投资者的关系,管理价值300亿美元的员工福利资产。

2. 在一家加利福尼亚的配送公司中,我们在全公司范围内开展资本运算,希望可以降低10%的资本开销。

3. 在DRS技术公司,哈得曼先生负责……安排长短期融资,保持与商业银行和投资银行以及评级机构的关系,监督国内外的资金管理,预测、制定、执行外汇战略,以及提供利率风险管理和资本结构分析。

答案:

1. 所描述的活动都是财务活动,因此梅杰女士是财务主管。
2. 预算和对资本支出的建议都是总会计师的职责。
3. 所有提到的活动都是财务活动,因此哈得曼先生是该公司的财务主管。

管理会计中的职业机会

在典型的组织中,我们会发现许多不同类型、不同层次的会计人员,这意味着掌握会计知识的人有大量的就业机会。一般来说,会计专业毕业的大学生的平均起薪要高于除工程和计算机科学专业以外的毕业生的平均水平。在2006年,据国家学会与雇主委员会的调查显示,会计专业毕业生的起薪要比社会科学专业毕业生高30%,比一般的企业管理专业毕业生高15%。在更高的层次中,企业的管理人员认为,管理会计可以帮助他们更好地理解企业成功的决定要素,也因此帮助他们更好地进行管理和执行活动。

> **目　的　7**
> 解释为什么会计在多种职业领域中都是重要的。

注册管理会计师

一提到会计,大多数人会首先想到独立审计师——**美国的注册会计师(certified public accountant,CPA)**或者是**国外的注册会计师(chartered accountants,CAs)**——他们向公众证明公司管理当局提供的财务信息的可靠性。**国际会计教育准则理事会(international accounting education standards board,IAESB)**是国际会计联盟的组成部门,它制定全世界审计行业的教育准则。然而,大多数会计人员都是在私有企业或者政府部门工作,他们在制作财务报表的同时,也在为管理人员提供管理会计的信息。

对于企业内部的会计人员,**注册管理会计师(certified management accountants,CMA)**就相当于CPA。**管理会计师协会(institute of management accountants,IMA)**是美国最大的致力于企业内部管理会计的会计师职业机构,它负责监督注册管理会计师的考试程序。取得CMA必须通过4门考试:(1)企业分析;(2)管理会计与报告;(3)战略管理;(4)商业运用。① 与CPA相比,CMA的持有者拥有更高的地位,同时CMA持有者也必然拥有更多的责任和报酬。IMA最近的调查显示,它的注册会员的年均工资要比没有注册的会员高30 000美元。

> **美国的注册会计师(certified public accountant,CPA)**:在美国,确保公司的会计报表的可靠性和真实性的独立的会计师。

> **国外的注册会计师(chartered accountants,CAs)**:在很多国家中,等同于CPA。

> **国际会计教育准则理事会(international accounting education standards board,简称IAESB)**:是国际会计联盟的组成部门,它制定全世界审计行业的教育准则。

> **注册管理会计师(certified management accountants,简称CMA)**:就相当于CPA。

> **管理会计师协会(institute of management accountants,简称IMA)**:美国最大的致力于管理会计方面的会计师职业机构,它负责监督注册管理会计师的考试程序。

高级管理职位的培训

如果你不打算成为一名会计工作人员——无论是CMA还是CPA——你为什么要学习管理会计呢?因为学习会计可以帮助你理解一个企业的决策制定过程,以及信息是怎样改善采购、生产、批发、零售、营销和其他活动领域中的决策活动的。无论你处于什么样的管理职位,通过学习管理会计,你可以提高自身技能并且成为更好的管理者。

除了学习会计知识外,在职业生涯的起步阶段成为一名会计人员,可以让你接触到企业运作的各个部门。通过全面了解企业,你可以更好地为以后的职位做准备,如生产管理人员或营销人员。为什么呢?因为你可以和那些领域的管理人员接触,学习他们的经验,并让他们对你留有印象。《商业周刊》的一篇文章中写到,"总会计师正逐步走

---

① 相关信息可以从以下网址获取:www.imanet.org。

进高级管理层的原因就是只有他才对企业的所有方面都十分熟悉"。《财务主管》杂志的最近一项调查显示,在年工资超过5亿美元的公司的CEO中,有33%是从财务人员或会计人员成长起来的;而只有26%是从执行人员中产生,21%从销售或营销人员中产生。像菲利普这样的CEO都拥有财务背景。因此,你应该知道管理会计是企业中通往更高地位的阶梯。

适应变化

21世纪的企业不同于20世纪的企业,市场竞争变得更加激烈,而获得信息也变得更重要。现在,很多企业的优势来源于他们拥有更好的信息,而不是机械设备,因此这种公司必须不断地完善他们的会计信息。而那些用于辅助20世纪80~90年代的传统企业的信息已经不再适合现代的企业环境了。商业环境的改变也引起了会计系统的变革。最近的变化使得信息(包括会计信息)承担起更重要的角色,因此这也提高了企业中会计人员的声望和影响。Executive Search公司的一名管理人员在《财务主管》杂志中这样概括到:"我们要寻找的CFO,不仅要具有敏锐的财务头脑,还要可以和CEO成为真正的商业伙伴——他必须有胆识和能力担当公司的第二位执行官。"

当前的趋势

影响当今管理会计发展的四个趋势:

1. 美国正加快从工业性经济向服务性经济的转变
2. 全球竞争的加剧
3. 技术的进步
4. 企业流程的变革

> **目　的　8**
> 明确管理会计的当今发展趋势。

我们将在这部分讨论前三种趋势,第四种在以后的部分讨论。

现在服务行业的工作人员已经占到了美国总就业人数的80%。第三产业是十分具有竞争力的,因此他们的管理人员越来越依赖于会计信息。这本书中的很多例子都来源于服务性行业的公司。

由于很多国家类似关税等的贸易壁垒已经降得很低,全球的竞争更加激烈。此外,现在全球存在着一种降低管制的趋势,这会导致世界经济力量的重新分配。现在的美国就可以证明这种趋势:为了重新获得竞争力,美国很多企业开始重新设计会计系统,进而帮助提供更精确、更及时的关于活动、生产和服务成本的信息。为了更具有竞争力,管理人员必须清楚自己的决策对成本的影响,而会计人员就可以帮助他们实现这个目的。

在过去的十年中,对管理会计影响最大的就是技术的发展,它既影响生产过程又影响会计信息的使用。计算能力的增强和成本的降低使得会计人员改变了收集、储存、操纵和报告信息的方法。在很多情况下,管理人员可以自己直接从数据库中获得信息并产生他们所需要的报告和分析。现在,管理人员和会计人员一起工作,以确保所需数据的可用性并确保管理人员知道如何组织和利用数据。

如今发展最为迅猛的技术之一就是**电子商务(electronic commerce 或 e-commerce)**即在线交易的发展。媒体往往强调 **B2C**(企业对消费者的电子商务),但是事实上 90% 的电子商务都是 **B2B**(企业对企业的电子商务)。2001 年和 2002 年的经济萧条并没有影响到电子商务的发展,相反,一年之间它增长了将近 50%。B2C 是方便了消费者,而 B2B 却为参与的企业真正地节省了成本。例如,通过电子商务,一些公司降低了约 70% 的采购成本。电子商务交易的会计不同于传统企业的会计,因为这种交易没有会计人员用于确保数据和报告准确的纸制凭证。

> 电子商务(electronic commerce 或 e-commerce):网上交易。

> B2C:企业对消费者的电子商务。

> B2B:企业对企业的电子商务。

技术发展对会计系统的直接影响就是 **ERP(enterprise resource planning)** 系统的使用,它把用于支撑企业所有功能领域的信息都整合起来了。在这个系统中,会计只是一个组成部分。Oracle 这样描述它的 JD Edwards EnterpriseOne ERP 系统:"这个系统可以帮助你整合公司的所有方面——顾客关系管理、公司资产管理、公司资源利用、供应链管理和供货商管理。"其他著名的 ERP 系统供应商有 SAP、Microsoft Dynamics 和 Sage Group。在企业中,会计人员必须和管理人员一起工作,确保 ERP 系统提供的财务信息是管理者所需要的。

> 企业资源计划系统 ERP(enterprise resource planning):支撑公司所有功能领域的整合信息系统。

最后,**可扩展商业报告语言(eXtensible Business Reporting Language,XBRL)**的发展,帮助了财务信息的电子交流。这种语言通过使公司之间的信息对比更加简单,从而对公司的内部报告和外部报告都产生了极大的影响。

> 可扩展商业报告语言(XBRL):是 XML(可扩展标记语言,eXtensible Markup Language)技术与财务报告信息交换的一种应用,它促进了电子化财务信息的可交流性。

企业流程的变化

管理会计是为了帮助管理层进行企业决策,因此会计系统必须适应管理行为的改变。一些公司通过**重新设计企业流程(business process reengineering)**对操作流程进行彻底的改革,也就是通过对商业流程的重新思考和根本性的重新设计,完成对公司在成本、质量、服务和速度等领域的表现的改变。

> 重新设计企业流程(business process reengineering):通过对商业流程的重新思考和根本性的重新设计,完成对公司在成本、质量、服务和速度等领域的表现的改变。

这种技术在美国十分流行，很多机构和企业如宝洁等都在使用。

一项促使美国工厂高效生产的最重要改变就是**适时制理念（just-in-time（JIT）philosophy）**的采用。起初，它是一种存货系统。通过控制原材料和零部件到达工厂的时间（在我们需要生产时到达）以及产品完工的时间（在我们要运送给顾客时完工），从而使存货量达到最小化。现在，JIT 已经成为更广阔的管理理念的基石。JIT 起源于日本的一些公司如丰田、川崎等，现在很多美国的大企业如惠普、固特异、通用电气、英特尔和施乐等以及一些小公司也在应用 JIT 系统。JIT 理念的精髓就是杜绝浪费。管理人员要努力做到：(1) 减少生产环节所耗的时间；(2) 杜绝在不增加产品价值的作业中所耗用的时间（如检查和等待时间）。另外一种提高效率的方法就是**精益生产（lean manufacturing）**，这种方法通过不断改进流程来从整个企业中彻底地杜绝浪费。例如，松下电器通过用机器人代替传统的传送带，把生产产品的时间从两天半缩减到了 40 分钟。

> **适时制理念（just-in-time（JIT）philosophy）**：一种通过减少产品生产过程中花费的时间以及杜绝花费在不能增加产品价值作业中的时间来杜绝浪费发生的理念。

> **精益生产（lean manufacturing）**：通过不断改进流程来杜绝整个企业范围内的浪费。

公司通过重新设计、简化和自动化生产过程减少了生产环节所消耗的时间，公司也可以使用计算机辅助设计（computer-aided design, CAD）设计出可以高效生产的产品，或利用计算机辅助制造技术（computer-aided manufacturing, CAM）直接管理和控制生产设备。而**计算机集成制造系统（computer-integrated manufacturing, CIM）**就是一个包含了 CAD、CAM、机器人和电脑控制设备的整合系统。利用这样一种系统的成本不同于那些自动化程度较低的系统的成本。安装这种系统的公司通过利用机器人和自动化设备来执行那些本来由生产线工人完成的日常工作，可以使用较少的劳动力。除了自动化生产，强调质量在今天这种激烈竞争的环境中也是十分重要的。在 20 世纪 80～90 年代，很多公司主动采用**全面质量管理系统（total quality management, TQM）**。TQM 通过提高质量来降低成本。它强调不断地改进质量并满足顾客的需求。近来人们用**六西格玛（Six Sigma）**方法控制质量，这是一种严格用数据控制质量的方法，进而取消每一环节的缺陷。现在有 35% 的公司使用这种方法。它实际上就是通过改进质量不断改进生产流程来降低成本。20 世纪 80 年代在摩托罗拉的带领下，很多公司像美国的通用电气、韩国的三星开始利用这种管理理念来改革企业。六西格玛从根本上确保了内部流程尽可能有效地运行。尽管这种方法起源于生产部门，但现在很多人事部门如法律部门也在使用这种方法进行质量控制。例如，杜邦和泰科公司的法律部门都利用六西格玛的方法改进合规过程、减少风险、降

> **计算机集成制造系统（computer-integrated manufacturing, CIM）**：一种包含了 CAD、CAM、机器人和电脑控制设备的整合系统。

> **全面质量管理系统（total quality management, TQM）**：通过提高质量来降低成本的创新。

> **六西格玛（Six Sigma）**：一种严格用数据控制质量的方法，进而取消每一环节的缺陷。

低成本以及使法律部门和公司的目标达成一致。在六西格玛的运用过程中,管理人员发挥着重大的作用,因为他们既是所使用的计量方面的专家,又是努力推广该方法的跨部门人员。

为什么这些商业流程的改变影响着管理会计呢?因为所有这些活动都直接影响成本,而会计人员就负责计量真正的成本节约、预测未来的成本节约以及计算不同的生产环境下产品或服务的不同的成本。例如,一家美国中西部的工厂通过重新设计工厂布局,使得产品从一个加工点转到下一个加工点的距离从 1 384 英尺缩短到 350 英尺,从而大大减少了生产时间。一家英国公司将长装配线换为生产单元后,加速了整个生产环节的连接,从而使生产一个真空泵的时间从三星期缩短到几分钟。管理会计可以计量减少生产时间所产生的利益。一般,企业为完成经济目标而改变生产流程时会计人员都要预测和衡量该改变所产生的经济影响。

管理决策练习

假设你是杜邦化学工厂的一名管理人员。这家工厂刚刚重新设计了企业流程,因此它的生产环节有了巨大的改变。随着先进设备代替了劳动密集型的操作,工厂变得更加自动化。同时,工厂还引进了电子商务和 JIT 存货政策。你正在和你的会计人员商讨应该如何改变企业的会计系统来适应这些变化。那么,什么样的会计系统比较适用呢?

答案:

生产环节的重大改变通常会导致不同的信息要求。老的会计系统可能强调劳动力,而新的会计系统应该仔细监督和报告自动设备的使用状况,这会使人们关注到重要的成本问题并使它们在管理人员的控制之中。解决问题所需要的信息也会不同。起初,管理人员需要对比新老流程成本的信息。慢慢地,他们需要关心的是怎样充分利用工厂所拥有的设备的能力,而不是为预计的生产水平要雇佣多少劳动力。

学习管理会计与流程改变的关系

在你继续阅读本书的过程中,要记得会计系统是随着世界的改变而改变的。今天公司可能会运用这本书中所谈到的所有技术,而明天可能一切都不同了。为了适应这种改变,你必须理解为什么公司使用这些技术而不是去掌握怎样应用这些技术。我们希望你抵制住记忆这些规则和技术的诱惑,而是把注意力集中到理解这些概念和原则的内在含义上。不管环境如何改变,这些内在含义对你理解和运用新的技术都是有用的。

职业会计师的道德准则

尽管企业的活动和会计系统一直在改变,但是对会计人员保持高的职业道德标准的要求从来没有改变过。正直始终是最重要的,而且经过了过去十几年的道德沦陷,正直变得更加重要。会计人员必须重新建立会计行业由于最近一些事件所毁坏的正直和高道德素质的名誉。

首先,我们应该给道德下定义。管理会计协会认为**道德(ethics)** 是关于判断人类行为好与坏、对与错的一个领域,是有关于决策制定的价值观的应用。这些价值观包括诚实、公正、责任、尊重和同情。我们一般认为,简单地说,道德就是做对的事情。

> **目的 9**
> 评价职业道德标准对会计职业人员的重要性。

> **道德(ethics)**:关于判断人类行为好与坏、对与错的一个领域,是有关于决策制定的价值观的应用。这些价值观包括诚实、公正、责任、尊重和同情。

道德品行的标准

民意调查显示,会计人员的职业道德总是排在最重要的位置。注册会计师和注册管理会计都必须严格遵守能力、保密、正直和客观性等方面的行为准则。表1-3列出了**管理会计协会制定的职业道德行为准则(IMA Statement of ethical professional practice)**。职业会计组织也相应制定了一系列程序,以调查那些被指控不符合该标准的行为。

> **管理会计协会制定的职业道德行为准则(IMA Statement of ethical professional practice)**:是由管理会计协会制定的一套行为准则,这些准则包括能力、保密、正直和客观。

表 1-3　管理会计协会职业道德行为准则

IMA 的会员应该只进行那些有道德的行为。职业道德行为的承诺包括:能够作为我们的行为的指导,并且能够表现我们的价值和准则的所有原则。
原　则
IMA 的道德原则包括:诚实、公正、客观以及责任。会员应该遵守这些原则并且鼓励企业中的其他人遵守这些原则。
准　则
没有遵守下面这些原则的会员可能会受到惩罚

Ⅰ.能力

每一个会员都有责任做到:
1. 通过不断地丰富自己的知识和技能,保持与其职业能力相适应的专业水平。
2. 严格依据相关法规、制度和专业标准履行职责。
3. 提供准确、清晰、简明、及时的用以支撑决策的信息和推荐。
4. 了解并沟通那些会影响责任判断和行为的成功表现的职业限制和其他限制。

(续表)

Ⅱ. 保密

每一个会员都有责任做到：
1. 防止泄露工作中获得的机密信息。除非得到所有者的同意或法律要求披露这些信息。
2. 告知下属对工作中获得的机密信息予以保密，并监督他们的活动以确保保密性。
3. 防止使用机密信息去谋求不道德或非法的利益。

Ⅲ. 正直

每一个会员都有责任做到：
1. 避免利益冲突。定期与企业协会进行沟通以避免利益的明显冲突，并对潜在的冲突提出建议。
2. 避免参加任何有碍于正确履行职责的行为。
3. 放弃参加或支持任何使职业信用丧失的活动。

Ⅳ. 信用

每一个会员都有责任做到：
1. 公正、客观地交流信息。
2. 公布所有可以预期到可能会对使用者理解报告、分析和推荐的相关信息产生影响的信息。
3. 公布所有有关信息、及时性、流程以及内部控制是否符合组织政策和使用适用的法律的延误原因和缺陷。

道德冲突的解决

在运用道德行为准则时，管理会计和财务管理执业人员可能会在确认不道德行为和解决道德冲突方面遇到问题。当面临重大的道德冲突问题时，管理会计和财务管理执业人员应该遵循已有的有关解决此类问题的原则——如果这些原则还不能帮助解决道德冲突。那么执业人员应该考虑采取以下一系列行动：
1. 与自己的直属上级讨论这些问题，当然如果他也牵涉其中就不要跟他讨论了。在直属上级受到牵涉的情况下，应该向更高级的管理层报告。如果你没有得到满意的解答，就应该同更高的管理层沟通这些情况。如果你的直属上级是 CEO 或同等职位的人，那么可以接受的参加讨论的机构是审计委员会、执行委员会、董事会、信托委员会及所有者。假设直属上级并不牵涉其中，在向更高级的管理层汇报时应该获得直属上级的首肯。除非违反法律规定，否则将这类问题告知未被雇佣或未涉及的管理当局或个人是不恰当的。
2. 通过和管理会计协会的道德咨询部门或其他外部顾问私下交流相关的道德问题获得更好的备选方案。
3. 向你自己的律师咨询有关道德冲突的法律责任和权利。

资料来源：Institute of Management Accountants, Ethical Standards, www.imanet.org/ima/about_ethics_statement.asp.

在企业内部，CFO 往往是道德的看门人，也是企业的道德核心。CFO 们不仅仅要做到本人很正直，他们还要确保公司的行为都是符合道德要求的。他们对于公司的道德行为和个人的道德行为应该平等对待。那些负责在 CFO 提交报告时检验道德标准的管理人员，如果理所当然地认为"企业是企业"，那么最终会使企业陷入困境之中。认识到这一点，许多公司开始采取类似道德压型(ethical profiling)的措施——努力只雇佣那些具有高道德水准的管理人员。

一个有道德的企业通常也会实施激励道德行为的政策。高层管理人员制定基调。高级管理人员从言语和行动上做到坦言支持道德标准并完善自身的正直是对企业道德行为的重大激励。就如人们常说的,高层管理人员应该做他们应该做的,说他们应该说的。**行为准则(code of conduct)**——专门用来具体描述企业道德标准的文件——是大多数道德工程的核心,但是只有准则是远远不够的。真正的政策和措施影响着人们的行为,也就是说管理人员的评估必须包括对道德行为的评估。即使不道德的行为会给公司带来更好的财务表现,企业也不能容忍这种行为。公司应该不奖励而是惩罚那些通过操纵会计报告隐藏亏损的员工。很多公司如世通、奎斯特以及 Global Crossing 等都通过创造会计分录使得它们的财务报告比真实的更好看。这些分录会产生误导影响,而且其中的一些完全是违法的。起初,管理人员会因为运用这种阴谋伎俩而被奖励,但是他们的阴谋最终会导致他们的公司倒闭。一旦被曝光,他们的行为会毁坏公司的正直形象,而且会引起投资者和其他人对公司的更多操作行为产生怀疑。

> **行为准则(code of conduct)**:由一个组织编纂的定义道德标准的文件。

大多数公司都把道德放在最重要的位置。例如,星巴克在它的任务报告的第一行就列示了道德准则:"把星巴克变成世界上最好的咖啡的首席供应商,并且在成长的过程中永远保持我们的原则。"本杰瑞冰淇淋公司拥有很高的道德荣誉,因为公司十分看重外部社会责任。正如其任务报告中所说:"通过主动采取行动改善更广大区域内人们的生活质量,包括本地、全国和全世界,使公司的经营活动主动承担起企业在社会结构中的核心角色。"遵守道德准则的公司要比违背道德准则的公司多得多,不幸的是,后者却更加受到大众的青睐。

为了保持高标准的道德标准,会计人员和其他人员应该认识哪些情形会导致发生不道德行为的压力。对于这些诱惑,《财务主管》杂志概括如下:

1. 强调短期效果。这可能是近期导致道德崩溃洪水暴发中最重要的问题。如果"制造数字"是首要的目标,那么会计人员会尽一切可能的手段来编造出预计的利润数字。

2. 忽视小问题。大多数的道德妥协都是从小开始的。第一步可能看似不重要,但是大的错误行为通常是一点一点的小错误累计的结果。容忍小的错误就会酿成大问题。

3. 经济周期。市场的衰退能够暴露出市场扩张时隐瞒的东西。当安然公司蓬勃发展时,没有人会质疑它的财务报告。但当经济转折下滑时,管理者为了满足上升的市场预期不得不开始进行道德妥协。由此详细审查暴露出的公司的众多问题就成了公司的灭顶之灾。为了防止状况恶化时道德问题的揭露,公司在处于好境况的时候就要十分警惕道德缺陷的出现。

4. 会计准则。会计准则变得越来越复杂也开始越来越少地依赖于直觉,由此也使得滥用会计准则很难被发现。有道德的会计人员不仅仅满足法律条文的要求,他们还把持着更高的标准,以披露全面、公正的信息。他们并不想寻找规章中的遗漏点,他们的目的是寻求透明——向信息使用者传达公司真实的经济业绩和财务表现。

很少有企业是故意违反道德要求的。即使像安达信会计师事务所这样由于在安然、日升等企业中没有完成审计任务而倒闭,它仍然有正式的道德结构,而且还有专门负责公司道德规范的合伙人。但是有太多的外界压力,尤其是收入增长的压力,侵蚀了道德控制并且引起了很多错误的决策。

道德的两难处境

会计人员的哪些行为是不道德的呢?不道德的行为是指那些违反了职业道德行为标准的行为。然而,道德标准为个人留下了太多需要自己解释和判断的空间。首先要问两个问题:行为是不道德的吗?如果不采取这种行为还是不道德的吗?如果这些问题的答案是清晰的,那么道德的行为就很明显了。例如,如果世通的会计人员问过自己把费用记为资产是否是不道德的话,他们除了回答是就别无选择了。然而,当没有法律准则或没有清晰的道德标准时,管理人员的道德选择就更加复杂了。当管理人员必须进行选择并且当(1)不同的利益之间存在重大的冲突;(2)所有的选择都是有理由的;(3)这种情况下决策会对股东产生重大影响的时候,道德两难处境就会出现。

假设你是一名会计人员,你的上级要求你为银行提供一份明年赢利的预测,而一项急需的贷款就取决于此预测。你的上级确信,利润至少要达到 50 万美元,否则贷款将不被批准。

根据你的分析,如果公司新产品的推广工作做得非常好,利润有可能超过 50 万美元。然而,最有可能出现的结果是仅仅能带来 10 万美元的利润;如果新产品失败,则公司会损失 60 万美元。而如果没有贷款,新产品就不可能问世,公司就不可避免地发生亏损,甚至可能倒闭。

你应该做怎样的预测呢?基本的问题就在于对新产品前景的预测。如果你的上级是正确的,那么作出利润少于 50 万美元的预测就是不道德的,这一预测意味着财务危机甚至破产。这会伤害股东、管理人员、雇员、供应商以及顾客的利益。但是如果你是对的,预测 50 万的利润就是不公正和不客观的,因为这会误导银行。而且你也认为很可能自己是错的而你的上级是正确的。

对于这种两难境地,没有一个正确的答案。这只是具有风险的灰色区域。但请记住,一系列的灰色区域会酿就黑色区域。也就是说,一系列的把道德行为置于边界的活动加在一起就会成为明显的不道德行为。会计人员最好与边界保持一定的距离。通常保持保守要比扩大道德边界好得多,安然就是扩大道德边界的"冠军"。如果安然的管理人员只做了一两次这种动作,很可能就是没有做任何不道德的事情,这种活动会被忽视。但是太多的可疑行为累计起来就导致公司把道德考虑最多放在第二位。

商业快讯

道德与公司行为准则

2002 年颁布的萨班斯法案要求企业"披露公司是否要求高级财务人员、主要会计人员或有相似职能的人遵守一系列的道德准则,如果没有,请解释原因"。这使得人们开始关注公司的道德问题。然而，不同的公司拥有不同的行为准则。一些公司把这些准则同公司的着装要求、不可使用非法药品、服从命令、保持积极可靠的态度、保密、不接受股东的礼物、避免种族或者性别歧视、避免利益冲突、遵守法律法规、不挪用公司资产以及报告非法活动等一般的行为准则放在一起。根据一家财务执行人员机构的调查，即使在发生安然丑闻之前，80%以上的公司都拥有行为准则。不同的仅仅是这些准则的种类以及执行力度的不同而已。

有一家公司只有一个要求——不要做那些可能使你出现在明天的报纸上的行为。而其他公司有着详细的名录，上面写着哪些可以做、哪些不可以做。还有一些公司采纳咨询公司的建议。尽管不同的公司有着不同的准则和不同的发展途径，但是它们的目标都是一致的——使员工保持正直。

为了促进行为准则的发展，财务主管协会（FBI）在它的网站上公布了样板。这些样板的两个极端就是 Wiremold 和 CSX Corporation。Wiremold 拥有一个简单的仅囊括 7 点的准则：（1）尊敬彼此；（2）诚实；（3）公正；（4）尝试新理论；（5）遵守承诺；（6）多发问；（7）履行自己的职责。相反，CSX Corporation 利用了如下 26 个段落详细地表达了对员工的期望，其中包括员工关系以及利益冲突、对政策的贡献以及参与公共服务、误解以及错误的报告、员工歧视与伤害、竞争、安全以及环境等等。

FBI 也列举了很多在每年股东大会上可能会遇到的有关公司行为准则的问题。正如 FBI 网站上所说的："如果公司最近发生了上述丑闻，那么就说明公司的执行人员在道德行为方面有问题。公司管理方面的咨询人员以及一些学者都同意企业应该使用恰当的道德、行为准则，并要求所有员工及管理人员遵守相应的准则。无论怎样，股东都会询问董事会或其他委员会成员有关道德方面的问题。"

尽管拥有行为准则是重要的，但仅仅拥有是远远不够的。因为即使是安然公司也强调了公司必须遵循最高的职业道德标准。高级管理人员必须制造恰当的环境。他们要认可并奖励诚实、正直的员工。就如 Darden 餐厅的 CFO 所说："我们的高级管理人员十分重视诚实以及正直的品行，这些要求同时也影响了管理人员本身的行为。"除了行为准则，公司的文化也会影响组织的道德环境。建立行为准则只是发展正直的企业文化的一部分而已。

资料来源：Sarbanes-Oxley Act of 2002, HR 3763; RedHawk Productions Web site (http://redhawkproductions.com); Financial Executives Institute Web site (www.fei.org); D. Blank, "A Matter of Ethics," *Internal Auditor*, February 2003, pp.27—31; Enron Corporation, *2000 Corporate Responsibility Report*, p.3。

道德冲突的解决方法

有时候道德困境在你考虑某些不道德行为的时候就已经产生，而不是在你真正实施的时候。如果你在企业中发现不道德行为，你就有义务去阻止这种行为。然而，你还要面对保密的问题。表 1-3 中的道德冲突解决方法为我们提供了指导。大多数情况下，你可以让你的上级或专门的道德管理人员去注意到并去处理这个问题。然而，如果没有道德专员并且你怀疑你的上级也牵涉到这个问题,你的决策就更加复杂。正如《商业快讯》中所说的,你可能需要直接和公司的最上层管理人员沟通。最终,连董事会都可能被卷入其中。如果问题中包括法律问题,而董事会并不负责任,那么你还有必要联系证监会(专门管理公司报告的实体)或其他法律机构。但是,只有在罕见的情况下,通知媒体才是恰当的。

小结与复习

问题:

杨氏电子公司(Yang electronics company,YEC)开发了一种高速度、低成本的复印机,这种复印机主要供个人使用。然而,随着YEC的客户逐渐意识到使用YEC复印机进行复印的简单和便宜,越来越多的小企业开始使用它。但是,这些企业的过度使用导致机器模拟写入部件损坏,而保修条款规定,不论复印机使用量是多少,其保修期均为2年。结果,YEC为更换损坏的部件而承担了高额的成本。

YEC董事会的季度例会即将召开,副总会计师马克·卓需要编制一份情况报告。但是,他很难预测这件事的确切影响。此外,许多企业用户已经开始向其竞争对手购买更为昂贵的复印机。显而易见,维修成本的增加严重影响了YEC的赢利能力。马克尽其所能地为董事会例会准备了一份概括当前形势的报告。

YEC的总会计师艾丽斯·马丁内斯十分关注这份报告对董事会的影响,她并非不赞同这些分析,但是她认为这将给董事会留下管理不力的印象,甚至可能使董事会决定停止生产这种产品。在与工程负责人会谈后艾丽斯相信,对复印机的设计进行细微的改动,就可满足对复印机使用率高的客户的需求,而停止生产可能会错过一个获利机会。

艾丽斯把马克叫到她的办公室,要求他删除报告中有关部件损坏的内容,她说这一点只需向董事会口头提及,同时说明该问题在技术上即将得到解决就可以了。但是,马克坚持认为,对报告作出这样的修改可能会在这个对公司赢利能力存在潜在的重大负面影响的问题上误导董事会。

解释为什么艾丽斯对马克的要求是不正确的,马克应该怎样解决这个问题。

答案:

根据表1-3中管理会计人员的道德行为准则。艾丽斯的要求违反了能力、正直和客观性方面的规定。她违反了有关能力的规定,是因为她要求马克准备的报告是不完整和不清晰的,遗漏了潜在的相关信息,这使董事会没有获得针对部件损坏问题作出决策所需要的全部信息。

这一要求违反了有关正直的规定,是因为为了达到艾丽斯的目的而修改后的报告妨碍了整个企业实现其既定的目标。管理会计人员不仅有责任报告有利的信息,也有责任报告不利的信息。

修改后的报告不是客观的,它没有充分披露所有可能影响董事会了解经营情况从而作出决策的相关信息。

马克有责任与 YEC 更高层的管理人员讨论此事:他首先应该让艾丽斯了解他的顾虑,这样可能会使她撤回她的要求从而解决此事;否则,马克应当告知她,他将把此事向她的上级及更高层管理人员汇报,有必要的话甚至可能报告董事会,直到问题解决。为了不违反保密原则,马克不应该与 YEC 以外的人员谈论此事。

记忆重点

1. **阐述会计信息的用途和主要使用者**。内部管理人员使用会计信息作出短期计划和控制决定、制定非常规决策、形成全面的政策和长期计划。外部人员,如投资者和监管人员,使用公布的财务报表制定投资决策、管理制度以及很多其他决策。管理人员使用会计信息回答业务记录、重点引导和问题解决方面的问题。

2. **解释为什么道德对管理会计是至关重要的**。正直是会计人员的基本要素,因为他们要为信息使用者提供值得信赖的信息。会计信息使用者不能直接评估信息的质量,如果他们不能依赖会计人员提供正确的信息,那么这些信息对使用者就毫无价值。

3. **解释在设计会计系统中涉及的成本—收益及行为问题**。管理会计信息系统是为管理人员提高效益而设计的。对这些系统的评判标准是成本与收益的比较——作出更好的决策带来的收益应该超过该系统的成本。该系统的效益还要受到行为因素——系统如何影响管理人员及他们的决策——的影响。

4. **解释预算与业绩报告在企业计划和控制中的作用**。预算和业绩报告是计划与控制的基本工具。预算在计划过程中产生,它是将企业目标转换为实际行动的一种方式。业绩报告则是将实际结果与预算相对比。管理人员根据这些报告进行监督、业绩评估和奖励,从而实现有效的控制。

5. **论述会计人员在企业价值链中的作用**。会计人员在计划与控制过程中起着重要的作用。会计人员收集和报告企业整个价值链中有关成本与收入的所有信息,供管理人员作出决策。

6. **比较总会计师和财务主管的职能**。会计人员是向业务管理人员提供信息与建议的辅助性职能的人员。会计部门的负责人通常被称为总会计师。总会计师与财务主管两者的职能不同。总会计师主要负责对经营业绩的计量和报告,而财务主管则主要关心财务方面的问题。

7. **解释为什么会计在多种职业领域中都是重要的**。在企业的多个功能领域中,会计技能都是有用的。在企业中管理会计通常和管理人员在一起工作,并且从他们那里学到很多东西。这种接触方式使得管理会计人员成为晋升到执行人员和经营人员的最好人选。

8. **明确管理会计当今的发展趋势**。近些年来,很多因素导致了会计系统的变革。最重要的改变就是向服务型经济的转变、全球竞争加剧、技术革新以及企业流程再造。如果不能持续地适应和改进,会计系统很快就会落伍。

9. **评价道德行为标准对会计职业人员的重要性**。会计信息的使用者希望外部和内部会计人员都能遵循高标准的道德行为。然而很多道德困境都需要价值判断,而不仅仅是简单的准则应用。

会计词汇

会计系统(accounting systerm)
重点引导(attention directing)
企业对企业的电子商务(B2B)
企业对消费者的电子商务(B2C)
会计的行为意义(behavioral implications)
预算(budget)
企业流程再造(business process reengineering)
注册管理会计师(certified management accountant,CMA)
注册会计师(certified public accountant,CPA)
注册会计师(chartered accountant,CA)
首席财务官(chief financial officer,CFO)
行为准则(code of conduct)
计算机集成制造系统(computer-integrated manufacturing,CIM)
控制(control)
总会计师(controller)
成本—收益权衡(cost-benefit balance)
决策制定(decision making)
电子商务(electronic commerce)
企业资源计划系统(enterprise resource planning,ERP)
电子商务(e-commerce)
道德(ethics)
财务会计(financial accounting)
反国外贿赂行为法(Foreign corrupt practices act)
公认会计原则(generally accepted accounting principles,GAAP)
管理会计协会职业道德行为(IMA Statement of ethical professional practice)
管理会计协会(Institute of management accountants,IMA)
内部审计人员(internal auditors)
内部控制系统(internal controls)
国际会计教育准则理事会(International accounting education standards board,IAESB)
适时制理念(JUST-IN-TIME philosophy,JIT)
精益生产(lean manufacturing)
业务管理者(line managers)

管理会计（management accounting）
管理审计（management audit）
例外管理（management by exception）
业绩报告（performance reports）
计划（planning）
问题解决（problem solving）
产品生命周期（product life cycle）
萨班斯法案（Sarbances-Oxley Act）
业务记录（scorekeeping）
服务型组织（service organizationg）
六西格玛（Six Sigma）
辅助管理者（staff managers）
全面质量管理（tatol quality management，TQM）
财务主管（treasurer）
差异（variances）
价值链（value chain）
可扩展商业报告语言（XBRL）

基础习题

1-A1 业务记录、重点引导和解决问题

辨认下列活动中会计人员所行使的职能——是业务记录、重点引导还是解决问题，并说明理由：

1. 为通用汽车公司验收部门的叉车制订一份折旧计划。
2. 为索尼公司的生产监督人员分析购买新的组装设备对成本的影响。
3. 为丰田零部件工厂的完工部门准备一份废料报告单。
4. 解释为什么 Colville Timber 原材料公司未能按时完成其生产进度。
5. 解释冲压部门的绩效报告。
6. 为福特汽车公司的营销副总经理准备一份欧洲区销售情况月报。
7. 为 Mittal Steel 工厂生产控制部经理准备一份对两套计算机化制造控制系统的成本进行比较分析的报告。
8. 解释密歇根大学采购部门绩效报告中的差异。
9. 为空中客车的生产制造部经理准备一份对韩国制造的飞机零配件的需求的分析报告。
10. 为 Providence 医院的皮肤病科编制一份预算。

1-A2 例外管理

Beta Alpha Psi 会计名誉互助会将举办一次聚会。互助会预计将有 70 人参加该聚会，并拟订了如下预算：

房屋租金	$140
食品	700
娱乐项目	600
装饰品	220
总计	$1 660

在付清了聚会的所有账单后,有人发现总花费达到了 1 835 美元,也就是说超过了预算 178 美元。具体的费用支出情况如下:房屋租金 140 美元、食品 700 美元、娱乐项目 600 美元、装饰品 220 美元。共有 85 人参加了聚会。

要求:

1. 为聚会编制一份绩效报告,说明实际花费与预算之间的差异。报告要包括预算金额、实际发生额及其差异。

2. 假设互助会运用例外管理原则,那么应该对哪些开销展开进一步的调查?为什么?

1-A3 职业道德

课文中表 1-3 说明了管理会计人员的四类主要道德标准:能力、保密、正直和信用。对于下面的每种情况,说明哪类道德标准会影响管理者以及他们应该采取怎样的行为才是恰当的。

1. 在一个晚宴上,一位客人问通用磨房的管理人员一种新的麦片销售如何。而管理人员刚刚读到一份说明销售量会低于预期的报告。管理人员应该怎样回答?

2. Felix 刚刚毕业于商学院的会计专业,并加入了先锋公司的会计部门。他的老板要求他评价一份市场部门提供的关于新产品的分析报告。Felix 并不了解这个行业,而且他也没有学过怎样做市场分析。他应该不寻求帮助而自己制作分析报告吗?

3. Mary 为东南电力公司的分公司编制预算。她的上级、分公司的经理对她把才上市一个月的新产品的经营结果也包括在预算中的行为表示不满。他要求她把新产品剔除出预算。这样,真实的经营财务结果就会膨胀,真实利润就会超出预算,使得分公司的经营业绩十分优秀。她应该怎样做呢?

1-B1 业务记录、重点引导和解决问题

辨认下列活动中会计人员所行使的职能——是业务记录、重点引导还是解决问题,并说明理由:

1. 估计由不同的制造商提供的两台大型金属冲压机器的经营成本和预期产量,公司只能购买其中的一台。

2. 每日填写原材料购买凭单。

3. 分析购买及使用两种不同类型焊接设备的成本。

4. 拟订一份生产部门加班的人工成本报告。

5. 预计把公司总部迁往另一座城市所产生的各项成本。

6. 分析一家医院每个患者每日看护成本的增加额。

7. 分析工厂维修部门的预算偏差情况。

8. 通过研究,帮助生产副总经理决定是应该直接购买那些需求量较大的零部件还是购买设备自制零部件。

9. 为新的宣传活动估计成本。
10. 记录生产完工部门的加班时间。
11. 通过数据汇总编制一份报告,说明每个分店广告费用与销售额之间的比率。
12. 调查医院购买药品所得补助以及利润增长的原因。
13. 为政府部门每月的燃料成本制订计划。
14. 每天向顾客的账户邮递现金收账单。
15. 年末对工厂仓库到期的火灾保险进行计算和调整。

1-B2 例外管理

玛卡印第安人部落在美国国庆日的 5 个星期前开始销售烟花。部落位于 110 号高速公路转弯处,鹰驱动烟花在 20×5 年的预计销售额为 75 000 美元,预期费用如下:

焰火成本	$36 000
人工成本	15 000
其他成本	8 000
总成本	$59 000

实际销售额为 74 860 美元,几乎等于预算。实际烟花成本是 39 500 美元,人工成本是 13 000 美元,其他成本是 8 020 美元。

1. 计算预算利润和实际利润。
2. 拟订一份业绩报告,确定哪些是与预算存在显著差异的成本项目。
3. 假设该部落使用例外管理的原则,哪些成本需要进一步的解释?为什么?

1-B3 会计在组织中的地位:总会计师和财务主管

对下面列举的活动,分别指出它们是总会计师的职责还是财务主管的职责,并说明理由:

1. 准备分公司的财务报告。
2. 帮助管理人员编制预算。
3. 建立成本最低廉的备选方案。
4. 会晤华尔街的金融分析师。
5. 安排短期融资。
6. 填写纳税申报单。
7. 协商保险责任范围。
8. 对顾客进行信用评级。

1-B4 道德行为准则

根据财务主管协会"公司的管理咨询人员和研究机构都认为企业有必要拥有行为准则"。很多公司,即使是经历了道德沦陷的公司,也拥有行为准则。回答下列关于公司行为准则的问题:

1. 公司行为准则是什么?
2. 公司的行为准则应该包括哪些问题?应该详细到什么程度?
3. 在有些情况上行为准则是无效的。除了拥有行为准则,要使准则生效还需要什么?

补充习题

简答题

1-1　会计信息的使用者有哪些?

1-2　说明为什么财务会计和管理会计的侧重点不同。

1-3　指出下面一段引言中所描绘的是哪个会计学分支:"该领域没有明确的限定,更侧重于经济学、决策科学和行为科学。"

1-4　辨析业务记录、重点引导和解决问题三项职能。

1-5　你同意 GAAP 有助于会计信息系统的发展吗? 解释为什么?

1-6　"反国外贿赂行为法适用于在美国境外支付的贿赂行为。"这一观点你同意吗? 为什么?

1-7　为什么萨班斯法案有争议?

1-8　为什么正直对会计人员十分重要?

1-9　"同商学院的学生相比,正直对从业人员更重要。"你同意吗? 解释为什么?

1-10　列举三种服务性组织,指出它们与其他类型的组织的区别。

1-11　哪两种主要的思想影响了整个会计系统? 请加以说明。

1-12　"会计系统和生产管理系统紧密联系在一起。如果离开一向被轻视的文书工作,整个商业活动将处于毫无希望的混乱境况之中。"以上观点你同意吗? 请举例说明。

1-13　辨析预算、绩效报告和差异。

1-14　"例外管理意味着放弃对计划和控制的管理责任。"你同意这一说法吗? 为什么?

1-15　为什么会计人员需要关心产品生命周期?

1-16　列举构成价值链的六个主要商业活动(不包括支持性活动),并简单描述每个活动。

1-17　"每家公司的会计人员都应该对价值链中的各项活动进行计量和报告。"你同意这个说法吗? 为什么?

1-18　辨析业务权限和辅助权限管理人员。

1-19　管理会计人员的角色正在改变,特别是在扁平化的组织结构中。列举一些变化。

1-20　是否每家公司都有总会计师和财务主管? 为什么?

1-21　说明注册管理会计师资格认证考试的四个组成部分。

1-22　会计人员的问题就是他永远也不能成为像 CEO 这样的高层管理人员。

1-23　技术的变革是怎样影响管理会计的?

1-24　JIT 理念的基本要素是什么?

1-25　请简要说明一个工厂规划布局的变动如何使其运转更有效率。

1-26　"六西格玛理念很重要,但是它对管理会计几乎没有什么影响。"你同意吗? 为什么?

1-27　管理会计人员的道德行为标准被分为四种,简单描述每种责任(不超过20字)。

1-28 "为什么存在道德两难处境？我认为会计人员有明确的标准说明什么是道德的行为。"讨论这句话。

理解练习

1-29 财务会计和管理会计

总会计师和财务主管在一个组织中所扮演的角色经常容易引起混淆。实际上，在许多小公司里，通常由一个人身兼两职。

要求：

通过列举代表性的活动来辨析总会计师和财务主管的职能。

1-30 营销和管理会计

以下每种决策行为都是由一个包括管理人员在内的跨部门的经理人员组成的团队作出的。然而，依据决策的实质，只有一个领域会成为决策的重点。以下这些行为哪些主要涉及营销决策？管理会计人员又在每个营销决策中起什么作用？

1. 保时捷汽车公司必须决定是外购还是自制一种汽车零部件。
2. 空中客车必须为通过互联网备件网站销售的备件定价。
3. 斯帝文医院必须决定怎样为购买昂贵的新医疗分析设备筹措资金。
4. 亚马逊网站要预测一项新广告方案对录像机销售的影响。
5. TexMex 食品有限公司是当地零售食品服务行业中生产和销售玉米粉圆饼的龙头企业，它必须决定是否接受一份来自国内某大型零售连锁店对玉米粉圆饼的特殊订单。
6. 塔吉特有限公司必须决定是否关闭其下一家运营失败的零售商店。

1-31 生产和管理会计

以下每种决策行为都是由一个包括管理人员在内的跨部门的经理人员组成的团队作出的。然而，依据决策的实质，只有一个领域会成为决策的重点。以下这些相位哪些主要涉及生产决策？管理会计人员又在每个营销决策中起什么作用？

1. 萨博汽车公司必须决定是外购还是自制一种汽车零部件。
2. 波音公司必须为通过互联网备件网站销售的备件定价。
3. 斯帝文医院必须决定怎样为购买昂贵的新医疗分析设备筹措资金。
4. 亚马逊网站要预测一项新广告方案对录像机销售的影响。
5. TexMex 食品有限公司是当地零售食品服务行业中生产和销售玉米粉圆饼的龙头企业，它必须决定是否接受一份来自国内某大型零售连锁店对玉米粉圆饼的特殊订单。
6. 凯玛特必须根据塔吉特、西尔斯和沃尔玛的竞争情况制定自己的愿景和战略目标。
7. 戴尔电脑公司决定是否在员工培训方面进行投资，以加速其组装和转换业务的过程。在不用购买更多设备的情况下，公司将有剩余能力生产更多的计算机。
8. 福特汽车公司必须决定是保留还是更换其开发工厂内已经运行了四年的设备。

练习题

1-32 管理会计和财务会计

阅读下列的简短的描述，指出每项描述是更符合财务会计的主要特征，还是更符合管理会计的主要特征：

1. 领域划分不明确
2. 为管理人员提供内部咨询意见
3. 灵活性差
4. 以详细报告为特征
5. 未来导向性
6. 严格遵循 GAAP
7. 行为影响是次要的

1-33　计划与控制、例外管理

研究图 1-1 中的星巴克咖啡店。假设 2006 年的预算收入是 330 000 美元，比现在的收入水平 300 000 美元提高 10%。图 1-1 中所列项目导致了 6 个项目预算的增加和一项总额为 30 000 美元的广告支出。实际结果为：

新增菜式	7
广告费用	$32 500
收入	$328 000

要求：

1. 按照表 1-2 的格式编制一份业绩报告。
2. 净收益在计划实施若干个月之后才实现。然而，净收益的结果使管理人员非常失望，因为尽管收入增加了，利润却在下降。列举该饭店在指定计划时可能没有考虑到的因素。

1-34　业务职能与辅助职能以及价值链职能

对于下列人员，指出他们行使的是业务职能还是辅助职能，并指出其分别执行价值链中哪项业务职能：

1. 总裁
2. 区域销售经理
3. 市场研究分析员
4. 成本会计
5. 法律部门主管
6. 生产总监

1-35　微软价值链

微软是世界上最大的软件公司。对于下面价值链的每项职能中，简短讨论微软的管理人员为了完成某项职能应该做什么。这项职能对微软整个公司的成功是何等重要？

研发	产品与流程设计
生产	营销
配送	客服
辅助功能	

1-36　管理会计的目标

管理会计协会（IMA）约有 70 000 名会员。IMA"管理会计师的目标"中提到："管理会计师作为管理参与者，以长期、中期和短期利益最大化作为目标，确保组织的统一的运作。"

要求：

基于你对本章的学习，写一篇100字左右的文章，说明会计人员参与管理所使用的主要方法。

1-37 道德环境的成本—收益

一个糟糕的道德环境会给公司增加成本，例如内部盗窃和旷工导致成本的增加；另外，良好的道德环境可以创造效益，例如降低罚款和法律制裁的风险，提升员工士气和生产效益等。

要求：

列举糟糕的道德环境的额外成本和良好的道德环境的利益。

1-38 道德冲突的早期信号

下面两句话是道德冲突的早期信号：

- "我不在意你怎么完成它，只要你把它做完。"
- "没有人知道……"

要求：

列举其他一些道德冲突的信号。

思考题

1-39 管理和财务会计

Lillian 是一位颇具才干的机械工程师，她接到通知——自己将被提升为公司的助理经理。Lillian 很高兴，又感到不安，因为她只具备很少的会计知识，尽管她曾选修过一期财务会计课程。

Lillian 计划尽快参加一个关于管理会计的课程，同时，她请成本会计 Walt 列举 3 到 4 项财务会计和管理会计之间的主要区别。

要求：

为 Walt 准备一份给 Lillian 的书面答复。

1-40 会计信息在医院中的使用

在美国，医院的大部分收入并不直接来自患者——收入实际上来自第三方，如保险公司和政府机构。直到20世纪80年代，这些款项都被用来抵偿医院服务病人的开支。然而，这些款项现在用于支付特定医疗服务的费用。例如，每做一次阑尾炎切除手术，医院将得到 7 000 美元，而心脏外科手术则可以得到 28 000 美元——不多也不少。

要求：

支付方式使医院地会计信息的需求发生怎样的改变？请你站在最高管理层的立场上作出决策。

1-41 成本和效益

Marks & Spencer 是一家拥有 80 亿英镑销售额的英国大型零售商，它一度被堆积如山的文档所困扰。积极地看，每个表格似乎都很合理，但是从总体上看，正如一位研究人员所指出的，尽管每个部门在核实信息方面都付出了很大的努力，但是这种努力似乎与所获得的价值不成比例,而且最终大多数文件都要被简化或销毁。

要求:

描述实际控制系统的基本原理。一家像 Marks & Spencer 这样的公司应该怎样取舍这些文档?

1-42 会计的重要性

一些公司是由工程师和其他技术专业人员经营管理的。例如,ArvinMeritor 公司某分公司(是价值 89 亿美元的汽车配件供应商)的经理曾说:"这里有 60—70 人在讨论技术问题,而从不谈论利润问题。"而另外一些公司,特别是像通用磨房这样的消费品生产公司通常提拔市场执行人员担当高层管理人员。也有一些像 Berkshire Hathaway 这样的公司任命巴菲特这种拥有强大的财务技能的人作为公司的 CEO。

要求:

在不同的企业中,管理会计的角色有什么不同?

1-43 会计系统的改变

在过去的十年中,波音公司对它的会计系统进行了几次重大的改革。其中的几次变革主要是针对外部人员利用的报告。而且,管理人员认为新的会计系统可以更准确地描述所生产的飞机和其他产品的成本信息。

要求:

1. 波音公司成功地利用了它的旧的会计系统,是什么激励波音改变了会计系统呢?

2. 当波音公司改变它的会计系统的时候,管理人员应该用什么标准来衡量是否投资新系统呢?

3. 变革后的新系统可以提供更好的成本信息是一个好的战略吗?为什么?

1-44 价值链

耐克是一家位于俄勒冈州的、主要从事高质量运动鞋和运动服装销售的厂商。这家公司在美国有至少 18 000 个销售网点,并且在全球大约 140 个国家设有独立销售商、特许经营商和子公司。几乎所有产品都由独立承包商生产。大多数鞋类产品都在美国以外生产,服装则分别在美国和海外生产。

要求:

1. 指出耐克的管理人员阵地六项价值链职能中的每一项所做的决策。

2. 根据要求 1 中的每个决策,确定一条能帮助管理人员制定决策的会计信息。

1-45 总会计师的角色

Juanita Veracruz 是 Braxton 公司新近雇佣的总会计师,Braxton 公司将她从的竞争对手那里高薪聘请过来,以期重整总会计师部门。Juanita Veracruz 上任的第一天就让人感到她眼界开阔。她第一个会见的是 Adrian Belton——公司在克利夫兰的工厂的生产总监。Adrian Belton 说道:"我根本就不想和总会计师办公室的人谈话。只有在我们的成本超过他们的预算的时候,才能看到那些会计人员。他们挥舞着所谓的'业绩报告',——那些实际上只是他们捏造出来的数字,却对车间发生的情况无能为力。除此之外,我们的人花不起时间来完整填写那些会计人员想要的数据,所以我填写这些数字然后把它们送回去。现在如果你愿意让我回去处理更重要的事情……" Juanita Veracruz 很快就离开了,但是她已经在为与 Adrian Belton 的下一次会面做准备了。

要求：

1. 指出总会计师部门和生产部门之间存在的问题（假设克利夫兰工厂代表生产部门）。

2. Adrian Belton 下一步应该做什么？

1-46 会计人员在一个组织中的作用

Marmon 集团是一个由超过一百家不同的运营公司组成的、在 45 个国家有超过 500 种设备的，年收入超过 64 亿美元的企业。它旗下的子公司深入能够产各类不同产品，如铜管、水净化产品、有轨水车和固定储存设备，而且他们还为银行提供信用信息服务。

"商业快讯"描述了在 Marmon 集团会计人员的作用，还谈到会计人员成为集团的"内部顾问"。根据其对有关 Marmon 的叙述，讨论 Marmon 的会计人员如何扮演内部顾问这个角色。一位会计人员需要具备怎样的背景和知识，才能成为一名合格的内部顾问？

1-47 道德和会计人员

McMillan 船运公司拥有平等的雇佣政策。这项政策由公司的总裁 Rosemary 负责，而且在所有的雇佣启示中都说明了这一政策。

会计部门的雇佣工作由总会计师 Brigham 负责。尽管会计师助理 Jack 也帮助面试，但最终都是由 Brigham 决定的。去年，会计部门从 175 名候选人中雇用了 5 名新员工。面试的 13 人中有 4 人是少数民族，而雇佣的 5 人中有 3 人是 Brigham 好朋友的儿子，没有少数民族。而 Jack 感觉有 2 名少数民族候选人是十分合适的，而 Brigham 好朋友的儿子都不是最合适的人选。

当 Jack 质疑 Brigham 在雇佣方面的行为时，Brigham 告诉他这些决策是由他做的，而不是 Jack，Jack 没有权利质疑。

1. 解释为什么 Brigham 的雇佣行为是不道德的？
2. 在这种情况下，Jack 应该怎么做？

1-48 道德问题

假设你是一家位于得克萨斯州西部的中型采油公司的总会计师。你恪守管理会计人员的道德行为标准。在下列情况下，这些标准将怎样影响你的行为？

1. 一个周五傍晚你收到一位地质学家关于新近购买土地的报告，这份报告指出这块土地可能比以前期望更高的储油量。你是那天唯一一读到这份报告的人。在周六晚上的一个聚会上，你的一位朋友问起了那些土地的情况。

2. 一位原油工业的债券分析师邀请你和你的爱人免费到夏威夷过一个周末，她所要的回报就是：让她在你公司的财务信息对外公布之前第一个知道这些信息。

3. 到了对公司年收入做预测的时候了。你知道在最终报告编制之前将出现一些额外的亏损，而公司总经理让你在做预测的时候忽视这些损失，因为一个低于预算收入的预测将对获得贷款产生不利的影响，而这笔贷款正在洽谈之中，并将在实际收入公布之前拨付。

4. 你不知道一笔特殊费用是否可以在计算所得税时抵扣——你正在考虑是研究一下税法还是简单的假设该项目是可以扣除的。毕竟，如果你没被审计，就不会有人知道这个差异；如果你被审计，也可以推说不清楚相关法规。

1-49 100 个最佳企业公民

每年《商业伦理》杂志都要评选出 100 个最佳企业公民的名单。杂志从 8 个方面的表现对企业进行评级:(1)股东;(2)社区;(3)管制;(4)多样性;(5)雇员;(6)环境;(7)人权;(8)产品。在2006年,排名在前十位的是Green Mountain Coffee Roasters, Hewlett-Packard, Advanced Micro Devices, Motorala, Agilent Technologies, Timberland, Salesforce.com, Cisco Systerm, 戴尔以及Texas Instruments。

对于杂志用于评价企业的八个维度,分别用一句话描述怎样才能使公司成为好的企业公民。基于你对这十家公司的了解,你认为它们各自有什么限制,并分别指出每一维度的前两名。

案例题

1-50 业务权限和辅助权限

Fidelity租赁公司向各类公司出租办公设备,该公司的组织结构见下图。

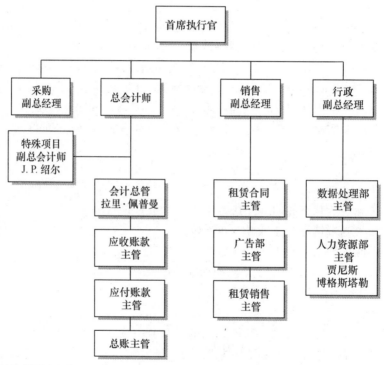

内部职位描述如下:

• J. P. Chen是特殊项目的副总会计师,负责总会计师分配给他的项目,最近一个项目是设计一个新的应付账款系统。

• Betty是租赁合同主管,负责协调和实施有关租赁的各类合同。在销售部门签好一项合同后,她的部门处理随后的交易,其中包括从采购部门征用设备、投保、装运设备、开具账单和办理续租业务。

• Larry是主管会计,负责所有的会计工作——他要向职责范围内的四位监督人员提交报告。

• Dawn是人力资源总监,协助Fidelity的所有部门的招聘工作。她的部门为所有职位刊登招聘广告,筛选应聘者,但是面试和最终是否录用的决定权则在各个独立部门;她还负责协调雇员的评估体制,管理公司的新抽体系和额外福利计划。

要求:

1. 区分一个组织的业务和辅助岗位。讨论为什么在业务管理人员和辅助管理人员之间会发生冲突。

2. 对上面多描述的四位管理人员,确定他们属于业务岗位还是辅助岗位,并说明你的划分理由;同时,请列举组织中其他管理人员可能发生的冲突。

1-51 职业道德和有毒废料

Alberta 矿业公司提炼和加工各种各样的矿石原料,它的操作之一就是净化煤的过程,在这个过程中会产生有毒气体。很多年以来,这些废气一直经过加拿大的一家有经验的处置公司恰当地处理掉。然而,废气的处理带来越来越多的经济难题。政府加强管制使得处置成本在过去的 6 年里翻了四倍。

Casey 是 Alberta 公司的财务报告主管,他正在编制截至 2007 年 6 月 30 日的财务报表。在查看编制环境或有事项附注所需的有关资料时,她发现了下面一段话,该段话是用潦草的铅笔字写在给那家煤炭清洁厂总经理的备忘录上的,备忘录涉及肥料处理成本增加的一些细节:

Ralph——我们已经把这些成本维持在最低水平上,否则我们就将超出预算。我们能不能把更多废料与垃圾混在一起运到橡树山垃圾场? 如果它们混合得完美无缺,没人会注意到煤炭的清洁度。

Casey 被这些记录搞得心烦意乱,她考虑忽略它,假装没看到;但几个小时过去后,她的良心让她否定例如这种做法——她考虑了下列三种处理办法。

- 征求她的老板的意见,也就是 Alberta 的财务副总裁
- 把这个消息向当地的报纸匿名透漏
- 把这个消息告诉她的邻居——Alberta 公司的独立董事

要求:

1. 讨论为什么 Casey 有道德责任对她所怀疑的有毒废料的非法倾倒行为采取行动。

2. 对上面给出的三种方法,请解释各自是否适当。

3. 假设 Casey 征求了财务副总裁的意见,并发现他了解并且赞成这种倾倒有毒废料的做法,在这种情况下,她应该采取什么行动来解决这一冲突呢?

合作学习练习

1-52 管理会计师的未来

以 4—6 人为一组,每个小组中一半同学阅读第一篇文章,另一半阅读第二篇文章(也可以选择全班作为一个整体练习,将全班同学分为两组分别阅读两篇文章)。

- Roth, R. T., " The CFO's Great BalancingAct," *Financial Executive*, July/Augest, 2004, pp. 60—61.

- Russell, K., G. Siegel, and C. Kulesza, "Counting More, Counting Less: Transformations in the Management Accounting Profession," *Strategic Finance*, September 1999, pp. 39—44.

要求：

1. 每个人分别写出通过阅读文章学到的最重要的三点体会。

2. 以小组为单位，列出要求一中每个人的体会，把本质相同的内容合并起来。

3. 根据对一位打算把管理会计作为职业的人的重要程度，将要求 2 中所列的项目进行排序。

4. 讨论这项练习是否改变了你对管理会计的印象——如果是，你的印象是如何被改变的？

互联网练习

1-53　管理会计协会

管理会计协会(IMA)是与管理会计和财务管理相适应的主要专业组织。IMA 拥有美国分会和国际分会。IMA 也非常关注道德。登录网址 http://imanet.org/访问 IMA。

1. 点击"关于 IMA"。IMA 的任务是什么？

2. 接下来的链接显示了 IMA 的宗旨。IMA 的宗旨是什么？

3. IMA 的宗旨之一是帮助它的成员通过教育获得专业的发展。点击教育的链接。对于会员的教育，IMA 提出了什么观点？

4. 点击"关于 IMA"下的"道德中心"链接。进入名为"职业道德行为报告"的链接。阅读准则，以及它对管理会计人员的重要性。

5. 协会成员可以同其他管理会计人员通过所在地分会相互沟通。点击分会和委员会的链接，看看你所在的地区是否设有分会。离你学校最近的分会是否有自己的网站？你可能希望访问分会以了解关于学生入会和奖学金的事宜。

第2章 成本性态和成本—数量关系

学习目标

学习完本章之后,你应该做到:
1. 说明成本动因是如何影响成本性态的;
2. 说明成本动因作业水平的变化是如何影响变动成本和固定成本的;
3. 计算盈亏平衡点的销售额和销售量;
4. 绘制本—量—利图,并了解其基本假设;
5. 计算达到目标利润时的销售额和销售量;
6. 区分边际贡献和毛利;
7. 解释销售组合对利润的影响(见附录2A);
8. 计算税后基础的本—量—利分析(见附录2B)。

波音公司

1915年,威廉·波音——一个西雅图的伐木工——在一间船库里组装了他的第一架飞机。如今,波音公司每月生产喷气式飞机超过55架,每年获得收入接近550亿美元。波音公司制造载有100个座位到500个以上座位的飞机,并且已经占有世界飞机销售领域一半以上的市场份额。随着波音公司面对日益增长的需求所成功获得的竞争力,它的市场份额还会增长。波音公司是怎样维持它的竞争地位和赢利能力的呢?面对来自空中客车的激烈竞争,波音公司清楚它可以通过控制成本而不是向消费者提高售价来提高利润。因此,它应该制造更大的飞机还是制造经过改良的可以降低购买者操作成本的现有规模的飞机?哪种方案对于波音公司和消费者都具有较低的成本呢?为了回答这个问题,波音公司必须了解它自己的成本状况和顾客的成本状况。一个现实的问题是,客户花费5 000万美元买进一架飞机,他们所看中的回报是什么?这一章开始介绍成本,这样,你就可以评价在公司制定关于产品和生产流程的决策时,哪些成本对波音公司和其他大大小小的公司是重要的。

最近,波音需要决定是否要开发生产一种新飞机。早在1999年,波音公司就开始研发一种独特的飞机——音速巡洋舰。它拥有三角翼、平移式后发动机并且飞机后部

波音新开发的787梦想飞机的内部显示着多处可变成本,比如座椅、窗户和主架。当然要生产出787梦想飞机还要花费很多其他的成本。不过,像制造工厂内包括能源和照明设备的成本等的一些成本都是固定成本——这些成本的大小不依赖于生产飞机的数量的多少。

安有两个水平尾翼而不是现在喷气式客机上安有的标准水平的垂直尾翼。音速巡洋舰强调速度,它预计可以减少20%的飞行时间。这项研究最重要的部分就是评估它的未来消费者的成本——包括运行现有飞机的成本和采用新的音速巡洋舰的成本。在2001年早期,通过和北美、亚洲以及欧洲的航空公司进行讨论,波音坚信这项发明的确可以提供航空公司和顾客想要的东西:能够迅速并且直接飞往目的地而不需要浪费时间和成本停留在枢纽中心——也就是一种点对点服务的概念。在2002年后期,经过三年多的研究,波音公司终于完成了新型飞机的设计,现在就等待着试飞的决定。决定试飞就意味着要在工厂和设备资源上进行巨额的直接投资。为了支付这些资产并且获得利润,波音公司必须坚信其客户愿意为这种飞机支付比波音公司用于设计、生产和销售所花费的更多的钱。

但是最后生产停滞在是否消费者想要一种在操纵和生产上都完全使用最新技术的更快的飞机上。尽管经过了很多年的开发和研究,波音公司最后还是决定不生产这种飞机。为什么呢?经济衰退和2001年"9·11"事件改变了对航空业的需求。根据波音商用飞机首席执行官艾伦·穆拉利所说,"航空公司清楚地表示需要更廉价的飞机而不是更快的飞机"。波音公司的管理层决定把资源用于开发787梦想飞机——目前777喷气式客机的超级高效版。这是经过认真分析生产成本和航空公司的操作成本并与未来十年航空公司的预期需求对比后,波音公司得出的结论。

管理人员必须了解成本。例如，波音公司生产一架音速巡洋舰需要多少钱？生产787呢？西北航空公司在飞机起飞的最后一刻又增加一位旅客或者在时刻表上增加一个航班，它会发生多少增量成本呢？丰田公司开发一条奢华型汽车生产线的成本是多少，如雷克萨斯？亚利桑那州的人口增加会怎样影响该州机动车辆管理部门的成本？雀巢普瑞纳为满足沃尔玛公司对宠物产品的运输要求要花费多少成本，其中哪项活动产生最多的成本？所有这些问题只不过是一个问题的不同种形式：如果一个公司或组织改变了活动方式会对它的财务结果产生怎样的影响？

尽管财务结果取决于收入和成本，但是在本章我们着重于成本。正如我们在波音公司的案例中看到的，同收入比起来，公司通常更能控制成本。管理会计的主要目标就是控制（削减）成本。但是除非管理人员理解**成本性态（cost behavior）**——组织的各项活动是怎样影响成本的，否则他们就不能控制成本。

> **成本性态（cost behavior）**：企业的成本是如何同企业的作业活动联系起来又是如何受其影响的。

识别原材料、作业、成本与成本动因

不同类型的成本通过不同的形式表现，以波音公司生产737商用喷气式飞机的现有工厂的成本为例，原材料（如电线、座椅、铝材等）的成本会随着客机生产数量的增长而增长。因此，每多生产一架飞机就要求波音公司花费更多的原材料成本。相反，一些原材料的成本如工厂和主要管理人员的工资，无论生产多少飞机，都保持不变。当我们观察生产的数量是怎样影响成本的时候，我们就得到了一种传统的观点——成本性态。本章的大部分都是强调成本与产出的传统关系。然而，为了帮助我们控制每日发生的成本，管理者还要观察用来制造飞机的每个作业是怎样影响成本的——以作业为基础的成本性态。两种观点都要求我们找到**成本动因（cost driver）**，原材料的产出或者说作业的产出要求使用原材料也会产生成本。图2-1说明了传统的成本性态和作业为基础的成本性态。在传统的观点中，最普遍的原材料成本动因就是产出量。而在以作业为基础的观点中，成本动因是原材料的产出量以及会计人员可以计量的作业的产出量。

> **目 的 1**
> 说明成本动因是如何影响成本性态的。

> **成本动因（cost driver）**：产生成本的任何产出（即引起有价值资源的使用）。

对于成本控制，管理人员通常把他们的努力放在管理公司的制造、销售、配送产品和服务的环节上，而不是在产品和服务的本身。生产部门经理需要了解像机器维护和保修这样的日常作业是怎样影响成本的。同样，销售部门的经理需要知道像订货和售后服务这样的作业是怎样影响成本的。所以这些经理都是应使用以作业为基础的成本性态来控制成本。

考虑波音的工厂中生产部门执行的很多作业中的一个——验收生产部门工人安装

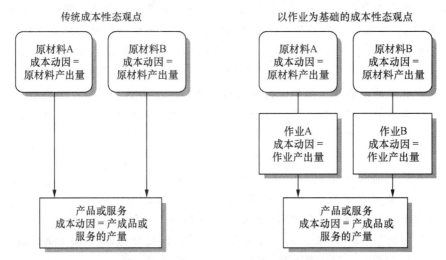

图 2-1　传统的和以作业为基础的成本性态

在飞机上的部件。当然，管理人员想知道他们购买的部件的成本，但是他们也想知道这种验收作业是怎样影响生产成本的。例如，当验收作业增加或减少时，用来把部件从验收区转移到生产工厂的设备的租赁费用并没有改变。然而，同样是这个设备，它的燃料费用却要随着作业的改变而改变。事实上，我们应该知道验收活动也需要搬运设备和燃料这样的原材料之类的活动，而这些原材料也是成本的一部分。当我们提到成本，我们是指使用原材料所用的一切费用。

在使用以作业为基础的观点时，我们必须识别每个作业使用的原材料以及每种原材料的成本动因。对于验收作业，我们主要考虑两种原材料，搬运设备（如叉车）和搬运设备所用的燃料。通常管理人员为一项作业中所用的所有资源都采用同一个成本动因。对于验收作业，成本动因可能是验收的部件数量或是验收的部件的重量。两种潜在的成本动因都计量了作业量，也就是说验收作业的产出。最好的成本动因是既与原材料使用量有密切的联系又方便会计人员计量。会计人员在选择成本动因时进行成本—收益测试——对比计量成本动因的成本和计量原材料使用情况的精确性。假设他们选择验收部件的数量作为验收作业的成本动因。为了了解验收作业的成本性态，我们只要简单地计量原材料的成本怎样随着验收部件的数量变化而变化。

一个企业在价值链中存在很多成本动因。例如，一家宠物食品生产商在丹佛有一个工厂，这个工厂里有 50 多个生产作业和 21 个成本动因。表 2-1 列举了每条价值链中原材料成本和潜在的原材料成本的成本动因。我们是否能找到最恰当的成本动因决定了管理人员能否很好地理解成本性态以及能否很好地控制成本。

第 2 章 成本性态和成本—数量关系　53

表 2-1　价值链中的成本和成本性态

价值链功能和成本举例	成本动因举例
研发	
● 市场调查人员薪金、调查成本	新产品计划数量
● 产品及工艺工程师薪金	产品复杂性
产品、服务、工艺设计	
● 产品及工艺工程师薪金	设计耗用时间
● 电脑设计设备成本、产品样品制作成本	每单位产品耗用部件数量
生产	
● 工人工资	工作时间
● 管理人员薪金	监管人数
● 维修工人工资	检修时间
● 机器设备折旧	运行时间
● 电费	用电量
市场营销	
● 广告费	广告量
● 营销人员薪水、差旅费、业务招待费	销售额
分销	
● 运输人员工资	工作时间
● 运输费(包括车辆折旧与燃料费)	运输货物重量
售后服务	
● 服务人员薪水	服务时间
● 供应、差旅费用	服务次数

变动成本性态和固定成本性态

　　理解成本性态的关键是区分变动成本和固定成本,而判定一种成本是变动成本还是固定成本要看决定它的成本动因的变化给它带来何种影响。**变动成本(variable cost)** 是随成本动因的变化在总量上按比例发生变动的成本;相反,**固定成本(fixed cost)** 是不受成本动因变化的直接影响的成本。假设产量是成本动因,那么当它增长 10% 时,变动成本也增长 10%,而固定成本会保持不变。

　　当成本动因是产成品的数量或是生产销售服务的数量时,我们来考虑一下变动成本和传统的成本性态观点。假设 Watkins Product 公司——一家拥有 140 年历史的食品生产公司,支付给销售人员的佣金是销售额的 40%。因此该公司的佣金成本就是销售

> **目　的 2**
> 说明成本动因作业水平的变化是如何影响固定成本和变动成本的。

> **变动成本(variable cost)**:随成本动因的变动在总量上按比例发生变动。

> **固定成本(fixed cost)**:不受成本动因变动直接影响的成本。

额的40%——这是关于销售收入的变动成本。或假定鱼饵商店购买鱼饵的价格是每袋2美元,鱼饵的总成本就是2美元乘以购买的总袋数——这是关于数量(袋数)的变动成本。要注意每单位的变动成本并不发生变化,只是总成本会随着成本动因作业水平的变化在总量上按比例变化。

现在考虑固定成本。假定索尼公司为生产DVD播放器租用了一间厂房,租金为每年500 000美元。这项总成本本身并不受DVD播放器生产数量的影响,但在分摊这项成本时,却取决于总产量。如果DVD播放器的生产量为100 000件,则此项单位成本为500 000÷100 000=5美元;如果生产量为50 000件,则每单位成本为500 000÷50 000=10美元。因此,固定成本总数并不改变,但随着产品数量的增加,单位产品中的固定成本逐渐下降。

要特别注意的是,这些例子中的"变动成本"和"固定成本"都是指成本总额,而不是单位成本,它们的关系如表2-2所示。

表2-2 固定成本和变动成本的成本性态

成本类型	假设成本动因水平提高(或降低)	
	总成本	单位成本*
固定成本	不变	减少(或增加)
变动成本	增加(或减少)	不变

* 单位成本是指业务量,例如单位产品、单位里程、单位销售额。

要分析成本类型,以下两个基本原则很有用:

1. 将固定成本视为成本总额。不管成本动因作业水平如何变化,固定成本总额不变。

2. 将变动成本视为单位成本,不管成本动因作业水平如何变化,单位变动成本不变。因此,变动成本总额随着成本动因的水平变化而变化。

现在再回顾前面部分讨论过的波音工厂验收作业。图2-2说明了验收作业和燃料与设备原材料成本之间的关系。尽管验收作业还需要很多其他的原材料如劳动力和供应品,但是我们的讨论只限于燃料和设备。我们用矩形表示作业,半圆形表示变动成本原材料,梯形表示固定成本原材料。燃料成本和设备成本总额分别是24 000美元和45 000美元,同时该部门收到了30 000个部件。在图2-2中,我们用总成本45 000美元表示总固定成本,而用24 000÷30 000=0.8美元表示单位变动成本。这两个数字在一定的验收范围内都是固定不变的。这个特点非常重要,因为利用这两个数字我们可以计算各种成本动因水平下作业的总成本。

假设我们想知道验收了27 500个部件时的总燃料成本和设备成本是多少,我们可以利用表2-2和图2-2以及两个基本原则来寻找答案。总燃料费用与验收部件的数量成正比,而单位部件的燃料费用不变。设备租赁总成本不随着验收部件数量的降低而改变。所以验收27 500个部件的总成本应该是(27 500×0.8)+45 000=67 000美元。注意我们是怎样应用基本原则回答这个问题的。我们使用0.8作为燃料的变动成本而把总成本45 000美元作为设备的固定成本。图2-3画出了两种原材料的总成本线。

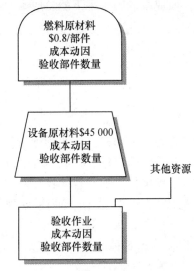

图 2-2 验收作业和资源的利用

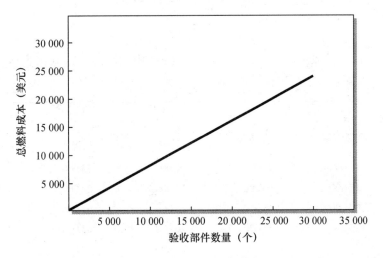

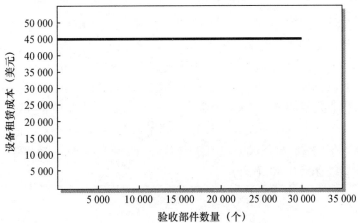

图 2-3 总燃料成本和设备租赁成本

这些线可以用来估计任何成本动因水平下的总成本。

小结与复习

问题：

参考前面讨论的波音工厂的验收作业和图 2-2。工厂的管理人员正在看工厂每月的成本报告并且注意到验收作业的成本每个月都相差很多。他十分想了解为什么验收作业的总成本和单位成本随着验收部件的数量的变化而改变。他给出了前几个月的有关验收部件的数据，你注意到部件数量的范围是 10 000 — 30 000 个。

1. 制作一个可以显示出每种原材料的成本、总成本和单位总成本的表格。数量从 10 000 个开始，增量为 5 000 个。
2. 简述总成本和单位成本变动类型的原因。

答案：

1. 可以根据两个基本原则以及表 2-2 中列示的关系制作表格，也可以根据表 2-2 中的总成本线估计总成本。

(1) 验收部件数量	(2) 设备成本	(3) 0.8×(1) 燃料成本	(4) (2)+(3) 总成本	(5) (4)÷(1) 验收部件单位成本
10 000	45 000	8 000	53 000	5.30
15 000	45 000	12 000	57 000	3.80
20 000	45 000	16 000	61 000	3.05
25 000	45 000	20 000	65 000	2.60
30 000	45 000	24 000	69 000	2.30

2. 表格中的第四列是验收作业的总成本。由于变动成本上升，总成本随着验收部件数量的增长而增长。无论什么时候，只要我们看到了一种上升型的总成本，我们一开始都可以认为是由于变动成本随着成本动因水平的增长而引起的。第五列是验收部件的单位成本。这种下降型的成本是由于固定成本的分摊引起的——随着验收数量的增加，单位固定成本下降。例如，当验收数量从 10 000 个上升到 15 000 个是单位部件成本从 5.30 下降了 1.50 到 3.80。这个下降量就是单位设备成本下降的量，从 45 000÷10 000=4.50 下降到 45 000÷15 000=3.00。单位燃料成本始终保持 0.80 不变。

管理决策练习

帮助管理人员理解成本性态的一个主要因素就是区分变动成本和固定成本。通过以下问题测试你的理解程度。

1. 冰淇淋制造商使用生产冰淇淋的数量作为牛奶制品的原材料成本动因。牛奶制品的原材料成本是变动成本还是固定成本？
2. 同样的公司使用占地面积作为占用资源的成本动因，如建筑折旧和保险费用。占用成本是变动成本还是固定成本？

答案：

最好的决定原材料的成本是固定成本还是变动成本的方法就是要解决这样的问题："如果成本动因水平改变，成本有什么变化？"如果公司增加（或减少）冰淇淋的产量，那么牛奶制品原材料的成本也增加（或减少）。因此，牛奶制品原材料成本是变动成本。如果企业中某一单元的占地面积增加（或减少），而建筑折旧费用和建筑保险费用不变，那么，建筑占地成本，如折旧费用和保险费用，就是固定成本。

相关范围

虽然我们提到固定成本是不随成本动因的变化而改变的，但这条规律只在一定范围内适用。例如，租金费用一般来说是固定的，但如果生产量的增加需要租用一

> **相关范围（relevant range）**：即使得成本和成本动因之间的特定关系成立的成本动因作业水平的范围。

个更大的厂房时，或者出租人决定提高租金时，租金费用就会增加。相反，如果生产规模的缩小使公司搬迁到另一较小的厂房时，租金会随之减少。**相关范围（relevant range）** 即成本动因作业水平的范围，在这一范围内，成本与成本动因间的特定关系保持不变。即使在相关范围内，固定成本也只在一定时期内（通常是预算期间）保持固定水平。由于保险和财产税税率会发生变化，管理人员的薪水和租金水平等都会变动，因此固定成本会在各个预算年度之间发生变化，但上述项目在给定的年度内一般不会变化。

举例来说，通用电气的一家工厂每月生产电灯泡的相关范围是 40 000—85 000 箱，在此范围内固定成本总额是 100 000 美元，并保持不变；如果生产量下降到 40 000 箱以下，人员和薪水的变化会使固定成本降低到 60 000 美元；如果生产量提高到 85 000 箱以上，人员和薪水的变化又会使得固定成本上升到 115 000 美元。

这些假设（一定时期、一定范围）反映在图 2-4 中。每月的经营情况一般不会超出这个范围，因此图 2-4 中的三个作业水平通常都不在图中反映，而只是用穿过该区域的水平线表示，在相关范围以外则用虚线表示。

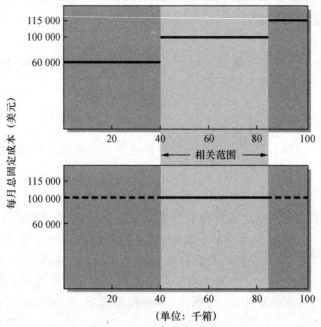

图 2-4　固定成本和相关范围

相关范围的基本原理也适用于变动成本,即在相关范围以外,有些变动成本(如燃料消耗)会因单位成本变动而有所不同。例如,如果由于新设备的高效率使每月产量超过 85 000 箱,那么通用公司的电灯泡生产工厂的变动成本可能增长。

成本分类时的困难

有时你会疑惑,因为很难将一项成本准确地划分为变动成本或固定成本。事情可能会很复杂,也包括成本性态不是线性的情况。例如,随着税务人员学会处理新一年的税务表格,他们的工作效率会提高。这意味着总成本的性态会以图 A 的形式表现,而不是图 B。

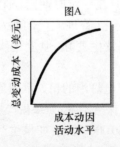
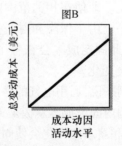

另外,成本可能同时受多项成本动因的影响。例如,亚马逊网站的仓库运货工人的成本会受到货物的重量和数量的影响。我们会在下一章更加深入地研究这个问题的不同方面,而在本章中,我们假设任何成本都可以完全划分为变动成本或固定成本。而且假定一个给定的变动成本只与一项同数量有关的成本动因相关,并且这种关系是线性关系。

区分固定或变动成本还取决于决策环境。当一个经营决策的时间跨度很短而且作业水平变化很小时,大部分成本是固定的,小部分是变动的。假设联合航空的一架班机将在两分钟内起飞,但它还有几个空位,这时一位乘客手持另一家航空公司的可转换机票刚刚经过通道。除非航班多停留30秒,否则这位乘客将会错过这架班机,并且在此次计划旅行当中再不会乘坐联合航空公司的航班。那么,延迟起飞而让一位乘客登记所带来的变动成本是多少呢?变动成本(如增加一份餐)是可以忽略不计的,因此这个决策环境中的所有成本都是固定成本(例如维修人员的工资)。

相反,现在假定联合航空需要考虑的是增加一个航班,设立另一个登记口,增加航程中停靠的城市,或是购进一架飞机,此时大多数成本是变动的,少数是固定的。例如在增加一个航班的情况下,维修人员的工资就是变动成本。这个例子强调了决策环境在成本性态分析中的重要性。一项成本到底是固定的还是变动的,在很大程度上取决于相关范围、计划期长度和特定的决策环境。

本—量—利分析

当管理者所做的决策会影响产量时,通常会区分成本是固定的还是变动的。在考虑有关明年要生产多少产品时,管理者认识到有很多产量以外的因素会对成本有所影响。然而,好的决策过程的起点应该是先预测产量水平是怎样影响成本的。

营利性组织的管理者通常会研究产量对收入(销售额)、费用(成本)和净收益(净利润)的影响,这种研究被称为**本—量—利分析(cost-volumn-profit(CVP)analysis)**。

> **本—量—利分析(cost-volumn-profit(CVP)analysis)**:有关产量对收入(销售额)、费用(成本)和净收入(净利润)的影响的研究。

非营利性组织的管理者也会从本—量—利关系研究中获益。为什么呢?因为没有一个企业拥有无限的资源,而掌握了数量变化如何影响成本波动,有利于经营者更好地控制成本。例如,一家非营利性医院的管理者通常关心的问题是病人数量波动时的成本性态。

为应用本—量—利分析方法,管理者通常设立一些简单的假设前提,主要的简化就是根据产出量指标将成本划分为固定成本和变动成本。本章的研究主要基于这种简化了的关系。

本—量—利分析案例

埃米·温斯顿是为波音工厂提供食品服务的管理人员,他正考虑是否要租用一套快餐自动售货机。虽然每种快餐的购入价和销售价不同,但他认为,将每份快餐的平均售价定为1.5美元,购入价定为1.2美元将有助于决策分析——他预计收入和成本有如下关系:

	每单位	占总销售额
销售价格	$1.50	100%
每单位变动成本	1.20	80
售价减去变动成本	$0.30	20%
每月固定成本		
租金	$3 000	
添货及服务的工资	13 500	
其他固定费用	1 500	
每月总固定费用	$18 000	

下面我们将用这些数据说明本—量—利分析的各个运用。

计算盈亏平衡点

最基本的盈亏平衡分析就是计算每月销售量和销售额的盈亏平衡点。**盈亏平衡点(break-even point)** 即销售收入等于费用(即净收益为零)的销售点。商业报道常提及盈亏平衡点。例如,一则关于旧金山一家旅店的入住率的新闻说:"对旅店老板来说,70%的入住率是他的盈亏平衡点。"另一则消息说:"三大汽车制造商今年将在北美汽车和卡车市场上的盈亏平衡点销售量从12 200 000辆调低到9 100 000辆。"而一篇关于远洋公司的报道述评:"经过重组调整,公司的盈亏平衡点会比重组前下降2.5亿美元。"当一家公司的销售额开始下降的时候,它会努力降低它的盈亏平衡点以避免损失。

> **目 的 3**
> 计算盈亏平衡点的销售额和销售量。

> **盈亏平衡点(break-even point)**:销售收入等于费用即净收益为零的销售点。

// 商业快讯

技术企业是怎样降低盈亏平衡点的

在2002年末、2003年初,尽管面临着不断下降的销售额,但很多高科技公司都不断报告了它们是怎样完成赢利目标的。这些公司通常强调它们是怎样通过控制成本来降低盈亏平衡点的。事实的确如此,当企业面临着不断降低的销售额时,它们的确需要通过完善成本结构来降低盈亏平衡点。

21世纪早期对于高科技行业来说的确是十分艰难的。自从20世纪90年代的股市泡沫破灭后,市场对大多数高科技产品的需求都急剧下降。几乎所有该行业的公司都面临着销售额的下降。尽管在2001年和2002年连续亏损,但是通过业务重组,很多公司在2003年都实现了赢利。

让我们参考一下Alcatel——一家法国通信公司。其CEO指出该公司已经成功地降低了盈亏平衡点,从 2001 年的第四季度的 60 亿美元降低到 2002 年末的 41 亿美元。他还预计在 2003 年末把盈亏平衡点降为 30 亿美元。完成这项目标的方法之一就是采购部门产品——这会极大地降低固定成本。

Lucent Technologies 是一家美国的通信公司,它也面临过相同的困境。在 2002 年它的销售额只是 2000 年的 43%,当年损失了近 120 亿美元。该公司的 CEO 努力把季度销售收入盈亏平衡点降低到 25 亿美元到 30 亿美元之间。并预计在 2003 年继续将其降至 20 亿美元。

跟 Lucent 的情况类似,Nortel 是一家加拿大的通信公司。它在 2002 年的销售额甚至低于其历史最高销售额的一半。在 2002 年中旬,该公司把盈亏平衡点降至 26 亿美元,但是自从 2003 年,该公司的平均季度盈亏平衡点也只有 25 亿美元。于是 Nortel 需要进一步降低该金额。

最终,股东也开始对这些公司的行为作出了反应。从 2003 年年初开始,这三家公司的股票价格分别翻了 2 倍、3 倍和 4 倍。媒体把这些归功于两点要素:"首先是这几家公司都宣布努力降低盈亏平衡点;其次是市场对高科技产品的需求也开始走出拐点。"

降低盈亏平衡点的需求并不只局限于技术企业。专门开发网络计算产品和服务的 Sun Microsystems 也提出会把集团的季度盈亏平衡点降低至 32 亿美元到 33 亿美元之间。然而随着季度销售额的不断下降,即使这样也不能自动带来赢利。所以芯片制造商 Advanced Micro Devices(AMD)的总裁及 CEO 也明确了他们的目标——在 2003 年的第二季度把费用的盈亏平衡点降到 77.5 亿美元。2002 年,该公司的销售额降低了 30%,即平均每季度降低了 67.5 亿美元,而且费用的降低也没能抵过利润的降低。而到 2004 年,AMD 的销售额反弹到 12.5 亿美元,该公司重新恢复赢利。

如果你阅读其他案例,你也会发现相同的结论。各种类型的技术企业在 2001 年和 2002 年都发生了亏损,而它们成功脱困的关键就是把盈亏平衡点降低至恰当的金额。

资料来源:"Alcatel Plans to Lower Break-Even Point to 3 Billian," *Europe Information Service*, January 30, 2003; "Russo Sees Lower Lucent Break-Even," *Financial Post*, Semptember 19, 2002; "Nortel to slash costs by $1.25 billion", *Edmonton Journal*, October 12, 2002; "AMD Firing 2 000," *San Francisco Chronicle*, November 15, 2002; 2002 and 2003 annual reports for Alcatel, Lucent, Nortel, Sun Microsystems, and Advanced Micro Devices。

本—量—利的研究通常也被称为盈亏平衡分析,这种说法容易引起误导。为什么呢?因为本—量—利分析不仅仅是计算盈亏平衡点。它也是公司计划过程中的一个重要部分。它帮助管理人员预测他们的决策是怎样影响销售额、成本和净利润的。因此,盈亏平衡点的计算只是本—量—利的研究的一个应用。

边际贡献法 考虑下述基本算术方法:每销售一单位产品就会获得一单位边际贡献(contribution margin)或**边际收入(marginal income)**,它是单位产品的售价减去变动成本的差额。回到"快餐自动售货机"的例子,单位产品的边际贡献为 0.30 美元:

> 边际收入(marginal income):单位产品的售价减去变动成本的差额。

每单位产品售价	$1.50
− 每单位产品变动成本	− 1.20
= 每单位贡献毛益	$0.30

什么时候能达到盈亏平衡点呢？当卖掉足够多的产品——所积累的**边际贡献总额**(total contribution margin)（单位边际贡献×销售数量）等于固定成本时。用固定成本总额 18 000 美元除以单位边际贡献 0.30 美元，而达到盈亏平衡点所需销售的产品数量是：$18 000 ÷ $0.30 = 60 000 份。盈亏平衡点的销售收入为 $60 000 × $1.50 = $90 000。（注意一些管理人员和会计人员使用边际贡献既表示单位边际贡献又表示总边际贡献，所以要弄清楚它到底表示什么意思。）

> **边际贡献总额**(total contribution margin)：单位边际贡献×销售数量。
>
> **贡献毛益**(contribution margin)：售价减去每单位产品的变动成本所得的差。

接下来分析快餐食品的边际贡献。每购进和售出一份食品会带来 1.5 美元的收入，并产生 1.2 美元的成本。固定成本不受影响。如果一份食品都没有售出，那么亏损额就是固定成本——6 000 美元；而每卖出一份食品，亏损就会减少 0.30 美元，直到销售量达到盈亏平衡点 60 000 份。超过这一点后，每卖出一单位的生意品就将带来 0.30 美元的利润。

盈亏平衡点下的简化损益表如下：

	总计	每单位	百分比
数量	60 000		
销售额	$90 000	$1.50	100%
变动成本	72 000	1.20	80
贡献毛益*	$18 000	$0.30	20%
固定成本	18 000		
净收益	$0		

* 销售额减去变动成本。

有时候在那些销售多种产品的公司里，单位变动成本和单位售价并不确定。例如，一个杂货商店销售上百种商品，价格各异，整体的盈亏平衡销量就没有意义了。在这样的情况下，我们可以用总销售额和总变动成本计算出变动成本占每一销售额的百分比：

变动成本百分比 = 总变动成本 ÷ 总销售额
边际贡献百分比 = 总边际贡献 ÷ 总销售额 = 100% − 变动成本百分比

回到"自动售货机"的例子：

销售价格	100%
− 变动费用占销售额的百分比	− 80
= 贡献毛益率	20%

变动成本百分比是 80%，而边际贡献百分比是 20%。我们也可以用比率表示这些百分比，那么**变动成本比率**(variable-cost ratio) 和**边际贡献比率**(contribution-margin ratio) 分别是 0.8 和 0.2。因此每一元销售额的 20% 可用于弥补固定费用，并形成净收益。因此我们需要 $18 000 ÷ 0.20 = $90 000 才能满足盈亏平衡点。记住边际贡献率是以销售额为基础的。我们可以利用边际贡献百分比计算用销售额表示的盈亏平衡点，而不用计算具体的销售量。

> **变动成本比率**(variable-cost ratio)：以比率表示的变动成本百分比。
>
> **边际贡献比率**(contribution-margin ratio)：以比率表示的边际贡献百分比。

等式法 等式法是最常用的分析方法，在本—量—利研究的任何环境中都适用。人们对典型的损益表都很熟悉，任何一张损益表都能以等式的形式表示，或者用数学模型表示，如下所示：

$$\text{销售额} - \text{变动费用} - \text{固定费用} = \text{净收益} \tag{1}$$

即：

$$(\text{单产品售价} \times \text{产品数量}) - (\text{单位变动成本} \times \text{产品数量}) - \text{固定费用} = \text{净收益}$$

在盈亏平衡点上，净收益为零：

$$\text{销售额} - \text{变动费用} - \text{固定费用} = 0$$

令 N = 盈亏平衡点的销售量，回到"自动售货机"的例子中：

$$\$1.50N - \$1.20N - \$18\,000 = 0$$
$$\$0.30N = \$18\,000$$
$$N = \$18\,000 \div \$0.30$$
$$N = 60\,000 \text{ 份}$$

等式中的销售额等于价格乘以数量，在本例中以 $1.50N$ 表示。要得出销售额，用 90 000 份乘以 1.50 美元，即可得出盈亏平衡点的销售额 90 000 美元。

要算出销售额也可以不用计算盈亏平衡点，只需要利用变动成本和利润占销售额的百分比关系：

$$\text{变动成本率} = \frac{\text{单位变动成本}}{\text{单位售价}} = \frac{\$1.20}{\$1.50} = 0.80 \text{ 或 } 80\%$$

令 S = 盈亏平衡点的销售额，则：

$$S - 0.80S - \$18\,000 = 0$$
$$0.20S = \$18\,000$$
$$S = \$18\,000 \div 0.20$$
$$S = \$90\,000$$

两种方法的关系 也许你已经注意到，边际贡献法只是等式法的一种简便方式。

看等式(1)的两种计算方法的最后三行,它们是:

盈亏平衡量	
销售量	销售额
$\$0.30N = \$18\,000$	$0.20S = \$18\,000$
$N = \dfrac{\$18\,000}{\$0.30}$	$S = \dfrac{\$18\,000}{0.20}$
$N = 60\,000$ 件	$S = \$90\,000$

从这些等式中,我们可以发现以下几个基本的简化公式:

$$\text{盈亏平衡点销售量} = \frac{\text{固定费用}}{\text{单位贡献毛益}} \qquad (2)$$

$$\text{盈亏平衡点销售额} = \frac{\text{固定费用}}{\text{贡献毛益率}} \qquad (3)$$

等式法和边际贡献法,该用哪一个呢?两者皆可。由于两种思路能得出的结果相同,所以可根据个人的喜好和计算方便程度进行选择。

管理决策练习

管理人员运用本—量—利分析方法预计销售额和成本的变动对盈亏平衡点的影响。使用等式(2)和等式(3)的捷径回答下面的问题。记住单位边际贡献等于单位销售价格减去单位变动成本。

1. 如果固定成本增长,那么对盈亏平衡点的产量和销售额有什么影响(其他条件不变)?

2. 如果单位变动成本下降,那么对盈亏平衡点的产量和销售额有什么影响(其他条件不变)?

3. 如果销售量增长,那么对盈亏平衡点的产量和销售额有什么影响(其他条件不变)?

答案:

1. 如果固定成本上升,盈亏平衡点的产量和销售额都会增长。
2. 如果单位变动成本下降,盈亏平衡点的产量和销售额都会下降。
3. 在回答这个问题之前要清楚真正的销售量(即使是预计的销售量)与盈亏平衡点没有关系。这也是为什么等式(2)和等式(3)中并没有出现销售量的原因。

盈亏平衡点——作图法 图2-5是自动售货机的本—量—利关系图。如果完全理解边际贡献法和等式法,你就不需要学习作图法。但是,大多数学生表示通过认真的学习作图法可以更好地理解本—量—利分析。在你阅读绘图步骤时,请参照图表进行研究:

> **目 的 4**
>
> 绘制本—量—利图,并了解其基本假设。

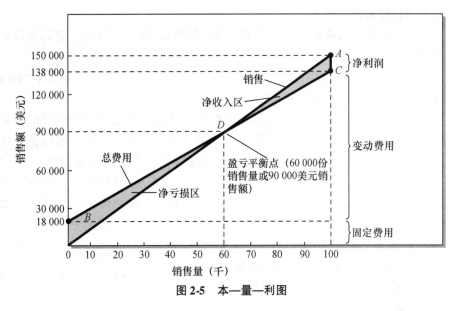

图 2-5 本—量—利图

1. 画坐标轴。横轴代表销售量,纵轴代表成本和销售额。

2. 画出销售量。选择一个合适的销售量,比如 100 000 单位,然后画出 A 点即代表在该销售量下的销售额;100 000 × \$1.50 = \$150 000。画出经过 A 点和原点 O 的收入(即销售额)线。

3. 标出固定费用。画出代表 \$18 000 的固定成本线。它是一条水平线,并与纵轴交于 18 000 美元处,即 B 点。

4. 标出变动成本费用。在一个合适的销售数量水平上决定成本中的变动部分:100 000 单位 × \$1.20 = \$120 000。将它与固定成本相加,\$120 000 + \$18 000 = \$138 000。画出 C 点,它代表在 100 000 单位产品时的费用是 138 000 美元。连接 B 点和 C 点,得到的就是总成本线。

5. 确定盈亏平衡点。盈亏平衡点就是总成本线和销售收入线的交点。即销售数量为 60 000 份或销售额为 90 000 美元的 D 点——在这一点上,销售收入刚好等于总成本。

盈亏平衡点只是本—量—利图的一部分,该图还可以表示任何作业水平上的赢利或亏损:在任一给定的数量下,销售总收入线和总费用线间的垂直距离就表示净利润或净亏损。

管理者常常使用盈亏平衡点图,因为与单纯的数字图表相对比,它更直观地反映了一个较大的业务量范围对应的可能的利润额;当然,是使用图表还是其他表现形式,在很大程度上取决于管理者的偏好。然而如果你需要向观众解释本—量—利模型,那么图表法会十分有帮助。

注意相关范围概念可应用于整个盈亏平衡图,几乎所有的盈亏平衡图的收入线和成本线都延伸到纵轴,如图 2-5 所示。这个方法容易产生误导,因为图中所表示的关系只是在相关范围内才是有效的。本图中,为了便于说明问题,管理人员画出的利润线和成本线已经超出了相关范围。

无论使用什么样的方法进行本—量—利分析,都是建立在一定的假设之上的。这其中的一些假设包括。

1. 费用要分为变动和固定两种。所有的变动费用都随着作业水平的变化而变化,而所有的固定费用都是保持不变的。

2. 收入和费用的性态可被准确地描绘,并且在相关范围内是线性的。会计学和经济学上的盈亏平衡图的主要区别是:(1) 会计师假设售价不随产量或销售量的变化而变化,并据此画出收入线,但经济学家认为降低售价会使销售量上升;(2) 会计师认为单位变动费用保持不变,而经济学家则认为单位变动费用随产量水平的变化而变化。在一定相关范围内,两者绘制出的销售收入线和成本线是很相近的,但是在相关范围之外的差别会很大。

3. 效率和生产率保持不变。

4. 销售组合保持不变。**销售组合(sales mix)** 即销售总量中的不同产品的比例保持不变(参看附录2A)。

> **销售组合(sales mix):** 销售总量中不同产品数量的相对比例或组成。

5. 期初和期末存货水平的差异忽略不计,即销售量等于生产量。

固定费用的变化 固定费用的变化会引起盈亏平衡点的变化。例如,如果一台自动售货机的租金 3 000 美元翻一倍,那么每月的盈亏平衡点销售量和销售额应该是多少?

总固定成本从 18 000 美元上涨到 21 000 美元,因此:

$$盈亏平衡点销售量 = \frac{固定费用}{单位边际贡献} = \frac{\$21\,000}{\$0.30} = 70\,000 \text{ 单位}$$

$$盈亏平衡点销售额 = \frac{固定费用}{边际贡献率} = \frac{\$21\,000}{\$0.20} = \$105\,000$$

注意,固定费用增加了 1/6,盈亏平衡点也提高了 1/6,从 60 000 单位上升到 70 000 单位,销售额也从 90 000 美元上升到 105 000 美元。若其他条件不变,固定成本与盈亏平衡点将一直保持这种对应关系。

公司通常利用降低总固定成本的方法来降低盈亏平衡点,例如通过关闭或出售工厂来减少财产税、保险费、折旧费和管理人员工资等。当由于经济下滑和美国的"9·11"恐怖袭击事件使得对波音飞机的需求减少时,波音公司通过重组调整降低固定成本。如果波音公司使用同样的变动成本/固定成本结构生产少量的飞机,那么它的销售量就会降低到盈亏平衡点之下。通过减少固定成本,公司可以降低盈亏平衡点并且保持赢利。

单位边际贡献的变化 变动成本的变化也会引起盈亏平衡点的移动:通过提高单位售价或降低单位变动成本(或两者同时进行)来提高单位边际贡献,企业能降低盈亏平衡点。

举例来说,假定自动售货机的租金仍维持在每月 3 000 美元的水平上,那么:(1) 如果自动售货机的所有者按每销售一份食品收取 3 美分的额外租金,每月的盈亏平衡点的销售量和销售额是多少?(2) 若单位售价从 1.50 美元下降到 1.35 美元,而原单位变动费用不变,盈亏平衡点的销售量和销售额又是多少?

下面是盈亏平衡点的变化情况:

1. 变动成本从 1.20 美元增长到 1.23 美元,单位边际贡献从 0.30 美元下降到 0.27 美元,边际贡献率是 0.18(0.27÷1.50 = 0.18)。原固定费用 18 000 美元保持不变,但是分母与以前不同,即有:

$$盈亏平衡点销售量 = \frac{\$18\,000}{\$0.27} = 66\,667 \text{ 份}$$

$$盈亏平衡点销售额 = \frac{\$18\,000}{0.18} = \$100\,000$$

2. 如果单位售价从 1.50 美元下降到 1.35 美元,并且原变动费用保持不变,那么单位边际贡献从 $1.50 - $1.20 = $0.30 下降到 $1.35 - $1.20 = $0.15,并且盈亏平衡点将猛增到 $18 000 ÷ $0.15 = 120 000 单位。由于售价和边际贡献率(变为 $0.15 ÷ $1.35 = 0.1111)都发生了变化,盈亏平衡点的销售额也会发生变化,变为 162 000 美元(120 000 × $1.35 = $162 000),或者使用公式:

$$盈亏平衡点销售额 = \frac{\$18\,000}{0.1111} = \$162\,000$$

通过这些,你可以清楚地看到价格或者变动成本的小小变化就会导致单位边际贡献的大变化,相应地,也会导致盈亏平衡点的大变化。

目标利润法和增量法

管理者也可以利用本—量—利分析来决定实现目标利润所需的销售量和销售额。例如,回到先前的快餐自动售货机的例子中,假设温斯顿把每月 1 440 美元设定为可接受的最低净利润,那么要销售多少产品才能完成所选取的计划利润目标呢?这些销售量又应该如何用销售额表示呢?

> **目 的 5**
> 计算达到目标利润时的销售额和销售量。

计算达到目标净利润的计划销售量或目标销售量的方法,与前面盈亏平衡点的计算方法是相同地,但现在我们把目标值补充到公式中:

$$目标销售额 - 变动费用 - 固定费用 = 目标净利润 \tag{4}$$

或:

$$目标销售量 = \frac{(固定费用 + 目标净利润)}{单位边际贡献}$$

$$= \frac{\$18\,000 + \$1\,440}{\$0.30}$$

$$= 64\,800 \text{ 单位} \tag{5}$$

得到相同的答案还有另外一种方法:利用盈亏平衡点的知识,采用增量法。**增量效应(incremental effect)** 是指与既定或已知的情况相对比,在新的条件下总结果的变化量

> **增量效益(incremental effect)**:与在一些既定或已知条件相比,在新条件下总的结果(如收益、费用或利润)所发生的变化。

（如收益、费用或利润等）。

在这个例子中，给定的条件就是盈亏平衡点为60 000 单位,在这个销售量水平上,所有的费用都能被弥补。因此,但销售量超过60 000 单位时,每单位的净利润增量等于边际贡献 $1.50 - $1.20 = $0.30。如果目标净利润是1 440 美元,那么目标销售量应该超过盈亏平衡点销售量4 800 个单位($1 440 ÷ $0.30)——目标销售量应该为60 000 + 4 800 = 64 800 个单位。

为得到销售额,可以用64 800 单位乘以1.50 美元或利用公式：

$$目标销售额 = \frac{固定费用 + 目标净利润}{边际贡献率}$$

$$= \frac{\$18\,000 + \$1\,440}{0.20}$$

$$= \$97\,200 \tag{6}$$

要想直接利用增量法得到销售额,从盈亏平衡点销售额90 000 美元为出发点,在此数量以上,每1 美元的销售额能带来0.20 美元的净利润;用1 440 美元除以0.20 美元,可知销售额必须超过盈亏平衡点销售额7 200 美元,才能得到净利润1 440 美元,因此销售总额为 $90 000 + $7 200 = $97 200。

下表对这些计算进行了总结：

	盈亏平衡点	增量	新条件下
销售数量	60 000	4 800	64 800
销售额	$90 000	$7 200	$97 200
变动费用	72 000	5 760	77 760
贡献毛益	$18 000	$1 440	$19 400
固定费用	18 000	—	18 000
净收益	$0	$1 440	$1 440

关键因素的多种变化

到此,我们只研究了本—量—利分析中一个因素变化的情况,在实际中,管理者在决策时通常要考虑多种可能因素的影响。例如,波音公司想通过降低飞机的价格来刺激销售量。玛氏公司希望通过减少糖果的大小节约变动成本并增加单位边际贡献,但是这种行为也会降低销售量。美敦力可能通过自动化胰岛素输入泵的生产,用设备的固定成本代替劳动力变动成本。

回顾自动售货机的例子。假设温斯顿决定在下午6:00 到早上6:00 的时段将机器上锁。这样她预计每月将节省2 460 美元;但同时,24 小时服务的取消将极大地影响销售量,因为有许多上夜班的人员要使用这台机器。(假设这种行为不影响道德问题,只是单纯的财务问题)那么这台机器应该维持每天24 小时的服务吗？假设每月销售量比现在减少10 000 单位。我们将分别在(1) 62 000 单位和(2) 90 000 单位水平上进行分析。

我们考虑两种方法。第一种是为上述两种情况分别建立并解出等式,选出净利润高的那个销量水平。

不管当前的销售量水平是 62 000 单位还是 90 000 单位,若我们预计销售量会减少 10 000 单位,则从下午 6:00 到早上 6:00 关闭售货机将减少 540 美元的净利润。

	从 62 000 降至 52 000		从 90 000 降至 80 000	
销售量	62 000	52 000	90 000	80 000
销售额	$93 000	$78 000	$135 000	$120 000
变动成本	74 400	62 400	108 000	96 000
边际贡献	$18 600	15 600	27 000	24 000
固定成本	18 000	15 540	18 000	15 540
净收益	$600	$60	$9 000	$8 460
净收益变动	($540)		($540)	

第二种方法是增量法,更快也更简单。简单对于管理者很重要,因为这样可以使分析不受无关和含糊不清的数据的困扰。

英明的管理者能从中了解什么呢?首先,62 000 单位或 90 000 单位的销售量与决策无关,问题是两种情况下销售量都下降了 10 000 单位。决策的关键是固定成本的节约能不能弥补边际贡献的损失。

贡献毛益额的损失,10 000 个单位($0.30 单位)	$3 000
固定成本的节约	-2 460
净收益的下降	$540

从下午 6:00 到早上 6:00 锁上售货机,会使每月的净利润减少 540 美元——不管用什么方法分析,锁上机器都不是一个好的财务决策。

本—量—利分析和 Excel 表格

Excel 表格的使用简化了本—量—利分析模型中关键因素的多种变化的检验。在各种各样的企业中,管理人员都使用以电脑或者 Excel 表格为基础的本—量—利模型来研究价格、单位变动成本、固定成本以及预期利润等变化的复合结果。很多非营利性机构也使用电算化的本—量—利模型。例如,一些私立大学用模型来分析管理决策将会如何影响财务结果,这些决策包括提高学费、增加课程、冬季假期中关闭宿舍等。计算机能迅速计算出变化的结果,并用图表和数字给予显示。

回顾自动售货机的例子。表 2-3 是一张 Excel 表格的例子,它显示了三种不同的固定费用和变动费用水平上,为达到三种不同的利润额水平而应该达到的销售量。计算机能准确、迅速地计算出 27 个不同的销售额水平。管理人员只需输入他们所要求的固定成本(A 栏)、变动费用百分比(B 栏)、目标净利润(C、D、E 栏的第三行)数据,计算机就能算出需要达到的销售额。

表 2-3　本—量—利关系分析 Excel 表格

	A	B	C	D	E
1			需达到的销售额		
2	固定 费用	变动 费用%	每年净收益		
3			$2 000	$4 000	$6 000
4					
5	$4 000	0.40	$10 000 *	$13 333	$16 667
6	$4 000	0.44	$10 714 *	$14 286	$17 857
7	$4 000	0.48	$11 538 *	$15 385	$19 231
8	$6 000	0.40	$13 333	$16 667	$20 000
9	$6 000	0.44	$14 286	$17 857	$21 429
10	$6 000	0.48	$15 385	$19 231	$23 077
11	$8 000	0.40	$16 667	$20 000	$23 333
12	$8 000	0.44	$17 857	$21 429	$25 000
13	$8 000	0.48	$19 231	$23 077	$26 923

* (A5 + C3)/(1 − B5) = ($4 000 + $2 000)/(1 − $0.40) = $10 000
(A6 + C3)/(1 − B6) = ($4 000 + $2 000)/(1 − $0.44) = $10 714
(A7 + C3)/(1 − B7) = ($4 000 + $2 000)/(1 − $0.48) = $11 538

除了方便快捷外,计算机可以实施比本章所述的更为复杂的本—量—利分析方法。前面所列的假设前提对大多数的管理者手工建立的本—量—利模型都是非常必要的;而在计算机环境下,我们可以建立一个不需要这些简化处理的模型。计算机模型可以包括多成本动因、成本与成本动因的非线性关系、销售组合的变动以及无相关范围限制的分析。

使用计算机是一个有关成本—收益的问题,有的时候构件模型的成本会大于利用这些模型进行更好地决策所带来的价值。然而,这些模型的可靠性都取决于关于收入、成本变动方式的基本假设的准确性。另外,在小型企业中,简化的本—量—利模型已经达到足够的准确度,没有必要利用更为复杂的模型。

商业快讯

百视达(Blockbuster)违背了迪斯尼的合同了吗?
是会计冲突还是道德问题?

迪斯尼公司在 2003 年初起诉了百视达公司,声称百视达违背了两家公司在 1997 年签署的合同。在签署合同之前,百视达公司以单价 65 美元的价格从迪斯尼公司购买电影,并有权拥有所有的租赁收入。而在这项合同中,百视达公司同意以 7 美元的价格购买电影,但部分租赁收入归迪斯尼所有。

　　这个合同中,百视达公司可以购买同一部电影的多张碟片,以便保证消费者随时租到想要看的电影,否则百视达将免费向消费者提供电影租赁服务。利用这种经营战略,百视达将其电影租赁市场份额从28%增至40%。总结起来就是百视达公司把较高的固定成本转化为了变动成本(取决于租赁收入)。

　　这种安排类似于购物中心的所有者与零售摊位租用者之间的关系。每个租用者都要支付固定的场地费用以及销售收入的一部分。同时,就像购物中心的所有者希望零售商能够准确地计量收入,迪斯尼非常希望百视达也能够准确地计量租赁收入。

　　此外,合同中还约定了百视达什么时候可以出售旧的碟片。因为这些碟片对于百视达公司来说已经毫无价值,因此这项业务获利是十分丰厚的。但是迪斯尼不希望这些旧碟片同其拥有的碟片产生竞争,因此它严格地限制了再销售的时间。

　　在案件中,迪斯尼认为百视达公司不恰当地把宣传费用从租赁收入中扣除,漏记了成百上千的业务,并存在在限期前出售碟片的行为。但是百视达公司认为他们的会计记录并没有违背合同的约定。

　　这个案例说明好的会计系统和好的道德准则都是非常重要的。最初的合同对两家公司都是有益的,它可以让迪斯尼公司在主打电影上获得更多的收入,同时又可以让百视达公司能够拥有灵活的成本结构。但是如果彼此不能相互信任,那么这个合同就是无效的。在这个案例中很难说哪一边是错误的,但是两家公司都受到了伤害。至少,由于大家怀疑迪斯尼想获得不恰当的利润而百视达想通过作假来减少支付给对方的费用,所以两家公司都需要支付更多的监督成本。

　　资料来源:"Disney Sues Blockbuster Over Contract," *New York Times*, Januar 4, 2003; "Disney Sues Top Video Chain," *Los Angeles Times*, January 3, 2003。

成本—数量分析的其他作用

最佳成本结构

　　分析本—量—利关系是管理者的一项重要职责,管理者常常寻求利润最大化的成本组合(即变动成本和固定成本的组合)。例如,购买一台自动售货机会增加固定成本,但同时可以减少单位产品所需的人工成本。相反地,通过减少固定成本实现有利的成本组合也是可行的办法。因此一家公司可能决定通过销售佣金(变动成本)补偿销售人员,而不是让他们拿固定的薪水。还有一个把固定成本转化为变动成本的例子就是百事达公司同迪斯尼以及其他音像制品公司签署的合约——用7美元的固定成本和出租收入的一定比例代替原来的一张音像制品65美元的固定支出。

　　一般来说,很多公司(例如航空、香烟和化妆品公司)愿意在广告上投入大笔资金,因为它们有着很高的边际贡献率;相反,边际贡献率较低的公司(例如工业机械制造商)在广告和促销方面的投入就很少。因此,即使两家公司有着相同销售量和销售价格,它们对广告投入风险的态度也是不一样的。假定情况如下:

	香水公司	看管服务公司
销售量	100 000 瓶	100 000 平方英尺
销售额(单位售价 $20)	$2 000 000	$2 000 000
变动成本	200 000	1 700 000
边际贡献	$1 800 000	$300 000
边际贡献率	90%	15%

假设每个公司将销售量提高 10%:

	香水公司	看管服务公司
销售额增加,10 000 × $20	$200 000	$200 000
边际贡献增加,90%,15%	180 000	30 000

香水公司可能会扩大广告宣传力度,使边际贡献总额增加 180 000 美元;相反,看管服务公司为使边际贡献增加 30 000 美元而(在广告宣传方面)花费大量资金却是不明智的。

要注意到,当边际贡献率低时,要使净利润大幅度增长,必须大幅度地增加销售量。另外,当销售量降低时,利润降低的幅度也比较小。高边际贡献率有着相反的影响,利润会随销售量的增长而降低的幅度非常大。

经营杠杆

除了考虑固定成本和变动成本的影响外,管理者还需要考虑公司固定成本与变动成本的比率——该比率被称为**经营杠杆比率(operating leverage)**。在杠杆率较高(即固定成本高而变动成本低)的公司中,销售量的很小变化就会带来净收入较大的变化,而在杠杆率较低(即固定成本低而变动成本高)的公司中,销售量的变化却不会产生如此大的影响。

> **经营杠杆比率(operating leverage)**:公司固定成本与变动成本的比率。

图 2-6 反映了经营杠杆率高的公司和经营杠杆率低的公司的成本性态关系。杠杆率高的公司固定成本为 14 000 美元,单位变动成本是 0.10 美元;杠杆率低的公司的固定成本只有 2 000 美元,但单位变动成本是 0.25 美元。两家公司的预计销售量都是 80 000 单位,售价为 0.30 美元。在这一水平上。两者的净利润都是 2 000 美元。如果销售量下降到 80 000 单位以下,高杠杆率公司的利润将急剧下降;如果销售量超过 80 000 单位,高杠杆率公司的利润则会大幅上升。

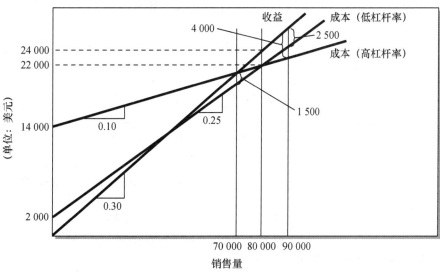

图 2-6 高低杠杆作用

安全边际

本—量—利分析可以通过提供安全边际的计量来帮助管理人员评估风险。**安全边际(margin of safety)** 表示在亏损出现以前,销售额还可以比预期的销售量低多少。它比较了预期销售量和盈亏平衡点:

> 安全边际(margin of safety):在亏损出现以前,销售额还可以比预期的销售量低多少。

安全边际 = 预期销售量 − 盈亏平衡点销售量

安全边际越大,公司发生亏损的可能性就越小,也就是说,销售量低于盈亏平衡点的概率越小。安全边际小意味着风险较大。如果在自动售货机的例子中,预计销售量是 80 000 单位,安全边际就应该是 20 000 单位:

安全边际 = 80 000 − 60 000 = 20 000 单位

边际贡献和毛利

> 目 的 6
> 区分边际贡献和毛利。

本章的学习强调边际贡献,但是会计人员也经常使用一个相似的词——毛利,来表示相当不同的意思。人们经常把边际贡献和毛利弄混淆。**毛利(gross margin)** 也叫做毛利润,是销售收入超过销售成本的部分。**销售成本(cost of goods sold)** 是公司采购、生产和销售产品的成本。对比毛利和边际贡献:

> 毛利(gross margin):销售收入超过销售成本的部分。

> 销售成本(cost of goods sold):公司采购、生产和销售产品的成本。

毛利 = 销售收入 − 销售成本

边际贡献 = 销售收入 − 所有变动成本

图 2-7 说明了两种不同的成本划分方法。如图的底部,毛利主要区分生产成本、采购成本以及销售费用和管理费用;而边际贡献主要区分变动成本和固定成本。

	变动成本	固定成本	
生产或组装成本	A 变动的生产或组装成本	B 固定的生产或组装成本	总生产或组装成本
销售和管理成本	C 变动的销售和管理成本	D 变动的销售和管理成本	总销售和管理成本
	总变动成本	总固定成本	

图 2-7 总收益和边际收益的成本关系

注:边际贡献 = 销售额 −（A + C）
　　毛利 = 销售额 −（A + B）

在我们的自动售货机的例子中,边际贡献和毛利是一样的。因为在这个例子中销售成本是唯一的变动成本。

销售收入	$1.50
变动成本:所售产品的单位购入成本	0.40
边际贡献等于毛利	$0.10

现在假设这家公司支付每单位 0.12 美元的佣金:

		边际贡献	毛利
销售收入		$1.50	$1.50
所售产品单位购入成本	$1.20		1.20
变动佣金	0.12		
总变动费用		1.32	
边际贡献		$0.18	
毛利			$0.30

如上表所示,边际贡献和毛利是不同的概念;边际贡献强调的是销售额和变动成本的关系,而毛利则侧重于销售额和销售成本的关系。例如,Masco Tech 是以底特律为基地的汽车零件供应商。一家报纸对其的评论道:"Masco Tech 现在的毛利大约占销售额的 21%,但每增加一美元的销售额,边际贡献约为 30%。"

非营利性组织中的应用

现在考虑本—量—利关系在非营利性组织中的应用。假设一个城市共有 100 000 美元的预算拨款用于开展为吸毒者提供咨询的活动。每年为每位吸毒者提供的咨询活动的变动成本是 400 美元。当病人的人数在 50—150 的相关范围内,固定成本是 60 000 美元。如果这个城市花掉了全部预算,那么一年可以为多少人提供服务?

我们可以利用盈亏平衡公式来解决这个问题。令 N = 吸毒者的人数;用预算金额代替销售收入;如果城市要用尽全部预算,那么销售额等于变动成本和固定成本之和。

$$销售收入 = 变动费用 + 固定费用$$
$$\$100\,000 = \$400N + \$60\,000$$
$$\$400N = \$100\,000 - \$60\,000$$
$$N = \$40\,000 \div \$400$$
$$N = 100$$

这样,这个城市可以为 100 名吸毒者提供服务。现在,假设明年的预算下降了 10%,而固定成本保持不变,可救助的人数就会下降。

$$销售收入 = 变动费用 + 固定费用$$
$$\$90\,000 = \$400N + \$60\,000$$
$$\$400N = \$90\,000 - \$60\,000$$
$$N = \$30\,000 \div \$400$$
$$N = 75$$

服务人数减少了 25%,超过了预算降低的百分比。除非这座城市重新安排工作,否则为了维持预算,服务的人数必须减少 25%。

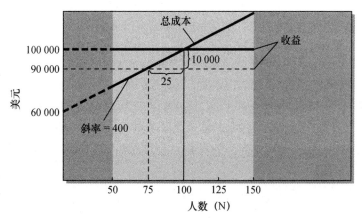

图 2-8　在非营利性组织中应用的图示

小结与复习

问题:

Port Williams 礼品店的预算损益表如下:

净收入	$800 000
减去:费用,包括固定费用 $400 000	880 000
净亏损	$(80 000)

管理者认为增加 200 000 美元的广告费用能使销售量大大增加。

1. 在花费了 200 000 美元的广告费后,商店的盈亏平衡点的销售量是多少?
2. 如果净利润为 40 000 美元,销售量又应该是多少?

答案:

1. 注意,所有的数据都是以货币金额表示的,销售量的数据未知。大多数公司都有多种产品,因此。整体的盈亏平衡分析只涉及销售额,而不是销售量。变动费用为 $880 000 − $400 000 = $480 000,变动费用率为 $480 000 ÷ $800 000 = 0.6,因此边际贡献率是 0.40。令 S = 盈亏平衡点的销售额,则有:

$$S - 变动费用 - 固定费用 = 净利润$$
$$S - 0.60S - (\$400\,000 + \$200\,000) = 0$$
$$0.40S = \$600\,000$$
$$S = \frac{\$600\,000}{0.40}$$
$$S = 1\,500\,000$$

2.
$$所需销售额 = \frac{(固定费用 + 目标净利润)}{边际贡献率}$$

$$所需销售额 = \frac{(\$600\,000 + \$40\,000)}{0.40} = \frac{\$640\,000}{0.40}$$

$$所需销售额 = \$1\,600\,000$$

同样,我们也可以使用增量法,假定所有超过盈亏平衡点 1 500 000 美元的销售收入都会产生 40% 的净利润,用 40 000 美元除以 0.40,即可以推出销售额必须比盈亏平衡点的 1 500 000 美元多出 100 000 美元,才能使得净利润为 40 000 美元。

记忆重点

1. **说明成本动因是如何影响成本性态的**。成本动因是对引起资源耗费的产出的一种计量。当作业水平改变后,成本动因或产出计量会跟着改变,从而引起成本的变化。

2. **说明成本动因作业水平的变化是如何影响变动成本和固定成本的**。不同类型的成本的表现也不同:如果被耗资源成本的变化是与成本动因变化成比例的,那么该项资源就是变动成本资源(它的成本是变动的);如果被耗资源成本不随成本动因的变化而变化,那该资源就是固定成本资源(它的成本是固定的)。

3. **计算盈亏平衡点的销售额和销售量**。本—量—利分析(也可叫盈亏平衡分析)可以借助图形或等式得出。在计算盈亏平衡点销售量时,用单位边际贡献率除固定成本;计算盈亏平衡点销售额时,则使用边际贡献率除固定成本。

4. **绘制本—量—利图,并了解其基本假设**。本—量—利图是根据成本动因的运作通过绘制总收入和总成本线来绘制的。必须认清本—量—利分析的局限性及其假设:效率、销售组合及存货平均水平都保持不变。

5. **计算达到目标利润时的销售额和销售量**。管理者运用本—量—利分析的方法来计算为达到目标利润而需实现的销售量,检验某些因素(如固定成本、变动成本或成本动因量)的变化对利润的影响。

6. **区分边际贡献和毛利**。作为一个重要的概念,边际贡献是销售价格和变动成本之间的差额;不要把它和毛利混为一谈——毛利是销售价格和销售成本之间的差额。

附录 2A:销售组合分析

需要强调的是,本章中本—量—利分析是建立在单一产品基础上的,但几乎所有的公司都销售多种产品。因此,这些公司必须关注销售组合。销售组合是指在销售总量中不同产品数量的相对比例或组成。若这些品种的比例变了,本—量—利关系也会发生变化。

> **目 的 7**
> 解释销售组合对利润的影响。

假定 Ramos 公司有钱包(W)和钥匙包(K)两种产品。且其利润预算如下:

	钱包(W)	钥匙包(K)	合计
销售量	300 000	75 000	375 000
销售额($8 和 $5)	$2 400 000	$375 000	$2 775 000
变动费用($7 和 $3)	2 100 000	225 000	2 325 000
贡献毛益($1 和 $2)	$300 000	$150 000	$450 000
固定费用			180 000
净利润			$270 000

盈亏平衡点应为多少?假定固定的销售组合是 1 个 K 和 4 个 W。令 K = 盈亏平衡时 K 的数量,$4K$ = 盈亏平衡时 W 的数量:

$$销售额 - 变动费用 - 固定费用 = 零净利润$$
$$(\$8 \times 4K + \$5K) - (\$7 \times 4K + \$3K) - \$180\,000 = 0$$
$$\$32K + \$5K - \$28K - \$3K - \$180\,000 = 0$$
$$\$6K = \$180\,000$$
$$K = 30\,000$$
$$4K = 120\,000 = W$$

盈亏平衡点为 $30\,000K + 120\,000W = 150\,000$ 个。

此盈亏平衡点只适用于 1 个 K 和 4 个 W 的销售组合——显然，不同的比例会产生不同的盈亏平衡点。例如，假设只销售钥匙包，固定成本将保持 180 000 美元不变：

$$盈亏平衡点 = \frac{固定费用}{单位边际贡献}$$
$$= \frac{\$180\,000}{\$2}$$
$$= 90\,000\,K$$

如果只销售钱包：

$$盈亏平衡点 = \frac{\$180\,000}{\$1} = 180\,000\,W$$

我们得到的盈亏平衡点是 180 000 个 W 或是 90 000 个 W 或 150 000 单位（包括 30 000 个 K 和 120 000 个 W）。

为了其自身利益，管理者并不关心盈亏平衡点，他们关心的是计划的销售组合的变动对净利润的影响。当销售组合发生变化时，在不同的销售水平的盈亏平衡点和净利润都会改变。例如，假设实际销售量等于预算销售量 375 000 单位，但实际销售的 K 仅有 50 000 个。

	钱包（W）	钥匙包（K）	合计
销售量	325 000	50 000	375 000
销售额（$8 和 $5）	$2 600 000	$250 000	$2 850 000
变动费用（$7 和 $3）	2 275 000	150 000	2 425 000
贡献毛益（$1 和 $2）	$325 000	$100 000	$425 000
固定费用			180 000
净利润			$245 000

销售组合的变化导致实际的净利润并不是预算的 270 000 美元，而是 245 000 美元，即产生了 25 000 美元的不利差异。预算与实际的销售量是一致的，但单位边际贡献高的产品的销售比例下降了。

管理者都努力使得所有产品的销售量最大化。由于资源和时间的有限，管理者们更愿意采用能带来最大利润的产品组合。例如，Clorox 公司在 2003 年第三季度的报告中说道："修正后的项目反映了利润来自……本季度更有利的销售组合。" US home systerm 公司却经历了相反的境况："第三季度的损失……部分是来自销售组合。"

当管理者必须决策要集中生产或削弱某种产品时，产品的获利能力有助于这种决策的进行。例如,假定生产设备或销售人员的时间是有限的,我们关注点是钱包还是钥匙包呢? 除边际贡献外还有其他因素影响该决策。第 5 章还会对这些问题进行研究,如单位工时利润额比单位产品利润额更重要等。

附录 2B:所得税的影响

到目前为止,我们(正如大多数人所做的那样)忽视了所得税的影响;然而,在大多数国家,私营企业都要缴纳所得税。重新考虑本章中自动售货机的例子,在本量例分析的部分,我们讨论了要达到税前目标利润 1 440 美元时所需要的销售额——若税率为 40%,则结果为:

目 的 8
计算税后基础的本—量—利分析。

所得税前收益	$480	100%
所得税	192	40
净利润	$288	60%

注意:

$$净利润 = 税前利润 - 0.40 \times 税前利润$$

$$净利润 = 0.6 \times 税前利润$$

$$税前利润 = \frac{净利润}{0.60}$$

或者:

$$目标税前利润 = \frac{目标税后利润}{1 - 税率}$$

$$目标税前利润 = \frac{\$864}{1 - 0.40} = \frac{\$864}{0.60} = \$1\,440$$

假定目标净利润为 1 440 美元。等式唯一的变化就在下列的等式的右边:

$$目标销售额 - 变动费用 - 固定费用 = \frac{目标净利润}{1 - 税率}$$

现在假设 N 为销售量,单位售价为 1.50 美元,单位变动成本是 1.20 美元并且总固定成本是 18 000 美元:

$$\$1.50N - \$1.20N - \$18\,000 = \frac{\$864}{1 - 0.4}$$

$$\$0.30N = \$18\,000 + \frac{\$864}{0.60}$$

$$\$0.18N = \$10\,800 + \$864 = \$11\,664$$

$$N = \$11\,664 \div \$0.18 = 64\,800 \text{ 单位}$$

$$\$1.50N - \$1.20N - \$18\,000 = \frac{\$1\,440}{1 - 0.4}$$

$$\$0.30N = \$18\,000 + \frac{\$1\,440}{0.60}$$

$$\$0.18N = \$10\,800 + \$1\,440 = \$12\,240$$

$$N = \$12\,240 \div \$0.18 = 68\,000 \text{ 单位}$$

简单计算销售量变化对税后利润的影响的方法可以使用下列公式：

净利润的变化 = 销售量的变化 × 单位边际贡献 × (1 - 税率)

在我们的例子中，假定销售水平为 64 800 单位，税后净利润是 864 美元。管理者想知道当销售量变为 68 000 单位时税后净利润是多少。

$$\text{净利润的变动} = (68\,000 - 64\,800) \times 0.30 \times (1 - 0.40)$$
$$= 3\,200 \times \$0.30 \times 0.60$$
$$= 3\,200 \times \$0.18$$
$$= \$576$$

简言之，超过盈亏平衡点的单位销售量所创造的税后利润，等于单位边际贡献乘以(1 - 所得税税率)。

通过我们的例子可以看出，盈亏平衡点本身并没有改变。为什么呢？因为利润为零时并没有所得税。

会计词汇

盈亏平衡点(break-even point)
边际贡献(contribution margin)
边际贡献百分比(contribution margin percent)
边际贡献率(contribution margin ratio)
成本性态(cost behavior)
成本动因(cost driver)
销售成本(cost of goods sold)
本—量—利分析(cost-volumn-profit analysis)
固定成本(fixed cost)
毛利(gross margin)
毛利润(gross profit)
增量效应(incremental effect)
边际收益(marginal income)
安全边际(margin of safety)
经营杠杆率(operating leverage)
相关范围(relevant range)
销售组合(sales mix)
总边际贡献(total contribution margin)
单位边际贡献(unit contribution margin)

变动成本(variable cost)
变动成本百分比(variable cost percent)
变动成本率(variable cost ratio)

基础习题

2-A1 固定成本和变动成本的性态

考虑波音公司的某个工厂。维持清洁的工作环境对波音公司是很重要的。清洁工厂是维护部门的责任。清洁工厂主要依靠劳动力和清洁用品。两种资源的成本动因都是清洁面积。不管工厂清洁多少次，工厂清洁人员的工资是不变的。清洁用品是变动成本，根据生产水平，这个面积为 25 000 平方英尺的工厂每个月要被彻底清扫 4 次到 6 次。最近的一个月(3月份)工厂被清扫 4 次。3月份劳动力的成本是 24 000 美元，清洁用品的成本是 5 000 美元。下季度(4月份到6月份)的生产计划表明，工厂将分别被清扫 5 次、6 次和 8 次。

要求：

1. 制备一张表格，这张表格可以说明劳动力成本、清洁用品成本、总成本和单位清洁面积成本是怎样随着清洁面积的变化而变化的。下季度的预计工厂清洁总成本是多少？

2. 假设波音公司雇佣了一家清洁公司按工厂的要求进行清洁活动。每次清扫工厂的费用是 5 900 美元。如果雇佣了清洁公司，波音公司将解雇现在清洁工厂的工人，而且不再需要购买清洁用品。通过雇佣清洁公司，波音公司在下季度可以节省花销吗？解释你的答案。

2-A2 本—量—利分析与自动售货机

Angelino 食品服务公司负责运营并保养其安装在美国西南四个州的餐馆、加油站和工厂中的软饮料自动售货机。这些机器从生产商那里租来。而且 Angelino 公司还必须叙用机器所占的场地。以下列示的是与 40 台机器的扩展计划有关的支出和收益关系。

每月固定费用：

机器租金：机器 40 台	每台 $43.50	$1 740
用地租金：场所 40 个	每个 $28.80	1 152
40 台新增机器的保养员工工资		1 908
其他固定成本		200
每月固定费用总计		$5 000

其他数据：

	每单位	所占比例
售价	$1.00	100%
食品成本	0.80	80
边际贡献	$0.20	20%

除非有特别注释，以下问题均采用上述数据。请独立思考以下问题：

1. 每月盈亏平衡点的销售量和销售收入各为多少？

2. 如果销售量是 36 000 单位,该公司的净利润是多少?

3. 如果占地租金增加一倍,每月盈亏平衡点的销售量和销售收入各为多少?

4. 如果除了增加固定的租金,Angelino 食品服务公司每销售一个软饮料要向机器的生产商支付 2 美分的租金,则达到盈亏平衡点的销售量是多少?销售额又是多少?(参考原始数据)

5. 如果除了增加固定的租金,超过盈亏平衡点后食品服务公司每销售一个软饮料要向机器的生产商支付 4 美分租金,则销售 36 000 单位软饮料时的净收入是多少?(参见原始数据)

2-A3 本—量—利关系练习

Mainline 运输公司专营长距离的大型货物的运输,该公司的收入和费用取决于收入英里指标,该指标为货物重量和距离英里数的乘积。下个年度的全面预算以预期的 800 000 的总英里收入为基础得出的。在该收入英里水平,以及任何位于 700 000—900 000 收入英里之间的水平,公司的固定成本是 110 000 美元。销售价格和变动成本是:

	每收入英里
平均售价(收入)	$1.50
平均变动费用	1.30

要求:

1. 计算预算净利润(忽略所得税的影响)

2. 管理者想知道各种可能的情况和决策会如何影响净利润。请针对下列各种变化重新计算净利润(以下变化互不影响):

   a. 销售价格增加 10%
   b. 收入英里数提高 10%
   c. 变动费用增加 10%
   d. 固定费用增加 10%
   e. 每收入英里平均销售价格降低 3 美分,而收入英里数增加 5%(参照原始数据)
   f. 平均售价增加 5 美分,而收入英里数降低 10%
   g. 由于增加广告开支而增加 10% 的固定费用,同时收入英里数增加 5%

2-B1 固定成本和变动成本的性态

Dutback 牛排拥有 930 家餐厅,它们在澳大利亚主题风格下提供牛排、鸡肉和海鲜食品。为顾客提供清洁的用餐环境是 Dutback 的关键成功要素。每家餐厅在歇业后都要按规定清扫。除了规定的每月 5—20 次的清扫工作,根据经营情况等各种因素,餐厅还要对地板进行重新打蜡。所以餐厅清洁的总次数每月从 35—40 不等。

用来清扫 Dutback 牛排餐厅的最昂贵的两项资源是劳动力和清洁用品。二者的成本动因都是清洁的面积。无论清扫多少次餐厅,清洁人员的工资都是固定不变的,而清洁用品是变动成本。无论是常规清扫还是特定的清扫每平方英尺的清洁用品费用是一样的。假设在丹佛的一家 Dutback 牛排餐厅的面积是 4 000 平方英尺。在 10 月份,餐厅被清洁了 35 次。10 月份劳动力的成本是 18 000 美元,使用的清洁用品的成本是 8 400 美元。而 11 月和 12 月会更加繁忙,所以餐厅经营者预计会在 11 月份和 12 月份分别打扫 45 次和 50 次。

要求:

1. 制备一张表格,说明劳动力成本、清洁用品成本、总成本和每平方英尺的总清洁费用是怎样随着清洁面积的变化而变化的。使用 35、40、45 和 50 的清洁次数。11 月份和 12 月份的预计清洁成本是多少？

2. 假设 Dutback 牛排餐厅雇佣了一家清洁公司来按需求清扫餐厅。清扫费用是每平方英尺 0.17 美元。如果雇佣了清洁公司，Dutback 餐厅就会解雇清洁员工并且不再需要购买清洁用品。这样，Dutback 牛排餐厅在以后的两个月中会节省成本吗？解释你的答案。你需要什么样的信息来建议 Dutback 牛排永久地雇佣清洁公司？

2-B2　基础本—量—利分析

各问题之间互不相关。

1. 已知：单位售价为 20 美元，固定费用总额是 5 000 美元，单位变动费用是 15 美元。求盈亏平衡点销售量。

2. 已知：销售收入为 40 000 美元，变动费用为 30 000 美元，固定费用为 7 500 美元，净利润为 2 500 美元。试求盈亏平衡点的销售额。

3. 已知：单位销售价格是 30 美元，总固定费用是 33 000 美元，单位变动费用是 14 美元。假设售价不变，要获得 7 000 美元的利润，销售量要达到多少？

4. 已知：销售收入是 50 000 美元，变动费用是 20 000 美元，固定费用是 20 000 美元，净利润是 10 000 美元。假定售价不变，如果业务量增加 10%，净利润是多少？

5. 已知：单位售价为 40 美元，固定费用总额为 80 000 美元，单位变动成本为 30 美元。假设单位变动费用减少 20%，固定费用总额增加 10%，假设售价不变，试求可以获得 20 000 美元的利润的销售量。

2-B3　基础本—量—利分析

Reaf Nadal 在两年前开办了 Raef Corner 公司，这是一家小型的儿童日托公司。艰苦的创业阶段过后，这家公司开始蓬勃发展。Reaf 正在编制 20×7 年 11 月份的预算。

以下是 Raef Corner 公司的月固定成本：

租金	$800
工资	1 400
其他固定成本	100
固定成本总额	$2 300

工资是发给 Ann 的，她是该公司唯一的员工，同 Raef 一起照顾儿童。Raef 自己不拿工资，但他将每月收入扣除成本的余额作为个人收入。

变动成本的动因是"儿童×天数"。一个"儿童×天数"意味着照顾一个儿童一天，每个"儿童×天数"的变动成本是 10 美元。该公司的营业时间是工作日（周一到周五）的早上 6 点到晚上 6 点，而 20×7 年的 11 月份有 22 个工作日。该公司平均每天要照顾 8 个儿童。该州法律规定，该公司至多可以照顾 14 个儿童，而该公司从未突破这一限制。不管儿童在日托所里多久，Raef 每天向每个儿童收取 30 美元。

要求：

1. 假设 20×7 年 11 月份公司照顾儿童数等于平均水平，即 22×5 = 176 儿童天数，则扣除各项费用后的余额为多少？

2. 假设成本和儿童都难以预测，试根据下列条件计算该公司扣除各项费用后的余额（各条件均独立于其他条件）：

a. 平均每天照顾 9 个儿童而不是 8 个,即儿童·天数为 198
b. 变动成本增加至每儿童·天数 11 美元
c. 每月租金增加 200 美元
d. Raef 在 11 月份花费广告费用(一项固定成本)300 美元,从而使每天照顾的儿童数增加至 9.5 个
e. Raef 从 11 月 1 日起每天向每个儿童收费 33 美元,结果每天照顾的儿童数降至 7 个

补充习题

简答题

2-1 "简单来说,成本性态就是区别不同成本动因和它们与成本的关系的标准。"对这句话作出评价。

2-2 请列举分析成本性态的两个主要原则。

2-3 请列举变动成本和固定成本的三个例子。

2-4 为什么"直接"这个词用来定义固定成本而不用来定义变动成本?

2-5 "在单位计算基准下讨论固定成本是混淆是非之举。"你同意这种说法吗?为什么?

2-6 "所有成本都可以分为固定成本和变动成本,因此成本分析的唯一难点是决定各项成本是这两类成本中的哪一种。"你同意这一说法吗?为什么?

2-7 "相关成本范围是针对固定成本的,而非变动成本。"你同意吗?为什么?

2-8 确定作为本—量—利分析基础的简要假设。

2-9 "区分固定成本和变动成本取决于决策。"请解释。

2-10 "边际贡献是销售收入超过固定成本的部分。"你同意吗?请解释。

2-11 为什么"盈亏平衡分析"这一说法不恰当?

2-12 "同行业的公司一般有相同的盈亏平衡点。"你同意这一说法吗?请解释。

2-13 "选择正确的本—量—利分析方法是必要的——等式法、边际贡献法和图表法。如果选错了方法,分析就会出错。"你同意这一说法吗?请解释。

2-14 请说出降低盈亏平衡点的三种方法。

2-15 "增量分析方法非常快捷,但与结合各种选择分析所有成本和收入的分析方法相比,它并无其他优势。"你同意这种说法吗?为什么?

2-16 假设一家拥有高经营杠杆的公司在接近利用其全部资源的水平经营,销售额的增长会怎样导致该公司的经济规模下降?

2-17 解释经营杠杆以及为什么高经营杠杆的公司风险大?

2-18 "边际贡献和毛利是相等的。"你同意吗?为什么?

2-19 "本—量—利关系在非营利性组织中是不重要的。"你同意吗?为什么?

2-20 研究附录 2A。一家公司出售两种产品。总预算销售额和实际销售额是相同的。实际的单位变动成本和销售价格与预算相同。而实际的边际贡献低于预算边际贡献。是什么导致边际贡献偏低呢?

2-21 研究附录 2B。已知目标税后利润,列示计算税前收入的本—量—利公式。

2-22 研究附录2B。列示计算税后收入变化的影响的本—量—利公式。

2-23 "正如我理解的,诸如运输公司副总裁的工资等成本均是变动成本,因为经营的运输业务越多,单位成本越低;相反,燃油费等成本是固定的,因为每吨·英里的耗油量相同,从而单位成本也相同。"你同意这一说法吗?为什么?请解释。

理解练习

2-24 价值链与成本性态在市场营销中的作用

参见表2-1。就该例中的两个有关市场营销成本的例子,根据所列示的成本动因描述成本性态。

2-25 价值链与成本性态在生产中的作用

参见表2-1。就该例给出的工人工资和机器以及厂房的折旧,根据所列示的成本动因描述成本性态。

2-26 Tenneco公司的价值链

Tenneco公司是一家汽车零部件公司,它为汽车生产商和维修市场生产尾气系统和驾驶控制设备,每年的收入超过40亿美元。在报告了微薄的收益后,公司决定通过卖掉额外的设备、引进新的高边际贡献产品等战略来降低25%的盈亏平衡点。公司的高级副总裁列出了公司战略的主要要素,指出:"我们正在用新产品、新技术、新的市场定位和新价格来获得优势进而转变我们北美市场后方的经营。"对于该公司针对市场后方的战略的新要素,列举适合的价值链功能。

练习题

2-27 区分成本动因

以下是一家生产8种产品的公司区分各种可能成本动因的列表。该公司采取适时制(JIT),因此产成品只存放很短的时间。这8种产品的体积相差很大,有较小的(如塑料笔袋)也有较大的(如卡车仪表盘的塑料包装袋)。

- 安装次数
- 安装时间
- 平方英尺
- 立方英尺
- 立方英尺周数

要求:

根据以下条件,从表中选取最佳的成本动因,并简单说明选择的理由:

1. 为了生产一个产品,工程师必须安装生产机器。无论生产什么产品,从安装机器到投入生产所需要的时间大致相同。那么安装作业最好的成本动因是什么?

2. 与要求1中的条件不同,如果为生产较复杂的产品(如仪表盘的塑料包装袋)安装机器比安装用于生产较简单的产品(如笔袋)的机器花费更长的时间,那么成本动因又是什么?

3. 对仓储占用率(折旧和保险费)应采用哪个成本动因?(仓库用于储存产成品)

4. 如果不采用适时制,并且根据一项调查,发现一种产品上已经有一层厚厚的灰尘,对仓储占用率应采用哪个成本动因?

2-28 基础复习题

在各独立条件下计算并填空(忽略所得税):

	销售收入	变动费用	边际贡献	固定费用	净利润
1	$900 000	$500 000	$—	$350 000	$—
2	800 000	—	350 000	—	80 000
3	—	600 000	340 000	250 000	—

2-29 基础复习题

在各独立条件下计算并填空:

案例	(a) 单位售价	(b) 单位变动成本	(c) 总销售量	(d) 总边际贡献	(e) 总固定成本	(f) 净利润
1	$25	—	120 000	$720 000	$640 000	—
2	10	6	100 000	—	320 000	—
3	20	15	—	100 000	—	15 000
4	30	20	70 000	—	—	12 000
5	—	9	80 000	160 000	110 000	—

2-30 基本的本—量—利图

参见 2-29 题,为案例 2 画一张本—量—利图,描绘总收益线、总变动成本线、总固定成本线和总成本线。估计盈亏平衡点的总销售量和销售量为 100 000 单位时的净利润。

2-31 基本的本—量—利图

参见 2-29 题,为案例 4 画张本—量—利图,描绘总收益线、总变动成本线、总固定成本线和总成本线。估计盈亏平衡点的总销售量和销售量为 50 000 单位时的净利润和净亏损。

2-32 基本的本—量—利图

根据前两道题目的图表,画出以单位成本动因为基础的描绘成本性态的两张图表。下面哪张图表表示固定成本性态? 哪张表示变动成本性态?

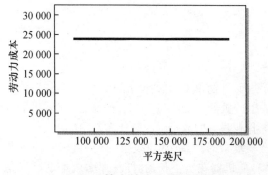
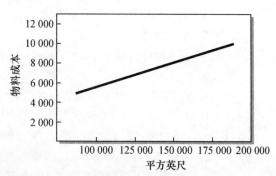

2-33 基本的本—量—利图

根据前两道题目的图表,画出以总成本为基础的成本性态的两张图表。下面两张图表哪张表示固定成本? 哪张表示变动成本?

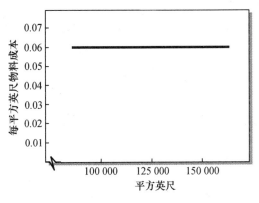
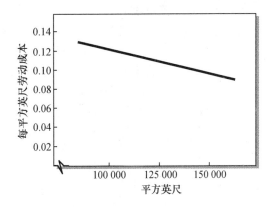

2-34 医院的成本和定价

St. Vincent 医院总变动成本占总收益的 30%，每年的固定成本为 4 200 万美元。

要求：

1. 计算以总收益表示的盈亏平衡点。

2. 通常以"病人·天"来计量一家医院的就诊量，假定下一年共有 50 000"病人·天"，计算达到盈亏平衡所需要的来自每个病人的平均日收益。

2-35 汽车旅馆的租金收入

假设 Motel 6 汽车旅馆有 400 间房间，其年固定成本为 320 万美元，平均每间客房的日租金为 50 美元，平均每间出租客房的可变成本是 10 美元，每年营业 365 天。

要求：

1. 假如汽车旅馆(a) 全年客满或者(b) 一半住满，则分别能创造多少净收益？

2. 计算盈亏平衡点的出租客房数。为实现盈亏平衡，一年中客房入住率要达到多少？

2-36 盈亏平衡时的变动成本

通用磨房生产 Wheaties、Cheerrios、Betty Croocker cake 什锦食品和许多其他食品。假设通用磨房谷类食品的产品经理将谷类食品的批发价定为 48 美元每盒，生产和销售此类食品的固定成本为 1 500 万美元。

要求：

1. 产品经理估计，以 48 美元的单价能出售 80 万盒谷类食品——在获得 100 万美元利润的情况下，每盒食品的最大可变成本是多少？

2. 假定每盒食品的可变成本为 30 美元，则利润（或亏损）为多少？

2-37 销售组合分析

参见附录 2A。芬得雷农场种植草莓和木莓，年固定成本为 14 400 美元，其变动成本的成本动因是水果的品脱量。每品脱草莓的变动成本为 0.65 美元，每品脱木莓的变动成本为 0.85 美元；每品脱的草莓的售价为 1.00 美元，每品脱的木莓的售价为 1.35 美元；草莓和木莓的产量比例为 2∶1。

要求：

1. 计算达到盈亏平衡时所出产和销售的草莓和木莓的品脱量。

2. 假设只种植和销售草莓，计算盈亏平衡时的品脱量。

3. 假设只种植和销售木莓，计算盈亏平衡时的品脱量。

2-38 所得税

回顾附录 2B,假设所得税税率是 20% 而不是 40%,需要销售多少单位才能达到税后净利润 864 美元和 1 440 美元的目标?列出你的计算式。

2-39 所得税和本—量—利分析

参见附录 2B,假设 Hernandez 建筑公司的所得税税率是 40%,边际贡献率是 30%,固定成本是 440 000 美元。为实现税后利润 42 000 美元的目标,必须达到多大的销售量?

思考题

2-40 Kroger 食品连锁店的变动成本和固定成本

Kroger 是全美第一的食品连锁店。通过向外采购,Kroger 多样化了它的销售组合,增加了珠宝和其他货物,但是食品销售仍然占据着 90% 的销售额。Kroger 公司经营着 3 700 多家商店,包括 2 500 家超级市场和综合商场以及在 Quic Stop 和 Kwik Shop 名义下的 800 多家便利商店。Kroger 在 2006 年的销售收入超过 610 亿美元。

保持清洁的购物环境是 Kroger 成功的重要因素。清扫超级市场是清洁部门的职责。用来清扫超级市场的最重要的三种能源就是劳动力、设备和清洁用品。而三种能源的成本动因都是清扫次数。而且无论清扫超级市场多少次,清洁人员的工资都是不变的。而且用于日常清扫和特殊清扫的清洁用品是一样的。一家典型的商场有 50 000 平方英尺。每天的午夜到早上七点,商场的地面都会被彻底地清扫,根据各部门的需要,地面和设施还要被特殊清扫。根据商场的人流量,每月大概需要 10—30 次的特殊清扫。因此,一家商场每月要被清扫 40—60 次。

假设一家在克利夫兰的 Kroger 商场,在 3 月份清扫了 60 次。在这个月中,劳动力成本和设备租赁费用是 18 000 美元;清洁用品费用是 10 200 美元。下季度的销售预算(4 月份到 6 月份)以及更好的天气状况表明商场在下个季度分别要被清扫 50 次、46 次和 35 次。

要求:

1. 制备一张表格,说明劳动力成本、折旧、清洁用品成本、总成本和每平方英尺总成本是怎样随着商场清洗次数的变化而变化的。列示商场清扫 35、40、45、50、55 次时的成本。下季度清扫的总成本是多少?

2. 制备一张图表用来预测在克利夫兰的 Kroger 商场的固定成本、变动成本和总清洁成本。

3. 假设位于克利夫兰的 Kroger 商场的经理可以雇佣外部的清洁公司来按照需求清扫商场。清扫费用是每次 540 美元。如果雇佣了外部的清洁公司,Kroger 会解雇清洁员工而且不再需要购买清洁用品和租赁清洁设备。下个季度 Kroger 可以通过雇佣清洁公司节省支出吗?请解释。

2-41 固定成本和相关范围

Bridger 公司的营业额每年浮动,高级管理层关于关键性专业职员的雇佣有如下政策:

若年营业额为	雇用的员工数	关键性专业职员的年薪与相关费用
≤ $2 000 000	10	$1 000 000
$2 000 001—2 400 000	11	$1 100 000
$2 400 001—2 800 000	12	$1 200 000

上层管理层认为即使营业额大幅下降到 200 万美元,也至少也要有 10 名员工。

在过去的 5 年中,该公司年营业额在 202 万美元到 238 万美元之间浮动。预计下一年营业额将在 210 万美元到 230 万美元之间,则预算中专业职员的费用应为多少?用图 2-4 所说的两种方法,以年为基础描绘其关系图(不必用绘图纸,只需描绘大概的图形关系)。

2-42 对比边际贡献百分比

下面是微软和宝洁公司的真实收益报表(以百万为单位):

微软		宝洁	
收入	$39 788	销售收入	$68 222
收入成本	6 200	产品成本	33 125
研发成本	6 184	销售和日常管理	
销售费用	8 677	费用	21 848
日常管理费用	4 166	经营收入	$13 249
经营收入	$14 561		

假设微软公司唯一的变动成本就是收入成本而宝洁公司唯一的变动成本就是产品成本。

要求:

1. 计算两家公司的边际贡献百分比。你认为为什么它们的百分比会有这么大的差别?
2. 假设每家公司的收入都增长 1 000 万美元,计算每家公司的经营收入增加多少。
3. 解释为什么边际贡献百分比能帮助你预测销售额的变动对经营收入变动的影响?在形成这一预测时你都做了哪些假设?

2-43 电影院经理

Mahler 是斯坦福周日电影院的经理,该电影院每周日对一部电影放映两场。经过考虑,电影门票只收 3 美元,每场电影最多能卖 500 张票。放映厅的租金是 330 美元,工人工资 435 美元,其中包括 Mahler 的工资 90 美元。另外,Mahler 必须向影片的发行方支付一笔保证金,金额从 300 美元到 900 美元不等,或者对其支付门票收入 50%,按较高的收取。

在影片放映之前和放映中间有点心出售,其平均销售额为电影门票收入的 12%,边际贡献是 40%。

要求:

1. 6 月 3 日 Mahler 放映影片《阳光小美女》。该电影的总收入是 2 250 美元。付给影片发行方的保证金是 750 美元或者收入的 50%,取较高者。这会给资助方——学生会——带来多少收益?
2. 若电影的收入是 1 400 美元,请重新计算收益。

3. "承包剧院发行放映"的概念已经为电影制作方所逐渐接受——在此计划下,制作方向剧院支付一笔固定的租金(比如一部电影放映一周)。如果你是剧院的经理,你认为此计划如何?

2-44 摇滚音乐会的促销

BBT 演艺公司正在伦敦推销一场摇滚音乐会。乐队会收取 700 万英镑的出场费。音乐会将通过闭路电视向全球转播。BBT 公司将全部的入场费收入囊中,而后将其中的 30% 支付给当地的闭路电视剧院的经理。BBT 将从伦敦体育场收取 30 万英镑(伦敦体育场均已售出 19 500 个座位,价格从 150 英镑的包厢座位到 20 英镑的普通门票价格不等,总收益 125 万英镑);BBT 不必同当地其他演艺公司分享 30 万英镑的收益。

要求:

1. 假定售出 110 万张门票,在达到总经营盈亏平衡的基础上,BBT 公司最多能支出多少广告费用?

2. 如果 BBT 公司想获得 50 万英镑的营业收入,必须售出多少张门票?假定平均票价是 13 英镑,总固定成本是 900 万英镑(包括 100 万英镑的广告费)。

2-45 波音公司的成本削减项目

考虑书中讨论过的波音工厂的例子。假设波音公司的这家工厂开发了减少成本的项目,以减少像验收之类部门作业成本的 10%。由此可得燃料和设备的目标成本是 62 100 美元。

在管理人员和会计人员出席的会议上,大家抱怨削减成本并不完全是验收部门的责任,因为一些因素不是验收部门能控制的。管理人员指出燃料的成本是燃料价格和燃料使用数量的函数。此外总燃料成本受到设备操作时间的影响。进而,验收部门的人员既不能控制燃料的价格也不能控制租赁成本。管理人员认为像燃料和设备的使用这样的因素并没有明显地被跟踪和计入成本。而这些行为都应该被用来作为成本动因。

你被要求通过应用更多的相关成本动因如加仑数和操作时间等来改造燃料和设备这样的变动成本和固定成本的计算方式。近期,你收集到如下数据:

设备成本	$45 000
燃料成本	24 000
设备操作小时数	1 500
燃料使用加仑数	6 000
验收部件数	30 000
目标成本(削减 10% 之后)	$62 100

要求:

1. 画一张类似图 2-2 的图,利用管理人员推荐的成本动因说明验收作业和资源使用的关系。在这张图中,说明每种成本动因的总水平,每小时消耗的加仑数和每小时验收部件的效率。

2. 参照要求 1 中的答案。如果验收的部件数从 30 000 上升到 40 000,哪个数量最可能发生改变?是总加仑数、总操作时间、每小时加仑数还是每小时验收的部件数?推导出用来计算总燃料成本、燃料消耗率和验收部件效率的等式。预计如果验收部件数量上升到

40 000 时验收作业的总成本。

3. 验收部门的管理人员有计划要改进燃料和设备的利用效率。如果燃料消耗率降低 15% 而验收效率上升 15%，那么验收 30 000 单位的部件的预计总成本是多少（假设每加仑燃料成本不变）？验收部门能否完成波音公司削减成本 10% 的计划？为什么？

4. 评论对比单一成本动因（验收的部件数量）和引进新成本动因的好处。

2-46 基本本—量—利关系，餐馆

Girand 拥有并经营一家餐馆，每月固定成本为 21 000 美元。餐馆供应午餐和晚餐。平均每位顾客会花费 19 美元（不包括税和小费）。目前每餐的变动成本是 10.6 美元。

要求：

1. 必须供应多少餐才能获得每月 8 400 美元的税前利润？
2. 达到盈亏平衡时每月供应多少餐？
3. Girand 的租金和其他固定成本上升到每月 29 925 美元，变动成本上升到每餐 12.50 美元。若将每餐的价格上升到 23 美元，要供应多少餐才能创造每月 8 400 美元的利润？
4. 假设情况与要求 3 相同。会计师告诉 Girand，若提高价格将流失 10% 的客源。若这种情况发生，每月会获取多少利润（假定餐馆每月接待 3 500 位顾客）？
5. 假设情况和要求 4 相同。为了补偿预期 10% 的客源流失，Girand 雇用了一名钢琴手每晚演奏 4 小时，每月工资为 2 000 美元。假设这会增加月用餐量——从 3 150 上升到 3 450，Girand 的总利润会变化吗？变化多少？

2-47 百视达公司从固定成本向变动成本的转变

根据《商业周刊》的一篇文章所说，当 John 接管了百视达录像公司时，他改变了公司的经营策略。按传统的做法，百视达以平均每盒 65 美元的成本买录像带，通过尽可能多的出租获得利润。John 改变了这种策略，以平均 5 美元每盒的价格购买录像带，并向摄影场支付录像带的租金收入的 40%。在此协议下，百视达能保存更多的电影碟片，以保证顾客所需的电影有货——否则免租金。假设百视达公司录像带的日租金是 2 美元，并假设经营成本都是固定成本。

要求：

1. 在传统方法下，每盒录像带必须出租几天，才能使百视达公司达到盈亏平衡？
2. 在新的经营战略下，每盒录像带必须出租几天，才能使百视达公司达到盈亏平衡？
3. 假设一部《圣经》的碟片出租了 50 天，在传统的方法下，百视达公司在租金收入上能获多少利润（只考虑直接成本，不考虑租赁店的经营成本）？在新方法下又如何？
4. 假设一部《无间道风云》只出租 6 天，在传统的方法下，百视达公司在租金收入上能获多少利润（只考虑直接成本，不考虑租赁店的经营成本）？在新方法下又如何？
5. 请说明当公司购买一部电影的另一份碟片时，新协议如何影响其承担的风险？

2-48 本—量—利和大品牌公司的财务报表

宝洁公司是坐落在辛辛那提的生产家庭用品的公司，旗下品牌有吉列、邦迪、佳洁士、福杰仕、汰渍等。公司 2006 年的损益表如下（以百万计）：

净销售收入	$68 222
销售成本	33 125
销售费用、管理费用和杂费	21 848
经营收入	$13 249

假定销售成本是唯一的变动成本,销售费用、管理费用和杂费是固定费用。

假定宝洁公司2007年销售额增长10%。除了随着销售量的增加而变的成本外,其他成本不变。计算公司2007年预计经营利润及其增长的百分比,解释为什么利润增长的百分比与销售量增长的百分比不同?

2-49 宾果游戏和杠杆

很多教堂举行宾果游戏,这是因为传统上,只有特殊的非营利机构才可以举行该项游戏。Justin是奥兰治县新教区的牧师,他想调查每周组织的宾果游戏的必要性。教区没有大厅,只有当地旅馆可以出租大厅,但每晚的租金高达600美元——租金包括清理费用,布置费用以及桌椅移动费用等。

要求:

1. 一家当地的印刷厂愿意提供纸牌,条件是其可以免费做广告。当地商人提供奖金,而业务员、通信员及保安等工作由志愿者担任。入场费为每人4美元,每个玩家可以免费得到一张纸牌,需要其他的牌则需要支付费用,每张牌1.5美元。由于许多顾客会买额外的牌,因此平均每人玩4张牌。若有200人参加游戏,教堂最多支付多少奖金而仍能达到盈亏平衡?

2. 假定总奖金是1 100美元,如果100人参加游戏,教堂的收入是多少?若200人参加又如何?300人呢?简要解释成本性态对收入的影响。

3. 经营10个月后,Justin考虑签订另外一个租赁协议,但奖金1 100美元保持不变。假设租金为每周200美元,但需要向每一位参加者另收2美元。分别计算参加人数为100、200、300时的收入,并解释为何此结果与要求2不同。

2-50 eBay的经营杠杆

在2005年eBay拥有46亿美元的收入和超过10亿美元的净收益。eBay的使命就是"提供一个全球范围的交易平台,在这个平台上,人们可以交易任何实用的东西。"然而,并不是哪家公司都可以和eBay一样获得利润。eBay是2001年和2002年网络经济崩溃的幸存者之一。想想那时的eBay,2001年的第一季度,它的报告收入是1.54亿美元,而经营费用是1.23亿美元,经营收入是3 100万元。在2002年第一季度,eBay报告收入增长59%到2.45亿美元。eBay的固定成本是3 700万美元,变动成本随着收入变动而变动。

要求:

1. 计算eBay 2002年第一季度的经营收益,以及与2001年相比增长的百分比。

2. 解释eBay是怎样利用仅有59%的收入增长来迅速增长经营收益的?

2-51 添加新产品

Mac的酒吧位于州立大学附近,是大学学者的聚会地。Mac出售扎啤及各种牌子的瓶装啤酒。每瓶啤酒的边际贡献为60美分。

Mac考虑在特定时间出售汉堡,他的理由有两个:其一,三明治能吸引白天的顾客而汉堡和啤酒是快餐食品；其二，他不得不面对其他酒吧的竞争，因为有些酒吧供应更多的食品。

Mac 分析了成本，情况如下表所示：

每月		每个汉堡	
月固定成本		变动成本	
兼职厨师的工资	$1 200	圆面包	$0.12
其他	360	肉，每磅 $2.80（每磅可以做 7 个汉堡）	0.40
总计	$1 560	其他	0.18
		总计	$0.70

为吸引顾客，Mac 计划每个汉堡卖 1.20 美元。以下问题均假设每月 30 天。

要求：

1. 每月和每天为达到盈亏平衡需要销售多少汉堡？
2. 每月和每天达到盈亏平衡时的销售额是多少？
3. 两个月后 Mac 发现已经销售出 3 600 个汉堡，那么每月出售汉堡的利润是多少？
4. Mac 认为，由于出售汉堡，每天至少会多售出 60 瓶啤酒，这意味着来酒吧的人增加了 60 个，或者有 60 人受汉堡的吸引而来买啤酒——这将对月营业收入产生什么影响？
5. 参照要求 3。每天必须另售出多少瓶啤酒才会使汉堡的销售额对月营业额的影响为零。

2-52 政府机构

一个社会福利机构 20×7 年的政府预算是 900 000 美元，此机构的主要任务是帮助无法工作的残疾人士。平均而言，机构每年为每人提供 5 000 美元的补助。该机构的固定成本是 290 000 美元，没有其他成本。

要求：

1. 20×7 年多少残障者受到帮助？
2. 20×8 年，机构的预算减少 15%。若该机构对每个人的现金补助额不变，20×8 年会有多少人得到补助？计算受补助人数减少的百分比。
3. 假定如要求 2 所说，预算减少 15%。机构经理要对每位残疾人士的补助金额作出决定，但她不想减少受补助者的人数。平均来看，她能给每人发放多少补助？计算年补助金减少的百分比。

2-53 毛利和边际贡献

柯达公司是一家生产和销售照相机、胶卷及其他成像设备的公司。该公司 2005 年的简明损益表如下（单位：百万）：

销售收入	$14 268
销售成本	10 617
毛利	3 651
其他经营费用	4 417
经营损失	$(766)

假定销售成本中有24亿美元为固定成本,包括折旧费及其他一些不随产量变动而变动的生产成本;此外,其他经营费用中的30亿美元为固定成本。

要求:

1. 计算公司2005年的边际贡献和边际贡献率。解释边际贡献与毛利的不同点。

2. 若柯达公司2006年的销售额增长10%而成本性态与去年一致,计算2006年的预期经营利润(损失)。

3. 在计算要求2中2006年的预期经营利润时,有哪些假设是必需的?

2-54 为不同的业务量选择相应的设备

Metricinema电影院拥有并经营着全国范围内的连锁电影院,旗下的500家连锁电影院规模各异,小到设在镇上的、客流稀少的单荧幕电影院,大到建在城市的、客流密集的多荧幕电影院。

目前,管理部门正考虑安装一批在影院放映前制作爆米花的机器——利用该批设备,电影院每天可以出售现做的爆米花,而不是我们通常所购买的一大包事先已经做好的爆米花,这一特别之处将登在广告上,以此增加公司各电影院的客流。

该机器有几种不同的型号可供选购,年租赁成本和经营成本随机器型号的不同而不同。机器的生产能力和成本如下:

	爆米花机器型号		
	Standard	**Deluxe**	**Jumbo**
年生产能力	50 000 盒	120 000 盒	300 000 盒
成本			
机器每年的租金	$8 000	$11 200	$20 200
每盒爆米花的成本	0.14	0.14	0.14
每只盒子的成本	0.09	0.09	0.09
每盒爆米花的其他变动成本	0.22	0.22	0.22

要求:

1. 销售多少盒爆米花能使采用Standard和Deluxe型机器产生相同的利润和(亏损)?

2. 管理部门可以估算出每一家电影院售出爆米花的盒数。请制定一个决策规则,帮助Metricinema的管理者选择能带来最大收益的机器而无须分别为每一家影院计算成本,即当爆米花预期销售量在多大范围内时,应当使用Standard、Deluxe或者Jumbo型机器。

3. 管理部门能否采用平均每座位销售爆米花盒数作为评价整个连锁企业和每家影院营运能力的决策规则?请说明理由。

2-55 销售补偿、变成成本/固定成本、道德

大多数公司用固定的薪水和按销售额的百分比计算的佣金作为对销售人员的补偿。假设两家公司竞争相同的客户——例如,Kellog和Post两家麦片工厂。Kellog支付给它的销售人员大量的固定薪水和少量的浮动佣金,而Post支付给它的销售人员少量的固定薪水和大量的浮动佣金。两家公共司的平均工资支付量是相同的。

要求:

1. 对比Kellog和Post两家麦片工厂的销售成本结构。哪家公司固定成本更多?哪家

公司变动成本更多？这种成本结构对公司的风险有什么影响？（重点说明销售量的变化对利润的影响）

2. 每种工资支付系统为销售人员提供了怎样的激励？

3. 这两种激励系统会使销售人员产生道德困境吗？为什么？

2-56　销售组合分析

参考附录2A。落基山脉饮食服务公司专门烹饪墨西哥食品，他们将食物冷冻并送往丹佛地区的餐馆。当客人需要这种食物时，餐厅的人再对食物进行加热。20×5年的预算数据如下：

	产品	
	鸡肉玉米面豆卷	牛肉
对饭店的销售价格	$5	$7
变动费用	3	4
边际贡献	$2	$3
销售数量	250 000	125 000

各道菜都在相同的厨房中烹饪，由相同的卡车运输，因此总额为735万的固定成本不受个别特殊产品的影响。

要求：

1. 计算20×5年的预期净收益。

2. 假定计划的销售组合保持不变，计算盈亏平衡点销售量。

3. 计算只销售鸡肉玉米面豆卷或牛肉两种情况下的盈亏平衡点销售量。

4. 假定销售了78 750单位的鸡肉玉米面豆卷和236 250单位的牛肉，计算净收益。请用新的销售组合计算盈亏平衡点。这个问题能给我们什么启示？

2-57　医院患者组成分析

参考附录2A。医院通常按照"患者·天数"来计算工作量，该指标为医院患者的人数乘以患者住院的天数。假定一家大型医院每年的固定成本为5 400万美元，变动成本为每"患者·天数"600美元。医院每天的营业收入随患者类型的不同而变化。为简化起见，假定存在两种类型：(1) 自费患者，平均每天支付1 000美元；(2) 由保险公司和政府机构负责的非自费患者，平均每天支付800美元。医院20%的病人为自费患者。

要求：

1. 假定患者组成比例保持不变，计算盈亏平衡点上的"患者·天数"。

2. 假定实际达到225 000个"患者·天数"，而自费患者所占比例变成25%。计算净收益和盈亏平衡点。

2-58　宾馆所得税

参见附录2B。四季酒店拥有600间客房，每年要耗用920万美元的固定成本，平均每间客房一天的房费为105美元，每间客房的变动成本为25美元。宾馆一年营业365天，所得税税率为40%。

要求：

1. 要获得税后净收益72万美元，宾馆需出租多少间客房？若要获得税后净收益36万美元？

2. 计算盈亏平衡点上出租客房的数量。要实现盈亏平衡点，宾馆每年客房的入住率应达到多少？

3. 假定该宾馆已有 150 000 间客房被入住。管理者想知道若入住的客房增加 15 000 间能产生多少收益？计算增加的税后净收益？

2-59 所得税的影响（多项选择题）

参考附录 2B。Victor 公司是一家光盘批发商。本年度预计在销售 20 万张光盘的基础上能产生税后净收益 12 万美元。目前 Victor 的每张光盘售价为 16 美元。每张光盘的变动成本包括 10 美元的采购成本和 2 美元的手续费。Victor 每年的固定成本为 60 万美元，所得税税率为 40%。

管理部门正在为明年制订新的计划，预计单位采购价格将上涨 30%。

1. Victor 公司本年度的盈亏平衡点销售量为：

  a. 15 万张   b. 10 万张

  c. 5 万张   d. 6 万张

  e. 以上都不是

2. 本年度预计销售量将提高 10%，则税后净收益预计将提高至：

  a. 80 000 美元   b. 32 000 美元

  c. 12 000 美元   d. 48 000 美元

  e. 以上都不是

3. 若要实现与本年度相同的税后净收益，光盘的单位售价仍为 16 美元，维克多公司明年应当完成的销售额为：

  a. 1 280 万美元   b. 1 440 万美元

  c. 1 152 万美元   d. 3 200 万美元

  e. 以上都不是

4. 考虑到明年单位采购价格将上涨 30%，为保持与本年度相同的边际贡献率，维克多公司为明年制定的单位售价应当为：

  a. 19.60 美元   b. 20.00 美元

  c. 20.80 美元   d. 19.00 美元

  e. 以上都不是

案例题

2-60 医院的成本

Gotham City 医院是一家联合组织。该医院的护士 20×6 年的平均年薪为 45 000 美元。医院管理人员正考虑 20×2 年在与护士签订合同时做一些改动，受此影响，每个部门医务人员的成本也将改变。

每个部门都与各自的财务业绩挂钩。收入与费用也都在各部门之间分配。考虑一下 20×7 年妇产科的费用情况。

变动成本（基于 20×6 年的"患者·天数"指标）为：

用餐费	$510 000
衣物换洗费	260 000
化验费	900 000
药品费	800 000
维护费	150 000
其他	530 000
总计	$3 150 000

固定成本(按床数算)为：

租金	$3 000 000
综合服务管理费	2 200 000
门卫管理费	200 000
维护费	150 000
其他	350 000
总计	$5 900 000

各部门按其年患者天数分配护士人数如下：

患者·天数范围	护士人数
10 000—12 000	30
12 000—16 000	35

总"患者·天数"即医院患者的人数乘以患者住院的天数。各部门负责分发其护士的工资。

20×6年妇产科有60个床位，每个患者平均每天支付810美元，收入1 215万美元。

要求：

1. 计算20×6年医院可提供的"患者·天数"。
2. 计算20×6年为了补偿不包括护士工资在内的固定费用妇产科需要的"患者·天数"。
3. 若将护士的工资作为固定成本，计算20×6年妇产科为实现盈亏平衡而需要的"患者·天数"。
4. 假定妇产科需要为医护人员的服务支付每"患者·天数"200美元的费用，并且该措施将取代20×6年采用的双水平固定成本体系。若使用该计划，医院的盈亏平衡点上的"患者·天数"为多少？

2-61 现代制造环境中的本—量—利分析

惠普公司做了一个决定，把它的电子元件的生产由原来大量依靠人工劳动转变成运用自动化生产设备——该自动化生产设备由电脑控制的机器人掌控。在如今激烈的竞争环境中，这一转变显得尤为必要。质量、信誉以及生产时间的灵活性方面的改进，都是适应竞争所需要的。这一变化带来了变动成本的下降以及固定成本的增加，如下列假定预算所示：

	旧的生产方式	新的生产方式
单位变动成本:		
直接材料	$0.88	$0.88
直接人工	$1.22	$1.22
单位变动成本	$2.10	$1.10
每月固定成本		
租金及折旧费用	$450 000	$875 000
管理费用	80 000	175 000
其他费用	50 000	90 000
月固定成本总额	$580 000	$1 140 000

每月预计销售 600 000 件，每件售价 3.10 美元。最大产量为 800 000 件。

要求：

1. 在旧的和新的生产环境下分别计算预计销售量为 600 000 件时的目标利润。
2. 在旧的和新的生产环境下分别计算预期的盈亏平衡点。
3. 分别讨论在新旧生产环境下销售量下降到 500 000 件时对利润的影响。
4. 分别讨论在新旧生产环境下销售量增加至 700 000 件时对利润的影响。
5. 与旧的生产方式相比，新的生产方式有哪些风险？

2-62 饭店多品种条件下的本—量—利分析

参考附录 2A。这是原载于《华盛顿商报》的一篇文章，该文章涉及了在华盛顿的一家法国餐馆 La Brasserie 的损益表，其简明损益表如下：

销售收入	$2 098 400
销售成本（全部是变动成本）	1 246 500
毛利润	851 900
经营费用：	
变动成本	222 380
固定成本	170 700
管理费用（全部是固定成本）	451 500
净利润	$7 320

在 La Brasserie 餐馆消费一顿晚餐的平均价格是 40 美元，午餐的平均价格是 20 美元。假定准备及供应晚餐的变动成本是午餐的两倍，餐馆供应的晚餐份数是午餐的两倍，餐馆一年营业 305 天。

要求：

1. 计算 La Brasserie 每天午餐和晚餐的盈亏平衡点销售量，并与损益表中的实际销售量进行比较。
2. 假如每年的广告支出为 15 000 美元，这项支出可以使每天平均增加 3 份晚餐和 6 份午餐，假定有足够的接待能力来运作这项业务。请为 La Brasserie 餐馆的管理层做一个可行性分析。

3. La Brasserie 餐馆只选用优质的食品,食品的成本占餐馆总变动成本的25%。如果用品质一般的原料来代替优质原料,可以降低20%的食品成本。假定该餐馆该用一般的原料但不改变价格,那么要保持原有的净利润水平销售量最多能下降多少?除了收入和成本以外,还有什么因素能影响选用原材料质量的决定?

2-63 成本变效应及所得税效应

参考附录2B。太平洋渔业公司是鲑鱼的批发商,它向芝加哥各个地区的杂货店批发鲑鱼。

在过去的几年里,鲑鱼的价格不断提高使太平洋渔业公司的销售额稳步上升;如今它在规划下一个财务年度的计划,以下列示的数据预测本年度税后净利润为138 000 美元。

每磅的平均价格	$5.00
每磅的平均变动成本:	
鲑鱼的成本	$2.50
运费	0.50
合计	$3.00
年固定成本:	
销售费用	$200 000
管理费用	350 000
合计	$550 000
预期年销售量(390 000 磅)	$1 950 000
所得税税率	40%

由于人工费用的增加,太平洋渔业公司声明要在下一年将其产品价格平均提高15%;同时太平洋渔业公司希望其他所有成本都维持在今年同一比率或水平上。

要求:

1. 太平洋渔业公司今年鲑鱼盈亏平衡点的销售量是多少?

2. 太平洋渔业公司销售单价至少应定为多少,才能弥补鲑鱼成本15%的上升,并能保持今年的边际贡献率?

3. 如果单价保持每磅5美元,鲑鱼成本上升15%,太平洋渔业公司在明年必须实现多少销售额才能保持与今年相同的预期税后净利润?

4. 为保持今年预计的税后净利润,太平洋渔业公司需要运用什么战略?

合作学习练习

2-64 小宗业务中的本—量—利分析

2—6 个学生组成一组,每组选择一个简单的业务,可以只有一个产品或者多个产品,但所有产品的边际贡献率都一致。例如可能是:

- 针对儿童的柠檬水摊位
- 录像带租赁店
- 卖咖啡的手推车
- 卖光盘的零售店

- 一家运动鞋商店
- 商业街上的小甜饼摊位

当然,更希望同学能够通过自己的想象而不是仅从以上几个例子中去选择一个做。

接下来的人是在小组成员中进行分配。

要求:

1. 用一张表,列示所有与你选择业务所需的有关的固定成本。估计每个月的固定成本总额(或者每天的、每年的,看哪个更适合你的业务)。

2. 编制一张与你公司出售的产品和服务有关的变动成本表。

3. 给定你所确定的固定与变动成本,计算盈亏平衡点和销售额。

4. 评价你的业务获利的可能性。

互联网练习

2-65 西南航空的成本性态

对一个管理者来说,了解成本和收入如何运转非常重要。航空公司受成本变化的影响,可能没有能力迅速改变其收入,因此西南航空公司就是竞争的代名词。为了更细致地了解西南航空及其成本和收入,我们现在登陆 http://www.southwest.com。这个网站为很多飞机航线服务,它提供航班时刻表、预订销售飞机票,还显示旅游信息以及特价机票。

1. 点击预订图表。西南航空公司的业务涉及几个城市?在西南航空经营范围内,离你现在所在地最近的城市是哪一个?点击这个城市作为你出发的城市,然后选择你的目的地城市,再选择一个月后出发及返回的日期。继续点击下一个屏幕,看哪种类型的机票可以预订到?你认为为什么会有不同类型的机票提供?点击机票类型说明,了解这种机票有没有限制条件,如果有条件,这样做的目的是什么?

2. 返回预订页面,选择一个一个星期之内出发的日期。现在哪种类型的机票是可以预订的?这个价格和前面所选的一个月后出发的价格是否一样?为什么剩下来的票大多价格比较高?还有票价优惠吗?谁最有可能在最后一分钟购买机票?

3. 看了西南航空收入方面的信息,再来看一下成本方面的信息。乘坐同一班飞机的乘客购买机票所付出的价钱可能是不同的。乘客购买机票价格的不同会引起载客成本的不同吗?为什么?

4. 返回西南航空的首页。现在来看一下西南航空实际发生的成本。点击"关于西方航空"的图标,再点击"投资者关系"和"年度报表"图标。接下来选择最近的年度报表,打开 Adobe Acrobat Reader 软件。打开年度报表后,注意公司在"汇总要点"部分提供的概括信息。已知最近一年的经营收入和经营成本,它们和前一年相比有什么变化?这对西南航空的营利能力有什么影响?

5. 现在找到报告中"管理人员对财务状况和经营结果的讨论与分析"。看一下"每可供客座英里的经营费用"的列表。这些费用中哪些主要是固定成本?哪些主要是变动成本?还有哪些成本动因适合西南航空公司?

第3章　成本性态的计量

学习目标

学习完本章之后,你应该做到:
1. 解释阶梯成本性态和混合成本性态;
2. 解释管理人员对成本性态的影响;
3. 衡量并用数学语言表达成本函数,利用它们来预测成本;
4. 揭示作业分析在衡量成本函数方面的重要性;
5. 用工程分析法、账户分析法、高低点法以及最小二乘法衡量成本性态。

美国西部航空公司(America West)

美国合众航空公司(US Airways)和美国西部航空公司在 2006 年合二为一,成为全美第五大航空公司。合众航空公司与旗下的合众短途航空公司(US Airways Shuttle)、合众航空快运公司(US Airways Express)每日营运近 4 000 个班次,为包括美国、加拿大、欧洲、加勒比海及拉丁美洲在内的超过 255 个地区提供服务。在与合众航空公司合并之前,美国西部航空公司赶上了 20 世纪 90 年代后期美国经济热浪而实现了收入的高增长。因此,公司管理层决定扩大经营规模:增设了以阿卡泊克、迈阿密和底特律为目的地的新航线,并且增加了包括拉斯维加斯、墨西哥城和波士顿在内的已有站点的日间航班次数。为实现上述目标,公司需要扩大其员工队伍,添置新的飞机,并需要投资 4 000 多万美元于新技术。

对美国西部航空公司的管理层而言,投入巨资购置飞机和设备决非一项轻易的决策。他们知道该决策将对未来数年的成本和利润产生重大的影响,而且该投资的大部分成本都是固定的,而未来的收益却有可能随着经济的走势而起伏不定——假如经济形势变坏,预计收益就无法弥补投入的成本。

当经济走低时,航空公司该如何保护自己以避免损失呢?"我们管理层有一个目标:以 5%—10% 的比率租赁我们的飞机航队,并且每年更新。这样就使公司在经济低迷时释放冗余客运量(从而降低相关成本)的能力提高。"美国西部航空公司的前董事长兼首席执行官理查德·哥德曼森如是说。该实例说明,理解成本性态及管理层决策对成本的影响有助于该公司加强成本控制。

美国合众航空公司和美国西部航空公司的航班即将起飞。美国合众航空公司为包括美国、加拿大、欧洲、加勒比海及拉丁美洲在内的超过255个地区提供低成本、全方位的服务。理解成本是公司发展其竞争战略时的一项重要因素,因此管理者需仔细衡量公司的成本性态。

第2章阐明了如何理解一个组织的成本结构,以及组织的业务活动与其成本、收益和利润之间的重要关系。本章重点阐述**成本性态计量(measurement of cost behavior)**,即理解并量化组织的业务活动是如何影响其成本水平的。如前所述,业务活动耗费资源,而这些资源都有相应的成本;我们用产出来计量业务活动和成本之间的关系,并且将其称为成本动因。理解成本及其成本动因之间的关系有助于各类组织(不论是营利性的、非营利性的,还是政府型的)管理者的决策:

> **成本性态计量(measurement of cost behavior)**:理解并量化组织的业务活动如何影响其成本水平。

- 评价战略计划和业务改进方案(第4章)
- 作出适当的短期市场决策(第5章)
- 作出短期产品决策(第6章)
- 计划或预测未来业务活动的影响(第7章、第8章)
- 设计有效的管理控制系统(第9章、第10章)
- 作出适当的长期决策(第11章)
- 设计准确有效的产品成本核算系统(第12—14章)

如你所见,对于管理会计而言,理解成本性态是至关重要的。现实世界中充满了这样的例子:管理者由于使用错误的关于成本性态的信息而使决策严重失误,如错误地撤销产品线、关闭生产车间、项目投标价格过高或过低等。鉴于此,本章值得大家认真学习。

成本动因和成本性态

会计师和管理者通常假定:在业务活动或成本动因水平的一定相关范围内,成本性态是线性的。**线性成本性态(linear-cost behavior)** 可以用一条直线来表示,因为每一成本都被假定为固定的或者是变动的。我们曾谈到相关范围规定了成本动因活动的有效界限,只有在此界限内成本及其成本动因之间的关系才能确定。管理者通常根据自身对以往业务活动和成本不同水平的相关经验来界定相关范围。

> **线性成本性态(linear-cost behavior)**:假定每一成本都为固定的或者是变动的,故可以用一条直线来表示的成本性态。

本章中我们要着重讨论的成本,是以数量作为产品或服务的成本动因的。这类成本很容易被确认和归结到产品或服务中。以总量驱动成本的例子包括生产该教材的印刷人工、纸张、油墨和装订的成本。显然,是印刷的册数在影响印刷人工、纸张、油墨和装订的总成本。同样重要的是,我们可以相对容易地将对这些资源的使用追溯到教材的印刷册数上。工作日程表、工资记录和其他文件则显示了为生产这批教材每一资源各自耗费了多少。

另有一些成本则更多地受到数量以外的业务活动的影响,并常常伴有多种成本动因——这类成本不易确认和追溯到产品上去。此类难以追溯的成本的例子包括本教材出版社的编辑人员的薪金。因为这些编辑人员编辑不同的教材,要想精确计算某一本教材(如本书《管理会计》)的成本占总成本的比例是很难的。

由此可见,理解并计量那些难于追溯产出的成本尤其富有挑战性。在实践中,许多组织用单一成本动因的线性关系来描述每一成本,即使它们很多都具有不同的成本动因。这种方法比之用非线性关系或多成本动因分析要更为简便和经济。不过只要使用恰当,通常单一成本动因的线性成本性态分析也可以为大部分决策提供足够精确的成本估计。也许单成本动因的线性成本性态与现实和经济理论有些相悖,但是更贴近"现实"地理解成本性态所带来的利益增值,可能还不足以抵偿为确定"现实"成本性态而付出的成本。

为了便于交流和理解,会计师通常用图来描述成本性态。图3-1显示了线性成本性态、相关范围以及一项业务活动(或成本动因)。请注意该表与第2章中本—量—利图的相似性。

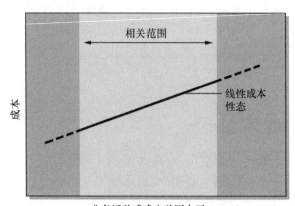

图3-1　线性成本性态

阶梯成本和混合成本性态模式

第2章描述了两种成本类型：变动成本和固定成本。我们回顾一下，一个纯粹的变动成本随其成本动因作业水平的变化同比例变化，而一个固定成本则不受成本动因水平变化的影响。除了以上这些纯粹的成本类型，还有另外两种成本类型同时结合了固定成本和变动成本的特点，它们就是：阶梯成本和混合成本。

> **目　的　1**
> 解释阶梯成本性态和混合成本性态。

阶梯成本　因为资源及其成本的集合不可分，所以**阶梯成本（step cost）**随业务活动的某种区间呈跳跃式变动。如果个别的成本集合相对庞大且适用于某一特定的、广

> **阶梯成本（step cost）**：由于作业活动的资源及其成本集合不可分而在某些间断点呈跳跃式变动的成本。

泛的活动范围，该成本就在那一活动范围内被视为固定成本。图3-2的A图就是一例，它显示了租赁石油和天然气钻探设备的成本。在某一给定区域，当石油和天然气的探测到达一定程度时，就需要租赁另一套钻探设备。但是，在某一水平上租赁的全套钻探设备，可以支持相关范围内的所有探测活动。因此，在每一个相关范围内，该阶梯成本就表现为固定成本，而该水平上的阶梯总成本就是适用于该业务活动水平的固定成本总额。

反之，当个别成本集合相对较小，且适用于较窄的业务活动范围时，会计师们常常将阶梯成本描述为变动的。图3-2的B图显示了一家超市出纳的工资成本。假设一个出纳员平均每小时能服务20名顾客，而在购物的相关范围内，每小时顾客数量的变动范围为40—440名。与此相对应，出纳员需要量的变动范围为2—22名。正因为这里的阶梯相对较小，该阶梯成本的性质更多是类似于变动成本，将其视为变动成本来计划工作并不会影响准确性。

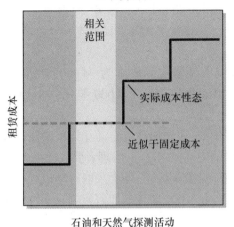
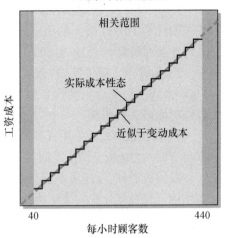

图 3-2 阶梯成本性态

混合成本 混合成本(mixed cost)兼有固定成本和变动成本的要素。固定成本要素由特定的业务水平范围决定,而变动成本

> 混合成本(mixed cost):兼有固定成本和变动成本的要素的成本。

要素则是一个在该特定相关范围内随业务活动按比例变动的纯粹的变动成本。在混合成本中,变动成本在固定成本之外发生:混合成本总额就是固定成本和变动成本之和。你可以将固定成本理解为要具备在相关范围内运营业务的生产能力所必须投入的成本,而变动成本就是使用该生产能力生产产品所花费的额外成本。

很多成本都是混合成本。以图 3-3 所示的帕克威医疗中心(Parkview Medical Center)设备维修部门的每月成本为例:每月维修人员的工资和维修成本是固定的,为 10 000 美元;由医院提供的清洁器具和维修材料以每个病人日 5 美元①的比率变动。

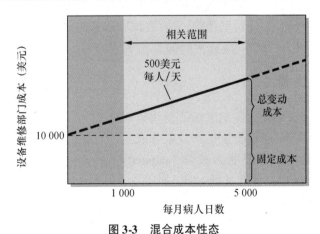

图 3-3 混合成本性态

---

① 1 个病人日是 1 个病人在医院 1 天,1 个病人在医院 5 天是 5 个病人日。

帕克威医疗中心的管理者利用设备维修部门的成本性态的知识来做以下事情。

1. 计划成本：医院预计 5 月每天将为 40 000 个病人服务，而设备维修部门 5 月的成本预计为 10 000 美元的固定成本加上 20 000 美元的变动成本（4 000 个病人，以每天人均 5 美元计算），总计 30 000 美元。

2. 为管理者提供反馈：假设 5 月设备维修实际成本为 34 000 美元（当按计划为 4 000 个病人服务后），管理者想了解为什么医院多花了 4 000 美元（34 000 − 30 000），以便对偏差进行纠正。

3. 作出最有效地使用资源的决策：例如，在增加高度自动化地板清洁设备的固定成本与增加人力地板清洁所需的额外工时的变动成本之间，管理者要权衡一下长期利弊。

我们能看到，管理者不仅是被动地计量成本性态，还会采取行动以影响其组织的成本结构。现在就让我们来更为详细地探讨一下管理者是如何影响成本性态的。

管理者对成本性态的影响

除了计量和评估现时成本性态外，管理者还能通过对产品或服务属性、能力、技术和政策等因素的决策以及有关成本控制的相关激励政策来影响成本性态。

> **目 的 2**
> 解释管理人员对成本性态的影响。

产品和服务决策以及价值链

管理者可以通过价值链的各个环节来影响成本性态。具体来说，就是通过流程选择、产品设计、质量水平、产品特性以及分销渠道等来实现。每一项决策都与组织的业绩密切相关，并且应在成本效益的框架下制定。例如，对 Hertz 汽车出租公司而言，添加一项特色服务（如免付里程费）只有在该项服务的成本合理时（即业务量增加带来的利润超过其投入的成本）才是可行的。

生产能力决策

对一个组织来说，关于组织活动规模和范围的战略决策，通常会使生产成本分成几个固定的层次。**生产能力成本（capacity cost）** 是在保证产品或服务的品质（如质量）的前提下，取得期望产出水平或提供期望服务水平所需的固定成本。

> **生产能力成本（capacity cost）**：保证产品或服务的品质（如质量）的前提下，取得期望产出水平或提供期望服务水平所需的固定成本。

大部分公司很少进行生产能力的决策。由于会涉及大量的资源，它们将生产能力作为战略性决策。一旦决策出错，公司的竞争力就会遭受很大的打击。同时，也有一些公司会如同经营性决策一般频繁地作出生产能力决策，例如开办一家星巴克新店或者麦当劳新店。在这种情况下，开办一家星巴克新店的决策仍然是战略性的，但已经高度结构化了。

在需求不稳定的产业内,公司必须谨慎地进行生产能力决策。当经济下滑、需求减少时,公司的固定生产能力成本不能被收回。让我们看一下汽车制造商(如福特公司和通用汽车公司)所面临的困境。在汽车行业中,顾客对新车的需求量随时间的变化会有很大的不同。一个组装线或生产厂在其60%—100%的生产能力范围内运转是很平常的事。在繁荣期(比如20世纪90年代中期),福特满负荷运行。为满足需求,工人们加班加点,福特公司甚至还将其一部分汽车生产外包。是建立新的工厂和生产线,还是继续支付加班津贴并为外部生产支出额外费用,这是福特公司必须作出的选择。建造新工厂能使福特公司以更低的成本生产汽车,但是当产量下降时,固定生产能力成本并不能随之减少。超时生产和请外部企业生产的成本的确很昂贵,但是当业务量下滑,不再需要生产额外的汽车时,福特就能马上消除这些成本。福特是怎样选择的呢?它没有选择去建造昂贵的新工厂。福特的总经理认为控制成本是值得的,"市场疲软迟早会出现,那时即使以现有的生产能力,我们仍将面临业绩下滑而需要缩短工作天数的情况"。虽然面对更高的变动成本,福特采取的控制固定成本的决策帮助公司度过了21世纪早期的经济衰退,因为当需求减少时福特能更好地降低其成本。

约束性固定成本

即使像福特这样的公司,也是选择了使固定生产能力成本最小化的做法,而每个组织都有一些或许会持续几年的约束性成本。**约束性固定成本(committed fixed cost)** 常常是由于拥有装置、设备和基础设施而产生

> **约束性固定成本(committed fixed cost):** 由于拥有装置、设备和基础组织所产生的成本。这些常常是组织不得不发生,或不可避免的庞大的不可分的成本集合。

的成本。约束性成本包括抵押、租赁支付金、长期借款利息、财产税、保险和核心人员的薪金。只有经营理念、企业规模和经营范围发生变化时,约束性固定成本在未来期间才会发生变动。回想帕克威医疗中心设备维修部门的例子,设备维修部门的生产能力是一个管理决策,在该例中,决策决定了设备成本的大小。假设帕克威医疗中心要按月永久地增加每天接待病人的数量,即会超过每天5 000个病人的相关范围——由于需要更大的生产能力,每月的约束性设备成本就要提升到一个新的水平。

酌量性固定成本

一些成本只在某些特定水平上是固定的,仅仅因为管理者认为为了达到组织设定的目标需要发生这些水平的成本。这些**酌量性固定成本(discretionary fixed cost)** 与生产能力或者产量没有明显联系,但作为阶

> **酌量性固定成本(discretionary fixed cost):** 该部分成本是作为阶段性计划过程的一部分而被确定的,以助于实现组织的目标。与生产能力或者产量无明显联系。

段性计划过程的一部分而被确定。在每个计划期间,管理者将决定在具体的酌量性项目上花费多少,如广告费和促销费、公共关系成本、研发费用、慈善捐款、员工培训项目以及外购管理咨询服务的费用等。在下一个计划时期前,这些费用是固定的。

与约束性固定成本不同,如果管理者认为为达到某生产水平而发生的支出是值得的,那么即便在一个预算期内,他们也很容易改变(增加或减少)酌量性成本。可以想象,在经营艰难时期,管理者可以几乎完全缩减酌量性成本,而约束性成本却是无法削减的。酌量性成本也许对长期目标的实现十分重要,但是在短期内管理者可以较大幅度地变动其费用水平。

让我们来看看正经历财务困境的马瑞特公司(Marietta Corporation)。这个公司主要产品的销售发生了滑坡,其管理者正考虑暂时削减成本——他们必须决定以下哪种固定成本应该被削减或者完全取消,以及每项成本可节约多少:

固定成本	计划金额
广告与促销	$30 000
折旧	400 000
员工培训	100 000
管理者薪金	800 000
抵押付款	250 000
财产税	600 000
研究与开发	1 500 000
总计	$3 680 000

马瑞特公司需要削减或者取消这些固定成本吗?答案取决于公司的长远经营前景。马瑞特公司可以削减成本,但是若不谨慎行事,很可能削弱其未来的竞争能力。根据对约束性成本和酌量性成本的重新排列,我们得到以下分析:

固定成本	计划金额
约束性	
折旧	$400 000
抵押付款	250 000
财产税	600 000
约束性总计	$1 250 000
酌量性(有可能节约)	
广告与促销	$30 000
员工培训	100 000
管理者薪金	800 000
研究与开发	1 500 000
酌量性总计	$2 430 000
约束性和酌量性合计	$3 680 000

取消所有的酌量性固定成本将使马瑞特公司每年节约 2 430 000 美元。但是,将所有的酌量性成本都取消并不明智——这将严重影响该公司的长远发展。但不管怎样,区分约束性和酌量性成本将是公司决定哪些成本该削减的第一步。

技术决策

管理者作出的最为关键的决策之一,就是决定该组织将采用哪种类型的技术来生产产品或者提供服务。技术选择(如采用劳动密集型生产还是自动化生产、传统银行服务还是自动化的柜员服务、是电子商务还是店铺或者邮寄销售)将使组织实现其现时目标,并适应环境的变化(如顾客需求的改变或者竞争者的行为)。使用高科技而非劳动力往往意味着总成本中更高的固定成本含量,对需求变动范围较大的公司来说,这种类型的成本会带来更大的风险因素。

成本控制激励

最后,管理者为员工设置的激励机制也将影响未来的成本。管理者运用他们掌握的成本性态知识来设立成本期望值,员工则可接受与达到这些期望值相联系的报酬或其他奖励。例如,如果帕克威医疗中心设备维修部门的主管在保证服务质量的同时,又能将部门实际成本降至期望值水平以下,那么他将会得到很好的评价——这一正面的反馈将激励该主管更仔细地观察部门成本,并寻找在确保服务质量的前提下降低成本的方法。

成本函数

作为一个管理者,你将会经常用到成本函数作为计划和控制的工具。成本函数很重要,因为:

1. 计划和控制一个企业的各项活动,要求对未来固定成本和变动成本有准确而有效的估计;
2. 理解成本及其成本动因之间的关系有助于各类组织(不论是营利性的、非营利性的还是政府型的)的管理者更好地进行经营、市场和生产决策,计划和评估活动,以及决定短期或者长期决策的恰当成本。

而估计或预测成本的第一步就是将**成本计量(cost measurement)**或者计量成本性态当做恰当的成本动因的函数。第二步就是使用这些成本计量来估计未来期望水平上的成本动因活动的未来成本。我们先来看看成本函数的形式以及选择最适当成本动因的标准。

> **成本计量(cost measurement)**:以恰当的成本动因估计或者预测成本。

> **目 的 3**
> 衡量并用数学语言表达成本函数,利用它们预测成本。

> **成本函数(cost function)**:管理者用来描述成本和成本动因之间关系的代数等式。

成本函数的形式

为了描述成本与其成本动因之间的关系,管理者通常使用名为**成本函数(cost function)**的代数等式。当只有一个成本动因时,该成本函数与我们在第2章讨论过的

线性的本—量—利关系相似。考虑一下图 3-3 所示的混合成本,即设备维修部门的成本:

设备维修部门月成本
= 月固定维修成本 + 月变动维修成本
= 月固定维修成本 + (每个病人日变动成本 × 该月中病人日数量)

令:

Y = 设备维修部门月成本
F = 月固定维修成本
V = 每个病人日变动成本
X = 以每月病人日数量表现的成本动因

我们可以将混合成本函数重写为:

$$Y = F + VX \tag{1}$$

或者

$$Y = \$10\,000 + \$5.00X$$

这个混合成本函数有着常见的直线形式——被称为线性成本函数。当我们对成本函数作图时,F 就是截距,即纵轴上成本函数的起点,在图 3-3 中,截距是 10 000 美元的月固定成本;V(每单位业务活动的变动成本)是该成本函数的斜率,在图 3-3 中,该成本函数以每个病人日 5 美元的比率向上递增。

在该例中,我们使用每日病人数作为成本动因。这是如何选择的呢?为什么不用病人的数量或者手术的次数呢?我们又是如何建立起这个成本函数的呢?

建立成本函数

在获取准确而有效的成本函数时,管理者应遵循两条原则:合理性和可靠性。

1. 成本函数必须是合理或者可信的。在可能的情况下,亲自观察成本和其业务活动,将为确立成本和成本动因间的合理关系提供最好的证据。但是有一些成本就其本性而言无法被直接观察,因此成本分析者必须自信假设的关系是可靠的。很多成本可能随着多个成本动因一起变化,但是可能并不存在因果关系,而因果关系(即 X 引起 Y)对准确有效的成本函数而言是必需的。例如一趟美国合众航空公司从凤凰城到圣地亚哥的来回航程,我们为其总成本考虑三个可能的成本动因:飞行英里数、乘客数以及乘客英里数(乘客数乘以飞行英里数)。哪个成本动因更有意义?答案是乘客英里数——几乎所有航空公司都使用这个。

2. 除了合理性以外,成本函数对实际业务活动水平的成本预测必须和实际观察到的成本吻合。可靠性可以用"符合性"来评估——成本函数在多大程度上解释了过去的成本性态。如果符合性较好且条件未发生改变,那么该成本函数将能对未来的成本作出可靠的预测。

特别要注意的是,管理者在选择成本函数时应同时使用这两条原则,彼此检验。有关经营活动和成本记录的知识,对选择一个体现因果关系的合理可靠的成本函数是十分有益的。例如,维修常在产量较低时进行,因为那时机器可以停产。然而,产量低并未引起维修成本的增加;同样,产量增加也不会引起维修成本的降低。一个更为合理的解释是,从长期来看,产出的增加将导致更高的维修费用,但是对维修成本和产量的每日或者每周记录,却不容易反映这一点。因此,理解维修成本的性质有利于得出可靠的长期成本函数。

管理决策练习

一个成本函数是某一特定成本组成部分的数学表达式。对成本函数的直观理解和能写出该数学公式同等重要。假设你正使用一个成本函数来预测总的订单处理成本。该成本函数为总成本 = \$25 000 + \$89×(处理的订单数)。这个公式基于在500—700份处理的订单范围内。现在,你需要预测处理680份订单的总成本。在使用此成本函数前,你需要先回答几个问题:为何需要了解相关范围? 线性的成本函数意味着什么? 为何企业的管理者希望了解某产品的成本函数是否是线性的?

答案:

在该例中,只要数据搜集时的操作环境没有很大的变动,了解到订单处理数是在相关范围内(即500—700)能使你对预测的总成本很有把握。线性的成本函数意味着成本由两部分构成:一部分是固定的,即独立于成本动因;另一部分则随着成本动因的变动成比例的变动,即如果成本动因增加 $X\%$,则这部分成本就要增加 $X\%$。了解了某产品成本是线性的之后,将有助于管理者将该成本分成固定的和变动的两部分——此项简化能使你理解决策能如何影响成本。此处,预测的处理680份订单的总成本 = \$25 000 + (\$89×680) = \$85 520。

成本动因的选择:作业分析

管理者如何来选择可靠、合适的成本函数呢? 不知道正确的成本动因就无法选择好的成本函数,所以选择成本函数就从选择成本动因开始——即等式(1)中的 X。管理者采用**作业分析(activity analysis)**来识别合适的成本动因以及它们对于生产一个产品或提供一项服务的影响。因为涉及很多独立的业务活动,最终的产品或服务可能会有许多成本动因。作业分析的最大好处就在于,它可指导管理会计师为每项成本找到正确的成本动因。

> **目 的 4**
> 揭示作业分析在衡量成本函数方面的重要性。

> **作业分析(activity analysis):** 识别合适的成本动因以及它们对生产成本或者提供服务成本的影响过程。

让我们来看一下西北计算机公司(Northwestern Computers)。它们为个人计算机生产两种产品:一种插入式音乐板(莫扎特插板)和一种硬盘驱动器(强力驱动器)。当西北计算机公司产品的大部分工作靠手工完成时,除了材料成本外的大部分成本都与人工成本有关(受人工成本驱动)。支持成本平均是人工成本的两倍。

西北计算机公司刚对生产函数进行了升级。现在公司使用由计算机控制的组装设备。而计算机控制的组装设备的使用,增加了支持业务的成本(如工程和设备维修),减少了人工成本。在西北计算机公司,人工成本目前只占到总成本的5%。而且,作业分析表明现在大多数的支持成本是由产品组建数量(产品复杂程度的一个衡量尺度)而非人工成本所驱动。莫扎特插板有5个组件而强力驱动器有9个。

假如西北计算机公司想要预测生产一个莫扎特插板和一个强力驱动器各需多少支持成本,那么使用原来的成本动因即人工成本,预测的支持成本为:

	莫扎特插板	强力驱动器
人工成本	$8.50	$130.00
支持成本:		
2×直接人工成本	$17.00	$260.00

若使用更为准确的成本动因,产品组件数量,那么预测的支持成本为:

	莫扎特插板	强力驱动器
支持成本每部件$20		
$20×5个部件	$100.00	
$20×9个部件		$180.00
预测支持成本的差异	$83.00	$80.00
	高	低

通过使用一个更恰当的成本动因,西北计算机公司可以更精确地预计其支持成本。管理者使用这个更准确的信息可以作出更优的决策,比如为产品所定的价格可与产品成本更密切地关联。若想了解现实中的企业是如何进行作业分析的,请见后面的**商业快讯**。

在我们关于成本性态的讨论中还有一个很大的问题就是每单位的成本动因的固定成本和变动成本是如何确定的。前面的方程(1)定义了这个问题:F = 月固定维持成本;V = 每天中平均每个病人的变动成本。实际操作中,企业运用了好几种定义成本函数的方法。让我们来看一下这些方法。

疗养院的作业分析

制造业公司是最早使用作业分析的组织,且其使用范围已扩展到许多服务产业和非营利性组织。最近的一篇文章就描述了中部肯塔基疗养院(Hospice of Central Kentucky, HCK)如何通过作业分析来更好地理解其成本。

HCK 是一个为肯塔基州中部十余个乡村的临终病人提供医疗服务的认证医药项目。除了为病人的医药需求提供服务，HCK 还有社工、家庭救护人员、志愿者等。此外它还为病人的家庭提供 18 个月的丧亲项目。

HCK 的很多成本都是直接和病人相关联的，理解这些成本并不困难。然而面对庞大的支持成本，HCK 对这些成本是如何发生的就所知甚少。在理解作业分析前，HCK 简单化地假想对所有的支持成本而言病人日是唯一的成本动因。支持成本以每病人日计算为 35.53 美元。

由于 HCK 感受到了成本上升和健康维护组织与保险公司持续的补贴的压力，管理者希望能更好地了解成本信息以作出决策。为此，该组织进行作业分析来确定支持成本的准确的成本动因，该分析由两项基本任务构成：(1) 识别正在执行的作业活动；(2) 为每一作业选择成本动因。

为识别与每一业务相关的作业和成本，HCK 组成了多功能的团队。识别作业活动需要对疗养院的所有经营活动都有一个全面透彻的了解，所以一个仅由金融和会计师组成的团队将不能为该任务的完成提供足够的知识支持。该团队包括运营官、丧亲协调员、广告协调员、护士和社区服务项目代表。这些人员了解该疗养所运营情况的所有方面。

该小组识别了 14 项作业。第二步就是为每一作业选择一个成本动因。其中部分作业和相关成本动因如下所示：

作业	成本动因
治疗安排	治疗安排数量
录取	录取数量
丧亲	死亡数量
财会/金融	病人日数量
广告	广告数量
志愿者服务	志愿者数量

使用通过作业分析得出的成本信息，管理者能够知道每一作业成本，且能识别要求更昂贵作业服务的病人需要更为高昂的治疗。这样有助于管理者削减不值得花费的作业成本并更好地与健康维护组织与保险公司交涉以便为要求更昂贵作业的病人提供更多的支持和帮助。

资料来源：Adapted form Sidney J. Baxendale and Victoria Dornbusch. "Activity-Based Costing for a Hospice." *Strategic Finance*, March 2000, pp.65—70. Hospice and Palliative Care of Central Kentucky's Web site (www.hospices.org)。

确定成本函数的方法

在确定了不同成本最为合理的成本动因后,管理者就能选择多种方法来确定成本函数,这些方法有:(1)工程分析法;(2)账户分析法;(3)高低点法;(4)直观法;(5)最小二乘回归法。这些方法并不是互斥的。管理者往往结合使用两种或更多的方法,以避免在计量成本性态时发生重大错误。前两种方法仅依赖于逻辑分析,而后三种则涉及对过去成本的分析。

> **目 的 5**
> 用工程分析法、账户分析法、高低点法、直观法以及最小二乘回归法衡量成本性态。

工程分析法

第一种方法,**工程分析法(engineering analysis)** 根据成本应该是什么而非成本现在是什么来计量成本性态。它需要对产品和服务所需的原料、物料、劳动力、支持服务和设备有一个系统性的分析。只要组织有类似的成本经验,分析师甚至能成功地对新产品和服务进行工程分析。为什么呢?因为计量是以与产品和服务直接相关的工作人员的信息为基础的。除了实际经验,分析师还能根据样品实验、会计和行业工程文献、竞争者的经验以及管理咨询者的建议来了解新成本。根据这些信息,成本分析师就能确定未来成本将是怎样。如果成本分析师经验丰富,且了解该组织的作业活动,那么由他们所预测的工程成本将十分可靠且对管理决策很有帮助。工程成本分析的缺点在于耗资大且经常不及时。

> **工程分析法(engineering analysis)**:对产品和服务所需要的原料、物料、劳动力、支持服务和设备进行系统性的分析;根据成本应该是什么而非现在是什么来计量成本。

Weyerhauser 公司是一家木器厂,使用工程分析法为它的 14 家联合服务部门确定成本动因。这些成本函数被用来计量 3 个主要业务集团使用的联合服务的成本。例如,每个部门的应付账款成本就是一个由 3 个成本动因组成的函数:每部门耗费的小时数、文件数量和发票数量。该成本性态计量方法几乎可以用于任何服务性组织。

在前面介绍过的帕克威医疗中心,医院主管的助理与设备维修部门的人员进行面谈,并且在一个月里随机选择几天观察他们的作业活动。根据这些数据,该助理确信设备维修部门最合理的成本动因是病人日;助理还根据现有的部门薪金和设备费用估计出月固定费用约为 10 000 美元。通过面谈和观察到的每月物料使用量情况,助理估计每病人日的变动成本为 5 美元。助理将得出的信息汇报给医院管理者,但是谨慎地指出这个成本计量方法也许有错,因为:

1. 所选月份的情况可能异常;
2. 因为据助理观察,设备维修部门的工作人员可能改变了他们的日常工作习惯;
3. 因为担心他们透露信息的使用情况,设备维修部门的人员可能并没有透露业务活动的全部真实信息。

但是,如果我们假设被观察到和估计的信息都是正确的,那么每月设备维修部门的成本就能通过先预计该月的期望病人日,而后把这些数据填入以下混合成本函数而得出:

$$Y = \$10\,000 + (\$5 \times 病人日)$$

例如,如果管理者预期下个月的病人日是 4 000,则设备维修部门的预测成本为:

$$Y = \$10\,000 + (\$5 \times 4\,000 病人日) = \underline{\$30\,000}$$

账户分析法

与工程分析法不同,**账户分析法(account analysis)** 的使用者从会计系统中寻求成本性态信息。最简单的账户分析方法是选择一个合理的成本动因,并将与这个成本动因相关的各账户分为变动成本和固定成本,然后成本分析师根据各账户的余额来估计成本动因作业活动的单位变动成本或期间固定成本。

> **账户分析法(account analysis)**:选择一个合理的成本动因,并将与该成本动因相关的各账户分类为变动或固定成本。

为了说明账户分析法,我们回到帕克威医疗中心的设备维修部门,分析一下最近一个月的成本。下表显示了有 3 700 个病人日的一个月的成本记录:

月成本	19×4 年一月总量
管理人员薪金和津贴	$3 800
计时工人的工资和津贴	14 674
设备折旧及租赁费	5 873
设备维修	5 604
清洁物料	7 472
总设备维修成本	$37 423

下一步,分析师确定哪些成本是固定的以及哪些成本是变动的。假设分析师已作出以下判断:

月成本	19×4 年 1 月数量	固定	变动
管理人员薪金和津贴	$3 800	$3 800	
计时工人的工资和津贴	14 674		$14 674
设备折旧及租赁费	5 873	5 873	
设备维修	5 604		5 604
清洁物料	7 472		7 472
总设备维修成本	$37 423	$9 673	$27 750

接下来,计量设备维修总成本性态只需要简单的算术计算了:把所有的固定成本加总,得到月总固定成本;用总变动成本除以成本动因作业活动数量,就得到成本动因的单位变动成本。

月固定成本 = $9 673

单位病人日变动成本 = $27 750/3 700 病人日

= $7.5/ 病人日

用账户分析法计量得出的混合成本函数为：

$Y = \$9\,673 + (\$7.5 \times 病人日数量)$

账户分析法的实施比工程分析法便宜，但是需要相关成本账户和成本动因的记录。此外，与工程分析法一样，账户分析也是主观的，因为分析师需要依据个人判断来确定各个成本是变动的还是固定的。

小结与复习

问题：

可靠保险公司要处理一批损失、事故、偷窃等保险要求。会计分析师用单成本动因估计加工每一保单的变动成本为该保单面额的0.5%。这一估计似乎合理，因为更高的保险要求在解决前往往需要更多的分析。为更好地控制处理成本，可靠保险公司对报单处理进行作业分析。该分析建议有3个主要的成本动因的汽车意外事故的索赔为：

0.2% 可靠保险公司投保人的财产索赔
+0.6% 其他团体的财产索赔
+0.8% 个人伤害索赔总额

以下是来自最近两起交通事故索赔的数据：

	汽车意外事故索赔 No. 607788	汽车意外事故索赔 No. 607991
投保人索赔	$4 500	$23 600
其他团体索赔	0	3 400
个人伤害索赔	12 400	0
总索赔额	$16 900	$27 000

要求：

1. 分别用单成本动因分析和三成本动因分析来估计处理每一保单的成本。
2. 你将如何建议可靠保险公司估计其保单处理成本？

答案：

1.

	汽车意外事故索赔 No.607788		汽车意外事故索赔 No.607991	
	索赔额	协调成本	索赔额	协调成本
用单成本动因分析				
总索赔额	$16 900		$27 000	
估计协调成本比率0.5%		$84.50		$135.00
用三成本动因分析				
投保人索赔	$45 000		$23 600	
估计协调成本比率0.2%		$9.00		$47.20
其他团体索赔	0		3 400	
估计协调成本比率0.6%		0		20.40
个人伤害索赔	12 400		0	
估计协调成本比率0.8%		99.20		0
估计总协调成本		$108.20		$67.60

2. 所谓的三成本动因分析估计协调成本与用单成本动因的估计结果有很大的不同。如果作业分析是可靠的，那么包括个人伤害索赔的汽车事故索赔的协调成本将比财产损害索赔大得多。如果这些估计能以相对便宜的成本获得并保持现时性和有用性，那么采用三成本动因分析法将是合理的。可靠保险公司将能获得更为准确的成本信息并且能够更好地计划公司的索赔协调业务活动。然而，可靠保险公司有很多种的索赔协调，将作业分析扩展应用到识别各个类型索赔的多重成本动因将会导致预测成本系统的复杂化——要比仅以索赔总额作为成本动因复杂得多（且成本也要高得多）。是否对所有的政策都进行作业分析取决于成本效益原则。在处理该问题时，经理可以首先对一种索赔采用作业分析，然后再评估获取更精确信息的有用性和成本代价。

高低点法、直观法和最小二乘回归法

在有足够的成本数据时，我们就可以凭借历史数据运用数学方法来计量成本函数了。通常采用这些数据的方法有三种，即高低点法、直观法和最小二乘回归法。这三种方法都比工程分析法更客观，因为它们以更确凿的证据为判断依据。它们也比账户分析法更客观，因为它们使用不止一期的成本和业务活动信息。账户分析法，尤其是工程分析法之所以仍然是计量成本性态的主要方法，可能就是因为以上三种方法都需要更多的历史成本数据，而产品、服务、技术和组织正随着国际竞争的加剧而发生迅速的改变。有时，在收集到足够的历史数据来支持这些分析时，数据已经过时了——组织改变了,生产过程或者产品也改变了。所以,成本分析师在利用产生于过去环境的历史数据时必须十分慎重,认真确定其与当前环境相比是否仍具有相似性,从而保证成本得以可靠预测。另一需要考虑的方面是历史数据也许隐含着过去活动中的低效性,而一旦低效性被识别,它们就应被改进。

数据实例　在讨论高低点法、直观法和最小二乘回归法时,我们继续以帕克威医疗中心设备维修部门的成本为例。下表显示了设备维修部门过去一年的月成本和实际提供的病人日数量:

设备维修部门数据

月份	设备维修部门成本(Y)	病人日数量(X)
1	$37 000	3 700
2	23 000	1 600
3	37 000	4 100
4	47 000	4 900
5	33 000	3 300
6	39 000	4 400
7	32 000	3 500
8	33 000	4 000
9	17 000	1 200
10	18 000	1 300
11	22 000	1 800
12	20 000	1 600

高低点法　在占有充足的成本数据后,成本分析师就能根据历史数据用数学方法计量成本函数了。用历史数据来计量线性成本函数的最简单方法,就是图3-4所示的**高低点法(high-low method)**。

> **高低点法(high-low method)**:一种根据以往成本数据来计量线性成本函数的简单方法。重点集中于最高业务量和最低业务量两点并穿过这两点连线。

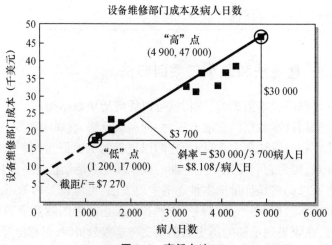

图3-4　高低点法

高低点法的第一步是把数据点画在图上——这种直观图示可以帮助分析者发现数据是否存在明显的错误。虽然很多点被画在图上,高低点法的关注点通常仍是最高业务量和最低业务量两点。但是,如果其中有一点是"溢出点",即看上去有错误或者是并非正常经营的代表点,那么分析者将用次高点或者次低点。例如,你不应该使用罢工或者火灾造成极低作业时期的点,因为那一点不能代表成本和成本动因之间的正常关系。

在选好有代表性的高低点后,我们可以在两点之间画一条直线,并将其延长到表的纵(Y)轴。请注意,在图3-4中延长线为虚线,表示在相关范围外,成本可能是非线性的。而且管理者常常关心的是在相关范围内的成本是如何表现的,而不关心在零作业点或者高得离奇的作业点成本是如何表现的。相关范围内的成本计量对相关范围外的成本不能算作可靠的计量或预测。

直线与 Y 轴的交点就是截距 F,或固定成本的估计值;直线的斜率则计量了每病人日的变动成本 V。在高低点法里,最清楚的计量截距和斜率的方法是代数方法:

月份	设备维修部门成本(Y)	病人日数量(X)
高:四月	$47 000	4 900
低:九月	17 000	1 200
差别	$30 000	3 700

每个病人日的变动成本:

$$V = \frac{成本变化}{业务量变化} = \frac{(\$47\,000 - \$17\,000)}{(4\,900 - 1\,200) 病人日}$$

$$V = \frac{\$30\,000}{3\,700} = \underline{\$8.1081}/ 病人日$$

月固定成本 F = 总混合成本减去总变动成本:

在 X(高): F = $47 000 - ($8.1081 × 4 900 病人日)
   = $47 000 - $39 730
   = $\underline{\$7\,270}$/ 月

在 X(低): F = $17 000 - ($8.1081 × 1 200 病人日)
   = $17 000 - $9 730
   = $\underline{\$7\,270}$/ 月

所以,用高低点法计算出来的设备维修部门的成本函数为:

$$Y = \$7\,270 + (\$8.1081 \times 病人日)$$

高低点法容易使用,且能用数学来说明一个成本动因的变化是如何影响总成本的。该例中的成本函数是合理的。在计算机普及前,管理者们常常用高低点法快捷地算出成本函数。然而今天,高低点法已经不再被经常使用了;一方面是因为它的不可靠性;另一方面,不管收集了多少相关数据点,它也只采用两个期间的成本数据而导致了信息使用的低效率。

小结与复习

问题:

利滋公司(Reetz Company)有自己的复印部门。利滋的复印成本包括复印机、操作员、纸张、调色剂和用具等成本。该公司的成本和业务活动数据如下:

月份	总复印成本	复印数量
1	$25 000	320 000
2	29 000	390 000
3	24 000	300 000
4	23 000	310 000
5	28 000	400 000

要求:

1. 用高低点法计量复印部门的成本性态,给出表达式。
2. 用高低点法计量成本性态有什么利弊?

答案:

1. 业务活动水平的最低点为 3 月(300 000 份),最高点为 5 月(400 000 份)。

$$\text{每份复印材料的变动成本} = \frac{\text{成本变化量}}{\text{业务活动变化量}}$$

$$= \frac{\$28\,000 - \$24\,000}{400\,000 - 300\,000}$$

$$= \frac{\$4\,000}{100\,000} = \underline{\$0.04/\text{份}}$$

月固定成本:总成本减去变动成本

复印 400 000 份时: $28 000 − ($0.04 × 400 000) = $12 000/月
复印 300 000 份时: $24 000 − ($0.04 × 300 000) = $12 000/月

所以,复印成本函数为

$$Y(\text{总成本}) = \$12\,000/\text{月} + \$0.04 \times \text{复印份数}$$

2. 使用高低点法的好处是:
   - 该方法容易使用
   - 不需要很多的数据

   使用高低点法的缺陷是:
   - 高点和低点的选择是主观的
   - 该方法没有使用所有可得的数据
   - 该方法可能不可靠

直观法 由于**直观法**（visual-fit method）使用可获得的所有数据，所以它比高低点法更可靠。在直观法下，在所有可获得的数据点组成的区域中，我们凭目测画一条直线，使之尽可能靠近所有数据点。如果数据的成本函数是线性的，就有可能通过离散的点拟合一条直线，使其较合理地接近大多数点，从而获得数据的一般变化趋势。我们可以将该线延长，直到与图中的纵轴相交。

> **直观法**（visual-fit method）：凭目测所有可获得数据点组成的区域作一直线进行成本分析的方法。

图 3-5 显示运用过去 12 个月的成本数据将此方法应用于设备维修部门的情况。通过确定直线与纵轴的交点，我们就能得出每月固定成本——在该例中，每月大约为 10 000 美元。要找出每病人日的变动成本，可任意选择一个业务活动水平（如 1 000 个病人日），并找出该业务活动水平上的总成本（$17 000），然后用业务总量去除变动成本（总成本减去固定成本）。

$$\text{每病人日的变动成本} = (\$17\,000 - \$10\,000) \div 1\,000 \text{ 病人日}$$
$$= \$7/\text{病人日}$$

用直观法得出的线性成本函数是：

$$Y = \$10\,000/\text{月} + (\$7 \times \text{病人日总量})$$

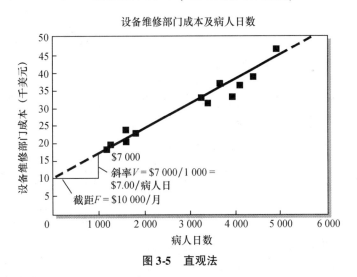

图 3-5 直观法

尽管直观法使用所有数据，但是直线位置的确定、变动成本和固定成本的计量，这些仍是主观的——其主观性就是直观法现在常常被最小二乘回归法所代替的主要原因。

最小二乘回归法 [least-squares regression，或简称为**回归分析法**（regression analysis）] 比直观法更为客观地计量成本函数（用统计方法而非目测）。最小二乘回归法使用统计方法将所有数据拟合成一个成本函数。使用一个成本动因计量成本函数的回归分析叫做一元回归，对一个成本使用多个成本动因的回归分析叫做多元回归。在本

> **回归分析法**（regression analysis）：能够比直观法更为客观地计量成本函数的方法。

章的这部分,我们只讨论一元回归分析。附录 3 提供了回归的一些统计属性,并说明了怎样使用回归分析软件。

使用回归分析计量成本性态的方法比使用其他方法更可靠一些。此外,回归分析还能产生关于成本估计可信度的统计信息。所以分析者可以评价成本计量的可信度,并

> **决定系数**(coefficient of determination,R^2 或 R 的平方):计量了成本的变化在多大程度上是由成本动因的变化所引起的。

且选择最佳的成本动因。衡量可信度或符合性的尺度之一,是**决定系数**(**coefficient of determination**,R^2 或 R 的平方),它计量了成本的变化在多大程度上是由成本动因的变化所引起的。附录 3 解释了 R^2,并讨论了如何使用它来选择最佳成本动因。

图 3-6 显示了用一元回归分析得出的设备维修部门的线性混合成本函数:固定成本是每月 9 329 美元,变动成本是每个病人日 6.951 美元,线性成本函数为:

设备维修部门成本 = 每月 \$9 329 +(\$6.951 × 病人日总数)

或

$$Y = \$9\,329 + (\$6.951 \times 病人日总数)$$

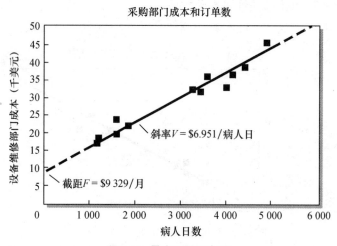

图 3-6 最小二乘回归法

试比较用 5 种方法计算得出的成本计量:

方法	月固定成本	单位病人日变动成本
工程分析	\$10 000	\$5.000
账户分析	9 673	7.500
高低点法	7 270	8.108
直观法	10 000	7.000
最小二乘法	9 329	6.951

为了比较几种方法的差异,我们用账户分析法和回归分析法在相关范围的大致界限内(1 000—5 000 个病人日)预测一下设备维修部门的总成本:

	账户分析	回归分析	差异
1 000 个病人日：固定成本	$9 673	$9 329	$344
变动成本			
$7.500 × 1 000	7 500		
$6.951 × 1 000		6 951	549
预计总成本	$17 173	$16 280	$893
5 000 个病人日：固定成本	$9 673	$9 329	$344
变动成本			
$7.500 × 1 000	37 500		
$6.951 × 1 000		34 755	2 745
预计总成本	$47 173	$44 084	$3 089

在病人日较低的业务水平上，两种方法产生的成本预测很相似。但在较高的病人日业务水平上，账户分析成本函数对设备维修部门成本的预测要高出很多——成本预测的差别主要是因为账户分析法得出的每病人日的变动成本较高（大约高出 0.55 美元）。因为回归分析法建立在统计分析的基础上，所以它比其他几种方法更为可靠，因此管理者对用回归分析得出的成本函数的信任度更高。

记忆重点

1. **解释阶梯成本和混合成本性态**。成本性态是指成本怎样随着组织活动水平的变化而变化。成本可表现为固定成本、变动成本、阶梯成本或者混合成本。阶梯成本和混合成本都兼有变动成本和固定成本的特性。从其构成的图形看，阶梯成本恰似阶梯。在一定的业务活动范围或成本动因水平内，成本可以保持固定，但当业务活动或成本动因水平超出该范围时，成本可能突然上升或下降。混合成本兼有成本性态的固定要素和变动要素。而且与阶梯成本不同，混合成本通常只有一个业务活动或成本动因相关范围。

2. **解释管理人员对成本性态的影响**。管理者通过所做的决策来影响其公司的成本和成本性态，如产品和服务特性、生产能力、技术和成本控制激励的决策等，都能影响成本性态。

3. **衡量并用数学语言表达成本函数，利用它们来预测成本**。估计或预测成本的第一步，就是计量成本性态，这可以通过寻求成本函数来实现，即用代数等式来描述成本及其与成本动因间的关系。要达到决策的有效性要求，成本函数应该合理并可靠。

4. **揭示作业分析在衡量成本函数方面的重要性**。作业分析是识别最佳成本动因以便用于成本估计和预测的过程。

5. **用工程分析法、账户分析法、高低点法、直观法和最小二乘回归法衡量成本性态**。一旦识别出成本动因，就能选择一种方法来确定其成本函数。工程分析法通过对给定产出水平所需的原料、物料、劳动力、支持服务和设施进行系统性的分析来确定成本函数。账户分析法要求用一个适合的成本动因来检测所有的账户，并根据该成本动因将各个账户分为固定成本与变动成本，然后将变动成本加到总固定成本上，以求出成本函数。高低点法、直观法和最小二乘回归法都采用历史成本来确定成本函数,在这三种方法中,高低点法是最简单的,而最小二乘回归法是最可靠的。

附录 3:最小二乘回归法的使用及说明

仅用一个简单的计算器就可以对原始数据进行回归分析,但是现在已经很少有成本分析师手工进行回归分析了——因为计算机运算更迅速且出错率低。所以,我们侧重于用计算机来进行回归分析并解释结果。

本附录并不能代替一个好的统计课程,更准确地说,本附录应被看做学习统计的动力,这样你就可以提供并能解释高质量的成本预测了。

假设帕克威医疗中心设备维修部门的成本有两种可能的成本动因:(1) 病人日总数;(2) 医院房间费用总额。回归分析将帮助我们确定哪项作业是最好的成本动因。表 3-1 显示了设备维修部门过去 12 个月的成本和成本动因数据。

表 3-1 设备维修部门数据

月份	设备维修部门成本(Y)	病人日数量(X_1)	房间费用值(X_2)
1	$37 000	3 700	$2 983 000
2	23 000	1 600	3 535 000
3	37 000	4 100	3 766 000
4	47 000	4 900	3 646 000
5	33 000	3 300	3 767 000
6	39 000	4 400	3 780 000
7	32 000	3 500	3 823 000
8	33 000	4 000	3 152 000
9	17 000	1 200	2 625 000
10	18 000	1 300	2 315 000
11	22 000	1 800	2 347 000
12	20 000	1 600	2 917 000

回归分析步骤

大部分个人电脑 Excel 表格软件中的"数据"分析或者"工具"指令都提供了基本的回归分析。因为读者大多已比较熟悉 Excel 表格软件了,我们将用其来说明回归分析。

输入数据

首先以行和列的形式建立 Excel 表格的历史成本数据表。每一行都是同一时期的数据,每一列都是同一种或者同一个成本动因。为分析方便,所有潜在成本动因都在相邻列。每一行每一列都要填写完整(没有遗漏数据),且不能有错。

描点

回归分析的第一步是根据每一潜在成本动因描出成本(点),这样做主要有两个原因:(1) 点图可以显示出数据中明显的非线性趋势——如果是这样,在整个数据范围内使

用线性回归分析也许就不合适了;

(2) 点图可以帮助识别"异常值"——错误的成本或者因其他原因明显不准确的成本。对于那些不是由于输入错误或者不具代表性的成本和业务量(如罢工和自然灾害期间)所引起的异常值如何处理,还没有达成一致意见。毕竟,如果不是数据错误而且也不具有代表性,那么异常值就是由研究过程本身产生的;即使是这样,一些分析师还是建议从数据组里除去这些异常值。把这些异常值保留在数据中会令回归分析减少统计上的吸引力,因为和其他数据偏离较远的点和直线的拟合度较差。最保守的做法就是在数据组中保留所有数据,除非发现不可更改的错误,或者发现数据并不代表该研究过程。

Excel 表格描点是由在成本及成本动因数据列中使用"绘图"命令来实现的。这些绘图命令提供很多可以任意选择的典型图形(如条形图和饼状图)。但对回归分析来说最有用的图表形式通常是 XY 图,该图表在本章前面部分出现过——X 轴为成本动因,Y 轴为成本。我们这里所作的 XY 图,不要在数据点(通常被称为数据符号)之间连上直线,这可通过设置一个选项来实现(详细情况请查看你的 Excel 表格手册,因为每个 Excel 表格程序都有所不同)。

回归输出

回归输出由每一软件特定的指令产生,但它们(指令)都要区分需要解释的成本("因变量")及成本动因("自变量")。

用 Excel 表格产生回归输出很简单:只要选择"回归"命令,制定(或"强调")X 轴方向(成本动因)和 Y 轴方向(成本)。下一步,在 Excel 表格中指定显示输出的空白区域并选择"运行"命令。下面是使用两种可能成本动因之一——病人日总数 X_1 来进行的设备维修部门的成本回归分析。

用病人日总数解释的设备维修部门成本	
回归输出	
常数	9 329
R^2	0.955
X 系数	6.951

回归输出解释

固定成本值用"常数"或"截距"标记,是每月 9 329 美元;变动成本值用 X 系数(或其他 Excel 表格中相似的名称)来标记,为每个病人日 6.951 美元。线性成本函数(近似后)为:
$$Y = \$9\,329 + (\$6.951 \times 病人日)$$

一般地,计算机的输出结果中会包括一些统计指标,用来说明成本动因对成本解释得如何,以及成本预测的可靠性如何(对输出结果的详细说明超出了本书的范围)。统计中的最重要数据之一——决定系数 R^2,对于评价成本函数与真实成本数据间的符合性极为重要。

直观法试图用目测完成的事,回归分析法更为可靠地完成了。一般而言,一个成本动因对成本解释得越好,数据点的分布就越接近直线,而在 0 和 1 之间变动的 R^2 值就越大。R^2 值为 0,表示成本动因完全不能解释成本的变化;而 R^2 值为 1,表示成本动因完全解释了成本变化。用病人日数作为成本动因来计量的成本关系,得到的 R^2 值为 0.955,已经相当高了——这个数字说明病人日总数很好地解释了设备维修部门的成本,我们也可理解为:

它解释了过去设备维修部门成本波动的 99.5%。

相反,对设备维修部门成本和医院房间费用之间的关系进行回归分析则产生了如下结果:

用医院房间费用解释的设备维修部门成本	
回归输出	
常数	$924
R^2	0.511
X 系数	0.012

R^2 值为 0.511,表明用医院房间费用得出的成本函数不如用病人日总数得出的成本函数精确——后者更符合设备维修部门的成本。

为了充分利用回归分析得出的信息,分析者必须理解统计学的各种含义,同时必须能够确定成本数据是否满足回归分析所需要的统计假设。实际上,成本分析者要学习统计知识的主要原因之一,就是为了更好地理解回归分析的统计假设——在理解的基础上,分析者就能为其组织提供高质量的成本性态估计报告了。

小结与复习

问题:

　　Comtell 有限公司生产计算机配件(磁盘驱动器、磁带机和打印机)。直到最近,其生产安排和成本控制(PSC)成本还是根据以下成本函数随着劳动力成本成比例变化来预测的:

$$PSC \text{ 成本} = \text{劳动力的} 200\%$$

或

$$Y = 2 \times \text{劳动力成本}$$

　　因为在劳动力成本减缩的同时 PSC 成本却在增长,公司意识到它的成本估计是既不合理也不可靠的。公司的总会计师刚刚完成了确定 PSC 成本合适的成本动因的作业分析,她用不同的成本动因得出两个不同的成本函数:

$$Y = 2 \times \text{劳动力成本}$$
$$R^2 = 0.233$$

和

$$Y = \$10\,000/\text{月} + (11 \times \text{组件使用数量})$$
$$R^2 = 0.782$$

要求:

1. 用什么方法能较好地测试哪一个成本函数更好地预测了 PSC 成本?
2. 在下一个月里,劳动力成本是 12 000 美元,使用 2 000 个产品组件。PSC

实际成本为 31 460 美元。分别用以上两个成本函数编制报告,说明预测 PSC 成本、实际 PSC 成本及两者的差异。

3. 每个成本变量的含义和重要性是什么?

答案:

1. 用统计测试,通过比较每个函数的 R^2 值,能够检测出哪个函数更好地解释了过去的 PSC 成本。以组件使用数为成本动因的第二个成本函数,由于 R^2 值高得多,因此更好地解释了过去的 PSC 成本。如果环境在未来没有发生本质变化,那么第二个函数很可能比第一个能更好地预测未来的 PSC 成本。

一个有效的测试方法是:将每个成本函数几个月来的预测成本和不使用该成本函数计量的实际成本加以比较,预测值与实际值更为接近的那个函数,就可能更可靠。

2. 请注意,为进行更准确的测试,可能需要更多的成本数据,但是操作程序相同。以劳动力为基础的预测 PSC 成本如下所示:

预测成本	实际成本	差异
2 × $12 000 = $24 000	$31 460	低估 $7 460

以组件数量为基础的预测 PSC 成本如下所示:

预测成本	实际成本	差异
$10 000 + ($11 × 2 000) = $32 000	$31 460	高估 $540

3. 依赖于劳动力基础的成本函数低估 PSC 成本 7 460 美元。而用组件数量的成本函数则更贴近地预测了实际 PSC 成本(只相差 540 美元)。用该预测将比用劳动力基础的预测提供更为准确的信息,因而将为计划和控制决策带来更大的帮助。有一个问题就是收集组件使用数量的数据所带来的收益是否能超过其引起的增加的成本。

会计词汇

账户分析法(account analysis)

作业分析(activity analysis)

生产能力成本(capacity cost)

决定系数[coefficient of determination(R^2)]

约束性固定成本(committed fixed cost)

成本函数(cost function)

成本计量(cost measurement)
成本预测(cost prediction)
酌量性固定成本(discretionary fixed cost)
工程分析法(engineering analysis)
高低点法(high-low method)
最小二乘回归法(least-squares regression)
线性成本性态(linear-cost behavior)
成本性态计量(measurement of cost behavior)
混合成本(mixed cost)
回归分析法(regression analysis)
阶梯成本(step cost)
直观法(visual-fit method)

基础习题

3-A1　成本性态的类型

识别下列计划成本:(a) 纯粹变动成本;(b) 酌量性固定成本;(c) 约束性固定成本;(d) 混合成本;(e) 阶梯成本。对于纯粹变动成本和混合成本,请指出最有可能的成本动因。

1. 律师办公室桌子按直线法摊销。
2. 根据销售金额提取销售佣金。给 WCCO 地铁广播台广告销售人员的报酬。
3. 西南航空公司的飞机燃料成本。
4. Nashville 市租赁卡车的总成本。每月一次性付款 300 美元,再加上每英里 0.20 美元。
5. 一所大学教学楼的维修总成本。
6. ABC 公司一次总付的计划广告成本。
7. 内部租赁服务社(Internal Rental Service)支付一所私人写字楼 5 年的办公室租金。
8. 七喜公司(7-Up Bottling)以每一案例为单位支付给批发商的广告津贴。
9. 微软公司内部法律人员的福利费用。
10. Land's End 公司的全体乘务员主管。每增加 12 名工作人员就新添一名主管。
11. 微软公司支付给公共关系雇员的福利费用。

3-A2　作业分析

Ackerloff 招牌公司为企业和居民定制木质招牌。这些招牌用木材制成,且店主用手工或电动工具黏合和雕刻。在雕刻完成后,她再上漆或者本色抛光。店主认为她对自己的人工劳动和原料的成本性态有很好的认识,但是也意识到她欠缺对支持成本的较好计量。最近,她预测支持成本为材料成本的 60%。但是对业务的深入调查发现用 40 美元乘以电动工具的操作次数可能更合理可靠地体现和支持成本的关系。

让我们来看一下 Ackerloff 招牌制作公司现在正在制作的两块招牌的估计支持成本:

	招牌 A	招牌 B
材料成本	$300	$150
电动工具使用次数	2	6
支持成本	?	?

要求：

1. 准备一份报告，说明两块招牌各自使用两种成本动因的支持成本以及两者之间的差异。

2. 你将给 Ackerloff 招牌公司就预测支持成本提出怎样的建议？

3-A3　将混合成本分解为变动和固定要素

Martina Evert 是 Evert 工具公司的总裁，她在询问有关制造支持成本的成本性态的信息。她尤其想知道支持成本中有多少是固定的、有多少是变动的。以下是仅有的记录数据：

月份	机器小时数	支持成本
5	850	$9 000
6	1 300	12 500
7	1 000	7 900
8	1 250	11 400
9	1 750	13 500

要求：

1. 用高低点法找出固定支持成本及每机器小时的变动成本。

2. 最小二乘回归法给出了以下结果：

$$回归方程：Y = \$3\,355 + \$6.10X$$

根据以上分析你有什么建议给总裁？

3-B1　识别成本性态类型

在一次研讨会上，一名成本会计师谈到识别不同的成本性态。医院的主管 Tammy Li 在听了该讲座后识别了一些医院成本。经过分类，Tammy Li 给你看了以下的成本清单并且让你(1)用以下标准进行性态分类：变动、阶梯、混合、酌量性固定、约束性固定；(2)识别每一变动成本和混合成本可能的成本动因。

1. 护士长的薪金(每个护士长管理 45 个护士)。
2. 直线摊销手术室的器材。
3. 安德森医院咨询服务费用。
4. 一个管理人员的培训成本。
5. X 射线器的运营成本(一年 95 000 美元加上每张胶片 3 美元)。
6. 所有全职工的健康保险。
7. Rath 医生癌症研究发生的成本。

8. 医院日用器具的修理成本。

3-B2 作业分析

Boise 技术公司是爱荷达州印刷电路板的制造商。该公司通常在其材料成本上加成 100% 以弥补其制造过程中的支持成本(包括人员工资)来估算其电路板的制造成本。作业分析显示支持成本主要是以每个电路板上所花费的手工操作数量为成本动因驱动的。一次手工操作估价为 4 美元。使用传统的成本加成法以及作业分析法估算电路板所需花费的支持成本为：

	电子板 BT1	电子板 BT2
材料成本	$30.00	$50.00
手工操作	16	6

为什么两种方法下成本的估算值会有所不同？

3-B3 混合成本分解(变动成本与固定成本)

墨西哥 Acapulco 运输公司的总裁以及控制者认为公司成本计量的优化将有助于计划、控制和决策。他们要求你根据下列数据得出修理和维护的混合成本函数。货币单位：墨西哥比索

每月作业的机器小时	月修理和维护成本
8 000	200 000 000
12 000	260 000 000

补充习题

简答题

3-1 何为成本动因？请举出成本及其可能动因的三个例子。

3-2 解释直线成本性态。

3-3 "阶梯成本被描述为固定成本还是变动成本,这取决于个人观点。"请解释这句话的含义。

3-4 请解释混合成本是如何与固定成本和变动成本相关联的。

3-5 管理层对于产品和服务的决策是如何影响成本性态的？

3-6 为什么固定成本又被称为生产能力成本？

3-7 约束性固定成本与酌量性固定成本有何不同？

3-8 为什么约束性固定成本是固定成本中最难改变的部分？

3-9 约束性固定成本的主要决定因素是什么？酌量性固定成本的主要决定因素是什么？

3-10 "对于酌量性固定成本来说,计划远比每日控制重要。"你同意这一观点吗？请

说明理由。

3-11 一家公司的技术决策如何影响其成本？

3-12 怎样运用激励措施来控制成本？

3-13 使用成本函数描述成本性态的好处是什么？

3-14 解释成本函数的"可靠性"和"合理性"，它们哪个更好？请说明理由。

3-15 什么是作业分析？

3-16 什么是工程分析法？什么是账户分析法？

3-17 说明用历史成本数据计量成本函数的方法。

3-18 账户分析法如何与工程分析法相结合？

3-19 说明高低点法与直观法的优劣。

3-20 在高低点分析法中，高点和低点指的是成本动因水平还是总成本水平？请说明。

3-21 为什么回归法优于高低点法？

3-22 "如果使用账户分析法或者直观法，你永远不可能知道固定成本和变动成本计量的好坏，这就是我喜欢用最小二乘回归法的原因。"请解释这一说法。

3-23 （附录3）请问为什么一个分析师除了采用最小二乘回归法外还要绘制成本数据图？

3-24 （附录3）决定系数 R^2 反映了什么？

3-25 在一次会议上，一名咨询师说道："在实现控制之前，你必须计量。"但是一名执行官员抱怨说："当劳动合同中明确规定禁止解雇员工、使用临时工以及超时加班工作时，我们为什么还要为计量自寻烦恼呢？"评价以上说法。

理解练习

3-26 混合成本与销售人员

Wysocki 公司支付其销售员固定工资并允许其以销售额的5%提取佣金。请解释为什么销售人员的成本是混合成本？

3-27 制造业中的约束性固定成本与酌量性固定成本

Howarth 公司的固定成本包括折旧与研发费用。以此两种成本为例，说明约束性固定成本与酌量性固定成本的区别。

3-28 成本函数与决策

对于一个公司的决策者来说，为什么了解其公司产品生产的成本函数非常重要？

3-29 统计与分析成本函数

与直观法相比，回归分析在确定成本函数上有哪些优点？

练习题

3-30 阶梯成本

以下哪个是阶梯成本？为什么？

a. 租用一个足够大的仓库，能满足所有预期订单。

b. 私立小学的教师。每15个学生配一名教师。

c. 提供给机器制造商的钢板。钢板以整车方式购买,每一车钢板可生产 1 000 个部件。

3-31 混合成本

下式为混合成本函数,请解释它为什么是混合成本而非固定、变动或阶梯成本:

$$总成本 = \$5\,000 + \$45 \times 产量$$

3-32 多种成本性态模式

在实践中,人们通常倾向于简化成本性态模式,虽然真正的成本性态模式并不简单。从图 A 到图 H 中,选出与下列描述相符合的成本性态模式,并确定其成本动因。

图的纵轴代表了总成本发生额,横轴表示在一个特定时期内的成本动因活动水平。图可以被重复选择。

1. 随着工人经验的积累,机加工人工成本逐渐降低。
2. 随着用量增加而变得日益稀缺的原材料的价格。
3. 允诺的年度工资计划——即使由于每周只工作几个小时而造成零产量或者较低的产量,工人也将得到 40 个工时的周薪。
4. 当用水量在 10 000 加仑范围内时,水费为固定值;超过 10 000 加仑的部分,每增加 10 000 加仑,成本增加一个单位。
5. 数量折扣,即单位成本随着价格每次到达临界点而下降。
6. 办公室设备的折旧。
7. 农场设备制造商所用钢板的成本。
8. 主管的薪金——每招收 12 个电话推销员需增加一名主管。
9. 天然气费用在一定立方英尺使用范围内为固定费用,超过这一范围后要加上按不变比例对每立方英尺收取的变动成本。

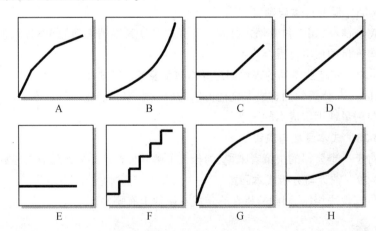

3-33 划分数据

下图是根据直观法绘制并进行数据划分的。订货部为获得 90 个订单的总成本通过该方法被计算了出来。请你对于该方法的准确性进行评价。假设在圆括号中的数据在金额(千美元)和订单量上是准确的,请问你自己的分析和解释与其有什么不同吗?

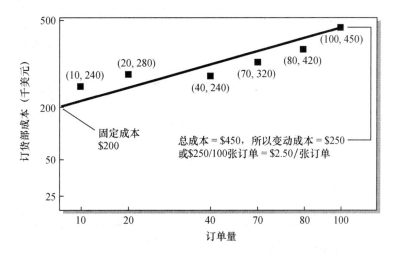

总成本函数为：
总成本 = $200 + $2.50 × 订单处理
总成本(90 张订单时) = $200 + $2.50 × 90 = $200 225

3-34　Expedia 公司的成本函数

Expedia 公司在互联网上提供旅行服务。对于该公司来说，2002 年是重要的一年，当年该公司在连续三年亏损后扭亏为盈。在 2001 年的第一季度，该公司销售额为 57 000 000 美元但亏损 19 000 000 美元；在 2002 年的第一季度销售额翻番，达到 116 000 000 美元。假定其固定成本与上一年持平，则该公司第一季度赢利 18 000 000 美元。

1. 计算 Expedia 公司在 2001 年第一季度和 2002 年第一季度的营运成本。
2. 确立 Expedia 公司的成本函数，将其表示为总固定成本和变动成本占销售收入的百分比。
3. 解释为何 Expedia 公司的营运收入在销售收入增加 59 000 000 美元时能够相应地增长 37 000 000 美元；而该公司在 2001 年第一季度销售额为 57 000 000 美元时却亏损 19 000 000 美元。

3-35　成本预测

根据以下四种成本性态以及期望的成本动因水平，估算总成本：
1. 车辆燃油费，每英里 0.2 美元，每月行驶 17 000 英里。
2. 设备租赁费，每件设备每月租金为 6 000 美元，共有七件设备，租期 3 个月。
3. 足球锦标赛上救护车及急救人员成本：对于每 250 个参赛选手，其费用为 1 200 美元。预计本次将有 2 400 个选手参赛。
4. 采购部门成本，每月 7 500 美元的固定成本加上每月处理 4 000 个材料订单的成本（每份订单的处理成本为 4 美元）。

3-36　酌量性固定成本与约束性固定成本的确认

根据以下材料，确认并计算酌量性固定成本与约束性固定成本，该材料由 Pacioli 大楼供给公司的会计主管提供：

广告费	$19 000
折旧	47 000
医疗保险	15 000
管理人员工资	85 000
长期借款利息	50 000
财产税	32 000
地面维护	9 000
办公室整修	21 000
研发费用	36 000

3-37 技术的成本效益

体育器材公司（Sports Equipment）是一家户外体育器材零售商，公司计划建立一个网站以实现网上销售，以下是两种备选方案的预期成本：

	方案1	方案2
年固定成本	$200 000	$400 000
单位订单变动成本	$8	$4
期望订单数	70 000	70 000

在实现预期订单数量的情况下，哪一种方案的成本更低？求出达到损益临界点的订单数量，并解释其代表的含义。

3-38 混合成本、成本动因的选择、高低点法和直观法

Cedar Rapids工具公司生产农用器具，该公司正在计量其生产成本。由于维护费用是一种十分重要的混合成本，该公司特别关注生产性维护作业的成本。作业分析显示，维护作业主要由使用某些材料进行机器调试的劳动构成。一项调试活动包括为某一特定产品的生产准备必要的机器。在调试过程中，机器要保持运转，而这必然消耗能量。所以，维护成本包括人工费、材料费和能源费。但是该公司的成本会计系统无法将这些成本单独分配给每一项维护活动。这家公司雇用了两名全职的技工从事维护作业，年薪为25 000美元/名（固定成本）。这里有两种可能的成本动因：产品产量与机器调试量。

根据过去12个月收集的数据，以产量为成本动因画出坐标图。维护成本包括人工成本、物料和能源消耗。最近，该公司的管理者Cory Fielder发现在执行一些作业的时候，实际上是一批产品被处理，而非是制造单个零件。在此基础上，他收集了过去12个月的机器调试量的数据（两种可能的成本动因驱动下的每月维护成本如下图所示）

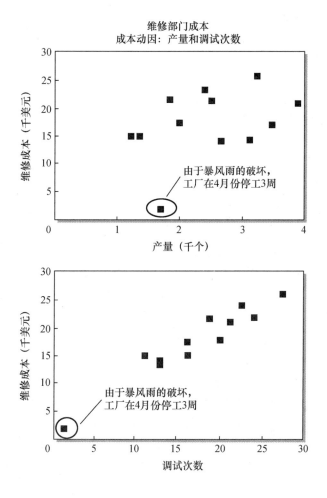

维修部门成本
成本动因：产量和调试次数

要求：

1. 在两种成本动因下利用直观法将每月维护成本分解为变动成本与固定成本两部分。说明你将如何处理4月份的维护成本。

2. 在两种成本动因下利用高低点法将每月维护成本分解为变动成本与固定成本两部分。

3. 哪一种成本动因更符合选择成本函数的标准？说明原因。

3-39 账户分析法

Custom 电脑公司是由两名学工程的学生创建的，公司的经营场所位于其中一名学生家的车库里。该公司的主要业务是组装个人电脑并将其销售给教工和学生。请根据最近一个月的成本数据，计算总成本函数和总成本。

电话费	$50 固定成本
公用设施	$260 固定成本，车库占其25%，住房占其75%
广告费	$75 固定成本
保险费	$80 固定成本
材料费	$7 500 五台电脑的变动成本
人工费	$1 800 其中1 300 为固定成本，另加安装五台电脑500美元的工时服务费

3-40 线性成本函数

令 Y = 总成本，X_1 = 总产量，X_2 = 安装量。下面哪些是线性成本函数？哪些是混合成本函数？

a. $Y = \$1\,500$

b. $Y = \$8X_1$

c. $Y = \$5\,000 + \$4X_1$

d. $Y = \$3\,000 + \$6X_1 + \$30X_2$

e. $Y = \$9\,000 + \$3(X_1 \times X_2)$

f. $Y = \$8\,500 + \$1.50X_1^2$

3-41 高低点法

曼彻斯特铸造厂3月的总产量为45 000吨，总成本为1 150 000英镑；4月的总产量为35 000吨，总成本为950 000英镑。利用这两个数据点，求出该工厂的成本函数。

3-42 回归分析结果的经济可行性

Lachton公司的仓库主管对新的总会计师助理（其因刚接受了成本分析培训而被聘用）提供的成本性态信息相当关注。总会计师助理的首要任务是对部门的各种成本进行回归分析，分析结果如下：

"通过对每月数据的回归分析可以得出，房屋的维护成本是以直接人工成本为动因的函数，函数式为：

$$Y = \$7\,810 - \$0.47X$$

因此，我认为，房屋的密集使用可能有助于降低维护成本。"

为什么增加使用反而可以降低维护成本呢？部门主管对此表示不解。请向其阐述理由，并说明总会计师助理在应用回归分析并解释分析结果时可能遗漏了哪些步骤？

思考题

3-43 风险控制、生产能力决策、技术决策

请考虑前面关于福特公司的讨论。为了满足超过公司生产能力20%的需求量，工人们加班加点，福特公司甚至还和马自达公司签订外包合同让后者生产其部分汽车。由于外包及加班生产成本较高，福特公司也曾考虑过建立新的自动装配生产线和工厂以满足需求，然而，公司最终否决了这项技术投资和生产能力扩张的计划。

假设所有的材料和人工成本都随着产量变动，所有其他的成本都是固定的。以福特公司生产Probe汽车的一个工厂为例，若全部转为使用自动装配生产线生产，需要花费2 000万美元，但是会带来人工成本的大幅下降。自建与外包及加班生产的成本分析如下：

单位：百万美元

	自建方案		
生产能力比例	60	100	120
材料成本	18	30	36
人工成本	6	10	12
其他成本	40	40	40
总成本	64	80	88

	外购/加班方案		
生产能力比例	60	100	120
材料成本	18	30	36
人工成本	18	30	44
其他成本	20	20	20
总成本	56	80	100

要求：

1. 根据上面的数据，作出两种方案的成本线性图：(a) 新建装配线；(b) 继续通过加班或者外包方式生产汽车，并对两种方案下的成本性态作出说明。

2. 哪种方案可以使福特管理层能够更好地控制风险？说明理由。对每种方案进行成本效益分析。

3. 对于成本性态的深刻理解是进行有效成本控制的前提。假设你是福特公司的执行官，近期的生产（销售）水平已经接近了公司100%的生产能力，并且预期良好的经济前景至少将持续1年。虽然公司目前销售状况良好，但是不可忽视汽车行业的周期性。你将为公司提出什么建议？是为了维持近期销售的增长而自建新的自动装配生产线呢，还是考虑未来经济萧条的可能性而反对自建？请阐明你的理由。

3-44 阶梯成本

Algona 海滩监狱要求每4名囚犯至少要有1名看守。该监狱最多能关押48名囚犯。在每年的春夏两季，该海滩都会吸引很多游客；而到了秋冬两季，城镇则显得十分宁静。在秋冬两季，该监狱一般只有12—16名囚犯；在春夏两季，囚犯人数一般在12—48名间变动——这取决于气候因素，也取决于其他一些因素（对于一些长期居住者来说，其中包括月相变化的影响）。

该监狱全年有4名永久看守，每人年薪36 000美元；如果需要增加看守，每名看守的周薪为600美元（为了简便起见，假定每月为4周）。

要求：

1. 以监狱看守周计划成本为纵轴，囚犯人数为横轴，作图。

2. 1月监狱看守人工预算费用为多少？该费用是变动成本还是固定成本？

3. 假定七月的四周里每周的囚犯人数分别为25、38、26与43。七月实际支付给看守的薪水为19 800美元。试提供一份报告，比较看守实际薪水与有效排班的薪水期望值。

4. 假定 Algona 海滩监狱临时性监狱看守的薪水为变动成本——$150/周/囚犯，该成本适用于囚犯人数超过16人时；因此，监狱看守成本函数为：

监狱看守周成本 = $3 000 + $150 × (囚犯总人数 − 16)

请解释该成本函数是如何形成的。

5. 准备一份与要求3相似的报告，但是要求4中的成本函数要被用来计算监狱看守的薪水期望值。请问哪个报告更精确？精确度是唯一需要考虑的因素吗？

3-45 政府服务成本分析

美国国内税务署（IRS）的审计师们通常先利用计算机对纳税人所得税申报表的抵扣范围进行初步筛选，然后再仔细审阅这些申报表。处理一张申报表通常需要30分钟，由此估算处理一份申报表的成本约为 7 美元。每个税务代理每周工作 5 天,每天工作 8 小时,20 个审计师每人每周的周薪为 830 美元。

审计主管收集了以下数据——近 4 周的业务量,已经处理的纳税申报表为 8 000 份:

实际的审计成本	处理申报表的预期成本	差量或方差
$66 400	?	?

要求:

1. 计算计划成本及实际成本与计划成本的差额。
2. 审计主管认为审计师的工作效率应该进一步提高,而冗余的审计人员应该被派去做外勤。如果上述数据具有代表意义,请估算有多少审计师将被外派工作?
3. 列举造成预期成本与实际成本差异的一些可能的原因。
4. 请描述处理纳税申报表这项作业的其他可能的成本动因。

3-46 全美航空公司的成本分析

美国全美航空公司是美国的主要商业航空公司之一,该公司基地位于凤凰城和拉斯维加斯。下表所列的是该公司的一些成本项目,请为以下的每一项成本选择一个合适的成本动因,并指出其相对应的是固定成本、变动成本还是混合成本。

a. 飞机燃料 b. 乘务员薪金
c. 行李处理人员工资 d. 航空餐
e. 飞行员薪金 f. 飞机折旧
g. 广告费用

3-47 将药品实验室的混合成本分解为变动成本和固定成本

SportsLab 公司的药品检测设备主要由一些专家和大学的体育协会和社团所持有。海德博士是公司药瓶检验的主管。在员工会议上,考虑到日益增加的检验需求量以及顾客对精确度要求的提高,海德博士建议全面提高某项检验的价格。

实验室的管理者要求你计量该部门的混合成本性态,并准备一份简单的报告,以便向海德博士说明。请考虑以下数据:

	月平均检测次数	月平均检测成本
20×4,月平均值	500	$60 000
20×5,月平均值	600	70 000
20×6,月平均值	700	144 000

3-48 大学成本性态

湖景学校(Lakeview School)是一家私立高中,该学校正在准备下一学年的损益表(截至日期为 20×7 年 8 月 31 日)。20×5 年和 20×6 年的学费收入分别为 820 000 美元和 870 000 美元,与此相对应的费用为 810 000 美元和 830 000 美元。学费在 20×5 年和 20×6 年没有发生变化,而且目前预期学费在 20×7 年也将不会改变,因此 20×7 年的预期学费收入为 810 000 美元。假设成本性态保持不变,请问 20×7 年的计划净收益为多少?

3-49 作业分析

德–莫伊里斯软件公司(Des Moines Software)是一家开发和销售农业用电脑软件的企业。由于支持成本占软件开发的很大比重,成本运营部主管 Leslie Paton 特别注意支持成本性态。Paton 已经完成了该公司一个主要软件产品 Feirti Mix(用于管理肥料混合搭配的软件)的初步作业分析。该产品为特殊客户群体所设计,产品价格等于基本产品成本加定制成本。作业分析建立在 Feirti Mix 定制产品线数量的基础上。目前,支持成本估计等于基本成本的50%。以下是近期两位客户的数据:

	顾客	
	Greetingly Plants	**Beautiful Blooms**
基本成本	$13 000	$13 000
定制产品线数量	490	180
每条产品线的预期成本	$22	$22

要求:
1. 使用成本估计法分别计算为客户定制 Feirti Mix 软件的支持成本。
2. 如果作业分析是可靠的,请说明该公司对于所有软件使用该方法的利弊。

3-50 高低点法和回归分析法

2007 年 11 月 15 日,Demgren 公司的新聘成本分析员 Sandra Cook 被要求预测公司 2008 年的管理成本(2008 年预计将生产 510 件产品)。为此,她收集了以下季度的数据:

季度	产量(件)	期间费用(美元)
1/98	76	721
2/98	79	715
3/98	72	655
4/98	136	1 131
1/99	125	1 001
2/99	128	1 111
3/99	125	1 119
4/99	133	1 024
1/00	124	997
2/00	129	1 066
3/00	115	996
4/00	84	957
1/01	84	835
2/01	122	1 050
3/01	90	991

要求:
1. 利用高低点法估计 2002 年的期间费用。

2. Sandra Cook 利用所收集的数据，采用回归分析法得出函数式：

$$Y = \$337 + \$5.75X$$

运用该函数式，估计 2002 年的期间费用。

3. 你倾向哪一种预测方法？为什么？

3-51 回归分析的解释

(参考附录 3) Arizona 户外器材公司帐篷部在物料使用控制上遇到了困难。该公司以前一直把物料成本作为纯变动成本。但是，几乎每次超常生产时，部门的物料使用量却小于预期使用量；而当部门常量小于平均水平时，部门的物料使用量却高于预期使用量。这一情况启发了新的主管 Yuki Li，她认识到部分物料成本可能和产量无关，或者可能是固定成本。

她决定使用回归分析法解决这一问题。在向生产人员咨询后，她认为物料成本有两个成本动因：(1) 帐篷的数量；(2) 原材料的用量(以平方英尺计)。通过分析月度数据，她得出以下结论：

	成本动因	
	帐篷的数量	原材料的用量 (以平方英尺计)
常数	2 300	1 900
变动系数	0.033	0.072
R^2	0.220	0.686

要求：

1. 哪种成本函数更好？请解释。
2. 原材料每变动一平方英尺，物料成本的变动百分比为多少？除了原材料变动，物料成本的变动还受别的因素影响吗？有多少百分比的物料成本的变动没有得到解释？

3-52 回归分析

(参考附录 3) Limand 公司是一家生产精美瓷器和粗陶器的厂商。该公司为产量的变动性所困扰，想了解生产性支持成本与产出批量大小究竟是怎样的变动关系。以下是从一种粗陶器中随机抽取的 10 批样品的相关数据：

样品	批量大小，X	支持成本，Y
1	15	$180
2	12	140
3	20	230
4	17	190
5	12	160
6	25	300
7	22	270
8	9	110
9	18	240
10	30	320

要求：
1. 以支持成本为 Y 轴、批量大小为 X 轴绘图。
2. 运用回归分析法，得出支持成本和批量大小的成本函数。
3. 批量大小为 25 时，计算支持成本。
4. 运用高低点法，重新回答问题 2 和问题 3。公司经理应该使用回归分析法还是高低点法？请解释。

3-53　成本动因的选择

（参考附录 3）Micro Devices 公司的成本运营总管 Rico Consequa 希望得出一个准确的成本函数来解释和预测公司印刷电路板装配的支持成本。他考虑到目前使用的成本函数是以直接人工为成本动因的，对于支持成本的预测和控制并不是非常准确。于是 Consequa 先生让他的一个财务分析师分析印刷电路板装配部门 25 周支持成本的随机取样和三种可能的成本动因：直接人工时间、装配板的数量、装配全过程平均所需时间（装配全过程是从开始到质量审核的验证结束）。由于装配的大量操作用于质量检验以及对次品的再加工，这些作业增加了装配全过程平均所需的时间，因此 Consequa 先生认为装配全过程平均所需时间是支持成本的最佳成本动因。他希望分析师用回归分析来证明到底哪一个是支持成本的最佳成本动因。

周	电路板支持成本 Y	直接人工时间 X_1	装配的数量 X_2	装配全过程平均所需时间 X_3
1	$66 402	7 619	2 983	186.44
2	56 943	7 678	2 830	139.14
3	60 337	7 816	2 413	151.13
4	50 596	7 659	2 221	138.30
5	64 241	7 646	2 701	158.63
6	60 846	7 765	2 656	148.71
7	43 119	7 685	2 495	105.85
8	63 412	7 962	2 128	174.02
9	59 283	7 793	2 127	155.30
10	60 070	7 732	2 127	162.20
11	53 345	7 771	2 338	142.97
12	65 027	7 842	2 685	176.08
13	58 220	7 940	2 602	150.19
14	65 406	7 750	2 029	194.06
15	35 268	7 954	2 136	100.51
16	46 394	7 768	2 046	137.47
17	71 877	7 764	2 786	197.44
18	61 903	7 635	2 822	164.69
19	50 009	7 849	2 178	141.95
20	49 327	7 869	2 244	123.37
21	44 703	7 576	2 195	128.25
22	45 528	7 557	2 370	106.16
23	43 818	7 569	2 016	131.41
24	62 122	7 672	2 515	154.88
25	52 403	7 653	2 942	140.07

要求：
1. 对应三种可能的成本动因 X_1、X_2、X_3，画出支持成本 Y。
2. 利用回归分析，计量每一种成本动因下的成本函数。
3. 根据合理性和可靠性的标准，哪一个是支持成本函数的最佳成本动因？
4. 解释最佳成本函数的经济意义。

3-54 利用成本函数制定价格

（参考附录3）阅读前面的问题。如果你已经解答出这个问题，利用你已经求出的成本函数；如果你没有解答出这个问题，假定成本函数为：

$$Y = \$9\,000/周 + (\$6 \times 直接人工小时数); R^2 = 0.10$$
$$Y = \$20\,000/周 + (\$14 \times 电路板装配完成数量); R^2 = 0.40$$
$$Y = \$5\,000/周 + (\$350 \times 装配全过程平均时间); R^2 = 0.80$$

要求：
1. 哪个成本函数能够最准确地解释和预测支持成本？为什么？
2. 假定 Micro Devices 公司采用成本加成法定制产品价格，产品成本包括装配人工成本、组件和支持成本。利用下列资料和已知的成本函数，计算一笔订单的电路板支持成本：
  a. 周内充分利用装配车间的生产能力。
  b. 装配人工小时数为 20 000。
  c. 电路板数量为 6 000 块。
  d. 装配全过程平均时间为 180 小时。
3. 你会建议 Micro Devices 公司采用哪种成本函数？为什么？
4. 假定该产品市场的成本竞争性极强，你如何看待这家公司的定价方法？

3-55 复习第 2 章和第 3 章

麦迪逊器乐培训公司（MME）为各个年龄段的儿童提供乐器培训。公司的收入来源于：(1) 与 Country Day School 签订的合约，全年为 150 个乐队学生私人授课（其中一年教学为 9 个月），一次性固定费用为 150 000 美元；(2) 按个人单独收费，每年授课 9 个月，每月收费 100 美元/人。在 2000 年，MME 收入为 295 000 美元，利润为 5 000 美元。

收入：		
Country Day School 合约收入	$150 000	
私人授课收入	145 000	
总收入		$295 000
费用：		
管理人员工资	$75 000	
教师工资	81 000	
教学器具	93 500	
物料成本	40 500	
费用总计		290 000
利润		$5 000

MME 进行了作业分析，发现教师工资、物料成本随业务量（单位：学生月）变动（一个学

生月等于一个学生接受一个月的培训）。当业务量在 2 000—3 000 时，行政人员以及教学器材成本为固定成本；当业务量上升到 3 000—3 500 时，此教学器材成本将会增加 8 000 美元。去年一年，公司的业务量为 2 700 学生月。其中的 1 450 学生月是向私人学生提供的，其余的 1 250 学生月是与 Country Day School 的合约。

要求：

1. 利用上述 2000 年的经营成本信息计算：

   年固定成本

   变动成本/学生月

2. 假定在 2001 年，Country Day School 只需要 MME 向其 120 个乐队学生授课（即业务量 = 120 × 9 = 1 080 学生月）。已经收到合约规定的培训费 150 000 美元。如果其他的项目保持不变，请计算 2001 年的收益或者损失。

3. 假定 2001 年，Country Day School 决定不再与 MME 续约，请计算公司本年度如想保持赢利 5 000 美元需要招收多少学生？（每人接受培训时间为 9 个月）

案例题

3-56　政府医疗健康服务的成本性态

上城区诊所（Uptown Clinic）是一家社区心理服务机构。Stephanie White 博士是该诊所的主管，正面临明年预算缩减而服务需求增加的两难境地。为了计划减少预算，她决定首先确认哪些是能够削减但不会影响机构正常运作的成本项目。以下是去年的部分数据：

项目	金额
机构管理	
人员工资	
管理者	$60 000
助手	35 000
两名秘书	42 000
物料成本	35 000
广告与促销	9 000
专业会议与著作	14 000
外购服务成本	
会计服务	15 000
保管与维护	13 000
安全	12 000
咨询	10 000
社区心理服务	
工资(两名义工)	46 000
运输	10 000
门诊治疗	
工资	
精神病专家	86 000
两名义工	70 000

要求：

1. 确认哪些可能是约束性固定成本或酌量性固定成本。
2. 有一种可能性是通过取消所有的酌量性固定成本来减少预算。这样可以节约多少成本？你对此建议的看法是什么？
3. 你将给 White 博士怎样的削减预算建议？

3-57 作业分析

东南纸业公司(Southeast Pulp and Paper)系统支持部(以及其他服务部门)的成本一直由森林管理、木材产品、纸产品三个业务部门按照各部门员工人数来分摊。在该成本分摊方法下数据易于获得和更新，因此无一部门抱怨过此方法。但是最近纸产品部的很多作业都实现了自动化操作，减少了员工人数；同时，为了检验新的其作业流程，它又要求系统支持部门为其提供更多的相关报告。因此，其他部门开始抱怨，说他们因此多分担了系统支持部的成本份额。在对可能的成本动因进行作业分析的基础上，成本分析师建议以所准备报告的数量作为分摊系统支持部成本的依据，并且收集了以下信息：

	森林管理	木材产品	纸业产品
2000 年员工人数	762	457	502
2000 年报告数量	410	445	377
2000 年系统支持部门成本：$300 000			
2001 年员工人数	751	413	131
2001 年报告数量	412	432	712
2001 年系统支持部门成本：$385 000			

要求：

1. 讨论每种成本动因——员工数量或系统支持部门提供的报告数量——的合理性与可靠性。
2. 使用两种成本动因计算的系统支持部门 2006 年和 2007 年每个成本动因单位的成本是多少？森林管理和木材产品部的抱怨合理吗？为什么？
3. 每种成本动因后隐含的激励是什么？
4. 东南纸业公司对系统支持部的成本分摊应采取哪种成本动因？对其他部门呢？为什么？

3-58 确认相关数据

eComp.com 制造商是一家生产小型便携式电脑的企业。相对于小型便携式电脑而言，大型便携式电脑具有功能齐全、灵活性更强的优点。因此，对于 eComp.com 来说，成本的控制对于企业的赢利尤为重要。Kelly Hudson 作为公司的成本控制者，一直保持对公司绝大多数重要的成本函数和作业活动的认真存档。由于 eComp.com 主要采用自动化作业，人工成本相对较为固定。其他的支持成本构成了公司的主要成本。Kelly Hudson 收集了公司在过去 25 周内运营活动支持成本之一的后勤成本(材料采购、收货、仓储、运输)的部分数据，如下所示：

周	后勤成本 Y	订单数量 X
1	$23 907	1 357
2	18 265	1 077
3	24 208	1 383
4	23 578	1 486
5	22 211	1 279
6	22 862	1 425
7	23 303	1 306
8	24 507	1 373
9	17 878	1 031
10	18 306	1 020
11	20 807	1 097
12	19 707	1 069
13	23 020	1 444
14	20 407	733
15	20 370	413
16	20 678	633
17	21 145	711
18	20 775	228
19	20 532	488
20	20 659	655
21	20 430	722
22	20 713	373
23	20 256	391
24	21 196	734
25	20 406	256

要求：

1. 对应订单数量 X，描点画出后勤成本 Y。有什么明显的成本性态？你认为第 14 周可能发生什么情况？

2. 鉴于过去 25 周内后勤成本与订单数量的相关性，对于后勤成本的成本性态计量你会给 Hudson 什么建议？

3. Hudson 认为过去几个月来，eComp.com 取得的最大进展在于公司与其供应商协商了及时供货的问题。为此还专门安装了一个自动接受订单的系统，以取代原有的手动操作系统。尽管固定成本增加了，但是公司预期每个订单的变动成本将会大大降低。请问上面给出的数据显示了这一预期吗？你认为安装自动接受订单系统这一决策是值得的吗？请解释。

合作学习练习

3-59 成本性态举例

选出 10 名同学参加"成本性态小蜜蜂"(Cost-Behavior Bee)的游戏——该游戏活动规则与拼写小蜜蜂(Spelling Bee)类似,当每个参赛者无法得出正确答案时就被淘汰,剩下的最后一人就是游戏的胜利者。

游戏旨在找出符合某一特定成本性态模式的成本。第一个游戏者掷骰子,如果出现 1 或者 6,骰子就传给下一个人;如果出现 2、3、4 或者 5,那么该游戏者就要识别以下类型的成本:

如果出现 2,识别一种变动成本。
如果出现 3,识别一种固定成本。
如果出现 4,识别一种混合成本。
如果出现 5,识别一种阶梯成本。

指派一名同学在黑板上画出 4 栏,每一栏表示一类成本,列出每一类型所提到的成本。每种成本限用一次。

每个参与游戏的同学想一个例子,限时 10 秒(如果要增加游戏难度,也可限时 5 秒),老师作为评委判断举例是否正确。在作出判断前,评委可以要求参赛者解释为什么他认为该成本属于这一特定成本类型。

每个人轮一次后,第二轮剩下的参赛者按照第一轮的顺序进行。以此类推,剩下最后一个参赛者就是游戏的获胜者。

互联网练习

3-60 西南航空公司的成本性态

在该练习中,我们对一些成本进行研究,以判断能否将其归入某一类成本性态模式。为了更好地制订计划,许多公司都尽力将成本分为变动和固定两部分,但很少有成本是完全变动或固定的;公司向外部使用者提供的信息又常常妨碍他们确定成本性态的性质——事实上,公司根本无意向竞争者提供太多的信息!

请登录西南航空公司的网站 www.iflyswa.com。进入网站后,点击"About Southwest",然后点击"Investor Relations"。这样,你就能找到所需的财务信息了。

1. 点击"年报",并选择最近一期年报。查看目录,找出"10 年总结"开始的那页。阅读报告的这一部分,你能在那里找到哪些信息?

2. 当你查看营业收入信息时,你看到了什么?找到有关营业费用的信息,它和营业收入的分类一致吗?如果两者的分类不同,请思考为什么西南航空公司不用同一种方式来匹配分类。

3. 现在查看合并后公司的运营统计数据。西南航空公司根据乘客英里数收入(RPM)来计量其作业,以空闲作为英里数(ASM)衡量其容量。RPM 和 ASM 这两个数据如何被确定?这两个数据有可能相等吗?合并后的公司运营统计数据就以上两个指标为你提供了哪些信息?

4. 计算每个 RPM 下的总营业费用。

5. 根据最近一年和前三年的数据,用高低点法计算每个 RPM 下的变动营业费用,并与每个 RPM 下的总运营费用比较。它们之间的关系如你所预期的那样吗?为什么?

6. 人们通常认为航空公司是高固定成本类型的公司,这与你在第 5 题中得出的结论一致吗?请解释为什么在这里高低点法可能高估变动成本。

第4章　成本管理系统与作业成本核算法

学习目标

学习完本章之后,你应该做到:
1. 描述成本管理系统的作用;
2. 解释成本、成本对象、成本归集和成本分配之间的关系;
3. 区分直接成本、间接成本和成本分配;
4. 解释进行成本分配的主要原因;
5. 了解制造成本的主要类型:直接材料、直接人工和间接生产成本;
6. 解释由于所售商品类型不同而导致的商业企业和制造业企业的财务报表的差异;
7. 了解传统成本核算系统和作业成本系统的主要区别,以及作业成本核算系统对管理者的价值;
8. 利用作业管理进行战略和经营控制决策;
9. 描述设计作业成本系统的步骤(见附录4)。

美国电话电报公司(AT&T)

直到20世纪90年代初期,AT&T都是电信行业的主宰者。在当时的一次对1 000个成年人的调查中,调查者要求人们选出两家他们认为"真正经营良好的公司",结果AT&T公司被选的次数最多。但是,接下来的几年中行业发生了迅速的改变。这对AT&T很不利,但它一直努力竞争,其收益在2000年达到巅峰后又在2005年回落到450亿美元以下。不过,通过一系列的战略举措,AT&T重又成为电信行业中的主要力量。

在过去的几十年中,AT&T必须改造自己以保持竞争力。原来,AT&T只提供本地和长途电话服务。而现在,我们使用移动电话和网络来进行交流,交流的信息量远远大于声音所能包含的。同时,在电信行业,各种各样的公司进入了又退出了。尽管AT&T已经不能再主宰这个行业,它仍然在经历了三次重大性重组之后幸存下来,最终于2006年与西南贝尔电信公司(SBC Communications)合并,并且收购了美国南方贝尔公司(Bell

South)。重组后的公司仍然叫做 AT&T,并且又成为美国最大的电信公司。

那么在电信行业的巨大变革中,AT&T 是如何成功地改变自己并保持竞争力的呢?其拥有的员工、技术、品牌、知名度和财务资源,对它而言既是优势又是劣势,因为这些使 AT&T 在过去取得了巨大成功的资源组合,现在却不再是它的竞争优势了。管理者必须将这些资源以新的形式整合起来,以面对更多小而灵活的竞争公司带来的挑战。与其他任何一家公司一样,AT&T 上至高层执行官下至地方办事处的经理,都必须十分清楚他们的客户、竞争者和成本,这已经成为所有成功企业的共识。

在高竞争性的行业中,理解产品和服务的成本尤其重要。当提供创新性电信服务的新兴公司出现,全球性的竞争侵犯了其传统业务的时候,AT&T 的管理者需要更好的有关产品和服务的成本信息。我们以 AT&T 的商务通信服务部门(简称 BCS)为例。BCS 部门主要负责国内和国际的语音和数据通信服务。为了保持该部门的竞争优势,管理者开始采用一种新的成本会计系统。原有的成本核算系统仅仅收集了主要供高层管理者和会计师们使用的财务数据,却没法提供生产经理们需要的数据。

这项新的成本核算系统主要计量了 BCS 部门的主要业务流程以及该部门辅助不同服务作业的成本。就像所有有效的成本核算系统那样,它为管理者提供了他们所需的关于产品、服务和顾客的信息,以便于管理者作出决策,使 AT&T 保持竞争力。

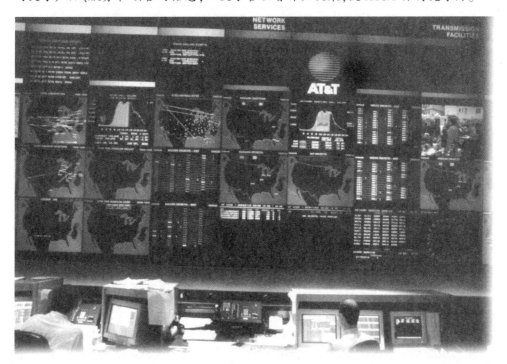

AT&T 的顾客可以在美国、加拿大以及位于欧洲、亚洲和澳大利亚的 5 500 个国家和地区使用自己的移动电话。通过拨打当地的区号,人们几乎可以接通世界上任何地区的移动电话。对于 AT&T 的管理者来说,准确计量服务顾客的成本至关重要。

成本管理系统

为了确保管理者更好地决策,会计师们不仅确定了产品和服务的成本,他们还建立了成本管理系统。**成本管理系统**(cost management system,CMS) 是用来确定管理者的决策如何影响成本的工具和技术的结合。成本管理系统的主要作用在于提供:

> **目 的 1**
> 描述成本管理系统的作用。

> **成本管理系统**(cost management system, CMS):用来确定管理者的决策如何影响成本的工具和技术的结合。

1. 战略管理决策所需的成本信息。
2. 生产控制所需的成本信息。
3. 向投资者、债权人和其他利益相关者报告对存货价值和完工产品成本的总体计量。

外部利益相关者(如投资者、债权人)和内部管理者都需要成本信息。外部使用者只需要存货价值和产品销售成本的总体计量;而企业内部管理者在制定战略或经营决策时需要关于每一件产品或者服务的更为确切的成本信息。管理层的信息需求就要求更为复杂细致的成本管理系统。

企业内部管理者制定战略时需要准确及时的成本信息,如决定最佳产品组合和客户、选择能充分利用外部资源的价值链以及制定投资决策。为此,管理者希望了解与价值链函数相关的单个产品、服务、客户和流程的成本。例如,大概在最近十年之前,AT&T都主要关注于一项产品——长途电话服务。管理层意识到逐渐加剧的竞争和新的替代品的出现(如无线电话、网络聊天、邮件)会使收入缩水。因此,在1998—2001年间,AT&T投资了超过350美元亿用于扩张其主要产品业务,并由一个国内长途电话服务公司转型成为一家国际性的通信和信息服务公司。在作出这一战略决策时,AT&T的管理层需要关于各种新兴服务的详尽成本信息。

此外,为了提高效率,管理者们需要严格管理成本。改善流程和其他对生产成本控制项目的估计,也需要准确及时的成本反馈。让我们来看一下AT&T公司BCS部门的开单中心。其会计系统提供了该中心的各项作业成本,包括检查错误账单。这项原先未知的高成本引起了管理层的注意,管理者开始努力降低这一成本,最终每年节省了大约50万美元。

一般情况下,公司的战略和经营决策是同时作出的。AT&T决定将客户开单作业由传统的基于纸张的系统转变为电子账单。这本是一个战略决策——更好更快地为顾客服务。与此同时,这项转变对AT&T的成本产生了巨大影响。在原来的纸张系统下,一些大型公司客户每年会收到超过17 000页的发票,纸张和邮费大约占了开单成本的75%。AT&T转变开单作业的战略使公司达到了其环境影响的目标。AT&T每年总共节省了3 000 000张纸——相当于260棵树和6 000加仑的石油!

在本书中,我们描述了许多成本管理系统工具和技巧,例如第2章中的边际贡献法和本—量—利分析。列示出 AT&T 产品边际贡献的报表,其有用性仍然基于所使用的成本数据的准确性。显然,错误的成本数据将使 AT&T 的管理者作出错误的决策。这一章着重介绍**成本会计(cost accounting)**,它是成本管理系统的一部分,为管理决策和财务报告而计量成本。

> **成本会计(cost accounting)**:成本管理系统的一个组成部分,主要为管理层决策和财务报告而计量成本。

成本会计系统

我们将**成本(cost)**定义为为了一个特定目的而牺牲或放弃的资源,通常用为获取商品或劳务而必须支付的货币单位(如美元、日元或欧元)数量来计量。例如,企业向员工支付(即放弃)现金或现金等价物以获取他们的劳动。然而,管理者希望从会计师那儿了解到除了耗用的资源成本之外更多的信息。通常,他们希望了解某些特定事物的成本(如一个产品或者一项服务)。这里的"某些事物"被称为**成本对象(cost object)**或**成本目标(cost objective)**,即需要独立计量成本的任何事物。尽管大多数情况下,管理者都是希望了解一个产品或者一项服务的成本,还有很多其他的可以作为成本的对象,比如顾客、部门、区域和作业(如处理订单或者搬动材料)。例如,一个大型宠物食品制造商最近改变了成本管理系统,使其不光能提供制造产品的成本,还能提供服务大型零售商客户(如沃尔玛和宠物公司(PETCO))的成本。它发现自己公司的所有产品都是赢利的,但是销售费用和服务一些客户的成本超过了销售给这些客户的产品的边际利润。鉴于此,公司就能制定出一项针对这些客户以提高赢利性的战略。

> **成本(cost)**:为了一个特定目的而牺牲或放弃的资源。

> **成本对象(cost object)**或**成本目标(cost objective)**:决策制定者在确定一项单独的成本策略时所需要的任何事物,如顾客、部门、区域和作业。

管理者用于决策制定的成本信息来源于**成本会计系统(cost accounting system)**——用来确定产品、服务、顾客或者其他成本对象成本的技术。成本会计系统是成本管理系统中最重要的组成部分,它支持所有其他的成本管理系统工具和技术。

> **成本会计系统(cost accounting system)**:用来确定产品、服务、顾客或者其他成本对象成本的技术。

成本会计系统需要为管理者制定决策提供准确和及时的成本信息。实际上,若信息不够准确及时,制定出来的决策就可能对企业造成直接损害。例如,美国一个大型杂货连锁店 A&P 曾经遇到经营困难,为了削减经费关掉了许多商店。由于管理工作缺乏有关各商店经营的足够成本信息。关闭商店成为一种随机行为。当时一篇新闻报道这样写道:

> 由于缺少详尽的损益报告,并且成本分配系统并未反映真实的成本情况,A&P 的决策者不能确定某个商店是否真的不赢利。例如,一个市场中的运输成本是由

其中的各家商店平均分摊的,而没有考虑每家商店与仓库的距离。一位密切关注该公司的观察者说:"当他们想关掉一家商店时,只是武断地让它停止营业。因为他们没有可靠的事实依据,所以不能作出合理的决策。"

众所周知,所有组织类型——制造业企业、服务性公司和非营利性组织——都需要某种形式的成本会计。管理者依靠会计师来设计满足成本管理系统三个用途的成本会计系统。我们看看对管理会计师目前作用的评论:

> 我们(成本会计师)必须明白数字意味着什么,将这些数字与经营活动联系起来,然后推荐可供选择的行动方案,最后我们必须评价备选方案并作出决策,使经营效率最大化。
>
> ——贝尔中南部公司(South Central Bell)

> 由于现在作业成本系统反映了生产全过程,工程师与生产人员对这一会计系统产生的成本数据都很信任。工程和生产部门定期请会计部门帮助寻求可优化成本的产品设计组合……会计师现在参与生产设计决策,他们帮助工程和生产部门理解成本是怎样变化的……作业成本系统使会计师的职业生涯更有意义。
>
> ——惠普公司

典型的成本会计系统包括两个过程:

1. **成本归集(cost accumulation)**:按某些"自然"类别(如材料或人工)或按业务活动(如订单处理或及其加工过程)来聚集成本;

2. **成本分配(cost assignment)**:将成本追溯或重新分配到一个或多个成本对象(如作业、流程、部门、客户或产品)上去。

图4-1说明了这一过程:首先归集所有原材料的成本;接着,将它们分配给使用它们的部门;最后,再进一步分配到这些部门的特定项目上去——橱柜、圆桌和书桌。一种特定产品的原材料成本总额,是分配到不同部门的原材料成本之和。例如,一个书桌包含了以下原材料成本:

- 由机加工部门通过各项作业生产出来的书桌金属面、边以及桌腿
- 由精加工部门作业组装起来的螺栓、支架、螺钉、抽屉、扶手以及把手

一个公司的成本会计系统对其管理者的决策制定有重大的影响。任何靠财务数据做决策的经理都需要依赖于成本会计系统的准确性。在如今竞争激烈的全球市场环境和复杂的生产流程下,设计出能提供准确和有用信息的管理会计系统是各种组织成功的关键因素。一家大型制造公司的财务副总裁最近向本书作者之一提到,该公司的主要竞争优势不是其制造或分销水平,而是财务信息系统。

> 成本归集(cost accumulation):按某些"自然"类别(如材料或人工)或按业务活动(如订单处理或及其加工过程)来聚集成本。

> 成本分配(cost assignment):将成本追溯或重新分配到一个或多个成本对象(如作业、流程、部门、客户或产品)上去。

> **目 的 2**
> 解释成本、成本对象、成本归集和成本分配之间的关系。

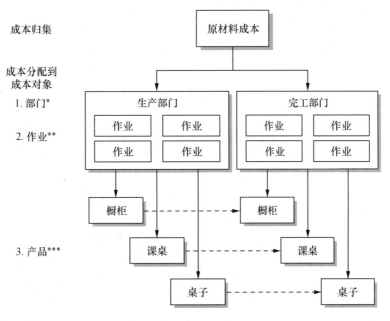

图 4-1　成本归集和分配

* 目的:评估加工部门的业绩。
** 目的:计量和评估各个作业的效率。
*** 目的:获得用于计量存货价值、确定收入和判断产品赢利性的各类产品的成本数据。

本章将介绍一些主要的成本会计系统类型。不过,在介绍系统之前,我们需要理解一些管理者和会计师们经常使用的成本术语。

决策制定和经营管理中使用到的成本术语

会计师们都有一套混有"行话"的自己的语言。作为一名管理者,你需要理解这一套语言的基础。这一小节集中介绍了三个术语:直接成本、间接成本和成本分配。它们对于理解成本会计系统和成本计量至关重要。

直接成本、间接成本和成本分配

成本的一个主要特性就是该成本与一个特定成本对象之间的关系。对成本最基本的分类,就是根据这个关系是直接的还是间接的。会计师们能用经济上可行的办法,将**直接成本(direct costs)** 明确且全部地归集到某一成本对象上去。最普遍的例子便是一个产品的部件和原材料。例如,为了决定

> **目　的　3**
> 区别直接成本、间接成本和成本分配。

> **直接成本(direct costs)**:可用经济上可行的方法明确且全部地归集到某一成本对象上去的成本。

戴尔笔记本电脑中组装部件的成本,戴尔的会计师只需要查看相应部件的购买订单。直接成本的一个关键特性就是会计师能直接辨别出应明确归集到某一成本对象上的成本数额,我们称其为将直接成本**追溯**(tracing)到成本对象上去。会计师们则无法用经济上可行的办法将**间接成本**(**indirect costs**)明确且全部地归集到某成本对象上去。相反地,间接成本的例子包括设备租赁费用、设备折旧费用以及很多员工薪资。

> **追溯**(tracing):将属于某一成本对象上的成本数额明确地归集到该项成本中。

> **间接成本**(indirect costs):无法用经济上可行的方法明确且全部地归集到某一成本对象上去的成本。

让我们来看一下制造一个产品的劳动成本是直接的还是间接的。一部分员工的工作是专门针对特定产品的。会计师能将这些劳动追溯到产品中去,因此他们的劳动成本是直接的。另外一些员工,如监工、总经理、会计师以及法律人员,他们的工作并不专门针对特定产品。由于会计师无法将这些劳动追溯到产品中去,因此他们的劳动成本是间接的。一个世纪之前,大部分的劳动成本都是直接的。为什么呢?因为当时的大部分公司都是劳动密集型,这样大多数的工人都是动手参与其公司产品的生产。若公司想要增产10%,则需增加10%的工人。而如今的情况改变了。生产的自动化消除了很多动手性的工作,更多的员工只需要对生产很多不同产品的自动生产线实行监视。这样的劳动成本都是间接的了,因为不能用经济上可行的办法将其明确归集追溯到某特定的产品上去。

成本是间接的,并不意味着它就不重要了。如果没有设备、装置、监工甚至会计师,公司就无法继续生产。成本会计系统中最具有挑战性的任务之一,就是将间接成本分配到成本对象中去。由于如今大部分公司的间接成本都远大于总成本的50%,准确地分配间接成本非常重要。忽视间接成本或接受不准确的间接成本计量的决策者,通常也只能作出不好的决策。

除了了解哪些是间接成本,管理者们还希望了解这是固定成本还是变动成本——也就是说,这个成本是否会随生产成比例变动。一些间接成本是变动的,比如家具制造公司使用的钉子、胶水,印刷公司的油墨费等消耗性用品。其他如大多数折旧费用或者监工的薪资,都是固定的。管理者需要区分变动性间接成本和固定性间接成本,在知情的情况下作出决策。

我们要进行**成本分配**(**cost allocation**),即按照成本对象对于某一成本分配基础的占用比例,来把间接成本分配到成本对象中去。**成本分配基础**(**cost-allocation base**)就是对于决定具体分摊到某一成本对象中的成本数额的投入或者产出进行计量的方法。理想的成本分配基础能够计量某一特定成本中有多少数额是由某一特定成本对象引起的。请注意此定义和成本动因的相似之处——都是对于能引发成本的产出进行计

> **成本分配**(cost allocation):按照成本对象对于某一成本分配基础的占用比例,把间接成本分配到成本对象中去。

> **成本分配基础**(cost-allocation base):就是对于决定具体分摊到某一成本对象中的成本数额的投入或者产出进行计量的方法。理想的成本分配基础能够计量某一特定成本中有多少数额是由某一特定成本对象引起的。

量。因此,大多数成本分配基础都是成本动因。让我们来看一下戴尔的会计师应该分配多少流水线组装设备的折旧费用(即为间接成本)到一款特别的笔记本电脑中去。戴尔可能基于产出的"机时"将这个间接成本分配到不同的产品上。机时(machine hours)是用于衡量生产某一计算机所需要的装配设备。如果生产 Latitude 笔记本电脑所需要的机时是生产 Inspiron 笔记本电脑的两倍,那分配给 Latitude 的机器折旧费也将是 Inspiron 的两倍。每当会计人员提到分配一词,我们就知道它意味着这个相关成本是一个基于成本分配基础而分配到成本目标上的间接成本。

决策者必须谨慎地处理分配间接成本。当分配基础用于计量多少成本是由成本目标所产生的,分配的成本将会与很多决策相关。当分配与成本产生的原因无关时,分配的成本则与决策无关。

由于成本分配对于现代企业的成本计量至关重要,所以我们需要更深入地了解企业分配间接成本的原因和方法。

成本分配的目的

目的决定了成本分配的逻辑。我们无法找到最优化的成本分配系统。成本分配的可行方案几乎与公司的数量相当,因此,我们将着重介绍能为管理者设计分配系统提供导向的基本概念。

> **目 的 4**
> 解释进行成本分配的主要原因。

成本分配影响着企业的 CMS——企业为战略决策、生产控制以及外部报告提供成本计量的系统。下面,我们列举了四个成本分配的目的,其中前两个将影响战略决策与生产控制,第三个支持外部报告,而最后一个则影响所有三个要素。

1. 预测战略以及生产控制决策的经济效用:主要战略决策包括建立优化的产品及客户群,确立定价策略,以及制定发展主要竞争力的价值链策略。对于流程优化,管理层同时也需要预测流程改进项目的经济效用——包括收益和成本。企业任何一个部门的经理,不仅需要了解决策对于本部门的影响,也需要清楚这对于其他部门产生的后果。以大学为例,任何新加入的课程都会加重注册办公室的工作量。而新增的航班或乘客就需要额外的机票预订服务。在诊所中,新增的专科就会增加记录部门的工作。

2. 提供激励和表现评估的反馈:企业通常将成本分配包括在管理层负责的总成本中。因此,成本分配影响着管理层,促使他们能以公司利益为出发点作出决策。例如,有些企业的高层管理人员鼓励法律、内审或者公司内部的管理咨询服务,因此这些成本将不被分配。而另一些企业则采用分配这些成本的方法来促使管理层确定这些服务的利益是超过其成本的。

3. 计算用于财务报告的收入以及资产评估:公司把成本分配到产品或项目来计量资产负债表中的库存成本和利润表中的销售成本。

4. 证明成本,获得补偿:价格有时完全取决于成本。政府的合同会明确一个价格,其中包括了成本的补偿和一部分收益。在类似的情况下,成本分配在市场中成为定价的替代品。

单一的成本分配可以在理想的情况下同时达成以上四个目的。但是成千上万的管理者和会计人员会证明多数的系统无法达到这个理想境界。相反,成本分配很容易造成混淆,而分配固定成本又成为其中的重要根源。这主要是因为我们很难找出一个能准确计量成本对象耗用的固定成本的成本分配基础。当系统无法同时满足所有目的时,管理者和会计人员就需要分辨在特定环境中亟需的目的。

外部报告的规则通常已经由外界所界定。美国通过公认会计准则(GAAP)规定一个企业必须把所有、并且只能把与生产相关的成本分配于产品上。但从决策的角度上,这些并不是成本经理愿意分配在产品上的成本。例如,经理们也许更偏向于不分配所有与生产相关的间接固定成本。如果管理层的决策没有影响这些成本,将它们归入产品的成本中就会产生误导。除此之外,管理者也希望把与生产无关的成本分配到价值链上,比如研发费用、市场营销以及行政开支。管理层的决策也可能会对这些成本产生重要影响,这样成本分配就能让经理对这些影响更加了解。因此,当管理者为了决策或表现评估而需要单一产品或客户的成本时,他们就需要调整 GAAP 中以达到库存成本为目的的分配方法。总而言之,为了规划和控制而使用与达到库存成本不同目的的成本分配方式,其带来的额外利益超过了其需要的额外成本。

成本分配的方法

现在,让我们来看看公司是如何分配成本的。对于任何一个机构,最终的产品或服务都是重要的成本对象。所以,我们将把重心放在企业如何追溯直接成本,以及将间接成本分配到成本对象中去。我们通过图 4-2 可以看出对于直接成本(追溯)与间接成本(分配)的不同处理方式。

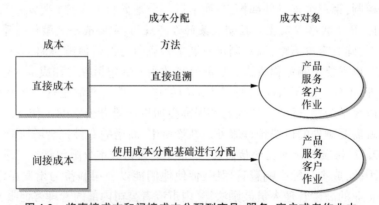

图 4-2 将直接成本和间接成本分配到产品、服务、客户或者作业中

追溯直接成本比较直观。成本会计系统可以计量每个附加于最终产品的原材料成本。员工可以记录消耗在每个产品的时间,而系统就可以根据员工的薪资率将时间转化为他们的薪水。能精确计量直接成本的系统已经有很长的历史了。

而间接成本的分配比较复杂。会计人员可以选择不同的分配方法来影响结算的成本。由于间接成本在越来越多的企业里日渐普遍,分配间接成本变得愈发重要。

分配遵循以下 5 个步骤:

1. 将一段时间里(例如一个月)的间接成本累计在一个或几个成本库中。**成本库(cost pool)**是指一系列以单一成本分配基础被企业分配到成本对象中的单独成本。许多单一成本会计系统将所有间接生产成本归到一个成本库中。

> 成本库(cost pool):一系列以单一成本分配基础被企业分配到成本对象中的单独成本。

2. 为每一个成本库选择一个分配基础或者成本动因——也就是引起此成本库中成本产生的因素。对间接生产成本使用单一成本库的企业经常运用直接人工工时或者直接人工成本作为成本分配的基础。

3. 确定每个成本对象成本分配基础的计量单位(如一个产品),并且由此计算出所有的成本对象(如所有产品)。

4. 确定每个成本对象得到的总成本分配的百分比。

5. 将步骤4中得到的百分比乘以成本库中的总成本,得到每个成本对象的分配成本。

让我们以戴尔的装配设备为例,戴尔的会计人员会如何分配Latitude和Inspiron的成本?假设其对应的成本库中只有7月的折旧费用(400 000美元),"机时"作为成本分配基础。戴尔生产Inspiron需要2 000机时,而生产Latitude需要3 000机时,总和为5 000机时。由以上数据我们可以得到:生产Inspiron需要2 000÷5 000=40%机时,因此,分配到Inspiron的折旧费用就是40%×$400 000=$160 000。生产Latitude需要3 000÷5 000=60%机时,因此,分配到Latitude的折损成本就是60%×$400 000=$240 000。另一种方法是计算单位机时的折旧费用:$40 000÷(3 000+2 000)=$80。接着我们就可以得到分配到Inspiron的成本是$80×2 000=$160 000,分配到Latitude的是$80×3 000=$240 000。从下图可以看出具体的分配流程。

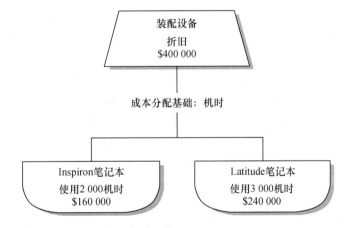

企业也使用成本分配将间接成本分配到产品或服务以外的成本对象。假设我们在一个部门里分配成本。一种合理的部门租金成本分配方式是以平方英尺计算每个部门占有的空间。另一个符合逻辑的分配方法是以每立方英尺为单位分配空调、供暖设备的折旧费用,以总的直接费用为单位分配行政支出费用。

有些单独间接成本的重要性使一个企业可能将它们分配到一个独立的成本库。例如,律师事务所可能首先单独地将专业成本以工时为单位分配到部门、工作或项目中去。接着他们会把另一些重要性稍低的成本归入另一个成本库,并一起进行分配。这些成本包括在同一个成本库里的租金、能源支出和清洁服务,因为公司可以用平方英尺为单位将它们一起进行分配。类似地,一个大学可以集中注册办公室的所有日常开支,然后根据每个学院的学生数量将这些开支分配到各个学院。

我们也要注意在实务中可能会碰到不同的术语。会计人员用不尽相同的词汇来描述成本分配。常见的有分配、适用于、吸收、归结于、再分配、分派、担负、分摊等(allocate, apply, absorb, attribute, reallocate, assign, distribute, redistribute, load, burden, apportion, and reapportion),它们可以互相转换以形容将间接成本分配到成本对象中去。

未分配成本

许多企业都有一些无法确认与成本对象是否有关的成本,这些就是未分配成本。**未分配成本(unallocated costs)**,就是会计系统有记录但并不分配到任何成本对象的成本。未分配成本包括研发、流程设计、法律、会计、信息服务费用和行政人员工资等。虽然如此,请记住,一个企业的未分配成本对另一个企业而言可能是间接成本,甚至是直接成本。为什么呢?因为各个企业有不同的价值链和运作流程。对一些企业而言,产品设计是其取得成功的重要因素。因此,管理者愿意花大量时间与精力建立一个复杂的系统来分配这些成本,甚至直接追溯这些成本。对于其他企业而言,这些成本的重要性远远不值得特别操作。

> **未分配成本(unallocated costs)**:会计系统有记录但并不分配到任何成本对象的成本。

让我们来看看表 4-1 的表 A 中李公司(Li Company)的经营利润报表。该公司是一家制造橱柜、餐桌和椅子的企业。表 A 中的每一项都代表了整个报告期内所销售全部产品的累加值。如果要对这三个产品作出选择一项重点的战略决策,我们就需要拆散这些总和以找到每个产品的赢利率。我们怎样可以做到呢?

我们先来看一下销售成本。大多数企业(如李公司)发现,将原材料成本追溯到单个产品上是很容易的;然而,其他生产成本,包括李公司的人工成本,由于是间接成本,不方便直接追溯,因此通常都进行分配。很多情况下间接生产成本都是企业总成本的一个重要组成部分。因此,许多企业都为这些间接成本建立起复杂的成本分配系统。成本分配的复杂性取决于相关生产系统的复杂性。

我们假定李公司使用机时来分配间接生产成本。如果机时是和间接成本的产生紧密相关的,那么负责 A、B、C 三种产品的管理人员就会对表 4-1 中的准确计量的销售成本和毛利比较满意。去年分别有 9 000、6 000 和 7 000 机时用于制造橱柜、桌子和椅子,总和为 22 000 机时。由此我们可以得出分配到橱柜的间接生产成本就是 $110 000 × (9 000 ÷ 22 000) = $45 000。表 4-1 分别列出了间接生产成本在三种产品间的分配。

表 4-1

表 A 经营利润表(供外部报表使用)		表 B 对公司成本和利润的边际贡献(供内部决策使用)			
	总计	橱柜	餐桌	椅子	成本类型,计算方法
销售	$4 700	$2 800	$1 000	$ 900	
已售产品成本:					
直接原材料	1 200	500	300	400	直接,直接追溯
间接生产成本	1 100	450	300	350	间接,分配(机器小时)
已售产品成本	2 300	950	600	750	
毛利	2 400	1 850	400	150	
销售管理费用:					
佣金	470	280	100	90	直接,直接追溯
入库费用	300	120	80	100	间接,分配(比重)
销售管理总费用	770	400	180	190	
利润(亏损)	$1 630	$1 450	$220	$(40)	
未分配费用:					
管理人员薪水	400				未分配
其他管理费用	600				未分配
未分配总费用	1 000				
税前收益	$630				

在这个例子里,由于公司严格的佣金制度,我们能将佣金费用直接追溯到某一产品中去。除此之外,我们也可以根据重量来较公平地分配将产品运送到仓库的运输费用(即入库费用)。去年,橱柜、餐桌和椅子的运输重量分别是 6 000、4 000 和 5 000 磅,总计 15 000 磅。我们可以计算出分配到橱柜的运输成本是 $30 000 × (6 000 ÷ 15 000) = $12 000。表 4-1 也列出了三种产品的运输成本。

因此,尽管负责椅子的管理者可能对 4 000 美元的营业亏损不高兴,但他们也会觉得这种利润计量方法是十分合理的。公司高层可以利用有效的报表信息帮助他们对最优化的产品组合作出合理的战略决策。

在李公司中,我们找不到合理的方法来分配行政管理人员的工资费用和其他管理费用,因而这些费用仍然未分配。为什么不把这些管理人员的工资费用和其他管理费用按照诸如"占收入百分比"之类的简单方法来分配呢?因为管理者希望把成本按它们的耗用情况进行合理的分配。如果分配是随机性的,管理者无法信任这些成本,就可能会根据其他一些并不相关的信息作出决策。在李公司中,行政人员的工作就不是可以由产品出售量或收入决定的。如果不能找到这样一个方式,公司宁愿不分配它们。

管理者通常需要一定的判断力来决定将一个成本归类为直接成本、间接成本或未分配成本。这些判断是基于成本类型、数量以及建立一个追溯或分配这些成本的系统所需要花费的成本。只要经济上可行,管理人员更倾向于把成本归入直接成本而不是间接成本。这样,管理人员对所报告的产品、服务和其他成本对象的成本更有把握。但是追溯成本对象的系统成本不能超过其预期效益。例如,将钢或布的成本(直接成本)确切追溯到特定的椅子上也许是经济上可行的;但是,将铆钉或细线的成本(间接成本)确切地追溯到这些椅子上却是经济上不可行的,尽管理论上是有可能的。

另一个因素也影响着我们确定一个成本是直接、间接还是未分配成本——特定的成本对象。例如,一家本地电话公司的管理层面对两个决策:决定安装新电话服务的价格,以及安装部门预算中应包括的相应成本。安装部门监督员的薪水就是在众多能够影响这两个决策的成本中的一个。监督员负责监管电话安装和常规维护。对于第一个定价决策,监督员的薪水就是间接成本。为什么呢?会计人员无法将此成本追溯到电话安装和常规维护中去,因此必须分配这项成本。不过,对于第二个部门预算的决策,监督员的薪水就是直接成本。原因就是会计人员可以百分之百地分辨出这是属于这个部门的成本。通常以一个部门作为成本对象,会比以一种产品或者服务(例如电话安装和常规维护)作为成本对象产生更多的直接成本。

通常管理者希望知道多个成本对象的成本,例如部门、产品、服务、作业和资源的成本。公司不可避免地要将成本分配到不止一个成本对象上。因此,一个特定的成本可能既是直接成本又是间接成本。正如你看到的,一个监督员的工资既是直接成本(对于他所在的部门)又是间接成本(对于该部门的特定产品或服务)。

用于外部报表的成本术语

尽管这篇文章着重于介绍管理者为进行战略和运营管理决策所使用的成本,我们仍需要注意到,成本会计系统同样为财务报表提供信息支持。成本管理系统的一个目的就是为外界的投资者、债权人和其他外部利益相关者提供一个对于存货价值和产品制造成本的综合计量。我们将讨论这些成本的四个方面:生产成本、产品和期间成本、资产负债表上的成本以及利润表中的成本。

生产成本的分类

在累计和报告库存成本上,制造业企业不同于商业企业。对于通过使用人工和工厂设备把原材料转化为其他产品的制造业来说,产品通常就是成本对象。因此,制造业企业通常把分配到产品中的成本分为:(1)直接材料;(2)直接人工;(3)间接生产成本。

> **目 的 5**
> 了解制造成本的主要类型:直接材料、直接人工和间接生产成本。

> **直接材料成本(direct-material costs):** 所有构成产品实物形态并且可以用经济上可行的方法追溯到产品中去的原材料的购买成本。

1. **直接材料成本(direct-material costs)** 包括所有构成产品实物形态并且可以用经济上可行的方法追溯到产品中去的原材料的购买成本,如铁铸件、木料、铝板和附属构件。直接材料通常不包括大头针或胶水这样的小物品,因为追溯这些材料所需花费的成本远远大于获取更准确产品成本可能带来的收益。这类物品被称为物料或间接材料,通常被归入间接生产成本这一类。

2. **直接人工成本**（direct-labor costs）包括可用经济上可行的方法明确且完全地追溯到产成品上的所有人工的工资，如机器操作人员和组装人员的工资。在高度自动化的工厂里，也许没有直接人工成本。为什么呢？因为工人在无数的产品上作业，这样将任何人工成本直接追溯到特定产品中去都是在经济上不可行的。

> **直接人工成本**（direct-labor costs）：可用经济上可行的方法明确且完全地追溯到产成品上的所有人工的工资。

3. **间接生产成本**（indirect production costs 或 indirect manufacturing costs，又被称作工厂间接费用（factory overhead 或 factory burden）或生产间接费用 manufacturing overhead）包括所有与生产过程有关但不能作为直接材料或直接人工的成本。许多人工成本，例如大楼管理员、铲车操作员、工厂守卫以及库房保管员的工资，都被认为是间接人工。因为将这些人工的作业追溯到特定的产品上是不可能的，或者在经济上不可行。其他一些工厂间接费用如动力、物料、监工工资、财产税、租金、保险费和折旧费。

> **间接生产成本**（indirect production costs 或 indirect manufacturing costs，又被称作工厂间接费用（factory overhead 或 factory burden）或生产间接费用 manufacturing overhead）：所有与生产过程有关但不能作为直接材料或直接人工的成本。

计算机技术已经可以让现代会计系统用经济上可行的方法将许多以前的间接生产成本追溯到产品上去。例如，与计算机相连的仪表可以检测生产每一产品所消耗的电能，一个生产批次的调整准备成本可以在生产中追溯到每一产品上去。一般来说，能够直接追溯到产品中去的生产费用越多，产品成本就越准确。

除了直接材料、直接人工和间接生产成本，每一家制造业企业还会发生除生产以外与价值链其他功能（研发、设计、市场、分销和客户服务）相关的非生产性成本。会计信息系统将这些成本按部门（如研发部门、广告部门和销售部门）进行归集。大多数企业的财务报表将这些成本列入销售和管理费用。简而言之，这些成本并不是存货成本的一部分。

产品成本和期间成本

不管企业内部决策使用何种类型的成本会计系统，成本的结果都会列在公司对外披露的财务报表上。成本在利润表中列为销售成本，在资产负债表中列为存货。当编制利润表和资产负债表时，会计师经常要区分产品成本和期间成本。**产品成本**（product costs）是指可确认为生产的产品或为再出售而购买的产品的成本。产品成本最初是存货成本的一部分，只有当存货出售时，这些**产品成本**（可盘存成本 inventoriable cost）才以销售成本的形式变为费用；相反，**期间成本**（period costs）是指在本期不经过存货阶段即作为费用的成本。

> **产品成本**（product costs）：可确认为生产的产品或为再出售而购买的产品的成本。

> **期间成本**（period costs）：在本期不经过存货阶段即作为费用的成本。

例如，图 4-3 的上半部分中，一家商业企业（零售商或者批发商）为了再出售而购买商品，但不改变其基本形式。则商品的唯一成本就是采购成本。未出售的商品作为商品存货在资产负债表中列为一项资产；当商品出售时，它们的成本变为费用，即"销售成本"。

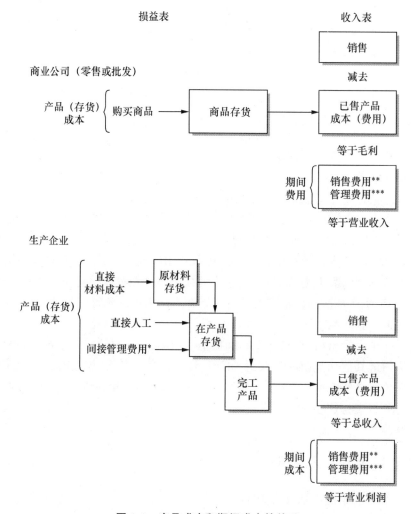

图 4-3　产品成本和期间成本的关系

*例子：间接人工、工厂物料、保险费及固定资产折旧。
**例子：销售人员使用的汽车的保险费和折旧、销售人员的工资。
***例子：公司总部办公大楼的保险费、办公设备的折旧、办公室人员的工资。
特别注意：当保险费和折旧与生产职能相关时，它们是可以列入存货成本的；但当它们与销售费用及管理费用相关时，它们是不可列入存货成本的。

商业企业也有各种销售和管理费用，这些成本是期间成本，因为它们作为费用抵减收入，并未被视为存货的一部分。图 4-3 的下半部分图解了制造业企业的产品成本和期间成本。注意，直接材料借助直接人工和间接生产费用转化为可供销售的产品形式。制造业企业和商业企业的资产负债表中关于存货的计量是不同的。不同于商业企业的一个存货账户，制造业企业使用了三种存货账户，以便帮助管理者们从生产阶段一直到销售时点追溯所有的产品成本。这三种账户分别是：

- **直接材料存货**（direct-material inventory）——那些正在被使用以及等待被使用的原材料；
- **在产品存货**（work-in-process inventory）——那些正在被生产但尚未全部完工的产品，其成本包括三种主要的生产成本（直接材料、直接人工和间接生产成本）；
- **产成品存货**（finished-goods inventory）——那些已完工的但还未售出的产品。

> **直接材料存货**（direct-material inventory）：那些正在被使用以及等待被使用的原材料。

> **在产品存货**（work-in-process inventory）：那些正在被生产但尚未全部完工的产品，其成本包括三种主要的生产成本（直接材料、直接人工和间接生产成本）。

> **产成品存货**（finished-goods inventory）：那些已完工的但还未售出的产品。

尽管制造业企业和商业企业处理产品成本的方法不同，但是以相同的方式计量期间成本。无论是哪一类公司，期间成本都不会成为存货的一部分。

确保你清楚商业会计和制造业会计在保险费、折旧费和工资等这些成本处理上的差异：在商业会计中，所有这些项目都是期间成本（当期费用）；在制造业会计中，这些项目中的许多项目与生产活动有关。因此，它们作为间接生产费用属于产品成本（当存货出售时变为费用，即销售成本）。

在商业会计和制造业会计中，销售和管理费用都是期间成本。因此，产成品的存货成本不包括销售人员的工资、销售佣金、广告费、法律费、公共关系费和总经理工资。传统上生产间接费用被视为产成品存货成本的一部分，而销售和管理费用则不然。

成本在资产负债表和利润表上的列报

商业企业和制造业企业在资产负债表和收益表上对成本的列报有什么差异呢？商业企业如 Sears 百货和制造业企业如 Goodyear 轮胎和橡胶公司在财务报表的基本结构有什么不同吗？我们现在将深入了解商业企业和制造业企业在这两个最基本的财务报表上的差异。首先，让我们来研究资产负债表：

> **目 的 6**
> 解释由于所售商品类型不同而导致的商业企业和制造业企业的财务报表的差异。

制造企业		零售或批发商	
现金	$4 000	现金	$4 000
应收账款	$25 000	应收账款	$25 000
产成品　　　　$32 000			
在产品　　　　$22 000			
直接原材料　　$23 000			
全部存货	$77 000	商品存货	$77 000
其他流动资产	$1 000	其他流动资产	$1 000
全部流动资产	$107 000	全部流动资产	$107 000

制造业企业和零售商或批发商在资产负债表中存货这一栏的差异非常明显,特别是体现在 Goodyear 和 Sears 的 2005 年年报。

	Goodyear		Sears	
原材料	$639	商品存货	$10 750
在产品	137		
产成品	2 086		
总计	$2 862		

现在我们来看一下利润表。销售和管理费用在制造业企业和商业企业利润表上的详细报告是一致的。那销售成本又如何呢?在财务报表里,无论哪一类企业,我们都可以发现销售成本这一栏。只是销售成本的计算方法不同。

制造业企业	零售企业或批发企业
生产并出售的产品的制造成本由三类成本组成:直接材料、直接人工、间接生产成本	销售商品成本主要由购货成本组成,也包括运费

下表列举了制造业企业和零售商或批发商计算销售成本的步骤:

利润表的销售成本部分

制造业企业			零售企业或批发企业	
期初产成品存货		$4 000	期初产成品存货	$4 000
生产产品成本:			购买产品	40 000
直接材料	20 000			
直接人工	12 000			
间接生产成本	8 000	40 000		
可销售的产品成本		44 000	可销售的产品成本	44 000
期末产成品存货		8 000	期末产成品存货	8 000
产品销售成本		$36 000	产品销售成本	$36 000

会计人员和管理者们时常混用"成本"和"费用"。成本的含义泛指一项活动、产品或服务的支出。费用是在一段给定时间内收益中扣减的所有成本。在利润表上,生产成本经过多步存货过程成为一项费用。不过,它们只有在会计人员将其在利润表上从收入中扣除时(即作为销售成本)才成为成本——如图 4-3 所示。相反,销售成本和一般管理成本在它们发生时立即转变为费用。

现在,我们已经了解了成本分类,让我们把注意力转移到累计和记录成本的成本会计系统的种类上来。在众多不同的成本会计系统中,我们只通过两种系统——传统成本核算法和作业成本核算法来介绍最重要的特征。

传统成本核算法和作业成本核算法

企业采用和它们的管理理念、生产和作业工艺相吻合的成本会计系统。管理理念的改变或生产工艺的改进都会促成成本会计系统的相应变化。

> **目 的 7**
> 了解传统成本核算系统和作业成本系统的主要区别，以及作业成本核算系统对管理者的价值。

例如，博格·华纳（Borg Warner）的汽车链经营系统将其生产过程改变成以工作单元为基础的适时（just-in-time）生产系统。华纳对这种生产方式的改变，使现有的成本会计系统作废。一种新的成本会计系统同新的生产系统一起，"显著地改善了整体的报告、控制和效率"。近几年，由于不断激烈的国际间竞争，许多企业都意识到了提高成本信息的精确度和效用的重要性。因此，会计领域发展出新的成本会计系统来提高成本的精确度，借此来提高它们在管理层决策中的价值。

在20世纪的大部分时间里，几乎所有的企业都用**传统成本核算系统（traditional costing systems）**——它们不积累，不显示作业成本或操作系统。传统成本核算系统使用单一成本库核算所有间接生产成本，以人

> **传统成本核算系统（traditional costing systems）**：不积累、不显示作业成本或操作系统的成本核算系统，仅使用单一成本库核算所有间接生产成本。

工成本或人工工时为成本分配的基础。传统成本核算法适用于相对简单的生产和经营系统，例如一个只生产几种产品且直接材料成本和直接工人成本占总成本很大比重的企业，由于间接生产成本占总成本的比重不大，系统将他们集中到一个成本库中，并且以单一的方式（如直接人工工时）将它们分配到产品上。这些企业可以用传统成本核算系统达到比较精确的产品成本。

当企业不断成长，作业越来越复杂，它们就需要改进传统成本核算系统以保持产品和服务成本的准确度。它们通常把间接成本累计到几个成本库，每个部门一个。我们来看一个只有组装部和成品部两个营运部门的公司。组装部门的资源就集中在大型昂贵的机器上；而成品部门只有很少的机器，但却拥有大量的员工。因为每个部门的作业相对简单，公司就有可能选择传统成本核算系统，在组装部门以机时为分配基础，而在成品部门以人工工时为分配基础，来分配各部门的间接生产成本。

但是，如果情况变复杂，一个企业生产成百上千的产品，同时间接成本占了总成本很大的比重，它们该如何核算成本呢？如果不同的产品消耗资源率不同，企业该如何计算成本？如果要在这样复杂的环境中精确核算成本，就需要一套更为严密的成本核算系统。一套比较流行的严密核算系统就是

> **作业成本核算法（activity-based costing（ABC）systems，简称作业成本法）**：先累计每一个可成本化的作业领域中的间接成本（这些领域可能是某个工厂、部门、价值链职能或整个组织），然后将这些作业成本分配到产品、服务或其他需要这些作业的成本目标中去的系统。

作业成本核算法（activity-based costing（ABC）systems，简称作业成本法）——它首先

累计每一个可成本化的作业领域中的间接成本(这些领域可能是某个工厂、部门、价值链职能或整个组织),然后将这些作业成本分配到产品、服务或其他需要这些作业的成本目标中。多数作业成本核算法可以提供非常精确的产品或顾客成本,企业可以基于这些成本作出战略决策。更进一步,以活动累计和报告成本能帮助管理者更好地了解每天的运营活动与产品或顾客成本之间的因果关系,由此达到成本管理系统帮助运营管理的目的。很多管理者相信成本核算法可以帮助他们更好地管理机构。后面的商业快讯中所做的调查,列出了很多公司使用成本核算法的理由。

作业成本核算法与传统成本核算法的比较

让我们来仔细看看为何作业成本核算法不同于传统成本核算法。它们两者最重要的区别是成本分配到整个价值链上的程度。传统成本核算系统一般只会将生产成本分配到产品中去——这也是 GAAP 唯一允许公司在财务报告中将其包括在存货价值中的成本项目。因此传统成本核算法通常只关注于计量存货价值,它通常不分配价值链上其他职能的费用,因为这些都不是适当的应包括在存货中的成本。相对而言,作业成本核算法关注于对决策者来说重要的成本,它往往将分配成本的范围扩大到生产之外的流程中,如设计、市场推广、订单处理和客户服务。因此,作业成本核算法更为复杂,但能够带来更为准确的成本,这将更有利于决策的制定。

作业成本法的使用,也使经理们开始仔细研究资源、作业和成本对象之间的关系——尤其是对单位产品的生产过程进行分析。许多作业成本法分析小组发现绘制

> **流程图(process map)**:一种由表示成本对象、作业和资源之间相互关系的符号构成的示意图。

流程图(process map)——一种由表示成本对象、作业和资源之间相互关系的符号构成的示意图——是十分有效的。这些图能够成为提高管理人员对运营认知的一种有效方法。让我们来看看如何绘制流程图。

图 4-4 包含了两个说明绘制流程图过程的基本概念的例子。我们用"梯形"符号来表示资源;当成本对象是产品、服务或公司的客户时,我们将用"半圆"符号代表;当表示一项作业时,我们使用"长方形"符号。

当一个资源只支持一项作业时或当一项作业只适用于一种产品时,该资源或作业的成本就是直接成本。在图 4-4 中,资源 B 和作业 1 的成本,都分别是作业 3 和产品 T 的直接成本。当一个资源支持两项或两项以上的作业时或当一项作业适用于两种或两种以上的产品时,我们必须在作业或产品之间划分成本。如果我们能够从物理意义上追溯这些成本,那它们就是直接成本;否则,我们就需要分配成本。在图 4-4 中,我们假设将资源 A、作业 2 和作业 3 的成本,每一个分别分配到两个成本对象上。流程图中的箭头上区分出了在资源成本、作业成本和成本对象之间的成本动因。

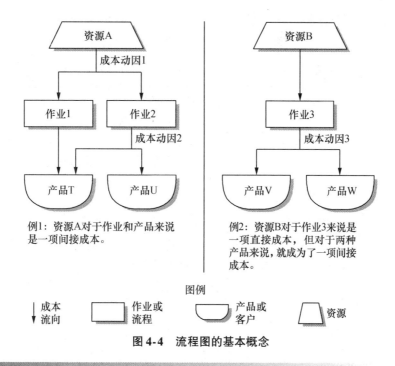

图 4-4 流程图的基本概念

商业快讯

作业成本核算法：谁在使用它？为什么？

管理者们为什么会使用作业成本核算法？作业成本法最常应用于计量产品和服务的成本，分析流程和作业，以及绩效衡量——这些都是我们在本章开始就讨论过的战略决策和经营控制决策的主要的目。在最近的一项调研中，有问题是关于在使用作业成本法的公司中有多少名管理者是经常使用这个系统的。回答有 10—24 个经理正使用该方法的公司占了答案中的绝大多数——62%；另有 23% 的公司报告说，它们有 25—99 个经理都在使用作业成本法的信息。

Bluecross Blueshield of Florida 公司（BCBSF）就是一个使用作业成本法的例子。BCBSF 的主要客户包括当地团体（工作公司总部设在美国佛罗里达州的个体）、直接支付者（个人）、国家和企业账户（工作公司总部设在佛罗里达州以外的个体）以及政府计划（65 岁或以上的享受医疗福利者）。在 20 世纪 90 年代初，BCBSF 的保健产品和服务面临着竞争加剧的情况，但公司的成本管理系统却没能充分满足其管理层的需要。

BCBSF 的管理层的首要目标是要开发一个有助于增加经营控制力度和降低企业管理费用的新的成本管理系统。管理费用是除了支付索赔金以外，生意经营所需的所有其他成本。公司在 1996 年的管理费用是 5.88 亿美元，占其总收入的 20%。该公司的目标是将管理费用从收入的 20% 减少到低于 10%。BCBSF 选择了作业成本核算法。这个新的成本会计系统对于以下项目提供了更为准确和及时的计量：

1. 客户和产品的赢利能力——战略目的；

2. 对经理人和客户提供最大价值的作业——经营控制目的；
3. 非增值作业的成本——经营控制目的。

资料来源：Mohan Nair, Activity-Based costing：Who's using it and Why? *Management Accounting Quarterly*, Spring 2000, pp. 29—33; K-Thurston, U. Keleman, and J. MacArthur. "cost for Pricing at Bluecross Blueshield of Florida," *Management Accounting Quarterly*, Spring 2000, pp. 4—13。

对传统成本核算系统和作业成本核算系统的举例说明

现在让我们来看一个简单的例子，以说明传统成本核算系统和作业成本核算系统的主要区别，以及许多管理者选择后者的理由。洛佩兹塑料公司只建立了两条生产线，分别用于生产笔用塑料外壳和手机用塑料外壳。公司上季度的经营亏损了 64 500 美元，管理层需要采取果断措施以提高收益。

作为主管经营的副总经理，你必须决定要侧重于哪一条生产线以改善收益。你同样希望能削减成本，特别是在价值链的生产职能方面。洛佩兹塑料公司目前使用传统的成本会计系统，而你正在考虑开始使用作业成本核算系统来支持公司的战略决策制定和经营控制。表 4-2 中的表 A 所示是公司的传统成本会计系统，表 B 为最近一季度的两份财务报告。注意公司传统成本会计系统下的三类成本：直接、间接以及未分配成本。在传统成本核算系统下，将总间接生产成本（220 000 美元）的多少分配给对应产品取决于制造该产品所需的直接人工工时数在总直接人工工时中的比例。上一时期公司制作钢笔外壳和手机外壳所使用的直接人工工时数分别是 4 500 和 500，总工时数为 5 000。所以，分配（4 500÷5 000）＝90% 间接成本给钢笔外壳，而手机外壳分配的间接成本为（500÷5 000）＝10%。根据 B 栏底部所示的两种产品的毛利润和毛利率，手机外壳生产线相比较而言能带来更可观的收益。

如洛佩兹塑料公司案例一样，许多传统成本核算系统仅使用一个成本动因作为分配间接生产成本的基础。只有在该单一成本动因和所有被分配的间接资源成本间存在合理可靠的联系时，传统成本核算系统才能提供准确的产品成本。在如今复杂的商业环境中，这种情况非常罕见。让我们来仔细研究一下洛佩兹塑料的生产需求，看看传统的成本会计系统能否达到战略决策制定和经营控制所需的成本核算的准确度。

钢笔外壳的设计简单，因此并不需要复杂的生产流程。公司利用其直接人工工时90% 大规模地生产该产品。笔用外套几乎不需要特别的客户支持和工务工作，意味着其所需的设计工作等这样的间接生产支持成本很小。

此外，手机外壳设计复杂，公司也只是进行小批量生产，只占据其直接人工工时的 10%。购买手机外壳的顾客往往有专门的要求，这就造成了对大量的产品设计工作的需求。我们也已经知道洛佩兹塑料所执行的绝大部分设计工作都用以支持手机产品。所以，常识已经告诉我们应该将大多数设计成本分配给手机外壳业务。设计相关工作的成本有多重要呢？在总计 220 000 美元的间接成本中，设计相关成本占据了 40 000 美元。

表 4-2 洛佩兹塑料公司的传统成本核算系统以及经营利润表

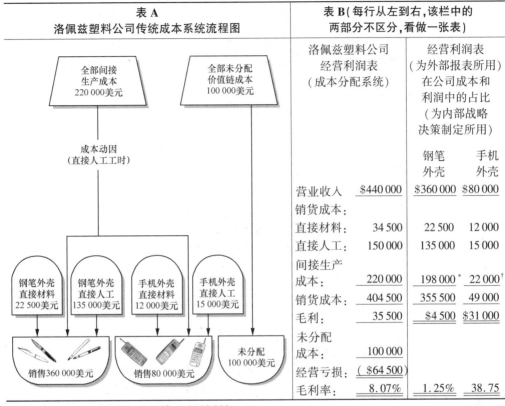

* $220\,000 \times (4\,500 \div 5\,000) = \$198\,000$
† $220\,000 \times (500 \div 5\,000) = \$22\,000$

但是公司所使用的传统成本系统并没有单独确定（或报告）设计作业的间接成本。取而代之的是，设计作业所使用的 40 000 美元的资源——例如设计人工、计算机辅助设计（CAD）设备的折旧——只是算作了单一的间接资源成本库的一部分。公司以直接人工工时的成本动因为成本分配基础分配这 40 000 美元间接成本，这导致只有 10% 的设计成本被分配给了手机外壳业务，而这没有任何意义。根据以上分析，我们认为传统方法不能达到所需要的成本核算的准确度水平。怎样对其改进呢？我们应该怎样改变公司的成本会计系统以更好地支持战略决策制定和经营控制呢？

我们可以利用作业成本系统，为每项最关键的生产作业（包括设计作业）的成本库收集间接资源成本，再以可靠的成本动因为分配基础将这些作业成本分配到各个产品。图 4-5 描述了一个相当简单的**两阶段作业成本系统（two-stage ABC system）**，其利用两阶段分配的方法，是根据最初的间接资源成本计算得出最终产品或服务的成本。第一阶段是将间接资源成本分配给作业成本库，在本案例中是加工作业和生产支持作业这两项作业。第二阶段则将作业成本分配到产品或服务。实际上，第一阶段的成本对象

> **两阶段作业成本系统（two-stage ABC system）**：一种利用两阶段分配的方法，根据最初的间接资源成本计算出最终产品或服务的成本的成本核算系统。第一阶段是将间接资源成本分配给作业成本库，第二阶段则将作业成本分配到产品或服务。

是作业,第二阶段则是产品。附录 4 中会给出一个更为详细的有关两阶段作业成本系统的例子。

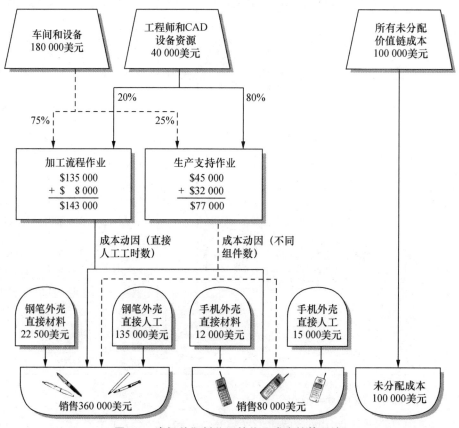

图 4-5　洛佩兹塑料公司的作业成本核算系统

在两阶段作业成本系统中,第一阶段的分配通常会以推测的百分比作为分配基础。假设洛佩兹塑料公司只有两项间接资源:(1) 工程师和 CAD 设备;(2) 车间和机械设备。并且只有两项作业:(1) 加工;(2) 生产支持,如图 4-5 所示。第一项资源的成本主要取决于工程师花在产品上的时间量。工程师通常平均每小时花费 48 分钟执行类似外壳设计这样的生产支持作业,余下的 12 分钟用来监督指导加工流程作业。据此,我们将工程师薪金成本的 $(48 \div 60) = 80\%$ 和 $(12 \div 60) = 20\%$ 分别分配给生产支持和加工流程作业。车间及机器成本则主要取决于使用空间的尺寸大小,加工作业使用 75% 的空间而生产支持使用了 25%。因此,前者要承担车间和机械设备成本的 75% 而后者为 25%。根据以上分析得出,加工流程作业的总成本为 143 000 美元,生产支持作业的总成本为 77 000 美元。

现在来看第二阶段分配,其将加工和生产支持这两项作业的成本分配给了作为产品的钢笔外壳和手机外壳。生产支持作业成本有几个可能的成本动因,包括"客户需求造成的设计改变的次数"以及"不同组件的数目"等。成本分配基础应该选择一个能更好地表征生产支持作业消耗的量度。如果我们的选择是"不同组件数",假定钢笔外壳只需要 5 个组件而手机外壳需要 20 个,那么,生产支持作业成本中的 20÷(20+5) × \$77 000 = \$61 600 应分配给手机外壳,余下的 15 400 分配给钢笔外壳。这种成本分配比基于传统系统的分配更合理地量度了制造服务的使用。这是因为,手机外壳业务造成了绝大部分生产支持作业的成本,而传统系统仅对其分配了包括生产支持作业成本在内的所有间接生产成本的 10%。而作业成本系统则将该成本的 80% 分配给了手机外壳。

在后面的小结与复习栏里我们将继续这个案例。现在,我们来考虑作业成本系统的另一个优势。许多公司的经理都希望通过有效的管理作业实现成本节约。如果洛佩兹塑料希望其经理降低生产手机外壳的成本,经理们会关注加工流程和生产支持中所有可能实现的成本节约。他们也许还会重新设计产品或重新安排生产流程来分别减少直接材料和直接人工的使用。但是,一般情况下,最大的成本节约往往来自间接成本。如果能够更高效地执行作业,那么利用相关作业的产品的成本就会得到控制。

管理者需要哪些信息来检验作业执行的效率呢?他们需要作业成本系统提供的每项作业的成本,而传统的成本核算系统不能提供该类成本信息。因此,利用作业成本系统不但能得出更准确的成本核算,还能够更好地提高经营效率。

管理决策练习

假定你被邀请出席一个高管会议。会议开始时请你大致解释一下传统系统和作业成本系统的主要不同点和相似处,你只有表 4-2 和图 4-5 作说明,于是将其画在白板上,深吸一口气,开始你的讲演。基于以上两张图表,请列举尽可能多的两种系统的相似和不同之处。

答案:
1. 传统成本核算系统较作业成本系统简单且维护成本低。
2. 二者均有三种成本类型:直接、间接以及未分配成本。
3. 作业成本系统将间接资源分成许多组别,每一种都被分配给消耗该资源的作业。
4. 作业成本系统将间接资源通过两阶段分配分派给成本对象:第一阶段将成本分配给作业,第二阶段将作业成本分配给成本对象。传统系统通常则是一个阶段就将间接资源成本分配给了成本对象。
5. 传统系统和作业成本系统对于生产线都使用平均价格和耗用率。价格和成本对于每条生产线来说区别并不大,因此产品和顾客成本的准确性得以维持。
6. 作业成本系统按照产品库的方式来收集和报告作业成本信息。
7. 作业成本系统比传统系统需要更多的成本分配基础。如果成本分配基础是非常可靠的成本动因,产品、服务或者顾客成本的整体准确度就可以提高。
8. 作业成本系统能够提供更多关于作业成本的经营信息,可以据此提高经营效率以降低成本。

现在,需要完成我们的作业成本分析并且回答关于产品组合战略的策略难题。在下面的小结与复习栏目中,我们将完成上述任务。请认真完成该问题,这对于你清晰理解作业成本系统的基本概念和其价值会很有帮助。

小结与复习

问题:

参考洛佩兹塑料公司的例子,特别注意根据传统成本会计系统得出的表 4-2 中的表 B。根据该报告,手机外壳的毛利率(38.75%)远高于钢笔外壳(1.25%),基于此,市场部经理已经制订了一个强调手机外壳业务的计划。

现在,管理层运用了如图 4-5 中的作业成本系统。两阶段作业成本系统的第一阶段已经完成,如图 4-5 中的作业成本库图所示——加工流程作业成本 14 300 美元以及生产支持成本 77 000 美元。请完成第二阶段的成本分配并确定每条生产线的收益。加工流程作业的成本分配基础是直接人工工时数,生产支持成本的分配基础则是不同组件数。成本分配相关数据如下:

	钢笔外壳	手机外壳
直接人工工时数	4 500	500
不同组件	5	20

要求:

计算根据作业成本核算法计算所有产品的毛利和毛利率。请解释该结果与你根据传统成本会计系统计算的结果是否有显著不同?评价市场计划,并为该公司设计一个产品组合策略。

答案:

下表列出了根据作业成本法得出的每种产品的毛利。

洛佩兹塑料公司作业成本分配系统财务报告

	表 A 经营利润表(供外部报表使用)	表 B 对公司成本和利润的边际贡献(供内部决策使用)	
		钢笔外壳	手机外壳
销售额	$440 000	$360 000	$80 000
销售货物成本			
直接材料	34 500	22 500	12 000
直接人工	150 000	135 000	15 000

（续表）

	表 A 经营利润表（供外部报表使用）		表 B 对公司成本和利润的边际贡献（供内部决策使用）	
			钢笔外壳	手机外壳
加工流程作业		143 000	128 700 *	14 300
生产支持作业		77 000	15 400 †	61 600
销售成本		404 500	301 600	102 900
毛利		35 500	$58 400	$(22 900)
未分配成本		100 000		
经营亏损		$(64 500)		
毛利率		8.07%	16.22%	(28.63%)

* 该成本动因为直接人工工时。公司使用 4 500 ÷ (4 500 + 500) = 90% 的直接人工工时生产钢笔外壳。因此，所分配成本为 $143 000 × 0.90 = $128 700。

† 该产品动因为不同的组件。公司使用 5 ÷ (20 + 5) = 20% 的组件制作钢笔外壳。因此，所分配成本为 $77 000 × 0.20 = $15 400。

作业成本系统得出的结果与传统成本分配系统显著不同。钢笔外壳为公司提供了稳定的利润，而手机外壳业务则在赔钱。如此巨大的差别是怎样产生的呢？原因在于两种产品各自生产流程的不同。只有手机外壳需要大量的生产支持作业。作业成本系统将该项成本的大部分正确地分配给了手机外壳业务，而传统系统却将其分配给钢笔外壳。作业成本系统首先将流程相关成本和生产支持成本分离，然后根据每种产品使用的作业比例分配其对应的作业成本。

如果作业成本法的结果是准确的，那么市场计划很可能导致公司收益急剧下降。鉴于钢笔外壳的高毛利率，公司最高管理层应该制定决策重点关注钢笔外壳产品线。对于赔钱的手机外壳产品线则需谨慎评估。可能的改进措施包括提价、改变产品设计以减少组件、与供应商合作降低直接材料成本、提高直接人工的效率或者裁掉该生产线。

作业成本系统为洛佩兹塑料公司的管理者提供的参考信息可以帮助他们制定更好的决策。而在真实世界中，也有相似的公司受益的案例，请看在商业快讯中关于雷华德公司（Reichhold）的报道。下面，我们更进一步，来看看作业成本法是如何通过帮助管理者制定更好的决策来实现价值增加的。

商业快讯

雷华德（REICHHOLD）公司通过设计成本会计系统来实现其成本管理目标

雷华德是全球领先的聚酯树脂和高性能树脂供应商，其产品广泛用于船体、保龄球、油漆及汽车表面涂层等。公司在美洲和欧洲的 11 个国家设有工厂，拥有 2 500 名员工。它最近在其组织架构方面作出了重大改变——从以生产线为中心的分部型结构转变为团队结构。与此同时，其市场策略也进行了调整，转而侧重于高毛利率的特殊产品。由上述原因，管理层需要更准确的成本信息来确定最具赚钱效应的产品组合并控制生产成本。于是他们选择了作业成本会计系统。下图将传统会计系统与作业成本会计系统进行了比较。

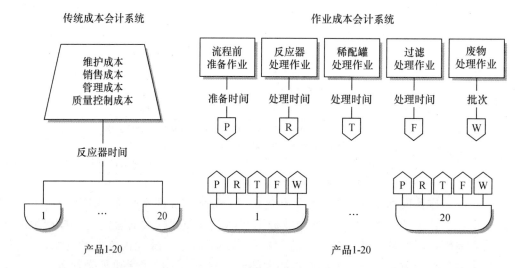

公司传统的成本会计系统基于"反应器反应小时数"这唯一的成本动因将所有的间接产品成本分配给对应的产品。公司管理者认为，传统系统不能为公司战略和经营控制目标提供准确的产品成本参考。

例如，对于两个消耗同样反应器反应时间的产品，它们被分配的间接成本是相同的。但是，管理者明确知道其中一个产品在其他加工处理过程中的消耗时间多很多。而通过新的分配系统，如图所示，则可以发现二者在资源消耗率上的不同。公司的作业成本系统仅有五项作业(或者说是加工处理过程)，但其所提供的成本控制参考信息则有用得多。利用新的核算系统，可以得出在稀配罐和过滤处理过程中需要更多时间的产品，其成本每单位上升 13 美元到 18 美元不等，反映出了其对昂贵资源的消耗。新的作业成本法的信息也支持了成本控制的改进，雷华德通过订单合并，将高废物处理成本的物品集合成更大的批量生产。总之，新的作业成本系统改进了产量管理、产品利润率分析以及策略价格制定等诸多方面。

资料来源：改编自 E. Blocher. B. Wong, and C. McKittrick. "Making Bottom-Up ABC Work at Reichhold. Inc.," *Strategic Finance*, April 2002, pp. 51—55。

作业管理:一种成本管理系统工具

如前所述,作业成本系统除了测算更为精确的成本,其目的同样在于成本的控制。我们要注意到,管理者每天关注的焦点在于管理活动而非成本;而作业成本系统也是以作业为重点,因此它们是成本管理系统中十分有用的工具。利用作业成本核算系统的结果来帮助进行决策制定和提高一个组织的经营控制能力,这就是**作业管理(activity-based management, ABM)**。Lopez Plastics 公司专注于钢笔包装产品的企业决策即是作业管理应用的一个实例。从最广泛的意义来看,作业管理的目的在于增加客户接收到的价值和通过把握战略和经营中的机会以提高利润。

> **目 的 8**
> 利用作业管理进行战略和经营控制决策。

> **作业管理(activity-based management, ABM)**:利用作业成本核算系统的结果来帮助进行决策制定和提高一个组织的经营控制能力。

> **增值成本(value-added cost)**:消除后会影响产品对客户的价值的作业成本。

> **非增值成本(non-value-added costs)**:可以被公司消除而不会影响产品对客户的价值的成本。

作业管理最大的用途之一就是区别增值成本和非增值成本。**增值成本(value-added cost)** 是消除后会影响产品对客户的价值的作业成本。增值成本是必要的(只要作为其成本动因的作业能被有效执行)。相对而言,对于可以被公司消除而不会影响产品对客户价值的**非增值成本(non-value-added costs)**,公司则努力使之最小化。对于非增值成本作业——例如存货的搬运和存放、部分完工的产品在车间的转移、重新安排生产线的运转以生产不同型号产品等——公司可以通过仔细地重新设计车间布局和生产工序使其消除或降低。

另一个与作业成本系统相关的方法称为**标杆管理(benchmarking)**,它是将产品、服务和业务活动与最佳行业标准比较的持续过程。利用标杆管理可以衡量一个组织自身的竞争力状况。标杆既可以从组织内部取得,也可以从竞争对手或其他有类似流程的组织中获得。

> **标杆管理(benchmarking)**:将产品、服务和业务活动与最佳行业标准比较的持续过程。

以本章开始时的 AT&T 商务通信服务部门的开单中心为例,部门的关键作业成本不但可以作为对该开单中心不同工作组作标杆管理的基础,也同样适用于 AT&T 公司不同开单中心的管理。关键作业的成本动因(例如处理一份工作单所需的时间)即可作为经营标杆。其他的工作组或开单中心也因此从最高效率的部门学到了改进工作过程的方法。

公司在使用标杆管理时必须十分谨慎,尤其是对于财务标杆。我们来看一下银行的标杆管理系统,通常它们以每笔存款的财务成本作为存款处理效率的标杆。以加州银行分别位于奇科(Chico,位于加州中北部的一个小城)和旧金山的分行为例,位于奇科的小分行不断树立标杆。

但旧金山分行则根本不能达到这个标杆的标准。为什么？原因有很多，这里只指出其中相当常见的两个。第一个原因是，国家的不同部分，特别是世界范围内各个地方的成本有着巨大的差别。加州银行在奇科和旧金山两地成本的一个显而易见的不同之处就是出纳员的薪资——繁华地区由于较高的生活成本而导致了较高的薪金。该地的标杆测算必须反映这类高企的成本。

第二个原因则在于作业成本系统所覆盖范围的不同。鉴于本行员工所使用的操作设备与其他分行相同，奇科分行作业成本系统在存款处理作业中没有将设备成本包含在内，而将它们作为未分配成本保留了下来。相反，旧金山分行的作业成本系统则在处理作业中记录并分配了这些设备成本。这也将造成旧金山分行的标杆测算结果相对较高。

因此，即便旧金山分行的出纳员的存款处理过程更快更准确，他们似乎仍旧不如奇科分行的员工出色。可以看出，这个案例中，如果以处理每笔存款所需时间这样的非财务标杆为衡量标准，或许更为合理。

作业成本和作业管理的优越性

作业成本系统相较传统的成本核算方法，其复杂程度和成本都更高。因此那些经营系统相对简单的公司也许并没有充分意识到应用作业成本系统的优越之处。但是，已经有越来越多各行各业的企业因为各种各样的原因而采用了作业成本系统：

- 激烈竞争导致利润率降低。公司也许知道其总体利润率，但是它们往往不能确订单一产品或服务的准确利润。究竟是哪些产品赢利以及哪些产品亏损？精确的成本核算是回答这个问题的基础。以年销售额超过 13 亿美元的全美最大的专业印务公司之一的泰勒公司(Taylor Corporation)为例，其产品包括婚庆请柬、公司信纸、记事簿、贺年卡以及台历等众多种类。它的一个经营部门利用作业成本系统得出了逾 3 500 个产品的利润信息，管理者则利用该结果建立最优产品组合，并且对新产品的利润率作出估算。
- 产品和服务类型及客户类型日益多样化，引起商业经营复杂性增加。因此，公司公共资源的消耗也因产品和客户的不同而有很大的不同，这种情况更体现了作业成本系统的重要价值。
- 新生产技术使间接成本的比例增加，即间接成本在当今自动化的世界级的生产环境中更加重要。在许多行业，直接人工被自动化设备所取代。间接成本有时甚至超过总成本的 50%。对于这类采用自动化生产的公司，专注于间接成本的作业成本系统的使用也更为普遍。
- 技术的飞速发展缩短了产品的生命周期。因此，发现成本计算错误之后，公司没有时间作出价格或成本调整。作业成本系统的精确成本核算显得更为基础和重要。
- 不准确的成本信息引起错误决策，其造成的损失是巨大的。例如，过高估计产品成本而失去的投标，低估产品成本而产生的隐性损失以及无法查明的、不具有成本效益的作业等。能够精确核算作业成本的公司，比那些成本核算不准确的公司具有显而易见的优势。

- 计算机技术减少了开发和使用作业成本系统的成本。

目前,全世界众多公司纷纷采用作业成本系统,而包括德国电信(Deutsche Telekom)和戴姆勒-克莱斯勒公司(DaimlerChrysler)在内的一些德国公司的系统更为精细复杂,它们采用了一种称为**弹性边际成本法(GPK)**的成本核算系统,大部分该类系统使用400—2 000个成本库用作间接成本的分配计算。下面的商业快讯中总结了GPK的部分特性。

> **弹性边际成本法(GPK)**:一种德国的成本核算系统,其较作业成本系统更复杂精细。

商业快讯

弹性边际成本法和作业成本法:分别支持短期和长期决策

世界许多公司都已经逐步形成了成熟的成本会计系统。美国的众多公司都采用了作业成本法。而诸如法国、挪威、瑞典、荷兰以及德国这样的北欧国家,越来越多的公司在使用50年前源于德国的弹性边际成本法,这些包括保时捷(Porsche)、斯蒂尔(Stihl)、德国电信(Deutsche Telekom)和戴姆勒-克莱斯勒(DaimlerChrysler)。有趣的是,在戴姆勒-克莱斯勒公司,戴姆勒方(位于德国)即使用成熟的弹性边际成本系统进行成本核算,而克莱斯勒方(位于美国)却并未采用该方法。

计算机技术的进步使这些成本会计系统的广泛应用更为可行。企业资源计划(Enterprise Resource Planning,ERP)系统就包括了用于作业成本法和弹性边际成本法的软件,对于采用该系统的公司,不需要巨大的额外投入即可将其升级到更新的版本。SAP(帮助首创ERP系统的德国软件公司)的ERP系统就将弹性边际成本系统的使用框架作为它管理会计模块的一部分,这也是弹性边际成本法的应用范围越来越大的重要因素。

作业成本法和弹性边际成本法体现了获得成本会计信息的不同手段。它们的主要区别在于,弹性边际成本法将只有变动成本被计入产品(或服务)成本;而对于作业成本法,虽然也可以这样处理,但绝大多数作业成本系统下,所有生产相关成本均被计入产品成本(甚至还经常包括一些非生产价值链成本)。因此,对于赢利能力的衡量,弹性边际成本法以边际贡献为基础,而作业成本法则贯彻的是完全成本原则。

二者的另一点不同在于如何界定用于成本分配的成本库。使用作业成本系统的公司关注于作业——那些较少的、主要的作业活动。与此相对,采用弹性边际成本法的公司偏重成本中心,甚至可能有成百上千的成本中心——德国电信大约有20 000个,保时捷则只有450个,而对大多数公司而言,该数目在400和2 000之间。大部分成本中心是只有10个员工以下的工作单元。两个系统每日成本控制的关键点分别是成本中心和作业。相比大多数作业成本系统,弹性边际成本系统的这个关键点处在企业更为基层的水平。

至于作业成本法和弹性边际成本法的优劣,仍要视具体情况而定。弹性边际成本法注重边际贡献(由销售收入减去变动成本得出),其得出的结果更适于支持企业短期管理决策。与之相反,作业成本法立足长期性,更适合支持战略决策的制定。但也要注意,弹性边际成本系统出于长期决策的目的可以计入完全成本,许多作业成本系统也可以将固定成本和变动成本分开计算来为短期决策提供参考。另外,由于潜在的成本库和成本动因的相似性,两个系统下的成本中心和作业成本库之间的区别并不是特别重要。虽然固定成本分配和成本库界定存在基础性的差别,那些将弹性边际成本法和作业成本法的原则结合运用的企业也许会在实践中受益匪浅。

资料来源:G. Frield, H. Kupper, and B. Pedell, "Relevance Added: Combining ABC with German Cost Accounting," *Strategic Finance*, June 2005, pp. 56—61; K. Krumwiede, "Rewards and Realities of German Cost Accounting," *Strategic Finance*, April 2005, pp. 27—34; P. Shanman and B. Mackie, "Grenzplankostencechnung (GPK): German Cost Accounting, Flexible Planning and Control," IMA Web site, www. imanet. org/pdf/ 3 202. pdf#search = %22 Grenzplankostencechnung%22。

记忆重点

1. **描述成本管理系统的作用**。成本管理系统为对外财务报告、战略决策的制定和运营成本的控制提供了成本信息。

2. **解释成本、成本对象、成本归集和成本分配之间的关系**。成本会计系统提供不同对象(产品、顾客和作业等)的成本信息。为此,一个系统首先通过本质性分类作资源成本归集,例如原材料、人工和能源,然后将这些成本通过直接追溯或间接分配的方式分配到成本对象上。

3. **区分直接成本和间接成本**。通过成本对象会计师可以经济可行地确认直接成本。反之,他们可以利用成本动因将成本分配到成本对象上,此类成本称为间接成本。直接成本所占比重越大,成本系统的准确性就越高。当间接成本占了显著比重时,会计师必须谨慎找出最合适的成本动因。

4. **解释进行成本分配的主要原因**。成本分配的四个用途:预测计划和控制决策的经济效应,激励管理者和雇员,测算库存和已销售产品的成本以及决定用于制定价格或赔偿金的成本。对于那些会计师可以完全确定和成本对象间无任何联系的成本则不会被分配。

5. **了解制造成本的主要类型:直接材料、直接人工和间接生产成本**。制造业成本的主要类型包括直接材料、直接人工和间接生产成本。对于大多数成本对象,会计师可以追踪直接材料和直接人工,并利用成本分配基础分配间接生产成本。

6. **解释由于所售商品类型不同而导致的商业企业和制造业企业的财务报表的差异**。商业和制造业的财务报表之间最重要的区别是对存货的统计。商业企业只有一种存货,而制造业则有三种——原材料、在产品和产成品。

7. **了解传统成本核算系统和作业成本系统的主要区别,以及作业成本核算系统对管理者的价值**。传统成本核算系统通常仅分配生产性职能的间接成本,作业成本核算系统则分配了许多(有时是全部)价值链职能的成本。传统成本核算系统用直接材料、直接人工和间接生产成本这样的分类来归集成本。作业成本系统通过生产一种产品或提供一种服务所需要的作业来归集成本。作业成本核算系统的关键价值在于它们不断增加的成本准确性和更好的流程优化的信息。

8. **利用作业管理(ABM)进行战略和经营控制决策**。利用作业成本信息来改进经营被称为作业管理。它的一个主要优势是能够帮助管理者做决策制定。作业成本法对成本——包括产品和顾客成本以及增值作业和非增值作业——的估计更加准确。它还加强了管理者对运营状况的了解,使他们能致力于制定战略决策,例如决定产品组合、定价以及流程优化等。

9. **描述设计作业成本系统的步骤**(见附录4)。设计和实行一个作业成本核算系统包括四个步骤:第一,管理者确定成本对象、主要作业、所耗资源、每种资源和作业的成本动因(如产出量);第二,确定成本对象、作业和资源间的关系;第三,收集成本和经营数据;第四,测算并解释新的作业成本信息(由于很多作业成本系统的复杂性,这一步通常要用到电脑)。

附录4:传统会计系统和作业成本会计系统的详细说明

如本章所述,作业成本系统远较传统系统复杂。在这个附录里,相比本章中洛佩兹塑料公司的例子,我们将作更深入的分析。你会发现两类系统只有细节上的差别,而在主要概念上基本相同。

设想如下案例,AT&T公司的一个较小的客户服务中心拥有120 000个居民账户和20 000个商业客户账户,其开单部为这些客户提供账户查询和账单打印服务,它需要获得有用的提供该服务所需的准确成本信息。而一个当地服务局提出,以每居民账户4.30美元和每商业账户8.00美元的费用价格承担目前AT&T开单部正在开展的所有服务。为制定基于可靠信息的决策,AT&T的管理者需要准确估计自己部门为每类账户提供服务所需的成本;同时,他们还需要了解开单部执行关键作业的成本,以决定是否可以通过更好的作业控制实现成本节约。

图4-6描述了居民客户和商业客户的类别(成本对象)及用于维持开单部的资源。开单部的所有成本都是间接成本,没有直接成本或未分配成本存在。该部门目前采用传统的成本核算系统,基于客户账户查询次数分配所有间接生产成本。

图4-6显示上月开单部消耗资源的成本为687 500美元。这个传统的成本核算系统十分简单:所有间接成本相加,再按每种客户类型的查询次数做成本分配。开单部当月收到25 000次账户查询,每次查询成本就是 $687 500/25 000 = \$27.50$。查询总量的80%,即20 000次是居民账户查询,因此我们对居民账户分配80%的支持成本,而商业账户分配20%。最终居民客户和商业客户的单个账户成本分别是($687 500 × 0.8) ÷ 120 000 = \$4.58$ 和($687 500 × 0.2) ÷ 20 000 = \$6.88$。管理者是否能通过这种成本核算方法准确估计每类客户的服务成本呢?如果答案是肯定的,那么开单部管理方就应该接受服务局关于居民账户服务的方案,显而易见,这样每个账户会节省 $\$4.58 - \$4.30 = \$0.28$;而对于商业账户来说,由于其自身成本低于服务局投标价 $\$8.00 - \$6.88 = \$1.12$,该部门应该继续运作其商业客户服务业务。

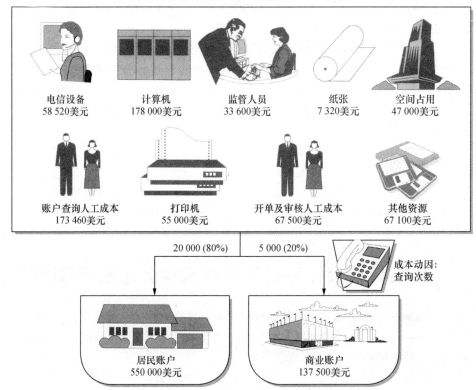

图 4-6　开单部的传统成本核算系统

	成本/查询次数	查询次数	总成本	账户数	成本/账户数
居民账户	$27.5	20 000	$550 000	120 000	$4.58
商业账户	$27.50	5 000	$137 500	20 000	$6.88

管理决策练习

假设 AT&T 管理方继续使用其传统成本核算系统,但是他们同时也认为"(单据)打印行数"是一个更为可靠的成本动因:居民账户平均每张单据只有 12 行,而商业账户有 50 行。基于每张单据行数进行成本核算,则两类客户的单个账户成本分别是多少?得到的新的成本会计信息会如何影响外包决策的变化?

答案:

总体成本不变,但是对每种客户类别分配成本的方式改变了。原来我们将总成本的 80% 分配到居民客户中,而按照新的标准,我们应该只将总成本的 $(12 \times 120\,000) \div [(12 \times 120\,000) + (50 \times 20\,000)] = 59\%$ 分配给居民客户,另外 41% 分配给商业账户。于是,居民客户的单个账户成本为 $(59\% \times \$687\,500) \div 120\,000 = \$3.38$,单个商业账户成本为(41% × \$687 500) ÷ 20 000 = \$14.09。根据这个结果,外包决策必然要进行调整,应该将商业账户而非居民账户外包给服务局。难点在于管理层对决策制定所依据的成本信息有多大把握——错误的成本数据将会导致拙劣的决策。

现在假设你是开单部经理,并且你知道负责开单的雇员花费了大部分时间去核对商业账单的准确性,居民账单核对占用的时间则很少。但根据传统的成本会计系统的核算结果却将80%的成本分配到居民客户,对此你有何看法?是不是已经开始怀疑单个账户成本数据的准确性了?你也知道,由于商业账户平均每张单据有50行(或两张纸),而居民账户只有12行(或1张纸),开单部要为每个商业账户要花费更多的纸张以及更长的计算机和打印机的使用时间。这些情况也与基于查询次数核算得到的成本分配比例相冲突。此外,你还认为,由于商业账户的复杂性,其实际消耗的支持资源远远高于20%。

作为开单部经理,也要关注作业活动,例如商业账单审核,客户查询请求以及由此产生的通信等,而这些作业从客户角度看,只是消耗了成本资源,并没有增加AT&T的服务价值。为减少此类成本,管理层需要更全面地了解主要作业及资源成本间的关系。

总之,你很可能得到AT&T需要改进其开单部的传统成本会计系统的结论,因为它并不能为管理者的战略决策和经营控制提供有用的信息。事实上AT&T的管理层也作出了同样的决定。那么,让我们看看如何为开单部设计作业成本系统。

设计一个作业成本系统

经理们实际是如何设计作业成本系统的呢?在AT&T客服中心的开单部,由开单部经理和AT&T区域财务总监组成的工作组通过如下四步设计了新的成本会计系统。

目 的 9

描述设计作业成本系统的步骤。

第一步:决定作业成本会计系统的关键组成部分 一个作业成本会计系统的关键组成部分包括成本对象、主要作业、资源及相关成本动因。这些要素和新方法的目的共同决定了作业成本系统涉及的范围。AT&T的管理层希望利用该系统:(1)确定开单部每类客户单个账户的成本,以更好地为将账户外包给当地服务局的决策的制定提供帮助;(2)加强经理们对开单部主要作业的理解以便实现经营成本的控制。由于服务局的投标价包括了开单部的所有作业,作业成本系统也必须包含部门内的所有成本。此外,由于管理层也希望了解关键作业及相关成本,工作小组便设计了一个基于作业的系统。

通过与部门监管人员会谈,管理层确定了如下作业和与其相关的成本动因作为开单部成本分配的基础。

作业	成本动因
账户开单	打印页数
单据审核	被审核账户数
账户查询	查询次数
通信	信件数
其他作业	打印页数

四个主要作业分别为账户开单、单据审核、账户查询和通信,这些占据了开单部工作量的绝大部分。同样还有一些其他作业,例如打印机和计算机的常规维护、培训和月度报告的准备等,管理层没有将此确定为独立作业,为此,工作组将它们归总为"其他作业"。原因在于对于这类作业单个的成本资源相对较小,无法确定其可靠的成本动因,或者收集数据的成本过高(相对其实际效用)。大部分其他作业,如维护和培训,都在一定程度上需要打印的功能,出于此原因,对于这个"其他作业"的成本库,成本分配的基础被指定为打印页数。图4-6列出了开单部所使用的资源。

管理决策练习

开单部的经理们对是否将"其他作业"成本库成本作分配存在争议。虽然此类成本库的成本分配基础——打印页数——不够可靠,管理层还是决定将其考虑在内,因为他们希望将全部的单位成本与当地服务局的投标价进行比较。如果"其他作业"成本库的成本不被分配,对单个账户的成本会有怎样的影响呢?

答案:

"其他作业"成本库的成本不被分配的情况下,计算出的单个账户的成本将降低。如果因此使得其低于服务局的出价,管理层以之为依据拒绝将业务外包,那这个决定也并不正确。这是一个很常见的难题——在成本数据的可比性和产生成本数据的成本动因的可靠性这两种需求之间如何权衡。

第二步:确定成本对象、作业和资源间的关系 所有作业分析的一个重要方面就是确认关键作业和所耗资源的相互关系,这主要通过访问员工和分析各种内部数据完成。AT&T作业成本分析的一个重要部分就是和它的所有雇员谈话。例如,他们会询问企业监管人员如何使用他们的时间。通过时间记录,管理人员估计出他们花了大部分时间(40%)管理账户查询作业,30%的时间进行开单作业的管理以及10%的时间处理通信信件。其余的作业则占去了20%的时间。表4-3展示了访谈的结果。

表 4-3 与开单部监管人员座谈的调查结果的分析

执行作业所耗资源	被执行作业					
	账户查询作业	通信作业	开单作业	审核作业	所有其他作业	合计
监管人员	40%	10%	30%		20%	100%
账户查询人工	90	10				100%
开单人工			30	70		100%
审核人工				100		100%
纸张			100			100%
计算机	45	5	35	10	5	100%
电信设备	90				10	100%
空间占用	65		15		20	100%
打印机		5	90		5	100%
所有其他的部门资源					100	100%

作业成本系统的执行需要对经营情况进行细致的研究分析。经理们经常会因此发现之前的间接成本甚至未分配成本都可以通过直接追溯至成本对象得到,从而改进产品或服务成本测算的准确性。在和开单部监管人员座谈期间,工作组发现几位开单雇员专门从事商业账单审核的工作。因此,工作组可以将他们的薪资——11 250 美元——直接追溯至审核作业。此外,由于开单部只对商业账户执行审核作业,此成本库也可以直接追溯至商业客户这个成本对象。

我们来看表 4-3 中的计算机资源项,监管人员指出该项资源的 45% 用于支持账户查询,5% 用于通信以及支持其他项作业。监管人员是如何确定各个比例的呢?首先,他也许是指粗略估计,之后他会收集相关数据来判断自己的估算是否成立。再来看空间占用资源这项,它的分配比例可能是将每个作业的相关雇员所占用的空间尺寸与部门总空间大小相比较得出的。

下一步,工作组需要确定每个成本对象所必需的作业。监管人员指出,居民客户需要账户查询、通信以及开单作业,商业客户除了此三项还需要审核作业。当然,其他作业也是需要的。

> **管理决策练习**
>
> 　　根据表 4-3,请提出一些输出计量单位,可以供开单部用来确定给每项作业分配的电信设备、打印机和纸张等资源成本的比例。其中哪些成本对相关作业是直接成本而对客户这个成本对象来说则是间接成本?
>
> **答案:**
> 　　每项资源都有一些合理的输出计量单位。会计师们通常以分钟或小时来分配电信设备的成本,利用机器使用时间、打印行数或打印页数分配打印机成本。如果成本分配基础不是必要的话,纸张对于打印作业就是直接成本。同时我们注意到,对于最终的成本对象——客户来说,纸张资源则应作为间接成本看待,是按照打印页数来分配的打印作业成本库的一部分。

图 4-7 的流程图同样对通过访问监管人员收集到的信息作了简要的描述。我们先将 10 项资源成本分配给了 5 项作业。以账户查询作业为例,其消耗空间占用成本的 65%、电信设备资源的 90%、计算机资源的 45%、监管人工资源的 40% 以及账户查询人工的 90%。再将 5 项作业的成本分配给两类成本对象——居民客户和商业客户。例如对于商业账户,需要账户查询、通信、开单、审核以及其他作业。作业成本的分配则基于每位客户所使用的作业量的计量。例如,我们可以根据居民账户和商业账户的查询次数分配账户查询作业的成本库。

流程图可以作为经理们了解经营情况的重要工具。AT&T 的经理们就认为这张流程图很有必要,因为它很好地揭示出了 AT&T 是如何经营的,他们可以从中了解经营作业如何消耗成本资源。而在一般情况下,如果我们不绘制流程图和确定成本以及成本动因,我们不会收集图 4-7 中的成本数据和成本动因数据。作业成本系统工作组利用这张流程图来指导作业成本系统设计的下一步骤——数据收集。

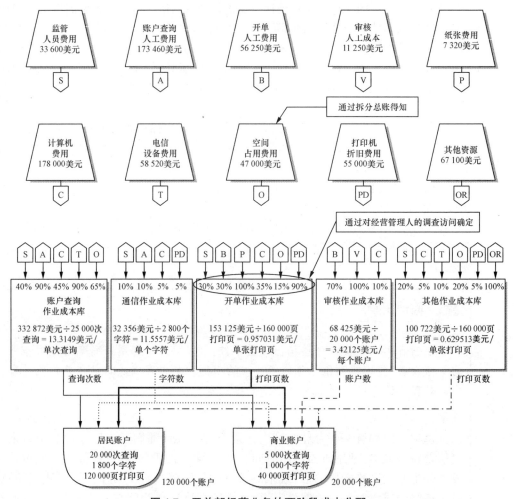

图 4-7 开单部经营业务的两阶段成本分配

第三步:收集关于成本和成本动因在资源和作业中实物流动的相关数据 开单部的经理们以流程图为指导,通过进一步向相关职员调查了解,收集到了需要的成本和经营数据。数据来源包括了账户记录、专门调研以及部分情况下"经理们的最佳估算"。他们从总账(图4-6)中获得了资源成本信息,从各种各样的经营报告(表4-3和表4-4)中获得了成本动因流动情况的数据。图4-7显示了所得到的数据。

表4-4 开单部各成本动因计量单位的数目

作业	成本动因计量单位	成本动因计量单位数		
		居民户	商业户	合计
账户查询	查询次数	20 000	5 000	25 000
通信	字符数	1 800	1 000	2 800
开单	打印页数	120 000	40 000	160 000
审核	被审核账户数		20 000	20 000
其他作业	打印页数	120 000	40 000	160 000

经理们现在可以利用完成的流程图来确定他们必须作出的战略经营决策的成本。

第四步：计算新的作业成本信息并给以说明 收集完所有需要的财务和经营数据后，新的作业信息就可以计算得出。表 4-5 总结了阶段 1 作业分配的情况，并列出了 5 个作业成本库的合计可追溯成本。注意，表 4-5 中合计可追溯成本为 $332 872 + $32 356 + $153 125 + $68 425 + $100 722 = $687 500，与图 4-6 中的合计间接成本相等。

表 4-5 开单部作业的合计可追溯成本

资源	成本 （来自图 4-6）	作业成本库				
		账户查询	通信	开单	审核	其他
监管人员	$33 600	$13 440 *	$3 360 **	$10 080 ***		$6 720 ****
账户查询人工	173 460	156 114	17 346			
开单人工	56 250			16 875		$39 375
审核人工	11 250				11 250	
纸张	7 320			7 320		
计算机	178 000	80 100	8 900	62 300	17 800	8 900
电信设备	58 520	52 668				5 852
占用空间	47 000	30 550		7 050		9 400
打印机	55 000		2 750	49 500		2 750
其他资源	67 100					67 100
合计可追溯成本	$687 500	$332 872	$32 356	$153 125	$68 425	$100 722

* 来自表 4-3 和图 4-7，账户查询作业是用了监管人员资源的 40%，所以分配数为 40% × $33 600 = $13 440
** 10% × $33 600
*** 30% × $33 600
**** 20% × $33 600

现在，根据第三步的数据，我们可以确定出每一类客户的单个账户作业成本（阶段 2 分配）。

仔细查看表 4-6 中的最后两行会发现，传统成本核算方法高估了数量较多的居民账户成本，严重低估了数量少但复杂的商业账户成本。采用作业成本法计算，居民账户单位成本是 3.98 美元，比采用传统成本系统计算的成本 4.58 美元低 0.60 美元（或 13%）。商业账户单位成本是 10.50 美元，比传统成本系统计算的成本 6.88 美元高 3.62 美元（或 53%）。这些分析证实了管理人员认为传统成本核算法低估了商业账户成本的看法。AT&T 的管理层现在有了更精确的成本信息来帮助自己制定战略决策和控制成本。如上的结果在进行作业成本的研究分析的公司中非常常见。传统方法往往会高估数量多而流程简单的成本对象的成本。哪种系统更有意义呢——简单的按照查询次数将支持成本"分摊"给两类客户的传统成本分配系统，还是确定出关键作业并将成本按照每个关键作业成本动因的单位消耗分配的作业成本系统呢？对于 AT&T，从新的作业成本系统得到的好处显然要大于执行并维持该系统的成本。

表 4-6 作业成本核算分析的重要结果

作业(动因单位)	动因成本		
	可追溯成本 (见表 4-5)(1)	动因单位的合计数 (见图表 4-11)(2)	单位成本动因的成本 (1)÷(2)
账户查询(查询次数)	$332 872	25 000次查询	$13.314880
通信(字符数)	$32 356	2 800个字符	$11.555714
账户开单(打印页数)	$153 125	160 000页打印页	$0.957031
单据审核(被审核账户数)	$68 425	20 000个被审核账户	$3.421250
其他作业(打印页数)	$100 722	160 000页打印页	$0.629513

	单位成本 动因的成本	每类账户的成本			
		居民账户		商业账户	
		动因单位 的数量	成本	动因单位 的数量	成本
账户查询	$13.314880	20 000次查询	$266 298	5 000次查询	$66 574
通信	$11.555714	1 800个字符	20 800	1 000个字符	11 556
账户开单	$0.957031	120 000页	114 814	40 000页	38 281
单据审核	$3.421250			20 000个账户	68 425
其他作业	$0.629513	120 000页	75 541	40 000页	25 181
合计成本			$477 483		$210 017
账户数			120 000		20 000
单个账户成本			$3.98		$10.50
单个账户成本 (图 4-6 传统 方法核算)			$4.58		$6.88

战略决策、运营成本控制和作业管理

现在,让我们看看开单部如何利用作业成本系统来改进战略决策和运营成本的控制。设想如果由于新住宅的开发和购物中心的建立,预期需求大幅度增长,开单部必须寻找新的方式以处理更多的账户。一个可能的战略行动被提上了计划——将一定的客户账户服务业务外包给当地服务局。开单部的经理们同样希望能在不影响提供给客户的服务质量的前提下降低本部门的运营成本。为此,他们利用表 4-6 中作业成本系统的信息来找出那些高成本的非增值作业。例如,账户查询和单据审核作业成本虽高却并不增值,所以管理层寻求建议来削减成本。通过作业成本系统提供的新的信息可以找到下列用于改进的办法:

• 让服务局处理商业账户,这样可以显著节约成本。从表 4-6 中可以看出,服务局 8.00 美元的出价与开单部作业成本 10.50 美元相比,每个账户可节约 2.50 美元! 此外,部门经理还需要尽力消除或至少削减单据审核、商业账户查询以及商业账户通信作业这样的非增值作业。

如果 AT&T 将商业客户外包给服务局,实际情况中成本能够真正减少 50 000 美元(20 000 商业账户,每户 2.50 美元)吗? 答案是否定的。只有纸张、非固定电信资费和计算机费用以及加班和兼职人工费等这样的资源成本的可变部分会立刻减少。这些资源的固定成本部分如果没有特别的管理方式并不会有任何变化。设想,用本来是开单的人工执行审核是固定成本资源,那么以前他们用来进行审核的时间就是其空闲时间,但是公司仍然要支付其薪资。这就要求管理人员来决定是解雇一些开单雇员,还是仍旧保留他们,来为由于预期的居民客户的增加将会导致的打印作业的增长准备人手。

- 表4-6显示出账户查询作业成本很高,占了开单部总成本的很大一部分。通过标杆管理分析得出,13.31美元的单次查询成本与其他类似客服中心相比过高。为此,开单部经理在会议上与来自低作业成本中心的经理交流了流程改进的意见和建议。其中之一就是利用网络查询系统来处理关于单据的常规问题。

开单部和其他许多已经应用作业成本和作业管理系统的公司一样,改进了其战略和运营决策。

小结与复习

问题:

再看一下开单部的例子。设想 AT&T 青年城地区的客服中心正在运用成本核算系统。该中心拥有 98 000 个居民客户和 25 000 个商业客户。作业成本系统工作小组已经收集到了表4-7 中的数据。管理层已经决定将其他资源成本分配。

表4-7 第一阶段分配比例和成本动因单位的月度计数

资源	月度成本	作业的资源使用百分比				
		其他	开单	账户查询	通信	审核
监管人工	$30 500	40%	35%	8%		17%
账户查询人工	102 000			85	15	
开单人工	45 000	70				30
纸张	5 800		100			
计算机	143 000	30	48	7	10	5
电信设备	49 620			85		15
占用空间	56 000	15	70			15
打印机	75 000	80		5		15
其他	59 000					100
合计	$565 920					

作业	成本动因	成本动因单位的月度计数		
		合计	居民账户	商业账户
开单	行数	1 176 000	1 250 000	2 426 000
账户查询	查询次数	9 800	7 500	17 300
通信	字符数	1 960	2 500	4 460
审核	被审核账户数	49 000	12 500	61 500

1. 利用表4-5 和表4-6 的格式,列表确定每项作业成本动因的单位成本以及每类客户单个账户的作业成本。

2. 注意审核作业。假设审核单个账户的成本是 0.45 美元,中心对居民账户和商业账户的单据各审核 50%。如果平均每张商业单据为 50 行而居民单据则为 12 行,请评价将被审核账户作为成本动因的做法,并提出一个更可靠的成本动因。

答案:

1. 表 4-8 列出了开单部每项作业的可追溯成本。我们从中可以确定成本动因的单位成本以及每类客户单个账户的作业成本,结果见表 4-9。

2. 作业成本核算系统根据被审核账户的数目,将审核成本的 49 000÷(49 000+12 500)=79.7% 分配给了居民账户。但是,审核一张单据的工作应该与该张单据的行数更为相关。如果基于被审核账户数分配,那就假定了雇员审核居民账户和商业账户的工作量相同的前提,而实际居民账户的单据打印行数要少得多。因此,以被审核行数作为成本动因会更为可靠。商业账户被审核行数为 50 行/户 × 12 500 户=625 000 行,居民账户被审核行数则为 12 行/户 × 49 000 户=588 000 行。据此,我们应该将审核成本的 588 000÷(588 000+625 000)=48.5% 分配给居民账户。进行作业成本分析的团队在选择做成本分配基础的成本动因时应该始终保持谨慎。青年城工作小组也许也会想检查一下将查询次数作为成本动因的可靠性,因为这个选择同样有一个假设前提,那就是居民客户和商业客户的查询所需工作量也要相同。

表 4-8 开单部作业的总计可追溯成本

资源	成本 (见表 4-7)	作业				
		开单	账户查询	通信	审核	其他
监管人工	$30 500	$12 200*	$10 675**	$2 440***		$5 185****
账户查询人工	102 000		$86 700	15 300		
开单人工	45 000	31 500			$13 500	
纸张	5 800	5 800				
计算机	143 000	42 900	68 640	10 010	14 300	7 150
电信设备	49 620		42 177			7 443
占用空间	56 000	8 400	39 200			8 400
打印机	75 000	60 000		3 750		11 250
其他资源	59 000					59 000
合计可追溯成本	$565 920	$160 800	$247 392	$31 500	$27 800	$98 428

　*40% × $30 500
　**35% × $30 500
　***8% × $30 500
　****17% × $30 500

表4-9 成本动因的单位成本和单个账户的作业成本

	动因成本		
作业(动因单位)	可追溯成本 (见表4-8) (1)	动因单位的合计数量 (见图表4-14) (2)	动因的 单位成本 (1)÷(2)
账户查询(查询次数)	$247 392	17 300次查询	$14.300116
通信(字符数)	$31 500	4 460个字符	$7.062780
账户开单(行数)	$160 800	2 426 000行	$0.066282
单据审核(被审核账户数)	$27 800	61 500户被核账户	$0.452033

		每类客户的成本			
	动因的 单位成本	居民账户		商业账户	
		动因单位的数量	成本	动因单位的数量	成本
账户查询	$14.300116	9 800次查询	$140 141	7 500次查询	$107 251
通信	$7.062780	1 960个字符	13 843	2 500个字符	17 657
账户开单	$0.066282	1 176 000行	77 947	1 250 000行	82 853
单据审核	$0.452033	49 000户	22 149	12 500户	5 650
合计成本			$254 081		$213 411
账户数			98 000		25 000
单个账户成本			$2.59		$8.54

会计词汇

作业成本系统[Activity-based costing(ABC)systems]
作业管理(Activity-based management,ABM)
标杆管理(benchmarking)
成本(cost)
成本会计(cost accounting)
成本会计系统(cost accounting systems)
成本归集(cost accumulation)
成本分配(cost allocation)
成本管理系统(cost management system,CMS)
成本对象(cost object)
成本目标(cost objective)
成本库(cost pool)
直接成本(direct costs)
直接人工成本(direct-labor costs)

直接材料成本(direct-material costs)
工厂负荷(factory burden)
工厂间接费用(factory overhead)
成品库存(finished-goods inventory)
弹性边际成本法(GPK)
间接成本(indirect costs)
间接生产成本(indirect manufacturing costs)
间接生产成本(indirect production costs)
产品存货成本(inventoriable costs)
制造间接费用(manufacturing overhead)
非增值成本(non-value-added costs)
期间成本(period costs)
流程图(process map)
产品成本(product costs)
追溯(tracing)
传统成本核算系统(traditional costing systems)
两阶段作业成本系统(two-stage ABC system)
未分配成本(unallocated costs)
增值成本(value-added cost)
在产品存货(work-in-process inventory)

基础习题

4-A1 直接、间接以及未分配成本,流程图

Beltran 门业公司制造并销售三条产品线——定制装饰用门、大型标准门和小型标准门。近期的经营收益账目如下表所示:

Beltran 门业公司经营利润表		
		合计
销售收入		$150 000
销售产品成本		
直接材料	$40 000	
间接制造	41 000	81 000
毛利		69 000
销售及管理费用		
佣金	15 000	
仓库费用	10 400	25 400
未分配费用前的收益		43 600
未分配费用		
管理人员薪资	8 000	
管理人员其他费用	4 000	12 000
税前经营利润		$31 600

Beltran 采用传统成本会计系统。图 4-9 是描述这一系统操作过程的流程图。为帮助分析公司的产品混合战略,要求你确定每条生产线的经营利润(亏损)(可以采用与本章图 4-1 相似的形式)。

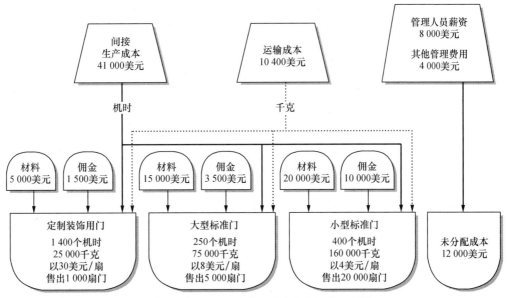

图 4-9　Beltran 门业公司使用传统成本核算法的流程图

4-A2　制造业企业和商业企业的财务报表

BOE 公司和 CSI 同为销售帐篷的公司。BOE 从生产商处以 96 美元/件的价格购入帐篷,然后以 180 美元/件售出。20×4 年该公司购入了 10 000 件帐篷。

CSI 公司自己生产帐篷。在 20×4 年 CSI 共生产了 10 000 件帐篷,具体成本如下:

购入原材料		$570 000
耗用原材料(直接材料)		$520 000
直接人工		$290 000
间接生产成本		
折旧	$50 000	
间接人工成本	$60 000	
其他	$40 000	$150 000
总生产成本		$960 000

假设 CSI 没有期初原材料存货,也没有任何期初产成品存货(即完工的帐篷),但期末产成品存货有 1 000 件,在产品存货可忽略不计。

两家公司于 20×4 年各自以 1 620 000 美元售出 9 000 件帐篷,由此产生的销售及管理成本如下:

销售人员薪资及佣金	$105 000
零售店折旧	40 000
广告支出	25 000
其他	15 000
总销售和管理费用	185 000

要求：

1. 为 BOE 公司准备截至 20×4 年 12 月 31 日资产负债表的存货部分。
2. 为 CSI 公司准备截至 20×4 年 12 月 31 日资产负债表的存货部分。
3. 以 149 页上的销货成本计算为模板，为 BOE 公司准备 20×4 年的利润表。
4. 以 149 页上的销货成本计算为模板，为 CSI 公司准备 20×4 年的利润表。
5. 总结 BOE(销售商)和 CSI(制造商)公司财务报表的不同之处。
6. 成本管理系统报告在根据以上 1—4 问提供信息时，达到的是什么目的？

4-A3 作业、资源、成本动因和银行业

第一银行是某银行集团的零售分支，它地处于某居民区，其业务主要针对个人及当地企业。第一银行四大业务分别是结算业务(取兑、支票、换汇)、贷款业务、简单投资业务(个人客户)和复杂投资业务(大型商业投资组合)。

为支持其业务发展，第一银行聘用了 10 名前台员工、12 名后台员工(处理贷款申请和投资)和 2 名顾客投资顾问(同时负责管理复杂投资组合)。3 名高管组成的管理团队负责银行的整体运作。作为第一银行实施作业成本核算法的一部分，他们需要明确作业、资源和成本动因。下表总结了第一银行为其作业及资源所确认的成本动因：

成本动因
投资数
申请数
贷款数
人工小时数
分钟数
电脑结算次数
平方英尺
贷款咨询数
业务数
计划表数
保安员数

请指出下列每一项描述的是作业(用 A 表示)还是资源(用 R 表示)。针对每一种作业或者资源，从上面的表格中选出最合适的成本动因，并指出每一种资源是固定成本资源(用 F 表示)还是变动成本资源(用 V 表示)。作为示例，第一条已经标明。

a. 大楼及保险等的维护(R，平方英尺，F)
b. 为客户提供服务的前台工作人员
c. 调查申请贷款客户信用的外部服务部门
d. 为客户准备投资的文件

e. 评估贷款申请

f. 后台员工的加班工作

g. 电话/传真

h. 为客户服务以及调查客户信誉的员工

i. 从被批准贷款的客户处取得抵押品

j. 外部电脑服务

k. 罗列贷款偿付计划

l. 提供咨询服务、安排投资组合的员工

4-A4 传统成本核算法、作业成本核算法以及作业管理

回到对洛佩兹塑料公司的讨论。假设公司采用如表4-2所述的传统成本核算系统。高层管理者希望能扭转公司季度损失的形势,公司总裁 Angie Oaks 女士强调了将两位生产线经理的未来薪酬增长与他们各自负责部门的毛利率相联系起来以促进利润水平提高的方案。她对手机包装生产线的赢利能力表示满意,但同时对钢笔包装生产线的赢利能力非常关注。另外,她认为与其他竞争企业相比,公司的未分配成本过高。

公司的控制部门负责维护与供应商的关系以及原材料采购,其部门运作的成本包括在未分配成本中。控制部门提出以下观点:

> "我们应该在手机包装中采用更多的标准化配件,这样可以大大减轻采购部门的工作量。我认为这一举措可以使本部门每个季度减少25 000美元的成本支出。另外,采用标准化配件可避免购买一些昂贵的树脂材料。从少数供应商处大量批发相对廉价的树脂材料可以削减10%的手机包装原材料成本。产品工程师指出这一建议非常可行,而且一旦采用,手机包装的质量也会得到提高。"

控制部经理和市场部经理提供了对相关措施及效果作出了以下总结:

措施	预期效果
降低25%手机包装价格	销售部门副总裁指出:手机包装在提高其质量的同时降价将在每个季度带来100%需求量的增加。
尽可能在手机包装中使用标准化配件	手机包装的配件总数不会减少,但由于供应商提供折扣的缘故,直接材料成本将减少10%。供应商数量的减少将大大减轻采购部门维护供应商关系的工作量。这将使未分配成本减少 $25 000。 尽管由于手机包装生产及销售量各增加100%,生产时间将增加500小时(按直接人工工时计算),但我们拥有足够的人工和机时。直接人工和间接生产成本都是固定的。 生产流程的简化将帮助提高手机包装质量。

要求:

1. 参考表4-2,用传统的成本分配方法评估这一方案。每条生产线和公司整体的预期赢利能力各是多少?控制部经理的建议将获得来自钢笔包装生产线经理和手机生产线经理多大程度上的支持?总裁又将持何观点?

2. 假设你采用图4-5所示的作业成本法。一般而言,采用作业成本法的经理更倾向于改进措施,因为他们对运营系统有着更深入的了解。在这个案例中,尽管配件总数没有改变,但改进措施将手机包装特殊配件的数量从 20 个减少到了 9 个。根据图 4-5 的作业成本法来评估控制部经理的方案,每条生产线和公司整体的预期赢利能力各是多少?控制部经理的建议将获得来自钢笔包装生产线经理和手机生产线经理多大程度上的支持?总裁又将持何观点?

3. 作为副总裁,你对传统成本核算法在提供生产成本信息的准确性和提供运营监管方面相关信息能力的不足表示关注。新的作业成本法是否能够满足你的要求?请解释。

4-B1　直接成本、间接成本和未分配成本

Des Moines Implements 是一家购买零件并进行装配最终提供半成品的供应商。它主要面向以下三个不同的市场:农场拖拉机部件、除草机部件和手动工具部件。公司最近一期的经营利润表如下所示:

Des Moines Implements:经营利润表

		总额(美元)
营业收入		1 010 000
销货成本		
直接材料	400 000	
间接生产成本(按机时分配)	94 000	494 000
毛利		516 000
销售及管理费用		
佣金	55 000	
到仓库的运输费用(按千克分配)	150 000	205 000
收入(扣除未分配成本前)		311 000
未分配成本		
公司薪酬	11 000	
其他费用	17 000	28 000
税前经营利润		$283 000

Des Moines Implements 采用传统成本核算系统,其所采用的运营数据如下:

	拖拉机部件	除草机部件	手动工具部件
购买配件成本(美元)	$175 000	$125 000	$100 000
机时(小时)	8 500	1 750	1 500
运输部件的重量(千克)	100 000	400 000	250 000
每单位销售佣金(美元)	$5.00	$0.80	$0.20
装配并销售的部件(件)	5 000	25 000	50 000
销售单价(美元)	$70	$16	$5.20

要求:

确定每条生产线的经营利润(亏损)。可采用表 4-1 中的形式。

4-B2　成本分配、部门分配率、直接人工工时和机时

Felski Manufacturing 公司有两个生产部门:加工和装配。Felski 先生最近将加工部门自动化,安装了 CAM 系统和一个机器人工作平台,这极大地减少了直接人工的需求量。与此同时,装配部门仍然主要由人工操作。

公司曾一直以一个统一的成本分配比率(按直接人工工时计算)为基础,将所有成本(直接材料除外)分配到最终产品中去。Felski 先生曾考虑过两个备选方案:(1) 继续将直接人工工时作为唯一的成本分配基础,但在加工和装配部门使用不同的比率;(2) 在加工部门把机时作为成本分配基础,而在装配部门继续沿用直接人工工时。

20×5 年预算数据如下:

	加工	装配	总计
总成本(除去直接材料):美元	$585 000	$450 000	$1 035 000
加工时间(机时):小时	97 500	*	105 000
直接人工工时:小时	15 000	30 000	45 000

*无数据参考。

要求:

1. 假设 Felski 先生继续对最终产品采用统一的成本分配比率(按直接人工工时计算)进行成本分配。计算该方案下的成本运用比率。

2. 假设 Felski 先生仅沿用直接人工工时作为唯一的成本分配基础,而在加工和装配部门采用不同的成本分配比率。

　a. 计算加工部门的成本分配比率。

　b. 计算装配部门的成本分配比率。

3. 假设 Felski 先生把加工部门的成本核算系统改为以机时为成本分配基础,而装配部门以直接人工工时为基础。

　a. 计算加工部门的成本分配比率。

　b. 计算装配部门的成本分配比率。

4. 三种产品使用的机时以及直接人工工时如下表所示。

	加工部门机时	加工部门直接人工工时	装配部门直接人工工时
产品 A	10	1	14
产品 B	17	1.5	3
产品 C	14	1.3	8

　a. 计算单件产品生产成本(不包括直接材料),采用在公司范围内以直接人工工时为基础的比率。

　b. 计算单件产品生产成本(不包括直接材料),以直接人工工时为成本分配基础,但对加工和装配部门采用不同的成本分配比率。

　c. 计算单件产品生产成本(不包括直接材料),对加工部门采用以机时为基础的成本分配,对装配部门采用直接人工工时为基础的成本分配率。

　d. 比较 4a、4b、4c 不同条件下的结果。

4-B3　电子公司的作业成本核算法

一家总部设在 Dallas(美国城市)的电子公司的无绳电话生产分部采用作业成本核算系统。为简便起见,假设公司的会计师仅列出以下三项作业以及与其间接生产成本相关的成本动因。

作业	成本动因
材料处理	直接材料成本
工程	工程变更通知
电费	千瓦时

公司生产三种无绳电话：Slim、RAZ 和 TEX。最近一个月各产品直接成本和成本动因如下表所列：

	Slim	RAZ	Tex
直接材料成本：美元	$25 000	$50 000	$125 000
直接人工成本：美元	$4 000	$1 000	$3 000
千瓦时	50 000	200 000	150 000
工程改变通知	13	5	2

当月间接生产成本为：

材料处理	$10 000
工程	20 000
电费	16 000
总间接成本	$46 000

要求：

1. 计算按作业成本法分配到每件产品的间接生产成本。
2. 假设所有间接生产成本都按照其直接人工成本的比例分配到产品中去。计算分配到每件产品中的间接生产成本。
3. 在 1、2 两问的产品成本计算结果中，你更倾向于选择哪一种？为什么？

补充习题

简答题

4-1 给成本管理系统下定义，并列出其三个目的。

4-2 成本管理系统(CMS)有三个基本目的。对于下列各项决策，请指出其运用 CMS 的目的：

  a. 一名生产经理希望了解进行生产准备的成本，用以和公司流程改进项目中的目标成本进行比较。

  b. 公司高层希望确认不同生产线的赢利能力，以建立最优的产品组合。

  c. 财务经理们希望知道在公司年报中的资产负债表上显示的存货生产成本。

4-3 请列举出四种成本对象。

4-4 "部门既不是成本对象，也不是产生成本的个体。"你同意这句话吗？请解释原因。

4-5 建立细致的成本会计核算系统的主要目的是什么？

4-6　成本会计系统中的两个主要的步骤是什么？

4-7　为什么说成本会计系统对经理来说格外重要？

4-8　请区别直接成本、间接成本和未分配成本。

4-9　"一项成本可以同时是直接的又是间接的。"你同意这句话吗？请解释原因。

4-10　经济可行性的概念与直接成本和间接成本的区分有什么样的联系？

4-11　成本分配的四个目标是什么？

4-12　为什么在供外部报表使用时，公司只会把所有的生产成本分配到产品上？

4-13　"成本库是一组能直接追溯到适当的成本对象中的成本。"你同意这句话吗？请解释原因。

4-14　请列举出五个可以被用来替代"分配"（allocate）的术语。

4-15　"典型的传统会计系统只分配与价值链上的生产这一环节相关的成本。"你同意这句话吗？请解释原因。

4-16　"使用一个没有任何意义的成本动因来分配某些成本，不如不进行分配。"你同意这句话吗？请解释原因。

4-17　生产设备维护费、销售佣金和流程设计成本是公司成本的组成部分。请确认上述成本中哪些最有可能是产品生产中的直接成本、间接成本和未分配成本。

4-18　"对于一个家具工厂，胶水和钉子是最终产品的组成部分，因此它们属于直接材料成本。"你同意这句话吗？请解释原因。

4-19　"对财务报表而言，折旧属于期间成本。"你同意这句话吗？请解释原因。

4-20　请区别成本和费用。

4-21　请区别制造业公司和商业公司。

4-22　为什么在制造业公司的资产负债表中，存货账户没有直接人工这一项？

4-23　在两阶段作业成本法中，百分比通常被用来向作业成本库分配资源成本。那么这些百分比是成本动因吗？

4-24　"作业成本系统总是比传统成本系统准确。"你同意这句话吗？请解释原因。

4-25　请比较作业成本法和作业管理。

4-26　请解释一个工厂的生产设备布局如何能减少非增值作业？

4-27　为什么经理们总是想要区分出增值作业和非增值作业？

4-28　什么是标杆管理？

4-29　为什么在将公司业绩进行对表时要非常谨慎？

4-30　为什么越来越多的企业开始采用作业成本法？

4-31　（参见附录4）请列举作业成本系统设计和执行中的四个步骤。

理解练习

4-32　市场营销和生产量计划

一家公司刚刚完成对下一年的市场营销计划。管理会计师已经将销售量的增长数据输入到流程模型当中，然而计算结果表明，一些关键资源的使用量超出了上限。你能提供三种不同的方法来解决这个进退两难的局面吗？

4-33 作业成本法和作业成本管理比较

在作业管理研讨会中，与会者经常会问到作业成本法和作业管理的区别。请简要解释。

4-34 成本管理系统和基于作业的成本分配

许多经理经常会对基于作业的成本分配的价值感到困惑。一种常见的评论是："基于作业的成本分配对产品成本有用，但对运营成本控制没用。"你同意这句话吗？请解释原因。

4-35 作业成本法和成本管理系统

成本管理系统有三个主要目标。其中两个是为战略目标和运营目标提供信息。作业成本系统经常被公司采用，以提高这些被经理们用来作出战略和运营决策的信息的准确性。假设一个公司只生产一种产品，那么这意味着它100%的成本都与该产品的成本目标直接相关。准确的产品单位成本就等于所有已发生成本与已生产的产品数量的比值。为什么这家公司还会对作业成本法系统感兴趣吗？

4-36 作业成本法和标杆管理

假设AT&T公司采用标杆管理来比较不同部门的作业成本。作为标杆管理的一部分，AT&T比较了相似作业的单位动因的作业成本和不同地区开单部门的单位客户成本。例如，AT&T比较了青年城地区的开单部门成本和洛杉矶地区的相似成本。这些比较是否有意义？为什么？

练习题

4-37 生产成本的分类

请将下列项目按照成本是否可以追溯到产品中分为直接成本（D）或间接成本（I）；按照成本是否因作业或产量变化而大幅波动分为可变成本（V）或固定成本（F）。对下列10个项目分别回答出它们的两种成本分类，D或I以及V或F。

1. 筑路机使用的水泥
2. 主管培训项目
3. 研磨剂（如砂纸）
4. 制造部门的切割刀
5. 工厂食堂的食品
6. 厂房租金
7. 工厂储藏室职员的工资
8. 车间工人的职工赔偿保险
9. 鼓风炉工作产生的金属碎片
10. 车间洗手间消耗的纸巾

4-38 巩固你对生产成本分类的理解

请将下列项目按照成本是否可以追溯到产品中分为直接成本（D）或间接成本（I）；按照成本是否因作业或产量变化而大幅波动分为可变成本（V）或固定成本（F）。并解释你的分类依据。

1. 只生产一种产品的机器操作员的工资
2. 装配在最终产品上配件的成本

3. 对机器实施维护时所消耗的物料成本
4. 操作机械的技工培训费

4-39 变动成本和固定成本、生产成本和其他成本

对于下列编号的项目,请从标有字母的选项中选出恰当的成本为这家制造业公司进行成本分类。如果拿不准成本是变动的还是固定的,请按照总成本是否因作业或产量变化而大幅波动进行判定。大多数项目会有两重分类。

    a. 生产成本,直接的
    b. 生产成本,间接的
    c. 一般管理费用
    d. 销售费用
    e. 固定成本
    f. 变动成本
    g. 其他成本(请具体说明)

例子:

直接材料	a,f
总裁的薪资	c,e
债券利息费	e,g(财务费用)

请考虑以下各项的成本:

1. 焊接物料
2. 销售人员佣金
3. 销售人员工资
4. 车间机器消耗的电力
5. 火灾造成的损失
6. 砂纸
7. 监工工资,生产控制
8. 监工工资,装配部门
9. 监工工资,车间储藏室
10. 公司野餐费用
11. 加班费,冲床
12. 停机时间,装配线
13. 订单运输费
14. 财产税
15. 已完工产品消耗的油漆
16. 暖气和空调费用,车间
17. 物料运输的人工成本,冲床
18. 直线折旧,销售人员使用的汽车

4-40 直接成本、间接成本和未分配成本

请参考洛佩兹塑料公司的案例和图4-5。下面列出了洛佩兹公司使用的各种资源。请用字母 D、I 和 U 来表示下面各项成本该如何分配：D 代表直接成本；I 代表间接成本；U 代表未分配成本。

1. 车间经理的工资
2. 成本会计师的工资
3. 工程师用于设计手机包装的电脑的折旧
4. 厂房的折旧
5. 用来制作钢笔包装的树脂
6. 工程师的工资
7. 加工钢笔包装的操作人员的工资
8. 采购代理员在调查潜在新树脂供应商时产生的旅行费用

4-41 作业成本法中的成本分摊

请参考洛佩滋塑料公司的例子和图 4-5。基于新的信息，管理层刚刚调整了用于作业成本法第一阶段的百分比，如下。请准备一张显示两种产品毛利的表。

资源使用百分比	间接资源	
	厂房和设备	工程师和电脑辅助设计设备
流程作业	90%	40%
生产支持作业	10%	60%

4-42 作业成本核算法

Wellington 公司为到新西兰的游客生产很多种纪念品。皇后城（Queenstown）分部用高度自动化的方式来生产填充的几维鸟玩具。最近刚刚采用的作业成本系统由四个作业中心组成：

作业中心	成本动因	单位动因成本
收到和处理的原材料	原材料的千克数量	每千克 $1.20
生产安排	安排次量	每次安排 $60
切割、缝制和组装	产品数量	每件 $0.4
包装和运输	订单数量	每个订单 $10

两种产品叫做"标准几维鸟"和"巨型几维鸟"。它们分别需要 0.2 公斤和 0.4 公斤原材料，所用的原材料每公斤单位成本分别为 1.4 美元和 2.2 美元。生产这些产品是由一条计算机控制的组装产品线完成的。当一种产品开始生产后，若再想生产另一种产品，就必须要经过一个让电脑重新编排的设置程序，同时要在流程中作出其他相应改变。一般说来，每经过一次设置能够生产出 600 只标准几维鸟或 240 只巨型几维鸟。产品被分别包装和运输来满足客户的要求。举例来说，三个不同的产品就是三个不同的订单。

假设 Te Papa Tongarewa 礼品商店刚刚发出了一个订单，他们需要 100 只标准几维鸟和 50 只巨型几维鸟。

要求：

1. 请计算运送到 Te Papa Tongarewa 礼品商店的产品的成本。
2. 假设 Te Papa Tongarewa 礼品商店需要这家公司在为它制作的每只几维鸟上都印上

"Te Papa"标志。因为生产采用自动化流程,所以打印这些字母并不需要额外的时间和材料,但是必须为每个产品进行特别的生产安排。在这种情况下,请计算运送到 Te Papa Tongarewa 礼品商店的产品的成本。

3. 请解释作业成本系统如何能够帮助该公司更好地计算单个产品或订单的成本。该公司以前采用的传统成本系统会根据直接人工将所有的非材料成本进行分摊。

4-43 直接成本、间接成本和未分配成本

下表所示的是从 Santana 公司(一家制造业公司)观察得到的几项作业及其相关成本。这家公司制造很多种产品,目前它采用的是根据直接人工工时分摊生产费用的传统成本系统。这家公司正在为它价值链中的设计、生产、物流等职能部门实施作业成本法。公司需要你完成下表,指出各项作业的成本是直接成本、间接成本还是未分配成本。对于各项间接成本,请指出一个适当的成本动因(或者不止一个成本动因也可以)。前两个项目已经完成了,请完成其他部分。

作业	相关成本	传统成本法	作业成本法
监管生产	监工工资	间接(直接人工工时)	间接(监管的人数)
为新产品设计原型机	电脑折旧	未分配	间接(零部件数量)
生产启动安排	机械师工资		
购买产品原材料和零部件	原材料和零部件成本		
将产品运送给客户(分销商)	公司船只和卡车消耗的燃油		
商场营销人员为探明新产品需求所进行的市场研究	市场研究人员工资		
生产日程安排	生产安排经理工资		
购买产品原材料和零部件	采购代理商工资		
处理客户订单	订单处理人员工资		
准备成本分析	成本会计工资		
设计新产品	专门负责某一产品的设计工程师工资		
管理公司的整体运营	管理者薪资		

思考题

4-44 成本归集和分配

Zhang 制造公司有两个部门——机加工部门和精加工部门。在一段给定的时间内,公司整体发生的成本如下:直接材料 15 000、直接人工 75 000、间接生产成本 80 000 美元——总计 305 000 美元。

机加工部门发生了 70% 的直接材料成本,但直接人工成本仅为 33%。通常,各部门发生的间接生产成本按照部门内产品耗用直接人工成本的比例分配到产品中。该公司生产三种产品:

产品	直接材料	直接人工
Alpha	40%	30%
Beta	30%	30%
Gamma	30%	40%
机加工部门总计	100%	100%
Alpha	33⅓%	40%
Beta	33⅓%	40%
Gamma	33⅓%	20%
精加工部门总计	100%	100%

发生的间接生产成本中,被分配到机加工部门的为38 000美元,被分配到精加工部门的为42 000美元。

要求:

1. 计算机加工部门和精加工部门发生的全部成本。

2. 计算入库的各类产品的总成本,所有产品在完工后被转入产成品存货(假设无期初存货)。

4-45 医院的成本核算

Hector Liriano是库克社区医院(Cook Community Hospital)的管理者,他现在对基于因果关系建立起来的更为准确的成本分配方法非常感兴趣。库克社区医院的洗衣房费用为192 000美元,目前是对600 000磅衣服进行分配,也就是每磅衣服分配到0.32美元。

Hector担心政府医疗官员将会要求使用加权统计方法来分配成本,他请你建立一个更好的成本管理系统,但是又不能过于复杂。

你在对情况研究后,发现衣服中包括大量学生护士、内科医生、健康营养师、保安和其他工作人员的制服。另外,放射科工作人员穿的夹克和外套需要大量的手工劳动。

一项对洗衣房放射科工作人员衣服的研究发现,15 000磅衣服中有7 500磅的夹克和外套,这些夹克和外套的洗衣费是普通衣服的5倍。

假设除了放射科以外的其他部门对衣服的洗涤没有特殊要求,请更新成本分配基础,并计算新的成本分配率。用磅和新的分配基础,计算对该放射科收取的费用。

4-46 旅客运输成本

南太平洋铁路(Southern Pacific Railroad,SP)有一项供旅客往返于圣何塞和旧金山间的客运业务。在一则关于SP向公共事务委员会(PUC)提交提价申请的新闻报道中,其成本分配的问题被凸显出来。PUC有关人员宣称运营该项业务每年可以规避的成本为700 000美元,而SP官方声明的亏损额为9 000 000美元。PUC的评估是基于SP停止该项客运经营所节约的额度。SP的亏损估价则是基于成本完全分配的方法——其将部分日常维护和管理费用的成本分配给了旅客服务。

如果PUC接受自己的评估结论,只需25%的提价就公平了,而SP原本寻求提价96%。

PUC强调,客运成本占SP总成本的比例不到1%,而该项成本的57%是由于所采取的成本分配的方法造成的——其他经营的成本被计算了进来。

SP的代表则声明,对于费用计算来说,这部分"可规避成本"对于成本分配而言并不合理。他声称"将所谓的超越了铁路运输范畴的成本算作可规避成本并不公平",因为其中确实有与客运服务相关的成本,例如维持更顺畅的联运和进行更频繁的轨道检查。

要求：
1. 作为公共事务委员，对于费用问题，你倾向于选择何种成本分配方案？请解释。
2. 按照 SP 的方法，货运的波动将会怎样影响客运成本。

4-47 汽车零件生产商的作业成本核算法和作业管理

RAP 公司是汽车零件生产商。它与通用汽车合作，考虑将零件 X120 的年产量增加到 2 000 件。这种零件是低产量、工序复杂的产品，它的销售单价为 7.50 美元，有很高的毛利率。RAP 采用传统成本核算系统，将间接生产成本以直接人工成本为基础进行分配，其当前的分配比率是直接人工成本的 400%——这是由每年的间接生产成本 3 200 000 美元除以每年的直接人工成本 800 000 美元而得到的。生产 2 000 件 X120 零件需要耗用 5 000 美元的直接材料和 1 000 美元的直接人工成本。在传统成本核算法下，X120 零件的单位成本和毛利率计算如下：

	总计	单价（÷20）
直接材料	$5 000	$2.50
直接人工	1 000	0.50
间接生产成本（400% × 直接人工）	4 000	2.00
总成本	10 000	5.00
销售单价		7.50
毛利		2.50
毛利率		33.3%

RAP 的管理层决定检验传统成本核算系统和作业成本系统各自的有效性。下列数据是由会计分析师和工程分析师组成的小组收集到的：

作业中心	可追溯的工厂间接成本（每年）
质量	$700 000
生产安排	50 000
生产准备	600 000
运输	300 000
运输监管	50 000
生产	1 500 000
间接生产成本总额	$3 200 000

作业中心	年成本动因量
质量：废品件数	10 000
生产安排和生产准备：准备次数	500
运输：集装箱数量	60 000
运输监管：运货次数	1 000
生产：机时数	10 000

会计和工程小组进行了作业分析，并估算了生产 2 000 件 X120 零件所耗用的成本动因量：

成本动因	成本动因耗用量
废品数	120
准备次数	4
集装箱数	10
运货次数	5
机器小时	15

要求：

1. 编制一张表格，计算作业成本法下 X120 零件的单位成本和毛利。

2. 基于作业成本核算法的结果，考虑通用汽车公司的提议，你会建议使用什么方法？请列举出 RAP 采用作业成本核算法的效益和成本。

4-48 图书馆调查研究：作业成本核算法和作业管理

从《战略理财》(Strategic Finance)、《成本管理期刊》(Cost Management)（可在大多数图书馆中找到）或《管理会计季刊》(Management Accounting Quarterly)（一本网上期刊）中选出一篇文章——描述一个公司对于(a) 作业成本核算法或者(b) 作业管理的应用，写篇 300 字左右的总结，要求包括以下内容：

- 公司名称（如果文章中给出）
- 公司所处的行业
- 对作业成本核算法或作业管理应用情况的描述
- 评估公司能从此项应用中获得的效益
- 公司在实施过程中遇到的困难

4-49 对本书第 2,3,4 章的复习

以下是 Chavez Tools 公司 20×6 年的各项经营数据：

毛利	$20 000
净亏损	(5 000)
营业收入	100 000
直接材料	35 000
直接人工	25 000
固定生产间接成本	15 000
固定销售和管理费用	12 000

假设没有期初和期末存货。

请计算：

(a) 变动销售费用和管理费用；(b) 边际贡献；(c) 变动生产间接成本；(d) 盈亏平衡点的销售额；(e) 所售产品的生产成本。

4-50 对本书第 2,3,4 章的复习

以下是 K. Y. kim 公司 20×1 年的各项经营数据（以千圆韩币为单位，**W**）：

盈亏平衡点销售额	₩84 000
直接材料	29 000
毛利	20 000
边际贡献	25 000
直接人工	28 000
营业收入	100 000
变动生产间接成本	5 000

假设没有期初或期末存货。

请计算：

(a) 固定生产间接成本；(b) 变动销售费用和管理费用；(c) 固定销售费用和管理费用。

4-51 对本书第 2，3，4 章的复习

Yamamoto 公司 11 月份制造并出售了 1 000 把军刀，以下是所选的当月经营数据：

营业收入	$100 000
直接材料	21 000
直接人工	16 000
变动生产间接成本	13 000
固定生产间接成本	11 000
变动销售和管理费用	?
固定销售和管理费用	?
边际贡献	40 000
经营利润	22 000

假设没有期初和期末存货。

请计算：

1. 11 月份变动销售费用和管理费用是多少？
2. 11 月份固定销售费用和管理费用是多少？
3. 11 月份的销货成本是多少？
4. 不考虑以上问题，假设 11 月份的固定销售费用和管理费用是 4 000 美元。那么：

a. 11 月份盈亏平衡点的销售量是多少？

b. 为实现目标经营利润 14 000 美元，需销售多少产品？

c. 若企业在实现经营利润 22 500 美元的同时也要求销售量达到 900 把，那么销售单价应为多少？

案例题

4-52 多种成本分配基础下的成本计量

Manchester 公司现生产 X、Y、Z 三种电路板。该公司直到 2006 年以来使用的成本核算系统都是以直接人工工时作为唯一的成本动因来分配除直接原材料以外的所有成本。在 2006 年，该公司进行了一次研究，该研究确定公司有六种主要的成本驱动因素。于是，一个新的系统被设计出来，并为每个成本动因分配了一个成本库。各成本动因及其相关成本如下：

1. 直接人工工时——直接人工成本、附加福利以及工资所得税
2. 机时——折旧和维修成本
3. 原材料耗用量(以磅计)——原材料的接收、处理和储存成本
4. 生产准备次数——为新产品批量生产改装机器和计算机配置所花费的劳动成本
5. 生产订单量——生产安排和订单处理所花费的成本
6. 订单货运量——包装和运输费用

该公司目前制定的 2008 年预算如下：

	电路板 X	电路板 Y	电路板 Z
产量	10 000	800	5 000
直接材料	£ 70/单位	£ 88/单位	£ 45/单位
直接人工工时	4/单位	18/单位	9/单位
机时	7/单位	15/单位	7/单位
原材料(磅)	3/单位	4/单位	2/单位
生产准备次数	100	50	50
生产订单量	300	200	70
订单货运量	1 000	800	2 000

该公司 2008 年总的预算成本为 3 752 250 美元，其中 995 400 英镑是直接材料成本；以上六个成本库中的成本为：

成本库	成本
1	£ 1 391 000
2	936 000
3	129 600
4	160 000
5	25 650
6	114 000
总计	£ 2 756 850

* 由成本动因确认。

要求：

1. 根据这个新系统以及单一的直接材料成本，制作一个预算表。要求反映出预算的总成本和每个电路板的单位成本。
2. 计算旧成本核算系统下预算的总成本和每个电路板的单位成本。
3. 你该如何判断新的成本核算系统是否比原来的好？

4-53 作业成本法和金融服务中的客户收益

为了扩大其支票市场的份额，哥伦比亚城市银行采取了两项措施：一是建立了一个客户呼叫中心以解答客户关于账户余额、支票清算、手续费缴付的询问；二是颁发奖金给达到客户增加目标的分行经理。但是，尽管有 80% 的分行经理达到了增加客户数量的目标，哥伦比亚城市银行的利润仍然在下滑。总经理 John Diamond 不明白为什么银行的客户增多了，利润却还在下滑。皮尔斯郡县分行的经理 Rose Perez 注意到虽然银行的零散客户增加了，企业客户的数量却在减少。

哥伦比亚城市银行 1988 年开发的成本核算系统非常简单直接，没有可以从客户处直接回溯的成本，只是简单地把总的间接成本根据处理的支票数量分配到零散客户群和企业客户群中。

Perez 怀疑哥伦比亚城市银行的成本系统存在问题，她曾经在学校学习过作业成本法，但是只是在制造业公司中运用过。那么，能否在哥伦比亚城市银行建立一个将客户群作为主要的成本目标的作业成本系统呢？

Rose Perez 的上司对她这一想法持怀疑态度，认为公司的利润一直在下滑，不应该花更多的钱来开发一个新的成本系统。但是，Perez 最终说服了其上司批准进行作业成本法试验研究，将三个塔克玛分行（Tocoma branches）作为研究试验地。

作业成本法执行团队包括 Perez、三个塔克玛分行的经理、一名出纳员和一个来自客户呼叫中心的客服代表。该团队确认了三个作业成本中心：

- 支票付款业务
- 自动机提存款业务
- 客户呼叫中心

作业成本团队认真分析了塔克玛分行总额为 2 850 000 美元的间接成本，并将它们分类到合适的作业库中：

成本	用以分配成本的作业成本库	估计的塔克玛分行的总成本
支票业务处理员工的工资	支票付款业务	$440
支票业务处理设备的折旧	支票付款业务	700
出纳员的工资	自动机提存款业务	1 200
客服代表的工资	客户呼叫中心	450
客户呼叫中心免费电话热线	客户呼叫中心	60
总的间接成本		$2 850

该团队接下来为每个作业成本库确定了成本动因：

作业成本库	作业成本动因
支票付款业务	处理的支票数量
自动机提存款业务	自动机业务数量
客户呼叫中心	呼叫次数

作业成本研究团队估计塔克玛分行的零散客户群和企业客户群需要以下资源（单位：千）：

作业成本动因	零售顾客使用的作业成本动因的数目	商务顾客使用的作业成本动因的单位	Total
处理的支票数量	2 280	9 120	11 400
自动机业务数量	320	80	400
呼叫次数	95	5	100
支票账户	150	50	200

零散客户群的自动机业务数量为 320 000，呼叫次数为 95 000。

哥伦比亚城市银行从每个客户群账户中获得的平均收入(从支票账户中获取的利息收入)如下：

每个零散客户账户的收入	$10
每个企业客户账户的收入	$40

要求：

1. 根据原来的成本系统：
   a. 计算间接成本分配比率。
   b. 分别计算分配到零散客户群和企业客户群的间接成本。
   c. 计算分配到零散客户群和企业客户群的间接成本的比例。
   d. 分别计算每个零散客户账户和企业客户账户的间接成本。
   e. 假设没有直接成本，分别计算每个零散客户账户和企业客户账户的平均利润。
   f. 推测经理根据这个原来的成本系统提供的资料可能采取的公司战略。
2. 哥伦比亚城市银行原来的成本核算系统没有了参考价值或者需要进一步改善的征兆是什么？
3. 根据新的作业成本系统：
   a. 计算下列三项作业每一个的间接成本分配率：
   - 支票付款业务
   - 自动机提存款业务
   - 客户呼叫中心
   b. 使用下表计算分配到每个客户群的间接成本：

作业	分配给零散客户群的总间接成本	分配给企业客户群的总间接成本
支票付款业务		
自动机提存款业务		
客户呼叫中心		
总的间接成本		

   c. 零散客户群和企业客户群使用的每项作业的资源的比例是多少？
   d. 根据第3题提供的资料，分别计算每个零散客户账户和企业客户账户的间接成本。
   e. 请详细解释为什么第1题的第4问和第3题的第4问的计算结果会不同。
   f. 根据新的作业成本系统的资料，分别计算每个零散客户账户和企业客户账户的平均利润。并推测一下经理根据作业成本系统提供的资料可能采取的公司战略。
4. 讨论以下问题：
   a. 哥伦比亚城市银行为增加支票账户客户的数量而实行的奖金激励计划是否是一个明智的策略？根据作业成本法的分析，你是否建议对这一计划做一些改变？
   b. 哥伦比亚城市银行可以从作业成本法的分析中获得什么收益？
   c. 为什么 Rose Perez 可能会推测哥伦比亚城市银行从作业成本法的执行中获得的收益大于其执行成本？
   d. 为什么对于非财务经理来说，理解作业成本法是非常重要的？

4-54 确定生产过程中的作业、资源和成本动因

国际塑料公司（International Plastics）是一家经营多种产品的跨国企业。由于竞争加剧，它的一个生产分部——东北地区塑料生产分部——的赢利正在逐渐减少。这一分部在其单一的工厂里有三条塑料制品生产线：生产线 A 大批量生产工艺简单的产品；生产线 B 生产中等产量、工艺较为复杂的产品；生产线 C 生产低产量、小批量订货、工艺复杂的产品。

目前，该分部以直接人工为基础分配间接生产成本。生产部门副经理对其使用的传统成本核算系统不甚满意。他认为企业对工艺复杂产品的计量偏低，于是决定采用作业成本法分析各项业务。

为确定作业、资源和成本动因以及它们之间的关系，他特别询问了几位主要经理。

被询问者：生产经理

问 1：你的部门有哪些作业？

答 1：所有产品都是用三种相似、复杂且昂贵的铸模机生产的。每种铸模机都可以被运用到三条生产线上；不管生产哪种产品，每一次生产准备都需花费同样的时间。

问 2：哪些人在你们部门工作？

答 2：去年，我们雇佣了 30 名机器操作工、2 名维修技工和 2 名监工。

问 3：铸模过程中如何分派操作人员的工作？

答 3：在实际生产过程中，操作一台机器需要 9 名员工。

问 4：维修技工的工作是什么？

答 4：他们的主要职责是机器的准备，但在铸模过程中他们需要做好机器保养工作。

问 5：监工如何分配他们的时间？

答 5：他们对机器操作人员和维护人员进行监督，大多数情况下他们对每一个受他们监督的员工花费大致相同的时间。

问 6：生产时还用了什么资源？

答 6：铸模机器在铸模和准备时耗用了能量。我们将仪表安装在铸模机器上，以便更好地了解能量的消耗。机器每运行 1 小时就消耗 6.3 千瓦能量，机器还需要易耗品（如润滑剂、皮带等）。我们发现消耗数量和实际操作时间有直接的关联。

问 7：如何使用房屋？这与哪些成本相关？

答 7：我们有 100 000 平方英尺的房屋，一年的全部租赁和保险费是 675 000 美元——这一成本以平方英尺为基础分配到生产、销售和管理部门中。

要求：

1. 确定该分部的作业、资源和成本动因。
2. 对于要求 1 中所确定的各项资源，根据它们支持的作业描述其成本性态（假定计划期为 1 个月）。

合作学习练习

4-55 上互联网研究作业成本核算法和作业管理

每个小组约 3—5 人，每个小组成员选择以下一个行业：

- 制造业

- 保险业
- 公共卫生
- 政府部门
- 服务业

每人上网找一家实行作业成本法和作业管理的公司，可去这一网站 www.Hyperion.com，从所选行业中选出一家公司，向你的小组做一下简介，回答下列问题：

1. 描述公司和它的业务
2. 作业成本法/作业管理项目的范围是什么？
3. 作业成本法/作业管理项目的目的是什么？
4. 概述其结果。

每人介绍了他的公司后，在小组内讨论作业成本核算法/作业成本管理应用者的共同特征。

互联网练习　　www.prenhall.com/horngren

4-56　佛蒙特州泰迪熊工厂

成本对每位管理者都很重要，管理者要致力于将成本控制在尽可能低的水平。报告成本的方法有很多种(如总量)，可是常在损益表上看到某一特定部门的单个成本。

1. 登陆佛蒙特泰迪熊工厂的主页 www.vermontteddybear.com。当你点击该网页时，它告诉你要做什么？页面上目前的标题是什么？

2. 继续点击，以了解更多关于泰迪熊礼品的情况。什么是泰迪熊礼品？该礼品包含了什么？

3. 它的独特之处是什么？泰迪熊的颜色是什么？你能选出一套你喜爱的、给小熊穿的运动服的类型吗？你注意到附属品是什么了吗？

4. 现在进工厂参观。在快速链接部分点击"在线工厂游览"，你看到什么样的泰迪熊在在生产线上产出？继续游览，列出见到的几项作业。这些作业消耗的资源是什么？对其中的一项作业，至少列出一项固定成本和一项变动成本资源。说出某项作业的成本动因。

5. 你是否认为泰迪熊工厂是较好地利用作业成本法的企业？为什么？

6. 看"关于我们"部分，寻找最近一年的年报。你能找到哪些关于该公司的存货账户类型的信息？指出从何处找到的。去年其存货账户的价值是多少？是增加了还是减少了？

7. 基于财务报表，你认为该公司是制造业企业还是商业企业？它提供的损益表是否为你判断该公司的类型提供了线索？为什么？在本章中，我们讨论了制造业企业和商业企业财务报表的不同，年报上反映出了这些不同之处吗？

第5章　制定决策的相关信息：定价决策

学习目标

学习完本章之后，你应该做到：
1. 区分制定决策需要的相关信息和不相关信息；
2. 应用决策程序作出商业决策；
3. 在完全成本法下和贡献成本法下编制损益表，并确认它们与决策的相关性；
4. 用贡献成本法决定是否要接受一张特殊订单；
5. 解释为什么定价决策取决于市场的特征；
6. 辨认实务中影响定价决策的因素；
7. 用多种方法计算目标价格，并比较不同方法的优缺点；
8. 用目标成本法决定是否要增加一种新产品。

大峡谷铁路公司(Grand Canyon Railway)

你享受假期的时候，最不愿意操心的要数使用何种交通工具的问题了。对前往大峡谷国家公园(Grand Canyon National Park)的游客来说，大峡谷铁路公司提供了一个代替驱车前往大峡谷的轻松选择。当你可以坐在经过重新装饰的舒适的火车里，沿途欣赏亚利桑那州延绵65英里的美丽乡村景色时，有什么理由还要自己开车呢？马路音乐家会为你演奏小夜曲，西部小说中的人物发动攻击和起义，你可以身临其境地瞥见世纪转折之时的西部樵夫、矿工和牛仔们坐火车时的情景。因此，大峡谷铁路不仅是载着你前往大峡谷本身，它也带着你进入了历史。

当然，通往历史的旅行绝不便宜。为狭长的火车配置的铁轨、真正的蒸汽引擎以及旅客车厢都需要极高的价格进行重置或者装备一新。大峡谷铁路公司花费了总共2亿美元。要收回初始投资并赚取利润并非易事。正如公司的主会计师凯文·考(Kevin Call)所说的："定价对于成功的经营运作来说的确是关键因素"。

该铁路公司提供五种不同种类的服务。每一种服务的定价决策决定了公司将会获得的利润和投资回报。为了确定价格，管理层需要使用在第2章中介绍的边际贡献分析技术。本章讨论的影响定价的因素中，成本和顾客需求对铁路公司而言是最重要的。

收取的价格既要确保公司获得合理的利润,又必须能对顾客产生足够的吸引力。

在许多类型的公司的营销决策中,成本都是一个十分重要的因素。萨佛卫(Safeway)商店应当为一磅汉堡包制定怎样的价格?波音公司为一架777飞机的定价是多少?一家服装生产厂会接受来自沃尔玛公司带有特殊折扣的订单吗?一家电器厂是否会在现有的产品线中增加一种新产品,如自动面包机?或者是否停止生产某种产品?营销经理依据会计信息来回答这些问题并且基于日常经营情况作出重大决策。没有会计信息,任何一家公司都无法作出营销策略。在本章中,我们将注重营销决策所需的相关信息。在现代商业活动中,区分无关信息与相关信息的能力常常是成功与失败的差别所在。①

大峡谷铁路公司提供了通往大峡谷南部边缘地带的传统的铁路运输服务。火车从亚利桑那州的威廉姆斯(Williams)小站出发,该车站是为这段全长65英里的旅程而设的。

相关性概念

什么样的信息才是相关的呢?答案取决于所要做的决策。决策从本质上说,是在几种不同的行动方案中进行选择。决策者通过调查和甄别过程来鉴别可供选择的方案。这个过程可能由一个包括工程师、会计师和执行总裁在内的公司团队来完成。

---

① 为了将注意力集中于基本观点上,在本章和下一章的讨论中,我们都将忽略货币的时间价值和所得税问题(在11章中讨论)。

会计师在决策制定过程中发挥着重要的作用,虽然不是决策者,但是他们是相关信息的收集者、报告人和分析人。尽管许多管理者希望会计师能够推荐恰当的决策,但是最终的选择仍取决于执行总裁。会计师在制定决策的过程中的角色,主要是作为财务分析方面的技术专家,帮助管理者将注意力集中在那些能够产生最优决策的相关信息上。

什么是相关性?

在进行经营决策时,管理者需要比较两个或多个备选的行动方案。会计师需要使用两个标准来确定信息是否相关:(1)信息必须是预计的未来收入或成本;(2)它必须包含各个方案之间的差别因素。也就是说**相关信息(relevant information)**是在各个备选方案中预计的不同的未来收入与成本。

> 目 的 1
> 区分制定决策需要的相关信息和不相关信息。

> **相关信息(relevant information)**:是指预计的未来收入和成本,它们在不同的备选方案中是不同的。

值得注意的是,相关信息是对未来的预测,而不是对过去的总结。历史(过去)的数据对决策是不起直接作用的。这些数据与决策之间只存在着间接联系,因为它们可能有助于预测未来,但是过去的数据本身与当前的决策是不相关的。为什么呢?因为当前的决策不能改变过去的数据,决策只能影响未来。没有什么力量能够改变已经发生了的事情。

在预期的未来数据中,只有那些会随所选方案的不同而改变的数据才是与决策相关的。那些无论选择哪个方案都保持相同的项目,对决策来说都是不相关的。例如,不管产品的存货情况如何,部门经理的工资均保持不变,这里的工资对于产品的选择就是不相关的。下面的例子可以帮助你清楚地区分相关信息和不相关信息。

假定你总是到附近两家加油站中的一家加油。昨天你注意到一家加油站的汽油价格是每加仑3.00美元,而另一家是2.90美元。今天你的汽车需要加油了,而且在你选择加油站的过程中,你假设这个价格没有改变。相关成本是3.00美元和2.90美元,即将两个选择方案中不同的预期未来成本。你使用过去的经验(也就是你昨天观察到的价格)来预测今天的价格。注意,相关成本不是你过去所支付的价格,也不是你昨天所观察到的价格,而是你开车去加油时预计要支付的金额。这一成本符合我们的两项标准:(1)它是预计的未来成本;(2)它在不同的选择方案之间是不同的。

你也许还计划给汽车加润滑油。两个加油站目前润滑油的价格都是15美元,这也是你预计要支付的费用。这一预计未来要支付的成本是不相关的,因为它在两个方案中是相同地,这不符合我们的第二条判断标准。

在某个业务经营水平上考虑下面的决策:一个食物容器制造商正在考虑使用铝来生产一条生产线上的大罐头,以代替目前使用的锡。如果生产商使用铝,每个罐头的直接材料成本将从30美分下降到20美分。

在这一比较中,所用的锡的成本可能来自最近购买锡时所支付的历史成本记录,但

管理会计

是前面分析中的相关成本是预计的锡的未来成本,这一成本将和铝的预计未来成本进行比较。

假定无论使用哪种材料,每件产品的直接人工成本均保持70美分不变,则它不符合我们的第二条标准——不同方案之间有差别的要求,所以它是不相关的。

	铝	锡	差异
直接材料	$0.20	$0.30	$0.10
直接人工	0.70	0.70	—

因此,我们可以放心地将直接人工成本排除在方案比较之外。

一个决策模型

图 5-1 说明了这一简单决策过程,并为更加复杂的决策提供了一个恰当的框架。方框 1(A)代表了从会计角度系统中获取的历史数据。方框 1(B)代表了其他数据,如价格指数或者行业统计指数,它们是从会计系统之外收集来的。不管它们出自何处,第一步中的数据有助于第二步中预测的形成。(请记住,尽管历史数据可以充当预测的指导,但它们本身与决策是不相关的。)

> 目 的 2
> 应用决策程序作出商业决策。

第三步中,这些预测结果成为决策模型的输入数据。**决策模型(decision model)**是用来作出选择的任何一种方法。这些模型有时需要制定详细的量化程序。例如,一个炼油厂为特定的一天或者一周选择生产何种产品时所用的数学模型。然而,一个决策模型也可以十分简单,它可能仅限于对备选的两种原材料的成本进行比较。比如前一个例子中铝罐和锡罐的成本的比较。在这个例子中,假定别的条件都相同,我们的决策模型就是比较预计的单位成本,然后选择成本较低的那个方案。

> **决策模型(decision model)**:任何用于作出选择的方法,有时需要详细的量化程序。

我们以后会经常提到图 5-1,因为它阐明了本章的主要观点。无论做哪一项决策,通过运用这一程序,你都能够直接将注意力集中于相关信息——备选方案中预计的未来差异。在本章的其余部分中,我们将通过使用这一决策过程把相关性的概念运用于几个特殊定价决策中。

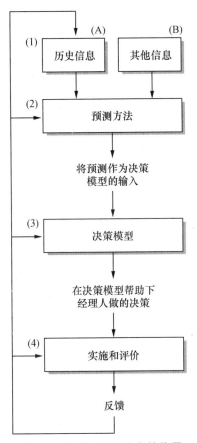

图 5-1 决策过程和信息的作用

准确性和相关性

在最理想状态下,管理者用于决策的信息应该是完全相关和精确的。然而在现实中,这样的信息往往难以取得,或者由于获取成本太高而显得不经济。因此,会计师们有时不得不在更相关和更精确之间作出选择。

精确但不相关的信息对决策是毫无价值的。例如,一个大学校长的年薪是 340 000 美元,精确到美分,但它仍然与是要购买还是租用数据处理设备的决策没有任何关系。然而,不精确但相关的信息可能是有用的。例如,一种新产品的销售预测也许存在误差,但它们仍有助于决定是否要生产该种产品。相关信息必须要具备一定的准确性,但是并不要求十分精确。

信息相关性或是准确性的程度往往取决于定性或定量的程度。定性方面是那些难以用货币计量且即使能计量也不准确的方面;定量方面是那些容易计量并能准确计量的方面。会计师、统计师和数学家们试图将尽可能多的决策因素用数量表达出来。为什么呢?因为这种方法可以减少需要他们加以考虑的定性(主观)的因素。正如我们所注意到的,在决策中相关性比准确性更具有关键的意义,所以在许多决策中定性方面可能比可定量的(财务)影响拥有更大的权重。例如,好斗的工会竭力反对一种新型的劳动力节约型设备,即使它可以带来成本的节约。相同地,为了避免长期对某个特定供应商的依赖,一个公司可能放弃从该供应商处购买零部件,即使其要价低于自己生产所需的成本。

类似地,管理者有时会引进新的技术(例如先进的计算机系统或者自动化装置),即使从预期的定量结果来看并不具有吸引力。但管理者捍卫这些决策的理由则是:如果不及时跟上新技术发展的脚步,从长远角度看,迟早都会产生不利的财务结果。

不同利润表中的相关性

在许多案例中,损益表中的信息与决策的制定息息相关。因为这些信息具体地表现出了不同的选择会如何影响利润。此外,因为总裁是根据损益表来评估工作表现的,所以管理者有必要知道他们的决定会对报表上的利润产生什么样的影响。有些损益表用**贡献成本法(contribution approach)** 对固定成本和变动成本进行追踪,而有些使用的则是对外报告时的**完全成本法(absorption approach)**。

> **目 的 3**
> 在完全成本法下和贡献成本法下编制损益表,并确认它们与决策的相关性。

> **完全成本法(absorption approach)**:认为所有的间接制造成本都是产品成本的一种成本测量方法。而这些产品成本是以当产品销售产生时才产生的销售成本的形式列入费用的。

现在让我们来检验一下贡献成本法下和完全成本法下的损益表的相关性。为了突出这两个方法的不同效果,我们将关注考戴尔公司。假定考戴尔公司制造并销售100万个飞机、公交车和在客货车座椅的椅套,考戴尔公司将它们卖给诸如美国西部(America West)和大峡谷铁路之类的公司。制造100万个椅套的制造总成本为3 000万美元,即每个30美元。我们假设2007年考戴尔公司发生了1 400万美元的直接材料成本和600万美元的直接人工成本。同时也假定该公司发生了如表5-1所示的间接制造成本和如表5-2所示的销售和管理费用。预计总销售收入为4 000万美元。最后,假定考戴尔公司的产量与销售量相同,也没有期初和期末存货。

注意表5-1和表5-2都将成本进一步划分为变动成本和固定成本。许多公司在对外公布的损益表中并不对成本作出进一步的划分。然而,为了使损益表中的信息与管理者在作决策时所使用的信息一致,许多公司都会报告本公司成本中固定成本和变动成本的比例,即使它们有时必须在一个成本究竟是变动成本、固定成本还是部分固定成本(如修理成本)之间作出随意的抉择。

表 5-1　考戴尔公司预计的截至 2007 年 12 月 31 日的间接制造费用　　（千美元）

表 1：变动成本

物料（润滑剂、消耗品、冷冻剂、砂纸）	$600	
材料人工处理（铲车操纵）	2 800	
制造机器的维修	400	
工厂能耗	200	$4 000

表 2：固定成本

工厂经理的工资	$400	
工厂职工培训	180	
工厂野餐和节日聚会	20	
工厂监管人工资	1 400	
机器设备折旧费用	3 600	
机器设备的财产税	300	
机器设备的保险费	100	6 000
间接制造费用总额		$10 000

表 5-2　考戴尔公司预计的截至 2007 年 12 月 31 日的销售和管理费用　　（千美元）

表 3：销售费用

可变		
销售委托	$1 400	
销售产品的航运费用	600	$2 000
固定		
广告	$1 400	
销售工资	2 000	
其他	600	$4 000
所有销售费用		$6 000

表 4：经营管理成本

可变		
一些簿记员的工资	$160	
租赁的计算机时间	40	$200
固定		
办公室工资	$200	
其他工资	400	
办公设备折旧费用	200	
公共会计费用	80	
律师费用	200	
其他	720	1 800
所有管理费用		$2 000

完全成本法

表 5-3 列示了考戴尔公司在利用完全成本法下的损益表。该方法是公司用来做对外公布财务报表时所使用的方法。使用该方法的公司将所有的直接或间接制造成本（包括变动的和固定的）都认为是产品的生产成本，并在销售发生的当期将这一成本以销货成本的形式转换成当期的一项费用。

表 5-3　考戴尔公司预计的截至 2007 年 12 月 31 日的损益表　　　　（千美元）

销售收入		$40 000
减:销货成本		
直接材料	$14 000	
直接人工	6 000	
间接制造费用(表 1 + 表 2)*	10 000	30 000
毛利		$10 000
销售费用(表 3)	$6 000	
管理费用(表 4)	2 000	
销售和管理费用总额		8 000
经营利润		$2 000

* 表 1 和表 2 在表 5-1 中,而表 3 和表 4 在表 5-2 中。

请注意在表 5-3 中,毛利是销售收入与销货成本之间的差值。同时也请注意成本在损益表中是按照生产经营过程中 3 个主要作用来划分为制造成本、销售成本和管理成本的。

贡献成本法

作为对比,表 5-4 列示了考戴尔用**贡献成本法(contribution approach)**（也称为变动成本法或直接成本法）编制的损益表。官方是不允许对外公布的财务表使用贡献成本法的。然而,许多公司在内部决策时使用

> **贡献成本法(contribution approach)**：编制内部报表(管理会计)的一种方法,这种方法强调可变成本和固定成本在更好地作出决策方面的不同。

这种方法,而在对外报告时,则公布用完全成本法编制的报表。为什么呢？因为那些公司预计,通过使用以贡献成本法编制的报表作出更好的决策所能带来的效益会远远超过同时使用两种不同的报告体系所产生的成本。

对于作决策而言,贡献成本法和完全成本法的主要差别就是前者强调了变动成本与固定成本之间的差异。它主要是以变动成本和固定成本来划分成本的类型,而不是按它们在生产经营过程中的作用来划分。

贡献成本法下的损益表提供了一个边际贡献——收益减去包括了变动销售成本和变动管理成本的变动成本。这种方法让我们更容易理解销售收入的变化对经营收益的影响。这也正与第 2 章中的本—量—利分析(CVP)和本章及以后章节中的营销决策的思想完全吻合。

表 5-4　考戴尔公司预计的截至 2007 年 12 月 31 日的损益表　　（千美元）

销售收入		$40 000
减：变动成本		
直接材料	$14 000	
直接人工	6 000	
变动间接制造费用（表1）*	4 000	
变动销货成本	$24 000	
变动销售费用（表3）	2 000	
变动管理费用（表4）	200	
总变动成本		26 200
边际贡献		$13 800
减：固定成本		
制造成本（表2）	$6 000	
销售成本（表3）	4 000	
管理成本（表4）	1 800	11 800
经营利润		$2 000

注意：* 表1和表2在表 5-1 中，而表3和表4在表 5-2 中。

贡献成本法的一个主要优点在于它强调了固定成本中上其他环节上发生的固定成本。这种突出边际贡献和固定成本总额的做法让管理层在作短期和长期决策时都能将注意力集中于成本的性态与成本的控制。请记住，支持使用贡献成本法并不代表固定成本是不重要或是不相关的。然而，它们要强调的是对某些决策而言，变动成本和固定成本在成本性态上的差别是至关重要的。一般来说，决策对固定成本的影响方式与其对变动成本的影响方式是不同的。

毛利（来自完全成本法）和边际贡献（来自贡献成本法）的差别在从事生产制造的公司中尤为显著。为什么呢？因为完全成本法将固定制造成本视为销货成本的一部分。这些固定成本也会相应地减少毛利。而固定制造成本并不会减少边际贡献，它只是收入与变动成本之间的差额。

贡献成本法与完全成本法的比较

从本质上看，贡献成本法主要以成本性态为依据对成本进行划分。它从销售收入中减去变动成本来计算边际贡献，然后再从中扣除固定成本以计量利润。相反地，完全成本法主要以制造成本和非制造成本为标准来划分成本。它从销售收入中减去制造成本来计算毛利，然后再从中扣除非制造费用以计量利润。这两种形式在作出决策时都可能是相关的。这两种方法都可以用于制定决策，但究竟选择哪一种就要取决于所做决策的类型。在成本性态为重的情况下，就如我们在本章中讨论的短期定价决策中，贡献成本法会产生更大的效益。相反，完全成本法则更适合于长期定价决策。从长期看，一个产品生命周期中的价格能抵补其所有的制造成本是十分重要的。

特殊销售订单的定价

在考虑更普遍的定价方法之前,先考虑一下一个管理者会怎样做一个特殊的定价决策——是否要接受一张既定价格的特殊销售订单或许是很有帮助的。在此类决策中,我们会重点凸显贡献成本法的作用。

例子

在我们的例子中,我们将再次关注 Cordell 公司。假设布朗逊·格雷旅游公司给 Cordell 公司发来一份以单价 26 美元订购 100 000 个椅套的特殊订单,这份订单:(1)不会对 Cordell 公司的日常业务产生任何影响;(2)不会存在任何因价格歧视而引发的反垄断问题;(3)不会影响固定成本总额;(4)不会发生任何额外的变动销售和管理费用,(5)使用的是企业的闲置生产能力。Cordell 公司应该以单价 26 美元出售这 100 000 只椅套吗?

也许我们可以把这个问题更明确地表述为:接受或者不接受这份订单会给企业的短期财务结果带来什么影响? 同样地,关键的问题是:备选方案之间的差异是什么? 表 5-4 列示了 Cordell 公司不包括特殊订单的损益表,该报表是以贡献成本法编制的。接着,让我们来看一下,接受这份特殊订单会使 Cordell 公司的经营收益产生怎么样的变化。

正确的分析——聚焦相关信息和成本性态

正确地分析应该聚焦于有决定性作用的相关信息和成本性态。在分析时我们运用贡献成本法。如表 5-5 所示,这份特殊订单仅仅影响变动制造成本,每件 24 美元。

> **目 的 4**
> 利用贡献成本法决定是否接受一张特殊订单。

其他所有变动成本和固定成本都不受影响,因此它们是不相关的。所以管理者在对这一特殊订单进行决策时可以放心地忽略它们。请注意边际贡献分析法在固定成本和变动成本上的区分是如何有助于成本分析的。如果 Cordell 公司接受这份订单,其短期收入总额将增加 200 000 美元——尽管 26 美元每件的售价低于 30 美元的全额单位成本。

为什么我们将固定成本包括在表 5-5 里呢? 要知道这些成本是不相关的。我们之所以在表中反映这部分成本,是因为管理层经常会关注一个底线,即经营收益。由于边际贡献和经营收益都会同时增加 200 000 美元,所以我们忽略这一固定成本也可以得出相同的结论。然而,管理层可能倾向于以对经营收益影响为依据来评判一个决策,所以我们将不相关的固定成本也包括进来。

表 5-5　Cordell 公司预计 2007 年 12 月 31 日以贡献成本法编制的可对比损益表

	没有特殊订单的情况 1 000 000 件	特殊订单的影响 （订量 100 000 件）		有特殊订单的情况 （订量 1 100 000 件）
		总件	每件	
销售收入	$40 000 000	$2 600 000	$26	$42 600 000
减：变动费用				
制造费用	$24 000 000	2 400 000	$24	$26 400 000
销售与管理费用	2 200 000	—	—	2 200 000
变动费用总额	$26 200 000	$2 400 000	$24	$28 600 000
边际贡献	$13 800 000	$200 000	$2	$14 000 000
减：固定费用				
制造费用	$6 000 000	—		$6 000 000
销售与管理费用	5 800 000	—		5 800 000
固定费用总额	$11 800 000	—		11 800 000
经营收益	$2 000 000	$200 000	$2	$2 200 000

　管理决策练习

假设你们正在参加 Cordell 公司的管理人员会议，你们进行了如下的会话：
问：如果我们接受了这个订单，边际贡献会发生什么样的变化？
答：边际贡献会增长到 14 000 000 美元。
问：在你的分析中（表 5-5），你指出固定成本不会因为我们接受了订单而变化，难道它们是不相关成本吗？
答：不，固定成本不是不相关的。
问：好吧，但是我们发生的固定成本会影响我们公司的盈亏平衡吗？
答：当然了，所以我们在计算经营收入的时候要把固定成本从边际贡献中扣除。
问：既然固定成本会影响我们的盈亏平衡，为什么还说它们是不相关的呢？
评论你的同事所作出的回答，并回答最后一个问题。

答案：
　　对第一个问题的回答从技术上来说是不正确的。管理人员的问题是变化了多少，而不是总边际贡献是多少。正确的回答应该是边际贡献将增加 200 000 美元。在我们回答问题的时候，我们应该认真区分总量以及变化量的区别。在这个案例中，14 000 000 美元对应的问题是"如果接受这个订单我们的边际贡献的总量是多少？"
　　对第二和第三个问题的回答是正确的。该公司的固定成本对于某个特定的订单来说是不相关的。然而，公司的盈亏平衡囊括了所有的成本和收入，不要把这点和相关成本相混淆。相关成本是针对于某个特定决策而说的。在决策中，相关成本是指那些会随着我们接受订单而发生变化的成本。如果管理人员想知道接受这个订单会怎样影响盈亏平衡的话，我们就应该包括所有成本。而固定成本并不会因为我们接受订单而改变，改变的只是边际贡献而已。

错误的分析——单位成本的误用

错误的成本分析有时是由于对单位固定成本的错误解释引起的。这种错误在完全成本法中尤为显著。例如,Cordell 公司的管理人可能在完全成本法下错误地使用每件 30 美元(表 5-3 中 $30 000/1 000 000)的制造成本作出了下列年度预测:

(美元)

错误的分析	没有特殊订单 1 000 000 件	特殊订单的错误影响 100 000 件	有特殊订单 1 100 000 件
销售收入	40 000 000	2 600 000	42 600 000
减:制造成本(单位制造成本 30 美元)	30 000 000	3 000 000	33 000 000
毛利	10 000 000	(400 000)	9 600 000
销售与管理费用	8 000 000	—	8 000 000
经营收益	2 000 000	(400 000)	1 600 000

成本中增加了 300 万美元的错误预测,是由 30 美元乘以 100 000 单位的产品得到的。这种方法的错误在于它将固定成本(固定制造成本)看做是变动的。要避免不加区别地将单位总成本作为预测总成本性态的基础。单位成本对于预测变动成本是有用的,但将它用来预测固定成本时则会经常产生误导。

变动成本和固定成本的混淆

让我们来考虑一下固定成本总额和产品的单位固定成本之间的关系:

产品的单位固定成本 = 总固定生产成本/生产水平

= 6 000 000/1 000 000 件 = 6 美元/件

正如在第 1 章中我们注意到的,典型的成本会计系统同时服务于两个方面:计划和控制、产品成本核算。为了预算和控制的目的,我们可以将固定成本用下图表示为一个总额的形式:

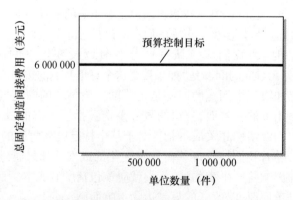

然而,出于产品成本核算的目的,使用单位制造总成本暗示了这些固定成本具有变动成本的成本性态,而这与固定成本的成本性态是矛盾的。

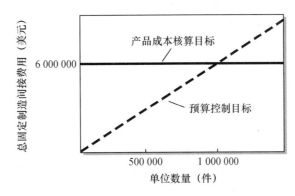

只要总产量在相关范围之内,额外的 100 000 件产品就不会增加固定成本总额,而错误的成本分析在预计总成本的增加额时,把 100 000 × \$6 = \$600 000 的固定成本包含在内了。

简而言之,我们在计算制造成本增加量时,应该用 24 美元而不是 30 美元乘以 1 000 000 件,因为 30 美元中包含的 6 美元是不会随产量的变化而影响制造成本总额的。或者,我们可以通过使用表 5-5 中的贡献成本法来完全避免要将固定成本分配到每个产品单位上的缺陷。

 管理决策练习

到目前为止,本章主要介绍了两个知识点:相关信息和单位成本的误用。理解相关信息的概念和定义是十分重要的,同时理解为什么使用单位成本进行分析容易发生错误也是十分重要的。

假设你是一家生产小型器械的公司的管理人员。你在决定是否要接受一份生产包括 1 000 单位产品的订单(假设公司有足够的生产能力)。

1. 下列哪些成本是相关的:(1) 订单所需零部件;(2) 管理人员工资;(3) 安装设备折旧;(4) 设备运转所需能源?

2. 假设生产该订单的总单位成本是 100 美元,我们是通过把总成本除以 1 000 单位得到的。如果该订单改为 2 000 单位,要求 1 中的哪项成本会改变?哪种成本的单位成本会改变?该订单的总成本也会翻倍吗?

答案:

1. 相关成本和相关收入是指那些会随着决策行为的变化而变化的项目。在本案例中,零部件成本和能源成本会因为我们接受订单而增加,因此它们是相关成本。而其他成本是固定成本,因为公司还拥有剩余生产能力。

2. 在本案例中,只有相关成本或变动成本会发生变动,如零部件成本和能源成本,固定成本并不会受影响。然而,单位固定成本却会改变而单位变动成本是不变的。例如,计算单位固定成本——管理人员工资——的分母从 1 000 变为 2 000,因此单位成本下降。但同时单位零部件成本和能源成本是不变的。因此,单位成本下降,而总成本并没有翻倍。

作业成本法、特殊订单及相关成本

为了确认会受到特殊订单(或其他特殊决策)影响的相关成本,越来越多的公司开始不仅仅确认固定和变动成本。正如我们在第3章和第4章中所指出的,一个公司经营包括了许多不同的业务活动。确定所有重要的业务活动和与其相联系的成本动因的公司,可以提供更加详细的相关信息,来更加准确地预测特殊订单的影响。

假定Cordell公司仔细考察了2 400万美元的变动制造成本,并确定了两项重要的业务活动及其相关的成本动因:2 100万美元用于加工作业(它直接随产品的生产数量而变动)——直接材料1 400万美元、直接人工600万美元以及100万美元的变动间接制造费用,单位分摊率为21美元;另外的300万美元用于生产准备作业,即剩余的变动间接制造费用,它随着生产准备次数的变化而变化。通常情况下,Cordell公司发生一次生产准备可生产2 000件产品。因此为加工1 000 000件产品,Cordell公司需要500次生产准备,每次准备的成本为6 000美元。实现额外的销售量通常需要成比例地增加生产准备的次数。

现在假设有一份购买100 000件产品的特殊订单,该订单只在产品规格上稍有变化。Cordell公司只需要5次生产准备,而不是一般的50次。所以,加工100 000件产品只要额外花费2 130 000美元的变动制造成本。

增加的基于生产数量变动而增加的生产成本,100 000 × $21	$2 100 000
增加的基于生产准备的次数变动而增加的生产成本,5 × $6 000	30 000
增加的变动成本总额	$2 130 000

这份特殊订单只需要额外花费2 130 000美元的变动制造成本,而不是初始估计的100 000 × 24 = $2 400 000。或者说,比初始估计少花费了270 000美元。因此,与简单地按件计算变动成本的方法相比,作业成本法可以使管理者认识到这一订单可以增加270 000美元的利润。

一份特殊订单也有能比使用简单的固定、变动分析法预测的成本要高。假设这100 000件产品的特殊订单要求的产品型号、颜色各不相同,并且要求在不同时间交货,因此需要100次生产准备,则这份特殊订单的变动成本为2 700 000美元。

基于生产数量的增加的变动成本,100 000 × $21	$2 100 000
基于生产准备的次数而增加的变动成本,100 × $6 000	600 000
增加的变动成本总额	$2 700 000

作业成本法为特殊订单决策提供了非常有用的经营信息,但它的基本原理却是不变的——即把你的注意力聚焦在因为特殊订单而不同的未来成本和收益。同时注意仔细辨别并恰当使用诸如效果、变化和总体等名词。下面的"小结与复习"会让你在分析一个特殊订单的问题上得到更多的练习。

小结与复习

问题：

1. 假设耐克公司生产并销售了 500 000 件篮球衫，销售价格是 35 美元一件。目前的剩余生产力还可以生产 300 000 件。耐克公司生产这 500 000 件篮球衫的成本如下：完全成本 = 10 000 000/500 000 = 20 美元/件，包括变动生产成本 7 000 000 美元(每件 14 美元)，固定生产成本 3 000 000 (6 美元/件)。变动销售管理费用是 3 美元/件，固定销售管理费用为 2 000 000 美元。假设耐克公司收到了来自运动协会的 100 000 件篮球衫的订单，具体条款如下：销售价格 18 美元/件；如果耐克接受了订单，它不再需要支付变动销售管理费用，但是需要支付给帮助获得订单的代理人 80 000 美元的中介费用。耐克应该接受订单吗？

2. 如果订单包含 250 000 件篮球衫，销售价格是 13 美元，而且不存在 80 000 美元的费用，耐克公司是否要接受订单？一名管理人员认为应该接受这个订单："尽管我们会损失 1 美元(因为销售价格比变动成本低 1 美元)，但是我们可以因此降低单位固定成本 2 美元，最终我们可以获利 1 美元。所以我们应该接受订单。"管理人员的分析如下：

原单位固定成本 $3 000 000÷500 000	$6.00
现单位固定成本 $3 000 000÷750 000	4.00
固定成本节约(每单位)	$2.00
变动成本损失 $13 - $14	1.00
生产成本净节约	$1.00

解释为什么这种解释是错误的？

答案：

1. 强调相关信息——收入与成本的不同。在这个题目中除了有变动成本的不同外，固定成本也发生了变化：

增加的收入 100 000 单位 × $18/单位	$1 800 000
减：增加的成本	
变动成本 100 000 单位 × $14/单位	1 400 000
固定成本，中介费	80 000
该订单增加的经营收入	320 000

所以，单独从财务角度讲，耐克公司应该接受订单。

2. 错误的解释来源于把单位固定成本的节约作为利益。不管我们怎样单位化固定生产成本，该订单都不会改变 3 000 000 美元的固定成本。请注意我们的边际贡献是 -1，所以我们不可能收回固定成本。对于本题的决策来说，固定成本是不相关成本。

定价决策的基本原则

管理者面对的主要决策之一就是定价决策。事实上,定价可以采取多种形式。除了为特殊订单定价以外,管理人还需要制定的定价决策包括:

1. 制定一种新产品或改进产品的价格;
2. 制定专利产品的价格;
3. 对竞争对手的新价格作出反应;
4. 在秘密或公开的投标场合的报价;

定价决策是十分重要的。因此,我们会在本章余下的部分讨论有关定价的内容。现在,让我们先了解一下有关定价的一些基本概念。

定价的概念

定价决策取决于企业所面对的市场特征。在**完全竞争(perfect competition)** 环境下,所有公司以相同的价格出售相同的产品。因此,一家公司能够在同一市场价格下将所生产的产品全部销售出去。如果它的要价高于市场价格,就没有顾客会购买;如果它的要价低于市场价格,它就会牺牲利润。因此,处于这种市场环境中的公司都会将价格定为市场价格,管理者唯一需要决定的就是生产多少产品。

> **目 的 5**
> 解释为什么定价决策取决于市场的特征。

> **完全竞争(perfect competition)**:所有的生产者都可以在某一特定的价格条件下卖出自己所能生产的所有产品的市场形式。

> **边际成本(marginal cost)**:因为生产并销售额外一个单位的产品而增加的成本。

尽管在完全竞争市场中成本不会直接影响价格,但他们却会影响生产决策。考虑图 5-2 中的边际成本曲线。**边际成本(marginal cost)** 是因为生产并销售额外一个单位的产品而增加的成本。对于大峡谷铁路公司而言,就是多一个乘客,而对通用汽车公司而言,就是多制造一辆汽车。在固定的生产设施下,由于生产的规模效应,在产量增加至某一点之前,边际成本总是不断下降的;然而,在某个点上,边际成本开始随着产量的增加而上升。这是因为设备开始被过度使用,从而导致了效率低下。

图 5-2 也包括了一条边际收入曲线。**边际收入(marginal revenue)** 是增加一个单位销售量而增加的收入。在完全竞争的情况下,边际收入曲线是一条水平线,在所有销售量上都等于单位价格。

> **边际收入(marginal revenue)**:增加一个单位销售量而增加的收入。

只要边际成本小于边际收入(价格),增加的生产和销售就是有利可图的。然而,当边际成本超过价格时,公司每增加一个单位的产品,就都要蒙受损失。因此,利润最

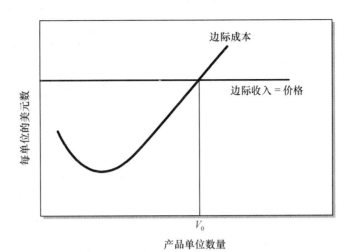

图 5-2 完全竞争条件下的边际收入和边际成本

大化的数量就是边际成本等于价格时的数量。在图 5-2 中,公司应该生产 V_0 个单位的产品。生产太少会失去获利的机会,生产太多又会因为增加的每个产品所耗用的成本大于它所能带来的收入而减少利润。

在**不完全竞争(imperfect competition)**市场中,一个公司对单位产品的定价会影响它的销售数量。在某个点上,公司必须降低价格以增加销售额。图 5-3 包含了不完全竞

> **不完全竞争(imperfect competition)**:一个公司对单位产品的定价会影响其销售数量的市场形式。

争市场中的一条需求曲线(也称为平均收入曲线),它表明了在每个可能的价格上的销售量。为了增加销售量,公司出售的所有产品的价格都必须降低。因此,同样存在于图 5-3 中的边际收入曲线位于需求曲线的下方,也就是说,多销售的每个单位产品的边际收入比它的销售价格要低。因为其他所有的销售产品的价格都要降低。例如,一个公司在单价 50 美元时可以销售 10 件产品;然而,为了销售 11 件产品,公司就必须把价格

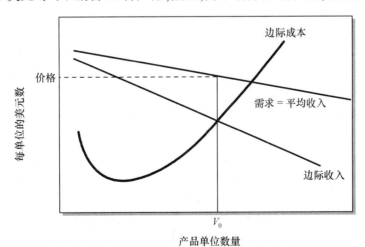

图 5-3 不完全竞争条件下的边际收入和边际成本

降低到 49 美元;要销售 12 件产品,价格就要降低到 48 美元;要售出 13 件产品,价格就必须将至 47 美元。表 5-6 的第 4 列表明了从 11 件到 13 件的边际收入。注意边际收入是随着销售量的增加而降低的。

为了估计边际收入,管理者必须预测**价格弹性(price elasticity)**——价格变化对销售量的影响。如果价格的微小上涨引起销

> **价格弹性(price elasticity)** :价格变化对销售量的影响。

量的大幅下降,则称需求是富有弹性的;如果价格对销售量的影响很小甚至没有影响,则称需求是无弹性的。

对于表 5-6 的第 5 列所示的边际成本而言,最佳的产量和销售水平是 12 件。最后一列说明了第 11 件产品增加了 4 美元的利润,第 12 件产品只增加了 1 美元的利润,而生产和销售第 13 件产品将使利润降低 2 美元。一般来说。企业应该持续生产并销售产品直到边际收入等于边际成本,即生产在图 5-3 中用 V_0 表示的量,而最佳的价格就是能够产生 V_0 的量时的价格。

表 5-6 不完全竞争条件下的利润最大化

销售数量	单位价格	总收入	边际收入	边际成本	生产和销售额外的一件产品所带来的利润
10	$50	10 × $50 = $500			
11	49	11 × 49 = 539	$539 − $500 = $39	$35	$39 − $35 = $4
12	48	12 × 48 = 576	576 − 539 = 37	36	37 − 36 = 1
13	47	13 × 48 = 611	611 − 576 = 35	37	35 − 37 = (2)

注意边际成本与定价决策是相关的。在管理会计中,边际成本基本上就是变动成本,边际成本与变动成本的主要区别是什么呢?会计师们认为变动成本在相关产量范围内是保持不变的,而边际成本则随每一单位产出而变化。然而,在相当大的范围内,边际成本的变化通常很小。因此,在很多情况下,可以用把变动成本作为边际成本的一个合理的近似值。

定价与会计

会计师很少计算边际收入曲线和边际成本曲线,相反,他们使用在判断基础上的估计来预测增加生产和销售对利润产生的影响。此外,他们只检验选定了的数量,而不是全部可能的数量范围,进行这样的简化是合理的,因为更加复杂的分析将使成本超过收益。

考虑通用电气公司(General Electric)一个生产微波炉的部门。假设市场调研人员估计如果通用电气公司的微波炉每台定价为 200 美元,则可以售出 700 000 台;而如果每台定价为 180 美元,则可以卖出 1 000 000 台。当产量水平为 700 000 台和 1 000 000 台时,生产的变动成本都是每台 130 美元。两种产品都处在相关范围之内,因此,产量的变动不会影响固定成本。那么通用电气应该采用哪个价格呢?

通用电气的会计师要确定相关收入和成本。以 180 美元的价格多售出的 300 000

台产品引起的增量收入和增量成本是：

增加的收入：(1 000 000 × $180) – (700 000 × $200) =	$40 000 000
增加的成本：300 000 × $130 =	39 000 000
增加的利润：	$1 000 000

所以定价为 180 美元比较有优势，因为它能多产生 1 000 000 美元的利润。或者，会计师也可以比较每个方案的贡献总额：

单价为 180 美元时的贡献额：($180 – $130) × 1 000 000 =	$50 000 000
单价为 200 美元时的贡献额：($200 – $130) × 700 000 =	49 000 000
差异：	$1 000 000

注意比较贡献总额和计算增量收入与增量成本在本质上是相同的——都使用了相同的相关信息；换句话说，两种方法恰当地忽略了固定成本，它们是不受定价决策的影响的。

实践中影响定价的因素

几个因素的相互作用形成市场，管理者就在其中进行定价决策。法律要求、竞争对手的行为及顾客需求都会影响定价。

> **目 的 6**
> 辩认实务中影响定价决策的因素。

法律要求

管理人在进行定价决策时必须在国家法律和国际法律的约束下进行。这些法律通常是用来保护消费者的，但它们也有助于保护其他公司免遭掠夺性定价和歧视性定价的伤害。

掠夺性价格(predatory pricing) 是通过制定极低的价格将竞争对手驱逐出市场，而后此价格的制定者在没有竞争对手的情况下再大幅度提高价格的做法。例如，沃尔玛公司就曾经被指控采用了掠夺性价格——以低于成本的价格销售商品来挤掉当地竞争者。然而，阿肯色州法院以 4 比 3 的投票结果作出了有利于沃尔玛的判决。美国法院一般规定，只有存在公司将产品的价格定

> **掠夺性价格(predatory pricing)**：通过制定极低的价格将竞争对手驱逐出市场，而后此价格的制定者在没有竞争对手的情况下再大幅度提高价格的做法。

> **歧视性定价(discriminatory pricing)**：相同的产品或服务针对不同的顾客制定不同的价格。

在低于它们的变动成本之下并确实为了挤掉行业中的竞争者而遭受的损失，这种价格才是掠夺性价格。

歧视性定价(discriminatory pricing) 是指相同的产品或服务针对不同的顾客制定

不同的价格。例如,一大群药品零售店和大型连锁药店起诉几家大型药品公司,宣称它们给予邮购药品公司、健康保护组织和其他护理监管机构的折扣构成了歧视性价格,有些折扣甚至达40%之多。然而,如果价格能够反映所提供商品或服务的成本差别,它就是非歧视性的。在医药公司解决这次集体诉讼时,并没有被要求改变它们现在的定价方式。

掠夺性定价和歧视性定价都不仅不合法,也是不道德的商业行为。管理会计师在道德上有义务依照相关法律行使自己的职责,并且自觉抵制参与、支持任何会有损职业声誉的行为。

竞争对手的行为

企业通常会对它们的竞争对手的价格变化作出反应。许多公司会搜集有关竞争对手的生产能力、技术和经营政策的信息。通过这种方式,管理者可以对竞争对手对本公司价格的反应作出更准确的预测。博弈论就是重点研究对竞争对手行为的预测和反应的,多位经济学家还因此获得了诺贝尔奖。

价格制定的政策通常在很大程度上受到管理者对其竞争对手的反应和对产品及服务所在行业整体需求的预期的影响。例如,一家航空公司即使预期到它的竞争对手会降价,它还是可能会降低价格。因为它希望因此而带来的乘客对所有航线的总需求的大幅增加能足以抵消每张机票下降的价格。相反地,如果预期到竞争对手会跟随或者预计整个行业的需求不会增加,那么企业就会避免降价。

竞争日趋全球化。某些国家过剩的生产能力常常导致某些公司的出口货物出现掠夺性价格政策。例如,一个公司可能在一个与别国隔绝的国外市场上以低价倾销它的商品。正如你可以想象的一样,它们的定价政策就会变得更加复杂。

顾客的需求

管理者比过去任何时候都更加重视顾客的需求,价格也不例外。如果顾客认为价格太高了,他们就会通过其他渠道获得产品或服务,使用不同的产品来替代,或者自己生产这种产品,正如大峡谷铁路公司的总会计师所说的"制定的价格一定要对顾客有吸引力",如果没有吸引力,他们就会自己驾车去大峡谷,或者干脆乘公交车去。

成本加成定价法

会计是通过成本影响价格的。成本在定价决策中所起的真正作用取决于市场条件和公司的定价方法。本节就要讨论一下成本加成定价法。这是一种在定价决策中最常用到成本的方法。

什么是成本加成定价法?

许多管理者都说他们采用"成本加成"定价法制定价格。例如,大峡谷铁路公司计算平均成本,并在此基础上增加一个想得到的**加成(markup)**——也就是价格超过成本的金额。该加价将产生目标的收益。然而,成本加成中的关键是"加成率"。这个"加成率"通常取决于成本和顾客的需求,而不是一个固定的加价。例如,铁路公司有一个标准价格(固定比率),这个价格却常常会在漫长的冬季给予折扣。

> **加成(markup)**:价格超过成本的金额。

在收入是以成本补偿为基础的行业中,价格与成本有着直接关系。成本补偿契约通常会具体说明如何计量成本以及何种成本是允许发生的。例如,在政府规定为国防合同出差乘坐飞机时,只有经济舱(而不是头等舱)的费用是允许补偿的。

但是,最终还是市场决定价格。为什么?因为公司通过成本加成公式制定的价格不可避免地要"依据市场条件"加以调整。公司可以索取的最高价格必须以不把顾客赶走为限。最低价格则可以被认为是零(例如公司可以发放免费的样品以进入市场)。

一个更富操作性的原则是:销售部门短期报出的最低价格应该等于它接受该订单时会产生的边际成本——通常是生产、销售和分销该商品和服务所需的全部变动成本。然而,从在长期来看,价格必须足以弥补所有的成本,包括固定成本。因此,许多公司通过将分摊到的单位固定成本加至变动成本来得到一个它们在长期所希望取得的最低价格。它们深知市场会对以低于其长期最低价格销售的行为作出制裁。但是,为了继续生产并销售此类产品,就必须有一个该产品最终能取得大于或等于其长期最低价格的前景存在。

成本加成定价法的成本基础

管理者通常在某个成本上加上一些加成来为某个产品或服务制定一个理想或者说是目标价格——也就是名词"加成率"。"加成率"的大小取决于目标(期望的)经营收益。目标价格可以基于许多不同的加成,而这些加成又通过许多不用的方式得到同样的目标价格。

> **目 的 7**
> 用多种方法计算目标价格,并比较不同方法的优缺点。

表5-7 展示了统一目标售价与成本间的关系。假设目标为销售100万个产品,得到100万美元,其中的百分比代表了4种在定价中常见的加价公式:(1)作为变动制造成本的一定百分比;(2)作为全部变动成本的一定百分比;(3)作为所有制造成本的一定百分比;(4)作为全部成本的一定百分比。请注意前两个公式与使用贡献成本法是一致的,而后两个公式则是基于完全成本法。特别注意,**全部成本(full cost)** 指的是所有制造成本加上所有销售和管理成本的总和。正如在以前章节中所指出的,我们使用"销售和管理"来涵盖企业价值链上除生产以外

> **全部成本(全部可分配成本)(full cost)**:生产成本总额加上销售和管理费用的总和。

的所有其他职能。

表 5-7 目标售价与不同成本之间的关系

		为获得同一目标售价而选择的不同加成百分比
目标售价	$20.00	
变动成本：		
（1）制造成本	$12.00	（$20.00 − $12.00）÷ $12.00 = 66.67%
销售与管理成本*	1.10	
（2）单位变动成本	$13.10	（$20.00 − $13.10）÷ $13.10 = 52.67%
固定成本：		
制造成本†	$3.00	
销售与管理成本	2.90	
单位固定成本	$5.90	
（3）全部成本	$19.00	（$20.00 − $19.00）/ $19.00 = 5.26%
目标经营收益	$1.00	

* 销售与管理成本包括价值链中除生产外的其他职能部门的成本。
† （4）一个常用公式是以制造成本总额为基础的：[$20.00 − ($12.00 + $3.00)] / $15.00 = 33.33%。

为了取得相同的最终价格,表 5-7 中的每个百分比都因对成本的不同定义而各不相同。例如,在变动制造成本上的加成是 66.67%,而在全部成本上的加成就只有 5.26%。不管使用哪个公式,价格决策者都会被引向同一个目标价格。要销售 100 万件产品,假设目标销售价格是每件 20 美元。如果决策者不能稳定地得到这个价格,公司就不能实现 100 万美元经营收益的目标。

我们已经明白了管理者可以以各种不同的成本信息为基础来定价,从变动制造成本到全部成本。这些成本中的任何一种都可以与定价决策相关。每一种方法也都各有优点和缺点。

成本加成定价中边际贡献法的优点

基于变动成本的价格代表了定价中的边际贡献法。在恰当地使用边际贡献法时,与全部制造成本法和完全成本法相比,它有一些优点,因为其他两种方法往往不能突出不同的成本性态模式。

显然,边际贡献法提供了更加详细的信息,因为它将变动成本和固定成本的行为模式分别表示出来。因为边际贡献法对成本—业务量—利润关系十分敏感,这对于发展定价公式是一个有益的基础。结果,这种方法允许管理者在不同的业务量水平制定价格标准。

表 5-8 中的正确分析表明了销售量的变化是如何影响收益的。贡献成本法通过揭示变动成本、固定成本和销售价格的潜在变化之间的内在联系,帮助管理者作出价格决策。

表 5-8 销售量变化对经营收益影响的分析

	正确分析			错误分析		
销售量	900 000	1 000 000	1 100 000	900 000	1 000 000	1 100 000
销售额,单价 $20.00	$18 000 000	$20 000 000	$22 000 000	$18 000 000	$20 000 000	$22 000 000
变动成本总额,单位成本 $13.10	11 790 000	13 100 000	14 410 000			
边际贡献	6 210 000	6 900 000	7 590 000			
固定成本 *	5 900 000	5 900 000	5 900 000			
全部成本,单位成本 $19.00†				17 100 000	19 000 000	20 900 000
经营收益	$310 000	$1 000 000	$1 690 000	$900 000	$1 000 000	$1 100 000

* 引自表 5-7
† 固定制造成本　　　　　$3 000 000
　固定销售与管理成本　　　2 900 000
　固定成本总额　　　　　　$5 900 000

与之相反,以完全成本法来计算目标定价假设了一个给定的业务量水平。当业务量发生变化时,原来计划的业务量水平下使用的单位成本可能误导管理者。管理者有时错误地认为,他们可以通过将单位全部成本乘以业务量的变化来得到总成本的变化。

表 5-8 中的错误分析表明了使用每单位 19 美元的全部成本来预测销售量的变化对经营收入的影响将会如何误导管理者。假设一位管理者在公司销售量是 900 000 件而不是 1 000 000 件时,使用 19 美元这个数字,预测经营收益为 900 000 美元。如果实际经营收益如正确地分析所预计的只有 310 000 美元,那位管理者可能会惊呆了——他也许该寻找一份新的工作了。请注意错误的分析中唯一正确的数量就是 1 000 000 件的业务量。它也是唯一一个适用 19 美元全部成本的地方。

贡献成本法也提供对特殊订单降低价格导致的短期和长期效果的深入见解。例如,假设成本性态模式与表 5-5 的 Cordell 公司一致。单价为 26 美元、数量为 100 000 件的订单增加了 200 000 美元的经营收益,而这一价格比 40 美元的目标销售价格低了 14 美元,并比 30 美元的全部制造成本低了 4 美元。考虑到已述的假设条件,接受订单看起来是一个较好的选择。正如你在前面所看到的,贡献成本法可以产生最为相关的信息。比较贡献成本法和全部制造成本法。在全部制造成本法下,这一订单一定是不具有吸引力的,因为 26 美元的价格比全部制造成本还要低 4 美元。

	边际贡献法	全部制造成本法
销售收入(销售量为 100 000 件,单价为 $26)	$2 600 000	$2 600 000
变动制造成本(每单位 $24)	2 400 000	
制造成本总额(每单位 $30)		3 000 000
显著的经营收益差异	$200 000	($400 000)

在边际贡献法下,决策制定者看到接受订单可以带来 200 000 美元的短期利益。无论管理者作任何决定,固定成本都不会受任何影响,而经营收益会增加 200 000 美元。尽管如此,管理者常常还要考虑长期的影响。接受这个订单会破坏长期价格结构吗?换而言之,200 000 美元的短期利益是否足以抵消长期内可能出现的不利的财务

状况呢？决策制定者也许会这样想,所以也许会拒绝这一订单。但是——这一点十分重要——这样做,决策者实际上是在放弃当前的 200 000 美元以确保长期内的某种市场优势。一般而言,决策者会通过以下方式评估此类问题:考察长期利益的可能性是否等于放弃的边际贡献的"投资"(本例中就等于 200 000 美元)。在完全成本法下,决策者通常必须进行一项特殊的研究以找出即时影响。在边际贡献法下,管理者则能有一个能够在日常中更加准确地提供这类信息的系统。

完全成本法在成本加成定价法中的优点

通常,公司并不使用边际成本法,因为它们担心管理者会不加区别地用变动成本代替全部成本,从而导致自杀性的降价。如果能明智地运用数据,这种情况是不会发生的。然而,当变动成本数据公布后,如果最高管理层明显感觉到有价格低估的危险,他们有理由倾向使用完全成本法来指导定价决策。

的确,在实践中完全成本法或全部成本法的运用比贡献成本法更加广泛。为什么呢？除了已经提到的理由之外,管理者还提出了以下原因:

1. 从长期来看,要想继续留在行业中,一个公司就必须补偿所有的成本。固定成本迟早会随着业务量的变化而变动。因此,假设所有的成本都是变动成本是一种谨慎的做法(即使一些成本在短期内是固定的)。

2. 在完全成本上加成计算目标价格,可以看出竞争对手会制定什么价格,特别是当他们和你有大致相同的效率水平,且也以在长期内补偿所有的成本为目标时尤为有效。

3. 完全成本法的定价公式符合成本—收益测试的要求。为公司提供的许多产品(有时是数千种)执行单个的成本—业务量测试的代价太大了。

4. 需求曲线形状和正确的价格—产量决策存在许多的不确定性。完全成本法通过不鼓励管理者从事过多的边际性业务来应付这种不确定性。

5. 完全成本定价法有利于促进价格稳定。管理者喜欢价格稳定,因为这样可以使他们的职业生涯变得更加轻松,这主要是因为计划将会更加可靠。

6. 完全成本定价法为包括政府反垄断调查者在内的相关利益方提供了判断价格和理性的最具防御性的基础。

7. 完全成本定价法提供了更便利的参考目标点。从而可以简化成百上千次的定价决策。

运用多种方法

认为边际贡献定价法或完全成本定价法提供了定价决策的"最优"指导,是对业务上最困惑的问题之一作出的危险的过度简化。不论可供使用的成本数据或成本会计系统的类型是什么,缺乏理解和判断都可能导致不能获利的定价。

基本上没有一种单一的定价方法可以一直是最好的。一项对执行者定价方法的调查研究显示:公司通常会在定价决策中同时使用全部成本法和变动成本信息。

会计历史揭示了大多数公司都是根据某种完全成本体系来收集成本数据的,因为这是财务报告所要求的。而在现代会计体系中,如企业资源计划体系,通常会确切地分辨可变成本和固定成本。但是,当企业使用此类体系时,管理者将这些信息看成是现存的完全成本体系的一项额外的补充。也就是说,许多管理者坚持认为,在制定价格前要掌握关于单位变动成本和单位固定成本分配额的信息。这就使我们可以同时估计其长期和短期的影响。大多企业资源计划体系都可以提供关于可变成本和全部成本的数据。然而,大多数旧的会计体系仍沿用了完全成本系统,也不能对所收集的数据进行变动成本和固定成本的区分。当使用旧的会计体系时,为了分清变动成本和固定成本,就必须进行专门的研究或者使用职业判断。

当管理者的业绩评价(可能包括他们的分红)基于对外公布的财务报表中的收益时,他们就特别不愿意只注重可变成本。为什么呢?因为许多公司的这些报表是以完全成本法为基础编制的,而固定成本的分配会影响到报告的收益。

定价模式

表 5-7 表明了在日常经营中怎样计算才能得到同一销售价格的替代的一般加成率。在实务中,报价单的格式和计算方法、订单要求或者类似的记录有着很大的不同。

表 5-9 是一家小型加工车间的管理者目前使用的报价单,该公司参与焊接工具订单的竞价,该行业的竞争十分激烈。表 5-9 的方法是作出有信息的定价决策的一种工具。注意,最高价格与成本毫无关系,它是你认为你所能获得的最高价。最低价格是变动成本的总额。

表 5-9　定价用报价单

直接材料成本	$25 000
直接人工及变动制造费用,600 直接人工小时 × $30/小时	18 000
销售佣金(随工作变化)	2 000
变动成本总额——最低价格*	45 000
加:分摊到各工作的固定成本,600 直接人工小时 × $20/小时	12 000
总成本	57 000
加:预计成本加成	30 000
售价——可接受的最高价格	$87 000

* 这张表格显示了两个价格:最高价格和最低价格。任何你可以得到的超过最低价格的金额即是边际贡献。

当然,管理者很少使用最低价格来竞争。企业确实需要一定的利润。尽管如此,管理者还是想知道一份订单对公司变动成本总额的影响。公司偶尔也会以接近甚至低于最低价格的标准来报价,以便公司进入新市场或者拥有新客户。当该产品在未来可以实现成本节约或该新产品是与其他可以为公司带来收益的产品捆绑在一起时更是如此。具体可以参见商业快讯中关于微软的信息。

注意,表 5-9 出于定价的目的将成本进行了具体分类。在一个公司中能作出定价决策的可能不止一个人。会计师的责任就是制作出一种运算量最小又便于理解的模式。表 5-9 把直接人工和变动制造费用结合起来。所有的固定成本，无论是制造费用、销售费用还是管理费用都加总在一起，并使用单一的人工小时固定制造费率分配到订单中。很明显，如果公司想要更精确的结果，它可以自己制作更多更详细的成本项目。为了达到想要的精确度，许多公司便开始使用作业成本法。

一些管理者，尤其是建筑业和服务业，如汽车修理业的管理者，将不同种类的成本汇总为两类：(1) 直接材料、零部件和物料；(2) 直接人工。然后，这些管理者对两类成本分别使用不同的加成率，他们使用这些比率来获取足够的收入，以弥补间接的未分配成本，并取得经营收益。例如，一家汽车修理行可能为每一份工作编制如下表格：

	向顾客的要价
汽车零件（$200 成本加 40% 的加成）	$280
直接人工（成本是每小时 20 美元，以 300% 的数额开票，以弥补间接成本与未分配成本并创造利润。收账率为 $20 × 300% = $60/小时，10 小时的总开票额为 $60 × 10 = $600）	600
向顾客收取的总价	$880

另一个例子是一家设在意大利米兰的印刷公司，它希望为它的订单定价，使得每一份订单都能产生 28% 的毛利——14% 用来弥补销售和管理费用，14% 是利润。为了获得这个毛利，管理者使用的定价公式是：140% 乘以预计材料成本加上每工时 25 欧元。后者补偿了每工时 18 欧元的人工和制造成本。对一件消耗了 400 欧元材料并且需要 30 个工时的产品，它的价格就是 1 310 欧元。

	成本	售价	利润
材料	€400	€560	€160
人工与间接费用	540	750	210
总成本	€940	€1 310	€370

370 欧元的利润大约相当于成本 940 欧元的 40% 和价格 1 310 欧元的 28%。

因此，计算销售价格的方法有很多种。然而，在这里提出一些一般性的注意事项是十分恰当的。如果管理者知道他们的成本，就可以更好地理解其选择和他们所作的决策对利润的影响。也就是说，在加价之前首先要查明成本，比将各种加价嵌入在作为制定价格的指南的成本中更加具有信息价值。例如，如果材料成本是 1 000 美元，它们在报价指南中应该被表示为 1 000 美元，而不是经过加价的 1 400 美元，因为这只是销售者希望获得的。

小结与复习

问题:

Custom Graphics 是一家位于芝加哥、专门从事各种印刷、设计工作的印刷公司。公司的拥有者 Janet Solomon 正准备投标于各种工作。她 20×7 年的成本预算如下:

原材料		$350 000
劳动力		250 000
间接费用		
变动	$300 000	
固定	150 000	450 000
总生产成本		1 050 000
销售管理费用*		
变动	$75 000	
固定	125 000	200 000
总成本		$1 250 000

* 包括除生产外的所有成本。

Solomon 20×7 年的目标利润是 250 000 美元。

计算定价目标平均成本加成百分比,分别以下列项目为基数:

1. 原材料加劳动力
2. 变动生产成本(劳动力是变动成本)
3. 总生产成本
4. 总变动成本
5. 总成本

答案:

本题的目标就是说明只要恰当地应用不同的定价方法都可以得出相同的目标销售价格。为了完成 250 000 美元的目标利润,则 20×7 年的目标销售收入是 $1 250 000 + $250 000 = $1 500 000

目标加成百分比是:

1. 原材料、劳动力加成百分比 = (1 500 000 - 600 000)/600 000 = 150%
2. 变动生产成本加成百分比 = (1 500 000 - 900 000)/900 000 = 66.7%
3. 总生产成本加成百分比 = (1 500 000 - 1 050 000)/1 050 000 = 42.9%
4. 总变动成本加成百分比 = (1 500 000 - 975 000)/975 000 = 53.8%
5. 总成本加成百分比 = (1 500 000 - 1 250 000)/1 250 000 = 20%

目标成本法

迄今为止的所有定价方法都是基于对成本的计量来定价的。另一种成本与价格的联系就是根据一个产品的市场价格来决定出公司在仍能取得预期收益时能用于生产该产品的最大成本。我们称这一方法为**目标成本法(target costing)**。

> **目 的 8**
> 用目标成本法来决定是否要增加一种新产品。

> **目标成本法(target costing)**：一种成本管理方法，它在产品的整个寿命周期中始终以成本为关注重点。

一家公司正在考虑是否要开发并推销一种新产品。在评价新产品的可行性时，管理者必须同时预期该产品的生产成本和它以何种价格出售。管理者的行为影响价格和成本的程度，决定为了定价和成本管理的目的所需使用的最有效的方法。公司为产品采用成本加成定价法，这样管理者的行为(如做广告)可以影响市场价格。尽管在这个案例中成本管理很重要，但是对于利润等式中的营销和收入一方，人们也给予了很大的关注。

但是，如果现实的市场条件下管理者不能影响价格又会怎么样呢？如果一家公司要实现管理者期望的利润，它必须关注于产品的成本。管理者需要的是一种可以在不降低对顾客所产生的价值的前提下降低成本的有效工具。面对这种情况的公司越来越多地开始采用目标成本法。管理者以产品的预计价格和公司的期望利润为基础，制定一个期望或者说是目标成本，这一成本是在生产甚至是在设计产品时就设定的。然后管理者必须设计和生产产品，以使产品成本不超过它的目标成本。为什么要关注产品的设计环节呢？因为设计环节会影响大部分成本。例如，新的机器设备、原材料、零部件甚至未来的改良装备等资源的成本，在很大程度上是由产品设计及相关的生产过程决定的。一旦开始生产了，要降低这些成本就不是那么容易了。所以，目标成本法的重点是：对新产品的开发整个过程中的每一项作业都进行前瞻性的计划。

目标成本法和新产品开发

图5-4展现了一个真实存在的公司对一种新产品实施目标成本法的过程。在现有技术和相关成本结构的基础上，该产品有三个需要直接人工的部分和四种间接成本。目标成本法处理过程的第一步是决定市场价格。这个价格是由市场决定的。那为什么管理者还必须来决定这个价格呢？请记住这是一个新产品，还没有实际地投入市场，所以管理者必须估计市场会为这个产品支付什么价格。公司可以用几种工具，比如对市场关注群体进行市场调查研究，来确定这个价格。公司也会为新产品定一个期望的毛利。市场价格和毛利之间的差额就是新产品的目标成本。公司通过基于单个组成部分层级的设定成本来确定现存的成本结构。这种产品有两个组成部分：第一部分由A和B两个零部件组成，第二部分是零部件C。各个组成部分和最终的装配都使用了直接人工。最后，计划和加工产品所必需的作业产生了间接成本。

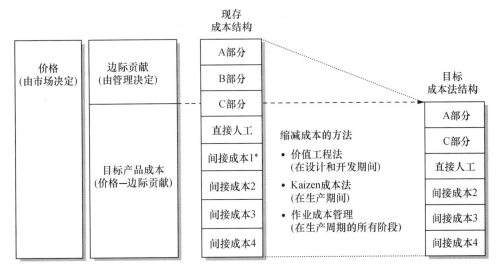

图 5-4 目标成本法的实施过程

* 每种间接成本都和一种间接作业相联,间接成本 1 在缩减成本的过程中消除。

营销活动在目标成本法中起着重要的作用。在目标成本核算活动初期的市场研究中,营销部门通过提供顾客需求和要求的信息引导了产品的整个开发过程。

许多公司在设计产品特征时积极地寻求顾客的意见,然后将每个特征的成本与其价值相比较,以此来决定是否要将这个特性加入到产品中去。例如,波音公司的一个顾客希望飞机上有发热的地板,然而,发热地板的成本太高了,这个顾客必须三思。

图 5-4 的例子中,目前的成本太高以至于无法产生预期的利润。这是否意味着新产品是不可行的呢?这可未必。现在,一个由工程师、销售人员、主要供应商及会计师组成的多职能团队,必须来确定公司是否可以通过实施措施使成本降低的幅度达到目标成本的水平。图 5-4 的例子中,在目标成本结构中,公司通过改变产品的设计,用零部件 C 代替了零部件 B,进而降低了零部件的成本。公司也要求零部件 A 和 C 的供应商降低其生产成本。设计和制造工程师们也可以去除产生第一类间接成本的作业。这些成本降低是应用**价值工程法(value engineering)**的结果。它是一种节约成本的技术,主要被用于产品的设计阶段,这种技术使用所有关于价值链功能的信息,在降低成本的同时满足顾客的需要。总的来说,计划的成本降低足以把成本降低到目标水平。

然而,并非所有的成本降低都是在生产开始之前发生的。**改进成本法(kaizen costing)**是一个日本术语,是指在制造过程中持续地改进。公司是如何使用改进成本法的呢?作为计划过程的一部分,公司每年都要设定改进目标。这样的例子包括由于员工的经验积累而使生产准备次数和加工次数持续下降。总而言之,即使原先预期的成本

> **价值工程法(value engineering)**:一种主要用于产品设计阶段的成本降低技术,它使用所有有关价值链功能的信息,在降低成本的同时满足顾客的需要。

> **改进成本法(kaizen costing)**:日本术语,指在生产阶段持续地改进。

看上去很高,设计阶段的目标成本法和制造阶段的改进成本法能够使公司在产品的整个生命周期内实现目标成本。

隐藏在这些成本降低方法之下的,是对精确的成本信息的需求。作业成本法就经常能提供这种信息。然后,公司可以使用作业管理法(ABM)来确定并消除非增值作业、浪费以及与之相关的成本。作业管理法在产品生命周期的设计和制造阶段可使用。举例说明会计师是如何在目标成本法中运用作业成本法的,可参见商业快讯。

目标成本法举例

来关注 ITT 汽车配件公司(ITT Automotive)——这一世界上最大的汽车配件供应商之一的目标成本系统。该公司设计、开发并制造一系列产品,包括刹车系统、电子发动机和车灯。该公司也是制动防抱死装置(ABS)的世界市场领导者,该公司这种系统的日产量达 200 000 个。

ITT 汽车配件公司为 ABS 采用什么样的定价方法呢?定价过程始于 ITT 公司的某个客户。例如,奔驰汽车公司 发出了出价要约。刹车系统的市场竞争十分激烈,公司在出价上的差异都十分微小。因此,ITT 公司成立了一个目标成本小组,负责确定该公司的价格和成本是否提供了足够的利润率。该小组由工程师、管理会计人员以及销售人员组成。该小组在确定赚取期望利润率的可行性时,考虑的因素包括竞争者的价格、通货膨胀率、利率以及 ABS 在其生命周期的设计阶段(目标成本法)和生产阶段(改进成本法)中降低成本的潜力。ITT 公司需要外购组成 ABS 的大部分零部件。因此,目标成本小组与供应商有密切的合作。在产品制造、设计改进和接受来自供应商的委托后,公司就获取了决定要价所需要的成本信息。

在 ITT 汽车配件公司,目标成本法的运作良好。公司对 ABS 的竞标,使得奔驰公司选择 ITT 汽车配件公司作为其所有商务活动用车 ABS 的开发者和供应商。而另一个关于在戴姆勒·克莱斯勒汽车公司和大陆集团中的目标成本小组是如何在工作中与客户和供应商们密切合作的实例,可参见后面的商业快讯——"目标成本法与外部价值链"。

商业快讯

目标成本法、作业成本法和管理会计的作用

许多公司把目标成本法和作业成本计算体系(ABC)结合在一起使用。目标成本法要求公司首先确定顾客愿意为产品支付多少钱,然后回到产品设计和生产加工阶段,以产生一个想要的利润水平。作业成本法提供了生产产品所需的各项作业的成本。了解了作业成本可以使产品和生产过程的设计者预测他们的设计对产品成本的影响。目标成本法本质上接受了作业成本法并把它用于战略产品决策。

例如,室内装潢织物公司(卡罗莱纳州北部的一家纺织品生产商)在公司最具有战略

重要性的领域使用目标成本法和作业成本法来评价成本管理。室内装潢织物公司发现它的产品的 80% 的成本在产品设计阶段就已经确定，但是早期在成本控制方面的努力仅仅关注余下的 20%。通过把成本管理的精力转移到设计阶段并且取得在生产中涉及的各类作业的精确的成本信息，室内装潢织物公司的成本管理发展为一个在产品设计阶段降低成本的过程，而不是那种不协调的、在产品完工时对成本加以确认的过程。

目标成本法的一个基本目的是在成本发生之前实现成本的降低。毕竟，一旦一家公司发生了某种成本，它们就不能改变了。这种策略在产品寿命周期短的时候显得尤为重要。由于大多数产品的寿命周期都在缩短，目标成本法的使用范围在拓宽。目标成本法以在产品的设计和开发阶段降低成本为中心——当成本确实可以受到影响时。例如，目标成本法极大地影响了莱斯勒汽车公司低价位的彩虹车（Neon）的设计，宝洁公司的首席执行官认为目标成本法可以帮助管理者消除那些引起产品定价过高的成本。根据罗恩·卡拉维（Ron Gallaway），Micrus 半导体生产公司的财务副总裁所言，"设计过程是你真正可以降低成本的地方"。

管理会计在目标成本法中发挥着怎样的作用呢？在 Micrus 公司，管理会计负责为所有的组成部分和生产过程设定目标。一项调查表明使用目标成本法的公司中 86% 的公司直接从它们的成本系统中获取数据用来估计设计阶段的产品成本。在伊斯曼·柯达公司，管理会计是实施目标成本法的多功能团队的重要部分。这一团队包括设计和生产工程师、采购和营销人员以及管理会计师。彼得·杉宾奴（Peter Zampino），国际先进制造协会研究主任，认同这样的观点："它和其他的事物一样；如果会计不能确保数字的真实性，在整个组织中，它们就不具有可信度。"

资料来源：摘自 R. Benham "Off Target", *CFO*, May 2000; J. Bohn, "Chrysler Cuts Costs by Nurturing Links with Suppliers," *Automotive Age*, January 17, 1994, p. 18; G. Boer & J. Ettlie, "Target Costing Can Boost Your Bottom Line," *Strategic Finance*, July 1999, pp. 49—52; J. Brausch, "Target Costing for Profit Enhancement," *Management Accounting*, November 1994, pp. 45—49; G. Hoffman, "Future Vision," *Grocery Marketing*, March 1994, p. 6。

目标成本法和成本加成法的比较

成功的企业了解它们的经营活动所处的市场并使用最适用的定价策略。要看出目标成本法和成本加成法会导致不同的决策，我们假设 ITT 汽车配件公司收到福特汽车公司（Ford）订购 ABS 的要约，该系统将被用于一款新型汽车。

假设有下列数据可供使用：
- 福特公司要约中的具体说明使 ITT 公司估计目前的制造成本为 154 美元（组成零件、直接人工以及制造费用）。
- ITT 汽车配件公司的预期销售毛利率为销售收入的 30%，这意味着价格中应该包含 70% 的实际成本。
- 存在高度竞争的市场条件，并且确立了每单位 200 美元的销售价格。

如果 ITT 用成本加成法为 ABS 制定价格，要价将会是 $154/0.7 = $220。福特公司很可能会拒绝这一要价,因为其他人会出价 200 美元。ITT 汽车配件公司的定价策略会导致机会的丧失。

商业快讯

目标成本法与外部价值链

我们定义的价值链是由一个企业范围内的可以为某一产品或服务增加价值的作用组成的。那些使用目标成本法的企业往往不会仅仅限于企业内部价值链本身,它们会把设计过程中的供应商还有顾客包括进来。

克莱斯勒公司在权衡增加内部系统和汽车发动机罩下面的照明系统的成本与收益的时候,该公司的成本导向的团队跟顾客进行了良好的互动。最后的价值分析决定要增加内部系统的照明,但不增加发动机罩下面的照明系统。

对很多企业来说,一种产品的很大一部分成本是来自从供应商处购买的材料和部件的成本——大约占到了克莱斯勒和 Continental Teves 公司世界上最大的液压和电力制动系统、电子驾驶系统和空调系统的供应商之一,总成本的 75%。这两家公司都有自己的跨公司团队来完成降低成本的目标。在克莱斯勒公司,每个供应商都被要求逐年降低 5% 的成本,其中包括能够降低克莱斯勒公司成本的创新。这些创新降低了克莱斯勒公司的成本,相应地,各供应商的利润也相应降低了。Continental Teves 公司利用一种成本模型工具来决定自己外包部件的成本。如果一家供应商没能达到其预期成本,Continental Teves 公司可能会派出一个工作团队去分析这家供应商的运营。

资料来源:Adapted from D. Swenson, S. Ansari, J. Bill, I. Kim, "Best Practices in Target Costing," *Management Accounting Quarterly*, Winter 2003。

假设 ITT 汽车配件公司的管理者意识到市场条件给出了一个既定的价格——200 美元。如果 ITT 汽车配件公司使用目标成本核算系统,定价策略将是怎样的呢?目标成本是 140 美元(即 $200×0.7),因此必须将每单位成本降低至 14 美元。目标成本小组将与产品加工工程师以及供应商一起工作,看一下平均单位成本是否能在产品的生命周期内降低 14 美元。注意,并不是需要在产品生产之前就把成本降低到 140 美元。初始的单位成本可能会高一些,如 145 美元。在产品生命周期中持续不断地改进,最终会导致成本降低 5 美元。如果管理者收到成本降低的承诺,他们就可以将竞标价格定位至每单位 200 美元。注意,如果 ITT 汽车配件公司竞标成功,那么它就必须在产品的生命周期内把成本管理作为工作重点。

目标成本法起源于日本,并且在日本使用得相当普遍。而且,世界范围内有越来越多的公司开始采用这种方法,包括克莱斯勒汽车公司、波音公司、依士曼柯达公司、本田汽车美国公司、奔驰汽车公司、宝洁公司(Procter & Gamble's)、卡特比勒柴油发电机公司(Caterpillar)及 ITT 汽车配件公司。甚至有一些医院也开始使用目标成本法。

为什么目标成本法越来越受到欢迎呢？随着许多行业全球市场的竞争日益激烈，公司对市场价格的影响能力受到越来越多的限制。成本管理就成为具有活力的关键因素。目标成本法迫使管理者以成本为中心实现预定的利润目标。

记忆重点

1. **区分制定决策需要的相关信息和不相关信息**。要与某一特定的决策相关，一个成本（或是收入）必须满足两条标准：(1) 它必须是预期的未来成本；(2) 它必须具有不同于其他备选方案的差别因素。

2. **应用决策程序作出商业决策**。所有的管理者都是基于某种决策程序进行经营决策的。最佳程序通过把管理者的注意力集中于相关信息，从而帮助制定决策。

3. **在完全成本法下和贡献成本法下编制损益表，并确认它们与决策的相关性**。完全成本法与贡献成本法所编制的损益表在形式上的主要差别就在于：贡献成本法形式下的报表注重成本性态（固定的或是变动的）；而完全成本法形式下的报表则根据在经营中的作用（制造和非制造）来报告成本。边际成本法让管理者能更简单地评价业务量变化对受益的影响，也因此更适合短期决策的制定。

4. **用贡献成本法决定是否要接受一张特殊订单**。接受或拒绝特殊销售订单的决策，应该使用边际贡献分析法，并关注订单的增量收入和增量成本。

5. **解释为什么定价决策取决于市场的特征**。市场需求和供给、竞争的程度、边际收入和边际成本会影响市场价格，这些因素必须融入定价决策。

6. **辨认实务中影响定价决策的因素**。市场条件、法律、顾客、竞争者及成本都会影响定价决策。管理者的行为能影响价格和成本的程度，决定了制定价格的最有效方法和成本管理的意图。

7. **用多种方法计算目标价格，并比较不同方法的优缺点**。当管理者的行为可以影响产品的市场价格时，公司使用成本加成定价法，它们可以基于一系列成本进行利润加成，包括变动制造成本、全部变动成本、全部制造成本总额以及成本总额。定价的贡献成本法具有提供详细的成本性态信息的优点，这一点与本—量—利分析是一致的。

8. **用目标成本法决定是否要增加一种新产品**。当管理者面对无法影响价格的市场条件时，公司必须以控制和降低成本为中心。管理者们主要将目标成本法用于新产品，尤其是价值链中的设计阶段。他们从市场决定的价格中减去预定的利润，以此确定目标成本。然后，在产品的生命周期里通过成本管理控制和降低成本以达到目标成本。

会计词汇

完全成本法(absorption approach)
贡献成本法(contribution approach)
决策模型(decision model)
歧视性定价(discriminatory pricing)
全部成本(full cost)

不完全竞争(imperfect competition)
改进成本法(Kaizen costing)
边际成本(marginal cost)
边际收入(marginal revenue)
加成(markup)
完全竞争(perfect competition)
掠夺性定价(predatory pricing)
价格弹性(price elasticity)
相关信息(relevant information)
目标成本法(target costing)
价值工程法(value engineering)

基础习题

5-A1 直接损益表

独立公司(Independence Company)2006年有如下制造成本数据:(千美元)

期初和期末存货	无
耗用的直接成本	$400
直接人工	330
物料成本	20
公用事业费用(变动部分)	40
公用事业费用(固定部分)	12
间接人工(变动部分)	90
间接人工(固定部分)	40
折旧费用	200
财产税	20
监管人员工资	50

销售费用为300 000美元(包括60 000美元的变动部分),日常管理费用为144 000美元(包括23 000美元的变动部分),销售收入为180万美元。

直接人工和供给费用视为变动成本。

1. 编制两份损益表。一份用贡献成本法,另一份用完全成本法。

2. 假定所有变动成本都直接按比例随销售收入的变化而变动,而固定成本则在很大一个销售收入的范围内不受任何影响。如果销售收入是200万美元而不是180万美元,经营利润是多少呢？你会使用哪一份损益表来帮助你得出该答案？为什么？

5-A2 特殊订单

考虑下列MPC钢笔公司20×6年12月31日的详细损益表资料：

销售额	$10 000 000
减:销售和管理成本	6 000 000
毛利	$3 500 000
减:销售和管理费用	2 800 000
经营利润	$700 000

MPC 的固定制造成本是 290 万美元,它的固定销售和管理成本是 200 美元,销售佣金是销售额的 3%,包括在销售和管理费用中。

该部门生产并销售了 200 万支钢笔。接近年底时,比萨屋(Pizza Hut)发出了一份购买 15 万支钢笔的特殊订单。要完成这张订单,必须在每支钢笔上印上比萨屋的特殊标志。比萨屋是想把这些特制的笔用于 20×7 年年初在一个东部城市举行的特别促销活动。

尽管 MPC 有一些闲置的生产能力,但是总裁拒绝了比萨屋提出的 15 万支钢笔支付 660 000 美元的要约,他说:

"比萨屋的报价太低了。我们虽然不用支付销售佣金,但是为了添加标志,每支钢笔将产生 0.40 美元的额外成本。如果 MPC 以低于正常售价销售,将会引发竞争者的降价和客户希望特殊交易等一系列连锁反应。我认为在全部成本 4.65 美元(9 300 000/2 000 000)加上额外的 0.40 美元再减去节省的佣金的基础上,价格加成不能低于 8%。"

1. 使用贡献成本法编制类似表 5-5 的分析表,设置四列:没有特殊订单、特殊订单的影响(一列为全部影响,另一列为单位产品的影响)以及包括特殊订单后的全部成本的内容。

2. 如果接受了特殊订单,经营收益会增加或减少多少个百分点?你同意总裁的决定吗?为什么?

5-A3 定价公式

Randy 是一位建筑承包商,他在宽阔的地方建造房屋,往往同时建造多达 20 栋房子。Randy 为 20×6 年预期间建造的房屋编制了成本预算,如下表所示:

直接材料	$3 500 000
直接人工	1 000 000
建筑合同制造费用	1 500 000
合同成本	$6 000 000
销售和管理成本	1 500 000
全部成本	$7 500 000

建筑合同制造费包括大约 900 000 美元的固定成本,如监管者的薪金和机器设备的折旧费。销售和管理成本包括 600 000 美元的变动成本,如销售佣金和奖金,它们主要取决于总体赢利能力。

Randy 希望 20×6 年能够获得 150 万美元的利润。

如果以下列各项的一定百分比制定价格,分别计算平均目标加成率:

1. 直接材料加直接人工
2. 全部"合同成本"
3. 变动"合同成本"

4. 全部"合同成本"加销售和管理成本
5. 变动"合同成本"加变动销售和管理成本

5-A4 目标定价法

最低成本公司(Lowest Cost Corporation)用目标成本法来帮助作出是否要批准生产一个新产品的最终决策。一个新产品正在被评估。市场研究部门已经对该产品的潜在市场进行了调研,并认为这个产品的特有属性会使它在生命周期中的总需求达到70 000单位,而平均售价则为360美元。目标成本小组的成员分别来自市场研究、设计、会计和生产工程部门。这个团队与主要顾客和供应商紧密接触。通过对该产品的价值分析,该小组发现在沿用现行程序技术的条件下,价值链上各职能的成本总额如下:

价值链各职能	生命周期内总成本
研发	$2 500 000
设计	950 000
制造(70%通过供应商外购)	8 000 000
营销	1 800 000
分配	2 400 000
售后服务	950 000
生命周期内总成本	$16 600 000

管理层有一个目标贡献,为销售收入的40%。这一贡献使公司有足够的资金来抵补公司的经营费用、税收并获得一个合理的利润。

1. 请解释这个新产品是否应该投入生产。
2. 这一产品的制造成本大约有70%是由通过供应商外购的材料和零部件组成的。目标成本小组中的主要供应商提出的工序上的改进,可以将供应商的成本减少20%。那么新产品是否应该被批准生产呢?请解释。
3. 由于以220 000美元购入了新工序技术,那部分不外购的制造成本可以节约25%。假定供应商提出的工序上的改进和新工序技术同时被采用。新产品应该被批准成产吗?请作出解释。

5-B1 贡献成本法和完全成本法下的损益表

下列信息取自于Kingland制造公司截至2006年12月31日的年度记录。该年度无任何期初和期末存货。

销售收入	$12 000 000	长期租赁,工厂	$100 000
销售佣金	500 000	工厂主管人员工资	30 000
广告费	400 000	工厂监管人员工资	100 000
运输费	300 000	耗用直接材料	4 000 000
行政管理人员工资	100 000	直接人工	2 000 000
行政管理人员工资(变动)	400 000	耗用切割后的辅料	60 000
工厂设备火险	2 000	工厂方法研究	40 000
工厂设备财产税	10 000	机器研磨剂	100 000
		间接人工	800 000
		工厂设备折旧	300 000

1. 分别使用贡献成本法和完全成本法编制一份损益表。如果对任何成本性态存有疑问，则根据该存有疑问的总成本在较大的数量范围内是否会波动来判断。编制一份报告，单独列示出间接制造费用中变动成本和固定成本的划分。

2. 假定所有的变动成本都随销售收入的变化而变化，而固定成本则在很大的销售额内不受任何影响。则如果销售收入是 1 100 万美元而不是 1 200 万美元，经营利润将是多少？你会使用哪一张损益表来得出此结论？为什么？

5-B2　特殊订单、术语和单位成本

下表是 Danube 公司的损益表，该公司是一家男式牛仔裤生产商。

多瑙河公司　20×6 年 12 月 31 日编制的当年损益表

	总额	每单位
销售收入	$40 000 000	$20.00
减：销货成本	24 000 000	12.00
毛利	$16 000 000	$8.00
减：销售和管理费用	15 000 000	7.50
经营利润	$1 000 000	$0.50

Danube 公司生产了 200 万条牛仔裤，已经销售给各类服装批发商和百货公司。20×6 年年初，总裁 Rosie 意外去世了。她的儿子 Ricardo 成为新的总裁。Ricardo 在公司营销部门工作了 15 年，他对会计和生产知之甚少，而这些正是他母亲的强项。Ricardo 有一些包括有关特殊订单定价的问题。

1. 为了提供更好的解答，你决定用贡献成本法形式重新编制损益表。变动制造成本是 1 900 万美元。变动销售和管理费用为 900 万美元，其中大部分是销售佣金、运输费用和以销售为基础的返还给顾客的广告补贴。请利用这些信息重新编制这份损益表。

2. Ricardo 提问说："在知道各项目的意思之前，我不可能理解财务报表。在浏览我母亲的综合笔记时，我发现在总成本和单位成本中都存在如下内容，全部制造成本、变动成本、全部成本、全部可分配成本、毛利和边际贡献。使用我们 20×6 年的数据，先给我这些成本的清单，包括总量和单位量。"

3. "20×6 年年底，我带回一份好事多超市以每条 17 美元购买 100 000 条牛仔裤的特殊订单。我愿意接受 20 000 美元的销售佣金，而不是通常售价的 6%，但是我的母亲拒绝了这份订单。她通常坚持相对刚性的定价政策。她说，接受那些不能至少产生制造成本的 1.8 倍的收入的业务，是不良的经营。"

"那项政策困扰着我。我们有闲置的生产能力。依照我的计算方法，我们的生产成本会上升 1 200 000 美元(100 000×12)，但是我们的销售和管理费用只上升了 20 000 美元——那将意味着有额外的经营利润额 500 000 美元 100 000×(17－12)减去 20 000 美元。为了保持一贯的定价政策而放弃订单，代价太大了。我对经营利润影响的分析是否正确？如果不正确，请把正确的额外经营收入表示出来。"

4. 在得到了要求 2 和要求 3 提供的说明之后，Ricardo 说："不算好事多超市的订单，我有另一份来 Land's End 的更大的订单，它需要 500 000 条裤子，它将使工厂的生产能力得到完全利用。我告诉我的母亲不设定佣金，因为由该公司负担运输费且没有广告费，所以就不会发生销售和管理费之类的费用。"

"Lands' End 公司提供的单价为 9.20 美元。我们的固定生产成本将分摊到 250 万条而不是 200 万条牛仔裤上,接受这份订单不是很有优势吗?我们以前的固定生产成本为每单位 2.50 美元。产量增加降低的成本大于每单位变动成本加上我们的损失。"

"我说得对吗?如果我们接受订单,对总的经营利润的影响是什么呢?"

5-B3 成本加成定价法与目标成本法

Caterpillar 公司是《财富》100 强企业,它是世界上建筑采掘设备、柴油机和天然气引擎以及工业气体涡轮机的领军制造商。Caterpillar 也为别的制造商生产传统的活塞。其所用的设备就是为它自己的重要引擎制造的设备。活塞是由节约成本的数控自动送料装置和多轴锻压型材制造而成的。这个过程是一个高产量、高效率的过程,能抵消购买特别裁减至所需长度的锻压型材或者将锻压型材裁剪至特定长度而发生的额外成本。

市场研究部表示,一个计划为卡车引擎制造商制造的活塞可能可以卖到 46 美元。一个现在正在生产的相类似的活塞有如下制造成本:

直接材料	$24.00
直接人工	10.00
制造费用	16.00
总成本	$50.00

假定 Caterpillar 公司期望有等于制造成本的 35% 的毛利。

1. 假定 Caterpillar 公司使用成本加成定价法。将价格定于制造成本上的 35%,则活塞的要价是多少?如果你是 Caterpillar 公司的经理,你会不会要生产活塞?

2. 如果 Caterpillar 公司用目标成本法。公司又将对一个活塞要价多少?如果要 Caterpillar 公司愿意生产这个活塞,它可以接受的最高制造成本是多少?

3. 作为目标成本法的使用者,Caterpillar 公司经理应该采取哪些步骤来尽力使生产该产品变得可行?

补充习题

简答题

5-1 请解释"必须牢记精确性和相关性之间的区别"。
5-2 区分决策的定量方面和定性方面。
5-3 描述决策中会计师的作用。
5-4 "任何未来的成本都是相关的。"你同意这种观点吗?请加以解释。
5-5 为什么在特殊决策中历史(或过去)的数据是不相关的?
5-6 描述决策过程中历史成本的作用,即说明这些成本是如何与预测方法及模型相关的。
5-7 与完全成本法相比,贡献成本法有哪些优点?
5-8 "按照变动和固定的成本性态,而不是按照经营作用,对成本价格分类是主要的成本归类方法。"说出三个经常用来形容此类损益表的术语。

5-9 解释"各种特殊决策方法之间存在着共同性"。

5-10 "可避免成本就是变动成本。"你同意这种观点吗？请加以解释。

5-11 为什么顾客是影响定价决策的一个因素？

5-12 什么是单位目标成本？

5-13 什么是价值工程法？

5-14 什么是改进成本法？

5-15 解释"在目标成本法中，价格决定了成本而不是成本决定了价格"。

5-16 许多应用目标成本法的公司都将顾客和供应商包括在产品和工序的设计中。请解释这是为什么。

5-17 "如果使用了目标成本法，但现存成本并不能通过成本降低而达到目标成本，管理层应该停止生产和销售该产品。"你同意这种观点吗？请解释原因。

5-18 "仅基于订单的变动成本制定价格会导致自杀性的价格低估。"你同意这种观点吗？为什么？

5-19 请举出除特殊订单外的三个定价决策的例子。

5-20 列举出三种常用的定价加价公式。

5-21 描述两种长期影响，它们可能导致管理者放弃降低价格以增加短期利润。

5-22 给出两条理由，说明为什么全部成本比变动成本更广泛地用于指导定价。

理解练习

5-23 固定成本和销售量的关系

许多销售经理对成本有着良好的直觉上的理解，但通常他们对成本的描述却不精准。例如，一位经理说："增加销售量能降低固定成本，因为它被分摊到更多的产品上。"你同意这种说法吗？请加以解释。

5-24 损益表与销售经理

假定王某主管销售 Nantucket Nectars 的果汁鸡尾酒。王某会觉得哪种损益表对他的决策更有帮助？完全成本法还是贡献成本法？

5-25 定价决策的经济学含义

经济学理论表明，在完全竞争的市场中，管理者应该使价格等于边际成本。而会计师使用变动成本近似估计边际成本。比较并对照边际成本和变动成本，并解释使用变动成本作为边际成本的近似估计进行价格决策是否恰当。

5-26 定价决策、道德和法律

管理者的定价决策应该同时基于成本和市场。此外，他们也必须考虑道德和法律问题。描述道德和法律对定价决策的影响。

5-27 目标、成本法和价值链

根据波音公司集成防御系统 MMA 的项目负责经理（即目标成本经理）Hallin 的说法，达到目标成本是对公司的整个价值链的挑战。请解释波音公司价值链上各职能部门的管理者应怎样参与目标成本核算过程。

练习题

5-28　指出相关成本

今天你打算去看动作片，你可以在两家影院中选一家。你的娱乐开支很小，因此价格很重要。最近你去过这两家影院，一家的入场费是5美元，另一家是7美元。你习惯在影院里购买爆米花——每家影院都要3美元。现在两家影院放映的动作片对你有同等的吸引力，但是你十分肯定今天不看的电影以后就再也看不到了。

确认相关成本，并解释你的答案。

5-29　信息和决策

假设 Radio Shack 公司制造一台计算机的历史成本如下：直接材料，单位成本5.00美元；直接人工，单位成本6.00美元。管理层正在决定是否要用不同的材料代替某些材料。这种替代将会使直接材料成本每个下降10%；然而，每个产品所耗用的直接人工工时将上升5%，而且直接人工比率会受到最近工资上涨10%的影响。

编制一张类似图5-1的图，表明在决策过程中，哪里需要直接材料和直接人工的数据？如何使用？

5-30　确认相关成本

Panl 和 Pauta 正在考虑是去听交响乐还是去看棒球赛。他们已经有了两张不能退的"交响乐流行夜"的门票，每张价值40美元。这是本季他们唯一想听的一场音乐会，因为这是唯一一场有他们喜欢的音乐的音乐会。棒球赛是本季的最后一场，并且将产生联赛的冠军。他们可以以每张20美元的价格购买门票。

他们到任何一个地方都要驾车行驶来回50英里的路程。驾驶汽车的变动成本是每英里0.18美元，固定成本平均为每英里0.13美元，他们每年驾驶15 000英里。去听交响乐停车是免费的，而观看棒球赛要支付6美元的停车费。

参加任何一项活动，Panl 和 Pauta 都需要雇用一个婴儿看护，每小时支付7美元。他们估计看棒球赛要离开5小时，而听音乐会只要4小时。

比较看棒球赛和听音乐会的成本。关注相关成本，计算成本上的差异，并指出哪个备选项目对他们更昂贵。

5-31　完全成本法下的报表

Pierce 公司在一段时期内有如下数据：(千美元)

销售收入	$700
直接材料	200
直接人工	150
间接制造费用	170
销售和管理费用	150

该时期内无任何期初和期末存货。计算：(1) 销货成本；(2) 毛利；(3) 经营利润；(4) 加工成本(制造成本总额减去材料成本)。

5-32 贡献成本法下的损益表

Yoko 公司在一段时期内有如下数据:(千美元)

销售收入	$870
直接材料	290
直接人工	140
变动工厂间接费用	60
变动销售和管理费用	100
固定工厂间接费用	120
固定销售和管理费用	45

该时期内无任何期初和期末存货。计算:(a) 变动销货成本;(b) 边际贡献;(c) 经营利润

5-33 完全成本法与贡献成本法下的报表

Anzola 公司近一段时间内有如下数据(百万美元),请填空。假定该公司无期初和期末存货。

a. 销售收入	$920
b. 耗用直接材料	350
c. 直接人工	210
间接制造成本	
d. 变动	100
e. 固定	50
f. 变动销货成本	—
g. 销货成本	
销售和管理费用	—
h. 变动	90
i. 固定	80
j. 毛利	—
k. 边际贡献	—

5-34 完全成本法下的报表

Stein 珠宝公司在一段时间内有如下数据:(千南非兰特)假设无任何存货。

销售收入	ZAR ____
直接材料	370
直接人工	____
间接制造费用	____
销货成本	780
毛利	120
销售和管理费用	____
经营利润	20
主要成本(直接材料+直接人工)	600

5-35 贡献成本法下的报表

Jackson 公司在一段时间内有如下数据(千美元)。假定无存货。

直接人工	$170
直接材料	210
变动间接制造成本	110
边际贡献	200
固定销售和管理费用	100
经营收益	10
销售收入	990

计算:(a)变动销货成本;(b)变动销售和管理费用;(c)固定间接制造成本。

5-36 特殊订单决策

BAS 运动制品供应商为运动队制作比赛用运动衫。F.C. 科特塞浦足球俱乐部提出在联赛中为本队购买 100 件运动衫,每件 15 美元。运动队对这种运动衫的出价一般为 18 美元,即在 BAS 的进价 10 美元上每件加价 80%。BAS 以每件 2 美元的变动成本在运动衫上添加名字和号码。印刷过程所用的设备每年的固定成本为 6 000 美元,其他分配给运动衫的固定成本为 2 000 美元。BAS 每年大约生产 2 000 件运动衫,可用时间中有 75% 被闲置。

BAS 的经理拒绝了这一要约,他说:"我们的单位成本是 16 美元,如果以 15 美元销售,我们就要在每件运动衫上遭受损失。我们愿意帮助你们的联赛,但是我们不能承担销售上的损失。"

1. 如果 BAS 接受了 F.C. 科特塞浦的要约,计算其经营利润的变化量。

2. 如果你是 BAS 的经理,你会接受这个要约吗?除了考虑要求 1 中计算的定量影响外,列出两个影响你决策的定性因素——一个支持接受要约的定性因素,另一个支持拒绝要约的定性因素。

5-37 单位成本和总成本

你是一位注册会计师,是一个市区商业俱乐部的会员。每年的会员费为 150 美元,你去俱乐部仅仅只是吃午餐,每餐 9 美元。近年来你光顾该俱乐部的次数不多,你正在考虑是否要保留你的会员资格。

1. 你面对的是变动成本加上固定成本的成本性态。将它们绘制于两幅图上,纵轴表示总成本,横轴表示每年用餐的次数,在把两幅图结合起来,绘制第三幅图。

2. 如果你每年只去一次,你每顿饭的成本是多少?一年 12 次呢?一年 200 次呢?

3. 假设其他地方午餐的平均价格是 10 美元。(a)你必须在午餐俱乐部吃多少次午餐,才能使你不管在哪里用餐的总成本都相等?(b)假设你一年在俱乐部吃 200 次午餐,比你在其他地方用餐能节约多少总成本?

5-38 广告支出和非营利性组织

许多学院和大学都为它们的服务大做广告,例如,费城的一座大学使用双翼飞机悬挂条幅宣传它们的夜校课程。而密西西比某大学在设置创新性的课程同时,也设计汽车贴纸和标语。

假设威尔顿学院每年的综合性收费为 14 500 美元,包括学费、住宿和膳食费。该学院可以接受 2 500 名学生。招生部门预计 20×7 年将有 2 000 名学生入学。20×7 学年每个学生的成本如下:

	变动成本	固定成本	总额
教学课程	$4 000	$4 200	$8 200
住宿	1 300	2 200	3 500
膳食	2 600	600	3 200
	$7 900	$7 000 *	$14 900

* 基于该年的 2 000 名至 2 500 名学生。

招生部门的副主任建议进行两个月的广告宣传,使用电台或电视广告并广泛地直接邮寄宣传册。

1. 假设广告宣传耗费 165 万美元。为了实现广告促销的盈亏平衡,需要额外接受的学生的最小数量是多少?

2. 假设招生部门预测广告可以吸收 350 名额外的学生。威尔顿学院为了维持盈亏平衡最多会为广告支付多少费用?

3. 假设 3 个月(而不是 2 个月)的广告促销将吸收 450 名而不是 350 名学生。威尔顿学院为维持盈亏平衡,为延长的一个月广告最多会支付多少费用?

5-39 不同的成本术语

考虑以下数据:

单位变动销售和管理成本	$4.00
销售和管理成本总额	$2 900 000
固定制造成本总额	$3 500 000
单位变动制造成本	$10.00
生产和销售数量	500 000

1. 计算单位产品的下列项目:(a) 变动成本总额;(b) 全部制造成本;(c) 全部成本。

5-40 接受低价

Vetasquez 公司生产多种金属制品和塑料制品。目前正处于业务转型时期,有很多闲置设备。哥伦比亚健康护理中心与公司接洽,希望其生产 300 000 个防滑服务托盘——哥伦比亚健康护理中心为每个托盘支付 1.50 美元。

Vetasquez 公司预测它的变动成本是每个 1.60 美元,至于固定成本,原来在其他产品上分摊时是每个 1 美元。现在要在两倍的产品数量上分摊。总裁评论说:"我们的确在每个产品的变动成本上损失 0.10 美元,但是通过分摊固定成本,我们可以在每个产品上获得 0.50 美元。因此,我们应该接受这个订单,因为它代表了每个 0.40 美元的利益。"

假设目前正常的销售量是 300 000 个,销售额是 600 000 美元,变动成本是 480 000 美元,固定成本是 300 000 美元。你同意总裁的说法吗?为什么?

5-41 汽车经销商的定价

许多汽车经销商和得克萨斯州的一个经销商 Austin 有类似的经营模式。每个月,Austin 原本以接近盈亏平衡点销量作为目标销量。达到盈亏平衡点之前,Austin 有相对较高的定价,在盈亏平衡点处,这一"最小交易"必须包含足够高的加价,以确保实现不少于 400 美元的利润。达到盈亏平衡点以后,在该月剩余的时间里,Austin 往往提出较低的价格。

你对这一政策有什么意见?作为一名未来的顾客,你会对这一政策作出怎样的反应?

5-42 最大贡献的定价

Reynolds 公司生产和销售一种特殊的放置尺寸为 8×10 的照片的相框。它是一种曾在市场上一炮而红的产品。Reynolds 以 12 美元的价格把相框销售给批发商,今年的销售量从去年的 10 000 个下降到 7 000 个。负责这种相框的产品经理正在考虑把价格降低到每个 10 美元,他相信较低的价格会使销售量反弹到 10 000 个。若定价 12.50 美元,销量则会下降到 6 000 个。生产和销售相框的变动成本是每个 6.00 美元,而分配给这种相框的固定成本是 60 000 美元。

1. 假设可控考虑的价格只有每只相框 10 美元和 12 美元,哪个价格会给 Reynolds 公司带来最大的利润?请说明理由。
2. 可能影响你的定价决策的主观因素有哪些?

5-43 目标销售价格

考虑下列来自 Blackmar 公司的预算损益表数据(千美元):

目标销售额	$90 000
变动成本	
制造成本	30 000
销售和管理费用	6 000
变动成本总额	36 000
固定成本	
制造成本	8 000
销售和管理费用	6 000
固定成本总额	14 000
全部成本总额	50 000
经营利润	$40 000

利用目标销售额加价公式,计算下列各项的百分比以获得目标销售额:(1)全部变动成本;(2)全部成本;(3)变动制造成本。

5-44 竞争性投标

Criffy、Rodriguez 和 Martinez 合办了一家注册会计师事务所,正在竞争一项咨询业务。尽管会使用她对市场的判断作出最后的竞价,但是她请你准备一份成本分析以帮助竞价。你已经估计了咨询业务的成本:

材料和物料成本	$30 000
咨询者每小时收费,每小时 $35×2 000 小时	70 000
咨询者的边际收益,每小时 $12×2 000 小时	24 000
变动成本总额	124 000
分配给该业务的固定成本	
以人工为基础,每小时 $10×2 000 小时	20 000
以材料和物料为基础,30 000 的 80%	24 000
总成本	$168 000

被分配的 44 000 美元的固定成本中,有 35 000 美元是不管是否接受该业务都会发生的成本。

Criffy 通常以(1) 估计的材料和物料成本的150%和(2) 每小时人工75美元来竞标。

1. 用通常的公式制定报价。
2. 制定最小报价,使之等于完成该业务预计会发生的额外成本。
3. 制定报价,使之可以弥补全部成本加全部成本基础上20%的利润加价。

5-45 目标成本法

Quality 公司认为一种方便商务旅行者携带的便携式电动牙刷会有市场。该公司的市场调研部门调查了目前市场上电动牙刷的特点和价格。在这一价格上,市场部门认为在产品生命周期内能销售 80 000 把新型便携式牙刷。设计和开发便携式牙刷会耗费 1 000 000 美元。质量公司的目标利润是销售额的 20%。

确定便携式牙刷的制造、销售、分销和售后服务的目标成本总额和单位目标成本。

5-46 目标成本法

最佳成本公司有一项不断进步的研发计划,并使用目标成本法帮助作出发布新产品的最终决策。一种新产品正在被评估。市场调研已经调查了这种产品的潜在市场,认定它独一无二的性质会产生 50 000 单位的需求量,平均售价为 230 美元。产品设计和生产部门进行了产品价值分析,确定了使用现有的处理技术,价值链上各职能的总成本如下:

价值链职能	产品生命周期的总成本
研究与开发	$1 500 000
设计	750 000
制造	5 000 000
营销	800 000
分销	1 200 000
售后服务	750 000
产品生命周期总成本	$10 000 000

管理层的目标利润是销售额的 20%。产品设计表明,新的处理技术可以使制造成本降低 40%,但是该技术的成本是 1 100 000 美元。

1. 假设继续使用现有的处理技术,新产品应该生产吗?
2. 假设购买了新的处理技术,新产品应该生产吗?

思考题

5-47 定价、道德和法律

大湖医药公司(GLPI)生产处方药和柜台销售药。1月份 GLPI 引进了一种新的处方药:卡比斯坦。该药物同于缓解关节炎的疼痛。在过去的 5 年中,公司花费了 5 000 万美元开发这种药。在引入该产品的头一年,仅广告费就超过了 1 000 万美元。一瓶 100 片装的药品的生产成本是 12 美元,预计前 3 年的销售量分别为 500 000 瓶、750 000 瓶和 1 000 000 瓶。为了实现此销量,GLPI 计划通过三种渠道销售这些药品:直接销售给医生、通过医疗机构销售以及通过零售药店销售。第一年,该药被免费分发给医生,由医生交给病人,医院为每瓶药支付 25 美元,零售药店为每瓶药支付 40 美元。第二年和第三年公司计划逐步取消对医生的免费派发,并把对其他顾客的售价变为每瓶 50 美元。

评价 GLPI 的定价和营销政策,特别注意涉及的法律和道德问题。

5-48 用贡献成本法下的报表进行分析

下列数据取自于 LaGrande 公司 2006 年的经营报告:(百万欧元)

	变动	固定	总成本
销货成本	€400	€180	€580
销售与管理费用	140	60	200
销售收入			900

1. 以贡献成本法的形式编制 2006 年的损益表,忽略税收影响。
2. LaGrande 公司的经营状况每年都相当稳定。在为将来作打算时,最高管理认为每年经营方式的改变考虑了几种选择。你被要求对这些选择的估计影响作出分析。将你的贡献成本法下的损益表作为一个框架来计算下列单独条件下的经营收益(百万欧元)。

   a. 假定价格下降 10% 会使生产和销售的货物量增加 30%。

   b. 假定每年花费 3 000 万欧元的特殊促销活动会使公司在售价不变的情况下,将销量增加 10%。

   c. 假定一次对制造业务的重新设计将增加 8 000 万欧元的固定制造成本,但可以将单位变动制造成本减少 15%。对销售量和售价无任何影响。

   d. 假定一次对销售和管理业务的重新设计将使每年为销售和管理发生的固定成本加倍,也会使单位变动销售和管理成本增加 25%。但能使销售量增加 20%,销售价格增加 5%。

   e. 你会不会更偏向于用完全成本法形式下的损益表来分析上述问题呢?请加以解释。

3. 讨论对要求 2 中的四种选择 a、b、c、d 的满意度。如果只能选一个,你会选哪个?请作出解释。

5-49 定价和边际贡献法

Transnational Trucking 公司 20×7 年的经营状况如下:

经营收入	$50 000 000
经营成本	40 000 000
经营利润	$10 000 000

波士顿一家大制造商询问 Transnational Trucking 公司是否愿意将它的一大批零部件运输到芝加哥。经营经理 Steve 调查了情况,估计该订单的全部可分配成本为 45 000 美元;运用他通常用的定价公式,他的报价是 50 000 美元。制造商答复说:"我们愿意支付 39 000 美元,否则就放弃。如果你不接受,我们将自己运输或者交给别的公司来做。"

一位成本分析人士最近对跨国公司的经营成本性态进行了分析,她发现 4 000 万美元中的 3 000 美元具有变动成本的特征;Steve 与她就这一事项进行了讨论,认为该业务很可能会产生与 Transnational Trucking 公司一般业务相同的成本性态。

1. 使用贡献成本法编制 Transnational Trucking 公司的分析报告。
2. Transnational Trucking 公司应该接受该业务吗?请加以解释。

5-50 成本分析和定价

牛津大学印刷公司 20×7 年的预算如下:

销售额		£1 100 000
直接材料	£280 000	
直接人工	320 000	
间接费用	400 000	1 000 000
净利润		£100 000

公司通常使用所谓的"成本加成定价"体系。销售价格是这样得到的:计算直接材料和直接人工成本,间接费用按直接人工的125%加入,再加上总成本的10%。

销售经理Edith对一份数额特别大的订单的要价是22 000英镑,这份订单的成本是:直接材料,5 600英镑;直接人工,6 400英镑。客户回复说最高定价是18 000英镑,否则就放弃。如果Edith接受订单,20×7年的销售额为1 180 000英镑。

Edith拒绝了订单,她说:"我的销售是以成本加成为基础的。接受低于成本的订单时不明智的。在这份订单上,我会损失2 000英镑。"

公司每年的固定间接费用是160 000英镑。

1. 如果接受这份订单,则经营利润应该是多少?如果不接受订单呢?列出你的计算过程。

2. 简要描述Edith用于定价的贡献成本法。假如Edith希望获得100 000英镑的目标净利润,请列示出她将按常理使用的定价公式。

5-51 教育的定价

你是一家州立大学负责继续教育项目的主任。经理课程特别受欢迎。你编制了一份详细的清单,列出了在全州各地开设的为期一天和两天的课程。在本财务年度内这些课程的业绩如下(不包括下周六的最后一节课程):

学费收入	$2 000 000
课程成本	800 000
边际贡献	1 200 000
一般管理费用	400 000
经营利润	$800 000

课程成本包括教师的酬金、广告费和其他项目(如旅费),它可以被简单地确认为由某一个特殊课程引起的。

一般管理费用包括你的工资、你的秘书的报酬以及相关费用,例如为分担学校管理费用而一次性支付给大学中心机构的费用。

本年最后的课程共招收了30名学生,每人支付了200美元。开课前两天,一个市区的经理打电话到你的办公室说:"你向非营利机构提供折扣吗?如果提供折扣,我们会有10位经理来。但是我们的预算决定了我们每个人的花费不能超过100美元。"接受这10位经理的额外成本包括每人20美元的午餐和每人30美元的课程资料。

1. 编制一份包括最后课程的全年业绩报表。假设最后课程30名报名者的成本是3 000英镑,包括学费、差旅费、广告、午餐和课程资料等。将表格分为四栏:最后课程前的业绩、仅有30名注册者的最后课程的业绩、再新增10名注册者的业绩和全年总体业绩。

2. 影响这些课程定价政策的主要因素会有哪些?在私立大学设立正规课程时,其定价又要考虑哪些因素呢？

5-52　录像带销售和租赁市场

以 50 美元和 15 美元出售产品，哪个会有更大的获利呢？对许多电影制作公司的经理来说，这是一个难题。考虑一部耗资 6 000 万美元拍摄并花费 4 000 万美元进行宣传的电影。在影院上映后，制作公司必须决定：是以每张 15 美元的批发价将光盘向公众直接销售，还是以每张 50 美元的价格先卖给光盘租赁分销商，再由分销商将其销售给全美国 14 000 家音像租赁商店。

假设生产和运输一张光盘的变动成本是 300 美元。

1. 假设每家音像租赁商店会购买 10 张这部电影的光盘，则必须直接销售给顾客多少张光盘才能使直接销售比销售给音像商店分销更加有利？

2. 生产和宣传电影的成本对这个决策有何影响？

3. 迪斯尼公司选择将《狮子王》直接销售给顾客，它以平均每张光碟 15.50 美元的价格销售了 3 000 万盒。每家音像租赁商店必须购买多少张光碟，才能为迪斯尼公司从分销商那里收到每张 50 美元的价款？

5-53　使用客机

近年来，大陆航空公司的航班乘坐率大约为 50%，比全国平均水平低 15%。

大陆公司通过削减 4% 的航班，可以极大地提高它的平均载运量。然而，提高载运量会降低利润。说出支持或者反对削减航班的理由。什么因素会影响航空公司航班的日程安排？

但你回答这个问题时，假设大陆公司每月有 3 000 个航班的基本航运，每个航班平均有 100 个座位；同时假设平均票价为 200 美元时的乘坐率为 52%，变动成本大约为收入的 70%。

大陆公司每月还有 120 个边际航班，每班 100 个座位。假设平均票价为 100 美元时乘坐率为 20%，这一收入的 50% 是变动成本。编制一张表格，反映基本航班、边际航班和总航班的乘坐率、收入和边际贡献。

5-54　业务量对经营利润的影响

Melbourne 运动公司的 Wittred 分部制造回飞棒并出售给零售商和批发商。分部经理计划下月的生产和销售目标为 250 000 根，并为这一销售量做了精确的预算。经理也分析了销售量偏离目标会对经营利润产生的影响。

销售量	200 000	250 000	300 000
销售收入，单位价格为 $3.00	$600 000	$750 000	$900 000
全部成本，单位成本为 $2.50	500 000	625 000	750 000
经营利润	$100 000	$125 000	$150 000

这些成本有如下特征：每根回飞棒的变动制造成本是 0.80 美元，变动销售成本是 0.50 美元，每月的固定制造成本是 250 000 美元，固定销售和管理费用是 50 000 美元。

1. 正确分析销售量变化对经营利润的影响。分别编制销售量 200 000 根、250 000 根和 300 000 根时的损益表，并表明经营利润和销售额之间的比例关系。

2. 比较你的分析表和经理的分析表，为什么经理的表格是不正确的？

5-55 大峡谷铁路公司的定价

假设一位导游与大峡谷铁路公司的总经理取得联系,提出为其代理商的顾客提供一项特殊导游服务。这一旅行活动每个夏天都会有 20 次,并且是该代理商参与合作的旅程的一部分。代理商提供了两个选择:(a) 专为代理商的 30 名旅客提供的 65 英里的特别旅程,(b) 在原有 65 英里的车次上添加一节车厢来容纳 30 名旅客。

无论选择哪个,大峡谷公司都要用 200 美元雇用一位导游。大峡谷公司在中转站有额外的车厢,需要花费 40 美元将车厢托运至主站并将车厢挂上。拖一节额外的车厢需要的燃料成本是每英里 0.20 美元。沿途使用引擎拖动车厢的成本为每英里 2.20 美元,引擎操控师的工资为 400 美元。

车厢的折旧为每年 5 000 美元,引擎的折旧为每年 20 000 美元。每节车厢和每个引擎每年运行 50 000 英里,它们每 8 年更换一次。

代理商为特别旅程的出价是每位旅客 32 美元,而增加一节额外车厢的出价是每位旅客 15 美元。

1. 在两项选择中,哪一项对大峡谷公司更加有利?哪些成本是与决策无关的成本?
2. 大峡谷公司应该接受你在要求 1 中确定的最佳选择吗?在该项决策中有哪些成本在要求 2 中是相关的而在要求 1 中却是无关的。

5-56 特殊定价

Drosselmeier 公司位于慕尼黑,生产圣诞节用的胡桃钳,年生产能力 2 400 个,假定它预测本年的经营成果为:(以欧元计量)

生产和销售 2 000 个,总销售额	€180 000
制造成本	
固定的(总额)	70 000
变动的(单位产品)	25
销售和管理费用	
固定的(总额)	30 000
变动的(单位产品)	10

计算下列各项(忽略所得税):

1. 假设公司接受一份特殊订单,以每个 40 欧元的价格销售 300 个胡桃钳,则本年总的经营利润会受到怎样的影响?假设订单不影响以正常价格进行的正常销售。
2. 在不降低公司净利润的前提下,公司在不花费任何销售和管理费用的情况下销售额外的 100 个胡桃钳,能够接受的最低价格是多少?假设不影响以正常价格进行正常的销售。
3. 列出题目给出的数字,哪些在解决要求 2 时是不相关的。
4. 假定 500 000 欧元增加了额外的设备后,公司的生产能力增加了 1 倍,计算预计的年净利润(在没有特殊订单的情况下)。假设这些设备的预计寿命为 4 年,没有残值。所有的销售都可以维持目前的价格。总的销售量预计等于新设备的年生产能力。单位变动成本和除折旧外的固定成本都没有变化。

5-57 定价和变动成本与固定成本的混淆

Goldwyn 电子公司 20×6 年的固定制造费用预算是 1 000 万美元。公司计划生产和销售 200 万件特种通信设备。全部的变动制造成本为每件 10 美元，预计损益表如下：

销售额	$40 000 000
销货成本	30 000 000
毛利	10 000 000
减：销售和管理费用	4 000 000
经营利润	$6 000 000

为简单起见，假设实际发生的单位变动成本和固定成本总额与预算一致。

1. 计算 Goldwyn 公司预计的单位产品固定制造费用。

2. 20×6 年年底，一家大型的计算机制造商发出一份以 130 万美元的价格购买 100 000 件产品的一次性特殊订单。Goldwyn 的总裁说："这是一笔糟糕的交易，以低于全部制造成本的价格销售产品是愚蠢的，我认为这份订单对销售和管理费用仅产生微小的影响，却使我们多支付给销售代理人 20 000 美元。"如果接受了这份订单，计算它对经营利润的影响。

3. 在最终决定是否接受订单前，Goldwyn 的总裁必须考虑哪些因素？

4. 假设固定制造成本的原始预算为 1 000 万美元，而预计产量为 100 万件，你对要求 1 和要求 2 的回答会有何变化？请具体说明。

5-58 需求分析

Zimmerman 生产有限公司生产和销售三角形的加拿大国旗。在 20×6 年，公司生产并销售了 50 000 面，单价为 26 美元。现有的生产能力是每年 60 000 面。

在编制 20×7 年的预算时，管理层面临有关产品定价和产量的一系列问题的决策，以下是一些可以使用的信息。

1. 一项市场调查表明，销售量取决于销售价格：销售价格每下降 1 美元，销售量会上升 10 000 面旗帜。

2. 公司预期 20×7 年的成本结构如下：
   a. 固定成本（无论是生产还是销售活动）为 360 000 美元；
   b. 每面旗帜的变动成本（包括生产、销售和管理费用）为 15 美元。

3. 为了使每年的生产能力从目前的 60 000 面增加到 90 000 面，需要在工厂、建筑物、设备和类似的项目上额外投入资金 500 000 美元。额外投资项目的平均寿命为 10 年，所以固定成本平均每年增加 50 000 美元（当额外的生产能力的扩展量小于 30 000 面时，所需资金投入仅略小于 500 000 美元的成本）。

指出公司来年的生产水平和销售价格应各为多少，并说明理由，同时指出公司是否应该同意工厂的扩展。列出你的计算过程。忽略所得税和货币时间价值的影响。

5-59 目标成本法

Menphis 电气公司为许多家用电器生产小型电动机。Menphis 公司把电动机卖给电器制造商，由他们组装并将电器销往各零售渠道。尽管 Menphis 生产许多种不同的电动机，但目前尚未生产一种开启车库门装置用的电动机。公司的市场调研部发现这种电动机有销售市场。

试产调研部指出，开启车库门装置的电动机可能的售价为 26 美元。目前公司正在生产的一种类似的电动机的生产成本如下：

直接材料	$13.00
直接人工	6.00
间接费用	8.00
总成本	$27.00

Menphis 公司预期的毛利是生产成本的 20%。

1. 假设 Menphis 公司采用成本加成定价法,将价格定位高于生产成本的 20%,则电动机的要价是多少?如果你是 Menphis 公司的经理,你会生产这种电动机吗?请加以解释。

2. 假如 Menphis 公司使用目标成本法,公司对开启车库门装置电动机的要价会是多少?如果 Menphis 公司愿意生产这种电动机,它可接受的最高生产成本是多少?

3. 作为目标成本法的使用者,Menphis 公司的管理者会采取什么步骤,使得生产这种产品可行?

5-60 目标成本法与作业管理

克利弗兰塑料制品公司为其他制造商生产塑料零部件。克利弗兰公司在其生产、营销与售后服务阶段均使用了作业成本系统。该公司将目标成本法作为一个战略决策的工具。克利弗兰公司产品线中的一条——消费品——有 100 多个生命周期不足 3 年的个体产品。这就意味着每年大约有 30—40 个产品停产,被新的产品替代。克利弗兰公司的高层管理者确立了如下机制来帮助目标成本小组评估新产品:

规定成本降低额(RCR)占市场价格的比例	方案
RCR≤0%	批准生产
0 < RCR≤5%	批准生产并制订成本改进方案
5% < RCR≤25%	重新设计产品和工序
RCR > 25%	在高层管理者审核批准后放弃该产品

下面是被提案的四种新产品的经营和作业成本法下的数据:

价值链作用	每单位成本	产品生命周期中动因的个数			
		C-200472	C-200473	C-200474	C-200475
生产					
直接材料	$1.6 每磅	2 000	1 000	4 000	800
准备/维护	$1 015 每次	10	4	12	5
加工	$370 每机器工时	20	12	32	12
营销	$860 每份订单	30	10	50	16
售后服务	$162 每个销售电话	55	35	20	28
预计生命周期内需求		2 000 单位	1 400 单位	4 000 单位	600 单位
预计每单位市场售价		$39	28	35	50

高层管理者将市场售价的 40% 定为预期贡献,以抵补价值链上未分配成本、税费以及利润。

为每个被提案的产品编制一份报表,列示它们的目标成本。在使用现行技术下的预计成本和所有被要求的成本降低(以占市场价格的比例表示)。运用评价工具对四个被提案的新产品作出决断。

5-61 产品生命周期内的目标成本法

东南设备公司生产各种电动家用和小型企业商用产品。最近,试产调研部门发现电动割草机有诱人的潜在市场。因为刚刚进入该市场,东南公司正在考虑生产一种骑行式割草机,它比大多数竞争对手的产品小而且便宜。市场调研表明这种割草机的零售价是 995 美元,批发价是 800 美元,该价格下,东南公司预期割草机载起生命周期内的销售量如下:

年	销售量
2004	1 000
2005	5 000
2006	10 000
2007	10 000
2007	8 000
2009	6 000
2010	4 000

生产部门估计,每台割草机的变动生产成本为 475 美元,7 年内每年固定成本为 900 000 美元;变动销售费用为每台割草机 258 美元,固定销售成本为每年 50 000 美元;另外,产品开发部门估计割草机及其生产流程需要花费 500 万美元。

1. 计算骑行式割草机整个生命周期内的预计利润。
2. 假设东南公司预计新产品的税前利润为销售额的 10%,公司会生产和销售这种骑行式割草机吗?
3. 东南设备公司对该产品采用目标成本法,管理层会采取什么步骤使骑行式割草机的生产有利可图?

案例题

5-62 生产能力的利用

位于法国南部的 St. Tropez. S. A 公司生产数种不同风格的珠宝盒,管理层估计公司 20×7 年第二季度公司将在正常水平的 80% 上经营。公司希望提高工厂设备的利用率,所以会考虑一份特殊订单。

St. Tropez. S. A 公司收到来自两家公司的特殊订单的询问函。第一份询问函来自里昂有限公司,它想销售类似于 St. Tropez. S. A 公司的一种珠宝盒。里昂公司会使用自有商标来销售这些珠宝盒。里昂公司以每个 67.5 欧元的价格定购 20 000 个,并在 20×7 年 7 月 1 日装运。与里昂公司订单具体要求相似的 St. Tropez. S. A 公司的珠宝盒的成本数据如下:

正常的销售单价	€100
单位成本：	
原材料	€35
直接人工，0.5 小时 × €60	30
间接费用，0.25 机器小时 ×40	10
总成本	€75

根据 Lyon 公司的具体要求，特殊订单的珠宝盒使用比较便宜的原材料，每个盒子只需要 32.5 欧元。管理层估计其他的成本、人工时间及机器时间和 St. Tropez. S. A 公司生产的其他珠宝盒相同。

第二份特殊订单由 Avignon 公司提出：以每件 85 欧元的价格购买 7 500 个珠宝盒，这些盒子会使用 Avignon 的商标销售，并需要在 20×7 年 7 月 1 日装运。Avignon 珠宝盒与 St. Tropez. S. A 公司目前生产的珠宝盒都不同，估计它的单位成本如下：

原材料	€43
直接人工，0.5 小时 × €60	30
间接费用，0.25 机器小时 × €40	20
总成本	€93

另外，St. Tropez. S. A 公司需要发生 15 000 欧元的准备成本，为生产这些盒子还需要购买一台价值 20 000 欧元的特殊设备；一旦订单完成，机器就会被弃用。

St. Tropez. S. A 公司的生产能力受可用的机器小时的限制。正常经营下的生产能力是每年 90 000 机器小时，即每月 7 500 机器小时。20×7 年的预计固定间接费用总额为 216 万欧元，即每小时 24 欧元。所有的间接制造费用以每机器小时 40 欧元分配到产品中。

St. Tropez. S. A 公司需要用整个第二季度来生产特殊订单的产品。管理者预期没有任何一个特殊订单会产生重复的销售。当预期特殊订单不会产生重复销售时，公司不会把合同的任何一部分转包出去。

St. Tropez. S. A 公司应该接受其中一个特殊订单吗？证明你的回答并列出计算过程。（提示：区分变动和固定间接费用）

合作学习练习

5-63　理解定价决策

以 3—6 名学生组成小组，每个小组与当地某个公司负责定价的经理取得联系并会谈。他可以是一家大公司的产品经理或品牌经理，也可以是一家小公司的营销或者销售副总裁。

与这位经理探讨他是如何制定价格的。你提的问题可以是：

1. 成本是如何影响你的价格的？你是否通过成本加成定价？如果是这样，你使用什么方法计量成本？你是如何确定合适的加成的？

2. 为了适应市场竞争，你如何调整价格？你如何计量价格对销售水平的影响？

3. 你是否使用目标成本法？也就是说，你是否先发现一种产品的销售价格是多少，然后尽力设计产品和生产流程以使产品获取预期利润？

4. 你制定价格的目标是什么？在制定价格时，你是追求利润最大化、市场渗透、边际贡献、毛利，还是这些目标的结合，或者是另有其他的目标？

每一个小组进行访问以后，如果时间允许，将班级聚在一起并分享你们的发现。各小组共发现了多少种不同的定价政策？你能解释公司间定价政策不同的原因吗？是否可以用不同的行业特征和不同的管理哲学来解释这些不同的定价政策？

互联网练习　www.prehall.com/horngren

5-65　高露洁的营销策略

为了作出决策，管理者需要各种类型的信息。许多营销决策是战略性的，如制定价格等。管理者依赖多种来源以确定支持这些决策的相关信息。管理者必须知道如何使用可利用的信息，以及向有用的信息分配多少权重。

公司不可能在它的网页上为我们提供其营销战略的具体信息；然而，我们可以浏览公司的网页来看到一些帮助管理者作出营销决策的相关信息。让我们看一下高露洁的网页上哪些信息对某些营销策略是相关的。

1. 链接到高露洁的主页，网址是 www.colgate.com。将鼠标指针移动到首页上方的"投资者"上。点击"投资者"，再点击"财务信息"，再点击公司最近的"年度报表"，点击 2005 年年报"亲爱的高露洁股东"。在这一部分中，高露洁公司公开了它的全球战略。在本章中讨论的哪些市场决策类型构成了高露洁战略的一部分？这一战略反映了对相关信息怎样的需求？

2. 许多公司十分注重职业道德。访问"生活在我们的价值中"。列举两个例子说明高露洁对职业道德行为的履行。

3. 许多公司把新产品开发作为其战略的关键部分。访问"我们公司"下的新闻屋，在那里高露洁公司重点推出了最新的产品。最新发布的产品是什么？它是一种"全新"的产品还是现有产品的简单更新？

4. 看一下公司生产的产品。公司提供了什么模式来了解它的产品？看一下公司的洗涤产品。公司提供了多少种洗涤剂？通过浏览提供的信息，你能区分产品的差异吗？网页提供了怎样使用及何时使用产品的信息吗？你愿意以网上提供的信息为基础去确定哪种洗涤剂最好吗？为什么？

5. 让我们再来看看最近的年度报告，有没有迹象显示高露洁公司正在实现它的全球战略？公司是否在努力地提升其获利能力？

第6章　制定决策的相关信息：经营决策

学习目标

学习完本章之后，你应该做到：
1. 运用不同的分析方法来检验不同备选方案之间的收入效应，并说明机会成本分析法能得出相同的结论；
2. 决定是自制还是外购零件或产品；
3. 运用相关信息决定是否要增加或撤销一条生产线；
4. 当生产受到某种资源的制约时，计算最优产品组合；
5. 决定是否在分离点之后继续加工某一联产品；
6. 决定续用还是重置设备；
7. 确认不相关和不确切的成本；
8. 讨论业绩指标如何影响决策制定。

曼塔基特·甘露公司（Nantucket Nectars）

进入饮料行业如同陷入决策的迷宫。汤姆·弗斯特和汤姆·斯科特应当最了解这一点。大学毕业后，两人在曼塔基特岛附近经营双人小艇服务的生意，专门在夏季为游艇提供给养和清洗服务。1989年，他们萌发了用鲜桃制造果汁饮料的念头。经过少量实验，这两个自称"果汁佬"的家伙开始在船上灌装和销售他们的甘美饮料。那年夏天，他们以每瓶1美元的价格售出2 000瓶。今天，曼塔基特·甘露公司共生产48个品种的果汁饮料，年销量达数百万箱，2000年的销售额达到创纪录的6 000万美元。

然而销售情况并不稳定。他们起初计划将果汁出售给零售商，但失败了。然后他们卖掉一半的股权，将售得的500 000美元投资于分销事业，可惜当年即亏损1万美元。员工开始从仓库盗取成箱的商品，客户对产品质量时而表现出不满，比如对杨梅茶。但"果汁佬"是学习能手，他们舍弃分销事业，改变营销方式，迅速止住了亏损。

随着公司的逐渐成长，它开始面对各种与生产相关的重要决策。例如，是否应当建造和经营自己的灌装设施？开发新产品应当选用何种标准？跟踪和分析日益庞大的产量、分销及销售数据的最好方法是什么？

审查建造和经营灌装设施的成本之后，曼塔基特·甘露公司选择与罗得岛州、内华达州、佛罗里达州、宾夕法尼亚州及马里兰州的饮料包装商签约合作。这一方法使公司无须花费众多工厂的资本支出和制造费用，即可获得更广泛的分销选择。管理人员仔细考察与刚从实验室诞生的新产品创意有关的单位成本，确保毛利率符合目标。而且他们还利用出自 Oracle 的计算机化企业资源计划信息系统（ERA），从生产成本直至市场促销，缜密跟踪所有细节。

同曼塔基特·甘露公司一样，其他公司的经理们也必须作出与生产相关的类似决策。丰田公司应该自己制造汽车轮胎，还是从供应商处购买？通用磨房（General Mills）公司应该出售其磨制的面粉，还是用它做更多的谷物早餐？德尔塔航空公司（Delta Airlines）应该开辟新航线以利用闲置飞机，还是出售这些飞机？这些决策均需要大量会计信息的支持。可是，对于各类决策，哪些信息是相关的呢？在第 5 章，我们确认了在价值链之市场营销功能的决策中包含的相关信息，如今我们需要确定在生产功能中的相关性。为生产确定相关信息的基本框架与市场营销大致相同，我们仍要寻找与不同备选方案关联的未来成本，不过现在我们要引进机会成本和差量成本的概念，以扩展我们的分析。

当你手捧曼塔基特·甘露牌果汁惬意休闲的时候，你或许不会想到，在这瓶果汁中包含着诸如生产成本、销售成本和分销成本在内的各种成本。而正是这些成本，对于曼塔基特·甘露公司的管理者来说是至关重要的。

分析相关信息:聚焦未来导向的且有差异的属性

机会成本、实支成本和差量成本及其分析

管理决策常常涉及两个或多个备选方案的比较(显然,如果只有一个备选方案,就不需要作出决策了)。如果管理者只有两个备选方案,那么决定两者财务差异的关键因素就在于确认差量成本和差量收益。**差量成本(收入)**[**differential cost(revenue)**]是指两个方案总成本(收入)之间的差额。例如,考虑购买两台机器中的哪一台的决策,两台机器的功能完全相同。此差量成本即为购买机器的价款差额加上机器的运营成本的差额。

当管理者分析两个给定的方案时,通常是一个现行的运营方案和一个提议的方案。他们一般将其称为**增量分析(incremental analysis)**。他们分析的是提议方案较之现行的运营方案增加的(额外的)成本与收益。**增量成本(incremental costs)** 是因为提议方案而额外产生的成本或减少的收入。**增量收入(incremental benefit)** 则是因为提议方案而额外产生的收入或减少的成本。

当被选方案有多个时,管理者们常常将某个方案与所有其他方案进行比较。例如,曼塔基特·甘露公司可能考虑引进一种新的100%的果汁——木瓜芒果汁。但是公司对引进木瓜芒果汁也有许多被选方案,其中包括引进其他新的100%的果汁、扩大现有饮料如果汁鸡尾酒和混合甘露的生产以及生产一些非果汁的产品。计算生产木瓜芒果汁与其他备选方案之间的差量成本和收入十分烦琐。因此,曼塔基特·甘露公司可能是用另一种方法。

引进木瓜芒果汁将会产生两类成本:实支成本和机会成本。**实支成本(outlay cost)** 是未来的现金支付额,实支成本包括材料和人工之类的项目。**机会成本(opportunity**

> **目 的 1**
> 运用不同的分析方法来检验不同备选方案之间的收入效应,并说明机会成本分析法能得出相同的结论。

> **差量成本(differential cost)**:指两个方案总成本的差额。

> **差量收益(differential revenue)**:两个方案总收益的差额。

> **增量分析(incremental analysis)**:关于一个现行的运营方案和一个提议的方案两者之间的增量成本和增量收益的比较分析。

> **增量成本(incremental costs)**:因为提议方案而额外产生的成本或减少的收入。

> **增量收入(incremental benefit)**:因为提议方案而额外产生的收入或减少的成本。

> **实支成本(outlay cost)**:是未来的现金支付额,实支成本包括材料和人工之类的项目。

> **机会成本(opportunity cost)**:适用于公司已经拥有或已经有确定购买意向的资源,它是指由于将有限资源用于某一特定目的而丧失(未加利用)的最大的潜在利润贡献额。

cost）适用于公司已经拥有或已经有确定购买意向的资源，它是指由于将有限资源用于某一特定目的而丧失（未加利用）的最大的潜在利润贡献额。木瓜芒果汁的决策不会影响公司能否获得这些资源，只会影响它使用资源的方式。这些资源的机会成本取决于它自身的潜在用途，而非公司为获得资源的付出。为什么呢？因为有关木瓜芒果汁的决策不会影响取得资源的成本。曼塔基特·甘露公司已经支付（已经确定支付）了这一成本。然而，生产木瓜芒果汁就使资源不能用于别的方案了。公司如果将资源用于其他方案（即生产木瓜芒果汁之外的用途中的最佳者）可能带来的收益，即称为资源的机会成本。

假定曼塔基特·甘露公司在几年前以 100 000 美元购入了一台机器，且一直闲置。他可以用这台机器来生产木瓜芒果汁，也可以用它来提高 100% 鲜桃汁的产量。这些多生产的 100% 鲜桃汁的边际贡献为 60 000 美元。第三个方案就是以 50 000 美元将这台机器出售。那么公司将这台机器用于生产木瓜芒果汁时的机会成本是多少？它是不是 60 000 美元，即 50 000 美元和 60 000 美元这两种机器用途中可能获益较大的一个？为该台机器所付出的 100 000 美元是一项过去的成本。我们从第 5 章的讨论中可以知道，过去的成本是不相关的。

现在假定曼塔基特·甘露公司在 100% 木瓜芒果汁的整个生命周期内的总销售收入为 500 000 美元，机会成本之外的生产与营销成本（实支成本）为 400 000 美元。公司从木瓜芒果汁中获得的净财务收益为 40 000 美元：

销售收入	$500 000
成本：	
实支成本	400 000
机会成本前的财务收益	$100 000
机器的机会成本	60 000
净财务收益	$40 000

曼塔基特·甘露公司通过将该机器设备用于生产木瓜芒果汁比将它用于下一个最有利的选择会多获得 40 000 美元的财务利益。

相对于使用机会成本法，还有另一种选择就是使用增量分析法。我们将把这台机器用于提议方案所带来的收入和实支成本与将它用于下一个最佳备选方案的收入和实支成本相比较。在这个案例中，木瓜芒果汁的收入减实支成本为 100 000 美元，比预计的 100% 鲜桃汁的边际贡献高出 40 000 美元。增量成本法的分析结果与在机会成本法下的结果完全一致。

为了进一步证明这种一致性，我们来看一下玛利亚·莫拉莱斯的情况。她是一家大型会计师事务所的注册会计师，年薪 60 000 美元。她正在考虑将她个人最有价值的资源——时间，用于其他选择。而这个选择就是拥有一家她自己的独立会计师事务所。她的事务所将获得收入 200 000 美元，比她在大型会计师事务所中做职员多了 140 000 美元。然而，她也必须为租用办公室、设备、购买广告和其他费用支付 120 000 美元。

该增量分析如下：

假定玛利亚开办了属于她自己的独立会计师事务所		
增量收入 $200 000——已增加的收入 $60 000		$140 000
增量成本 $120 000——已增加的成本 $0		120 000
每年增量收益		$20 000

如果玛利亚开办自己的事务所,她的收入会比她在大型会计师事务所做职员多20 000美元。

现在,我们使用机会成本法来分析这个问题。我们将把经营一个独立会计师事务所的选择与玛利亚克使用的时间的其他用途(在本例中,即在大型会计师事务所中工作)作比较。为了作出比较,我们还必须考虑另一个成本,如果玛利亚还是一个职员,她将获得的收入是60 000美元,而假如开办自己的公司,就将失去这笔工资的收入。因此60 000美元是她开创自己事业的机会成本。

		备选方案:独立执业
收入		$200 000
费用		
实支成本(经营费用)	$120 000	
员工工资的机会成本	60 000	180 000
年收入		$20 000

考虑前面两张表,每张表得出的两种方案之间关键性差额都是20 000美元。第一张表没有提到机会成本,因为我们只考虑了给定的一个选择的不同的经济影响(以差量收入和差量成本的形式)。第二张表中提到了机会成本,因为我们将被排除的最优方案的年经济影响60 000美元包括在被选中的方案中作为一项成本。如果我们未能在第二张表中确认机会成本,就会导致备选方案之间的差额出错。

为什么在用增量分析法可以得出相同的结论的情况下,我们还要使用机会成本法呢?当只有一种资源和一个其他机会来使用这一资源时,增量分析法比较直接。然而,假定你正在分析一份如何使用5台各有10种选择用途的现存机器的方案。若使用增量分析法则需要将这份方案与10的五次方个即100 000个使用这5台机器的组合方案作出比较。使用机会成本法则可以大大简化你的分析。你只要评估每台机器的10种方案,选出一种最佳方案用以制定每台机器的机会成本,并将5个机会成本与该份计划的实支成本相加即可。在这种情况下,机会成本法就比增量成本法简单了。

这里要想传达的信息就是增量分析法对作出最佳决策而言是一种很有价值的方法,而机会成本法也同样是一个十分重要的概念(它会得出与增量分析法同样的决策)。如果一个车主支付了最后一笔购车贷款,在庆祝时,该车主说:"知道以后开车都不用再付利息费,这种感觉实在是太好了!"许多车主也都有相类似的想法。为什么呢?因为他们在将来就没有实支利息的成本了。然而,继续开这辆车却有一项机会成本,毕竟,存在一个将车卖掉而使用公交车并将钱投资到别处的备选方案。车主放弃了投资到别处时可获得的利息,所以这部分放弃了的利息就是拥有车子所有权的机会成本。

接着我们将运用本节中的概念去分析一系列经营决策,就像我们在第5章中聚焦定价决策的相关成本一样,在本章中,我们将聚焦经营决策的相关成本。

 管理决策练习

估计机会成本是十分困难的。有的时候我们缺乏销售或购买价格来建立恰当的成本。机会成本依赖于某一时点可能提供的所有选择,而相同的选择在其他时刻就不存在了。例如,九月份存在的闲置生产能力在十月份可能就不存在了。Mattel 玩具公司的管理人员应该怎样估计一月份闲置仓储能力的机会成本呢?

答案:

Mattel 玩具公司的管理人员应该清楚闲置的仓储能力是一种季节现象。当圣诞节即将到来的时候这种现象就不会存在了。因此,管理者应该寻找短期的解决方案,如寻找那些只是短期利用仓库的人。在找出了所有方案后,管理者应该评估各个方案的价值。由于大多数选择都是该公司没有实施过的,所以这种估计是一种主观的过程。价值最高的解决方案就是我们想寻找的机会成本。

自制或外购决策

管理者经常必须决定是在公司内部生产一种产品或服务,还是从外面的供应商那里购买它们。如果他们从外面的供应商那里购买产品或服务,我们就将其行为称为**外包(outsourcing)**。他们采用相关成本分析来进行大量的外购决策,比如下面的:

> **目 的 2**
> 决定自制还是外购零件或产品。

> **外包(outsourcing):** 从外部供应商处购买产品或服务。

● 波音公司(Boeing)是自制还是外购各种于 777 飞机的工具。

● IBM 必须决定是要自己为一种新型计算机开发操作系统还是从软件供应商处购买。

后面的"商业快讯"专栏就描述了外包及其不断增长的普遍性。

基本的自制或外购决策和闲置设施

一个基本的自制或外购的决策就是:企业是应该自己生产用于其最终产成品的零件还是从供应商处购买这些零件。有时这一问题的答案取决于一些定性的因素。例如,一些制造商为了控制质量,总是自己生产零件;而一些制造商为了保持和供应商之间的长期合作关系,一直购买供应商生产的零件。这些公司即便在萧条时期仍会特意从供应商那里购买零件,以防止繁荣时期的零件供应遇到困难,因为繁荣时期材料和人力会发生短缺,而订单却不会减少。

与自制或外购决策相关的定量因素又有哪些呢?答案也要视情况而定。关键是看是否有闲置设施。许多公司只有当其设施不能被更好地利用时才自己生产零件。

假设曼塔基特·甘露公司报告了如下成本:

曼塔基特·甘露公司生产12盎司的玻璃瓶的成本

	1 000 000 瓶的总成本	每瓶的成本
直接材料	$60 000	$0.06
直接人工	20 000	0.02
变动工厂间接费用	40 000	0.04
固定工厂间接费用	80 000	0.08
总成本	$200 000	$0.20

另一家制造商提议以0.18美元每瓶的价格向曼塔基特·甘露公司销售同样的瓶子。曼塔基特·甘露公司应自制还是外购这种瓶子呢?

尽管0.20美元的单位成本似乎表明公司应该购买,答案却绝非如此简单。关键问题是"各种备选方案之间预计未来成本的差额是多少",如果0.08美元的单位固定间接费用不受决策影响会继续发生,这0.08美元就是不相关的。这类固定工厂成本的例子包括折旧、财产税、保险费和工厂行政管理人员的工资。

那么,只有变动成本是相关的吗?不,如果曼塔基特·甘露公司用外购代替自制瓶子,也许有办法减少50 000美元的固定成本。例如,可以让工资为50 000美元的生产监管人下岗;换而言之,公司未来可以避免的固定成本是相关的。

此时,假设曼塔基特·甘露公司购买瓶子,现在用于制造瓶子的设备就会闲置下来,而且生产主管人员的工资50 000美元将是公司唯一可以削减的固定成本。相关的计算如下:

	自制		外购	
	总成本	单位成本	总成本	单位成本
购买成本			$180 000	$0.18
直接材料	$60 000	$0.06		
直接人工	20 000	0.02		
变动工厂间接费用	40 000	0.04		
可避免的固定工厂间接费用(生产主管的工资)	50 000*	0.05*		
相关成本总额	$170 000	$0.17	$180 000	$0.18
对自制有力的差异	$10 000	$0.01		

* 注意:不可避免的固定成本$80 000 - $50 000 = $30 000是不相关的,所以不相关的单位成本是$0.08 - $0.05 = $0.03。

作出自制或外购的明智决策的关键是辨别并准确地确定制造零部件的额外成本(或者是通过外购而避免的成本)。有了精确的成本会计系统,如第4章中讨论的作业成本系统,就能更好地分析自制或外购的决策。

商业快讯

自制或外购的一个例子：外包

自制或外购决策不仅适用于产品，亦适用于服务，企业常常考虑是否雇用服务性公司来处理自己的一部分内部业务，这就叫外包。根据外包研究所的说法，外包是指"战略性地运用外部资源来完成传统上应由内部员工和资源处理的业务"。

外包被应用于许多业务功能，其中最常见的功能根据外包总费用所占百分比排序如下：

商业作用	公司外包比例	价值链作业
信息技术	55%	公司支持
管理	47%	公司支持
分销	22%	分销
金融	20%	公司支持
人力资源	19%	公司支持
制造	18%	生产
商务中心/联络中心	15%	市场营销
销售和市场营销	13%	市场营销

尽管企业可以外包各种功能，但外包最新发展的主要动力却来自互联网。在20世纪90年代，许多公司安装了企业资源管理系统（ERP），以处理各种计算机需求，然而，到了21世纪初期，许多企业已意识到ERP所要求的巨大投资也许并非必需，企业可以通过互联网购买一些必要的服务，而无须花大价钱购买和开发ERP系统，原先与服务供应商进行的昂贵的通信过程若通过互联网则基本没有什么成本。于是，一类新型的计算机服务供应商——被称做应用服务供应商（ASP）——开始出现，为各种计算机应用过程的外包提供了机会。

欧文谷物加工公司将其旅游及费用报告系统外包之举就是使用ASP的较早例子，通过雇用文恩网络公司，欧文谷物加工公司没有花费巨额初期投资就拥有了最先进的旅游及费用报告系统。如此，欧文谷物公司的员工就得以专注于关键业务，而无须顾虑如旅游及费用管理这样的次要业务。

太阳微系统公司（Sun Microsystems）被认为是外包业务的典型。远在大多数公司认真考虑将其大部分业务外包之前，它已将除核心业务之外的所有业务都对外承包。除了专注于硬件及软件设计之外，所有业务都被太阳公司外包，公司的员工其实并不生产任何标注"太阳公司"名字的产品。

技术与成本节约是隐藏在外包决策背后的推动力，在数据处理日渐复杂、网络外理不断发展的情况下，许多公司意识到跟上技术的步伐日渐困难。相对于大量投资于人力与设备，并将注意力从自身业务中具有附加值的作业转移开去，许多企业发觉外包更具吸引力。外包决策的最大绊脚石来自如控制行为等的主观因素。为了增加外包的吸引力,外包服务必须具备可靠、随时可获并灵活适应环境变化的特点。那些拥有成功的外包安排的企业,在决策过程中都仔细考虑了这些主观因素。

外包的回报率很高,财富 500 强中 75% 的企业都部分地外包了它们的支持性业务,在美国,外包合同的总金额达到 100 亿美元以上。一个名为外包研究所的组织得以成立并提供"关于外包资源战略性使用的客观且独立的信息"。该组织定期承办《财富杂志》的一些特别板块。

资料来源:T. Kearney, "Why Outsourcing Is in," *Strategic Finance*, January 2000, pp. 34—38; R. E. Drtina, "The Outsourcing Decision," *Management Accounting*, March 1994, pp. 56—62; and the Outsourcing Institute, How and Why to Outsource (http://www.outsourcing.com/howandwhy/index.htm)。

自制或外购决策与设施的利用

现实的自制或外购决策极少像曼塔基特·甘露公司的例子那样简单。如前所述,设施的利用对于自制或外购决策是一个重要因素。为简化起见,在曼塔基特·甘露公司的例子中,我们假设:如果选择外购,设施将会被闲置。这意味着设施的机会成本为零。但在大多数情况下,公司不会将设施白白闲置,而常常会将它们用于其他方面,这就要求我们在作出自制或外购决策时充分考虑这些用途的财务结果。从这些备选方案中的最好方案中获得价值,就是进行零部件内部加工的机会成本。

假设曼塔基特·甘露公司可以将本例中空闲下来的设备用于其他的生产作业,且能产生 55 000 美元的边际贡献,或者能够将它以 25 000 美元的价格出租,那么现在我们有四种方案要考虑,下列表格是使用增量分析法对四种备选方案之间不同的成本和收入的总结。

	自制	外购并让 设施闲置	外购并 出租设施	外购并将设施用于 其他产品的生产
租金收入	$—	$—	$25	$—
来自其他产品的贡献	—	—	—	55
瓶子相关成本	(170)	(180)	(180)	(180)
净相关成本	$(170)	$(180)	$(155)	$(125)

最后一列表明,外购瓶子并且将闲置下来的设备用于生产其他产品,将会产生本例中最低的净成本,比自制瓶子的成本少 $170 000 − $125 000 = $450 00。

我们也可以用机会成本法来分析这个选择。这一设备的机会成本是 55 000 美元,因为这是曼塔基特·甘露公司不把设备用来生产瓶子所能获得的收入。最后,再加上实支成本,则使用该设备生产瓶子的总成本就是 225 000 美元。这比购买这些瓶子 180 000 美元的成本高出了 45 000 美元。

总之,自制或是外购的决策应该把注意力放在特定决策条件下的相关成本上。在任何情况下,企业都应该把自制或外购决策与利用生产能力的长期政策联系起来。

管理决策练习

假定一个公司平均充分利用其设备的时间仅为80%。但是,因为该企业的产品需求的季节性非常强。基本来说,其设备利用时间在市场需求最少的季节仅能达到60%的利用率,但在那些需求旺盛的季节,设备就远远不能满足需求,企业不得不把一些业务外包。那么,公司面临的到底是怎样的市场才导致该公司采取了这一在市场需求惨淡的季节闲置设备,而在市场需求过剩的季节进行外包业务呢——也就是说,为什么公司要采取业务外包而不是选择扩大公司的生产能力?

答案:

在市场需求惨淡的季节,公司可能决定为其他的制造商代产特定的产品(完成部分子合同)。当然,公司可以在这些产品生产上获得收益,但远远没有达到促使公司扩大生产能力来进行这类加工的程度。公司只有在代产该类产品的机会成本接近零的情况下,才会利用这些设备来生产这些产品。也就是说,公司在这些设备的利用上,没有其他的赢利更多的使用途径。相比之下,在需求顶峰的季节,该公司只能依靠部分业务的外包来满足市场的全部需求。当然,通过外包提供产品的成本要大于在公司有闲置的生产能力的时候自产的产品的成本。但是外购这些产品要比购置机器来扩充公司的生产能力要便宜一些。还有一点就是,在市场需求惨淡的季节,公司可能生产超过市场需求总量的产量,来为市场需求旺盛的季节积聚存货。

小结与复习

问题:

表6-1包含了Block公司刚刚结束年度的数据。公司制造工业动力钻。表6-1将塑料机架的成本从电动和机械部件的成本中分离出来。分别回答以下各个问题(要求1复习了第5章中的内容)。

1. 在这一年中,一个在不相关市场中的潜在客户提供了82 000美元价格购买1 000个钻的要约。这些钻将在100 000个销售单位之后额外制造。Block公司将在这1 000个钻上支付常规的销售委托费用。会长拒绝了这个订单,因为"它是低于我们每个单位97美元的成本的"。如果Block公司接受了这个订单,它的经营利润会是多少?

2. 一个销售商要约提出以每单位13.00美元的价格为今年提供100 000个单位的塑料机架。如果Block公司购买而非自己制造机架,那么对于经营利润会有怎样的影响?假设Block公司如果购买这些机架,可以避免自己制造机架而分配到机架上的350 000美元的固定成本。

表 6-1　Block 公司生产工业钻的成本

	A 电动和机械部件*	B 塑料机架	A+B 工业钻
销售:100 000 生产单位($100)			$10 000 000
变动成本			
直接材料	$4 400 000	$500 000	$4 900 000
直接人工	400 000	300 000	700 000
间接制造间接费用	100 000	200 000	300 000
其他变动成本	100 000	—	100 000
销售委托(销售的 10%)	1 000 000	—	1 000 000
总变动成本	$6 000 000	$1 000 000	$7 000 000
边际贡献			$3 000 000
总固定成本	$2 200 000	$480 000	2 700 000
营业利润			$300 000

* 不包括塑料机架的成本(B 列)。

3. 假设 Block 公司会以每个单位 13.50 美元的价格购买这些机架并且使用多余的空闲能力来生产豪华版工业钻。假设它可以在单位变动成本 90 美元,不包括机架和 10% 销售委托费用的情况下,生产 20 000 个豪华版(并且将它们在常规的 100 000 个生产单位之外,以每个单位 130 美元的价格卖掉)。公司同时可以以每个单位 13.50 美元的价格购买 20 000 个单位的塑料机架。所有属于塑料机架的固定成本将继续存在,因为这些成本主要和制造机械相关。如果 Block 购买了机架制造并且销售了这些豪华版产品,经营利润会怎样?

答案:

1. 完成特殊订单的成本如下:

直接材料	$49 000
直接人工	7 000
变动制造间接费用	3 000
其他变动成本	1 000
销售委托($82 000 × 10%)	8 200
总变动成本	$68 200
销售价格	82 000
边际贡献	$13 800

经营利润将是 300 000 美元与 13 800 美元之和即 313 800 美元,如果 Block 公司接受这个订单。在一定程度上,这个拒绝要约的决策反映了 Block 公司愿意牺牲短期利得来投资 13 800 美元,以达到保存长期销售价格结构的目的。

2. 假设不制造机架而且其他固定费用将继续存在,Block 公司可以避免 350 000 美元的固定费用,我们可以总结出相比自己制造,购买机架的增量成本和收益如下:

增量成本(购买成本 100 000 × $13)	$1 300 000
增量收益:	
变动成本	$1 000 000
可避免的固定成本	350 000
净增量收益	$50 000

如果用来生产塑料机架的机械闲置,Block 公司将偏好购买这些机架,经营利润将增加 50 000 美元。

3. 购买塑料机架并且用多余的空闲能力来生产豪华版工业钻的影响如下:

增量收益:		
销售增长,20 000 个生产单位($130)		$2 600 000
变动成本不包含机架数上升,20 000 个生产单位($90)	$1 800 000	
加:销售委托($2 600 000 × 10%)	260 000	$2 060 000
20 000 个单位的边际贡献		$540 000
增量成本:		
机架:120 000 个生产单位而不是 100 000 个生产单位将被需要		
购买 120 000($13.50)	$1 620 000	
对比制造 100 000($10)(只有变动成本是相关的)	1 000 000	
外购的增量成本		620 000
固定成本不变		—
为了购买的净增量成本		$80 000

经营利润将下降到 220 000 美元(300 000 – 80 000)。豪华版产品将产生 540 000 美元的边际贡献,但是大购买而非制造机架的多产生成本为 620 000 美元,导致了一个 80 000 美元的不利净值。

撤销或增加产品、服务或部门

在有关增加或撤销产品、服务或部门的决策中,相关信息同样起着重要的作用。

目 的 3
运用相关信息来决定是否要增加或撤销一条生产线。

可避免成本和不可避免成本

企业经常会考虑拓展或者压缩其目前的经营业务以提高获利能力。一个制造商应该如何决定增加或放弃某些产品呢?所采用的方法应与一家零售商决定增加或放弃某个部门的方法相似:考察所有相关成本和信息。例如,考察一家有三个主要部门——杂货部、

第6章 制定决策的相关信息：经营决策

普通商品部和药品部的折扣商店。管理者正在考虑是否要撤销杂货部——该部门一直处于亏损状态。下面的表格报告了这家商店当年度的经营收益(单位：千美元)

	部门			
	总计	杂货部	普通商品部	药品部
销售收入	$1 900	$1 000	$800	$100
变动销货成本及费用*	1 420	800	560	60
边际贡献	$480(25%)	$200(20%)	$240(30%)	$40(40%)
固定成本(工资、折旧、保险及财产税等)：				
可避免成本	$265	$150	$100	$15
不可避免成本	180	60	100	20
固定成本总额	$445	$210	$200	$35
营业收益	$35	$(10)	$40	$5

* 变动费用包括产品的纸制购物袋和销售佣金。

请注意我们将固定成本分为两大类：可避免的和不可避免的。**可避免成本(avoidable costs)** 指如果改变或撤销了目前的业务就不会再发生的成本——它们是相关的。在我们的例子中，可避免成本包括：部门人员的工资及公司通过不经营该特定部门而可以消除的其他成本。**不可避免成本(unavoidable costs)** ——指即使公司停止某业务仍会继续发生的成本——在我们的例子中，

> **可避免成本(avoidable costs)**：如果改变或撤销了目前的业务就不会再发生的成本。

> **不可避免成本(unavoidable costs)**：即使公司停止某业务仍会继续发生的成本。

> **共同成本(common costs)**：由多个使用者共享的设备或服务的成本。

不可避免成本是不相关的。不可避免成本包括许多**共同成本(common costs)**，即由多个使用者共享的设备或服务的成本。例如，商店的折旧、取暖、空调及管理费用，它们就是由所有部门耗用共享资源而形成的成本。本例中，首先假设我们只有两种方案可以选择：撤销或继续经营亏损 10 000 美元的杂货部。进一步假设已投资的总资产不会受决策的影响，腾出的空间将被闲置，且成本不可避免地会继续发生。那么你会建议采用哪个方案呢？分析见下表(单位：千美元)

损益表	商店总体		
	变化前 (a)	关闭杂货部的影响 (b)	变化后 (a)-(b)
销售收入	$1 900	$1 000	$900
变动费用	1 420	800	620
边际贡献	$480	$200	$280
可避免的固定费用	265	150	115
弥补公共场地和其他不可避免成本的贡献收益	$215	$50	$165
公共场地和其他不可避免成本	180	$—	180
经营收益(损失)	$35	$50	$(15)

上述分析表明,如果商店撤销杂货部并将空出的场地闲置,情况就会更糟,而不是更好。简单地说,如损益表所列示的,杂货部能提供 200 000 美元的边际贡献,比关闭这个部门而节约的 150 000 美元固定费用要多 50 000 美元。在第一张损益表中,杂货部出现亏损是由分配给它的不可避免成本引起的。

当然,大多数公司不愿意将场地闲置,所以前面的例子或许太简单了。现在假设商店把撤销杂货部腾出的场地用来扩大普通商品部。占据这部分空间的商品可以增加 500 000 美元的销售额,创造 30% 的边际贡献,发生 70 000 美元的不可避免的固定成本。普通商品部增加的 80 000 美元的经营收入足以抵消杂货部减少的 50 000 美元,经营收入总计增加 $65 000 - $35 000 = $30 000,其分析如下:

		变化所产生的影响		
	变化前总计 (a)	关闭杂货部 (b)	扩大普通商品部 (c)	变化后总计 (a) - (b) + (c)
(以千美元计)				
销售收入	$1 900	$1 000	$500	$1 400
变动费用	1 420	800	350	970
边际贡献	$480	$200	$150	$430
可避免固定费用	265	150	70	185
弥补公共场地和其他不可避免成本的贡献收益*	$215	$50	$80	$245
公共场地和其他不可避免成本	180	—	—	180
经营收益	$35	$50	$80	$65

* 包括原杂货部 60 000 美元的固定成本,这部分成本属于不可避免的共同成本,是无论公共场地是否被利用都将发生的成本。

决定增加或放弃新产品、服务或部门的目的是尽可能获得最大的贡献。公司将用贡献来弥补不可避免的成本。无论作出哪种决策,不可避免成本都是不变的,所以关键就是要挑出能最大程度地付清这些不可避免成本的方案。下面的分析表明了本例中的这一观点(单位:千美元):

	既定空间的贡献收益		
	关闭杂货部	普通商品部的扩大	差额
销售收入	$1 000	$500	$500 U
变动费用	800	350	450 F
边际贡献	$200	$150	$50 U
可避免的固定费用	150	70	80 F
弥补公共场地和其他不可避免成本的贡献收益	$50	$80	$30 F

F = 以普通商品部取代杂货部后的有利成本差异(收益)
U = 以普通商品部取代杂货部后的不利成本差异(成本)

在我们的例子中,普通商品部不能达到杂货部的销售额,但是较高的边际贡献率和较低的工资成本(主要是因为减少了对存储和结账人员的需求)产生了更有利的底线收益。

这个例子表明,相关成本不一定永远是变动成本。决策的关键不在于依照快而严格的教条来规定哪些是要忽略、哪些是不要忽略的,而在于决策者需要分析所有有关的成本和收入的数据,以判断哪些是相关的、哪些是不相关的。在本例中,相关成本包括了固定的可避免成本。

同样也请记住非财务信息也会影响增加或撤销产品或部门的决定。例如,在决定撤销某个产品或关闭某个部门时,就有道德方面的考虑。那些停止运营的部门里的职员会怎么样?那些依赖售后服务的顾客将来又怎么办?停止经营的部门所在的社会又会怎么样?当这些因素的非财务影响很难确定时,公司还必须考虑别的因素。除此之外,一个稳定且团结的工作团队是公司的一项重要资产。这就意味着拥有好道德的公司会有好生意。任何对职员、顾客或社会的负面影响都会在未来给公司带来比因停止某个产品或分部而导致的成本的短期节约更多、更严重的财务问题。

 管理决策练习

当管理者面临要作出是增开还是停产一种产品、服务或者部门的决策的时候,将相关的固定成本划分为可避免或者不可避免成本是至关重要的。如果一家企业要停产一种产品,你看下面列示的固定成本是典型的可避免还是不可避免成本。假定该公司在单一的生产线上生产多种产品。

1. 用于生产该产品的各项设备的折旧。如果停产该产品,该公司将把相关的设备卖掉;
2. 生产线管理人员的工资;
3. 生产车间的折旧;
4. 产品广告成本。该公司为该产品做了专门的广告宣传。

答案:

第一项和第四项都是可以避免的固定成本。就算是该公司不生产该产品,也不太可能降低生产线管理人员的工资。因此,它们是不可避免的。对于厂房折旧也是如此。

有限资源的最优利用:产品混合决策

假定一家工厂生产不止一种产品并正满负荷运作。如果市场对该产品的需求超过了公司能生产的数量,管理者就必须决定以何种产品混合比例生产产品。产品混合

目 的 4

在生产受到某种资源的制约时,计算最优产品组合。

决策要求管理者关注每个产品的边际贡献及它对生产能力的占用情况。管理者应该着重关注通过使用一单位限制因素能产生最大贡献的产品。**限制因素（limiting factor）或稀缺资源（scarce resource）**限制或制约了某一产品与服务的生产与销售。限制因素包括制造企业中限制生产（进而限制销售）的劳动工时和机器工时，百货公司中制约销售额的占地面积或展厅面积。

> **限制因素（limiting factor）或稀缺资源（scarce resource）**：限制或制约了某一产品与服务的生产与销售的要素或者资源。

管理者必须正确使用贡献成本法。他们有时会错误地支持那些单位边际贡献最大或销售毛利最大的产品，却不对稀缺资源加以考虑，这样可能导致不正确的决策。

考虑耐克公司生产的两种不同的运动鞋：空中球场网球鞋（Air Court tennis shoe）和空中最快跑步鞋（Air Max running shoe）。只有一种设备能生产这两种鞋。耐克公司的经理必须决定每种鞋子各要生产多少双。假设这台设备的生产能力机器工时是一定的，且该设备最多有 10 000 小时的机器工时。该设备在一个机器工时能生产 10 双空中球场鞋或 5 双空中最快鞋。单位数据如下：

	空中球场	空中最快
每双售价	$80	$120
每双变动成本	60	84
每双边际贡献	$20	$36
边际贡献率	25%	30%

哪个产品更具赢利能力呢？是空中球场还是空中最快呢？耐克公司应该把它的资源用在哪里呢？正确的答案是："这个要是视情况而定。"假设生产设施有 1 000 机器小时的剩余生产能力。现在一家运动用零售商与耐克公司接洽，希望它能接受一张生产 1 000 双任意一种鞋的订单。生产哪一款鞋来完成这份订单更有利可图呢？是空中球场还是空中最快呢？生产并销售一双能贡献 36 美元的空中最快比生产销售一双能贡献 20 美元的空中球场更有利。在本例中，每双空中最快产生了更多的利润。因此，如果限制资源是需求，即鞋子的双数，更能获利的产品就是单位贡献较高的那个。

现在假设，对任意一款鞋子的需求都会占用工厂的生产能力。现在生产能力就是限制因素，因为生产空中最快或空中球场的设备只有一个，在本例中，空中球场更能获利。为什么呢？因为它利用生产能力产出了 2 000 000 美元的边际贡献，而空中最快只能产出 1 800 000 美元的利润。

	空中球场	空中最快
1. 10 000 小时生产的鞋	100 000	50 000
2. 每双鞋的边际贡献	$20	$36
3. 10 000 小时的边际贡献（1）×（2）	$2 000 000	$1 800 000
每机器工时的边际贡献（3）/10 000	$200	$180

生产空中球场运动鞋的机器工时产出了 200 美元的贡献,而生产空中最快运动鞋的机器工时只能产出 180 美元。

现在假设两款鞋都不能完全地占据所有的生产能力,但是两者总和的需求又会超过生产能力。我们的分析告诉我们,空中球场运动鞋比空中最快运动鞋更好地利用了生产能力。耐克公司就要确保生产尽可能多的满足客户需求的空中球场运动鞋,而只有在满足了这些需求后才值得生产空中最快运动鞋。

这样的分析取决于 2 种产品对生产能力的相对占用量。假设这个设施每个机器工时能生产 7 双而不是 5 双空中最快运动鞋。那么生产空中最快运动鞋将是对工厂生产能力的最有利的利用。它每机器工时将产出 252 美元的贡献,而空中球场只能产出 200 美元。

	空中球场	空中最快
10 000 机器工时的边际贡献	10 000 × 10 × $20 = $2 000 000	10 000 × 7 × $36 = $2 520 000
每机器工时的边际贡献	$2 000 000/10 000 = $200	$2 520 000/10 000 = $252

无论我们用什么样的方式来表示每小时或每 10 000 小时,空中最快运动鞋都将在每单位生产能力上产出更多的边际贡献。注意,每种财务计量方法都显示了空中最快运动鞋比空中球场运动鞋能多赚 26% 的利润。例如,空中最快通过利用设施能比空中球场多产出 520 000 美元的贡献,就是多了 26% = $520 000 / $2 000 000。

在非制造公司中,稀缺资源最优化使用这一问题也同样是十分重要的。在商业零售中,限制因素通常是占地面积,因此零售商店关注占地较少的产品或使用场地时间较短的产品——较高的**存货周转率**(inventory turnover)(平均存货每年出售的次数)。然而,在某个特定因素限制销售条件下的最赢利产品,在一个不同的制约销售因素下,却可能会变成最不赢利的产品。考虑一个两家百货商店的例子。传统的毛利率(毛利/销售价格)不能为评价赢利能力提供足够的线索,因为,正如我们所说的,利润取决于企业所占的土地面积和存货周转率。折扣百货商店如沃尔玛、塔吉特、Kmart 等,它们的商品比一般百货商店的加价要低,却同样能获得成功。因为它们提高了存货周转率,进而提高了每单位空间对利润的贡献。表 6-2 说明了占用场地相同的同一产品在两家商店的不同情况。在折扣百货商店,每单位产品和单位销售额的边际贡献要低一些,但是更快的周转率使得同样的商品对场地的使用时间更短,从而使销售更加有利可图。通常,零售公司追求更快的存货周转率。一份对零售鞋店的调查表明,财务业绩超过平均水平的商店每年的存货周转率为 2.6 次,而行业平均水平只有 2.0 次。

> **存货周转率**(inventory turnover):平均存货每年出售的次数。

表 6-2　周转率对利润的影响

	一般百货商店	折扣百货商店
零售价	$4.00	$3.50
商品成本及其他变动成本	3.00	3.00
每单位对利润的贡献	$1.00(25%)	$0.50(14%)
每年的销售量	10 000	22 000
对利润的贡献总额(假设商品在两家商店中)占用的场地相同	$10 000	$11 000

联产品成本：销售或进一步加工的决策

现在，我们来考虑另一种决策问题。在本节中，我们将观察联产品成本是如何影响此类决策的。

考虑康阿格拉公司（ConAgra），它生产的是有商标肉类产品，如雨燕、盔甲和鹊鸭。康阿格拉公司不能自己屠宰出一块牛排，它必须屠宰一头牛才能得到可供出售的肉、皮和碎料。所以，康阿格拉公司应该如何正确分配购买那么多种类的肉产品所应付价款呢？当两种或两种以上产品(1) 具有相对重要的销售价值，并且(2) 在它们的分离点之前不能确认为单独产品时，我们将它们称为**联产品（joint products）**。**分离点（split-off point）**是制造过程中联产品刚开始能被单独确认的结合点。在那个阶段以后的任何成本都叫做**可分离成本（separable costs）**，因为它们不是联合生产过程的一部分，并可以唯一地确认为某种产品的成本。我们将联产品在分离点前的制造成本称为**联合成本（joint costs）**。联产品的例子包括化学制品、木材、面粉和石油提取物等。

> **目 的 5**
> 决定是否要在分离点之后生产某种联产品。

> **联产品（joint products）**：两种或两种以上具有相对重要的销售价值，并且在分离点之前不能确认为单独产品的产品。

> **分离点（split-off point）**：制造过程中联产品刚开始能被单独确认的结合点。

> **可分离成本（separable costs）**：分离点之后的所有成本。

> **联合成本（joint costs）**：分离点之前的所有成本。

为了说明联合成本，假设陶氏化学公司（Dow Chemical Company）生产两种化学制品 X 和 Y，它们是一个特殊的联合加工过程的产物。联合加工成本是 100 000 美元，包括原材料成本和 X、Y 分离之前的加工成本。在分离点，陶氏化学公司可以将 X 和 Y 销售或者将他们进一步加工后再出售给石油公司，作为汽油的添加成分。其关系如下：

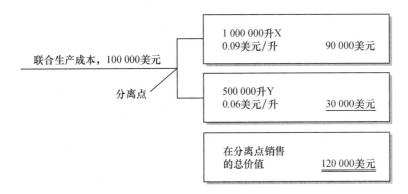

生产联产品的制造商经常面临的一项决策是:立即销售还是进一步加工。现在我们来看一下管理者是如何发现相关的信息以来帮助他们作出决策:是在分离点时立即销售后还是对全部或某些产品继续加工。

销售或进一步加工

再来考虑一下前一章中描述的有两个联产品 X 和 Y 的陶氏化学公司。假设陶氏化学公司能以 500 000 升 Y 进一步加工成 YA——一种塑料薄膜的成分——再出售给塑料行业。进一步加工增加的用于制造和分销货物的成本是每升 0.08 美元,生产 500 000 升的成本总计是 40 000 美元。YA 的净销售价格是每升 0.16 美元,总计 80 000 美元。

陶氏化学不能进一步加工产品 X,所以决定在分离点将其销售,但是管理层还没有对产品 Y 作出决定。公司应该将 Y 在分离点出售还是应该加工成 YA? 要知道答案,我么需要找到各种相关成本。因为陶氏公司要达到分离点必定要产生联合成本,所以看起来它们似乎是相关成本;然而,它们无法对分离点之后的任何事情产生影响,它们同时违背了相关性的两个属性:它们既不是未来成本,在可供选择的方案中也没有什么差别,所以,它们与是出售还是进一步加工这个决策完全无关。能够得到有效决策结构的唯一方法是:将注意力集中在可分离成本和分离点后的收入上,如表 6-3 所示。

表 6-3 销售或进一步加工举例

	在分离点以 Y 产品形式销售	继续加工并以 YA 产品形式销售	差异
销售收入	$30 000	$80 000	$50 000
分离点后的可分离成本(单位成本:$0.08)	—	40 000	40 000
收入影响	$30 000	$40 000	$10 000

这一分析表明,在分离点后继续加工 Y 比在分离点时就出售 Y 的利润多 10 000 美元。简而言之,如果继续加工一种联产品的额外收入超过追加费用,那么继续加工销售该联产品就是有利可图的。

表 6-4 用另一种方法比较了备选方案:(1) 在分离点出售 Y;(2) 在分离点后继续

加工 Y。这一方法包括了联合成本的计算,它在每种选择方案中都是一样的,因此不影响各方案之间的差额。

表 6-4 销售或进一步加工分析——从公司整体出发

	(1) 待选方案			(2) 待选方案			(3)
	X	Y	总额	X	YA	总额	差额
收入	$90 000	$30 000	$120 000	$90 000	$80 000	$170 000	$50 000
联合成本			$100 000			$100 000	—
可分离成本			—		$40 000	40 000	40 000
总成本			$100 000			$140 000	$40 000
收入影响			$20 000			$30 000	$10 000

正如表 6-4 所证明的,联合成本的分配不会影响决策。在本例中,我们的联合成本并没有分配,但是不管我们怎样分配它们,它们对总收入的影响都不会改变。联合成本和存货计价的其他内容和参阅第 12 章。

续用或重置设备

接下来,我们来考虑一个商业中常见的决策问题,即对旧设备的重置。这种情况下的一个需要注意的主要思想就是——旧设备的账面价值在决定是否要购买一个新设备时是无关的。为什么呢?因为这是一个过去的成本,而不是一个未来的成本。当公司购买了该设备之后,它就通过**折旧(depreciation)** 将成本分摊至使用该设备的未来期限中。

设备的**账面价值(book value)** 或**账面净值(net book value)** 是其原始成本减去累计折旧后的余额。**累计折旧(accumulated depreciation)** 是过去期间摊销折旧的总和。例如,假定一台机器的价值是 10 000 美元,使用年限为 10 年,其每年的折旧为 1 000 美元,在第 6 年年末累计折旧为 $1 000 × 6 = $6 000,而账面价值则为 $10 000 − $6 000 = $4 000。

以下是一个是否重置机器的决策的相关数据:

> **目 的 6**
> 决定续用还是重置设备。

> **折旧(depreciation)**:公司把一项设备的购置成本按期分摊到设备使用期限中去而导致的期间成本。

> **账面价值(book value)** 或**账面净值(net book value)**:设备的原始成本减去累计折旧后的余额。

> **累计折旧(accumulated depreciation)**:一项设备在过去期间摊销折旧的总和。

	旧机器	重置机器
初始成本	$10 000	$8 000
有效年限	10	4
已使用年限	6	0
剩余有效年限	4	4
累计折旧	$6 000	0
账面价值	$4 000	未获得
当前处置价值(现金)	$2 500	未获得
四年后处置价值	0	0
年现金性运营成本(保养费、能源费、修理费、冷却费等)	$5 000	$3 000

我们来编制一份两个方案的对比分析表。编表前，先考虑一些重要的概念。制定重置决策最易被误解的地方就是折旧设备的账面价值在决策中的作用。这里所讲的账面价值，经常被称为**沉没成本（sunk cost）**，它只是历史成本或过去成本的另外一种说法而已，是指公司已经发生的成本，因此是与决策制定过程不相关的一种成本。所有过去成本都已经付诸东流，谁也不能改变已经发生的事情。后面"商业快讯"专栏正是证明了这一观点。

> **沉没成本（sunk cost）**：只是历史成本或过去成本的另外一种说法而已，是指公司已经发生的成本，因此是与决策制定过程不相关的一种成本。

过去的成本对决策的不相关性，并不意味着了解过去成本是没有意义的。管理者经常借助过去成本来预测未来成本；此外，过去成本会影响未来的所得税支付（这一点将在第11章中解释）。但是，就过去成本本身来说，过去成本是不相关的。唯一相关的成本是预计的未来成本。

在决定是重置还是续用现有设备时，我们必须考虑四个常见项目的相关性①：

1. **旧设备的账面价值**：不相关，因为它是过去（历史）成本，因此旧设备的折旧也是不相关的。

2. **旧设备的处置价值**：通常是相关的，因为它是预计的未来现金流入，通常因选择方案的不同而不同。

3. **处置利得或损失**：这是账面价值与处置价值间的差额，它是一个不相关项目和一个相关项目的无意义的组合。处置利得或损失的这种组合形式，混淆了不相关的账面价值和相关的处置价值的区别，因此，最好还是将两者分开考虑。

4. **新设备的成本**：相关，因为它是预计的未来支出，会因为选择方案的不同而不同，因此，新设备的初始成本（或它在以后年度中的折旧费用）都是相关的。

表6-5 在例子中说明了上述四个项目的不同的相关性。无论采用何种决策方法，旧设备的账面价值都是不相关的。表6-5中的"差额"列显示，旧设备的账面价值4 000美元不会在各个备选方案之间造成差异。制定决策时，我们应该将其完全忽略。差异

---

① 为了简化，本章我们忽略所得税和资金利息的影响。然而，即使考虑所得税，账面价值也是不相关的。因为相关项目是所得税的现金流量，不是账面价值。账面价值是预测未来所得税现金流量的数额和时间的基本信息（如折旧费用和处置利得或损失），但是账面价值本身是不相关的。更详细的内容请见第11章。

只发生在确认的时间上。对任何备选方案来说,冲销数额都是 4 000 美元。这 4 000 美元在损益表上的列示方式,或是在第 1 年从 2 500 美元处置收入中减去 4 000 美元,得到 1 500 美元的处置损失,或者是在 4 年中作为每年 1 000 美元的折旧;但是无论如何列示,它们均与更新决策不相关。相反,新设备每年 2 000 美元的折旧是相关的。因为若不重置,8 000 美元折旧总额这一未来成本是可以避免的。三个相关项目——运营成本、处置价值和购置成本,使得重置方案提供的净相对收益是 2 500 美元。

表 6-5　成本比较——包含相关和不相关项目的设备更新

	四年合计		差额
	续用	重置	
付现运营成本	$20 000	$12 000	$8 000
旧设备(账面价值)			
定期以折旧形式进行的冲销	4 000	—	
或:一次冲销		4 000*	—
处置价值	—	−2 500*	2 500
新机器购买成本	—	8 000†	−8 000
总成本	$24 000	$21 500	$2 500

重置方案四年的收益总计为 2 500 美元。
  * 在正式的损益表中,这两项合并为"处置损失":$4 000 − $2 500 = $1 500。
  † 在正式的损益表中,以直线折旧法摊销,四年中每年的折旧是 $8 000/4 = $2 000。

 管理决策练习

　　有的时候我们很难接受沉没成本对决策是不相关的这一说法。假设你想拥有一张 12 月份重大足球赛事的门票,但是当你得到票后你得知电视将转播这场比赛,而你也想在温暖的房间里观看比赛。你会决定去现场看比赛还是看电视台转播将取决于你是免费获得这张票的还是花 80 美元购买到的吗?如果是管理者并且想更换设备,那么这个例子给了你什么启示?

答案:

　　无论你为这张票已经支付了多少钱,对你作出决定都是没有影响的。因为你已经得到了这张票,而且你是否已经支付了票价,这都是不可改变的事实。如果你决定留在家里看转播,那么当初花 80 美元买票就是一个十分坏的决定。但是你不可能改变这个坏的决定,你只能选择在未来对你最有利的决策。你不应该只因为已经花费了 80 美元就决定承受不满意的决定。

　　管理人员在考虑更换设备的时候也应该运用相同的分析方法。公司为旧的设备花费的资金都是不相关的。使用已经不具有经济价值的旧设备就相当于你决定去现场观看球赛。而且继续使用旧设备可能还会失去可能获得的处置收入,同样,如果你去现场观看你也会损失在家观看球赛的乐趣。

商业快讯

沉没成本与政府合同

理论上大家都同意管理人员在制定决策的时候不应该考虑沉没成本。但在实际工作中,沉没成本通常会影响重大的决策,尤其是当管理人员不希望承认之前的投资决策是错误的决策的时候。

让我们考虑来自 St. Louis Post Dispatch 的两个例子:(1) 空气动力部门的员工 Larry 说,"B-2 已经投入生产,如果我们现在撤销它,那么我们就将损失已投资的 170 亿美元";(2) 另外一名员工 Les Aspin 也说,"既然 170 亿美元已经投入,那么撤销 B-2 的代价会是很大的"。

这个例子中的 170 亿美元就是沉没成本。无论政府是否决定撤销 B-2 的生产,这 170 亿美元都已经投入了。是否要继续生产 B-2 主要取决于未来的生产成本是否大于完工后 B-2 的价值。只有在国防部最初制定决策并开始开发 B-2 的时候,这 170 亿美元才是相关的。而现在既然投资已经发生了,那么它就不再是相关的了。没有什么决策可以改变这个事实。

为什么明智的领导人认为这 170 亿美元对于是否继续生产 B-2 来说会是相关的呢?很可能是因为这些领导人不想承认这 170 亿美元不会带来任何收益。而那些十分想撤销生产的人也会认为这些投资是不明智的。人们总是事后诸葛亮,他们到此时才意识到当初的决策是不正确的。他们不愿意承认浪费了 170 亿美元的事实是人之常情。然而重要的是不要再浪费钱——至少 B-2 的价值不应该低于未来的收益,否则无论已经投资多少国防部都应该停产。

对于美国政府来说,没有成功地忽略沉没成本并不是罕见的。考虑俄罗斯钚弹的储存,该国的原子能源部长说:"我们已经投资了巨额的资金,用于混合放射性废品——钚的掩埋。"实际上,可能掩埋钚并不是最好的办法,而且已经投入的资金对于未来的决策来讲是不相关的。

资料来源:Adapted from J Berg Dickhaut, and C Kanodia, "The Role of Private Informantion in the sunk Phenomenon," unpublished paper, November 12, 1991; and M Gordon and M Wald, "Russia Treasures Plutonnium, but US Wants to Destroy it," *New York Times*, August 19. 1994, p. A1。

小结与复习

问题：

表 6-5 的跨度超过一年。比较这些设备的整个生命周期中的那些替代品的情况，以确定哪些特有的偶然发生的项目，比如处置损失等，不会影响那些对管理决策有重大影响的长期考量。不过，表 6-5 中包括了全部的相关和不相关成本。请准备一个仅仅关注于相关成本的分析。

答案：

表 6-6 显示了仅考虑相关成本的一个分析——流动资金成本、旧机器的处置收益以及新机器的置办成本。为了表明旧机器的账面价值的总额不会影响分析的结果，我们假定旧机器的账面价值是 500 000 美元而非 4 000 美元。置换机器的净收益还是 2 500 美元（如果你仍然抱有怀疑，用 500 000 美元做账面价值重新做一遍）。

表 6-6 成本比较——设备重置，仅考虑相关成本项目

	四年合计		差额
	续用	置换	
流动资金成本	$20 000	$12 000	$8 000
旧机器的处置价值	—	−2 500	2 500
新机器的购置成本	—	8 000	−8 000
总相关成本	$20 000	$17 500	$2 500

识别不相关和不确切的成本

对决策者来说，有时确认不相关或不确切的成本的能力与确认相关成本的能力是同样重要的。我们如何得知虽然历史成本有时是未来成本的最佳预计量，但是在决策时却是无关的呢？考虑一下例如废旧存货的历史成本，看看为什么它们在决策时是不相关的。

目 的 7
确认不相关和不确定的成本。

假设通用动力公司（General Dynamics）的存货里有 100 个废旧的飞机零件，制造成本是 100 000 美元。通用动力公司可以：(1) 花 30 000 美元重新加工这些零件再出售，可得 50 000 美元；(2) 将它们作为废品出售，得 5 000 美元。它应该怎么样做呢？这是一个不幸的情况，但是这 100 000 美元的过去成本对是要重新加工还是报废处理都是

不相关的。唯一相关的就是预计未来的收入和成本：

	重新加工	报废	差额
预计未来收入	$50 000	$5 000	$45 000
预计未来成本	30 000	—	30 000
相关收入减成本的差额	$20 000	$5 000	$15 000
累计存货历史成本*	100 000	100 000	—
项目净损失	$(80 000)	$(95 000)	$15 000

* 因为它不受决策影响，所以是不相关的。

正如从上表第四行所看到的，我们可以完全忽略这 100 000 美元的历史成本，并且仍然可以得到 15 000 美元这一重新加工是较优选择的关键性分析数据。

除了过去成本，有些未来成本也可能是不相关的，因为在所有可行的被选方案中它们都是相同的。我们在特定的决策中也可以放心地忽略这些成本。许多高层管理人员的工资就是这种不会受当前决策影响的预期未来成本。

其他不相关的未来成本是不受选择机器 X 还是 Y 这一决策影响的固定成本。然而，这并不表示固定成本是不相关的而变动成本是相关的。变动成本也可以是不相关的，而固定成本也可以是相关的。例如，不管一个订单是由 G 工厂完成还是由 H 工厂完成，与这个订单有关的销售佣金就是变动但不相关的成本。如果一个方案需要使用仓库而另一个方案却不需要，那么一个仓库的固定租赁成本就是一项相关成本。只要变动成本在当前的各备选方案中没有差异，它们就是不相关的；而只要固定成本在当前的各备选方案中有差异，它们就是相关的。

最后，做决策时确认不确切的成本也是非常关键的。第 5 章中有关定价的内容表明，管理者在制定决策时应该谨慎地分析单位成本。两个容易犯的错误是：(1) 把不相关的成本考虑在内，曼塔吉特·甘露公司自制或外购的例子中分摊了 0.03 美元的不可避免的固定成本，这样单位成本就是 0.20 美元，而不是相关单位成本 0.17 美元；(2) 进行比较的单位成本不是在相同的数量基础上计算出来的。下面的例子就可以证明这一点：机器销售人员经常夸耀使用新机器的单位成本很低，但他们常常忘记指出，用于计算单位成本的产量远远高出其潜在客户的实际需求水平。假设一台价值 100 000 美元、使用年限为 5 年的新机器每年能以每单位 1 美元的变动成本生产出 100 000 单位的产品。而旧机器所需要的单位变动成本是 1.50 美元。一个销售代表声称新机器能够降低 0.30 美元的单位成本。那么购买这台新机器值得吗？

乍一看，新机器很有吸引力。如果客户预计产量为 100 000 单位，并且考虑到新机器的折旧，那么单位成本的比较是正确的。假定旧设备的处置价值为零。由于折旧是历史成本的分摊，所以旧设备的折旧是不相关的。相反，新机器的折旧是相关的，因为新机器引起了一个如果不购置它就可避免的未来成本。

	旧机器	新机器
产量	100 000	100 000
变动成本	$150 000	$100 000
直线折旧费用	—	20 000
相关成本总额	$150 000	$120 000
单位相关成本	$1.50	$1.20

显然,销售代表是正确的。然而,如果客户的预计产量每年只有 30 000 单位,单位成本就会发生变化,这时计算结果就支持使用旧机器了。

	旧机器	新机器
产量	30 000	30 000
变动成本	$45 000	$30 000
直线折旧费用	—	20 000
相关成本总额	$45 000	$50 000
单位相关成本	$1.50	$1.6667

一般来说,使用单位固定成本的时候要小心。决策时尽量采用固定成本总额而不是单位固定成本。为什么呢?因为对于每个不同的产量,你都必须重新计算一个新的单位固定成本——这通常是一项非常麻烦的任务。但是,如果你不重新计算,你的成本就会变成不确切的成本。

决策制定和业绩评价之间的冲突

你现在应当知道如何在相关数据的基础上作出良好的决策了。可是,知道如何做决策与实际做决策并不是一回事。管理者们可能明知某项决策对公司不好,但如果当前的业绩指标会因此而奖励他们,他们也会情不自禁地去选择它。为了激励管理者们作出最佳决策,评价管理者的业绩的方法应该与决策分析的适当方法相一致。

> **目 的 8**
> 讨论业绩指标如何影响决策制定。

让我们来看一个决策分析与业绩评价方法相矛盾的例子。考虑表 6-6 中的重置这台机器与续用这台机器相比具有 2 500 美元的相对收益。为激励管理者们作出正确的选择,评价业绩的方法应该与决策模型一致——也就是说,与续用旧机器相比,当管理者们重置机器时,所用的评价方法应该显示出更好的业绩。假设最高管理层以会计利润计量管理者的表现,让我们比较一下重置机器后第 1 年的会计收益与第 2、3、4 年的会计收益:

	第 1 年		第 2 年	
	续用	重置	续用	重置
付现运营成本	$5 000	$3 000	$5 000	$3 000
折旧	1 000	2 000	1 000	2 000
处置损失($4 000 - $2 500)	—	1 500	—	—
总费用	$6 000	$6 500	$6 000	$5 000

如果续用旧机器而非重置,第 1 年的成本会降低 500 美元(6 500 - 6 000),收益会提高 500 美元。因为管理者们很自然地希望能够作出使他们的业绩最大化的决定,所以他们可能倾向于继续使用旧机器。如果管理者们经常从一个职位调换到另一个职位,这种冲突就尤其严重。为什么呢? 因为保留旧机器而产生的第 1 年的 500 美元的相对收益会被重置方案导致的第 2、3、4 年每年 1 000 美元的相对收益抵消(注意,重置方案的第 4 年净差额总计为 2 500 美元,与表 6-6 所示的相同)。但是,假如一位管理者在第 1 年后调离这个职位,则他承担了变卖机器的全部损失,却没有享受到第 2 至第 4 年较低运营成本所带来的收益。

如果决定提前更新一台机器,也就表明原先购买机器的决策可能是有缺陷的。假如旧机器是公司 6 年前花费 10 000 美元购买的,预计寿命为 10 年。但是,如果现在有一种更好的机器,那么旧机器的有效使用年限就是 6 年,而不是 10 年。这种关于旧机器实际寿命的反馈可能有两个效应:一个是好的,一个是坏的。好效应是管理者们可以从以前的错误中吸取教训。如果管理者高估了旧机器的有效使用年限,那么预计新机器有 4 年使用寿命会有多大的可信度呢? 反馈有助于避免重犯过去的错误。坏效应则是为了遮掩以前的错误,"处置损失"会提醒上级管理者,以前决策中有对经济寿命的不正确预测。在这种情况下,通过不对设备进行重置,剩下的 4 000 美元账面价值就可以作为"折旧"在未来分摊,这是一个比"处置损失"更有吸引力的词。上级可能永远也不会发现对经济寿命的错误预测。将会计收益表现用于业绩评价,混淆了不同决策的财务结果,既掩盖了以前对使用年限的错误估计,又掩盖了现在没有进行重置这一失误。

决策制定和业绩评价之间的冲突,是实践中广泛存在的一个问题;然而,不幸的是,没有一个简单而行之有效的解决办法。在理论上会计师可以用与决策相一致的方法来评级业绩。在我们的关于设备的例题中,这将意味着在 4 年的计划期内逐年预测收益效应,注意到第 1 年的结果不理想,然后根据预测内容对实际业绩进行评价。

问题是,对每个决策逐一进行业绩评价的成本很高,因此我们常常使用综合法。例如,在损益表中显示的内容是许多决策共同的结果,而不只是反映购买机器这一项决策的效应。因此,就像这个设备的例子一样,在很多情况下管理者们可能深受损益表所显示的第 1 年经营结果的影响。因此,管理者们会拒绝采用对公司有利的长期观点。

第 5 章和第 6 章引入了相关信息与决策制定的重要议题。我们主要聚焦于在面对诸如定价、特殊订单、自制或外购、增加或撤销一条生产线和设备重置等一系列管理决策时,如何确认并使用相关信息。我们也强调了理解每个决策中成本性态的重要性。现在我们将把重点从决策技术转移到计划与控制的技术上。作为管理者,预算将是你所使用的最重要的计划技术之一,这也是第 7 章和第 8 章的重点内容。

记忆重点

1. **运用机会成本法分析给定备选方案的收入效应**。增量分析法是分析决策的重要工具,在这种情况下,只关注相关项目。在决定对限制性资源的使用时,应该要考虑到机会成本,一个方案的机会成本是由于执行该方案而舍弃的能从下一个最好的方案中获得的最大利润。由于会计不将机会成本记录在财务会计体系中,决策者可能会忽略机会成本。

2. **决定是自制还是外购零件或产品**。自制或外购决策是一项重要的生产决策。企业应当自己生产其零件或产品还是从外部购买?定性因素和定量因素都会影响该决策。在自制或是外购决策中使用相关成本分析时,设施的使用情况是一个重要的因素。

3. **运用相关信息决定是否要增加或撤销一条生产线**。在决定是否要增加或撤销产品、服务或部门时,相关信息也起着十分重要的作用。在决定是否要撤销某一部门或产品时,要对舍弃的收入和节省的成本作出分析。

4. **当生产受到某种资源的制约时,计算最优产品组合**。当生产被某一限制资源制约时,要从既定的生产能力中获得最大利润的关键在于从每单位限制或稀缺资源中可能获得的最大贡献。

5. **决定是否在分离点之后继续加工某一联产品**。另一个典型的生产问题是:在分离点处是要继续加工还是要出售联产品的决策。此项决策中的相关成本是分离点之后的不同成本,分离点之前的成本是不相关的。

6. **决定续用还是重置设备**。在决定是续用原设备还是重置一台新设备时,旧设备的账面价值是不相关的。这一沉没成本是公司已经发生了的过去的或历史的成本。相关成本一般包括旧设备的处置价值、新设备的成本和每年运营成本的不同。

7. **确认不相关和不确切的成本**。在某些生产决策中,确认不相关成本十分重要。在决定处置废旧存货时,存货的原始成本是不相关的。因为已经没有办法挽回已用于购买或生产该存货的资源。单位固定成本可能因为处于不同的业务量而产生误导。一个企业的产量越大,单位固定成本就越低。如果一个销售人员假设产量为 100 000 单位,而实际产量却只有 30 000 单位,单位成本就会被低估。你可以通过坚持使用固定成本总额作为决策依据来避免被误导。

8. **讨论业绩指标如何影响决策制定**。如果企业使用与相关决策标准不一致的业绩指标来评价管理者的业绩,就可能产生利益的冲突。管理者们经常根据决策对他们业绩的影响来作出决策。因此,当业绩指标与企业的长期利益一致时,业绩指标的效果最佳。

会计词汇

累计折旧(accumulated depreciation)

可避免成本(avoidable costs)

账面价值(book value)

共同成本(common costs)

折旧(depreciation)

差量成本(differential cost)
差量收入(differential revenue)
增量分析(incremental analysis)
增量收入(incremental benefits)
增量成本(incremental cost)
存货周转率(inventory turnover)
联合成本(joint costs)
联产品(joint products)
账面净值(net book value)
机会成本(opportunity cost)
实支成本(outlay cost)
外包(outsourcing)
稀有资源(scarce resource)
分离点(split-off point)
沉没成本(sunk cost)
不可避免成本(unavoidable costs)

基础习题

6-A1　自制或外购

Sunshine State 水果公司通过邮寄销售一种优质橙子及其他柑橘类水果。由于运输途中对水果的保护很重要,公司设计并生产了一种运输的箱子。80 000 只箱子的年成本为:

材料	$120 000
人工	20 000
间接费用	
变动	16 000
固定	60 000
合计	$216 000

因此每只箱子的平均成本是 2.70 美元。

假设 Weyerhaeuser 公司开出每只箱子 2.10 美元的卖单。Sunshine State 公司必须告知 Weyerhaeuser 公司箱子的设计规格,而箱子也须根据这些规格来制造。

1. 如果向 Weyerhaeuser 公司购买箱子能够有所节约,那么 Sunshine State 公司的节约额是多少?

2. 何种主观因素会影响 Sunshine State 公司自制或外购箱子的决策?

3. 假设设备的折旧是全部固定费用,设备的原始成本是 600 000 美元,并且目前已接近其 10 年的寿命期。新设备的购价为 800 000 美元,且预计寿命也是 10 年。在本例中,如果 Sunshine State 能有所节约,那么节约额是多少?

6-A2 产品的选择

Ibunez 工具公司有两种产品:一般用弓形锯和专业用弓形锯。一般用锯的售价 70 美元,其变动成本为 50 美元;专业用锯售价为 100 美元,其变动成本为 70 美元。

1. 计算一般用弓形锯和专业用弓形锯的边际贡献和边际贡献率。
2. 假设市场需求大于公司的生产能力。公司只有 20 000 机器工时的生产能力。平均生产 2 把一般用锯的时间等于生产 1 把专业用锯的时间(1 小时)。计算在 20 000 小时内只生产一般用锯和只生产专业用锯的边际贡献总额。哪个产品更好地利用了机器工时?
3. 用 2—3 句话总结本题给你的启示。

6-A3 联产品:立即销售或是继续加工

Mussina 化学公司以联合成本 117 000 美元生产 3 种联产品,这些产品销售和继续加工的数据如下:

化学产品	销售量	继续加工成本
A	$230 000	$190 000
B	330 000	300 000
C	175 000	100 000

在分离点,公司有机会将产品销售给其他加工商。如果选择这一备选方案,销售额将是:

A. 54 000 美元;B. 32 000 美元;C. 54 000 美元。

公司打算来年以同样的产量和销量水平继续经营。

考虑所有信息,并假设分离点后发生的成本均为变动成本。

1. 如果公司改变加工决定,能增加经营利润吗?如果能,总的经营利润会是多少?
2. 那种产品应当被继续加工?哪种产品应当在分离点出售?

6-A4 设备重置的作用

2007 年 1 月 2 日,Park 公司安装了一台价值为 87 000 美元的崭新的专门用于铸模的机器,以生产一种新产品。产品和机器的预计使用寿命都是 3 年,3 年后机器的预计处置价值为 0。

2007 年 1 月 3 日,一个机器工具制造商的优秀推销员 Kimiyo Lee 告诉 Park 先生:"要是早知道你的购买计划就好了,我可以提供一台技术更先进的机器,售价为 99 000 美元。你刚刚购买的机器可作价 16 000 美元卖出。尽管我们的机器在 3 年寿命期后处置价值也是 0,但我保证,它每年能为你节约 40 000 美元的付现运营成本。"

Park 先生考察了一些技术数据。尽管他相信 Kimiyo 的说法,但他认为:"我被套住了。我的备选方案很清楚:(a) 处置会导致损失;(b) 保持并使用'旧'设备可避免该项损失。当其他方案会导致损失时,我应该选择避免损失的方案。我们不得不继续使用那台设备,直至我们从它身上赚回足够的钱。"

旧设备的运营成本预计每年为 60 000 美元,不包括折旧。现金销售收入每年为 910 000 美元。不论最终决策是什么,其他每年经营费用都是 810 000 美元。假设本题中的设备是公司唯一的固定资产。

不考虑所得税和货币的时间价值。

1. 为两种备选方案编制今后 3 年的现金收支表,3 年累计的现金增加额或减少额将是多少?

2. 假设采用直线折旧法,为两种备选方案编制今后 3 年的损益表。3 年净利润的累计增加额或减少额是多少?

3. 假设"旧"设备的价格是 1 000 000 美元而不是 87 000 美元,那么第一问和第二问中计算的净差额会有变化吗?解释原因。

4. 假设你是 Kimiyo,试回答 Park 先生的说法。

5. 在第一问和第二问中哪些是不相关项目?为什么它们是不相关的?

6-B1 自制或外购

假设德国宝马公司的执行官正在考虑公司是应该继续制造某种引擎部件还是从法兰克福公司以每件 50 欧元的价格购买。明年的需求预计与今年一样,可达 200 000 件。今年的数据如下:

直接材料	€5 000 000
直接人工	1 900 000
变动间接费用	1 100 000
固定间接费用	2 500 000
总费用	€10 500 000

如果宝马公司选择制造该部件,直接材料单位成本将增加 10%。

如果宝马公司选择购买该部件,30% 的固定成本可以避免。而其余 70% 则无论外购还是自制都会发生,并假设变动间接费用随产量的变动而变动。

1. 假设在外购方案下生产能力将被闲置,编制一份比较表反映外购或自制两种方案的总额及单位数据,并计算两方案之间的差额。

2. 假设问题中,来年宝马公司可将生产能力以 1 250 000 欧元的价格出租给当地一家电力公司。编制一份报表比较下列 3 种方案的净相关成本:自制、外购并闲置生产能力以及外购并将生产能力出租。哪一种方案最划算?共节约了多少?

6-B2 单位成本和生产能力

Fargo 公司生产两种工业熔剂,它们的数据在下表中列示。固定生产成本以每机器工时 1.00 美元的分配率分配到产品中去。

每单位	XY-7	BD-4
销售价格	$6.00	$4.00
变动生产成本	3.00	1.50
固定生产成本	0.80	0.25
变动销售成本	2.00	2.00

销售经理的广告预算增加了 160 000 美元的额度,她希望能将其用于获利性最强的产品。而在公司的客户看来,两种熔剂之间不能替代。

1. 生产 1 单位 XY-7 需要多少机器工时?生产 1 单位 BD-4 呢?(提示:关注分摊的固定生产成本。)

2. 假设 Fargo 公司只有 100 000 个机器工时可以用来生产 XY-7 和 BD-4。如果因广告导致的每种产品销售量的潜在增长远远超过其生产能力,应该生产哪种产品并进行广告宣传? 赚取的边际贡献估计会增加多少?

6-B3 撤销一条产品线

Hambley 玩具商店位于伦敦的丽晶街,它在大门附近有一个魔术部门。假设管理层正在考虑关闭魔术部门——该部门持续亏损。下表是预计的损益表,为了简化起见,只列示了 3 条产品线(单位:为千英镑):

	总额	一般商品	电子产品	魔术部门
销售额	£ 6 000	£ 5 000	£ 400	£ 600
变动费用	4 090	3 500	200	390
边际贡献	£ 1 910(32%)	£ 1 500(30%)	£ 200(50%)	£ 210(35%)
固定费用(薪酬、折旧、财产税、保险等)	1 110	750	50	310
经营利润(损失)	£ 800	£ 750	£ 150	£ (100)

魔术部门 310 000 英镑的固定费用包括 100 000 英镑的员工薪酬。如果关闭了该部门,这些员工就将被解雇。魔术部门的所有设备都已经全额计提了折旧,所以 310 000 英镑中没有属于这一项目的费用;而且,设备的处置价值将被移动和改造成本完全抵消。

如果关闭了魔术部门,管理者将把闲置的场地用于更多的一般商品部或者电子产品部。一般商品部的扩展不需要雇用额外的员工,但是电子产品部需要增加一个员工,年成本 25 000 英镑。管理者估计,一般商品的销售额会增加 300 000 英镑;电子产品会增加 200 000 英镑。管理者保守的预测部分基于她认为魔术部门会吸引顾客到商店从而提高整体销售额。如果该部门关闭了,那么这种吸引力就消失了。

魔术部门应该被关闭吗? 请加以解释,并列出计算过程。

6-B4 销售或继续加工

康阿格拉公司(ConAgra)生产健康选择、盔甲和鹊鸭 3 个品牌的肉类产品。该公司的某家工厂将肉牛加工成不同的产品。为了简化问题,假设只有 3 种产品:牛排、牛肉饼和牛皮。每头肉牛的平均成本是 700 美元,以上 3 种产品均可从加工肉牛的过程中得到,每头肉牛的加工费用为 100 美元,3 种产品的销售价格如下:

牛排(100 磅)	$400
牛肉饼(500 磅)	600
牛皮(120 磅)	100
合计	$1 100

假设以上 3 种产品每个都既可直接销售也可在本公司的另一家工厂继续加工。牛排可标注"健康选择"字样,成为冻餐的主菜。加工 400 道蔬菜和点心所耗用的 100 克牛排的成本为 120 美元,这 400 道菜及点心的生产、销售和其他成本总共为 350 美元,每道菜和点心的批发价为 2.15 美元。

用牛肉制作的冰冻索尔斯伯利牛肉饼,以"盔甲"品牌销售。唯一的附加成本是每 500 磅牛肉饼 200 美元的加工成本,冰冻索尔斯伯利牛肉饼的批发价为每磅 1.70 美元。

牛皮在鞣制前后均可销售,一张牛皮的鞣制成本为 80 美元,每张鞣制过的牛皮售价为

175 美元。

1. 若 3 种产品都在分离点销售,计算总利润。
2. 若 3 种产品都在继续加工后再出售,计算总利润。
3. 哪些产品应在分离点出售？哪些应当被继续加工？
4. 若采用了要求 3 的方案,计算总利润。

6-B5　更新旧设备

下面是关于 Douglas 县影印设备的资料

	旧设备	计划重置的新设备
可使用年限	5	3
已使用年限	2	0
剩余使用年限	3	3
原始成本	$25 000	$15 000
累计折旧	10 000	0
账面价值	15 000	未实现
现时处置价值	7 000	未实现
2 年后处置价值	0	0
有关电力、维护、调试阶段和供给的年付现运营成本	14 000	8 000

该县的行政长官正在考虑是否更换该旧设备,由于技术更新的速度很快,她预计新设备只有 3 年的使用寿命。

不考虑税收的影响。

1. 编制今后 3 年相关和不相关项目的成本比较表。(提示:参见表 6-5。)
2. 编制今后 3 年只包括相关项目的成本比较表,与上题相比,哪张表更清楚？(提示:参见表 6-6。)
3. 进行"简洁"或直接分析,为你选择的方案提供依据。

6-B6　决策和业绩模型

继续利用上题资料:

1. 假设最高管理层青睐以 3 年累计现金流量为比较基础的"决策模型",作为执行具体业务的经理,你更倾向于选择何种方案？为什么？
2. 假设"业绩评价模型"强调第 1 年经营总成本的最小化,你会选择何种方案？

补充习题

简答题

6-1　区分机会成本与实支成本。

6-2　"我本来有机会在夏季将房子出租获得 800 美元,但我选择了将它闲置,因为我不愿意让陌生人住在我的房子里。"本章将这 800 美元称为什么？为什么？

6-3　"会计人员通常不在正式的会计记录中记录机会成本。"为什么？

6-4 区分增量成本和差量成本。

6-5 "增量成本是每制造一单位的产品新增加的成本。"你同意吗？请解释。

6-6 "假设将汽车产量由每周1 000 辆增至1 200 辆,差额成本与增量成本中,哪一个是为生产这额外的200 辆汽车而新增的成本？"如果产量由每周1 200 辆减少至1 000 辆,如何称呼这些减少的成本？

6-7 "定性因素通常有利于零部件的自制决策,不利于外购决策。"你同意这种说法吗？请解释。

6-8 "选择通常被错误地认为是纯粹自制或纯粹外购。"你同意吗？请解释。

6-9 "决定是否要撤销一个产品或部门的关键就是确认可避免的成本。"你同意吗？请解释。

6-10 列举四个限制或稀缺因素。

6-11 什么是联产品？举出几个联产品的例子。

6-12 什么是分离点？为什么说它在联合成本分析中非常重要？

6-13 "在分离点选择出售或继续加工产品的决策中,不需要采用任何将联合成本分配至个别产品的方法。"你同意吗？请解释。

6-14 "如果存货的购买价格是5 000 美元,那么销售价格就不应低于5 000 美元,否则就会造成损失。"你同意吗？请解释。

6-15 "弥补沉没成本是重置设备决策中的一个主要目标。"你同意吗？请解释。

6-16 "过去成本在许多情况下都是相关的,因为它们是整个决策过程的出发点。"你同意吗？为什么？

6-17 下列哪些项目在重置决策中是相关的？请解释。
(a) 旧设备的账面价值
(b) 旧设备的处置价值
(c) 新设备的成本

6-18 "某些预期的未来成本可能是不相关的。"你同意吗？请解释。

6-19 "只要变动成本在不同方案之间没有差异,它们就是不相关的。"你同意吗？请解释。

6-20 有两个主要原因使我们在决策制定中要特别注意对单位成本的分析,它们是什么？

6-21 "设备销售人员常常错误地夸耀其设备的单位使用成本较低。"请说明其单位成本估计错误的一个来源。

6-22 举出业绩评价模型与决策模型不一致的一个例子。

6-23 "对每一项决策进行业绩评价的成本很高,因此加总的指标,如损益表数据就常常被采用。"请分析损益表数据的广泛使用会如何影响管理者的购买设备决策。

理解练习

6-24 机会成本的计量

"会计人员无法计量机会成本,只有管理者才具有计量机会成本的各项知识。"你同意这种说法吗？为什么？

6-25 外包决策

关于是否将工资核算和系统开发等服务项目外包的决策,很像自制或外购决策。何种成本因素会影响是否将工资核算职能外包的决策?

6-26 单位化的成本

假设你是一家制造厂的管理者。你的会计师刚刚为你准备了一份关于是要外包还是自制一个零部件的问题的详细成本分析。你将在与另外几位管理者的会议中使用这份分析。由于这份分析是以总数的形式呈现的,而你的同事却偏好简单地用单位成本表示的报告。你便将收益底线的数字除以将要生产或购买(即外包)的数量来得出一份简单的报告。你的同事觉得你的报告非常容易理解,也非常好用,因此非常高兴,然后他们就将根据单位成本乘以外包数量而得出的数字来决定应该是自制还是外包。那为什么你会感到不对呢?

6-27 历史成本和存货决策

试解释为何有时以低于购买价的价格出售存货是最好的决策。

练习题

6-28 机会成本

Martina 是一家大型律师事务所的律师,年薪 110 000 美元;她正在考虑是否要成为一个独立执业者,如果这样,她每年将获得经营收入 340 000 美元,同时发生经营费用 220 000 美元。

1. 为不用备选方案编制两张年损益表,其中第二张必须将布里奇曼作为职员所获得的薪酬视为机会成本。

2. 假设 Martina 希望风险较小,她依然会选择作为职员。请分析其拒绝独立执业机会而导致的收益效应。

6-29 住房所有权的机会成本

Oliver 刚刚付清了最后一笔抵押贷款,他可以继续居住在自己的家里,每月修理及保养的现金支出(税后数额)为 500 美元;或者他也可以以 200 000 美元(税后)的价格出售房屋,用收入购买利率为 5% 的免税市政债券,而自己则以每年 12 000 美元的价格租用一套公寓,公寓的修理及保养支出由房东负责。

用两种方法对 Oliver 的方案进行分析,一种不明确显示机会成本,另一种明确显示保持现有房屋的机会成本。

6-30 曼塔基特·甘露公司的机会成本

假设曼塔基特·甘露公司有一台数年前以 160 000 美元购买的机器。这台机器现在已经不使用了。它可以用这台机器来生产 12 盎司一瓶的果汁鸡尾酒或者是 12 盎司一瓶的 100% 果汁。销售者额外的 100% 果汁的边际贡献为 90 000 美元。还有第三个选择就是将该机器以 75 000 美元的价格出售。那么,当该机器被用于生产 12 盎司一瓶的果汁鸡尾酒时,我们分析这个被选方案时所取的机会成本应该是多少?

6-31 医院的机会成本

萨克雷德医院的行政主管正在考虑普通门诊移往别处后如何利用闲置的空间,她将所有选择归纳如下:

（a）将闲置空间用于扩展试验测试，预期未来每年收入为330 000美元，成本为290 000美元。

（b）将闲置空间用于扩展眼科门诊，预期未来每年收入为500 000美元，成本为480 000美元。

（c）租用礼品商店的独立零售商打算利用该闲置空间，他愿意支付每年11 000美元的租金，所有的经营费用由零售商承担。

行政主管尚未作出决策，但是她认为每年的数据足以用于指导她的决策。

将所有与决策有关的数据汇总编表，一张表中不用机会成本的概念，另一张中使用机会成本的概念。作为该公司的行政主管，若只能选择一张表，你会选哪一张？

6-32 自制或外购

假设波斯公司(Bose)的一个部门为其扬声器生产电子部件，该部的生产过程是适时制生产系统的一个高度自动化的部分。所有的人工成本均被视为间接费用，且所有间接费用均被认为相对于产量保持不变。100 000件该部件的生产成本如下：

直接材料		$300 000
工厂间接费用		
间接人工	$80 000	
供给成本	30 000	
分配的机器占用成本	40 000	150 000
总成本		$450 000

一家小型本地公司愿以每件3.30美元的价格为波斯公司提供该部件。如果该部门停止部件的生产，将节约三分之二的供给成本和30 000美元的间接人工成本，其他间接成本保持不变。

1. 计算(a)自制和(b)外购部件的相关成本，哪种方案更经济？能节约多少？
2. 何种定性因素可能会影响自制或外购决策。

6-33 曼塔基特·甘露公司自制或外购决策

假设曼塔基特·甘露公司报告了为其果汁鸡尾酒生产17.5盎司的瓶子的生产成本。

曼塔基特·甘露公司生产17.5盎司瓶的成本

	1 000 000瓶的总成本	每瓶的成本
直接材料	$80 000	$0.080
直接人工	30 000	0.030
变动工厂间接费用	60 000	0.060
固定工厂间接费用	85 000	0.085
总成本	$225 000	$0.255

另一个制造商则提出可以以每个0.25美元的价格为曼塔基特·甘露公司提供瓶子。如果公司从外部购买瓶子，则现有的生产瓶子的生产能力将被闲置，而且如果外购瓶子一个固定工资为60 000美元的监督人也将下岗。准备一份表格，比较自制和外购17.5盎司的瓶子的成本。曼塔基特·甘露公司是应该外购还是自制瓶子呢？

6-34 曼塔基特·甘露公司自制或外购决策与其闲置生产能力

题目如前一题。假设曼塔基特·甘露公司可以将闲置出来的设施用于另一个生产活动,可以产出 75 000 美元的利润,或者公司可以将这些闲置设施以 55 000 美元出售。准备一份表格,比较四个备选方案,哪个方案产生的净成本最低?

6-35 单位场地利润

1. 一些成功的大型连锁商店(如好事多和萨姆俱乐部)都有一些与传统百货商店差别很大的销售策略。说出对这些商店的成功有贡献的一些特征。

2. 诸如赛夫韦食品等的连锁店通常预计可在罐头食品和类似货物上获得零售价格 20% 的毛利。这种方法的局限性是什么?具体说明。

6-36 削减产品线

苏黎世美国学校是一家国际性私立小学,除了正规课程之外,从下午 3 点到 6 点提供课后看护,对每个孩子每小时收取 12 瑞士法郎。一个有代表性的月份的课后看护的财务结果是:

收入,600 小时 × 12 法郎/小时		SFR 7 200
减:		
教师薪金	SFR 5 200	
物料	800	
折旧	1 300	
卫生工程	100	
其他固定成本	200	7 600
经营利润(损失)		SFR(400)

苏黎世美国学校的校长正在考虑停止课后看护服务,因为要其他孩子出钱补贴课后看护项目不公平。他认为,取消这一项目每月可以节约出 400 法郎用于正规的课程。

1. 计算放弃课后看护项目对苏黎世美国学校的财务影响。
2. 列举三个影响你决策的定性因素。

6-37 出售或继续加工

艾克森石油公司(Exxon)生产两种产品:L 和 M,它们是某加工的联产品,两种产品都可作为其他化学品原料出售。

在分离点每加仑 L 产品售价 0.25 美元,每加仑 M 产品售价 0.30 美元。4 月份的数据如下:

联合加工成本	$1 600 000
生产和销售的数量(以加仑计)	
L	4 000 000
M	2 500 000

假设 4 月份 2 500 000 加仑 M 产品可继续加工成"超 M"产品,增加的成本为 210 000 美元。"超 M"产品每加仑售价为 0.38 美元。而产品 L 在任何情况下都在分离点直接出售。

4 月份是否应该将产品 M 继续加工成"超 M"产品并销售?列示计算过程。

6-38 联产品、多重选择

艾格顿公司(Edgerton)在一个特定的联产品加工过程中可得到产品 A、B 和 C,每种产品既可在分离点销售,也可继续加工。继续加工无须专门设备,且所有生产成本均为变动成本并可追溯到各产品。在 2006 年,3 种产品都在分离点继续加工。当年的联合生产成本是 72 000 美元。用以评价艾格顿公司 2006 年生产政策的销售额和成本如下:

产品	单位产量	在分离点已实现净收益(销售收入)	销售额	继续加工增加的成本和销售额 增加的成本
A	6 000	$25 000	$42 000	$9 000
B	4 000	41 000	45 000	7 000
C	2 000	24 000	32 000	10 000

回答下面的选择题:

1. 对产品 C,与销售或继续加工决策最相关的单位生产成本是:
    (a) 5 美元   (b) 12 美元   (c) 4 美元   (d) 9 美元
2. 为实现利润最大化,艾格顿公司应当继续加工下列哪些产品:
    (a) 仅 A   (b) A、B 和 C   (c) B 和 C   (d) 仅 C

6-39 废旧存货

俄亥俄州书店购进了超过其销售能力的"远期"挂历。现在将近 6 月,仓库里尚有 200 本挂历。每本挂历的采购价为 4.50 美元,正常售价为 8.95 美元;从 2 月开始,售价将为 6.00 美元,而两周前售价又降至 5.00 美元,但仍然只售出几本。书店经理认为没有必要再为这些挂历浪费存储空间。

狂风收藏公司的业主欲出价 100 美元将 200 本挂历买进,他打算先将它们存放几年,等 2006 年足球赛季过后再将其作为新产品出售。

书店经理对是否接受每本 0.50 美元的报价有些犹豫,因为其成本为 4.50 美元;可是,除此之外她只能将其报废,因为出版商不愿回收这批挂历。

1. 计算接受 100 美元的报价与报废挂历两种方案的利润差异。
2. 描述为挂历所支付的 $4.50 × 200 = $900 会如何影响你的决策。

6-40 旧设备的重置

3 年前柞木街的天使冰王公司(TCBY)以 8 000 美元/磅的价格购买了一台生产冰冻酸奶的机器。现在一位销售人员建议天使冰王公司的经理重置设备,他推荐的新设备售价 12 500 美元。经理收集了以下数据:

	旧机器	新机器
原始成本	$8 000	$12 500
可使用年限	8	5
已使用年限	3	0
剩余使用年限	5	5
累计折旧	$3 000	未实现
账面价值	5 000	未实现
现时处置价值	3 000	未实现
5 年后处置价值	0	0
年付现运营成本	$4 500	$2 000

1. 计算今后 5 年在两种方案——即保留旧设备与更换旧设备下的总成本差异。不考虑税收影响。

2. 假设天使冰王公司的经理决定更新旧设备的"处置损失"。这个数字如何影响你在上一问中的计算结果？请解释。

6-41 单位成本

布兰登公司制造并销售一种产品,其单位变动成本为 9 美元,固定成本为每年 220 000 美元。

1. 计算在每年 10 000 单位产量及销量水平上的单位成本。
2. 计算在每年 20 000 单位产量及销量水平上的单位成本。
3. 哪个单位成本更准确？请解释。

6-42 相关投资

罗伯塔·托马斯按照 21 000 美元(含期权)的报价购买了一辆卡车,她的旧卡车的市场批发价为 3 000 美元,销售商给了她一个很大方的上浮价 5 000 美元。假设销售税额为 1 260 美元。

旧卡车的年付现运营成本为 4 200 美元,新卡车预计能缩减运营成本 1/3,即每年 2 800 美元。

计算新卡车的初始投资额,并解释你的推理过程。

6-43 弱分部

森林湖电子设备公司 4 年前斥资 7 000 000 美元购买了一家光驱制造公司。自被收购后,该公司作为森林湖公司的一个分部运营,每年亏损 500 000 美元。

对该分部的最低报酬要求是:新产品充分开发以后,分部应当在可预计的未来每年提供 500 000 美元的净利润回报。

最近 IBM 公司开价 5 000 000 美元向森林湖公司求购该分部。森林湖公司的总裁说:"我必须回收 9 000 000 美元(7 000 000 美元加上 4 年每年 500 000 美元的损失)。在形势刚有所好转的情况下,我拒绝出售该分部。"

请对总裁的话作出回应。指出应该如何作出决策,分析应尽量详细。

6-44 机会成本

瑞尼·贝赫是一个生意很好的精神病医师。尽管她在过去的 5 年中提高了收费,病人仍然很多,贝赫医生无法接待所有希望找她看病的病人。

现在贝赫医生每年工作 48 周,每周 6 天,每天 6 小时,平均每小时收费 150 美元。

她的变动成本很小,对决策几乎没有影响。不考虑税收因素。

1. 贝赫医生厌倦了每周工作 6 天,她打算每两个周六休息一天。在(a)每周六都工作、(b)每两个周六休息一天的情况下,她的年收入分别是多少？
2. 如果她每两个周六休息一天,一年的机会成本是多少？
3. 假设贝赫医生已决定每两个周六休息一天。她喜欢修理自己的跑车。她如果在周六花上半天本来给病人看病的时间修理跑车,机会成本是多少？

思考题

6-45 旅馆房间和机会成本

万豪酒店(Marriott Corporation)在全世界经营多家旅馆。假设它位于芝加哥的一家旅馆由于几家有竞争力的旅馆先后开业而陷入困境。

为解决飞行人员的住宿问题,美国航空公司向万豪酒店开出了一份订单:在未来的一年内以每套房每晚70美元的价格至少包购50套房间。此合同可以保证,即使一些晚上某些房间会闲置,万豪酒店也因此每晚至少可以销售50套房间。

万豪酒店的经理对该合同抱有很复杂的心理。因为同样一套房间在一年中的某些高峰时间可以以150美元的价格出售。

1. 假设万豪酒店的经理签订了该合同。10月20日召开零售商大会时。附近的旅店都将被住满,此时这50间套房的机会成本是多少?12月28日,预计这50套房中仅有10套可以以平均价100美元出租时,机会成本又是多少?

2. 假设每套房的常年房价为110美元,当这50套房的入住率为多高时,万豪酒店接受与不接受订单之间是无差异的?

6-46 上题的扩展

假设上题中的数据保持不变,但另外假设每套房间每天的变动成本为10美元。

1. 假设来年这50套房间平均入住率的最佳估计为62%,平均房价为110美元,万豪酒店是否应当接受订单?

2. 这50套房间的入住率达到多少时,万豪酒店在接受与不接受订单之间无差异?

6-47 自制或外购

位于俄亥俄州托莱多市的德纳公司是一家制造高动力产品的全球公司。它的产品可满足工业、汽车、建筑、商业、航空及半导体等各类市场的需求。德纳公司2006年的销售收入为1 030万美元。依据其设备是否被充分利用,它常常将工作分包给其他制造商。假设德纳公司打算就来年制造设备使用问题作出最终决策。

下表是生产EC113部件的成本数据,该部件是一种发射控制系统的重要组成部分。

	50 000件的总成本	单位成本
直接材料	$400 000	$8
直接人工	300 000	6
变动工厂间接费用	150 000	3
固定工厂间接费用	300 000	6
制造费用合计	$1 150 000	$23

另一家制造商愿意以每件21美元的价格向德纳公司出售该部件。固定间接费用包括折旧、财产税、保险费以及监管人员工资。如果德纳公司外购部件,除与监管和保管人员工资有关的成本150 000美元可以避免以外,其他所有固定间接费用均保持不变。

1. 假设当外购部件时,目前的生产能力将被闲置,那么德纳公司应该自制还是外购部件?列出计算过程。

2. 假设目前的生产能力可以(a)以每年 65 000 美元的价格出租给附近的制造商,或(b)用于生产可提供 200 000 美元利润贡献的机油滤清器,那么德纳公司应该自制还是外购零部件 EC113? 列出计算过程。

6-48 相关成本分析

在每月 5 000 件产量和销量的正常水平上,某产品的单位成本如下表(已知每单位售价为 90 美元):

制造成本	
直接材料	$35
直接人工	12
变动间接费用	8
固定间接费用(每年 $300 000)	5
销售和管理费用	
变动	15
固定(每年 $480 000)	8

分别考虑下列问题,列出计算过程,并以公司总裁能够理解的方式给出解决方案。

1. 该产品通常每年销售 60 000 件,估计若价格上升至 98 美元销量会下降 10%。在此情形下,若要使经营利润不低于现有水平,公司应该增加多少广告费用?

2. 公司收到一个供应商提出的建议:当公司获得订单时,由供应商直接将产品输送给客户,这样公司的变动的销售和管理费用会降低 40%。如果接受了供应商的建议,公司可利用自己的工厂生产一种新产品。通过代理商销售,新产品单位售价为 40 美元,代理商的佣金为售价的 10%。该新产品基于预测年度产量的成本特性如下:

	每件
直接材料	$6
直接人工	12
变动间接费用	8
固定间接费用	6
制造费用	$32
销售和管理费用	
变动成本(佣金)	售价的 10%
固定成本	$2

如果公司让供应商负责全部老产品的生产,那么公司可承受的每件最大分包价格是多少? 考虑以下假设条件:

- 如果增加新生产线,固定间接费用总额和固定销售费用总额保持不变。
- 除非现在的年净利润水平可维持不变,否则供应商的建议不会被考虑。
- 老产品的售价维持不变。
- 将全部固定间接费用 300 000 美元分配给新产品。

6-49 酒店服务定价和容纳能力使用

一家位于大城市的成长型公司与假日酒店(Holiday Inn)拟签订一份为期一年的合同:

该公司将以每套 50 美元的房价租用 40 套客房,而每套客房通常的房价为 86 美元,该公司将全年租用这 40 套客房,因为前来参观的制造人员和营销人员肯定将使用这些客房。

每套租用房每晚的变动成本为 12 美元(包括清洁、洗衣、床单消耗和额外电费等)。

旅馆经理预计本年的入住率为 85%。因此她不愿意签订该合同。如果签订该合同,其余 160 套房的入住率可达 95%。

1. 分别计算签订及不签订合同情况下的总边际贡献。对于假日酒店来说,该合同有利可图吗?

2. 若要总边际贡献在签订和不签订合同的情况下相等,合同规定的最低房价应该是多少?

6-50 特别机票的定价

位于丹佛的边境航空公司为在美国和墨西哥的 39 个城市提供服务。边境公司运营 37 架飞机,其中包括 16 架能容纳 134 位乘客的波音 737-300 喷气式飞机。边境航空公司的运营经理正在考虑是否实施新的折扣价。主要考虑有 134 个座位、载客率为 56% 的 737 飞机,也就是说,该机平均载客 0.56×134 = 75 人。通常费率保证每位旅客每英里收入是 0.12 美元。

假设机票的平均折扣为 40%(有起飞时间和停留时间限制)时会增加 3 个乘客,又假设原先订正常票的 3 个乘客会接受上述限制,从而获得折扣票。

1. 分别计算有折扣和没有折扣的情况下每架飞机每英里的收入。

2. 假设最多只有 50 个座位可给予折扣,而且这些座位都会被坐满。与上一问一样,一些原先订购正常票的乘客愿意接受限制而获得折扣票,若要每英里的总收入在有或没有该折扣计划下都保持不变,应有多少乘客换票?

6-51 产品的选择

古特时尚服饰店在坦帕同既销售专门设计的高端服装,也销售中等价位的女士服装。其利润是不稳定的。他的最高管理层正试图决定要放弃哪一条产品生产线。会计师提供了下列数据:

	每一项目	
	专门设计的	中等价位的
平均销售价格	$240	$150
平均变动费用	120	85
平均边际贡献	$120	65
平均边际贡献率	50%	43%

商店有 8 000 平方英尺的面积。如果只销售中等价位的商品,可以展示 400 件产品;如果只销售专门设计的产品,只有 300 件产品可以展示。而且专门设计的产品的销售周转率只有中等价位产品的 2/3。

1. 分析应该放弃哪种产品。

2. 其他哪些因素可能影响你在要求 1 中的决策。

6-52 单位成本分析

家用电器公司生产小家电,如电动开罐器、烤箱、食品搅拌机和熨斗。销售旺季就要到了,总裁正在考虑是要生产更多的标准开罐器,还是要生产特制的开罐器。特制的开罐器

具有内置刀片、抛光器和更高质量的电动机。单位数据如下:

	产品	
	标准的	特制的
销售价格	$28	$38
直接材料	$8	13
直接人工	2	1
变动制造费用	4	6
固定制造费用	6	9
总销售成本	$20	$29
单位毛利	$8	$9

销售前景是十分振奋人心的。工厂要满负荷运转来生产一种或两种产品,标准产品和特制产品由相同的部门生产。此决策不会影响销售和管理费用,所以它们的影响可以忽略。

许多部门使用自动设备生产。制造费用通过分别计算变动和固定费用的机器小时分配率分配到产品中去。例如,全部固定费用除以全部机器小时得到小时费率。因此,分配到产品中的制造费用数量取决于产品消耗的机器小时。生产1个标准产品需要1个机器小时。

应该生产哪种产品?如果生产两种产品,请指出每种产品的比例。列出计算过程。简要说明你的答案。

6-53 现有设备的使用

瓦胡(Oahu)音响公司生产电子部件,它们既可以直接出售,也可以继续加工为多种复杂电子设备的"嵌入式"装置。所有的部件均可以以每件2.20美元的市场价格销售。3年来,"嵌入式"装置的销售价格为5.70美元。

珍妮特·欧是公司的销售副总裁,她对市场和成本进行了分析。她认为当价格跌到每件4.70美元时,"嵌入式"装置的生产就应该全部停止。然而,在目前5.30美元的价格下,全部可用的生产能力应该用于"嵌入式"装置,她引用了下表的数字。

	部件	
销售价格(扣除相关销售成本后)		$2.20
直接材料	$1.10	
直接人工	0.30	
制造费用	0.60	
单位成本		2.00
经营利润		$0.20
	嵌入式装置	
销售单价(扣除相关销售成本后)		$5.30
部件的转入变动成本	$1.40	
增加的直接材料	1.45	
直接人工	0.45	
制造费用	1.20*	
单位成本		4.50
经营利润		$0.80

* 制造和测试"嵌入式"装置的额外过程所需要的费用。

直接材料和直接人工成本是变动的。制造费用总额是固定的,将其分配到产品中的方法是：预计来年的制造费用总额，并把这一总额除以可使用的生产能力总时数。

可使用的生产能力总时数为 600 000，1 小时可以生产 60 个装置，而生产 60 个"嵌入式"装置还需要额外的 2 小时来生产和测试。

1. 如果来年"嵌入式"装置的价格为 5.30 美元，部件的销售是否应该停止并将全部设备用于生产"嵌入式"装置？列出计算过程。

2. 为销售副总裁编制一份报告，表明"嵌入式"装置可以接受的最低价格。

3. 假如对加工和测试时间而言，有 40% 的制造费用是变动的。重新计算要求 1 和要求 2。你的答案有变化吗？如果有，如何变化？

6-54　联合成本和增量分析

巴黎的杰奎琳公司是一家高档妇女服饰生产商，正准备营销在下季销售的一款新式女装。杰奎琳公司向欧洲和美国的零售商供应服装。

一件服装需要 4 码的完整布料，裁减之后余下的布料可以作为剩料出售。剩料也可以用于生产披肩和手提包。但如果将剩料用于生产披肩和手提包，在裁减时就需要更多的心思，裁减成本也将增加。

如果没有配套的披肩和手提包，公司预计可以售出 1 250 套成衣。市场调查显示，如果有配套的披肩和手提包，成衣销售就可增加 20%。但调查显示，披肩和手提包不能单独出售，而只能作为成衣的附属品搭配销售。零售商预计的成本，披肩和手提包的销售组合如下：

	占总额的百分比
整套的成衣、披肩和手提包	70%
成衣和披肩	6%
成衣和手提包	15%
成衣	9%
合计	100%

成衣材料成本是每码 80 欧元，或每套 320 欧元。如果不生产披肩和手提包，裁减成本估计为每件 100 欧元，每套成衣的剩料可以以 28 欧元的价格出售。如果生产披肩和手提包，每套成衣要增加裁减成本 30 欧元。如果按照定额生产披肩和手提包，则不再有剩料可以出售。上述产品的售价及裁剪完毕之后的成本如下：

	单位售价	完工的单位成本（不含材料成本和裁减成本）
成衣	€1 050	€400
披肩	140	100
手提包	50	30

1. 如果杰奎琳公司在生产成衣的同时生产披肩和手提包，请计算增量利润或损失。
2. 找出所有可能影响管理者关于配套披肩和手提包生产决策的非定量因素。

6-55　联产品：销售或继续加工

西方公司在一个处理烟叶的联合生产过程中，产生了两种产品——雪茄和嚼烟。生产过程的联合成本为 60 000 美元，能产出 2 000 磅雪茄和 4 000 磅嚼烟。雪茄可以以每磅 80

美元的价格出售；而嚼烟则可以以每磅 20 美元的价格出售。雪茄需要 80 000 美元的可分离成本，而嚼烟则需要 50 000 美元的可分离成本。嚼烟可以被继续加工（用 30 000 美元额外的可分离成本）成为薄荷味嚼烟，并可以以 30 美元每磅的价格出售。

1. 西方公司是否应该将嚼烟加工成特制嚼烟？

2.（a）在不将嚼烟进一步加工成特制嚼烟是较好选择的情况下，联合成本最多能增加多少？

（b）在不将联合成本的烟叶加工成雪茄和特制嚼烟是较好选择的条件下，联合成本最多能增加多少？

6-56　相关成本

德布拉西尼公司某产品在计划每月 10 000 件的产量水平上的单位制造和销售成本如下：

制造成本	
直接材料	$4.20
直接人工	0.60
变动间接费用	0.70
固定间接费用	0.80
销售费用	
变动	3.20
固定	1.10

下面四个问题彼此无联系，且均不考虑所得税。

1. 在每件 12 美元的售价水平上，计算计划的年经营利润。

2. 如果售价降至 11 美元时销量增加 20%，请计算预计年经营利润。假设暗含的成本性态是正确的。

3. 公司希望获得外国客户一份订量为 50 000 件的订单，该订单的变动销售费用比通常情况少 40%，但获得订单将花费固定成本 6 000 美元，且国内销售不受影响。请计算保本点的最小单位售价。

4. 公司上年年末有存货 2 000 件，它们必须通过正常销售渠道降价销售，否则将一文不值。在确定这 2 000 件产品的最低售价时，哪种单位成本是相关的？

6-57　新机器

一台新机器的原始价值为 300 000 美元，预计使用年限为 5 年，期末无残值；它每年可生产 40 000 件产品，每件产品的变动成本为 4 美元。旧机器的账面价值为 100 000 美元，生产每件产品的变动成本是 6.50 美元，用直线折旧法每年提取的折旧额是 20 000 美元，期末残值为 0。由于是高度专业化的设备，因此现时处置价值也为 0。

新机器的销售人员编制了以下比较表：

	新机器	旧机器
产量	40 000	40 000
变动成本	$160 000	$260 000
直线法折旧	60 000	20 000
总成本	$220 000	$280 000
单位成本	$5.50	$7.00

他说:"新机器显然是值得购买的,因为每生产一单位产品,你可以节约1.50美元。"

1. 你同意销售人员的说法吗?如果不同意,你如何纠正他的话?请详细阐述,忽略所得税的影响。

2. 如果年产量是 20 000 件,请分析总成本和单位成本的差量成本。

3. 在多高的年产量水平上,新机器与旧机器的总相关成本是相等的?

6-58 概念性方法

一家大型汽车零部件公司是4年前在宾夕法尼亚洲成立的,有两家铁路公司为其提供服务。为满足新工厂的运输要求,PC 铁路公司因为新厂房造成的运输距离而购买了40 节 60 英尺的专用货车车厢。该投资的估计受益年限为20 年。

现在另一家铁路公司提出用新 86 英尺的货车车厢为公司服务,这将使公司的运输业务变得更有效率。汽车零部件公司威胁说,如果 PC 铁路公司不购置 10 节 86 英尺的新车厢,就将更换承运商。

PC 公司市场管理部希望购置新车厢,但经营管理部却说:"新投资项目是不好的。它意味着新的现金支出,又意味着旧车厢的损失。因为如果旧车厢无法按最初设想的那样被使用,它的价值将被削减到一个较低的水平。"

评价这段话。在本决策的定量分析中,何种概念方法是正确的?

6-59 旧设备的账面价值

考虑以下数据:

	旧设备	新设备
原始成本	$24 000	$12 000
可使用年限	8	3
已使用年限	5	0
剩余使用年限	3	3
累计折旧	$15 000	0
账面价值	9 000	*
现时处置价值(现金)	2 000	*
年付现运营成本(保养、电力、修理、润滑等)	$10 000	$6 000

* 尚未实现。

1. 为今后3年的所有相关项目编制成本比较表,不考虑所得税。

2. 编制包括相关项目和不相关项目的成本比较表(参见表6-5)。

3. 编制第1年与收入相对的总费用的比较表。管理者会倾向于购买新设备吗?请解释。

6-60 决策和业绩模型

参见问题 6-A4。

1. 假设最高管理层青睐对不同方案连续 3 年的累计财富（累计财富指现金累计增加额）进行比较的"决策模型"，哪种方案会被选中？为什么？

2. 如果对下级单位，如一个分部，进行考核的"业绩评价模型"强调每年净利润指标而非各个项目的情况，你认为经理们会选择哪种方案？为什么？

3. 假设定量数据依旧，但"企业"变成了"城市"，"机器"变成了财政部门的计算机，那么你对上述两题的答案会改变吗？为什么？

6-61 对相关成本的评价

从 20 世纪 60 年代的早期起，耐尔·西蒙就已经是百老汇最著名的剧作家之一了。《纽约时报》曾报道，耐尔·西蒙打算在百老汇之外上演他的戏剧《伦敦套房》(*London Suite*)。这是为什么呢？因为财务上的原因。制作人伊曼纽尔·阿森伯格预测在戏剧开演前会发生的成本如下：

	在百老汇	不在百老汇
道具、服饰、灯光	$357 000	$87 000
布景费用（如楼房等）	175 000	8 000
彩排人员工资	102 000	63 000
导演和设计师费用	126 000	61 000
广告费	300 000	121 000
管理费	235 000	100 000
合计	$1 295 000	$440 000

百老汇的平均票价是 60 美元，戏院每场可容纳 1 000 名观众。在百老汇之外，平均票价为 40 美元，戏院座位只有 500 个。无论在哪里上演，每部戏通常每周可上演 8 次。在百老汇之外平均每周经营费用是 102 000 美元，而在百老汇这个数字将增加 150 000 美元，达到 252 000 美元。

1. 假设无论在哪里上演，每场戏都有 400 人观看。试比较在百老汇上演和不在百老汇上演一周的财务结果。

2. 假设无论在哪里上演上座率都是 75%，试比较在百老汇上演和不在百老汇上演一周的财务结果。

3. 分别计算(a) 在百老汇上演，和(b) 不在百老汇上演时，每场戏恰能回收每周经营费用的上座水平。

4. 假设每场戏在百老汇上演时的平均上座水平是 600 人，不在百老会上演时平均上座水平是 400 人，请计算(a) 在百老汇上演，和(b) 不在百老汇上演时，26 周巡演能获得的净利润。注意包括上演前成本。

5. 假设巡演 100 周，重新计算要求 4。

6. 使用要求 4 和要求 5 的上座数据，计算：(a) 在百老汇演出达到盈亏平衡点需要上演的周数；(b) 在百老汇之外演出欲达到盈亏平衡点需要上演的周数。

7. 使用要求 4 和要求 5 的上座数据，确定当上演的周数为多少时，在百老汇演出获得的利润会超过在百老汇之外演出的所得。

8. 如果你是耐尔·西蒙,你会选择在百老汇还是在百老汇之外上演《伦敦套房》?请解释。

6-62　自制或外购

坦珀公司估计它将生产 30 000 个用于其最终产品的零部件。它现在在内部自制这批零部件,但是它正在考虑将该业务外包。公司现在的内部生产能力能容纳最多 60 000 个该部件。生产部经理对现在公司内部这 60 000 个零部件的生产能力给出了以下信息:

	每单位
直接材料	$3.00
直接人工	4.00
变动间接制造费用	5.00
固定间接制造费用	6.00
总成本	$18.00

6 美元的固定间接制造费用中包括了 1.50 美元的监管该部件生产的人员的工资的分摊。除了能辞退监管人员外,外包并不能减少任何其他固定费用。假设坦珀公司外包该业务,外购价格是每个 12 美元。

1. 坦珀公司应该选择外包吗?
2. 假设坦珀公司收到一张来自阿迪杰公司的特殊订单。阿迪杰公司要求以 23 美元的单价购买 10 000 个该零部件,而且声明只会购买由坦珀公司制造的该零部件。也就是说,阿迪杰只有在坦珀公司亲自制造这些零部件时才会签订该特殊订单。那么,坦珀公司应该接受这份特殊订单吗?

6-63　自制或外购、机会成本、道德

农商食品有限公司生产各类食品及相关产品。公司的番茄罐装业务中的番茄部分来自自己的农场,部分则从其他种植者处购买。

农商农场位于夏普镇的边缘,这是一个中等规模但发展迅速的小城市。农商农场雇用了 55 人,每年出产 800 万磅的番茄。该农场种植番茄的成本数据如下:

变动生产成本	$550 000
固定生产成本	1 200 000
运输成本(变动)	200 000
合计	$1 950 000

固定生产成本包括机器设备的折旧,但不包括土地,因为土地不应提取折旧。农商公司多年前以 600 000 美元购买了土地的所有权。由于它位于工业园区和购物中心,在最近对土地价值的评估中,它的价值已经上升到 180 万美元。

农商公司可从市场上以每磅 0.25 美元的价格购买所需的全部番茄。如果这样,它将卖掉农场,并将停掉在夏普镇的业务。如果出售农场,每年可节约 300 000 美元的固定成本。农商公司可将土地收入用于投资,年报酬率为 10%。

1. 农商公司用于生产番茄的土地每年的成本是多少?
2. 如果关闭农场,农商公司每年可节约多少成本?这一数目与从市场上购买番茄相比,孰多孰少?

3. 关闭农场会牵涉到什么道德问题？

6-64 星巴克公司的过去不相关成本

星巴克公司购买和烘制它的特色产品——高质量的咖啡豆，并主要通过本公司经营的零售商店销售这种咖啡和相关产品。

假设星巴克公司的质量监控经理发现有一批1 000 磅的烘制咖啡豆不符合公司的质量标准。公司政策不允许以星巴克的品牌销售这批咖啡豆，但是可以对它们进行再加工，然后通过星巴克的零售商店出售，也可以不经加工直接在咖啡豆批发市场销售。

假设这批咖啡豆的原始购买价是2 000 美元，烘制成本是1 500 美元，其中包括500 美元的变动成本和1 000 美元的固定成本(主要是设备折旧)。

星巴克的批发价是每磅2.65 美元，由买方负担从工厂到仓库的运输费用。

如果对咖啡豆再加工，由于不需要像新豆一样加工，加工成本只有600 美元。这600 美元都是新增成本，也就是说，若不进行再加工，这些费用都不会发生。经过再加工，咖啡豆以每磅3.75 美元的价格出售给零售商店，而星巴克公司要承担平均每磅0.20 美元的运输费用。

1. 星巴克公司应当以每磅2.65 美元的价格就此出售这批咖啡豆，还是应当对其再加工后通过零售商店出售？为什么？
2. 将上一问中被选中的方案与未被选中的方案进行比较，其额外利润是多少？
3. 在你的分析中哪个成本数据是不相关的？解释它们为什么是不相关的？

案例题

6-65 自制或外购

明尼唐公司决定生产并向批发商出售一类非常成功的滑雪板。公司决定在一年中开展多元化经营，从而使收入更稳定。公司正在考虑生产越野滑雪板。

经过大量研究，越野滑雪板生产线终于开发成功。由于公司管理层当局比较保守，总裁决定今冬只引进一类新型的滑雪板。如果产品经营比较成功，再开始进行其他扩张计划。

被选中的是一种大众化的有特殊绲边的滑雪板，批发价为每副80 美元。由于现有的生产能力可以利用，生产滑雪板无须发生额外的固定费用。滑雪板生产总的固定费用为125 000 美元，其中很大一部分将分配给新产品。

用估计的生产和销售数量10 000 件作为预期产量，会计部门制定的每副滑雪板及绲边的成本数据如下：

直接人工	$35
直接材料	30
间接费用总额	15
合计	$80

明尼唐公司与一家分包商联系，商讨从其购买绲边的事宜。从分包商处购买，每条绲边的价格为5.25 美元，即每副10.50 美元。如果明尼唐公司接受这个购买建议，那么估计直接人工和变动间接费用将减少10%，直接材料成本将减少20%。

1. 明尼唐公司应当自制还是外购绲边？列出支持你答案的计算过程。

2. 明尼唐公司对绲边可承受的最高购买价格是多少？对你的答案进行适当的解释。

3. 调整估计后的销量是 12 500 副，而非 10 000 副。在新的产量水平上，为生产所需的绲边，必须以 10 000 美元的租金租用额外的设备。即使销量增加至 30 000 副（30 000 是第三年的生产目标），上述增量成本也是唯一的新增固定成本。在这种情况下，明尼唐公司应当自制还是外购绲边？列出支持你答案的计算过程。

4. 如果公司选择既自制又外购，你对要求 3 的答案是什么？列出支持你答案的计算过程。

5. 何种非定量因素会影响到明尼唐公司对自制或外购绲边的选择？

6-66 自制或外购

罗尔公司生产产品组件的旧设备磨损很严重，公司正在考虑两种方案：(a) 用新设备彻底更换旧设备；(b) 从可靠的外部供应商处购买该零件，报价是每件 1 美元，每年至少购买 50 000 件，合同期限为 7 年。

过去两年产量均为 60 000 件，未来 7 年每年产品的需求估计在 50 000—70 000 件之间波动。下表是该组件过去两年的单位制造成本：

直接材料	$0.30
直接人工	0.35
变动间接费用	0.10
固定间接费用（包括 0.10 美元的折旧和 0.10 美元的部门直接固定间接费用）	0.25
合计	$1.00

新设备耗资 188 000 美元，使用期为 7 年，期末残值为 20 000 美元。现在旧设备的处置价值为 10 000 美元。

新设备的销售代表将她的立场总结如下：机器运转速度的加快将使单位直接人工成本和单位变动间接费用降低 0.35 美元。过去一年，你们的一个使用相同设备的主要竞争对手的经验显示，在与你们差不多的经营条件下生产 100 000 件产品，单位成本如下：

直接材料	$0.30
直接人工	0.05
变动间接费用	0.05
固定间接费用，包括折旧0.24 美元	0.40
合计	$0.80

在本例中，假设所有闲置设备无其他用途，而罗尔公司组件的单位成本中有 0.05 美元是固定间接费用，它不随决策的变化而改变。

1. 在 60 000 件的年需求量下，公司总裁要求你分别在年总成本和单位成本的基础上作出决策。哪种方法更好？

2. 如果年需求量是 50 000 件，你对第 1 问的答案会改变吗？在什么需求量水平上公司在自制与外购方案之间无差异？列出你的计算过程。

3. 除了上面列出的因素之外，会计人员还应提醒管理人员在决策时注意哪些因素？包括对外部供应商的考虑。

6-67 自制或外购

雷沃公司估计它将为本公司的一个叫做 Fluctotron 的最终产品生产 25 000 个传感器。现在是公司在自制这批传感器，但是公司正在考虑将此业务外包。公司现在的内部生产能力能容纳最多 40 000 个传感器的生产。生产部经理对现在公司内部这 40 000 个传感器的生产能力给出了以下信息：

	每单位
直接材料	$15.00
直接人工	8.00
变动间接制造费用	10.00
固定间接制造费用	11.00
总成本	$44.00

11 美元的固定间接制造费用中包括了 2 美元的监管传感器生产的人员的工资的分摊。除了能辞退监管人员，外包并不能减少任何其他固定费用。假设雷沃公司外包该业务，其外购价格是每个 38 美元。

1. 雷沃公司应该选择外包吗？
2. 假设雷沃公司选择外包该业务，它将有足够的生产能力来生产一种名叫 Scanmeister 的新型光学阅读器。因此也将继续聘用原来的监管人员来监督这一新产品的生产。如果每个 Scanmeister 能产生 15 美元的边际贡献，且公司可以生产 10 000 个 Scanmeister，那么雷沃公司愿意接受的外包生产传感器的最高价格是多少？

合作学习练习

6-68 外包

自制或外购决策中的一个通用名词是"外包"决策。外包的例子很多，从耐克公司几乎将所有生产业务外包，到小企业将工资发放业务外包。尤其常见的是将仓储和计算机系统外包。

本练习的目的在于分享各种外包决策的相关信息。它既可以分小组完成，也可以由整个班级共同完成。每个学生都应当从企业外包决策的文献中选取一篇文章。这样的文章很多，最近一次用电子引擎对企业文献进行的检索就发现了 4 000 篇相关文章。获取所需文章的一个简易办法就是搜索各个有关企业文化的电子数据库。刊登有关外包决策文章的杂志包括：《财富》、《福布斯》、《商业周刊》和《战略财务》。一些报纸的商业版也会刊登此类文章，《华尔街日报》通常每个月都会刊登一些关于外包决策的文章。

1. 尽量列出外包决策的所有细节。包括外包业务的种类、外包业务的规模和提供外包业务的公司的类型。
2. 解释公司为什么决定将该业务外包。如果文章未列明原因，请列举出你认为可能影响决策的因素。
3. 业务外包有哪些不利之处？
4. 准备向同组或全班的其他同学做 3—5 分钟的陈述，陈述内容包括你对前面 3 个问题的回答。

互联网练习　www.prehall.com/horngren

6-69　绿山咖啡公司

企业如何确定何种信息对某一决策是有用的呢？企业是否会拥有过多的信息呢？浏览一下企业互联网网站会给我们提供大量的信息。但对于特定的决策来说，并非所有的信息都是有用的。让我们来考察一下绿山咖啡公司（Green Mountain Coffee Company），看一下网站上的何种信息对特定决策有用。

1. 进入绿山咖啡烘制公司的主页：http://www.greenmountaincoffee.com。用户可通过点击访问详细信息的主题有哪些？如果你点击其他链接，是否能获得同类信息？你认为绿山咖啡公司为什么会为主页选择这些主题？

2. 如果你想了解绿山咖啡公司的财务信息，你应当看网站上的哪个部分？进入该部分中呈现最近几年年报的网址，回答下列问题：公司去年有赢利吗？公司发生的主要费用是什么？公司去年分红了吗？如果对有利可图的股票感兴趣，你是否会投资绿山咖啡公司？

3. 如果想获得有关咖啡的故事及历史，你应当使用哪个链接？现在点击该链接。该页有与咖啡相关的其他链接。那么哪个(些)链接可能提供有助于了解咖啡差异的信息？点击一个你所确认的链接，它提供了何种与咖啡有关的信息？该链接提供了与价格差异有关的信息吗？你认为这是各类咖啡之间的差异吗？

4. 该网站提供了大量有关社会责任的广泛信息。企业专门强调的部分是什么？在判断公司咖啡口味是否良好时，这类信息有用吗？在产品的质量分析时呢？这类信息对绿山咖啡公司的潜在投资者有用吗？

第二部分　计划和控制

- 第 7 章　预算简介和全面预算的编制
- 第 8 章　弹性预算和差异分析
- 第 9 章　管理控制系统和责任会计
- 第 10 章　分权组织中的管理控制

第7章 预算简介和全面预算的编制

学习目标

学习完本章之后,你应该做到:
1. 解释预算如何推动计划和协调;
2. 预计预算可能引起的人际关系问题;
3. 解释预算过程中潜在的不良动机;
4. 解释销售预测的困难所在;
5. 说明全面预算的主要特征和优点;
6. 遵循主要步骤来编制全面预算;
7. 编制经营预算及其附表;
8. 编制财务预算;
9. 使用 Excel 表格编制预算(附录7)。

丽思卡尔顿酒店

如果你曾经旅游过,你就会知道:住在一家便宜的汽车旅馆里和住在一家世界级的五星级宾馆的巨大差别——你也可以想象一下驾驶一辆老福特车和驾驶劳斯莱斯的差别。前者只是满足了你的基本需求,而后者则让你充分地享受了舒适和奢华,迎合了你的一切幻想。住豪华宾馆的经历,会让你觉得非常惊讶。没有人知道是不是丽思卡尔顿酒店(Ritz-Carlton)的管理者们做得更好。毕竟,含义为"豪华并且富有魅力的"英文单词"Ritzy"实际上就是来源于"Ritz"。由于该行业的激烈竞争,丽思卡尔顿酒店的管理者们同样承受了其他经营成功酒店的巨大挑战。

成功地经营一个世界级酒店需要哪些要素呢?良好的地理位置、精美的事物、华贵而个性化的服务以及上佳的质量都是必备的。但是你可能会吃惊地发现,在丽思卡尔顿酒店,预算编制过程也是关系能否成功的一个关键因素。非尼克斯丽思卡尔顿酒店的前总经理拉尔夫·维克说:"预算对我们宾馆最终实现财务成功是至关重要的。"为什么预算如此重要呢?主要是因为预算是指引我们达到目标的地图。预算是管理者们理解、计划、控制企业运营的工具,丽思卡尔顿酒店想给它的管理者们尽可能提供最好的工具,所以它非常认真地实施预算编制过程。

在丽思卡尔顿酒店,所有的员工——从宾馆经理到总会计师,到最新的服务员——都被包括在预算编制过程中。作为一个工作团队,他们为自己可控的费用指定预算目标——这些目标数字不仅对计划有用,而且有利于控制和评价员工业绩——把实际数据与以前预算中的目标数据进行比较,其差额就可作为评价员工业绩的依据。业绩的非财务指标也很重要。丽思卡尔顿酒店的管理者们用质量和顾客满意度等非财务指标与其他财务指标一起来评价和奖励员工。

计划是能否成为一个良好管理者的关键,这句话对于丽思卡尔顿酒店来说无疑是正确的,对于其他类型的组织——小型家族企业、大型公司、政府机构、非营利性组织甚至对于个人而言,它也是正确的。比如说,绝大多数成绩优异的学生为他们的教育筹措资金,按时完成他们的学业,他们之所以能够这样做,是因为他们对自己的时间、工作及娱乐作出了计划:这些学生对他们的稀缺资源进行预算,以实现对时间、金钱及经验的最佳利用。同样,企业主和管理者们需要对他们的资源(原材料、人力资源以及设备等)进行预算,使他们得到最好、最具获利性的应用。预算可以涵盖如此不同的问题:从砂纸打磨一块木头需用多少时间,到公司下一年度将分配多少资金用于研发。公司预算的目标总是从可用资源中获取最大的效益。

在这一章里,我们将讨论预算的作用和益处,并研究全面预算的结构。

每一家丽思卡尔顿酒店都是一种高质量的象征。高质量意味着高成本和高花费,所以在主要的预算过程中,丽思卡尔顿酒店的管理者都要核算为了提高质量必须投入的花费和高质量可能带来的未来收益。

预算和组织

许多人总是把预算这个词和限制花费联系在一起,例如,政府总是批准它的各部门的支出预算,然后期望这些部门把它们的支出控制在预算规定的范围内;相反,大部分商业组织将预算作用于关注公司的运营和财务,而不仅仅是限制支出。预算为公司提供了全面的财政概况,使其可以根据计划来运营公司。预算强调尽早发现潜在的问题和优势,使管理者们可以明智地采取措施来避免这些问题,并利用这些优势。在很多组织中,预算也用来评价业绩。管理者把预算作为一个基准——比较实际业绩与估计或期望业绩的一个标准。最后,预算提供了一个重要的双向沟通渠道——组织中的高层领导可以把决策和期望传达下去,同时下层员工能把实际能力和优势表现出来。

最近的调查显示了预算是多么的有价值。在对北美150多个组织的一项调查显示,预算是使用频率最高的管理成本的工具。它同时也是组织中具有最高价值的工具。一项又一项的研究表明,在成本削减和控制方面,预算是被最广泛使用和评价最高的工具。预算的倡导者甚至宣称,预算编制过程迫使管理者成为一个更好的管理者,并且将计划放在管理者意识的最前面。很多看似健康的企业的最终倒闭,就是因为它们的管理者没能草拟、监控预算以及随环境的变化调整预算。同时,人们总是在争论预算的价值,就如同下面在商业快讯中暗示的那样,绝大多数管理者继续将预算作为行之有效的成本管理工具。

商业快讯

编制预算:价值的驱动者还是破坏者?

最近,编制预算的价值受到一些争议。一些批评家宣称预算编制的过程并不是一个有效的管理成本的工具。他们认为问题主要表现在预算编制过程中的四个方面:(1)过程太耗费时间并且价格昂贵;(2)作为结果的年预算(运营的和财务的)并不准确,因此也不相关,尤其是在那些市场变化频繁且难以预计的行业里;(3)因为预算被用来评价业绩,管理者会调整他们的预算,导致不准确的规划;(4)预算的目的是刺激个人采取行动达到目标,甚至不惜牺牲整个公司的利益。

一些研究表明年预算的编制过程将占据管理者30%的时间。有评估表明福特汽车公司一年要花费120亿美元来编制预算。预算是否会像福特汽车公司那么代价昂贵取决于公司怎样使用它。例如,公司不能够将预算编制和计划经营活动结合起来,或者在面临经济环境变化时一味忽略预算而不是改变预算,那么大笔的花费将是不合理的。相反地,当一个组织能够充分挖掘预算的计划优势,并能根据经济条件的变化对预算做适当的调整时,即使代价昂贵也是完全合适的。

有时候,持怀疑态度的管理者认为,"我没法作出有价值的预算,因为我面临了太多不确定和复杂的因素"。的确,在难以琢磨且复杂的环境中,编制预算很困难,而潜在的利益也往往最大。有了预算,我们可以对变化作出系统的而不是杂乱无章的反应。

如果使用不谨慎,用预算评价业绩会导致一些特殊的问题。当管理者们预料到预算的信息将对他们随后的业绩评价有影响时,他们可能会提供一些不符合事实的计划信息以确保预算目标变得更容易达到。

当管理者们意识到他们的奖励——不是通过直接的奖金计划就是间接的升职或赞赏——和达到目标紧密相关时,他们就有了动机去采取行动完成目标。这样会导致一些缺乏职业道德的行为,比如做假账或者向员工施加不适当的压力,采取一切可能的方法来达到目标。例如,几年前的安然公司(Enron)和其他的能源公司记录可疑的能源合同销售。美国第二大长途电话营运商 WorldCom 公司把支出作为资本投资,减少了总支出。就在近期,美国联邦房产企业监管办公室(OFHEO)主任谴责了美国房利美公司(Fannie Mae)——房屋抵押巨头——傲慢自大、缺乏职业道德的公司文化。美国联邦房产企业监管办公室的一份报告列举了这家公司的公司文化——当会计准则妨碍管理者达到与奖金挂钩的赢利目标时,公司允许他们无视会计准则。在其他案例中,管理者们为了达到预算销售目标而不惜运送次品或未完工产品,尽管这种做法在未来对公司产生的不利影响将大大超出现在的任何利益。

当公司舍弃传统预算编制方法而采用新的方法时,它们会遇到问题吗?不会。相反,它们会修改预算编制的方法。根据同等职位人员和经营中的佼佼者的实际表现,以及把计划预算从控制预算中分离出来,现在一些公司把他们的预算和基准(benchmark)相结合,从而和行业标杆中的实际表现相比较。许多公司想尽办法把他们的预算编制过程和公司整体战略更紧密地结合起来,拓展了业绩评价方法,不仅仅局限于传统的财务方法,也考虑了非财务标准,比如销售新产品或开拓新业务所需的时间。

大部分管理者仍然赞同正确的预算编制对管理者有着重要的价值。最近,一项对超过 150 个北美组织的调查显示,大于 92% 的公司使用预算编制,名列三大成本管理工具之一。

Allstate, Owens Corning, Sprint, Abtelle, Taxaco 等公司使用新科技来更改其预算编制方法。比如,在 Battelle 公司的太平洋西北国家实验室里,人们使用企业内部互联网来减少开发年预算的时间和金钱。这个新的系统使得员工可以用公司内部互联网来输入预算数据和计划,公司的中心计划员工不再需要更新数据和大量预算编制过程中的变化。Battelle 公司的管理者说:"预算编制、报告以及分析都变得质量更高而且更准确了。"

资料来源:Adapted from R. Banham, "Better Budgets" *Journal of Accountancy*, February 2000, pp. 37—40; J. Hope and R. Fraser, "Who Needs Budgets?" *Harvard Business Review*, February 2003, pp. 108—115; P. Smith, C. Goranson, and M. Astley, "Intranet Budgeting," *Strategic Finance*, May 2003, pp. 30—33; T. Hatch and W. Stratton, "Scorecarding in North Amercia:Who is Doing What?" paper presented at the CAM-I/CMS 3rd quarter meeting, Portland, Oregon, Septermber 10, 2002; M. Jensen, "Corporate Budgeting Is Broken, Let's Fix It," *Harvard Business Review*, November 2001, pp. 94—101; M. Jensen, "Paying People to Lie: the Truth About the Budgeting Process," *European Financial Management*, Vol. 9 No. 3 (2003), pp. 379—406; and "Fannie Mae Ex-Officials May Face Legal Action over Accounting," *The Wall Street Journal*, May 24, 2006, p. A1.

预算的优点

在第 1 章里,我们把预算定义为作业计划的可衡量表达方式。有时候计划是非书面的,这样的计划对小型组织也许适用,但随着企业的成长,非正式的、临时的计划就不够了。一个更加正式的计划——预算系统——就成为必需的了。

> **目 的 1**
> 解释预算如何推动计划和协调。

预算编制是阐明一个组织的规划的过程。规划、评估和沟通的获益——这些最重要的部分——取决于有效的预算编制过程,它使得雇员可以参与到组织中的各个层面。

有效预算编制的主要四大优点是:

1. 预算编制为管理者提供机会去重新评估已经发生的作业和可能发生的新作业;
2. 预算编制通过明确管理者们在计划中所负的责任而强迫他们往前看;
3. 预算编制帮助管理者们在组织中客观沟通,协调行动;
4. 预算编制提供了一个基准(benchmark),用来评判以后的业绩。

让我们来仔细看看每一个优点。

评估经营活动 预算编制代表性地把组织中当前的经营活动作为计划的起点,但是现在管理者们正在多样化地使用这个起点。

> **零基预算法(zero-base budget):** 它要求审查每项经营活动的花费,包括持续经营活动。

在某些组织中,有一个极端——预算过程自动地假设在新的预算期间的经营活动将和先前阶段完全相同。而另一个极端是一些组织使用一种**零基预算法(zero-base budget)**——在一开始假设现在的经营活动将不会自动地持续下去。零基这个词来自一个最基本的假设——每项活动的预算从零开始,管理者们在每个新预算中必须审查任何非零支出(包括已经发生活动的持续)。

实际上,大部分组织的预算编制都在这两个极端之间。一个有效的预算编制过程将促使管理者们仔细考虑是否继续现在的经营活动和方法,是否有机会来调整经营活动,是否需要加入新的活动来帮助组织在多变的环境中更好地达到目标。用这种方法,预算编制促使管理者回顾是否一个特定的计划在公司的众多活动中最佳分配了资源。

计划的确定 预算编制迫使管理者花费时间去做计划。经常发生的情况是,管理者忙于每天的工作,平息一场又一场生意上的冲突,没有时间考虑明天的问题。在日常压力下,计划被放在次要的位置或基本被忽略了。

用这种"过一天算一天"的方式管理组织,存在的问题是管理者没有充分的时间去对未来作出计划。为了编制一份预算,管理者首先应设定目标和目的,然后制定策略来帮助他们达到目标。目标是目的地,预算是指引我们到达目的地的地图。没有目标和目的,公司经营将缺乏方向,问题将无法事先预测,事后也难以对结果作出解释。预算编制过程确定了预期和为情况变化做准备的必要性。

沟通和协作 预算编制过程可以由上而下,也可以由下而上,但是最有效的预算编制过程使从上至下及从下至上的交流都得以实现。总经理在他的预算指令中明确组织的目标和目的,员工和低层管理者提供他们自己的想法、意见并且有机会对目标和目的进行反馈。有效的预算编制可以推动对未来机遇和问题的双向交流。

预算还可以帮助管理者协调目标。例如,预算迫使采购人员将他们的计划与生产需求相结合,而生产经理用销售预算和运输日程表来帮助他们对所需员工及运输工具作出预计和计划。类似地,财务人员用销售预算和购货单等来预测公司的现金需求。因此,编制预算迫使管理者们去设想本部门活动与其他部门乃至整个公司的关系。

业绩评价 一般来说,简单地和过去的业绩相比,预算的业绩和目标是判别实际结果的一个更好的依据。将公司今年 1 亿美元的销售额与去年 8 000 万美元的销售额相比,难以表明公司是否有效率,也难以表明公司是否达到了目标——今年的销售额可能本应是 1.1 亿美元。用历史结果来判断现在业绩的主要障碍是:在过去的业绩中可能隐藏着效率低下,经济状况、技术、竞争状况、人事和其他因素的变化,也会使与过去对比的有用性受到限制。

管理决策练习

Level 3 通讯公司将其业务战略集中于"为服务器厂商提供具有一定宽带的、不断升级的国际 IP 基础设施"。由于经济状况的不景气和公司重新配置的影响,该公司遭受了许多年的经营亏损。公司 2005 年年报中提到:"许多公司请求破产保护和来自其他通讯公司的额外竞争不断加速了经营环境的艰难性和竞争性。我公司不指望经营环境会有什么显著改善,除非行业进一步整合或需求加速。"该公司持续经营的亏损额从 2001 年的 49.78 亿美元下降到 2003 年的 7.11 亿美元,2005 年实际亏损额为 6.38 亿美元。假设公司 2005 年预算亏损额为 0,评价 2005 年的经营业绩。

答案:

把 2005 年 Level 3 的业绩和 2003 年相比,可以看到业绩有了提升。2005 年的亏损比 2003 年同期减少了 0.73 亿美元(同 2001 年相比减少 43.4 亿美元)。然而,如果公司在 2005 年预算亏损额为 0,那么情况的改善将大大少于预期——比预算多了 6.38 亿美元。在这种情况下,将实际情况和预算相比,而不是和过去的结果相比,就能更好地说明 Level 3 是否达到了预期目标。

实施预算的潜在问题

之前描述的预算编制的优势会因为一些和预算相关的问题而受到限制。在这部分,我们将讨论使实施预算复杂化的三个问题:

1. 在预算编制过程中的参与度不够,缺乏对最终预算的责任承担。
2. 编制预算过程中有说谎和欺骗的动机。
3. 难以获得准确的预期销售数据。

参与预算和承担责任

只有当整个组织中的雇员参与预算编制的过程并且为最后的预算尽责,预算的优势才会完全体现出来。高管理层的态度在很大程度上影响了低层员工和管理者对预算的态度。如果高管理层在控制经营和适应变化中没有有效地运用预算,其他人会认为预算编制是不相干的。甚至在高管理层的影响下,预算和执行预算的管理者之间可能产生抵触。

> **目 的 2**
> 预期预算可能引起的人际关系问题。

有时候,低层的管理者会对预算有消极情绪,因为他们觉得预算的基本目的就是限制花费。当会计体系强调实际支出超过计划支出的时候,那些确实出现这种情况的管理者的消极态度甚至还会增加。要减少这些消极态度,并同时改善计划决策的质量,有一个方法就是确保所有层次的管理者们都加入到编制预算中来。当所有相关员工都积极参与进来时,预算就完成了。这种预算被称为**参与性预算编制(participative budgeting)**——往往比强加在下属头上的编制预算更有效。例如,丽思卡尔顿酒店的预算编制系统包括了所有的酒店员工,因此这是一个参与性的系统。在丽思卡尔顿酒店,雇员参与编制预算是如此重要以至于在公司的各个层面,有自主权的员工团队都能在实际工作中根据预算调整自己的行为。

> **参与性预算编制(participative budgeting)**:所有相关员工都积极参与编制预算。

另一个否定预算优势的问题是,如果预算强调某一业绩目标,而员工和管理者却因不同的业绩衡量手段来得到奖励,就可能抵消预算的一些益处。比如,预算可能更关注生产的当期生产成本,但是公司却根据生产质量(次品率)和向客户运送产品的效率(及时率)来嘉奖管理者和员工。这两方面的业绩评价标准将发生直接冲突,因为提高质量和递送效率尤其需要更多的生产成本。因此,预算系统所传达的信息(使生产成本最小化)可能会和薪酬体系的动机(质量最优化和效率及时化)相背离。公司必须权衡成本和质量两者之间哪个更重要,从而作出选择。

我们无法不强调对预算的态度的重要性。很多时候,高管理层和会计师过度关注于预算技巧,却忽略了这样一个事实——任何预算系统的有效运作直接取决于相关管理者和雇员是否理解并接受了该预算。管理应该追求这样一个境界——信息真正地双向交流、畅通无阻以及雇员和低层管理者相信他们的贡献对预算结果确实有作用。会计师和高层管理者必须强调预算之于计划和沟通的重要性,要证明预算可以帮助每一个管理者和员工达到更好的结果。只有这样,预算才能积极帮助、激励所有员工共同努力、设定目标、准确评价结果并且关注那些需要进一步研究的地方。

说谎和欺骗的动机

有效的预算为管理者提供了经营的目标,激励他们去达到组织的目标。然而,错误地使用预算可能导致不必要的动机——

> **目 的 3**
> 解释预算过程中潜在的不良动机。

如 Michael Jensen 教授所说的说谎和欺骗的动机。这样的动机不仅会导致管理者作出错误的选择，也会导致他们难以维持高水平的职业道德标准。

首先我们来分析动机之一——说谎。当预算编制过程为管理者创造了动机去修改其中的信息时，谎言就形成了。究竟是什么导致管理者去编制有偏向性的预算——即对他们的计划作假呢？管理者可能想要增加分配到他们部门的资源——包括空间、设备和人力，因而更多的预算可以达到这一目的。为什么管理者想要更多的资源呢？首先，增加了资源，每天的管理工作就更容易了，因为这样的话，部门就能够更容易地达到产出目标。更重要的是，增加的资源能使得管理者获得更高的薪酬。那些拥有较多团队的管理者——他们拥有更多的资源去得到更高的薪酬和职位以及更好的提升机会。一旦组织认识到这点，就会通过使偏差最小化的办法来实施预算。例如，当雇员了解、接受和参与到预算编制中去时，他们就不太可能提供有偏向性的信息。其次，在根据预算信息作出决策时，决策者可以对这些预期中的偏差提高警惕。

额外的谎言来自组织是把预算作为业绩评价的目标。这可能导致管理者产生**预算松弛（budget slack）**或**预算虚报（budget padding）**——即夸大预算成本或少报预算收入来创造可以轻易达到的预算利润。

> **预算松弛（budget slack）**或**预算虚报（budget padding）**：夸大预算成本或少报预算收入来创造可以轻易达到的预算目标。

预算松弛也帮助管理者缓冲来自较高管理层的预算削减的冲击，给未来不可遇见的成本增长和收入锐减问题提供了保护。可是它同时导致了一种博弈行为：低层管理者谎报预算收入和成本制造了预算松弛，而高管理层却在想方设法地纠正这种偏差。当低管理层意识到这种修正，便加入额外的偏差信息来弥补由高管理层的纠正行为导致的损失。长此以往，预算编制的过程将进入一种恶性循环——谎报和纠正不断增加，最终使预算失去控制并毫无价值可言。

现在我们加入另外一个复杂情况——基于预算编制的奖金。假设一个经理年薪100 000 美元，如果她的部门达到预算利润目标的80%—120%，那么她也可以得到相应目标奖金的80%—120%，如图7-1 所示。

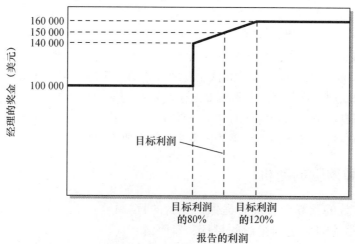

图 7-1　奖金与利润水平挂钩

这个例子体现了实际工作中经常遇到的奖金问题,在部门预计利润的最低值以下就没有奖金可拿(任何利润只要低于预算利润的80%,奖金就从40 000美元跌至0),在部门利润的最高值以上,最高奖金也封顶(高于预算利润的120%,奖金就固定在60 000美元)。我们首先应该认识到这样的体系有时能够创造出恰到好处的激励,鼓励员工更加努力,更加有效率地工作和完成预期目标。但是假设尽管管理者尽了最大的努力,结果实际利润还是低于预算利润的80%(如图7-1所示),这样会给管理者带来怎样的负面影响呢?

管理者首先产生了这样的动机——把目标利润设定得稍微低些,就如同我们先前讨论的原因那样而制造了预算松弛。预算越是松弛,达到目标利润也就更容易,管理者也就有更多的机会拿到奖金。另一个欺骗的动机是——使结果比实际上的更好或更坏。当这个部门的利润将要低于目标利润80%的时候,管理者就迫切地想通过欺骗来弥补,使得报告中的利润小幅增加,奖金却大幅攀升。

还有一种极端的行为就是作假账——报告虚假的利润数字。部门经理可能通过捏造销售或遗漏成本来达到这一目的。例如,几年前的安然公司和其他的能源公司都记录了一些可疑的能源销售合同。美国第二大长途电话营运商——WorldCom公司把支出作为资本投资,减少了总支出。这样的行为严重违反了职业道德和法律,但是有时,达到目标利润的压力实在太大了,迫使管理者们只能铤而走险。

管理者可以选择不那么极端的方式,运用短期决策来增加公司的利润,却牺牲了公司的长期利益。他们可以通过给顾客折扣来增加短期销售额,导致顾客增加购买量——即把未来的需求量提前,或者提供更好的信用贷款条件,这将增加未来的信用危机,公司必将为此付出巨大的代价。有的管理者还会任意减少支出,比如研发费用、广告费,把未来的销售换成现在的利润等。一句话,他们为了拿到奖金而欺骗了整个公司和全体股东。

我们同样也要考虑到企图减少利润的动机——当管理者看到实际利润将要超过目标利润的120%时(如图7-1所示),或者当实际利润远小于目标的80%而不可能拿到奖金的时候。管理者们可以鼓励顾客把销售递延到下一年度,从而减少现阶段销售额,有效地把现在的收入转移到了未来。他们也可以加速费用的注销,把未来阶段的费用提前作为现在的费用支出。为什么管理者会想减少当前的利润呢?其一,把当前销售转移到将来或者把未来费用提前到当前可以增加下一年的收入,确保了明年比今年更高的利润水平(意味着明年有更高的奖金);其二,通过减少今年的利润,管理者避免了下一年本应逐步增加的业绩期望,也避免了下一年要达成更高的利润目标。

也许这些说谎和欺骗的动机还有更值得深思的地方,因为他们制造了一种公司文化——缺乏职业道德的行为和对预算编制过程的蔑视。当管理者知道预算和业绩评价为员工创造了机会——可以提供错误信息和可疑决定,不仅信息的质量会遭到质疑,整个组织中都将蔓延着一种缺乏信任的气氛。

怎样才能避免预算系统中不必要的动机呢?主要方法是嘉奖优秀的预算预期和业绩来避免编制预算中的谎言。如果管理者对他们的预算负责,而高层也认真地对待预算编制,那么对管理者来说好的计划和好的业绩将同样重要,准确的预算也就自然而然地产生了。要避免业绩评价中的问题,必须避免和业绩挂钩的薪酬计划的不连续性。正如图7-1中所示,管理者的奖金额是跳跃式的——即不连续的,在80%的目标利润以下,奖金就没有了,在奖金的最高额处也是如此。这种不连续性会导致管理者产生要转移两个阶段的利润的动机。理想化的是在整个业绩期间,奖金和管理层的薪酬应随着业绩的增加而不断地提高,这样对利润的小改动将不会对薪金有什么巨大的影响,那么谎言也就没有什么意义了。

难以获得准确的销售预测

第三个限制预算优势的问题在于难以获取准确的销售预测。销售预算是预算编制的基础。为什么呢？因为预算的所有组成部分的准确性都取决于销售预算的准确(以美元、数量和混合单位计量)。在丽思卡尔顿酒店,销售预算的编制过程涉及客房入住率、团体活动、宴会以及其他一些活动。高层管理者先设定销售目标,然后由各个部门的员工提供他们自己的数据。一旦所有人都认同了这个销售预测,管理者就会根据它来编制月度部门预算。

> **目 的 4**
> 解释销售预测的困难所在。

你可能察觉到在丽思卡尔顿的预算编制中,销售预算完全取决于销售预测。要注意销售预算和销售预测是不同的概念。**销售预测(sales forecast)** 是给定条件下的销售额预计。**销售预算(sales budget)** 则是详细和精确的预测,是一项决策的结果,这项决策创造条件来实现某一特定的销售水平。例如,你可能在各种广告水平下进行销售预测,你决定实施的那个预测水平就变成了销售预算。

> **销售预测(sales forecast)**：根据给定条件来预测销售。

> **销售预算(sales budget)**：创造条件来实现某一特定的期望销售水平。

销售预测一般在高层销售经理的指导下进行。销售预测人要考虑的重要因素包括：

1. 过去的销售模式:过去的销售经验跟按产品种类、地理环境、顾客类型划分的详细销售情况结合起来,能够帮助预测今后的销售水平。
2. 销售部门的预计:公司的销售部门是有关顾客需要和计划的信息的最好来源。
3. 总体经济状况:财政部门会定期发布许多经济指标的预测,如国内生产总值(GDP)和工业生产指数(Industrial Production Indexes)。了解销售和这些指标的关系,有助于预测销售额。
4. 竞争对手的行为:销售取决于竞争对手的能力和行为。为了预测销售额,公司应考虑竞争对手可能的战略与反应,比如它们在价格、产品质量或服务等方面出现的变化。
5. 公司价格的变化:销售量可以通过降价来增加或因提价而降低。公司应该考虑价格变化对销售者需求的影响(见第5章)。
6. 产品组合的变动:产品组合的变动通常不仅会影响销售量,而且会影响到整体边际贡献水平。确定最有利可图的产品并找出提高其销量的方法,是成功管理的关键。

7. 市场调查研究:一些公司雇用市场专家来收集市场信息和消费者偏好的信息——这类信息对管理者们进行销售预测、决定产品组合是非常有用的。

8. 广告和促销计划:广告和其他促销成本可以影响销售水平,销售预测应在对促销活动的预计影响的基础上作出。

销售预测通常需要结合各种技术。除销售人员的意见外,对销售总额和经济指数(由经济学家及市场调查人员来制定)之间关系的统计分析也能够提供有价值的帮助;部门经理的意见对最终的销售预测也有很大影响;最后,无论在预测中使用了多少技术专家,编制销售预算仍是相关部门管理者的责任。相关部门管理者全身心地投入销售预算编制中,将使预算目标更容易达到。

政府和其他非营利性组织也面临着类似的销售预测问题,例如,城市收入的预算取决于多种因素,如预计财产税、交通罚款、停车费、执照费和城市收入税;反过来,财产税取决于新建工程的规模,在大多数地方,它还取决于不动产价值上升的幅度。因此,市政预算所需的预测,可能与私营企业所需的预测一样复杂。

公司越来越多地使用更正规的过程来预测销售。尽管本书没有详细讨论编制销售预算的方法,但无论怎样强调准确销售预测的重要性都不过分。

预算的类型

企业中使用的预算有不同的类型,其中最富前瞻性的是**战略计划(strategic plan)**,即设置组织整体性目标和目的的计划。尽管战略计划没有具体的预算期,也不编制预计的财务报表,但战略计划带来了**长期计划(long-range planning)**,长期计划制定5—10年的预计财务报表,这些报表是管理层希望看到的企业未来财务报表的预测。长期计划中作出的决策包括增加和削减生产线、设计并建设新厂、购买厂房和设备及其他长期任务。长期计划与**资本预算(capital budget)**相协调。资本预算是对设施、设备、新产品和其他长期投资作出的详细预算。短期计划和预算则指导企业的日常经营。

> **目 的 5**
> 解释全面预算中的主要特点和优点。

> **战略计划(strategic plan)**:设置组织整体性目标和目的的计划。

> **长期计划(long-range planning)**:制定5—10年的预计财务报表。

> **资本预算(capital budget)**:对设施、设备、新产品和其他长期投资作出的详细预算。

只关注短期预算的管理者们很快就会忽略长期目标,同样,只关注长期预算的管理者们可能会对日常事物处置不当。因此,必须有一个可以让管理者们在关注短期预算的同时可以兼顾长期预算的媒介。

全面预算结合了短期计划和长期预算。**全面预算(master budget)** 是对长期计划的第一年进行的更广泛、更详细的分析。全面预算汇总组织中的子单位——销售、生产、配送及财务——的业务计划。它为销售、成本动因作业、采购、生产、净收益、现金状况及其他管理对象确定量化的目标。这些数量以预计财务报表和详细经营日程表的形式表现出来——这些日程表所提供的信息对于真实的财务报表而言是非常详细的。因此,全面预算是一种包括一整套详细经营日程表和预计财务报表的阶段性经营计划,它包括对销售、费用、资产负债和现金收支的预测。

> **全面预算(master budget)**:对长期计划第一年的详细分析。总结了组织中所有部门的计划活动情况。

全面预算会包括整年12个月度的预算或者仅仅第一季度的月度预算和后三个季度的季度预算。**滚动预算(continuous budget)** 是全面预算中的常见形式,即在本月结束时增添一个月的预算,因此预算成为不断滚动的而非周期性的过程。滚动预算迫使管理者们总是考虑未来的一整个年度,而不是仅仅关注于一个固定预算周期的剩余月份。

> **滚动预算(continuous budget)**:全面预算中的常见形式,在本月结束时添加一个月的预算。

全面预算的组成部分

全面预算中最主要的部分,是经营预算和财务预算。**经营预算(operating budget)** 有时也称为利润计划(profit plan),着重于损益表及其附表或者费用预算及其附表(当没有销售收入时)。相反,**财务预算(financial budget)** 着重于经营预算和其他计划(如资本预算和债务的偿还)对现金的影响。

> **经营预算(利润计划)(operating budget)**:全面预算的主要部分,着重于损益表及其附表。

> **财务预算(financial budget)**:着重于经营预算和其他计划(如资本预算和债务偿还)对现金的影响。

不同组织使用不同的名词来描述分类预算表,然而,大多数全面预算都有其共同的要素——一般非制造业企业的全面预算有以下几个组成部分(图7-2):

A. 经营预算
　1. 销售预算
　2. 采购和销售成本预算
　3. 经营费用预算
　4. 预算损益表
B. 财务预算
　1. 资本预算
　2. 现金预算
　3. 预算资产负债表

其他公司根据他们经营的实质添加或者采用了这些组成部分。例如,制造业企业还要编制原材料、在造过程、期末存货预算和其他各种资源活动(如人工、材料和工厂

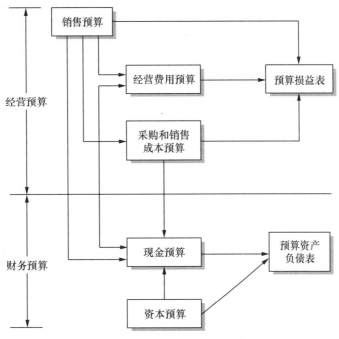

图 7-2 全面预算的组成部分

间接费用)。类似地,一个咨询公司可能根据其经营费用预算采用了最基本的费用——咨询薪金。除了全面预算,还有各种特殊预算及其相关报告。例如,一个报告可能详细说明了如何在某一个预算期内提高产品质量或顾客满意度。

全面预算的编制

现在我们回到图 7-2,追溯编制全面预算的各个组成部分。细心、完全地遵循每一步。尽管这个过程看起来非常机械,但请记住总的结构框架。全面预算的编制过程将产生有关企业价值链的各个方面的关键决策。因此,在最后预算选定前,预算的第一稿决定以后各稿。在最终定稿前这样的循环将重复许多次。

厨屋公司

为了说明如何做预算,我们将以厨屋公司(Cooking Hut Company,简称 CHC)为例。CHC 是当地一个经营咖啡壶、银器、桌布等餐具、厨具的零售商,它在丹佛市附近一个中等大小舍区租用了一个零售点。CHC 的管理者编制滚动预算以便作出财务及经营决策。经管全面预算通常持续一整年,为了简化说明,计划时段仅为 4 个月,即从 4 月到 7 月。图 7-3 是 20×1 年 3 月 31 日财政年度结束时的资产负债表,以下的背景信息将贯穿于整个例子中。

表 7-1　厨屋公司资产负债表(20×1年,3月31日)

资产		
流动资产		
现金	$10 000	
应收账款,净额(0.4×3月份的销售额$40 000)	16 000	
商品存货,$20 000+0.7×(0.8乘以4月份的销售额$50 000)	48 000	
未到期的保险额	18 000	$75 800
固定资产		
设备、固定设备及其他	$37 000	
累计折旧	12 800	24 200
总资产		$100 000
负债与所有者权益		
流动负债		
应付账款(0.5×3月购买额$33 600)	$16 800	
应付工资和佣金($1 250+$3 000)	4 250	$21 050
所有者权益		78 950
负债与所有者权益总额		$100 000

预期销售额　3月份的销售额为40 000美元,月销售额预测如下:

4月	$50 000
5月	$80 000
6月	$60 000
7月	$50 000
8月	$40 000

销售额的60%将收到现金,40%为赊销。赊销款一般在销售后收回;CHC在销售额发生的下月结清赊销款。3月31日金额为16 000美元的应收账款反映了3月份的赊销额(40 000美元的40%)。不能收回的账目数额较小,可以忽略不计。为了简化起见,本例中也忽略当地、州和联邦的税收。

计划存货水平　因为供应商的交货和顾客的需求是不确定的,在每月月底,CHC希望能备有一定的基本存货,其价值为20 000美元加上下个月预期销售成本的80%。销售成本均为销售额的70%,因此,3月份的存货为$20 000+0.7×(0.8×4月份的销售额$50 000)=$20 000+$28 000=$48 000。购货付款期为30日前,CHC以如下方式偿还每月购货款:本月内偿还50%,下月再偿还50%。因此,3月31日应付账款余额为3月份购货款余额的50%,即$33 600×0.5=$16 800。

工资和佣金　CHC每半个月支付一次工资和佣金,即工资和佣金在被赚取的半个月后支付,它们被分为两部分:(1)每月2 500美元的固定工资;(2)占销售额15%的佣金。我们假定每月佣金相同。因此,3月31日应付工资余额及应付佣金余额为(0.5×$2 500)+0.5×(0.15×$40 000)=$1 250+$3 000=$4 250。CHC将在4月15日付4 250美元。

资本与经营费用 除了 4 月份用 3 000 美元现金购买新设备外,CHC 的其他月费用为:

杂项费用	销售额的 5%,发生时支付
租金	$2 000,发生时支付
保险费	每月到期 $200
折扣费(包括新设备)	每月 $500

现金收支平衡 因为在销售后收回赊销款,CHC 通常会面临一些现金支付问题如购货、员工工资和其他费用。为了满足现金支付的需要,CHC 问当地银行借了一笔短期贷款,当其收到现金时偿还。公司计划一直使用这种方式,只借入必需的现金,并尽可能迅速偿还。为了简化起见,我们假设 CHC 希望每月月底有 10 000 美元的最低现金余额,能够借入或偿还的款额为 1 000 美元的整数倍。假设每月月初借入款项,月底偿还。在相关贷款被偿还时,利息按信贷协议条款被偿还。年利率为 12%。

编制全面预算的步骤

编制全面预算的主要步骤为:

基础数据

1. 用所给数据为计划期内的每月编制以下详细计算表:
   a. 销售预算
   b. 现金回款
   c. 采购预算和销售成本预算
   d. 采购支出
   e. 经营费用预算
   f. 经营费用的支付

经营预算

2. 用这些计算表编制截至 20×1 年 7 月 31 日的 4 个月的预算损益表(表 7-2)

财务预算

3. 编制以下预算和预计财务报表:
   g. 资本预算
   h. 现金预算[应包括计划期内每月详细的借入、偿还及利息情况(表 7-3)]
   i. 20×1 年 7 月 31 日的预算资产负债表(表 7-4)

> 目 的 6
> 遵循主要步骤来编制全面预算。

一个具有有效预算系统的组织,对编制预算的步骤和时间性有特定的原则。尽管细节有所不同,包括进行步骤在内的指导方针却没有区别。当你按照这些步骤来编制 CHC 公司的总预算时,请确保自己了解每张计算表和每个预算中每个数字的来源。

第一步:准备基础数据

步骤 1a:销售预算 （在计算表中）是 CHC 公司编制预算的起点,因为存货水平、采购和经营费用与预计的销售水平密切相关。计算表 a 包括了 3 月销售的数据,因为这会影响到 4 月的现金收回。

> **目的 7**
> 编制经营预算及其附表。

如同我们所看到的,精确的销售预测对有效的预算来说是非常关键的。在非营利性组织中,对收入或某种服务水平的预测,也是编制预算的焦点。例如,医院希望从病人那里得到的收入及来自政府的拨款,教堂希望得到的捐款。如果没有收入产生,所需服务水平是预先决定的,就像在市政放火的情形。

步骤 1b:现金回款 编制计算表 b(即现金收款预算)是最简单的,我们在编制现金预算的同时编制销售预算。我们要用计算表 b 中的 数据来编制第三步的现金预算。现金回款包括本月先进销售总额加上上个月的赊销总额。

	3 月	4 月	5 月	6 月	7 月	4—7 月总额
计算表 a:销售预算						
赊销售额,40%	16 000	20 000	32 000	24 000	20 000	
加现金销售额,60%	24 000	30 000	48 000	36 000	30 000	
总销售额	$40 000	$50 000	$80 000	$60 000	$50 000	$240 000
计算表 b:现金回款						
本月现金销售额		30 000	48 000	36 000	30 000	
加上上月赊销总额		16 000	20 000	32 000	24 000	
总回款额		$46 000	$68 000	$68 000	$54 000	

步骤 1c:采购预算和销售成本预算 销售预算和现金回款完成后,我们来编制采购预算和销售成本预算(计算表 c)。所需商品量将为期望的期末存货加上满足预算销售额所需的商品量:公司需要的商品不是销售就是作为期末存货持有至下个阶段。这个总量部分来自期初存货或者采购。因此,销售成本加上期末存货等于期初存货加上采购额。

我们设定销售成本等于货物销售比例(即 70%)乘以销售预算。总需求量为预算销售成本加上期望的期末存货。最后,我们计算所需采购量,它等于总需求量减去期初存货。

	3月	4月	5月	6月	7月	4—7月 总额
计算表 c：采购预算						
预算销售成本†		$35 000	$56 000	$42 000	$35 000	$168 000
加上：所需期末存货		64 800	53 600	48 000	42 400	
总需求		$99 800	$109 600	$90 000	$77 400	
减去：期初存货		48 000‡	64 800	53 600	48 000	
采购量	$33 600*	$51 800	$44 800	$36 400	$29 400	
计算表 d：采购支出						
上月采购额的 50%		$16 800	$25 900	$22 400	$18 200	
加上本月采购额的 50%		25 900	22 400	18 200	14 700	
采购支出		42 700	48 300	40 600	32 900	

* 3月采购量为：期末存货(48 000，如表7-1所示)加上销售成本(0.7×40 000)减去期初存货
[42 400 = 20 000 + (0.8 × 28 000)]

† 0.7 × 50 000 = 35 000

‡ 3月期末存货为48 000(如表7-1所示)

步骤 1d：采购支出 下面我们利用采购预算来编制计算表 d，即购货款的支付预算。在我们例子中，付款包括本月购货款的 50% 加上个年月购货款的 50%。

步骤 1e：经营费用预算 经营费用预算取决于许多因素。各月销售量和其他成本动因作业的波动，直接影响许多经营费用。受销售量影响的费用有销售佣金和许多运输费用，都包括在 CHC 的杂项费用里。其他费用，如租金、保险费、折旧和工资，不受销售量的影响，它们被视为固定的。计算表 e 总结了 CHC 的经营费用。

	3月	4月	5月	6月	7月	4—7月总额
计算表 e：营业费用预算						
工资(固定)	$2 500	$2 500	$2 500	$2 500	$2 500	
佣金(当月销售额的 15%)	6 000	7 500	12 000	9 000	7 500	
工资和佣金总额	$8 500	$10 000	$14 500	$11 500	$10 000	$46 000
杂费(党旗销售的 5%)		2 500	4 000	3 000	2 500	12 000
租金(固定)		2 000	2 000	2 000	2 000	8 000
保险费(固定)		200	200	200	200	800
折旧费(固定)		500	500	500	500	2 000
经营费用总额		$15 200	$21 200	$17 200	$15 200	$68 800

步骤 1f：经营费用的支付 经营费用支付是建立在经营费用预算基础上的，支付包括上月和本月工资和佣金的各 50% 以及杂费和租金。保险费没有每月现金支付，也没有折旧(不包括在任何现金支付中)。我们根据这些支付的总和编制现金预算，如表 7-3 所示。

	4月	5月	6月	7月
计算表 f：经营费用支出				
工资和佣金：				
上月费用的 50%	$4 250	$5 000	$7 250	$5 750
当月费用的 50%	5 000	7 250	5 750	5 000
工资和佣金总额	$9 250	$12 250	$13 000	$10 750
杂费	2 500	4 000	3 000	2 500
租金	2 000	2 000	2 000	2 000
支出总额	$13 750	$18 250	$18 000	$15 250

第二步：编制经营预算

步骤 1a、1c、1e 和表 7-3 的利息费用为建立经营预算损益表提供了足够的信息（表 7-2）。经营预算损益通常是判断管理业绩的基准。

表 7-2　CHC 公司 4 个月的预算损益表（截至 20×1 年 7 月 31 日）

		数据	数据来源
销售额		$240 000	计算表 a
销售成本		168 000	计算表 c
毛利		$72 000	计算表 e
经营费用：			
工资和佣金	$46 000		计算表 e
租金	$8 000		计算表 e
杂费	$12 000		计算表 e
保险费	$800		计算表 e
折旧费用	$2 000	$68 800	计算表 e
营业收入		$3 200	
利息费用		440	表 7-3
净收入		$2 760	

表 7-3　CHC 公司 4 个月的现金预算表（截至 20×1 年 7 月 31 日）

	4月	5月	6月	7月
期初现金余额	$10 000	$10 550	$10 980	$10 080
所需最低现金额	$10 000	$10 000	$10 000	$10 000
可支配现金余额 (x)	$0	$550	$980	$80
现金收入与支出：				
从顾客那里收回的现金（计算表 b*）	$46 000	$68 000	$68 000	$54 000
购买商品支出（计算表 d）	$(42 700)	$(48 300)	$(40 600)	$(32 900)
营业费用支出（计算表 f）	$(13 750)	$(18 250)	$(18 000)	$(15 250)
购买新设备（已给出）	(3 000)			
净现金收入与支出 (y)	$(13 450)	$1 450	$9 400	$5 850
融资前的现金余额或亏空 ($x+y$)	$(13 450)	$2 000	$10 380	$5 930

(续表)

	4月	5月	6月	7月
融资				
借入(月初)	14 000†			
偿还款项(月底)	—	$(1 000)	$(10 000)	$(3 000)
利息(每年12%‡)	—	$(20)	$(300)	$(120)
融资引起的现金增加(减少)额(z)	$14 000	$(1 020)	$(10 300)	$(3 120)
期末现金余额(期初余额 + y + z)	$10 550	$10 980	$10 080	$12 810

* 下文有对这些字母标记的图表的解释。
† 资金的借入与偿还均以1 000美元的整数倍的金额进行,年利率为12%。
‡ 利息的计算:
$0.12 \times \$1 000 \times 2/12$; $0.12 \times \$10 000 \times 3/12$; $0.12 \times \$3 000 \times 4/12$

第三步:编制财务预算

全面预算的第二个主要组成部分是财务预算,它包括资本预算、现金预算和期末资产负债表。本章将把重点放在资本预算和期末资产负债表。第11章将讨论资本预算(步骤3a)。在我们的例子中,4月份计划购买新装置的3 000美元将是唯一被包括在资本预算中的项目。

> **目 的 8**
> 编制财务预算。

> **现金预算(cash budget)**:预计现金收入和支出的报表。

步骤3b:现金预算 现金预算(cash budget)是预计现金收入和支出的报表。现金预算可以帮助管理者避免持有不必要的闲散现金,同时避免不必要的现金短缺。一个管理良好的融资程序能够保持现金余额既不太大也不太小。现金预算受预算损益表中总的经营水平的影响。现金预算主要有以下几项(其中的x、y、z代表表7-3中总结的各项的影响):

● 可用现金余额(x)等于期初现金余额减去CHC所需的最低现金余额10 000美元。公司为了满足某月的现金流动(根据期初和期末的现金余额,某月每天的现金余额会上下波动)会维持一个最小的现金余额,也以备意外的现金需求。

● 现金收入和支付额(y)

1. 现金收入取决于应收款收回、现金销售及其他经营现金收益来源(如应收票据的利息)。将计算表b中的总回款额和表7-3进行对照。

2. 购货现金支出取决于供应商提供的信贷条件及购买者的付款习惯。将计算表d中的采购支出与表7-3对照。

3. 工资单现金支付取决于工资、薪金、佣金条件及付款日期。一些成本和费用的现金支出取决于分期付款、抵押付款、租金、租赁的合同条款及杂项。将计算表f中的工资和佣金与表7-3对照。

4. 其他现金支出包括固定资产支出、长期投资、股利和类似项目,例如购置新装置的费用3 000美元。

- 融资需要(z)的现金取决于可支配现金余额(表7-3中的x)和净现金收入与支付额y。如果可用现金余额加上现金收入减去现金支付的结果为负,则必须借款——如表7-3所示,CHC将在4月借入14 000美元,以弥补现金不足;如果结果为正,则可能偿还贷款——在5月、6月、7月分别偿还1 000美元、10 000美元和3 000美元。现金预算的这部分一般包括相应的利息费用支出。对照将要完成的图表7-4与所计算的利息费用,在我们的举例子中等于四个月的总利息费用。

- 期末现金余额等于期初现金余额加y加z。融资(即z)对现金余额可以有正面的(借入)或负面的(偿还)的影响。所列示的现金预算显示的是一种短期的、"自行清算"式的融资。经营的高峰季节,在售出商品和从顾客那里收回现金之前,商品购买和支付经营费用所需的现金常常会发生严重短缺:相应的贷款是自行清算的,即借来的资金被用于购买将要销售的商品,而销售所得用来偿还贷款。这种"营运资本循环"是从现金到存货到应收账款再回到现金。

步骤3c:预算资产负债表 编制全面预算的最后一步是建立资产负债表(表7-4)。资产负债表中每一项应与前面计算表所述的经营计划一致。特别地,3月31日的期初余额应根据表7-3中所期望的现金收入和支出及表7-2中非现金项目的影响进行增减调整。例如,尽管预付保险费是非现金项目,它的余额也应从3月31日的1 800美元减少到7月31日的1 000美元。

表7-4 CHC公司20×1年7月31日预算资产负债表

资产		
流动资产		
现金(表7-3)	$12 810	
应收账款,净额(0.4×7月销售额$50 000,计算表a)	$20 000	
商品存货(计算表c)	$42 400	
未到期保险费(从8月到12月,20×1年)	$1 000	$76 210
固定资产		
设备,固定物及其他($37 000 + $3 000)	$40 000	
累计折旧($12 800 + $2 000 折旧费用)	(14 800)	25 200
总资产		$101 410
负债和所有者权益		
流动负债		
应付账款(0.5×7月采购额$29 400,计算表c)	$14 700	
应付工资和佣金(0.5 × $10 000,计算表e)	$5 000	$19 700
所有者权益($78 950 + $2 760 净利润)		$81 700
负债和所有者权益总额		$101 410

注:期初余额被用来计算未到期保险费、固定资产和所有者权益。

全面预算完成后,管理者将以所有这些报表为调整经营的基础。例如,最初的财务报表规划可能促使管理者使用新的销售策略来创造更多的需求;或者,管理者会对各种收入支出的时间调整的影响做调整。例如,4月份大量的现金短缺可能导致对现金销售的重视,或加速应收账款的收回。在任何情况下,全面预算的第一稿很少会成为终稿。随着对全面预算的逐步调整,预算编制过程本身成了管理过程一个必不可少的组成部分——因此说,预算编制就是计划和沟通。这对一家新成立的公司尤其如此。成立一家公司需要有正规的商业计划,且不需要有历史预算。下面的商业快讯就描述了刚成立的公司怎样使用预算。

商业快讯

企业家、商业计划和预算

过去10多年中发生了创业活动的风暴。在各种高科技领域建立的许多新兴公司都已发展成为价值数十亿的大公司。怎样让新设立的公司启动呢?保证最初的启动资金的关键要素,是商业计划的制订。联邦政府小型企业委员会推荐了一个包含三部分的商业计划:

1. 业务,包括对该业务的描述、一个商场计划、对竞争的评价、运营程序的清单及员工名册。
2. 财务数据,包括以下项目:
    贷款申请表
    资本设备和供给单
    资产负债表
    盈亏平衡分析
    预计收益项目(损益表)
     3年的总结
     第1年具体到月
     第2年和第3年具体到季度
     假设基于哪个方案之上
    预计现金流量表
3. 辅助文件,包括各种各样的法律文件及所涉及的本金、供应商、顾客等的有关信息。

财务数据是商业计划的重要组成部分,其核心是全面预算。没有一个很好的预算,公司不可能获取启动和扩展其业务所需的资金。预计收益项目和预计现金流量,尤其是预算损益表和预算现金流量表,对于预测任何企业的前景都很关键——它们对没有可供分析历史的小公司的前景评估尤其关键。

吉姆·罗恩是 Sun America 的前副总裁,他很强调新公司进行预算的重要性,他离开 Sun America 成立了一家新公司——Encryp Tix。他筹措了3 600万美元投资基金将 Encryp Tix 从 Stamps 公司中分离出来。这家公司致力于入场券、息票和优惠购买券的网上交付和存储。罗恩说:"新兴公司的关键是制定预算并以此为基准来衡量各项活动。预算不是固定不变的,也不是最高标准,但你必须有一个基准。"

对企业家来说预算并不总是让人兴奋的,缺少可靠的预算是风险资本持有者拒绝向一个新设立的公司投资的主要原因之一。进一步讲,这也是公司失败的主要原因之一。任何想做企业家的人都会被强烈建议学习预算,且应知道它是怎样成为管理企业的强大工具,又是怎样向潜在投资者展示企业的。

资料来源:Adapted from Small Business Administration, *The Business Plan*:*Roadmap to Success*(http://www.sba.gov/starting/indexbusplans.html), and K Klein, "Budgeting Helps Secure Longevity", *Los Angeles Times*(Aug. 2, 2000), p. C6。

 管理决策练习

有些管理者注重经营预算,而有些更关注财务预算,究竟如何区分经营预算和财务预算呢?

答案:

经营预算主要关注损益表,损益表是在权责发生制会计基础上编制的,它计量收入和费用。经营部门的管理者通常编制和使用经营预算。相反,财务预算主要关注现金流,它计量现金的收入和支出。财务管理者,如审计员和司库,使用财务预算。经营预算是整体经营业绩的更好的计量手段,但财务预算对于计划所需现金非常关键。缺乏现金通常比糟糕的经营业绩更容易使企业陷入困境。因此,经营预算和财务预算对企业来说同样重要。

小结与复习

在你了解本章 CHC 例子中的各个步骤后,设法解决以下问题。

问题:

乡村商店(Country Store)是一家出售各种金属器具及家庭用品的零售商店。乡村商店的店主正急于编制一年中最后一个季度的预算,而下个季度正是特别忙的一个季度。因为店主估计她将不得不借钱购货以达到预计销售额,所以就对现金状况特别关心。她已收集了编制一份简单预算所需的所有数据(表7-5 以表格形式显示了这些数据);另外,10 月份她将用 19 750 美元的现金购买设备,12 月还将支付 4 000 的股利。先复习本章的例题,然后为乡村商店编制 10 月、11 月、12 月的全面预算。

注意,本例与本章中的例子有一些细微的差别,表7-4 和答案将具体给出这些差别——主要是借款的时间。需要现金时,在月底借入;当有现金时,在月底偿还;在每月月底,公司支付利息,本月未清的应付票据余额按 12% 的年利率支付利息。

表 7-5 乡村货店预算数据
20×1 年 9 年 30 日资产负债表

资产		销售预算	
现金	$9 000	9月(实际)	$60 000
应收账款	$48 000	10月	$70 000
存货	$12 600	11月	$85 000
固定资产(净)	200 000	12月	$90 000
资产总额	$269 600	1月(20×2年)	$50 000
负债和权益		其他数据	
应付利息	0	所需最低现金余额	$8 000
应付票据	0	销售组合,现销/赊销	
应付账款	$18 300	现销比	20%
股本	$180 000	赊销比(以后月份收回)	80%
留存利润	$71 300	毛利率	40%
负债和权益总额	$269 600	贷款利率(每月以现金支付的利息)	12%
预算费用(每月)		支付存货款	
工资	$7 500	购买当月支付	50%
运费占销售比	6%	购买以后月份支付	50%
广告费	$6 000		
折旧	$2 000		
其他费用占销售比	4%		
最低存货量占下月销售成本比	30%		

工资、运费、广告费和其他费用每月以现金支付。

答案:

计算表 a:销售预测

	10月	11月	12月	合计
赊销,80%	$56 000	$68 000	$72 000	$196 000
现销,20%	$14 000	$17 000	$18 000	$49 000
总销售额	$70 000	$85 000	$90 000	$245 000

计算表 b:现金回款

	10月	11月	12月	合计
现销	$14 000	$17 000	$18 000	$49 000
以前月份销售回款	$48 000	$56 000	$68 000	$172 000
总回款额	$62 000	$73 000	$86 000	$221 000

计算表 c：采购预算

	10 月	11 月	12 月	合计
预计期末存货	$15 300	$16 200	$9 000	$40 500
加销售成本	$42 000	$51 000	$54 000	$147 000
总需求数	$57 300	$67 200	$63 000	$187 500
减期初存货	$12 600	$15 300	$16 200	$44 100
总购买量	$44 700	$51 900	$46 800	$143 400

计算表 d：采购支出

	10 月	11 月	12 月	合计
9 月*	$18 300			$18 300
10 月	$22 350	$22 350		$44 700
11 月		$25 950	$25 950	$51 900
12 月			$23 400	$23 400
总支付额	$40 650	$48 300	$49 350	$138 300

* 20×1 年 9 月 30 日资产负债表应付额

计算表 e 和计算表 f：经营费用和费用支付（除利息外）

	10 月	11 月	12 月	合计
现金费用：				
工资	$7 500	$7 500	$7 500	$22 500
运费	$4 200	$5 100	$5 400	$14 700
广告费	$6 000	$6 000	$6 000	$18 000
其他费用	$2 800	$3 400	$3 600	$9 800
费用支出合计	$20 500	$22 000	$22 500	$65 000
非现金费用：				
折旧	$2 000	$2 000	$2 000	$6 000
费用合计	$22 500	$24 000	$24 500	$71 000

乡村货店现金预算（20×1 年 10—12 月）

	10 月	11 月	12 月
期初现金余额	$9 000	$8 000	$8 000
所需最低现金额	8 000	8 000	8 000
可利用现金余额	1 000	0	0
现金收入与支出：			
销售现金收入	62 000	73 000	86 000
购买商品支出	(40 650)	(48 300)	(49 350)
营业费用支出	(20 500)	(22 000)	(22 500)
设备支出	(19 750)	0	0
股利*	0	0	(4 000)

(续表)

	10月	11月	12月
利息*	0	(179)	(154)
净现金收支	(18 900)	2 521	9 996
融资前的现金超额或亏空	$(17 900)	$2 521	$9 996
融资			
借款†	$17 900	$0	$0
偿还	0	(2 521)	(9 996)
融资引起的现金总额	17 900	(2 521)	(9 996)
期末现金余额	$8 000	$8 000	$8 000

* 在这个例子中利息是以月度借款数计算的:11月,(0.12/12)×17 900=179;12月,(0.12/12)×(17 900-2 521)=154。

† 在这个例子中,借款数是月末现金短缺数,还款数是月末现金盈余数。

乡村货店预算损益表(20×1年10—12月)

	10月	11月	12月	合计
销售额	$70 000	$85 000	$90 000	$245 000
销售成本	$42 000	$51 000	$54 000	$147 000
毛利	$28 000	$34 000	$36 000	$98 000
经营费用:				
工资	$7 500	$7 500	$75 000	$22 500
运费	$4 200	$5 100	$54 000	$14 700
广告费	$6 000	$6 000	$6 000	$18 000
其他费用	$2 800	$3 400	$36 000	$9 800
利息费用*	$0	$179	$154	$333
折旧	$2 000	$2 000	$2 000	$6 000
经营费用合计	$22 500	$24 179	$24 654	$71 333
净营业收入	$5 500	$9 821	$11 346	$26 667

* 注意,利息费用是以月利率乘借款数来计算的:11月,(0.12/12)×17 900=179;12月,(0.12/12)×(17 900-2 521)=154。

乡村货店预算资产负债表(20×1年10—12月)

资产	10月	11月	12月*
流动资产			
现金	$8 000	$8 000	$8 000
应收账款	56 000	68 000	72 000
存货	15 300	16 200	9 000
流动资产合计数	79 300	92 200	89 000
固定资产减去累计折旧(净额)†	217 750	215 750	213 750
资产总额	$297 050	$307 950	$302 750

（续表）

负债和权益	10月	11月	12月*
负债			
应付利息	$22 350	$25 950	$23 400
应付票据	17 900	15 379	5 383
应付账款	40 250	41 329	28 783
股东权益			
股本	180 000	180 000	180 000
留存利润	76 800	86 621	93 967
权益总额	256 800	266 621	273 967
负债和所有者权益总额	$297 050	$307 950	$302 750

* 20×1年10月31日的资产负债表表示季度期末资产负债表。
† 10月固定资产余额：200 000 + 19 750 − 2 000 = 217 750

基于作业的全面预算

在本章中到目前为止我们讨论的预算编制可以叫做**功能预算（functional budgeting）**，它主要关注于编制不同功能的预算，比如生产、销售和行政服务。采用作业成本法会计系统的企业通常使用这些系统来编制基于作业的预算。这种预算着重于生产和销售产品及服务等作业的成本预算。

> **功能预算（functional budgeting）**：强调编制不同功能的预算，如生产、销售和行政服务。

> **基于作业的成本预算（activity-based budgets）**：关注于生产和销售产品或服务的作业的成本预算。

基于作业的预算系统强调成本管理的计划和控制目标。我们在第4章讨论的ABC主要是设计成本会计和成本分配系统，提供更准确的产品和服务成本。然而，一旦一家公司设计并采用了ABC系统，它便可以在预算系统中使用同样的框架。图7-3解释了**基于作业的预算编制（ABB）**与ABC（把资源成本分配到作业和产品中）的主要概念和区别。

就如同功能预算（见图7-2）那样，ABB由销售预算（预测产品或服务需求）开始。在功能预算中，下一步是决定期末存货预算，然后是原材料预算、销售成本预算。在ABB中，关键是预计每项作业产出（由成本动因决定）的需求量。作业消耗资源，我们使用该消耗率来预计或预算需要的资源。我们可以比较图7-2和图7-3，功能预算决定了资源——预期销售产品或服务直接所需的资源，ABB使用销售预测来预计要求的作业，这些作业反过来决定了所需的资源。因为强调了作业和它们的资源消耗，一些管理者相信ABB在控制浪费和改善效率方面更加有用，这也是预算的一个基本目标。下面的商业快讯在这点上有详细说明。

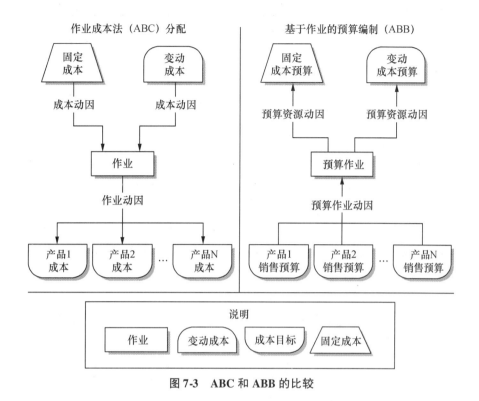

图 7-3 ABC 和 ABB 的比较

商业快讯

基于作业的预算编制(ABB)

　　作业成本法逐渐为大家所接受,然而,多数公司并没有意识到,只有将作业成本法与预算系统结合在一起,作业成本法的优势才能真正体现出来。一般来说,会计师"拥有"公司的成本核算系统,而预算系统则属于管理者。要使预算建立在作业成本的基础上,管理者们必须将精力集中于作业管理,即他们用于建立预算的基础必须和作业成本系统的基础相一致。例如,在 1997 年度和 1998 年度,陶氏化学公司将新的作业成本系统与预算编制过程相结合。为了取得成功,公司进行了大量的培训工作,参加人包括控制者、会计师、工艺流程专家成本中心总管以及总经理们。正因为预算与成本报告一致,陶氏化学公司从"作业基础的预算编制系统"中获益良多。

　　通过比较对一个公司的采购部门的不同利用方法,我们可以清楚地看到作业基础预算编制的作用。例如,一个采购部门前一年的经营情况如下(传统成本观基础上):

采购部门	
工资	$200 000
福利	75 000
物料	30 000
差旅费	10 000
总计	$315 000

如果管理者想用传统的成本观把总成本降低10%（31 500美元），采购过程中可能只是简单地把每种成本都降低10%——这种降低成本的方法有时被称为"玉石俱焚式"。然而，博格-沃纳（Borg-Warner）汽车厂的几乎所有经理都对其预算编制过程表示不满。每年，作为预算编制的一部分，管理者们要进行成本估计，但由于公司用这种"玉石俱焚式"的降低成本的方法，这些预算最后"几乎无一例外"被认为偏高而被打回，并且被指示需按某一百分比削减，管理者们变得很沮丧，以至于为了补偿认为是必然来临的成本削减，他们开始高估成本。

利用作业成本信息，采购部门的预算将表示如下：

采购部门	
作业	
认证10个新供应商	$65 450
发出450个订购单	184 640
发出275个发货单	64 910
总计	$315 000

基于作业的预算编制把财务数据与消耗相关资源的作业相联系。有关部门现在以那些削减后不会影响整体效果的具体业务为目标进行成本削减，而不是用"玉石俱焚式"的方法。例如，它现在可以把确认的供货商的数量减少至5个。假设确认供货商的成本随供货商数量的变动而变动，则可以减少成本 5 × (65 450 /10)，即32 725美元，使部门达到或超过其预算目标。

政府组织也使用ABB。在2001年，美国的SBA开始使用ABB。SBA是五大联邦信贷机构之一，拥有过亿美元的贷款。根据SBA的首席财务官Thomas Dumaresq的话，"我们的目标是明确那些用于生产必需品的作业，决定成功完成那些作业所需的资源量。一旦做到了，我们就能确定到底各种各样的投资水平怎样影响了SBA的实际产出。ABB为SBA的管理者提供了有价值的必要信息，使我们作出最佳的决策"。

资料来源：Adapted from G. Hanks, M. Fried, and J. Huber, "Shifting Gears at Borg-Warner Automotive," *Management Accounting*, February 1994, pp. 25—29; J. Damitio, G. Hayes, and P. Kintzele, "Integrating ANC and ABMat Dow Chemical," *Management Accounting Quarterly*, Winter 2000, pp. 22—26; and "Activity-based Budgeting," Office of the Chief Financial Officer, U. S. Small Business Administration, September 2002。

财务计划模型

一个好的预算考虑了公司的所有方面，（即完整的价值链）它能为公司决策提供一个有效的**财务计划模型（financial planning model）**，即能对各种关于销售、成本、产品组合的假设作出一个能够反映全面预算的数学模型。如今，许多大公司开发了大规模的财务计划模型，它根据全面预算来预计各种决策究竟会怎样影响到公司。例如，一个管理者可能希望预测改变产品销售组合所带来的结果，以便对那些最有可能增加销售量的产品给予更多关注。在对产品组合、销售水平、生产水平、质量水平、生产安排等方面不同的未来假设下，财务计划模型可以提供较好的未来经营和财务预算——最重要的是，管理者能得到"如果……将会怎样"问题的答案。例如"如果销售比预计低10%将如何？如果原材料价格上涨了8%而不是预计中的4%将如何？如果新工会合同鉴于生产率提高而将工资上涨6%又将如何？"

> **财务计划模型（financial planning model）**：能对各种关于销售、成本、产品组合的假设作出一个能够反映全面预算的数学模型。

用这种方法使用全面预算是一个渐进式过程，在这个过程中，管理者们通过交换有关预期业务活动各个方面的不同意见，不断修订各种暂定方案。例如，陶氏化学公司的模型使用140个独立的、连续变化的、基于几个不同成本动因的成本输入变量。通过用数学方法来描述全面预算中所有经营活动、财务活动及其他能影响决策结果的主要内外部因素之间的关系，财务计划模型使管理者们得以在做最后决策前，对各种选择的预期影响进行评估。

财务计划模型大大缩短了管理者们的反应时间——大公司需要许多会计师花费多日的时间手工完成的修正计划，可在几分钟内做好。新泽西的一个公用事业公司——公共电力与煤气服务公司——在必要时一天内可运行其全面预算若干次。

在个人电脑上使用Excel表格软件，使得最小的组织也可使用财务计划模型；但使用这种功能强大的模型并不能保证结果的可信性和可靠性。财务计划模型的质量是跟建立和操作它的假设及输入的质量相对等的——计算机专家把这叫做GIGO（garbage in garbage out，即若输入的是无用信息，则输出的也将是无用信息）。几乎每一个财务主管都能告诉你听从错误财务计划模型的错误建议而造成糟糕后果的经历。

记忆重点

1. **解释预算如何促进计划和协调**。预算，从量化名词来说，是一个组织的目标以及可能达到目标的步骤。因此预算是帮助管理者计划和控制的工具。预算提供了公司各部门和各层面的沟通机制。在一种鼓励公开交流公司面临的机会与挑战的氛围中，管理者们运用预算编制过程来协调未来持续的作业和计划。

2. **预计预算可能引起的人际关系问题**。预算的成功在很大程度上来自员工对它所持的态度。对预算的态度经常会阻碍预算潜在好处的实现。这种态度通常是由那些用预算来进行强制行为、处罚员工或限制支出的管理者们引起的。当预算的制定结合了所有相关方的参与意愿时,通常会变得非常有用。

3. **解释预算过程中潜在的不良动机。**当管理者想要增加分配到已处的资源,或者被根据预算来评价业绩时,就产生了编造符合预算的虚假信息的动机。当管理者们由特定的薪酬计划来得到奖金时,可能会虚报结果,作出对公司长期利益不利的短期决策。这种动机不仅会导致管理者作出错误的决策,也会削减他们对维持企业高道德水准所做的努力。

4. **解释销售预测的困难所在。**销售预测结合了各种各样的技术以及销售人员和管理者的观点。销售预测必须考虑各种各样的因素,如以前的销售模式、经济状况、竞争对手的反应等。销售预测的困难之处在于在大多数企业运行的环境中,销售是复杂而且多变的。

5. **说明全面预算的主要特征和优点。**全面预算包括两个主要部分,即经营预算和财务预算。预算的优点包括使计划规范化,为绩效考评提供了一个框架,以及帮助管理者们协调工作等。

6. **遵循主要步骤来编制全面预算。**全面预算覆盖的时期一般较短——通常为1个月到1年。编制全面预算的步骤因组织的不同而不同,但都遵循本书给出的基本原则。第一步总是预测销售或服务水平,下一步是对给定的预期销售和服务水平预测成本动因和作业水平。根据这些预测及对成本动因、收款形式等的了解,管理者们可以编制出经营预算和财务预算。

7. **编制经营预算及其附表。**经营预算包括预算阶段的损益表。管理者们要使用销售预算、采购预算和经营费用等明细表来编制经营预算。

8. **编制财务预算。**全面预算的第二个主要部分是财务预算。财务预算包括:现金预算、资本预算和预算资产负债表。管理者们在编制现金预算时,需要用到下面一些明细表:现金收款、采购现付、经营费用支付以及其他支付。

附录 7:Excel 表格在预算编制中的应用

个人电脑上的 Excel 表格软件是强大而灵活的预算工具。Excel 表格的一个明显优点是:几乎不会产生计算错误。Excel 表格的实际价值在于,它可以建立一个组织的数学模型(财务计划模型)——这种模型可以以非常低的成本重复使用,并且可以对可能的预计销售额、成本动因、成本函数等的变化作出调整。本附录的目的是说明敏感性分析在这方面强大而灵活的功能使 Excel 表格成为一种必不可少的预算工具。

> **目 的 9**
> 使用 Excel 表格编制预算。

回忆本章中 CHC 的例子。假设 CHC 是采用 Excel 表格软件做了自己的全面预算。为使对预算的调整简单化,相关预测及其他预算的详细情况已放在表 7-6 中。注意,为简化起见,只给出采购与所需的数据;完整的全面预算将需要一个包含本章内给出的所有有关数据的较大表格。

表 7-6　CHC 公司预算数据(行、列标号由 Excel 表格给出)

	A	B	C	D	E	F	G
1	预算数据						
2	销售数据		其他信息				
3							
4	3月(实际数)	$40 000	期初存货	$48 000			
5	4月	$50 000	期望期末存货:基本数	$20 000			
6	5月	$80 000	加下月				
7	6月	$60 000	销售				
8	7月	$50 000	成本比率	80%			
9	8月	$40 000	销售成本占				
10			销售额的百分比	70%			

组成 Excel 表格的坐标方格由它的行(一个数字)、列(一个字母)交叉点或"单元地址"确定。例如,预算期的期初存货存放在"D4"地址,显示为 48 000 美元。通过参阅预算数据的单元地址,你能通过在同一张计算表中输入公式而不是数据来做采购预算。参看表 7-7。不是在购货预算的单元地址 D17 中键入 48 000 美元作为 4 月份的期初存货,而是键入包含前一张表格中的期初存货单位地址的'公式',即 = D4(单元地址前加" = "号——这是 Excel 表格中确认公式的规则:有些 Excel 表格软件中用" + "号表明公式)。类似地,采购预算里所有单元将填入包含单元地址的公式而不是数字。4 月份的总需求(D16)使 = D13 + D14,4 月份的购货(D19)为 = D16 – D17。5 月、6 月和 7 月的相应列的数字以类似方法计算。这种方法使 Excel 表格极为灵活,因为你能改变表 7-6 中的任何预算数据(如预计销售额等),软件将自动重新计算整个采购预算中的所有数据。表 7-8 是由表 7-7 输入数据的公式计算出的采购预算的数字,而表 7-7 中的输入数据是表 7-6 中的。

表 7-7　CHC 公司采购预算公式

	A	B	C	D	E	F	G
11	计算表 c						
12	采购预算			4月	5月	6月	7月
13	预计期末存货			= D5 + D8 * (D10 * B6)	= D5 + D8 * (D10 * B7)	= D5 + D8 * (D10 * B8)	= D5 + D8 * (D10 * B9)
14	加销售成本			= D10 * B5	= D10 * B6	= D10 * B7	= D10 * B8
15							
16	总需求量			= D13 + D14	= E13 + E14	= F13 + F14	= G13 + G14
17	减期初存货			= D4	= D13	= E13	= F13
18							
19	购买量			= D16 – D17	= E16 – E17	= F16 – F17	= G16 – G17

表 7-8　CHC 公司采购预算

	A	B	C	D	E	F	G
11	计算表 c						
12	采购预算			4 月	5 月	6 月	7 月
13	预计期末存货			$64 800	$53 600	$48 000	$42 400
14	加销售成本			35 000	56 000	42 000	35 000
15							
16	总需求量			99 800	109 600	90 000	77 400
17	减期初存货			48 000	64 800	53 600	48 000
18							
19	购买量			$51 800	$44 800	$36 400	$29 400

现在,如果 4 月到 8 月的销售额比预测的高出 10% 将如何？这种预测将对采购预算产生何种影响？改变表 7-6 的销售预测将使采购预算几乎同时被调整。表 7-9 显示了另一种预测销售水平、其他没有变化的数据以及修改后的采购预算。我们能够改变表格中的任何一个预算数据,然后很容易地看到或打印出它对采购的影响。这种对预算输入的变化(上调或下调)所带来的影响进行分析、评估的方法,就叫做敏感性分析。**敏感性分析(sensitivity analysis)** 按预算输入数据的系统变化来决定每一种变化对预算的影响。

> **敏感性分析(sensitivity analysis)**：按预算输入数据的系统变化来决定每一种变化对预算的影响。

这种"如果……将会怎样"的分析方法,是 Excel 表格在财务计划模型中最重要的应用。然而,请注意,当你依次改变多于一种预算输入,就会很难区分每一改变的影响。

表 7-9　CHC 公司修改后的采购预算

	A	B	C	D	E	F	G
1	预算数据						
2	销售数据		其他信息				
3							
4	3 月(实际数)	$40 000	期初存货	$48 000			
5	4 月	$55 000	期望期末存货:基本数				
			基本项目	$20 000			
6	5 月	$88 000	加下月销售成本比率	80%			
7	6 月	$66 000					
8	7 月	$55 000					
9	8 月	$44 000	销售成本占销售额的百分比	70%			
10							
11	计算表 c						
12	采购预算			4 月	5 月	6 月	7 月
13	预计期末存货			$69 280	$56 960	$50 800	$44 640
14	加销售成本			38 500	61 600	46 200	38 500
15							
16	总需求量			107 780	118 560	97 000	83 140
17	减期初存货			48 000	69 280	56 960	50 800
18							
19	购买量			$59 780	$49 280	$40 040	$32 340

全面预算的每一张计算表、经营预算和财务预算都能用 Excel 表格来完成。各张计算表可通过合适的单元地址相联系,正如预算输入数据(表7-6)与采购预算(表7-7 和表7-8)相联系一样。理想中,全面预算中的所有单元应如采购预算一样使用公式,而不是数字;这样,如果需要,就可以通过简单地改变表7-6 中的预算数据对每一个预算输入进行敏感性分析。

第一次在 Excel 表格内做全面预算很费时,之后,使用敏感性分析在时间节约程度及计划能力方面,就比手工方法强得多了。但如果全面预算模型没有很好地文档化,建立模型以外的人员若想修改 Excel 表格模型,就可能会出现很多问题。所有的假设都应在 Excel 表格或一个独立的预算编制文件中有所描述。

会计词汇

基于作业的预算(activity-based budgets,ABB)
预算松弛(budgetary slack)
预算虚报(budget padding)
资本预算(capital budget)
现金预算(cash budget)
滚动预算(continuous budget)
财务预算(financial budget)
财务计划模型(financial planning model)
功能性预算(functional budgeting)
长期计划(long-range planning)
全面预算(master budget)
经营预算(operating budget)
参与性预算编制(participative budgeting)
利润计划(profit plan)
滚动预算(rolling budget)
销售预算(sales budget)
销售预测(sales forecast)
敏感性分析(sensitivity analysis)
战略计划(strategic plan)
零基预算法(zero-base budget)

基础习题

特别提示:7-A1 和 7-B1 涉及了本章大部分内容,那些喜欢集中精力于更少量习题的读者,可以仅思考它们中的任何一个。

7-A1　编制全面预算

你是 Batterbuy Electronics 商店在美国购物中心(Mall of America)的一家店铺的新经理。

公司高级管理层认为，较高层管理人员的培训应包括店铺经理对预算编制程序的积极参与。你被要求为你的店铺编制完整的6月、7月和8月的全面预算。所有的会计工作均在总部完成，因此前提是你没有专家的帮助；而且明天分部经理和副审计员将到这里检查你的工作，他们将协助你规范最终的预算文档，目的是通过让你编制几次预算使你对处理会计事物产生一定信心。你想给上级一个好印象，因此你收集了20×8年5月31日的一些数据：

		近期和计划的销售额	
现金	$29 000		
存货	420 000	4月	$300 000
应收账款	369 000	5月	350 000
固定资产净额	168 000	6月	700 000
总资产	$986 000	7月	400 000
应付账款	$475 000	8月	400 000
所有者权益	511 000	9月	300 000
总负债和所有者权益总额	$986 000		

赊销额为总销售额的90%。应收账款的80%于销售当月收回，另外20%于下月收回。假设坏账额非常小，可以忽略。5月31日应收账款余额为4月份和5月份赊销额的余额，即

$$(0.2 \times 0.9 \times \$300\,000) + (1.0 \times 0.9 \times \$350\,000) = \$369\,000$$

平均销售毛利率为38%。

存货政策是：必须持有与下月计划销售额相等的存货。所有的采购款都须在购货当月支付。

薪水、工资和佣金为销售额的20%；其他可变费用是销售额的4%。租金、财产税和其他各种各样的账单及其他项目等固定费用为每月55 000美元——假设这些可变费用和固定费用每月都需要以现金支付。折旧为每月2 500美元。

6月份将支付5月份购置固定设备的55 000美元——5月31日应付账款余额中包括这一项。

假设需要保持的最低现金余额是25 000美元，同时假设所有的借款均在月初借入，还款均在期末进行。利息在月底偿还本金时支付。利率为每年10%。利息的计算近似到1美元，所有贷款和还款的金额均为1 000美元的整数倍。

要求：

1. 编制下一季度（6—8月）的预算损益表、未来3个月每月的现金收支预算表、20×8年8月31日的预算资产负债表。所有活动都在税前进行，所以这里不考虑所得税。

2. 解释为什么需要向银行贷款，并说明哪些经营活动可以提供现金用于偿还银行借款。

7-B1 编制全面预算

Victoria风筝公司是墨尔本一家在网上销售风筝的小公司，该公司想为2008年前3个月编制全面预算，要求每月期末最低现金余额为5 000美元。销售额按照每个风筝8美元的批发价格预测。商品的平均成本为每个风筝4美元。采购款于采购月的下月全部支付。所有的销售均为赊销，要求买方30日内付款；但经验显示，每月的销售额是于当月收回

60%, 次月收回 30%, 剩余的 10% 于第三个月收回。坏账可以忽略不记。

从 1 月份开始, Victoria 风筝的供货实行适时制, 也就是说采购额等于预期销售额。从 1 月 1 日起采购终止直到存货水平达到 6 000 美元 (此时的采购额等于销售额), 在给出的月份中, 采购款全部付清。

每月的经营费用如下:

工资和薪水	15 000
到期保险费	$125
折旧	$400
其他费用	$2 500
租金	$250/月 + 10% × 每季度超过 $10 000 的销售额

从 1 月 15 日起, 每个季度支付 1 500 美元的现金股利, 每次支付股利均于支付前一个月的 15 日公布。除保险费、折旧费和租金外的其他经营费用均于发生时支付。租金中的 250 美元于月初支付, 附加的销售额的 10% 在每个季度末月的次月 10 日支付。下一次的清付于 1 月 10 日到期。

公司计划在 3 月份用现金 3 000 美元购置固定资产。

现金可以以 500 美元的倍数借入和偿还, 年利率为 10%。管理层希望尽量少借款并能尽快偿还。利率在本金偿还时计算和支付。假设借款均在月初发生, 且均在月末偿还, 利息的计算近似到美元。

2007 年 12 月 31 日的资产		2007 年 12 月 31 日的负债	
现金	$5 000	应付账款 (商品)	$35 550
应收账款	12 500	应付股利	1 500
存货*	39 050	应付租金	7 800
未到期的保险费	1 500		$44 850
固定资产 (净值)	12 500		
	$70 550		

* 11 月 30 日的存货余额为 16 000 美元。

近期销售额和预期销售额:

| 10 月 | $38 000 | 12 月 | $25 000 | 2 月 | $75 000 | 4 月 | $45 000 |
| 11 月 | $25 000 | 1 月 | $62 000 | 3 月 | $38 000 | | |

要求:

1. 编制 2008 年 1 月 31 日的全面预算, 包括预算损益表、预算资产负债表、预算现金收支表以及其他明细表。

2. 解释为什么需要从银行借款, 说明有哪些经营活动可以产生现金用于偿还银行借款。

补充习题

简答题

7-1 预算的主要好处是什么？

7-2 预算主要用于记录评价、重点引导还是方案选优？

7-3 如何区分战略计划、长期计划和预算？

7-4 "我反对滚动预算，因为它使目标不断变化，以至于管理者们不知道目标到底是什么。"讨论这一观点。

7-5 为什么把公司的业绩目标与评价、嘉奖员工的体系相结合很重要？

7-6 低层管理者修改预算而导致高层管理者的防篡改措施，解释为什么这种恶性循环会导致失去控制，使预算无意义？

7-7 当利润可能要少于管理者的奖金目标时，会产生怎样的不良动机来增加利润？

7-8 当利润可能会高于奖金范围的最高额时，为什么会有管理者想要减少报表利润？

7-9 为什么预算业绩比过去的真实业绩更适合作为评价实际结果的依据？

7-10 "预算在相对确定的环境中是有用的，但在电子产品这种变化很快的行业中，编制预算就是浪费时间。"评价这一观点。

7-11 "对于很多管理者来说预算是一个不必要的负担——它占用了解决重要日常问题的时间。"你赞成这一观点吗？说明理由。

7-12 为什么说销售预测是编制预算的起点？

7-13 影响销售预测的因素有哪些？

7-14 区分经营预算和财务预算。

7-15 区分经营费用和经营费用支付。

7-16 现金预算的主要目标是什么？

7-17 "教育和推销技术是预算编制的关键特征。"请解释。

7-18 基于作业的预算编制与传统的预算编制有何区别？

7-19 "财务计划模型在预算过程中可以指导管理者，所以管理者们并不需要真正理解预算。"你同意这一观点吗？为什么？

7-20 学习了附录7，评论"我不愿意把我的月度预算设置在 Excel 表格上，它是一件事倍功半的事。"评论这一观点。

7-21 Excel 表格软件如何帮助实施敏感性分析？

理解练习

7-22 预算作为支出的限制

许多非营利性组织使用预算主要是为了限制支出——解释这为什么会限制预算的有效性？

7-23 销售人员和预算

销售预算是整个全面预算的基础。说明销售人员在预算编制中所起的作用。比较销售人员和公司总部员工(如市场调查人员)在预算编制中的作用。

7-24　全面预算用于研发

本章关注那些存在收益及支出的组织的预算。假如你是一个生物技术公司的研发部经理,你将如何利用预算？

7-25　生产预算和业绩评价

美国轮胎公司(America Tire Company)的阿克伦城工厂每年11月为下一年编制年度全面预算。在每年年末该厂将实际发生的成本与预算成本进行比较。美国轮胎公司怎样才能让员工接受预算并且努力逼近或达到预算成本？

练习题

7-26　填空

在下面空格处填入合适的词或短语：

1. 编制财务预算的过程包括以下预算：
    a. _____
    b. _____
    c. _____
    d. _____

2. 全面预算的编制从_____预算开始。

3. _____预算是随着月度或季度的变化而不断调整的计划,每过去一期就在原预算的期末补充另一期。

4. 战略计划设定_____。

7-27　现金预算

Blake Henderson 和 Anna Kraft 为他们的新营业项目"Education Solution"募集资金,正在准备将向风险资本家提交商业计划。这家公司 Education Solution 准备2008年第一季度为购置设备投资 380 000 美元。从2008年1月起,每月应支付的工资和其他经营费用是 35 000 美元,均在发生时支付,而且这一支付水平将延续到以后期间。该公司将于2009年1月收到它的第一笔收入,并且2009年全年平均每月收入现金 25 000 美元。从2010年1月起预期现金收入水平将增加到每月 100 000 美元,这一收入水平将维持到以后期间。

要求：

Blake Henderson 和 Anna Kraft 需要寻找多少风险资金？假设这家公司在它的现金收入超过它的现金支出前一切现金都需要通过融资解决。

7-28　采购和销售成本

Premier 公司是一家钓鱼用品批发商,其有关月份的销售预算如下：

	2008年6月	2008年7月	2008年8月
赊销额	$1 820 222	$1 960 000	$2 100 000
现金销售额	240 000	250 000	260 000
总销售额	$2 060 000	$2 210 000	$2 360 000

所有商品均按发票所列价的成本的基础上加价25%销售。每月期初商品存货为当月

预计销售成本的30%。

要求:
1. 计算2008年6月销售商品的预算成本。
2. 计算2008年7月的预算采购额。

7-29 采购和销售预算

CJU公司所有的销售均为赊销。每月的销售赊销款有两次还款机会,每月5日支付上月销售额的后半部分,每月20日支付本月销售额的前半部分。收款政策一律为2/10,0/30。如果顾客在前10天的折扣期没有支付,那么他们通常等到第30天才支付。根据过去的收款经验,应收账款的回收情况如下:

折扣期内收回	80%
在第30天收回	18%
无法收回	2%

20×8年5月的销售额为750 000美元。未来4个月的预计销售额如下:

6月	800 000
7月	900 000
8月	900 000
9月	600 000

CJU的平均毛利为产品销售的40%。

CJU每月的购货用于满足当月销售,并且要留出25%的下月销售额的期末存货。所有的采购均为赊购,CJU每月购货款的一半于购货当月支付,另一半于购货下月支付。

所有的销售和采购在月内均匀发生。

要求:
1. 20×8年7月CJU公司预计可以从应收账款的回收中获得多少现金?
2. 计算20×8年5月31日CJU公司的预算存货金额。
3. 20×8年6月份CJU公司应采购多少商品?
4. 20×8年8月份CJU公司采购的预算付款额应该是多少?

7-30 销售预算

假设Gap商店有下面一些数据:
- 5月31日的应收账款:(0.3×5月份的销售额$350 000)= $105 000
- 每月的预测销售额:6月,410 000美元;9月,530 000美元

销售额的70%为现金销售,30%为赊销。所有的赊销款均于销售的下月收回。不可收回的账款很少,所以坏账忽略不计。

要求:
编制6月、7月、8月的销售预算表和现金收款预算表。

7-31 销售预算

一家日本服装批发商正在编制2008年第一季度的销售预算。预测销售额数据如下(单位:千日元):

1月	¥200 000
2月	¥220 000
3月	¥240 000

销售的20%为现金销售,80%为赊销。赊销额的50%于销售当月收回,40%于赊销的次月收回,10%于第三月收回。预期没有坏账。2008年年初应收账款余额为9 600万日元(11月份赊销额18 000万日元的10%和12月份赊销额15 600万日元的50%)。

要求:

编制2008年1月、2月、3月的销售预算和现金收款预算。

7-32 现金收款预算

Anacortes古玩公司在当销售发生时,若顾客支付现金,则给予2%的折扣,如在前10天内付清则给予1%折扣,过去的经验告诉公司,从客户那里回收账款按以下模式进行:

在销售当月的现金折扣期内收回	50%
在销售月后第一个月的现金折扣期内收回	10
在销售月后第一个月的非现金折扣期内收回	25
在销售月后第二个月的非现金折扣期内收回	12
不能收回	3

要求:

假设1月份的预计销售额为350 000美元,2月份的预计销售额为400 000美元,3月份的预计销售额为450 000美元,计算3月份收款的总现金预算。

7-33 采购预算

Adobo照明商场相关月份的计划月末存货水平(成本价)如下:5月,275 000美元;6月,220 000美元;7月,270 000美元;8月,240 000美元。

预测销售额如下:6月,440 000美元;7月,350 000美元;8月,420 000美元。销售成本为销售额的60%。

4月份的采购额为250 000美元,5月份的采购额为180 000美元。给定月份购货的付款按照以下模式支付:采购当月支付10%;次月支付80%;第三个月支付剩余的10%。

要求:

编制6月、7月和8月的采购预算和采购付款预算。

7-34 采购预算

Linkenheim GebH采取以下与采购和存货相关的政策:在每个月月末,存货水平为15 000英镑加上下月销售成本的90%。销售成本平均为销售额的60%。采购付款期通常为30天,无现金折扣。给定月份的采购款按以下方式支付:采购当月支付20%,下月支付80%。

5月份的采购额为150 000英镑,5月31日的存货为210 000英镑,比计划要高,这使得该公司的经理非常不安。6月份的预测销售额为300 000英镑,7月份为290 000英镑,8月份为340 000英镑,9月份为400 000英镑。

要求:

1. 计算5月份实际的存货水平超出存货政策应该持有的存货水平的量。

2. 编制6月、7月和8月的采购预算和采购付款预算。

7-35 现金预算

考虑表7-10中的损益表。

20×4年5月31日的现金余额为15 000美元。销售款按以下方式收回:销售当月收回80%,次月收回10%,第三个月收回10%。

20×4年5月31日应收账款余额为145 000美元,其中20 000美元为4月份的销售额,24 000美元为5月份的销售额。

20×4年5月31日的应付账款为145 000美元。Cartson公司采购款的25%于采购当月支付,剩余部分于采购月的下月支付。所有的经营费用均在确认当月以现金支付,但是保险费和财产税均于每年12月支付。

要求:

编制6月份现金预算。将你的分析限定在所给数据的范围内。忽略财产税。

表7-10 Carlson公司预算损益表
截至20×4年6月30日 （单位:千元）

销售收入		$290
存货,5月31日	$50	
采购	192	
可供销售的存货	242	
存货,6月30日	40	
销售成本		202
毛利		$88
经营费用		
工资	$36	
设备	5	
广告	10	
折旧	1	
办公室费用	4	
保险费和财产税	3	59
经营收入		$29

思考题

7-36 现金预算

Daniel Merrill是机场礼品店Merrill News and Gifts的经理。Merrill先生想编制可以显示4月份现金收支以及20×7年4月30日现金余额的现金预算。相关数据如下:

- 20×7年3月31日的计划现金余额:100 000美元
- 3月31日应收账款:总额530 000美元,其中80 000美元为2月的销售额,450 000美元为3月销售额。
- 3月31日应付账款:460 000美元
- 4月份采购货款:450 000美元,当月支付40%,60%下月支付。

- 4 月份的工资：90 000 美元
- 4 月份的其他费用，4 月份的应付项目：45 000 美元
- 4 月份的递延税款，将于 6 月份支付：7 500 美元
- 4 月 10 日将到期的银行票据：90 000 美元加上 7 200 美元的利息。
- 4 月份的折旧额：2 100 美元
- 应续签的于 4 月 14 日到期的两年期保险单：须以现金支付 1 500 美元。
- 4 月份的销售额 1 000 000 美元，其中一半于当月收回，40% 于下月收回，10% 于第三个月收回。

要求：

编制 20×7 年 4 月 30 日的现金预算。

7-37 现金预算

为 Botanica 公司编制 20×7 年 10 月份的估计现金收入和支付的报表。本例中，该公司只销售一种产品，即草本肥皂。20×7 年 10 月 1 日，部分试算表如下：

	DR	CR
现金	$4 800	
应收账款	15 600	
坏账准备		$1 900
商品存货	9 000	
应付账款，商品		6 600

这家公司在采购后 10 日内付款。假设该公司任何月份的购货款中均有 1/3 的部分购货款在购货的下月到期并支付。

商品的购入成本为每件 12 美元。每个月月末持有的存货量为下月销售量(数量单位)的 50%。应收账款的收款政策为：只要在月末付款，均享受 1% 的现金折扣。过去的经验显示，通常应收账款的 60% 于销售当月收回，30% 于销售后的第二个月收回，6% 于销售后的第三个月收回，其余 4% 不能收回。该公司的财政年度从 8 月 1 日开始。

单位销售价格	$20
8 月份的实际销售额	$12 000
9 月份的实际销售额	36 000
10 月份的预计销售额	30 000
11 月份的预计销售额	22 000
本财政年度预计总销售额	$360 000

除去坏账，该会计年度的预算销售费用和总管理费用预计为 61 500 美元，其中 24 000 美元是固定的(包括每年 13 200 美元的折旧费)——该公司的这些固定费用在整个财政年度内均匀发生。销售费用和管理费用的余额随销售额的变动而变动。费用在发生时支付。

7-38 丽嘉酒店的预算

假设丽嘉酒店在加勒比和墨西哥拥有 4 家旅馆和度假村。管理者希望其中一家旅馆在 12 月、1 月和 2 月的客房入住率达到 95%，11 月、3 月和 4 月的客房入住率达到 85%，年度内其他月份达到 70%。这家旅馆有 300 个房间，客房的平均租金为每晚 290 美元。客房

租金平均有10%于旅客住宿前一个月作为押金收取,60%于旅客住宿当月收取,28%在住宿后一个月收取,还有2%不能收回。

经营旅馆的大部分费用是固定的。已出租房每月的变动成本为30美元。固定薪金(包括福利)为每月400 000美元,折旧为每月350 000美元,其他固定的经营成本为每月120 000美元,利息费用为每月600 000美元。变动成本和薪金在它们发生当月支付,折旧于每个季度末计提,其他固定的经营成本在发生时支付,利息在每年6月和12月支付。

要求:

1. 编制丽嘉酒店的月度现金预算。为了简单起见,假设每月只有30天。

2. 如果淡季的客房入住率提高5个百分点(即5月到10月的客房入住率从70%提高到75%),那么这家旅馆的年利润将提高多少?

7-39 作业预算

Duluth制造公司的首席执行官Sandy最近发出指示,要求每个部门削减10%的成本。公司货物收发部门的传统预算如下:

薪金,4个职员,每人$42 000	$168 000
福利,薪金的20%	33 600
折旧,采用直线折旧法	76 000
耗用品	43 400
一般管理费用,直接成本的35%	112 350
合计	$433 350

因此,该部门需要削减成本43 335美元。

June是一个刚毕业的MBA,她被要求将该部门的预算削减43 335美元。她首先将传统预算在作业的基础上进行了重新预测:

收货,620 000磅	$93 000
发送货物,404 000箱	202 000
搬运,移动11 200次	112 000
交易记录,65 000次交易	26 350
合计	$433 350

要求:

1. 为了削减43 335美元的成本,June应该建议采取什么措施?为什么这些措施可能是最好的?

2. 哪个预算对你回答要求1最有帮助?为什么?

7-40 预算、行为和道德规范

自从Mathew Philp做了北部矿业公司(NML)的董事长,预算就变成该公司管理层最关注的事情。实际上,编制预算已经是很重要的一个目标:公司的两个没有完成2007年预算(分别相差2%和4%)的经理立刻被解雇了,这使得所有的经理们在编制2007年的预算时非常谨慎。

该公司铜分部2007的经营结果如下:

销售,每磅 $0.95,共销售 160 万磅	$1 520 000
变动成本	880 000
固定成本(主要是折旧)	450 000
税前利润	$190 000

NML 铜分部的总经理 Motty Stark 收到了董事长 Philp 发出的一份备忘录,内容如下:

我希望你们部门 2008 年的利润至少为 209 000 美元。编制一份预算,说明你们计划怎样完成这一目标。

Stark 非常担心,因为最近铜市场疲软。她的市场调研人员预测,2008 年的销售量将与 2007 年持平或低于 2007 年的水平,销售价格可能在每磅 0.92—0.94 美元之间;她的生产经理报告说大部分固定成本是约束性的,而且变动成本降低的空间也很小——他暗示,也许可以节约 2% 的变动成本,但再多肯定做不到。

要求:

1. 为 Stark 编制向公司总部提交的预算。Stark 在编制预算时面临的两难处境是什么?
2. 你认为北部矿业公司在编制预算的过程中存在什么问题?
3. 假设 Stark 提交了利润额为 209 000 美元的预算。现在是 2008 年年底,而且她遇到了一个好年份。尽管整个行业的销售量在下降,该公司的销售量仍然达到了去年的水平——160 万磅,而且平均销售价格高于预测数,几乎达到了去年的水平,为每磅 0.945 美元。经过各部门的共同努力,变动成本降低了 2%。然而,总利润仍然比预算数低了 9 000 美元。Stark 担心会失去工作,于是她找到审计员要求改变固定资产的折旧政策:将部分设备的使用寿命延长 2 年,2008 年将减少折旧费用 15 000 美元。估计设备的经济使用寿命是很困难的,很难证明旧的使用寿命数比经过延长的新的使用寿命数更合理。审计员应该怎样做?这引发了什么样的道德问题?

7-41 用 Excel 对损益表进行敏感性分析

参阅附录 7。Northcenter 购物中心中一家名为 Speedy-Mart 的批发商店的预算销售额如下(各月的销售是均匀发生的):

5 月	$450 000
6 月	375 000
7 月	330 000
8 月	420 000

货物的平均销售成本是销售额的 70%,只有在需要商品时才会购买该商品。全体成员每月获得 22 000 美元的固定薪金,而当月销售额 10% 的佣金在实际赚取时支付。其他费用包括:每月月初支付当月租金 6 000 美元;各项杂费,金额为销售额的 6%,于实际发生时支付;每月保险费 450 美元,该保险是一年期保险,保费已于 1 月 2 日支付;折旧费为每月 2 850 美元。

要求:

1. 使用 Excel 软件,编制该批发商店预算数据的表格。
2. 按要求 1 中的表继续编制以下明细表:(a) 经营费用的支付款;(b) 6 月、7 月和 8 月的经营收入。

3. 根据下面的条件分别调整相应的预算数据,并用 Excel 重新计算经营收入:

A. 5 月份的一项成本为 30 000 美元的营销策略可能会使随后三个月的销售每月提升 5%。

B. 取消销售佣金,将全体员工的薪金增加到每月 52 500 美元,这将使以后的销售净额下降 2%。

7-42 Excel 和经营费用的敏感性分析

Micro Display 公司的液晶显示部门(LCDD)生产 LCD 电视的高质量显示器。显示器是用购买组件装配而成的。由 LCDD 附加的成本为间接成本、包括人工成本,包装费和运输费。LCDD 生产两种尺寸的显示器:25 英寸和 37 英寸。有关 LCDD 的成本为:

	固定成本	变动成本
购买组件		
37 英寸显示器		每个组件 $100
25 英寸显示器		每个组件 $40
间接成本	$40 000	每个组件 $16
包装费	8 000	每个驱动器 $4
运输费	8 000	每个驱动器 $2

两种显示器均需要 5 个组件。因此,37 英寸的显示器的组件成本是 500 美元,25 英寸的显示器的组件成本是 200 美元。LCDD 采用每月修正的 6 个月的滚动预算。未来 8 个月的销售预测如下:

	37 英寸显示器	25 英寸显示器
10 月	3 200 单位	4 000 单位
11 月	2 400	3 000
12 月	5 600	7 000
1 月	3 200	4 000
2 月	3 200	4 000
3 月	2 400	3 000
4 月	2 400	3 000
5 月	2 800	3 500

按顺序处理下面的每个问题:

1. 使用 Excel 表格软件为 LCDD 制作反映预算信息的图表,并编制从 10 月到下一年 5 月的经营费用预算。考虑到这样的预期:25 英寸显示器的销售额将是 37 英寸显示器的 125%。要使你的 Excel 文件中的数据在以后月份容易被调整。

2. 10 月份的实际销量是:37 英寸显示器 2 800 个,25 英寸显示器 3 600 个。这一结果使 LCDD 将预测销售额降低了 10%。请修正从 11 月到下一年 4 月的经营费用预算。

3. 在 11 月月底,LCDD 决定调整 25 英寸和 37 英寸显示器的比例。25 英寸显示器的销售量预期为 37 英寸显示器销售量的 150%。假设 37 英寸显示器的销售量与上问所给数字相同。修正从 12 月到下年 5 月的经营费用预算。

案例题

7-43 全面现金预算

Christine Morrison 是盐湖城剧院(Salt Lake Light Opera)的财务主管,他准备在 20×4 年

12月向南部犹他州国民银行(South Utah National Bank)申请一笔贷款——这笔贷款对于该剧院20×5年的现金周转来说是必需的。在最近几年,该剧院已经成为一流剧院,除了有规则的募捐演出外,还提供了一个很受欢迎的假期节目。实际上,该假期节目是这家剧院的活动中在财务上最成功的节目,它支撑了那些具有革新性、对剧院来说在艺术上具有重要性,但在财务上并不总是成功的节目。

总体而言,这家剧院财务状况良好(如表7-11和7-12所示)。剧院的获利使剧院能够新建自己的建筑物,而且可以购置大量的资产。该剧院自成立以来每年至少是盈亏平衡的,并且管理层预期经营仍将继续获利。盐湖城艺术委员会和一些私人基金会曾给该剧院一些拨款,而且这些拨款预计还将继续。最近,镇上最大的银行同意赞助当地一位剧作家的新剧本的创作。剧院的发展部主任Harlan Wayne预期这样的企业赞助在未来会增加。

表7-11　盐湖城剧院12月31日的资产负债表　　　　　　　(单位:千美元)

	1999年	2000年	2001年
资产			
现金	$2 688	$229	$208
应收账款	2 942	3 372	4 440
耗用品存货	700	700	500
流动资产总额	$6 330	$4 301	$5 148
不动产和设备	2 643	4 838	5 809
资产总额	$8 973	$9 139	$10 957
负债和权益			
银行借款	$0	$0	$1 620 *
应付账款	420	720	780
应付工资	472	583	646
短期抵押贷款	250	250	250
流动负债总额	$1 142	$1 553	$3 296
其他应付款	270		
长期抵押贷款	3 750	3 500	3 250
净资产†	3 881	4 086	4 411
负债和权益总额	$8 973	$9 139	$10 957

* 包括32 000美元应付利息.
† 非营利性组织的"净资产"相当于公司的"股东利益"。

表7-12　盐湖城剧院年底12月31日的损益表　　　　　　　(单位:千美元)

	1999年	2000年	2001年
门票收入	$3 303	$4 060	$5 263
捐赠	1 041	1 412	1 702
拨款和其他收入	1 202	1 361	1 874
总收入	$5 546	$6 833	$8 839
费用*			
生产成本	$4 071	$4 805	$6 307
经营费用	271	332	473
公共关系和社区开发	1 082	1 421	1 734
总费用	$5 424	$6 558	$8 514
收入超过费用金额	$122	$275	$325

* 费用包括:1999年、2000年和2001年的折旧费用,它们分别为355美元、370美元和470美元;此外,各年的管理费用分别为1 549美元、1 688美元和2 142美元。

为了提供企业预期增长所需的设施,盐湖城剧院在两年前就开始致力于购置所需的设施,并开始致力于增加剧院的建筑物。新设施主要打算用来支持实验性的剧院,这会越来越多。资本的扩张将在20×5年完成;剩余的是灯光、音响设备的购置和安装,以及20×5年将要购置的其他新器材。

盐湖城剧院过去几年曾向南部犹他州国民银行(SUNB)借入营运资金。为了满足贷款条件,剧院答应了以下条款:

1. 年中个月要能完全负担一个月的贷款;
2. 保持现金和应收账款余额等于(大于)贷款额的120%;
3. 任何时候都保持200 000美元的补偿现金余额。

过去,剧院满足这些要求没有困难;然而,剧院在20×4年无法将一个完整月份的贷款额减少为零。尽管银行仍然续展了信贷,但贷款部经理表示了对这一情况的关注:她要求提供一个季度的现金预算,以明确20×5年的融资需求。Morrison女士开始收集编制这个预算所需的数据。

盐湖城剧院的收入主要来源于三个方面:门票款、捐赠和拨款。Morrison女士编制了表7-13,以计算20×5年各种收入来源的应收账款余额,她认为盐湖城剧院将会继续获得捐款承诺和拨款收入。每个月的大部分费用是固定的,只有耗用品是于每年的6月和12月分两次购入。20×5年,盐湖城剧院计划6月份购入200 000美元的耗用品,12月份购入700 000美元的耗用品,付款条件为30天后全额付现。预计12月末耗用品盘存为600 000美元。20×5年计划的折旧费用为500 000美元。其他费用预计全年都稳定在每月710 000美元的水平上,其中700 000美元是工资成本。工资在每个月后第一周的星期一支付;另外10 000美元是其他费用,在发生时支付。

表7-13 盐湖城剧院截至20×5年12月31日的季度收入估计和季度期末的应收款额

(单位:千美元)

	门票收入		捐赠		拨款	
	收入	季度应收款期末额	收入	季度应收款期末额	收入	季度应收款期末额
第一季度	$852	$2 795	$75	$794	$132	$1 027
第二季度	1 584	3 100	363	888	448	1 130
第三季度	2 617	3 407	1 203	1 083	1 296	1 240
第四季度	1 519	3 683	442	1 170	528	1 342

20×5年将要安装的大部分设备将在9月份运到。从9月份开始安装起,四个月中每月都有等额的400 000美元的支出。另外,估计2002年全年每月将会为购买其他小设备支付20 000美元(在设备运到时支付)。

20×2年下半年,盐湖城剧院曾向农夫人寿保险公司借入400万美元抵押贷款。这笔贷款的偿还期为16年,剧院在每年的6月和12月等额偿还本金。利息按每年8%计算,它们与未偿还的本金一起于每年的6月和12月支付。根据Morrison女士的计算,20×5年的利息支付额应为275 000美元。

南部犹他州国民银行营运资本借款的年利率为10%;20×4年的该项应付利息应该在20×5年1月10日支付;20×5年的利息在20×6年1月10日支付。营运资金贷款在每个季度的第一天按所需金额取出,并当产生额外资金时在每个季度的最后一天偿还。盐湖城剧院在任何时候都尽力保持 200 000 美元的最低现金余额，即使贷款条款没有这样要求。

要求：

1. 计算 20×5 年每个季度的现金流入和流出。每个季度盐湖城剧院的贷款条件是什么？
2. 为盐湖城剧院编制 20×5 年的预期损益表和预期资产负债表。
3. 编制 20×5 年的预期现金流量表。
4. 你会向盐湖城剧院推荐什么财务策略？

7-44 一家医院的现金预算

Highline 医院在它的社区内提供范围广泛的医疗服务，其董事会曾批准下面的资本支出：

动脉内气压泵	$1 400 000
计算机化 X 射线体层照相扫描器	850 000
X 射线设备	550 000
实验室设备	1 200 000
总计	$4 000 000

以上费用计划 20×7 年 10 月 1 日支出。如果需要贷款，董事会希望知道应该借入多少资金。医院的总会计师 Rebecca Singer 收集了的信息用以分析未来的现金流量。

20×7 年 1 月到 6 月的医疗服务的营业额和预计下半年的营业额，如下表所示：

月份	实际金额
1 月	$5 300 000
2 月	5 300 000
3 月	5 400 000
4 月	5 400 000
5 月	6 000 000
6 月	6 000 000
7 月（预计）	5 800 000
8 月（预计）	6 000 000
9 月（预计）	6 600 000
10 月（预计）	6 800 000
11 月（预计）	7 000 000
12 月（预计）	6 600 000

医院 90% 的营业额来自第三方组织，如蓝十字会、联邦或州政府以及私人保险公司，另外 10% 是直接来自病人。医院应收账款的回收模式如下：

	第三方支付	病人直接支付
提供医疗服务的当月	20%	10%
提供医疗服务的下月	50	40
提供医疗服务的第二个月	20	40
不可收回账款	10	10

Singer 估计 20×7 年下半年营业额和应收账款的回收模式将和上半年相同。

下表显示了过去三个月的采购额和 20×7 年下半年的预计采购额。

月份	金额
4	$1 300 000
5	$1 450 000
6	$1 500 000
7	$1 500 000
8	$1 800 000
9	$2 200 000
10	$2 350 000
11	$2 700 000
12	$2 100 000

所有采购额均为赊销,所有应付账款均在采购的下月支付。

- 20×7 年剩余 6 个月每月工资预计为 1 800 000 美元加当月营业额的 20%。工资在提供服务的当月支付。
- Highline 医院的折旧费为每月 150 000 美元。
- Highline 医院每月的利息费用是 180 000 美元,在每个公历季度的最后一天支付利息 540 000 美元。
- 预期捐赠基金收入每月仍然会有 210 000 美元。
- 20×7 年 7 月 1 日 Highline 医院的现金余额是 350 000 美元,每月月末所需持有的最低现金余额必须是当月购货额的 10%。
- Highline 医院用日历年度做报告年度。

要求:

1. 编制 20×7 年第三季度每个月的现金收款预算表。
2. 编制 20×7 年第三季度每个月的现金付款预算表。
3. 为了获得总价值为 4 000 000 美元的资本项目,如果要贷款的话,确定 20×7 年 10 月 1 日所需的贷款额。

7-45 大学的全面预算

假设你是明尼苏达州(Minnesota)州立大学的总会计师。大学校长 Lisa Larsson 正在准备 2007—2008 学年的年度筹款活动。为了设定一个合适的目标,她要求你编制该学年的预算。你已经收集了当前学年(2006—2007)的如下数据:

	本科部	研究生部
全体教员的平均工资	$58 000	$58 000
教员每年的平均学期课时(8 节本科生课或 6 节研究生课)	24	18
每个班级的平均学生数	30	20
注册学生总数(全日制和非全日制学生)	3 600	1 800
每个学生每年的平均学期学时	25	20
全日制每年学期学时	30	24

2007—2008 学年中,全体教职工的工资要上涨 6%。本科生的注册人数预计会下降

2%，但研究生的注册人数预计会上升5%。

- 2006—2007学年正常运转和设备维护的预算是500 000美元，其中包括了240 000美元。到目前为止，经验证明预算是准确的。2007—2008学年工资要上涨6%，其他营运费用要上涨12 000美元。
- 2006—2007学年和2007—2008学年其他支出的预算如下：

	2006—2007学年	2007—2008学年
综合管理	500 000	525 000
图书馆		
采购	150 000	155 000
运营	190 000	200 000
医疗服务	48 000	50 000
校内运动会	56 000	60 000
学校间运动会	240 000	245 000
保险和退休金	520 000	560 000
利息	75 000	75 000

- 学费是每课时92美元。另外，州立法为每个等同全日制的学生提供780美元补助（等同全日制指30个本科学时或24个研究生学时）。每年有30个全日制的本科生和50个全日制的研究生可获得免学费的奖学金。
- 除了学费和法律规定分配的收入外，其他收入如下：

	2006—2007学年	2007—2008学年
捐赠收入	200 000	210 000
辅助性服务的净收入	325 000	335 000
学校间运动会收入	290 000	300 000

- 2007—2880学年需要对物理/化学教室进行改造，预计成本为575 000美元。

要求：

1. 为2007—2008学年编制显示下列内容的表：
   (a) 预计注册人数
   (b) 总学时
   (c) 等同全日制注册人数
   (d) 需要的教职工人数。
2. 编制2007—2008学年的全体教职工工资预算。
3. 为两部门分别计算2007—2008学年的学费收入和法律规定的拨款。
4. 为校长编制报表表明本学年需要通过年度筹款活动募集的资金额。

合作学习练习

7-46 个人预算

预算对很多不同的实体都有用——其中之一就是个人。考虑一下你最了解的实体：学院或大学的学生。设立一个2—6个学生的小组，收集一个全日制学生每年开销的信息。

编制你们学校全日制学生的平均收入和支出预算。确定各种收入来源和从每种来源获取的金额。确定学生在一年里可能发生的各种支出。你可以假设所有的费用均在发生时支付,因此预算损益表和现金预算将是一致的。

在所有组都完成预算后,比较这些预算。有什么差别?是什么导致了这些差别?

互联网练习

7-47 Carnival 公司

预算过程在帮助公司确定各种收入和费用来源的同时,也确定了现金流的时间。尽管预算过程的很多部分是机密的,但是如果有人欲对公司未来做一些潜在预算预期,预算过程还是有一些可以为公司外部人士所知的。考虑 Carnival 公司——一个巡游艇企业。访问它的网站:http://www.carnivalcorp.com。

1. 看看 Carnival 公司的航线表。该公司旗下有多少不同商标的航线在运营?它们分别是什么?访问相关网站。每个商标的航线都提供完全相同的服务吗?为什么该企业在其所服务的不同地区为它们的航线使用不同的名称?

2. 营业额数据是该企业在开始进行预算时使用的最重要信息之一。Carnival 公司的营业额数据主要由两部分构成:每个游览日乘客的数量和每个游览日向每位乘客收取的价款。到:"投资关系"中点开"财务报告",打开 Carnival 公司最近几年的年报。关注今年的总收益,然后查看乘客、巡游艇的容量和乘客上座率,关注乘客数量和乘客上座率。阅读管理层关于下一年发展预期的信息。公司预期明年的乘客数量会有所增长吗?

3. 假设收入是按乘客数量的比例增长的,明后两年的预期收入分别是多少?随着游客量的上升公司是否应同时预计成本的增长?什么时候对这些成本作出预算?这些成本要和收入的增加成比例吗?为什么?

4. 游客为航行支付的费用是公司收入的另一个主要来源。从主页上选择一条航线,查看有关航线价格方面的信息。是不是航行距离相同价格就相同?查看价目表,是什么决定了航行的价格?为什么巡游艇的容量会决定航行的价格?

第8章 弹性预算和差异分析

学习目标

学习完本章之后,你应该做到:
1. 区分固定预算和弹性预算;
2. 用弹性预算公式构造以销售量为基础的弹性预算;
3. 编制弹性作业预算;
4. 解释固定预算、弹性预算与实际结果之间的业绩评价关系;
5. 计算弹性预算差异和作业水平差异;
6. 计算并解释基于成本动因作业的投入的价格差异和数量差异;
7. 计算变动间接费用的支出差异和效率差异;
8. 计算固定间接费用支出差异。

麦 当 劳

最近的一次调查表明,麦当劳已经成为世界最知名的品牌。在全球100多个国家的那扇"金色拱门"下,你都能吃到巨无霸汉堡。

对于拥有超过200亿美元收入和32 000多家快餐店的麦当劳来说,最大的挑战是保证每个巨无霸汉堡的味道是相同的。麦当劳如何控制成本和质量呢?怎样保证每天4 600万顾客中的每个人都能获得相同的价值呢?它使用标准量、预算和差异分析的方法。例如,无论哪个地方出售的汉堡,其使用的原材料标准都是一样的——1个小圆面包、1块汉堡馅饼、1片腌制的蔬菜、1/8汤匙的干洋葱、1/4汤匙的芥末以及1/2盎司的番茄酱。原材料的差异是根据出售的三明治的数量和类型,把实际使用的成分的量同应该使用的成分的量进行对比,得出每种成分应该使用多少。

麦当劳的管理者预先算出每天每小时的销售额,再根据这个销售额来安排员工。如果销售量比预算低,管理者就会让一些员工提早回家,以达到控制劳动力成本的目的。

麦当劳也使用非财务标准来帮助它实现质量和服务目标。举三个例子来说:(1)对于一个开车经过的顾客,从停在点菜台前到开车离开平均用时310秒;(2)煮熟的肉如果30分钟未用于制作三明治,就会被处理掉;(3)做好的三明治一旦放进售仓中,必须在10分钟内卖出去,否则就会被扔掉。

和麦当劳一样,任何一个组织的管理者及员工都希望了解怎样才能达到自己的目标,高层管理者也希望知道组织如何达到财务目标。了解什么做对了和什么做错了,能使管理者们在未来期间的计划和管理更加有效。

本章介绍弹性预算和差异。弹性预算概括了不同水平作业下期望的结果。差异是期望(或计划)结果和实际结果之间的不同。对于每一项重大的差异,管理者都应当询问:为什么?差异是很重要的评价工具,使得人们可以集中管理那些值得关注的区域,帮助管理者寻找改善未来决策与结果的方法(想要了解更多怎样使用差异的背景知识,你可以复习第1章中的相关知识)。

正如这家位于亚洲的麦当劳店一样,就整个麦当劳公司而言,对于单个麦当劳店的管理者来说,利用弹性预算法来分析业绩表现是至关重要的。

使用预算来评价实际结果

关于公司怎样使用预算来评价实际结果,有这样一个例子:多米尼恩公司是多伦多一家只有一个部门的企业,它生产和销售受飞机机组人员欢迎的可折叠的带轮行李箱。尽管这种产品有不同的类型,但为了便于我们的研究,可以将其设想为只有单一售价的一类产品,同时假设销售量等于生产量,存货为零。这样在 20×1 年 6 月的实际销售量就如同在表 8-1 中第一栏所示的 7 000 件。

表 8-1　多米尼恩公司截至 20×1 年 6 月 30 日根据全面预算作出的业绩报告

	实际预算 (1)	固定预算 (2)	固定预算差异 (3)
销售量	7 000	9 000	2 000 U
销售额	$217 000	$279 000	$62 000 U
变动费用			
变动生产费用	$151 270	$189 000	$37 730 F
运输费用(销售)	5 000	5 400	400 F
管理费用	2 000	1 800	200 U
总变动费用	$158 270	$196 200	$37 930 F
边际贡献	$58 730	$82 800	$24 070 U
固定费用			
固定生产费用	$37 300	$37 000	$300 U
固定销售与管理费用	33 000	33 000	—
总固定费用	$70 300	$70 000	$300 U
经营收入(损失)	$(11 570)	$12 800	$24 370 U

U 代表实际发生的成本大于预算而产生的不利成本差异;实际收入(或利润)小于预算而产生的不利收入(或利润)差异。

F 代表实际发生的成本小于预算而产生的有利成本差异;实际收入(或利润)小于预算而产生的有利收入(或利润)差异。

有利差异和不利差异

我们怎样评价多米尼恩公司在 20×1 年 6 月的业绩呢?最基本的方法就是比较实际结果和预算结果。我们知道实际结果与计划结果的不同就是差异。我们根据它们对收益率的作用把这些差异分别标记为有利的和不利的。当实际利润大于预算利润时,就产生了**有利利润差异**(favorable profit vairance)。当实际利润小于预算利润时,就产生**不利利润差异**(unfavorable profit variance)。由于收入的增加导致了利润的增加,收入差异就和利润差异相同,当实际收入超过预算收入就产生了**有利收入差异**(favorable revenue variance);当实际收入低于预算收入,就产生了**不利收入差异**(unfavorable revenue variance)。然而,成本差异却截然相反,因为成本的增加导致

> **有利利润差异**(favorable profit vairance):实际利润超过预算利润的时候,两者之间的差异。

> **不利利润差异**(unfavorable profit variance):实际利润小于预算利润的时候,两者之间的差异。

> **有利收入差异**(favorable revenue variance):实际收入超过预算收入时,两者之间产生的差异。

> **不利收入差异**(unfavorable revenue variance):实际收入小于预算收入时,两者之间产生的差异。

了收益的降低；当实际成本高于预算成本时，我们称其为**不利成本差异**；当实际成本低于预算成本时，就是**有利成本差异**（favorable cost variance）。下面的表格概括了这些关系：

> **有利成本差异**（favorable cost variance）：实际成本超过预算成本时，两者之间产生的差异。

> **不利成本差异**：实际成本小于预算成本时，两者之间产生的差异。

有利（F）与 不利（U）差异

	利润	收入	成本
实际 > 预期	F	F	U
实际 < 预期	U	U	F

固定预算对弹性预算

比较实际结果和预算作出的结果才能计算差异。让我们来看两个成本的类型：**固定预算**（static budget）是仅仅基于一种作业水平的预算。**弹性预算**（flexible budget）[有时也称为**变动预算**（variable budget）]是调整不同作业水平的预算。假设多米尼恩公司在 20×1 年计划销售 9 000 件产品。它的固定预算包括在 9 000 件水平预期的收入、成本和利润。相反，假设多米尼恩公司已经意识到期望水平有些不确定因素，可能销售包括 7 000 件与 9 000 件以及这两者之间的任一销售量。公司的弹性预算就会预测在 7 000 件和 9 000 件之间的这些收入、成本和利润。实际结果和产量与作出的固定预算结果之间的差异就形成了**固定预算差异**（static-budget variance）。实际结果和产量与作出的弹性预算结果之间的差异就是**弹性预算差异**（flexible-budget variances）。

> **目 的 1**
> 区分固定预算和弹性预算。

> **固定预算**（static budget）：仅仅基于一种作业水平的预算。

> **弹性预算**（flexible budget）[有时也称为**变动预算**（variable budget）]：调整不同作业水平的预算。

> **固定预算差异**（static-budget variance）：实际结果和产量与作出的固定预算的结果之间的差异。

> **弹性预算差异**（flexible-budget variances）：实际结果与产量与作出的弹性预算之间的差异。

回顾第 7 章，我们学习了全面预算。那么固定预算弹性预算之间有什么关系呢？"全面"表示预算的范围，无论是否弹性或固定。全面预算包括了一个企业在特定的一段时间内（通常是意念）所有的收入、成本和利润。固定和弹性预算只是集中在收入，或仅在成本，或者两者兼有，而全面预算揭示了一个企业期望的总体情况。注意在第 7 章中使用的全面预算就是固定全面预算。然而，一家公司不可能没有弹性全面预算。

固定预算差异的局限性

我们比较实际结果和原始预算数据,计算多米尼恩公司的固定预算差异。假设原来计划销售额为 9 000 件。表 8-1 中的第二栏就是计划销售 9 000 件的固定预算,第三栏就是固定预算差异。

假设我们使用表 8-1 中的差异来分析为什么有实际经营损失 11 570 美元,而预算利润却是 12 800 美元。首先,因为多米尼恩公司只销售了 7 000 件,不利收入差异显示有低于预期 62 000 美元的销售额。这样就解释了为什么实际结果比预期的要差,是因为低销售额导致了低利润。其次,固定成本的不利成本差异表明我们比预期多花费了 300 美元。尽管这 300 美元对整体差异来说是很小一部分,但它解释了为什么实际结果比预期要差的另外一个原因。最后,我们来看总变动成本中的 37 930 美元的有利差异。在低于计划水平的销售作业下,成本控制真的让人满意吗?当只有生产 7 000 件的时候,难道不会希望变动成本会比固定预算中显示的 196 200 美元(生产量 9 000 件)要低吗?答案是肯定的。因此,变动成本的有利固定预算差异产生了一种误区,这使得多米尼恩公司认为他们很好地控制了成本。

弹性预算是变动成本差异分析的一个更好的基础。当多米尼恩公司的销售量只有 7 000 件而并非预算的 9 000 件时,管理者们可以运用弹性预算来编制一套基于新的成本动因水平的新预算。然后,我们可以看到,在以 7 000 件的销售量水平为基础的新预算中总的变动费用应该是多少,并且可以将这个数量与实际结果相比较。弹性预算法就是:"给我任何一个你选择的作业水平,我将提供适应这一特定水平的预算。"许多公司在平常就使其预算"富有弹性",以帮助评价近期的财务业绩。

再举一个例子,假设一家麦当劳在 2007 年期望销售 1 000 万个巨无霸汉堡,这 1 000 万个小圆面包的预算是 100 万美元,每只 0.1 美元。结果餐馆只销售了 900 万只巨无霸,付了 940 000 美元买小圆面包。如果小圆面包的成本是严格意义上的变动成本,那么成本就是 90 万美元,不是原先预算的 100 万美元。固定预算差异是 $1 000 000 - $940 000 = $60 000(有利)。然而,这个差异没有什么意义,因为没有调整变动成本中由巨无霸实际销售和计划销售不同所引起的预期变化。相反,弹性预算法确认了 40 000 美元的不利差异;餐馆实际多花费了 $940 000 - $900 000 = $40 000 买小圆面包,而不是达到 900 000 个巨无霸销售水平的花费。

由于弹性预算对于业绩评价是如此重要,我们下一步就更深入讨论弹性预算。

弹性预算公式

要创建一份弹性预算,管理者必须在考虑有关的适当的成本动因的基础上,综合考虑收入和成本性态(在相关范围内)的有关假设,可以将在第 2 章中使用、在第 3 章中估算的成本函数作为弹性预算公式使用。弹性预算把由作业变动引起的对每一成本和收

> **目 的 2**
> 用弹性预算公式构造以销售量为基础的弹性预算。

入的影响变化结果合并在一起。

表 8-2 显示了多米尼恩公司的简单弹性预算,它只有一个成本动因——产出量。表 8-2 中的每一列(分别为 7 000、8 000、9 000 件产品)是采用相同的弹性预算公式编制的,在这一相关范围内的任何作业水平上均可采用这一公式,如表 8-2 所示。在作业水平的相关范围内固定成本在 70 000 美元每月的水平上保持不变,变动成本保持 21.80 美元/件,如图 8-1 中倾斜直线上 7 000 件至 9 000 件产品范围内所显示的。

表 8-2 多米尼恩公司弹性预算

	弹性预算公式	不同生产与销售水平上的弹性		
单位弹性预算公式				
销售量		7 000	8 000	9 000
销售额	$31.00	$217 000	$248 000	$279 000
变动费用				
变动生产费用	$21.00	$147 000	$168 000	$189 000
运输费用(销售)	0.60	4 200	4 800	5 400
管理费用	0.20	1 400	1 600	1 800
总变动成本/费用	$21.80	$152 600	$174 400	$196 200
边际贡献	$9.20	$64 400	$73 600	$82 800
每月预算公式				
固定成本				
固定生产成本	$37 000	$37 000	$37 000	$37 000
固定销售与管理成本	33 000	33 000	33 000	33 000
总固定成本	$70 000	$70 000	$70 000	$70 000
经营收入(损失)		$(5 600)	$3 600	$12 800

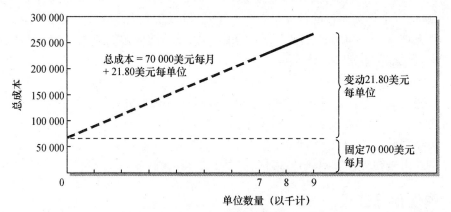

图 8-1 多米尼恩公司弹性预算成本图表

注意,固定预算仅仅是一个单一水平作业下的固定预算。表 8-1 中,销售 9 000 件一栏的固定预算显示的数字就和表 8-2 中最右边一栏的一样——弹性预算 9 000 件。

弹性作业预算

表 8-1 显示的多米尼恩公司的弹性预算是以一个成本动因即产出量为基础的;对于那些使用传统的、以产量为基础的成本核算系统的公司来说,这是一种适当的弹性预算编制方法。但是如果公司的一些成本是由作业——如订单处理或生产准备而导致的呢?对于那些使用作业成本系统的公司来说,就需要使用更详细的弹性预算编制方法——**弹性作业预算**(activity-based flexible budget)。

> **目 的 3**
> 编制弹性作业预算。

> **弹性作业预算**(activity-based flexible budget):建立在为每种活动及相关成本动因设定的预算成本的基础上的一种预算。

表 8-3 列示了多米尼恩公司的弹性作业预算,有四类作业:加工、准备、市场营销和行政管理。每一类作业中,成本的发生都依赖于一个适当的成本动因。将传统的弹性预算(表 8-2)和弹性作业预算(表 8-3)相比较,注意两个表中关于固定成本和变动成本区别的假设。比如 500 美元的变动准备成本。在表 8-2 中固定的生产成本(37 000 美元)包括的 12 000 美元的准备成本相对于产量来说却是固定的。表 8-3 中却有不同的假设——对于准备的次数来说,这些准备成本就是变动的。为什么准备成本相对准备次数来说可能会被认为是变动的呢?我们来考虑工厂的生产准备供应,它随生产次数的变化而变动,但和产量没有关系。员工每进行一次生产,就需要提供一次物料。因此,物料成本直接随生产次数的变化而变化。但是,在生产过程中不会使用生产准备物料,因此在产量的较大范围内,物料成本几乎不会有什么改变。由于上述原因,用传统的单一成本动因计算的成本就和弹性作业的成本动因计算出的成本有着差异。

表 8-3 多米尼恩公司截至 20×1 年 6 月 30 日的弹性作业预算

	预算公式	销售量(件)		
销售量(件)		7 000	8 000	9 000
销售额(美元)	$31.00	$217 000	$248 000	$279 000
作业				
加工		成本动因:机器小时数		
成本动因水平		14 000	16 000	18 000
变动成本	$10.50	$147 000	$168 000	$189 000
固定成本	$13 000	$13 000	$13 000	$13 000
加工作业总成本		$160 000	$181 000	$202 000
准备		成本动因:准备的次数		
成本动因水平		22	24	26
变动成本	$500	$11 000	$12 000	$13 000
固定成本	$12 000	$12 000	$12 000	$12 000
加工作业总成本		$23 000	$24 000	$25 000

（续表）

	预算公式	销售量(件)		
市场营销		成本动因:订单的数量		
成本动因水平		350	400	450
变动成本	$12	$4 200	$4 800	$5 400
固定成本	$15 000	$15 000	$15 000	$15 000
加工作业总成本		$19 200	$19 800	$20 400
行政管理		成本动因:销售量		
成本动因水平		7 000	8 000	9 000
变动成本	$0.20	$1 400	$1 600	$1 800
固定成本	$18 000	$18 000	$18 000	$18 000
加工作业总成本		$19 400	$19 600	$19 800
总成本		$221 600	$244 400	$267 200
经营收入(损失)		$(4 600)	$3 600	$11 800

那么公司在什么情况下应该使用这一更复杂的具有多样成本动因的弹性作业预算,而不是使用只有单一成本动因的传统弹性预算——比如产量呢?当该公司的成本有相当大的一部分是随成本动因变动而不是产量的时候。

为了简化起见,本章的剩余部分中我们将回到传统的弹性预算,只有一个成本动因——产量,来分析多米尼恩公司的经营。

利用弹性预算评价财务业绩

先前我们看到,比较实际结果和固定预算的差异——固定预算差异,对管理者来说并不是十分有用。问题在于有两个截然不同的因素导致了这种差异。实际结果与全

> **目 的 4**
> 解释固定预算、弹性预算与实际结果之间的业绩评价关系。

面预算不相符的原因有两个:一是销售额和其他成本动因作业与初始预测的不同;二是收入或者单位作业的变动成本和每期的固定成本与预期的不同。尽管这些原因不可能是完全独立的(例如,销售价格的上升可能导致销售量的下降),但分离这些影响还是有用的,因为可能有不同的人对它们负有责任,并且可能需要不同的管理行为。

利用弹性预算评价业绩的目的,是将实际结果未预期到的影响分离出来,以便在有不利影响时修正这种影响,在影响有利时加强这种影响。由于弹性预算是按照实际作业水平(在我们的例子中是销售量)编制的,弹性预算与实际结果的任何差异只能是因为实际成本或收入与弹性预算量的背离,其原因是定价或成本控制。弹性预算与实际结果之间的这种差异就叫做弹性预算差异(flexible-budget variances)。

相反,任何固定预算与弹性预算之间的不符或者差异是由于作业水平而非成本控制,这种固定预算量与弹性预算量之间的差

> **作业水平差异(activity-level variance)**:固定预算量与弹性预算量之间的差异。

异叫做**作业水平差异(activity-level variance)**。换言之,我们最初看到的实际结果与固定预算之间的差异(当初我们不能进行充分的解释),实际上由两部分组成:销售作业

差异和弹性预算差异。

考虑表8-4,摘自表8-2(并经简化)的弹性预算销售量7 000件(第3栏)在固定预算销售量9 000件与实际结果(第一栏)之间架起了一座解释的桥梁。在表8-4的底部,对经营收益差异进行了汇总。注意作业水平差异(这里是**销售作业水平差异(sales-activity variances)**,因为销售量是唯一的成本动因)与弹性预算差异之和正好等于全面预算差异总额:$81 400 + $5 970 = $24 370。

> **销售作业水平差异(sales-activity variances)**:销售量是唯一的成本动因的时候产生的作业水平差异。

我们下面来详细地看一下管理者是怎样使用差异来评价经营有效性和效率性的。

表8-4　多米尼恩公司截至20×1年6月30日的业绩总结

	实际作业水平下的实际结果* (1)	弹性预算差异† (2) = (1) − (3)	实际销售作业下的弹性预算‡ (3)	销售作业差异 (4) = (3) − (5)	固定预算 (5)
销售量	7 000	—	7 000	2 000 U	9 000
销售额	$217 000	—	$217 000	$62 000 U	$279 000
变动成本	158 270	5 670 U	152 600	43 600 F	196 200
边际贡献	$58 730	$5 670 U	$64 400	18 400 U	$82 800
固定成本	70 300	300 U	70 000	—	70 000
经营收入(损失)	$(11 570)	$5 970 U	$(5 600)	$18 400 U	$12 800

弹性预算差异总额 $5 970 U	销售作业差异总额 $18 400 U
全面预算差异总额 $24 370 U	

U代表不利,F代表有利。
* 数据来自表8-1。
† 更详细的数据在表8-5中。
‡ 数据来自表8-1销售量为7 000的一栏。

差异原因的分解

管理者们利用实际结果、全面预算以及弹性预算之间的比较来评价组织业绩。在评价业绩时,区分**有效性(effectiveness**,指目标、目的或指标实现的程度)和**效率(effectivency**,指为获得某一特定产出而合理使用投入物的程度)是有用的。

> **有效性(effectiveness)**:指目标、目的或指标实现的程度。

> **效率(effectivency)**:指为获得某一特定产出而合理使用投入物的程度。

业绩可以是有效的、有效率的,或两者兼备,或两者皆无。例如,多米尼恩公司指定的生产和销售量全面预算是 9 000 件产品,而实际只生产和销售了 7 000 件产品——按销售作业差异来衡量,业绩是无效的,因为销售目标没有实现。

多米尼恩公司是有效率的吗?管理者们通过比较实际产出(7 000 件产品)与实际投入(如直接材料成本和直接人工成本)来判断效率水平。在既定的产出水平下,投入越少,经营效率越高。就像弹性预算差异所指出的,多米尼恩公司是无效率的,因为实际投入的成本超过了达到实际产出水平的预期投入水平。

麦当劳餐馆也可以使用同样的分析。有效性(固定预算与弹性预算的差异)取决于哪家餐馆达到了销售目标的程度。效率(实际结果和弹性预算的差异)是实际经营利润和根据实际获得的销售水平所预期的利润之间的差异。

管理决策练习

一个公司计划以 3 美元的单位价格出售 1 000 件产品,预算的单位可变成本为 2 美元,预算固定成本为 700 美元,经营收入为 300 美元。假设公司实际卖出 800 件产品并获得 100 美元经营收入,计算并解释固定预算差异,销售作业差异及弹性预算差异。

答案:

固定预算差异为 200 美元的不利差异,是固定预算收入的 300 美元和实际收入 100 美元的差额。我们可以把固定预算差异拆成两部分来看:销售作业差异和弹性预算差异。销售作业差异是固定预算收入 300 美元和弹性预算收入 100 美元之间的差额——200 美元不利差异。弹性预算差异是弹性预算收入 100 美元和实际收入 100 的差额——0 美元差额。0 美元的弹性预算差异表示经营是有效率的,但 200 美元的不利销售作业差异则表示公司经营不是有效的。

弹性预算差异

前面已经学过,弹性预算差异计量的是在积极作业水平上经营的效率。表 8-4 中,前 3 列比较了实际结果与弹性预算量,弹性预算差异是第 1 列和第 3 列之间的差额,为不利差异,总额是 5 970 美元:

目 的 5
计算弹性预算差异和作业水平差异。

弹性预算差异总额 = 实际结果总额 − 弹性预算总额(计划结果)
　　　　　　　　 = (− 11 570) − (− 5 600)
　　　　　　　　 = − 5 970(美元) 或 5 970 美元不利差异

弹性预算差异总额产生于实际的销售价格、发生的变动成本以及固定成本。多米尼恩公司的实际销售价格与弹性预算销售价格之间没有差异,所以问题的焦点是实际成本与实际作业水平为 7 000 件产品的弹性预算成本之间的差异。如果没有第 3 列的弹性预算,我们就不能将成本性态差异的影响与销售量变动的影响分开。弹性预算差异反映出经营是否有效率,能构成定期业绩评价的基础。解释弹性预算差异的最佳人选是业务经理们。

表8-5是一个扩展的、逐步计算的多米尼恩公司有关的成本项目的弹性预算差异表。当以固定预算作为比较的基准时(参看表8-1),应注意表面上表现为有利差异的大多数成本实际上是如何产生不利差异的。为什么会这样呢?当销售低于目标时,在弹性预算中根据实际销售额产生的预算成本就比在固定预算中产生的预算成本要低得多。大多数情况下,尽管实际成本比固定预算低(产生有利固定预算差异),实际成本仍然比弹性预算要高(产生不利弹性预算差异)。

表8-5 多米尼恩公司截至20×1年6月30日成本控制业绩报告

实际发生成本	弹性预算*	弹性预算差异†		可能原因
数量	7 000	7 000	—	
变动成本				
直接材料	$69 920	$70 000	$80 F	价格降低,用量增加
直接人工	61 500	56 000	5 500 U	工资率提高,用量增加
间接人工	9 100	11 900	2 800 F	生产准备时间减少
闲置时间	3 550	2 800	750 U	机器故障超时
清洗时间	2 500	2 100	400 U	溢出溶剂的清洗
物料	4 700	4 200	500 U	价格提高,用量增加
变动制造成本	$151 270	$147 000	4 270 U	
运输费用	5 000	4 200	800 U	使用飞机运输以满足发货需要
管理费用	2 000	1 400	600 U	额外的复印及长途话费
变动成本总额	$158 270	$152 600	$5 670 U	
固定成本				
工厂管理	$14 700	$14 400	$300 U	工资增加
工厂租金	5 000	5 000	—	
设备折旧	15 000	15 000	—	
其他固定工厂成本	2 600	2 600	—	
固定制造成本	$37 300	$37 000	$300 U	
固定销售与管理成本	33 000	33 000	—	
固定成本总额	$70 300	$70 000	$300 U	
变动与固定成本总额	$228 570	$222 600	$5 970 U	

* 摘自表8-2中7 000件一栏。
† 这是将表8-4中第二栏差异的逐行列示。

不要轻易下结论认为有利的弹性预算差异就是好的,而不利的弹性预算差异就是坏的。不要陷入这种过于简单的结论中去。相反,应将所有差异理解为当管理者设定弹性预算的时候,实际经营没有按照期望的那样去运作而产生的。任何与弹性预算有重大差异的成本都应该被详细解释。有时候管理者们很容易解释为什么成本高于预算。例如,由于工资增加,直接劳动力成本可能增加。有时候成本比预算要低意味着公司开支太少。例如,运输费用可能低于预算,这可能是因为用缓慢的地面运输取代了空中运输,但是拖延的运送可能使顾客不满。表8-5的最后一列提供了对多米尼恩公司产生的差异的可能解释。

销售作业差异

在多米尼恩公司,我们假设所有变动成本的唯一动因就是单位销售量。在这样的例子中我们重申,作业水平的差异就是销售作业差异,它衡量的是管理者们完成计划销售目标的效果。在多米尼恩公司,销售作业水平与计划水平相比下降了 2 000 个单位。表 8-4 最后三列清楚地表明了销售作业差异(共计 18 400 美元不利差异)如何不受任何单位价格或变动成本的变动的影响。为什么呢?原因在于在编制弹性预算和固定预算的时候,所使用的单位价格和变动成本都是一致的。只有单位销售量才会影响销售作业差异。同样注意到在固定成本中永远不会有销售作业差异。为什么呢?因为在弹性预算中的总固定成本预算和固定预算中的是完全相同的。

销售作业差异总额使管理者了解到:是因为实际销售量比目标销售量低了 2 000 单位,才导致了经营收入比预算收入低了 18 400 美元(是 5 600 美元的损失而非 12 800 美元的利润)。总之,销售量下降了 2 000 单位导致多米尼恩公司产生了 2 000 单位产品的总销售作业差异,其单位边际贡献为 9.20 美元(见表 8-2 第 1 列)。

销售作业差异总额 =(实际销售量 − 固定预算销售量)× 预算单位边际贡献
= (9 000 − 7 000) × 9.20
= 18 400(美元) 不利差异

谁该对销售作业差异负责呢?市场营销部经理通常对达到固定预算要求的销售水平负有主要责任。当然,销售量变动可能是由许多因素引起的,包括生产质量低下和运送错误。①

但不管怎样,市场营销部经理是解释为什么实际销售作业不同于计划水平的最佳人选。

想想戴尔、COMPAQ、GATEWAY、INTEL、CISCO 等公司和其他科技公司在这十年中的情形。没有预期到的计算机销售下降导致了这些公司的实际销售量远低于预期。尽管它们的运作是有效的(没有不利弹性预算差异),但是大量的不利销售作业差异导致了经营经营收入大幅低于预期经营收入水平(固定预算)。

制定标准

建立弹性预算,管理者必须决定标准成本。**标准成本(standard cost)** 是经过仔细研究设计确定的应该达到的单位成本,它常常与**预期成本(expected cost)**(最可能实现的成本)同义,但是一些公司有意将其标准成

> **标准成本(standard cost)**:经过仔细研究设计确定的应该达到的单位成本。

> **预期成本(expected cost)**:最可能实现的成本。

---

① 例如,销售作业差异可以进一步细化到销售数量、销售组合、市场规模以及市场份额差异。对销售作业差异进一步的研究可参看 Charles T. Horngren, George Foster, and Srikant M. Datar, *Cost Accounting*: *A Managerial Emphasis* (Upper Saddle River, N. J.: Prentice Hall, 2000), 573—580 页。这种销售作业差异可能是由生产的改变、消费者需求的改变及有效的广告等造成的。

本定得高于或低于预期成本,以产生预期的激励效果。

标准成本是很普及的,在美国,有超过85%的公司在使用它。但是标准成本意味着对不同公司有不同的结果。在弹性预算中应当使用什么样的预期业绩标准呢?它应该制定得很严格以至于很少有机会(如果有的话)可以达到吗?还是应该有50%或者90%、20%的概率可以达到呢?每一个在制定和评价标准方面工作一辈子的人,都会有不同的看法。因此,这一问题没有统一的、确定的答案。如同在后面的商业快讯中描述的那样,许多公司开始采纳标准来满足其特定的需要。

最优标准(perfection standards),也叫**理想标准(ideal standards)**,是指在可以想象到的最好的条件下,使用现有的规格和设备所能达到的最有效率的业绩水平。这种标准不允许有浪费、损失及机器失灵等情况的出现。

> **最优标准(perfection standards)**,也叫**理想标准(ideal standards)**:指在可以想象到的最好的条件下,使用现有的规格和设备所能达到的最有效率的业绩水平。

赞同采用最优标准的人士认为,在这种标准下,不利差异将会不断提醒人们:在经营的各个方面都需要持续地改进。尽管持续改进得到了广泛的关注,但是,这种标准却没有得到广泛的采用,原因在于这种标准对于员工激励会产生负面影响。员工们往往会忽视不合理的标准,尤其是当他们不能分享完成既定的最优标准而带来的收益的时候。许多组织一般都通过"自下而上"的方式获得不断的改善,而不是通过最优标准来规定应该达到什么目标。

当前可达到标准(currently attainable standards) 是指通过现实的努力可以达到的业绩水平,它允许出现正常的次品、损坏、浪费及非生产性时间。对于当前可达到标准的意义至少有两种解释。

> **当前可达到标准(currently attainable standards)**:指通过现实的努力可以达到的业绩水平。

一种解释认为,标准应当制定得刚刚好,能使员工认为如果付出了正常的努力和勤奋就极有可能达到标准;也就是说,差异应该是随机的、微不足道的。因此,标准是对可能发生的事情的预测,并事先预计到一些低效率的情况。管理者们把标准当做合理的目标来接受。制定"合理"标准的主要原因如下:

1. 得出的标准是为多重目的服务的。例如,公司可以用得出的同一成本标准来衡量财务预算、存货计价及预算编制部门的表现;相反,最优标准就不能用于存货计价或者财务预算,因为它们的成本不准确。

2. 合理的标准会对员工产生预期的激励作用,尤其是当它与持续改进而采取的激励措施结合起来的时候更是如此。这个标准代表了合理的未来业绩,而不是凭空想象的目标。因此,不利差异就直接使管理者注意到那些没有达到合理标准的业绩。

当前可达到标准的另一种解释是设定近期可达到的标准,这个标准在最优标准和第一种解释的标准之间。也就是,员工认为他们完成标准是有可能的,虽然不一定有把握,只有高效率的运作才能达到标准。差异通常是不利的,然而员工将这些标准看做严格而非不合理的目标。

采用当前可达到标准可能获得持续改进吗?答案是肯定的,但是预期必须反映改进后的生产率,而且必须将其与奖励持续改进的激励系统紧密结合。

采用标准成本方法的需要

在 20 世纪的最后 20 年中,标准成本和差异分析受到了广泛的批评。评论家认为,把实际成本与预定标准成本进行比较是一种静态的方法,它不能很好地适应当今动态的、快节奏的、瞬息万变的环境。然而,有些公司仍在使用标准成本法,并以此来衡量业绩。对 5 个不同国家做的一项调查显示,65%—86% 的制造企业使用标准成本方法——美国的比例高达 86%。很显然,这些企业已经使得这种方法适应了现代环境。

在这样一个动态的环境中应用标准,管理人员是如何衡量和报告那些差异的呢?首先,要定期对标准进行评估。如果企业正处于一个不断进步的状态中,那么衡量的标准也必须经常修正。其次,标准和差异要能计量关键的战略性变化。设定一个标准,把实际结果同这一标准进行比较,然后找出差异存在的原因。这个原理是通用的,它可以应用于多种类型的计量中,例如生产数量或者生产质量及成本。最后,不能因为差异的存在而去责备标准。标准是一种计划,而事情并非总是按照计划进行——通常这中间并无人为的错误。

派克汉尼汾公司(Parker Hannifin Corporation)的黄铜产品部门(BPD)也是使用这种标准成本方法来满足它的特定需求的。这家拥有 80 亿美元资产的公司生产运动和控制产品。BPD 为了达到持续改进的目标,使用标准成本和差异来查明需要关注的问题。在所有引起标准成本上升的变化中,应了解更多及时的生产成本信息、计算出的更详细的差异,以及定时召开的、有助于员工明白其对这些差异产生的影响的会议。

在许多公司,标准成本的生命力还是很旺盛的,运行得很好。然而,传统的差异分析方法使用的环境已经越来越少,越来越多的情况需要管理者和会计师们采用标准成本概念,以适应公司的特别需要。例如,BPD 还创建了三个新的差异:(1)标准运行数量差异——通过与最佳生产运行批量对比检验实际运行效果;(2)材料代替差异——把材料成本与可替代材料成本进行对比;(3)加工方式差异——通过与用可替代的机器生产的成本进行比较来衡量实际使用机器的成本。所有这些差异都使用了同样的原理,就是建立起一个标准,然后把实际结果同它进行比较,但是没有使用传统的标准成本差异计算公式。

资料来源:Adapted from D. Johnsen and P. Sopariwala, "Standard Costing Is Alive and Well at Parker Brass," *Mandagement Accounting Quarterly*, Winter Systems: Is Standard Costing Obsolete?" *Accounting Horizons*, December 1996, pp.23—31; C. Horngren, G. Foster, and S. Datar, *Cost Accounting: A Managerial Emphasis*, 12th ed. (Upper Saddle River, NJ: Prentice Hall, 2006), p.229; and Parker Hannifin Corp., *Parker Hannifin* 2006 *Annual Report*。

差异中的相互代替

对于任何一个组织来说,其各种经营都是紧密相连的,一个经营领域的业绩通常影响到其他领域的业绩。这种影响的任何组合几乎都是可能的:一个领域的改进会带动其他领域的改进;反之,一个领域未达到标准的业绩可能与其他领域较优的业绩相抵消。例如,麦当劳可以通过雇用不熟练的、报酬要求更低的销售代表来产生有利的人工成本差异,但是这种有利差异可能导致不利的顾客满意程度和未来不利的销售作业差异。另一种情况是,通用汽车公司可能因为以比计划价格高的实际价格购买高质量水平的材料而遭受不利差异,但这种差异可能足以被更少的浪费、更少的检查以及更高质量产品引起的有利差异所抵消。

因为作业活动相互依赖,管理者不应凭借"不利"或"有利"的"标签"匆忙作出结论。这些"标签"本身仅仅提出问题,为调查产生业绩的原因提供线索;它们是注意力的引导者,而不是问题的解决者;而且,差异的原因可能是错误的预测,而不是管理者们对计划的执行。在解释一个较大差异时,管理者应该考虑的首要问题之一就是预测是否正确。

何时调查差异

何时对差异进行调查呢?在某些重要项目中,任何偏差都可能导致一系列的连锁反应。然而,大多数情况下,管理者们都承认,即使每一件事情都按计划运作,差异也不可能正好等于零。他们会预计"正常"差异的范围,这一范围是以经济分析为基础确定的,经济分析的对象是差异多大时才值得为调查它们而付出努力。可接受的范围有时是以百分比来表述的,但是考虑预算间的金额差异也很重要。例如,1 000 000 美元材料成本的4%的差异可能比 10 000 美元修理成本的 20%的差异更值得关注。因为很难准确知道什么时候该调查,所以许多组织采取的是一些经验法则,如"调查所有超过预期成本 5 000 美元或者 25%的差异"。

与前期结果的比较

一些组织将最后一个预算期的实际结果与上一年同期的结果进行比较,而不是使用弹性预算标准。例如,一家企业将 2008 年 6 月的实际结果与 2007 年 6 月的实际结果相对比。一般地,对于评价组织业绩来说,这种比较不如同期实际结果与计划结果的比较更有用。为什么呢?因为环境和组织发生的许多变动,使跨年度的比较变得没有任何意义。与以前年度的差异仅仅是时间的流逝,此外各方面均保持不变——这样的组织几乎没有。例如,在 2001 年和 2002 年美国股市遭受重创时,美林证券不得不对经营作出大规模的改革以"在特定领域里提高收入和降低成本"。比较 2003 年和 2002 年或 2001 年的经营结果不会有任何意义,因为公司的经营情况在 2003 年完全不同了。甚至与上个月实际结果的比较也不会比与弹性预算的比较更有用。对于重要变量,如销售量、市场份额和产品组合等的趋势分析,跨期比较可能是有用的,但是它们对于回答多米尼恩公司"为什么我们预期 6 月有 12 800 美元的利润,却亏损了 11 570 美元"或者美林证券"为什么 2002 年的经营利润增长了 7%,但收入却降低了 15%"这样的问题却毫无用处。

小结与复习

问题:

参照表 8-1 和表 8-2 的数据,假定实际生产和销售量为 8 500 件而非 7 000 件,实际变动成本为 188 800 美元,实际固定成本为 71 200 美元,销售价格保持为每件 31 美元。

要求:

1. 计算固定预算差异。这一差异说明经营效率怎么样?经营的有效性又如何?
2. 计算销售作业差异。市场营销部门的业绩是这一差异产生的唯一原因吗?为什么?
3. 用实际作业水平的弹性预算计算预算的边际贡献、预算的经营收益和弹性预算差异。从这一差异中你认识到了什么?

答案:

1. 实际经营收益 = (8 500 × 31) − 188 800 − 71 200 = 3 500 美元
   固定预算经营收益 = 12 800(见表 8-1)
   固定预算差异 = 12 800 − 3 500
   　　　　　　 = 9 300 美元不利差异

   三个因素影响固定预算差异:销售作业、效率以及价格变动。仅仅从固定预算差异的角度无法说出 9 300 美元不利差异中有多少是由这些因素中的任何一个单独引起的。

2. 销售作业差异 = 预算单位边际贡献 × 固定预算销售量与实际销售量的差额
   　　　　　　 = 9.2 × (9 000 − 8 500)
   　　　　　　 = 4 600 美元不利差异

   这一差异被称为销售作业差异,因为它量化了在价格和效率因素不变时与原销售部标准之间的差异对收益的影响。这是对经营有效性的计量——多米尼恩公司没有完成其销售目标可以追溯到市场营销人员控制之外的多个原因,包括原料短缺、工厂停工等。

3. 表 8-2 中的预算公式是以下答案的基础：
    弹性预算边际贡献 = 9.2 × 8 500 = 78 200(美元)
    弹性预算经营收益 = 78 200 – 70 000 固定成本 = 8 200(美元)
    实际经营收益 = 3 500(见要求 1)
    弹性预算差异 = 8 200 – 3 500 = 4 700(美元) 不利差异

弹性预算差异表明，与经营有效率、单位成本不变的情况相比，公司生产和销售的 8 500 件产品多耗用了 4 700 美元的费用。注意，这一差异加上 4 600 美元不利销售作业差异，等于 9 300 美元不利的固定预算差异。

弹性预算差异详解

本章的剩余部分将深入研究、分析弹性预算差异，重点是将人工、材料和间接费用差异区分为不同的部分。注意，不是所有公司都有这三种差异。有些公司没有材料成本，有些公司的直接人工成本相对于总成本较小（即高度自动化公司），就把直接人工成本看做间接成本项目。例如，在钢铁企业的铁丝制造部门使用 ABC 系统，他们把人工成本和间接费用都归为加工成本。这种公司不单独计算人工的标准、预算或差异。

材料和人工标准的差异

多米尼恩公司直接材料标准成本为 10 美元，直接人工标准成本为 8 美元。这些单位成本由两个部分组成：投入的标准数量和投入的标准价格。

	标准		
	单位产出的 预期标准投入量	单位投入的 预期标准价格	单位产出的 弹性预算成本
直接材料	5 磅	2 美元/磅	10 美元
直接人工	0.5 小时	16 美元/小时	8

一旦确定了标准并观察到实际结果，我们就可以计量实际结果与弹性预算的差异。为了显示怎样更充分地进行差异分析，我们将重新考虑多米尼恩公司的直接材料成本和直接人工成本（见表 8-5），并且假设为生产 7 000 件产品实际发生了如下支出：

- 直接材料：多米尼恩公司购买并使用材料 36 800 磅，实际单位价格为 1.90 美元，实际成本总额为 36 800 × 1.90 = 69 920(美元)。
- 直接人工：多米尼恩公司使用人工 3 750 小时，实际小时价格(公司率)为 16.40 美元，实际人工成本总额为 3 750 × 16.40 = 61 500(美元)。

直接材料和直接人工的弹性预算总额是指多米尼恩公司根据标准数量和标准成本达到的产量的预期生产耗费量。我们把它称为准许标准成本，计算如下：

$$\begin{matrix}\text{弹性预算或准许} \\ \text{标准成本总额}\end{matrix} = \text{达到的产出数量} \times \frac{\text{单位产出}}{\text{准许的投入}} \times \frac{\text{投入的单位}}{\text{标准价格}}$$

准许的标准直接材料成本 = 7 000 件产品 × 5 磅 × 2.00 美元/磅 = 70 000 美元

准许的标准直接人工成本 = 7 000 件产品 × 1/2 小时 × 16.00 美元/小时 = 56 000 美元

注意弹性预算量(也就是准许标准成本)取决于一个基本问题:什么是达到的产出数量?准许的标准成本就是实际达到的产出量的计划成本。

直接材料和直接人工弹性预算差异分别为 80 美元有利差异和 5 500 美元不利差异:

	(1) 实际成本	(2) 弹性预算	(3) 弹性预算差异
直接材料	$69 920	$70 000	$80 F
直接人工	61 500	56 000	5 500 U

价格差异和用量差异

把弹性预算差异分解为价格差异和用量差异,我们可以通过管理者能够控制的差异来更好地评价它们。**价格差异(price variance)** 指公司是否为每项投入付出了比标准价格更多或更少的成本:

> **目 的 6**
> 计算并解释基于成本动因作业的投入的价格差异与数量差异。

> **价格差异(price variance):** 各项实际的投入价格与标准的投入价格之间的差异乘以实际投入数量。

$$\text{价格差异} = (\text{实际价格} - \text{标准价格}) \times \text{实际投入数量}$$

数量差异是指公司是否有效地使用了投入资源:

$$\text{数量差异} = (\text{实际使用数量} - \text{达到实际产出的准许标准数量}) \times \text{标准价格}$$

在本章中你可能会遇到一些差异的专业术语,例如,许多公司在价格差异用于人工时称之为**效率差异(rate variance)**,他们也经常把数量差异叫做**用量差异(usage variance)** 或者**效率差异(efficiency variance)**。你甚至可能看到新的或完全不同的差异定义。因为差异的专业术语实在很多,你应该提出任何必要的疑问以确保你理解了每个遇到的任何差异的确切定义。

> **数量差异(quantity variance):** 实际投入数量与达到预定产出水平所允许的标准投入数量之间的差异乘以投入的标准价格。

> **效率差异(rate variance):** 实际劳动效率与标准劳动效率之间的差异乘以所用劳动的实际数量。

假设一个营业经理控制在生产过程中物料的数量,但是不负责价格。那么,对于评价这个营业经理,数量差异可能比价格差异更相关。究竟谁控制价格差异呢?负责采购物料的经理可能控制价格,因此对价格差异负责。然而,可能采购经理对价格也没有太多的控制。为什么呢?因为外部市场压力常常是影响价格的最重要的因素。不管价格差异对评价目的是否重要,只要数量差异对于评价业绩很重要,我们把价格差异和数量差异分解开来还是很有用的。例如,小麦、燕麦、玉米和稻米的价格就不在通用磨坊公司控制之内,通过区分价格差异和用量差异,这家谷类早餐生产商可以将注意力集中在谷物是否得到有效率的使用上。

让我们来仔细地看看价格和数量差异。图 8-2 表明了价格和数量差异的计算。图 A 表明了实际价格和标准价格相等时,仅有数量差异;图 B 表示当实际数量和标准数量相等时,仅有价格差异;图 C 表示了有关数量和价格的更多的情况。在这三种情况下,标准成本(或弹性预算)是标准数量乘以标准价格。图 A 的数量差异是实际使用量与标准数量之差和标准价格的乘积。图 B 的价格差异是实际支付价格与标准价格之差与标准数量的乘积。

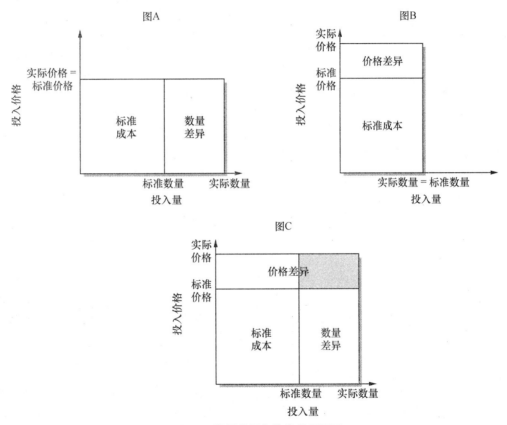

图 8-2　数量差异和价格差异图示

图 C 表明了两个差异的共同作用(阴影部分)。就概念上来说,这种共同作用可能来自价格差异或数量差异的一部分,或者可能被定义为单独的第三种差异。在实践中,大多数公司把这种共同作用作为价格差异中的一部分。这就意味着我们把价格差异应用在使用数量总额上,包括标准数量和其他使用数量。那么数量差异就是实际和标准数量之差乘以标准价格,所以价格差异不受数量差异的影响。

为了举例说明价格差异和数量差异,我们把多米尼恩公司的弹性预算差异分解成物料和人工的价格差异和数量差异。价格差异是:

$$\text{直接材料价格差异} = (\text{实际价格} - \text{标准价格}) \times \text{实际数量}$$
$$= (\$1.90 - \$2.00) \text{每磅} \times 36\,800 \text{磅}$$
$$= \$3\,680 \text{ 有利差异}$$
$$\text{直接人工价格差异} = (\text{实际价格} - \text{标准价格}) \times \text{实际数量}$$
$$= (\$16.40 - \$16.00) \text{每小时} \times 3\,750 \text{小时}$$
$$= \$1\,500 \text{ 不利差异}$$

数量差异为:

$$\text{直接材料数量差异} = (\text{实际使用量} - \text{准许标准量}) \times \text{标准价格}$$
$$= [36\,800 - (7\,000 \times 5)] \text{磅} \times \$2.00/\text{磅}$$
$$= (36\,800 - 35\,000) \times \$2$$
$$= \$3\,600 \text{ 不利差异}$$
$$\text{直接人工数量差异} = (\text{实际使用量} - \text{准许标准量}) \times \text{标准价格}$$
$$= [3\,750 \times (7\,000 \times 1/2)] \text{小时} \times \text{每小时} \$16$$
$$= (3\,750 - 3\,500) \times \$16$$
$$= \$4\,000 \text{ 不利差异}$$

分解每个弹性预算差异的结果为价格差异和数量差异两部分。因此,直接人工价格差异和数量差异合计等于直接人工弹性预算差异;直接材料价格和数量差异合计等于直接材料弹性预算差异。

$$\text{直接材料弹性预算差异} = \$3\,680 \text{ 有利差异} + \$3\,600 \text{ 不利差异}$$
$$= \$80 \text{ 有利差异}$$
$$\text{直接人工弹性预算差异} = \$1\,500 \text{ 不利差异} + \$4\,000 \text{ 不利差异}$$
$$= \$5\,500 \text{ 不利差异}$$

学生们可以使用逻辑推理确定差异是有利差异还是不利差异,而不需要死记公式:对价格差异而言,如果实际价格低于标准价格,价格差异就是有利差异;对用量差异而言,如果实际使用量低于准许标准数量,用量差异就是有利差异。相反则为不利差异。

总结物料和人工差异

图 8-3 用一种格式对直接材料和直接人工进行了分析——这种格式值得学生们仔细研究。一般方法在图的上部,紧接着就是具体应用。尽管开始时该图可能有些繁杂,但重复运用后将巩固你对差异分析的理解。图 8-3 的 A 列包含了被评估的预算期间投入的实际成本,B 列是实际投入使用量下的预期成本,即实际使用数量乘以期望价格,C 列是标准投入量下的预期成本,采用的是基于完成实际产出的标准投入的弹性预算和期望价格(也就是表 8-5 中 7 000 件产品的弹性预算量)。B 列插在 A、C 列之间,分隔了价格和数量的作用。管理者能够找出 A 列和 B 列之间由价格引起的差额,因为 A、B 列用量保持在同样的实际用量水平上。他们也可以在 B、C 列找出由用量的变动引起的差异,因为在 B、C 列中价格保持为期望价格不变。

图 8-3 演示了怎样计算基于实际产出量的标准投入的弹性预算(C 列)。因为大多数企业制造多种产品,它们发现把产出量总额转换成一个常见的计量单位是非常有必要的,

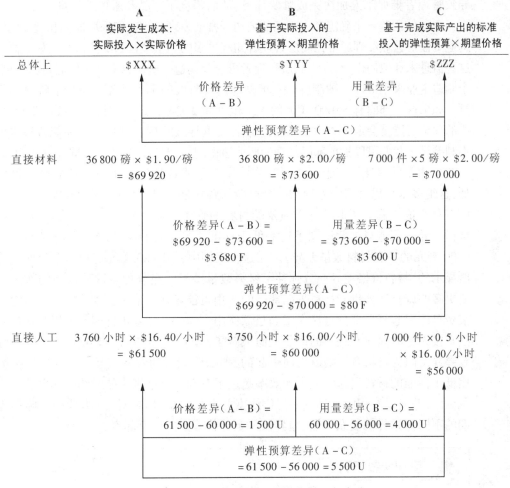

图 8-3 直接人工和直接材料差异分析的一般方法

比如基于产出的标准人工小时。例如,假设一个家具工厂生产 12 000 把椅子和 3 000 个沙发,如果每把椅子需要 1 个标准人工小时,每个沙发需要 2 个标准人工小时,工厂可能会把产量表示为(12 000 ×1)+(3 000 ×2)=18 000 个达到产出水平的准许标准小时数。达到产出水平准许的标准小时数是把完全不同的产出单位(椅子和沙发)转化成基于生产量(达到产出水平准许的标准小时数)的常用标准作业计量单位。

对价格差异与数量差异的解释

价格差异和数量差异对负责管理投入量的那些人来说提供了反馈信息。然而,仔细考虑这些反馈信息产生的动机很重要。如果只关注于物料价格差异,就会和组织中的适时制系统和全面质量管理目标相抵触。例如,一个采购经理可能会购买大批量、低质量的材料,以获取有利的材料价格差异,结果导致了超额的存货管理成本和机会成本,并且因为材料有缺陷而增加了次品的数量。另外一个例子是,仅仅强调人工价格差异,会使主管们使用低成本或技术水平较低的工人。类似地,仅仅强调人工数量差异会导致管理者催促工人加快完成紧要任务,从而降低了产品和服务的质量。

主要使用差异来确定个人责任的公司经常会发现管理者们采取欺骗和破坏的行为来逃避责任。营业经理通常比高层管理者知晓更多的关于经营状况的信息。如果监督者用这些信息来和他们作对,那么底层管理者可能会伪造一些信息来保护他们自己。例如,一个制造企业采用这样一种制度——根据部门现阶段的不利差异来减少下阶段的部门预算。如果这个部门有 50 000 美元的人工预算和 2 000 美元的不利人工数量差异,下个阶段的预算可能就会定在 48 000 美元。这种制度导致管理者虚报信息并伪造报告来避免不利差异。我们可以批评部门经理的职业道德问题,但是这种体制也同样存在问题。

单凭差异本身并不能完全说明公司实现了或者是没能实现预定的经营目标。例如,这组多米尼恩公司的差异的一个可能的解释是:这是管理者权衡利弊的结果。那些以有利的价格购买了低于标准质量的材料的管理者——节约了 3 680 美元(有利材料价格差异),可能早就意识到了这些低于标准质量的材料可能会导致材料的超额浪费(600 美元的不利材料数量差异)。在这个案例中,如同 80 美元有利的净弹性预算差异所显示的,材料价格差异充分弥补了材料数量差异。充分理解这种权衡的作用可能需要更多的调查和分析。材料采购部门的作用可能超越了材料差异的作用,因为材料的浪费可能引起至少部分直接人工的超额使用。为什么呢?也许多米尼恩公司使用了一些直接人工时间在有缺陷的产品上而浪费了时间。假设多于 80 美元的净材料弹性预算差异是因为材料有缺陷返工而引起的,那么管理者的权衡就是不成功的——因为使用低于标准的材料引起的成本无效率超过了有利的价格带来的节约。如同我们之前注意到的,差异是有用的工具——提供线索并引起注意,但是对于"为什么实际结果与预期的不同?"这样的复杂问题,差异仅仅是寻找答案的一个起点。

 管理决策练习

差异分析的概念并不仅仅局限在财务预算上。假设一个工厂每天开工 8 小时,每小时生产 50 单位的产品。3 月 23 日,该工厂生产了 276 单位的产品。由于机器发生故障,该工厂当天只开工了 6 小时。运用与分离数量差异和价格差异相同的原理框架,确定当天减产的 124 单位产品中有多少是由生产 5 小时引起的,有多少是由实际生产时间内的低效率导致的。

答案:

正常产量应该是 50×8=400 单位/天,如果与计划的差异仅仅是少生产的 2 个小时,那么产量应该是 50×6=300 单位,因此机器故障导致的产量减少为 50×2=100 单位。余下的减少量是由实际生产率(276/6=46 单位/小时)低于标准生产率 50 单位/小时引起的,由生产率的降低而导致的差异是不足率(4 单位每小时)乘以实际工作小时(6 小时)=24 单位。

间接费用差异

一些公司认为没有必要把每一项间接费用如同直接人工和直接材料差异那样细分。他们不再分析弹性预算差异中的间接费用，因为过于复杂的分析相对于付出的努力来说

> **目 的 7**
> 计算变动间接费用的支出差异和效率差异。

是得不偿失的。例如，多米尼恩公司的物料弹性预算差异——可变间接成本，为 $4 700 − $4 200 = $500 不利差异，如表 8-5 所示。多米尼恩公司可能得出结论：没必要再细分这项差异。不过，也有一些公司认为有必要进一步地分析变动间接费用的弹性预算差异。

变动间接费用差异

变动间接费用支出差异（variable-overhead spending variance）：由于实际变动间接费用与实际成本动因作业水平下的变动间接费用的差异而引起的间接费用差异。

变动间接费用弹性预算差异可以分成两部分。当实际成本动因作业水平与达到实际产出水平所准许的标准量之间有差异时，就会产生**变动间接费用效率差异**（variable-overhead efficiency variance）。计算如下：

$$\begin{matrix}\text{变动间接费用}\\ \text{效率差异}\end{matrix} = \left(\begin{matrix}\text{实际成本}\\ \text{动因作业}\end{matrix} - \begin{matrix}\text{准许标准成本}\\ \text{动因作业}\end{matrix}\right) \times \begin{matrix}\text{每单位成本动因下的}\\ \text{标准变动间接费用率}\end{matrix}$$

这个公式告诉我们是否由于良好或不佳的成本动因作业控制导致了间接费用的浪费或节约。它与控制每成本动因单位下的变动成本没有关系。

> **变动间接费用效率差异**（variable-overhead efficiency variance）：由于实际成本动因作业水平与达到实际产出水平所准许的标准量之间有差异而引起的间接费用差异。

另外一个差异是由实际变动间接费用与实际成本动因作业水平下的变动间接费用的差异，叫做**变动间接费用支出差异**（variable-overhead spending variance）：

$$\begin{matrix}\text{变动间接费用}\\ \text{支出差异}\end{matrix} = \begin{matrix}\text{实际变动}\\ \text{间接费用}\end{matrix} - \left(\begin{matrix}\text{标准变动}\\ \text{间接费用率}\end{matrix} \times \begin{matrix}\text{实际使用的}\\ \text{成本动因作业}\end{matrix}\right)$$

这项差异结合了价格与数量的作用，告诉我们在实际成本动因作业水平下，管理者们对变动间接费用控制得有多好。

图 8-4 列举了多米尼恩公司的一些变动和固定间接费用差异的计算。这个例子把 500 美元不利物料弹性预算的变动间接费用差异分解成支出和效率差异。我们计算使用的成本动因数量与准许的数量之差，再乘以标准变动间接费用率，就得出了效率差异。在多米尼恩公司，变动间接费用的成本动因是直接人工小时。单位产品的标准人工时间是 1/2 小时，或者是达到实际产出水平 7 000 件所准许的 3 500 小时。因此，在表 8-5 中物料的弹性预算 4 200 美元就可以转化成 $4 200 ∕ 3 500 小时 = $1.20/小时，直接人工达到了产出水平。因为在多米尼恩公司使用了 3 750 人工小时，同时当生产

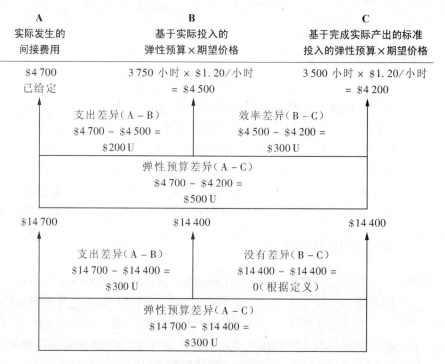

图 8-4　间接费用差异分析的一般方法

量为 7 000 件时，有 1/2 小时/件 × 7 000 件 = 3 500 准许标准小时，因此产生了 250 人工小时的超额。每人工小时产生 1.20 美元的变动间接费用，因此超额的人工小时花费了公司 250 件 × 1.20 美元/件 = 300 美元变动间接费用成本。

$$\begin{aligned}\text{物料的变动间接} \\ \text{费用效率差异}\end{aligned} = \left(\begin{aligned}\text{实际直接} \\ \text{人工小时}\end{aligned} - \begin{aligned}\text{准许标准} \\ \text{直接人工小时}\end{aligned}\right) \times \begin{aligned}\text{每小时标准} \\ \text{变动间接费用率}\end{aligned}$$

$$= \left(\begin{aligned}3\,750\text{ 小时} \\ \text{实际时间}\end{aligned} - \begin{aligned}3\,500\text{ 小时} \\ \text{准许标准时间}\end{aligned}\right) \times 1.2\text{ 美元}/\text{小时}$$

$$= \$300 \text{ 不利差异}$$

这个例子显示了一个普遍的准则：当实际成本动因作业量超过实际产出水平所准许的作业量时，间接费用效率差异就是不利差异；反之亦然。简而言之，变动间接费用效率差异使管理层认识到不加以控制地使用成本动因作业所要付出的代价（或当差异是有利的时候，将节约的成本）。

弹性预算的另一个组成部分计量了在实际成本动因作业下对间接费用支出的控制。变动间接费用支出差异是实际的变动间接费用与当使用 3 750 小时的实际的直接人工小时的预期变动间接费用之差：

$$\begin{aligned}\text{物料的变动间接} \\ \text{费用支出差异}\end{aligned} = \begin{aligned}\text{实际变动} \\ \text{间接费用}\end{aligned} - \left(\begin{aligned}\text{标准变动} \\ \text{间接费用率}\end{aligned} \times \begin{aligned}\text{实际使用的} \\ \text{直接人工小时}\end{aligned}\right)$$

$$= \$4\,700 - (\$1.20 \times 3\,750 \text{ 小时})$$

$$= \$4\,700 - \$4\,500$$

$$= \$200 \text{ 不利差异}$$

和其他差异一样,间接费用差异本身并不能确认导致实际结果不同于固定和弹性预算的原因。变动间接费用的支出差异和用量差异的区分是进一步调查的出发点,管理层找出间接费用的支出情况与预算不一致的原因的唯一方法,是对可能的原因进行调查。

固定间接费用差异

分析固定间接费用差异的框架与我们之前使用的分析变动成本差异的框架不同。考虑工厂主管费用——一项固定成本,如图8-4 中的底部所示。B 列基于实际投入的弹性预算和 C 列基于完成实际产出的标准投入的弹性预算总是相同的。为什么呢?因为固定间接费用并不会随着产出量(或投入量)的变化而变化。在图 8-4 中的整个固定

> 目 的 8
> 计算固定间接费用支出差异。

> 固定间接费用支出差异(fixed overhead spending variance):实际支出的固定间接费用与预算中给出的固定间接费用之间的差异。

间接费用弹性预算差异是由 A 列和 B 列的不同引起的,因为在定义上,C 列和 B 列并无差异。A 列的实际固定间接成本和 B 列的预算成本之差就是**固定间接费用支出差异**(**fixed overhead spending variance**)。例如,多米尼恩公司的工厂主管费用的固定间接支出费用差异是 $14 700 – $14 400 = $300 不利弹性预算差异,即实际工厂主管成本与固定预算中给出的预算数值(与弹性预算中的数值相同,因为这是固定间接费用)之差。

在第 13 章中,你将遇到第二种固定间接费用差异——生产量差异。因为生产量差异与成本控制没有关系,在本章中我们就把固定间接费用支出差异作为唯一的固定间接费用差异。

小结与复习

问题:

以下问题以本章中多米尼恩公司例题中的数据为基础:
- 直接材料:标准,5 磅,每磅 2 美元
- 直接人工:标准,1/2 小时,每小时 16 美元

假设以下是生产 8 500 件产品的实际结果:
- 直接材料:多米尼恩公司以每磅 1.85 美元的实际单位价格购买并使用了 46 000 磅直接材料,成本总额为 85 100 美元。
- 直接人工:多米尼恩公司以 16.80 美元的小时工资率使用了 4 125 小时的直接人工,成本总额为 69 300 美元。

1. 计算直接人工和直接材料的弹性预算差异和价格、用量差异。

2. 在要求 1 中,你应该计算出了直接材料价格有利差异为 6 900 美元。这是一个好的结果吗？解释原因。

答案：

1. 差异如下所示：

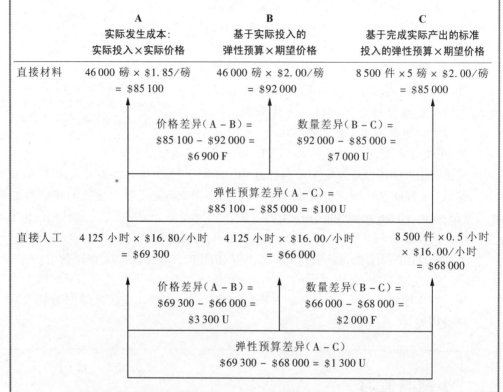

2. 有利的价格差异可能并不是一个好结果。当价格很低时,可能促使多米尼恩公司的管理者们去购买一些超过它当前需要的额外的存货,导致额外的仓储和处置成本。有利的价格差异也可能意味着材料的质量低于计划要求的水平。只有当有利的材料价格差异超过任何由采购材料的质量与数量导致的不利材料、人工和间接费用差异时,它才是一个好的结果。

记忆重点

1. **区分固定预算和弹性预算**。弹性预算是跟不同水平的成本动因作业相契合的,而不是像固定预算那样仅仅是基于一种固定的作业水平而编制的。弹性预算可以在事前或者事后按照特定销售水平或者成本动因作业量来编制,它可以揭示任何作业水平期望的收入和成本。

2. **用弹性预算公式构造以销售量为基础的弹性预算**。成本函数或者弹性预算公式反映了固定成本和变动成本的性态,它使管理者可以计算任何期望的产出或者成本动因作业水平的预算。以成本动因量来计量,弹性预算是单位成本动因量的变动成本乘以实际产出水平的期望作业量。弹性预算固定成本是单独的成本,与相关范围内的作业水平无关。

3. **编制弹性作业预算**。当一个公司的运营成本显著地随着成本动因的变动而变动,而不是随着产量的变动而变动时,公司就可以从编制弹性作业预算中受益。这种预算的编制基于每一个作业以及相关的成本动因的预算成本。

4. **解释固定预算、弹性预算与实际结果之间的业绩评价关系**。固定预算和弹性预算之间的不同或者差异是由作业水平引起的,而不是由控制引起的,这种差异叫做作业水平差异。弹性预算与实际结果之间的差异叫做弹性预算差异。

5. **计算弹性预算差异与作业水平差异**。弹性预算差异是实际结果总额和以实际产出量编制的弹性预算总额之间的差异。作业水平差异是固定预算和其相应的弹性预算量之间的差异。

6. **计算并解释基于成本动因作业的投入的价格差异和用量差异**。变动投入的弹性预算差异可以进一步细分为价格(或支出或效率)差异和数量(或用量或效率)差异。价格差异反映的是当投入的用量保持在实际用量不变时,投入价格变动的影响。数量差异反映的是当投入的价格保持在期望价格不变时,不同的投入用量水平的影响。

7. **计算变动间接费用的支出差异和效率差异**。变动间接费用的支出差异是指实际变动间接费用与实际成本动因作业水平下的预算变动间接费用额之间的差额。变动间接费用的效率差异指当变动间接费用率为标准费用率时,实际成本动因作业量与达到实际产出水平所准许的标准作业量之间的差异。

8. **计算固定间接费用支出差异**。固定间接费用的支出差异是实际固定间接支出与预算的固定间接费用之差。

会计词汇

弹性作业预算(activity-based flexible budget)

作业水平差异(activity-level variances)

当前可达到标准(currently attainable standards)

有效性(effectiveness)

效率(efficiency)

效率差异(efficiency variance)

预期成本(expected cost)

有利成本差异(favorable cost variance)

有利利润差异(favorable profit vairance)

有利收入差异(favorable revenue variance)

固定间接费用支出差异(fixed overhead spending variance)

弹性预算(flexible budget)

弹性预算差异(flexible-budget variances)

理想标准(ideal standards)

最优(perfection standards)
价格差异(price variance)
数量差异(quantiry variance)
工资率差异(rate variance)
销售作业差异(sales-activity variances)
标准成本(standard cost)
固定预算(static budget)
固定预算差异(static-budget variance)
不利支出差异(unfavorabel cost variance)
不利利润差异(unfavorable profit variance)
不利收入差异(unfavorable revenue variance)
用量差异(usage variance)
变动预算(variable budget)
变动间接费用支出差异(variable-overhead spending variance)
变动间接费用效率差异(variable-overhead efficiency variance)

基础习题

8-A1 弹性预算与固定预算

博通运输公司的总经理每季度都要向公司总裁报告公司的经营业绩。公司采用的是以以下各季度的详细预期为基础的预算系统,总经理收到了如表8-6所示的简化的季度业绩报告。

表8-6 博通运输公司 20×1 年第二季度经营业绩报告

	预算	实际	差异
净收入	$8 000 000	$7 600 000	$400 000 U
变动成本*			
燃料	$160 000	$157 000	$3 000 F
维修费用	80 000	85 000	2 000 F
物料和杂物	800 000	788 000	12 000 F
变动工资	5 360 000	5 200 000	160 000 F
总变动成本*	$6 400 000	$6 230 000	$170 000 F
固定成本			
管理费用	$180 000	$183 000	$3 000 U
租金	160 000	160 000	—
折旧	480 000	480 000	—
其他固定成本	160 000	158 000	2 000 F
总固定成本	980 000	981 000	1 000 U
固定变动	$7 380 000	$7 211 000	$169 000 F
经营收入	$620 000	$389 000	$231 000 U

U 代表不利,F 代表有利。

    * 为了达到分析目的,假定所有成本都完全随销收入的变动而变动——实际上,许多成本是混合的,而且必须被分为变动成本与固定成本,以使得分析更有意义;同时假设服务的组合与价格保持不变。

尽管总经理对于没有取得足够多的收入感到不安,但她为成本业绩是有利的而感到高兴——否则净经营收益将更糟。

公司总裁十分不高兴,他评价说:"我可以通过比较实际业绩和预算业绩来发现一些优点,因为能看到我们实际收入是否符合我们对预算目标的最好猜测。但是我看不出这份业绩报告如何能帮助我评价成本控制业绩。"

要求:

1. 请按照表 8-2 最后三列的格式为博通运输公司在 7 000 000 美元、8 000 000 美元和 9 000 000 美元的收入水平上分别编制弹性预算。假设实际的价格和产品组合与预算的价格和产品组合相同。

2. 以公式的形式表示成本弹性预算。

3. 以表 8-4 的格式编制一个简化的表格,以列示全面(固定)预算差异、销售作业差异及弹性预算差异。

8-A2 作业水平差异

约翰斯温维尔公司的系统咨询部门要为公司其他部门设计符合其需求的数据收集、整理和报告系统。一个整体的成本动因是其他部门对该系统咨询部门的需求量。处理一个需求的期望单位变动成本为 500 美元,预计 20×1 年 6 月的需求量为 75。部门的月固定成本(如工资、这本折旧及空间成本)预算为 65 000 美元。

系统咨询部门 20×1 年 6 月实际服务的需求量为 90,部门发生的实际成本为 114 000 美元,其中固定成本为 78 000 美元。

要求:

计算该系统咨询部门 20×1 年 6 月变动成本和固定成本的全面(固定)预算差异和弹性预算差异。

8-A3 直接材料差异和直接人工差异

斯哥德照明公司生产金属栏杆、灯柱以及其他装饰品,以下是对一系列灯柱制定的标准:

	实现单位产出所需的预期标准投入	单位投入的标准价格
直接材料	5 磅	10 美元/磅
直接人工	5 小时	25 美元/小时

4 月计划生产 550 个灯柱,但实际只生产了 525 个灯柱。

斯哥德公司以 8.5 美元的价格购买并使用了 2 700 磅的直接材料,直接人工工资率为 26.00 美元,实际使用了 5 700 小时的直接人工。

要求:

1. 计算灯柱的单位直接材料和直接人工的标准成本。
2. 计算直接材料和直接人工的价格差异及用量差异。
3. 根据一些粗略数据计算得到的差异,为调查研究提供了什么线索?

8-B1 业绩报告总结

考虑税务报表编制服务公司的以下数据:

- 全面预算数据:以 350 美元的单位价格向 2 500 位客户提供服务;单位变动成本为

250 美元；固定成本为 150 000 美元。

- 实际价格下的实际结果：以 360 美元的单位价格向 3 100 位客户提供服务；变动成本为 800 000 美元；固定成本为 159 500美元。

要求：

1. 编制一个与表 8-4 相似的业绩报告总结。
2. 填充以下空白：

全面预算经营收入		$—
差异		
销售作业差异	$—	
弹性预算差异	—	—
实际经营收入		$—

8-B2　材料差异和人工差异

一个制造公司的数据如下：

	直接材料	直接人工
每单位投入的实际价格	$7.80	$12.00
每单位投入的标准价格	$7.00	$12.75
每单位产出的标准投入	10	2
实际投入数量	115 000	30 000
实际产出数量	14 400	14 400

要求：

1. 计算直接材料和直接人工的价格、用量及弹性预算差异，并用 U 或者 F 表明差异是不利的还是有利的。
2. 对这一业绩作出合理解释。

8-B3　变动间接费用差异

现要求你为一家邮购公司提供一份对订单处理部门间接费用的分析报告。一般来说，你需要准备一份关于影响最近期间间接费用的事件的总结。变动间接费用是以加工人工小时为基础的。标准变动间接费用价格为每份订单 0.06 美元，每位员工每小时处理 10 份订单是标准的生产率。间接费用共计 203 600 美元，其中 135 900 美元为固定费用。固定间接费用支出差异是 400 美元不利差异。变动间接费用弹性预算差异为 5 600 美元不利差异。变动间接费用支出差异为 2 500 美元有利差异。

请给出以下问题的答案：

1. 变动间接费用效率差异
2. 实际投入的时间
3. 产出水平准许的标准时间
4. 预算固定成本

补充习题

简答题

8-1 区分有利差异和不利差异。

8-2 你同意"弹性预算中的弹性仅相对于变动成本而言"的观点吗?说明理由。

8-3 "我们需要弹性预算是因为成本是很难预测的。随着投入价格的变化,我们需要弹性去改变预算成本。"你觉得弹性预算的目的是这样的吗?说明理由。

8-4 说明理解弹性预算下成本性态及成本动因作业的作用。

8-5 你同意"弹性作业预算对任何作业而言都是有'弹性'的"这个观点吗?说明理由。

8-6 "有效性和效率是相辅相成的,两者只取其一是不可能的。"你同意这种观点吗?说明理由。

8-7 区分固定预算差异和弹性预算差异。

8-8 你同意"管理人员应该因有利差异而受到奖赏,因不利差异而受到惩罚"的观点吗?说明理由。

8-9 "一个好的控制系统代替了那种由于存在不利差异而谴责组织内某些员工的制度。没有了相应的谴责,就没有人对成本控制负责任。"你同意这个观点吗?说明理由。

8-10 谁通常应该对销售作业差异负责?为什么?

8-11 区分最优标准和当前可达到标准。

8-12 对"当前可达到标准"的两种可能的解释是什么?

8-13 "标准是在可接受结果范围内的某一点。"评价这一观点。

8-14 "即使价格被视为在公司控制范围之外,价格差异还是应该计算的。"你赞同这一观点吗?说明理由。

8-15 引起用量差异的一般原因是什么?

8-16 你赞同"没有达到价格标准的责任应该由负责购买的人员承担"这个观点吗?说明理由。

8-17 "变动间接费用效率差异不是真正的间接费用差异。"评价这句话。

8-18 为什么对间接费用的控制技术和方法与对直接材料的控制不相同?

理解练习

8-19 有利差异和不利差异的解释

一个部门根据销售8 000美元和相关成本5 000美元预算了经营利润3 000美元。然而,期初他们的一台机器坏了,直到期末才安装好。机器坏的时候,部门经理作出决定,有两种选择:第一种,即减少25%的产量和销售量,减少销售至6 000美元,减少相关成本至4 000美元(要注意成本不会减少25%,因为总成本中包含了固定成本);第二种,即购买和安装机器来替代换掉的机器,使得销售能保持在8 000美元,但是相关成本会增加到6 500美元。部门经理分析了两种方法,他认为采用第一种方法(6 000美元收入 − 4 000美元成

本 = 2 000 经营利润)比采取第二种方法(8 000 美元收入 – 6 500 美元成本 = 1 500 美元经营利润)的收入减去成本的余额大。因此，经理决定不替换机器。但是，由于收入比计划降低了 2 000 美元，这就产生了 2 000 美元不利的收入差异。

要求：
评价一下在评估经理业绩的时候，如何解释这不利的收入差异。

8-20　市场营销部门对销售作业差异负责

假设一家公司的预算销售额为 1 000 美元，经营利润为 100 美元。市场营销部门声称，由于销售量降低了 10%，所以利润减少了 10 美元，任何进一步的亏损都一定是其他部门的责任。评价这一说法。

8-21　生产部门对弹性预算差异负责

假设一位工厂经理计划生产 100 件产品，成本为 1 000 美元，但实际上生产了 110 件产品。由于实际成本低于 1 100 美元，经理声称实际成本与 1 100 美元之间的差异为有利差异，她应该为取得了这个有利差异而得到赞扬。请对这位经理的这种观点作出评价。

8-22　采购部经理的责任

一家公司的采购部经理采购了 5 000 磅原材料，实际的单位采购价格为每磅 5.50 美元而非计划的每磅 6.00 美元，因此获得了 2 500 美元的有利差异。公司有一个政策，将成本节约额的 20% 作为奖金奖给取得成本节约的员工。在将 500 美元奖金奖给采购部经理之前，你觉得还有什么其他差异决定了对采购决策的总体影响？为什么？

8-23　变动间接费用的效率差异

伯明翰公司变动间接费用的效率差异为 1 000 美元不利差异。生产经理主要对劳动日程安排负责，行政经理主要对大多数的支持性服务负责，他们都觉得自己不应该对这个变动间接费用差异负责。究竟谁应该对这个差异负责呢？为什么？

练习题

8-24　弹性预算

施唐体育设备公司在某年生产了 40 000 个篮球，其生产成本为 288 000 美元的变动成本和 95 000 美元的固定成本。假设下一年没有发生价格变化，而且生产方法也没有变化。计算下一年生产 44 000 个篮球的预算成本。

8-25　基本弹性预算

罗兰格市的警察监管部门试图预测警车车队的运营成本，其中包括燃料费用每英里 0.21 美元和每辆车每年折旧费用 5 000 美元。

管理人员正在编制下一年的弹性预算。请在 30 000 英里、40 000 英里 和 50 000 英里的水平上分别编制每辆车燃料费和折旧的弹性预算。

8-26　弹性预算

斯高特斯设计公司有一个为 iPod 生产高质量皮套的部门。以下是取自该公司最近一个月的数据：

	每单位预算公式	不同的产出水平		
数量		6 000	7 000	8 000
销售额	$17	$?	$?	$?
变动成本				
直接材料	?	39 000	?	?
手工人工	4	?	?	?
固定成本				
折旧		?	19 000	?
工资		?	?	34 000

要求:填充未知部分。

8-27 基本弹性预算

预算的单位产成品的直接材料价格为 11 美元,直接人工价格为 5 美元。生产部经理对下表中的数据感到十分高兴:

	全面预算	实际成本	差异
直接材料	$77 000	$72 000	$5 000 F
直接人工	35 000	32 600	2 400 F

要求:经理应该为此感到高兴吗?请编写一份报告,对为什么没有达到全面预算进行更为详细的解释。理想的产出量为 5 800 单位。

8-28 作业水平差异

Pittsburgh 钢铁公司的材料支持成本是一种变动成本,它随着所移动的材料(如板钢、铸件等)的重量的变化而变化。在当前的预算期间以生产计划为基础,公司预期以每磅 0.25 美元的成本移动 750 000 磅材料。由于客户取消了几个订单,公司实际只移动了 650 000 磅材料。此期间的材料支持成本总额为 177 000 美元。

要求:通过计算材料支持成本的全面预算、作业水平及弹性预算差异,比较实际支持成本与全面预算支持成本。

8-29 直接材料差异

Bangkok Custom 衬衫公司在生产衬衫时使用了一种特殊的布料。8 月份,公司购买并使用了 7 900 平方码的布料,以 5 490 500 B 的成本生产了 3 800 件衬衫(这里 B 代表的是泰铢,1 美元大概可以兑换 35 泰铢)。生产每件衬衫需耗用的这种布料的标准:以每码 700 B 的价格使用 2 码。

要求:计算材料的价格差异和用量差异。

8-30 人工差异

Reno 市有一家道路维修店,商店的管理者用标准来判断业绩。但是,由于一个记录员错误地丢弃了一些员工的劳动记录,管理者只有 4 月的一部分数据:她知道直接人工差异总额为 1 855 美元有利差异,而且近来的加薪使 4 月的人工价格差异为 1 085 美元。实际投入的时间为 1 750 美元,标准的人工价格为每小时 14 美元。

要求：
1. 确定实际的每小时人工价格。
2. 确定达到产出要求所准许的标准时间。

8-31 用量差异

上海玩具公司生产了 10 000 只填充玩具熊，每只玩具熊的直接材料标准用量为 1.75 千克，每千克价格为 3 美元。实际投入了 16 500 千克材料，生产了 10 000 只玩具熊。

类似地，假设生产一只玩具熊需要耗用直接人工 4.6 小时，每小时标准人工成本为 6 美元。为生产这 10 000 只玩具熊，共投入了 46 700 人工小时。

要求：
计算人工的用量差异。

8-32 人工和材料差异

标准直接人工费率	$14.00
实际直接人工费率	$12.20
标准直接人工小时数	12 000
直接人工用量差异——不利	$9 800
标准材料单位价格	$4.5
实际购买量和用量	1 800
用于实际生产的标准量	1 650
材料购买价格差异——有利	$198

要求：
1. 计算实际工作时间，结果四舍五入至小时。
2. 计算单位材料实际的购买价格，结果四舍五入至分。

8-33 材料和人工差异

思考以下数据：

	直接材料	直接人工
发生的成本：实际投入量×实际发生的价格	$154 000	$77 800
实际投入量×期望价格	170 000	74 000
实际产出准许的标准投入量×期望价格	172 500	71 300

要求：
计算直接材料和直接人工的价格差异、用量差异及弹性预算差异（U 表示不利差异，F 表示有利差异）。

思考题

8-34 国家森林公园的服务

国家森林公园为其一个停车场编制了以下的 20×1 年度预算：

从费用中获得的收入	$5 000 000
变动成本（各种）	500 000
边际贡献	$4 500 000
固定成本（各种）	4 500 000
经营收入	$0

费用以下列数据为基础核算:20 周中每周平均 2 500 个车辆准许进入天数(车辆数乘以停放的天数)乘以每个车辆准许进入天平均进入量和其他费用共计 10 美元。

前四个星期生意十分兴隆,但是在第五个星期发生了重大的森林火灾,受火灾影响,停放率大幅下降,以至于在余下的几周内,停放数量大大减少。

收入总额与初始预算相比,下降了 120 万美元。变动成本和预期一样下降,固定成本并没有因为火灾而减少,反而因雇用消防人员增加了 300 000 美元的成本。

要求:

编制一份多列式业绩总结表,标明初始(固定)预算、销售作业差异、弹性预算差异以及实际结果。

8-35　弹性预算和固定预算

Beta Gamma Sigma 是一家商业荣誉协会,最近举办了一次晚宴。初始(固定)预算和实际结果如下:

	预算	实际	差异
参与者	75	90	
收入	$2 625	$3 255	$630 F
鸡肉午餐,每份 $19.00	1 425	1 767	342 U
饮料,每人 $6	450	466	16 U
俱乐部租金,$75 加 8% 的税	81	81	0
音乐,3 小时,每小时 $250	750	875	125 U
利润	$(81)	$66	$147 F

要求:

1. 以表 8-4 的格式将每一项差异细分为销售作业差异和弹性预算差异。
2. 对差异作出可能的解释。

8-36　总结性解释

黑金斯公司生产了 80 000 件产品——比预算多生产了 8 000 件。生产数据见下表(除了实物数量外,其余数字单位均为美元):

	实际价格下的实际结果	弹性预算差异	弹性预算	销售作业差异	固定预算(全面)
实物数量	80 000	—	?	?	72 000
销售量	?	6 400 F	?	?	720 000
变动成本	492 000	?	480 000	?	?
边际贡献	?	?	?	?	?
固定成本	?	30 000 U	?	?	150 000
经营收入	?	?	?	?	?

要求:

1. 填充未知部分。
2. 对没有达到初始经营收入目标做一个简要的总结性解释。

8-37 对收入差异的解释

Damerow 信用评级服务公司为客户提供信用评级报告,公司的标准边际贡献率平均为销售额的 70%,平均销售价格为每份报告 50 美元,平均生产率为每小时提供 4 份报告。一些员工的收入是销售佣金,另一些员工则按一定工资率获取报酬。20×1 年全面预算预计提供 800 000 份报告,但实际上只提供了 700 000 份报告。

租金、监管费用、广告和其他一些项目的固定成本预算为 22 000 000 美元,但为了提高收入又做了一次广告,使得实际的固定成本比预算高出 600 000 美元。

平均销售价格与预算没有差异,但实际未报告编制工作支付的佣金以及实际生产率导致了变动成本弹性预算差异(包括价格差异和效率差异)为 900 000 美元不利差异。

因 6 000 000 美元经营收入的预算目标没有实现,Damerow 公司的总裁深感不悦,他说:"的确,我们的变动成本差异是不利的,但是我们的经营收入的下降幅度远远超过了这个差异。请解释这是为什么。"

要求:

利用与表 8-4 类似的格式解释为什么预算的经营收入没有达到。上述介绍已经为你提供了完成解释的足够数据,先填写已知的项目,然后计算未知的项目,用不超过三句话总结这个过程,并作出解释。

8-38 肯德基的作业差异和弹性预算差异

假设北京一家肯德基特许经营店 2007 年的预算销售额为人民币 7 300 000 元,销售成本以及其他变动成本预期为销售额的 60%,预算的年度固定成本为人民币 1 800 000 元。实际上,由于中国经济的复苏,2007 年销售额飙升至人民币 9 200 000 元,实际的利润上升至人民币 1 570 000 元。2007 年实际的固定成本与预算相同,经销商对于利润的增长十分高兴。

要求:

1. 计算 2007 年销售作业差异和弹性预算差异。通过这些差异,经销商可以了解到什么?

2. 假设 2008 年中国经济萎缩,特许经营店的销售额回落至人民币 7 300 000 元的水平,其他成本水平与 2007 年相同,你认为 2008 年的利润会发生什么变化?

8-39 航空公司业绩总结

肯莫航空公司某一年度的业绩(以千美元为单位)如下:

	实际价格下的实际结果	全面预算	差异
收入	$?	$300 000	$?
变动费用	200 000	195 000*	5 000 U
边际贡献	?	105 000	?
固定费用	87 000	80 000	7 000 U
经营收入	$?	$25 000	$?

* 包括 90 000 美元的飞机燃料费。

全面预算建立在预计的每位旅客每英里收入 0.20 美元的基础上,旅客每英里收入指的是一位旅客每飞行一英里所支付的费用。由于机票价格下降了 8%,旅客飞行英里数量有所上升,超过了本年固定预算的 10%。

每加仑飞机专用燃料的价格比固定预算有所上升,本年度平均燃料价格上升10%。

要求:

1. 用与表8-4类似的格式编写一份业绩总结报告,向总裁作出解释。

2. 假设燃料成本是完全变动成本,燃料的使用效率与固定预算中预测的相同。那么,哪一部分变动费用弹性预算差异应该归于燃料费用? 说明原因。

8-40 医院成本和差异解释

罗切斯特医院的急诊室采用以看病人数为基础的弹性预算作为衡量作业的方法。医院必须保证有足够的医护人员和随传随到的外科医生才能维持就医且不影响外科医生的日程,但是护士的日程是随着看病数量的变化而改变的。标准为每位病患0.5小时的看护时间。护士每小时的报酬为9—18美元,其平均报酬水平为15美元每小时。医院将所有需要提供的材料作为间接费用的一部分,医院没有直接材料成本。一项数据研究表明所需品和其他间接费用与看护时间的关系比与门诊量之间的关系更为紧密,其标准为每看护小时10美元。

急诊室的外科主任 Brad Narr 负责成本控制。在10月份,急诊室接待了4 000位病患。以下是预算成本和实际成本:

	预算	实际	差异
病患数	3 800	4 000	200
看护小时	1 900	2 080	180
看护费用	$28 500	$33 180	$4 680
所需品和其他间接费用	19 000	20 340	1 340
固定成本	92 600	92 600	0
总成本	$140 100	$146 120	$6 020

要求:

1. 计算看护成本的价格差异和数量差异。

2. 计算所需品和其他间接费用的支出差异和效率差异。

3. 医院的总管理者向 Narr 医生询问差异的原因,请给出可能的解释。

8-41 弹性预算

为了方便记者和其常驻伦敦的员工,CNN 组建了一个车队。今年2月份之前,车队有25辆汽车,到了2月份,需要再增加一辆汽车。车队为汽车提供汽油、润滑油和其他物料,并雇用了一位机修工负责日常维护和小修理,大修则由附近的一家汽车修理厂负责,有一位监管人员管理车队。

监管人员每年都要编制一份运营预算,以告知 CNN 的管理部门车队所需的营运资金,汽车的折旧也记录在预算中,以确定行使每公里的成本。

下表的计划是新闻部同意的年度预算,把3月份的实际成本与年度预算的1/12进行了比较。

编制年度预算是以下列假设为基础的:

1. 车队有25辆汽车
2. 每辆汽车每年行驶60 000公里

3. 1升汽油可使一辆车行驶8公里
4. 每升汽油价格为0.44英镑
5. 每公里耗用润滑油、小修理、零件及物料的成本共计0.02英镑
6. 每辆车在外部修理需要108英镑

CNN车队20×1年3月份的预算报告如下：

	年度预算	月度预算	3月实际成本	差异
汽油	£82 500	£6 875	£8 200	£1 325
润滑油、小维修、零件及物料	30 000	2 500	2 540	40
外部维修	2 700	225	50	-175
保险	4 800	400	41	16
工资与福利	21 600	1 800	1 800	0
折旧	22 800	1 900	1 976	76
总成本	£164 400	£13 700	£14 982	£1 282
总里程	1 500 000	125 000	140 000	
单位里程成本	£0.1096	£0.1096	£0.1070	
汽车数量	25	25	26	

监管人员对月度报告提供的3月份的预算与实际成本进行比较后很不高兴，她认为报告没有公平地说明她的业绩，她以前的管理者用弹性预算来比较实际结果和预算量。

要求：

1. 采用弹性预算方式编写一份报告，说明3月份的预算数量、实际结果及月度差异。
2. 简要地解释你的预算数据中外部修理部分的预算基础。

8-42 弹性作业预算

Fargo电力公司开单部门有四个作业中心，其成本性态分析如下：

作业中心	可追溯成本		成本动因作业
	变动	固定	
账户查询	$79 910	$156 380	3 300人工小时
通信	9 800	25 584	2 800封信件
开具账单	154 377	81 400	2 440 000行
账单审核	10 797	78 050	20 000个账户

开单部门根据下表所示的成本动因作业范围，对每个作业中心编制了一个弹性预算。

作业中心	成本动因	相关范围	
账户查询	人工小时	3 000	5 000
通信	信件数	2 500	3 500
开具账单	行数	2 000 000	3 000 000
账单审核	账户数	15 000	25 000

要求：

1. 制定四个作业中心的弹性预算公式。
2. 在下列成本动因作业水平上计算每个作业中心的预算成本总额：(a) 在相关范围内

的最小作业水平;(b) 在相关范围内的中点作业水平;(c) 在相关范围内的最高作业水平。

3. 确定开单部门的总成本函数。

4. 下表是对开单部门的实际结果的说明。编写一份成本控制业绩报告,比较每个作业中心的弹性预算和实际结果,计算弹性预算差异。

作业中心	实际成本动因水平	实际成本
账户查询	4 300 人工小时	$235 400
通信	3 200 封信件	38 020
开具账单	2 950 000 行	285 000
账单审核	23 000 个账户	105 320

8-43 简易的差异分析

克莱森特铁件生产公司采用的是标准成本系统。这个月生产铁铸件的相关数据如下:

- 购买和使用材料 3 300 磅
- 使用直接人工 5 500 小时,直接人工成本为 42 350 美元
- 变动间接费用为 4 620 美元
- 产成品数量 1 000 件
- 实际材料成本为每磅 0.97 美元
- 标准变动间接费用率为每小时 0.8 美元
- 标准直接人工成本为每小时 4 美元
- 标准直接材料成本为每磅 1 美元
- 标准单位产成品材料消耗量为 3 磅
- 标准单位产成品直接人工消耗量为 5 小时

要求:

用图 8-3 和图 8-4 的格式编制包括所有差异在内的计划表。

8-44 差异分析

苏黎世巧克力公司采用标准成本和弹性预算制度来控制其优质巧克力的生产。采购部门对材料价格差异负责,生产经理对所有其他差异负责。上周的经营数据总结如下:

1. 产成品数量:4 000 盒巧克力;

2. 直接材料:购买并使用巧克力 4 300 磅,每磅价格为 15.5 瑞士法郎,标准价格为每磅 16 瑞士法郎,每盒准许标准量为 1 磅;

3. 直接人工:实际成本为 6 400 小时乘以每小时 30.5 瑞士法郎,即 195 200 瑞士法郎。每盒准许标准时间为 1.5 小时,每小时直接人工标准价格为 30 瑞士法郎;

4. 变动生产间接费用:实际成本,69 500 瑞士法郎,预算公式为每标准直接人工小时 10 瑞士法郎。

要求:

1. 计算下列问题:
   a. 材料购买价格差异
   b. 材料用量差异
   c. 直接人工价格差异

d. 直接人工用量差异

e. 变动生产间接费用支出差异

f. 变动生产间接费用效率差异

（提示：格式参照小结与复习的解答。）

2. a. 什么是直接人工预算标准？

b. 如果生产 5 000 盒产品，会有什么不同吗？

8-45 直接人工差异和变动间接费用差异的相似点

过去 3 年里，Kevin Koh 公司发现自己在新加坡很难控制成本。上个月，一套标准成本和弹性预算制度建立了起来，一个部门的汇总结果如下：

	每个标准直接人工 每小时的预期成本	弹性预算差异
润滑剂	$0.60	$330 F
其他物料	0.30	225 U
返工	0.60	450 U
其他间接人工	1.50	450 U
总变动间接费用	$3.00	$795 U

F 代表有利，U 代表不利。

这个部门最初的计划准许 6 000 个标准直接人工小时生产 9 000 件发生装置。由于材料的短缺和热浪影响，实际情况是使用 5 800 个直接人工小时生产了 8 100 件产品。标准工资率为每小时 5.25 美元，比实际工资率高了 0.15 美元。

要求：

1. 编制一份详尽的业绩报告，包括直接人工和变动间接费用两部分。

2. 写一份关于直接人工价格差异和用量差异及变动间接费用支出差异和效率差异的总结报告。

3. 解释直接人工差异和变动间接费用差异的异同。引起间接费用差异的原因可能是什么？

8-46 材料差异、人工差异以及间接费用差异

Poulsbo 公司生产橡皮舟（一种急救舟）的标准成本如下：

直接材料，60 磅 × 每磅 5.5 美元	$330
直接人工，1.5 个小时 × 每小时 16 美元	24
间接费用，每条小舟 12 美元	12
总额	$366

间接费用率是以假定每月生产 450 只小舟为基础得出的。间接费用成本函数为：$2 808 + $5.76 × 生产的小舟的数量。

3 月 Poulsbo 公司生产了 430 只小舟，实际结果如下：

购买和耗用的直接材料	27 000 磅 × 每磅 $5.30
直接人工	670 个小时 × 每小时 $15.9
实际间接费用	$5 320

要求：
1. 计算材料差异、人工差异以及间接费用差异。
2. 解释以上差异。
3. 假设变动间接费用为每人工小时 3.84 美元，而不是题干中的每生产一只小舟的 5.76 美元。计算变动间接费用效率差异及总间接费用支出差异。这些差异是否使你对间接费用差异有不同于要求 2 的解释？说明理由。

8-47 自动化与作为间接费用的直接人工

Kilgore 精加工公司（KPM）拥有一套高度自动化的制造流程，制造各式汽车零部件。通过使用计算机辅助制造和机器人技术，公司将其人工成本削减至制造成本总额的 5%。因此，人工不再作为一个单独的项目，而是作为间接费用的一部分。

考虑一个用于反锁刹车系统的零部件。20×1 年 3 月固定预算为制造这种零部件 750 个，具体预算项目如下：

直接材料	$18 000 *
间接费用	
物料	1 875
能源	1 310
租金与其他服务	2 815
工厂人工	1 500
折旧	4 500
制造成本总额	$30 000

* 每个零部件 3 磅 × 每磅 $8 × 750 个零部件。

把物料和能源视为变动间接费用，其他间接费用项目视为固定成本。20×1 年 3 月实际制造了 900 个零部件，实际成本如下：

直接材料	$21 840 *
间接费用	
物料	2 132
能源	1 612
租金与其他服务	2 775
工厂人工	1 618
折旧	4 500
制造成本总额	$34 477

* 购买和使用了 2 800 磅原料，每磅 $7.80。

要求：
1. 计算：(a) 直接材料价格差异和用量差异；(b) 每一项间接费用的弹性预算差异。
2. 评价 KPM 对控制工厂工人所采取的方式。

8-48 标准材料定额

戴尔维亚化学用品公司主要是给工业用户提供各种产品。公司新近研制出一种溶液，正在计划推广，要求你为这种溶液制定标准产品成本。

这种新的化学溶液的制造方式是：将 Altium 和 Bollium 混合，加热至沸腾，再加入 Credix,然后灌入容量为 20 升的瓶中。这种 20 升的混合物中包括 24 千克的 Altium 和 19.2 升的 Bollium。在沸腾过程中,溶液分量会减少 20%。在溶液稍稍冷却后加入 10 千克的 Credix,新加的 Credix 不会影响液体总量。

为制作这种新的化学溶液购买的原材料的价格如下:

Altium	每千克 $2.2
Bollium	每升 $4.60
Credix	每千克 $2.80

要求:

确定戴尔维亚化学用品公司制作 20 升这种新的化学溶液需要的各种原材料的标准数量和 20 升新产品的标准材料成本。

8-49 残次品数量及非生产性时间在标准设定中的作用

Haig McNamee 先生拥有并经营的 McNamee 机加工公司是几家航空工业承销商的次承销公司。在 McNamee 先生对生产一套设备的工程进行投标并中标后,为了生产这些产品,他建立了一套标准成本系统,然后他通过将实际生产成本与标准成本进行比较来判断生产的效率。

20×1 年 4 月,McNamee 公司中标,得到了为导航设备生产 15 000 单位保护部件的订单。这批部件的规格要求很严,McNamee 先生预期,即使在生产过程中处处小心,也会有 1/6 的不合格产品——但是,在生产过程结束之前没有办法确认次品。因此,为了保证生产出 15 000 单位的合格部件,必须至少生产 18 000 单位产品——标准的设定包含了准许的预计次品数。

每一件产成品包含 3.2 磅直接材料,生产过程中正常的废料预计为平均每单位 0.4 磅,预计的直接材料成本为:每磅 11.40 美元加上运送和处理成本——每磅 0.80 美元。

加工部件需要技术熟练的工人,每个部件需要 4 小时的机器工时。工人的工资为每小时 20 美元,每周工作 40 小时。在这 40 小时中,有 32 小时是直接与生产相关的,另外 8 小时是休息和机器出现故障或者没有开工的等待时间。但是,不管工人们的时间是否直接花费在生产上,所有的工资都是直接人工。除了基本的工资率外,McNamee 公司还支付平均每小时 6 美元的福利和基本工资总额 10% 的税收。

要求:

确订单位合格品的直接材料和直接人工标准。

8-50 本章要点回顾

下面的问题是以表 8-1 中多米尼恩公司的数据为基础的。

要求:

1. 假设实际生产和销售数量为 8 000 件而非 7 000 件。(a) 计算销售作业差异。市场营销部门的业绩是否就是对这个差异的唯一解释?为什么?(b) 利用弹性预算计算预算边际贡献、预算经营收入、预算直接材料及预算直接人工。

2. 假设生产 8 000 件产品实际发生的成本如下:

i. 直接材料:使用了 42 000 磅材料,实际的单位价格为 1.86 美元,实际成本总额为 78 620 美元。

ii. 直接人工：使用了 4 140 小时，实际小时工资率为 16.40 美元，实际成本总额为 67 896 美元。

iii. 计算弹性预算差异及直接材料和直接人工的价格差异和用量差异，将你的答案用图 8-3 的格式表示出来。

3. 根据要求 1 和要求 2 中计算出的差异评估多米尼恩公司的业绩表现。

8-51 标准及弹性预算问题回顾（答案附后）

DesMoines 皮革公司生产各式皮革制品，并且采用标准成本和弹性预算制度来加强计划和控制。以 45 000 直接人工小时为基础制定的变动间接费用预算为 81 000 美元。

4 月公司的变动间接费用效率差异为 2 970 美元有利差异，购买原材料成本为 241 900 美元，实际直接人工成本共发生 422 100 美元，直接人工用量差异为 15 300 美元不利差异，实际的平均工资率比标准平均工资率低 0.60 美元。

公司以标准直接人工成本的 20% 作为弹性预算变动间接费用率，当月实际变动间接费用为 92 250 美元。

要求：

计算下列指标，用 U 和 F 表示不利差异和有利差异。

1. 每小时标准直接人工成本
2. 实际耗用直接人工小时
3. 直接人工价格差异总额
4. 直接人工成本弹性预算总额
5. 直接人工差异总额
6. 变动间接费用支出差异总额

8-51 的答案

1. 答案为 9 美元。变动间接费用率为 1.80 美元，由 81 000 美元除以 45 000 小时得到。因此直接人工费率一定是 $1.80/0.20 = $9。

2. 答案为 50 250 小时。实际成本为 $422 100/($9 − $0.60) = 50 250 小时。

3. 答案为 30 150 美元有利差异，50 250 小时 × $0.60 = $30 150。

4. 答案为 436 950 美元。用量差异是 15 300 美元不利差异，因此，多用的小时数一定为 $15 300 / $9 = 1 700。标准的准许小时数一定是 50 250 − 1 700 = 48 550 小时，弹性预算 = 48 550 × $9 = $436 950。

5. 答案为 14 850 美元有利差异。有利差异是 $436 950 − $422 100 = $14 850；或者 $30 150 有利差异 − $15 300 不利差异 = $14 850 有利差异

6. 答案为 7 830 美元不利差异。弹性预算 = $48 550 × $1.80 = $87 390，差异总额 = $92 250 − $87 390 = $4 860 不利差异。支出差异 = 差异总额 − 效率差异 = $4 860 + $2 970 = $7 830 U；又 $92 250 − 0.20 × $422 100 = $7 830。

案例题

8-52 作业差异和弹性预算差异

2003 年，Methodist 医院开始了有关滥用药物的项目，该项目主要是劝戒那些现有和潜在的滥用药物者。这个项目由国家健康部门授权资助，每进行一次劝戒将会支付 76 美元。

Methodist 医院的财务总监 Leizinger 十分关心这个项目。这个项目从来没有陷入困境,因此也得到了医院的其他病人的资助。雷斯格先生正在准备 2007 年医院的预算,他对滥用物质项目的财务情况不满意。2006 年的结果如表 8-7 所示。

表 8-7

收入($76 每问诊数,共 17 000 问诊数)	$1 292 000
服务成本	
设备	$114 750
医生工资	204 000
护士工资	153 000
间接费用	676 200
服务总直接成本	1 147 950
管理费用	194 250
费用总计	1 342 200
净损失	$(50 200)

最近一项成本分析决定了以下关于这个项目成本性态的事实:

a. 设备、医生工资和护士工资是根据一定区间的问诊数变动的,区间为 15 000—30 000 问诊数。

b. 2006 年变动间接费用是劳务成本的 20%;其他间接费用是固定的。

c. 181 500 美元的管理成本是固定的,其余的管理成本则是随问诊数的变化而改变的。

d. 除了 2006 年的变动间接费用成本是劳务成本的 20%,而 2007 年是劳务成本的 21% 以外,2007 年的成本将与 2006 年的成本相同。(2007 年的固定成本与 2006 年相同,保持不变。)

Leizinger 给滥用物质项目的负责人 Jody 施压,要求她控制好最后两年的成本。Jody 回应说这对于整个团体来说是一个很重要的项目。还有,这项计划很接近保本点,只要多一点时间,结果会更好。她预计 2007 年有 18 000 的问诊数,这 6% 的增加一定会使财务前景更明朗。

Leizinger 赞同项目的重要性,但他说这些压力是来自 Methodist 医院其他人的,他们认为此项目是对医院资源的压榨,要减小项目。因此,他相信如果这项目到 2007 年还不能至少达到保本点,那么这个项目将会处于困境。他不相信 1 000 的问诊数的增加能足以达到保本点。

1. 计算 2007 年滥用物质项目的成本公式。即算出每问诊数的变动成本和基于 Leizinger 指导的成本分析的年总固定成本。

2. 计算 2007 年预算利润(损失),假设有 18 000 的问诊数,每次问诊收费 76 美元,成本行为与预期相同。

3. 假设 Methodist 医院加收了以上计算出的项目预算。2007 年年末,项目的实际损失为 15 500 美元,实际问诊数为 18 400。请尽量详细地解释你算出的损失和实际 15 500 美元的损失之间存在差异的原因。根据这个,各用一句话回答下面的问题:

(a) 多出的 400 问诊数会有什么财务影响?

(b) 2007 年此项目的成本控制得怎么样?

8-53 作业成本核算及弹性预算

农业和力学保险公司(FMIC)新设的印刷部门为公司的其他部门提供印刷服务。在建立单独的印刷部门之前,各个部门是与外部的印刷机构签订文印工作合同来完成印刷。公司对于印刷的政策是,以印刷的页数为基础,控制使用部门的变动印刷成本。印刷服务从外部转回内部,使得印刷的固定成本从原先的外部价格中分离出来。

印刷部门第一年的预算以部门预期总成本除以计划的印刷页数为基础。

计划的年印刷页数为 420 000 张,预算的总变动成本为 420 000 美元。大多数政府账单和所有的内部工作单预计都是单色印刷的,而商业账单则主要是四色印刷。变动成本是以印刷 1 页 4、1/4 图表说明、3/4 文字说明的文件所需的平均变动成本为基础估计的。预计各部门的年度印刷成本如下:

部门	计划印刷页数	每页变动成本	预算费用
政府账单	120 000	$1	$90 000
商业账单	250 000	1	300 000
中心行政机构	50 000	1	30 000
总额	420 000		$420 000

在内部印刷部门服务 1 个月后,该部门宣传估计的每页文件 1 美元的变动成本太低了——第 1 个月实际印刷了 40 000 张,实际总成本为 51 000 美元。

政府账单	9 000 页
商业账单	27 500
中心行政机构	3 500

实际成本高于预计成本的原因为:所有部门使用的印刷服务都超过了计划水平,而且政府账单和内部工作单使用的四色印刷和图表说明比预期要多。印刷部门还认为,如果四色印刷需求持续增长,就得再购买一部四色印刷设备。

要求:

1. 比较刚印刷部门在结束的月份的实际结果、固定预算及弹性预算。
2. 讨论导致印刷部门固定预算不准确的可能原因。
3. 由一个顾问完成的作业成本核算(ABC)研究表明,印刷成本的驱动因素是印刷的页数(乘以每页 0.35 美元)和使用的色彩(乘以彩每页另付 1 美元):
   (a) 讨论作业成本核算的结果应用于印刷部门预算和控制可能产生的后果和影响。
   (b) 讨论暗含在作业成本核算研究结果中的关于成本性态的假设。
   (c) 第 1 个月商业账单(27 500 页)每页都使用四色印刷。比较在原先成本系统和作业成本系统下的商业账单的成本。

8-54 业绩分析

霍普金社区医院在离医院本部几英里的一个小镇上开设了一个门诊,几年来,诊所都徘徊在盈亏平衡的边缘。诊所 2007 年的财务预算如表 8-8 所示:

表 8-8

	全面预算	每位病人的预算
收入（4 000 位病人 × 每位 $180）	$720 000	$180
服务成本		
内科医生	$240 000	
护士与技师	180 000	
物料	60 000	
间接费用	252 000　　732 000	183
净损失	$(12 000)	$(3)

平均而言，每位病人的诊费预期为 180 美元，而 2007 年预计的平均成本为每位病人 183 美元，具体成本构成如下：

内科医生工作时间	$60
护士与技师工作时间	45
物料	15
间接费用	63
总额	$183

诊所配有一名内科医生。不管有没有病人，这个医生都必须留在诊所。目前情况是，这个医生有 10% 的时间是空闲的。诊所为了满足病人预约的实际工作量的需要，雇用了护士和技师，他们的成本为平均每小时 30 美元，而且这些护士和技师的使用量是与病人的数量成比例变化的。物料成本也随着病人的数量变化，2007 年固定间接费用为 180 000 美元，剩余的 72 000 美元间接费用都随病人数量的变动而变动。在固定间接费用中，有 30 000 美元是医院总部分配给诊所的行政管理成本，37 500 美元是诊所财产和设备的折旧。

辛蒂·雷登是霍普金社区医院的负责人，她说 2007 实际损失了 20 200 美元，这已经是连续第五年亏损了，她认为将为本部医院的病人提供的设施补贴给门诊诊所是错误的，因此，她建议除非情况有所改变，否则门诊诊所应该关闭。布瑞特·约翰逊是医院的行政副总裁，被指责疏于对这个诊所的管理。对此他持不同的观点："我们通过诊所为社区提供了有价值的服务，即使我们现在是亏损的，继续经营这个诊所还是值得的。"

2007 年年末，诊所一年经营的实际结果如下：

	总额
收入（3 800 位病人 × 每位 $180）	$684 000
服务成本	
内科医生	$231 000
护士与技师（5 800 个小时）	182 700
物料	58 500
间接费用	232 000　　704 200
净损失	$(20 200)

要求：
1. 如果关闭这个门诊诊所，霍普金社区医院是否可以节约资金？为什么？
2. 尽可能详细地说明预算损失 12 000 美元和实际损失 20 200 美元（也就是说，全面预算差异为 8 200 美元）之间的不同。通过分析 2007 年的结果，你建议采取什么措施来避免 2008 年继续亏损？

8-55 完全差异分析

盖茨电子游戏公司生产电子游戏机。由于市场定位和技术创新的原因造成了产品价格下降的压力，这使得公司的利润急剧下降。为了在引进新产品前稳住利润，最高管理层将注意力转移到了制造经济和增加生产上。为了实现这些目标，他们提出了一项奖励机制，那就是奖励那些能够增加产出量并且减少成本的生产经理。另外，公司设置了 JIT 采购项目，就是以需要为基础来采购。

生产经理面对压力，以多种方式来改进生产业绩，使得产成品数量比一般生产水平有所增长。电子游戏机由集成部门组装，他们需要来自生产电子板(PCB)和生产阅读屏幕(RH)的部门的部件。为了提高生产水平，PCB 部和 RH 部门不再像从前一样从供货商那里拿到零件后进行检测和修理以达到生产标准。用于生产电子游戏机的部件延迟检修，紧急检修也只是为了保持生产线能够继续运作。修理部的员工担心这可能导致严重的损坏和不安全情况的发生。

集成部门的监管人员更加野心勃勃，向修理部人员施压，要求他们以不顾其他部门的利益为代价来加入他们组装机器。这导致了 PCB 部和 RH 部门的停工。每当集成部门要求加速部件配送时，总会导致零件失灵或部门间冲突的增加。盖茨电子游戏公司的经营系统是标准成本系统。每年 24 000 数量的生产水平的标准成本在表 8-9 的 A 部分中有所体现。

表 8-9　盖茨电子游戏公司

	每单位标准成本		
	数量	成本	总计
A. 标准成本报告			
原材料：			
外壳	1 单位	$20	$20
电子板(PCB)	2 个	15	30
阅读屏(RH)	4 个	10	40
人工：			
集成部门	2 小时	8	$16
PCB 部门	1 小时	9	9
RH 部门	1.5 小时	10	15
间接费用：			
变动	4.5 小时	$2	$9
固定	4.5 小时	4	18
每单位总生产成本			$157
销售和管理费用：			
固定		$12	$12
每单位标准成本			$169

(续表)

	每单位标准成本		
	数量	成本	总计
B. 5月份利润表			
收入(2 200单位)			$440 000
变动成本:			
原材料		220 400	
人工		93 460	
变动间接费用		18 800	
固定成本:			
间接费用		37 600	
销售和管理		22 000	
成本合计			392 260
税前收入			$47 740
C. 5月份耗用报告			
成本项目	实际数量		实际成本
原材料			
外壳	2 200单位		$44 000
电子板	4 700个		75 200
阅读屏	9 200个		101 200
人工			
集成部门	3 900小时		31 200
PCB部门	2 400小时		23 760
RH部门	3 500小时		38 500
间接费用			
变动			18 800
固定			37 600
生产成本总计			$370 260

盖茨电子游戏公司在实际费用的基础上准备月度利润表。表8-9的B部分显示了5月份的报表,其产量和销售量都达到了2 200单位。预算销售价格是200美元每单位,预算(标准)的产量和销售量是每年24 000单位。最高管理层对于除了5月份增长的销售外的低利润感到十分惊讶。最初的预算是税前收入62 000美元,再加上销售,那么总裁预测收入至少有68 200美元(6 200美元增加的收入是200单位乘以31美元每单位)。总裁打电话给米雪·鲍勃(成本管理主管),让他来报告一下收入下滑的原因。鲍勃仔细地看了数据,准备了表8-9的C部分。

要求:

1. 以边际贡献的形式为盖茨电子游戏公司准备一张预算收入报表来解释公司预期税前收入为什么是62 000美元。

2. 假设你承担了米雪·鲍勃的任务。准备一份完全分析来解释最初税前收入62 000美元和实际税前收入47 740美元之间出现差异的原因。计算对于解释有帮助的所有差异,并说明你从这些差异中了解了什么。

合作学习练习

8-56 设定标准

以 2—6 人为一组,每个小组选择一件简单的产品或一项服务——选择的产品或服务可以有创造性,但不要太复杂。难以作出选择的人,可以从下列备选方案中选择一种:
- 一打巧克力夹心饼干
- 一段 10 英里的出租车服务
- 复印一份 100 页的课程教学大纲
- 一件机器编制的羊毛衫
- 一件手工编织的羊毛衫
- 一个小时的割草和施肥劳动
- 一把铁锤

1. 每一个学生都必须单独估计制造所选的产品或者提供所选的服务需要的直接材料和直接人工投入。对于每一类直接材料和直接人工,确定数量标准和价格标准,并确定需要的间接费用成本。最后的结果应该是产品或服务的标准成本总额。

2. 每一组应该将成员间的估计结果进行比较。什么地方的估计出现不同?确定为什么会出现不同。假设是否有所不同?一些组员比其他组员对于产品或服务是否有更多的了解?最终确定小组对于产品或服务的标准成本的估计。

3. 在小组形成一个统一的标准成本之后,讨论达到这个结果的过程。小组所做的假设是什么?所确定的标准是"理想"标准还是"当前可实现"标准?注意这个标准成本会在多大程度上随着假设和对产品生产过程的了解而改变。

互联网练习

8-57 好时食品公司的弹性预算

本章的主要内容是弹性预算及差异分析。既然用于决定弹性预算和差异分析的信息一般都是为职位内部的管理服务而不提供给外部使用者,我们就有可能观察公司报告了什么信息,并且以此信息为基础判断发生了什么样的经济活动。

1. 登录好时食品公司的网站 http://www.Hersheys.com。看一下公司是否推出了新产品?如果推出了新产品,那么这些新产品是什么?公司采取了什么措施来帮助改进这些产品?新产品涉及什么样的弹性预算需求?

2. 好时食品公司的产品种类繁多。公司的产品线是否仅仅设在美国?在美国境内分销的好时产品占到多少?好时的产品是否有不在美国境内销售的?对于这样大额的产品数量,制定全面预算或者弹性预算是否有助于作出更好的计划?为什么?

3. 检查好时食品公司最近期间的损益表。假设下一年销售量预计会增长 5%,但销售价格不变,并且假设销售成本仅仅是变动成本。为来年编制一份全面预算损益表。现在我们假设实际销售价格和预算的相同,但实际的销售量增长了 8%,净收益增长了 10%。确定全面预算差异、销售作业差异及弹性预算差异。

第9章 管理控制系统和责任会计

学习目标

学习完本章之后,你应该做到:
1. 描述管理控制系统与组织目标之间的关系;
2. 运用责任会计把组织的次级部门定义为成本中心、利润中心或投资中心;
3. 制定业绩指标并运用它们管理组织业绩;
4. 解释业绩评价的重要性以及它如何影响激励制度、目标一致性和员工努力程度;
5. 使用边际贡献和可控成本概念来编制用以评价利润中心和投资中心的部门损益表;
6. 运用平衡积分卡确认财务与非财务业绩指标;
7. 通过产品质量、生产周期和生产率目标计量业绩;
8. 描述服务性组织和非营利性组织中应用管理控制系统的难点。

健康网(Health Net)

现在是凌晨两点半,你突然感到不太舒服。你是应该叫大夫过来呢,还是直接去急诊室?情况真的有那么糟吗?你现在就需要优质的健康护理,而不是拖到清晨,你根本不要去考虑相关成本。这种情况听起来似乎每个人都经历过。事实上,我们每个人都可能在某一时刻碰到这样的选择难题。健康网就是一个为专门解决这类常见问题而设立的机构组织。

健康网是全美最大的健康护理机构之一,员工总数超过10 000名,为660万名成员提供医疗服务,2006年收入总额接近13亿美元。

健康护理组织机构同其他组织一样,必须参与市场竞争,要在可承受的成本范围内应顾客要求提供优质的健康护理服务。为保持竞争优势,健康网启动了一套称为"第四代医疗管理"的主信息系统开发程序。据公司前任董事长兼首席执行官马利克·哈桑博士说,创立这套全新的管理控制系统是在"通过电子化方式紧密连接整个健康护理传送系统,从而提高整体服务质量并降低相关健康护理成本可能"。该系统"使得医生和护理人员可以通过即时、易于操作的电子路径得到患者病史,并给出最佳的治疗方案"。

结果如何?患者可以快速、便捷地获取最佳临床护理资源——可以是一位专业医师,可以是急诊室或紧急救护中心,也可以是定期得到的护理或安全的自我护理。总而言之,客户一定会对自己所接受的医疗服务非常满意。与此同时,成本下降了。医疗总监约翰·达纳赫博士这样解释:"病人们免除了挂号和一些重复地拍X光片的费用。"

前面的章节中,我们已经介绍了许多重要的、公司管理会计人员使用的成本管理工具,如作业成本法、相关成本法、预算控制及差异分析法。它们各自都有不同的用途,但如果它们联合起来构成一个集成系统,即成为一个有序、合理的计划来协调和评价组织价值链上所有的活动,则更为有效。正如健康网的例子,目前大多数公司的经理都意识到,长远的成功需要集中精力致力于改进成本、质量和服务,即企业竞争力的三大要素。本章将考察管理控制系统如何帮助经理人将组织资源和员工智慧聚焦到成本、质量和服务上来。正如你所看到的,没有哪种单一的管理控制系统天生优于其他系统,所谓的"最佳"系统是那些能够持续引导组织行为以符合组织目标的系统。

健康网的管理者和医生们利用医疗管理系统和管理控制系统来使自己可以以一种可接受的价格来提供高质量的健康护理。

本章将在前述章节的基础上阐述如何将独立管理会计工具系统化地组织起来,以帮助企业实现目标。

管理控制系统

管理控制系统(management control system)是对各种技术的逻辑整合,包括收集和使用信息的各种技术、制订计划和控制的技术、激励员工行为的技术和评价业绩的技术。管理控制系统的目的是:

> 管理控制系统(management control system):一种对各种技术的逻辑整合,包括收集和使用信息的各种技术、制订计划和控制的技术、激励员工行为的技术和评价业绩的技术。

- 清晰传达组织目标;
- 确保管理者和员工理解为实现组织目标所需完成的具体行动;
- 在组织内部传达各项行动的结果;
- 确保管理者能够根据环境变化作出适当地调整。

正如我们在第 1 章中所阐述的,计划与控制之间有着如此强烈的内部联系,以至于有些时候在实际情况下必须人为地将它们加以区分。基于以上的标准,图 9-1 显示了管理控制系统的组成部分,并着重强调了各部分之间的联系。广义上说,制订计划不但包括总体目标的设定(A),而且还包括与实现总体目标相适应的具体计划的建立和实施(B),控制决策涵盖成果的计量和报告(C)与业绩评价(D)。各种要件组合的顺时针顺序阐述了管理者在设计和评价管理控制系统的时候也应该遵照相同的顺序进行。然而,一旦一个组织完成了它的控制系统,它就会通过反馈和学习不断地对系统中那些相互联系的要素进行改进与修订。举个例子,这个组织也许就会修改步骤 C 中用于监控和报告的标准,以更好地适应步骤 A 中的目标。同理,它也会重新整合步骤 D 中的业绩评价系统以更好地配合步骤 B 中的具体计划和目标。本章在考察管理控制系统的设计和运行时,将经常参考图 9-1。

管理控制系统与组织目标

在管理控制系统中,组织目标处于首要地位。如图 9-2 所示,设定目标、选择行动和制定业绩评价指标的过程将涉及所有层面的管理者。组织范畴(整个公司)的目标、业绩指标和量化指标由最高管理层制定。最高管理层会定期审查这些目标,通常为一年一次。这些目标为组织提供了一个长期框架,围绕它可以形成一个综合计划,从而保证组织在市场上合理定位。如图 9-1 所示,目标回答了"我们希望实现的是什么"这个问题。但是,没有业绩评价的目标就无法对管理者的行动产生激励。

> **目 的 1**
> 描述管理控制系统与组织目标之间的关系。

一个管理控制的基本问题是"你拥有你所计量的"。也就是说,业绩评价的标准,能够激励管理者并且为管理者的决策制定方向,因此,每一项业绩评价标准都必须与组

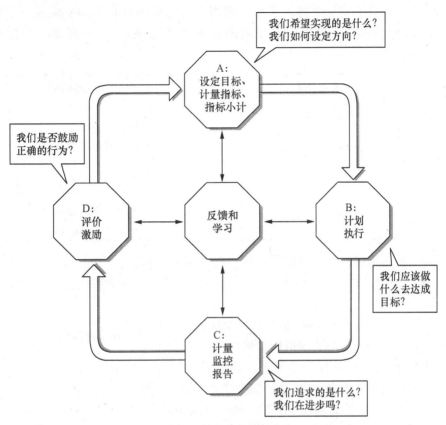

图 9-1　管理控制系统

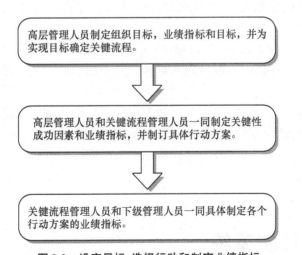

图 9-2　设定目标、选择行动和制定业绩指标

织目标相一致。但是,那些实现较高业绩评价指标的管理者却有可能没有为公司和股东创造价值。与此同时,一个理想的管理控制系统中,每一个目标,都应该有至少一项业绩评价标准与之相适应。《破译价值密码》(Cracking the Value Code)一书曾指出,我们倾向于"评价我们所计量的事物,却较少去计量我们所评价的事物"。

下面我们用一个例子来阐述组织目标与业绩计量之间的关系。豪华套房公司（Luxury Suites）是美国一家主要的豪华酒店连锁企业，它有如下目标和相关业绩指标：

组织目标	业绩指标
超越客户预期	• 满意度指数
	• 回头客回头住次数
收入最大化	• 入住率
	• 房价
	• 不包括固定成本的利润
关注创新	• 每年提供的新产品/服务
	• 员工建议的数量

公司为每一项业绩指标制定量化的标准。例如，有关入住率的一个量化指标是"至少达到70%"。值得注意的是，每一个目标有多项业绩指标，每项业绩指标至少与一个目标相关。

正如图 9-2 所示的，企业为低层组织者制定了更为具体的业绩指标。例如，为了确定指导方向，在具体的业务部门内，高层应与低层管理者通力合作，选择能提供短期执行和考查的特定行动（或活动）。一个确定选择这些行动和指标的方法，就是让最高管理层确定关键成功因素。**关键成功因素（key success factor）**是管理者必须达到的特征或属性，它们能推动组织整体向其目标迈进。再来考查豪华套房公司这个例子。对于"超越客户预期"这一目标而言，及时性就是一个关键成功因素，即为了达到"超越客户预期水平"的目标，公司必须提供及时的服务。有关及时性的业绩评价指标包括登记时间、结账时间和对客户需求的响应时间（如铃声响过几次，前台服务员才答应）。

> **关键成功因素（key success factor）**：管理者必须达到的特征或属性，它们能推动组织整体向其目标迈进。

各种目标之间的平衡是管理控制中的重要组成部分。管理者们常面临权衡抉择。例如，一个销售经理可以通过对"满足顾客询问"设定更低的标准来提高其"员工满意度"指标（一项员工调查）。这样做也许会提高员工对经理的满意度指标，却导致了顾客的不满意。

设计管理控制系统

要设计一个满足组织需要的管理控制系统，管理者们需要确认责任中心，制定业绩指标，建立监控和报告机制，权衡成本与收益，并为实现目标一致性和管理层的努力工作提供一定的激励。

确认责任中心

管理控制系统的设计者必须考虑组织所需要的责任中心。**责任中心(responsibility center)** 是指分配给一位或数位管理者或者其他员工的一整套作业和资源。例如,一套机器设备以及一系列机器加工作业对于生产监督者来说就是一个责任中心。生产部门对于部门主管来说也是一个责任中心。最终,整个组织对于董事长来说同样是一个责任中心。在一些组织里,管理责任是由不同群体的员工所承担的,从而产生广泛的管理决策"责任者",该结构有助于产生创造性的决策,并防范由于个人主导决策失败而产生的风险忧虑(或缺少风险忧虑)。

> **目 的 2**
> 运用责任会计把组织的次级部门定义为成本中心、利润中心或是投资中心。

> **责任中心(responsibility center)**:指分配给一位或数位管理者或者其他员工的一整套作业和资源。

正如图9-1所示,一个有效的管理控制系统首先赋予每一位管理者对一组行为和活动的责任,然后对两个方面进行监控和报告:(1)作业实施的结果;(2)管理者对这些结果的影响。这样的系统对大多数高层管理者有着内在的吸引力,因为这有利于决策制定权的下放,从而他们可以被解放出来专门致力于制订计划和控制活动;低层管理者也很高兴能够拥有决策的制定权。这样,系统的设计者运用**责任会计(responsibility accounting)** 来确认在每种行为中,组织的哪些部门应该承担主要的责任,制定业绩评价指标和具体量化指标,并通过责任中心设计有关这些评价的报告。责任中心通常拥有多重目标和行动,它们都由管理控制系统所控制。根据财务责任,责任中心通常被归位于成本中心、利润中心或投资中心。

> **责任会计(responsibility accounting)**:确认在每种行为中,组织的哪些部门应该承担主要的责任,制定业绩评价指标和具体量化指标,并通过责任中心设计有关这些评价的报告。

成本中心、利润中心和投资中心 **成本中心(cost center)** 是指管理者仅对成本负责的责任中心。它的财务责任是控制和报告成本。一个完整的部门可以被视为一个独立的成本中心,或者包括几个成本中心的部门。例如,尽管装配部门由一个管理者进行监管,但它可能包括多条装配线,那么就可以把每条装配线作为独立的成本中心。同样,每条装配线内部、单独的机器或者测试设备都可能被认为是独立的成本中心。成本中心数目的确定取决于对成本—收益的考虑——规划更小的成本中心(用于计划、控制和评估)的收益超过由此导致的较高报告成本了吗?

> **成本中心(cost center)**:指管理者仅对成本负责的责任中心。

对于成本中心,**利润中心(profit center)** 对收入及成本(或费用)——即获利能力负责。尽管如此命名,当责任中心依据其

> **利润中心(profit center)**:责任中心的一种,对收入及成本(或费用)——即获利能力负责。

服务获取收入时,利润中心也可以存在于非营利性组织(可能有不同的提法)中。例如,西部电力局(WAPA)通过向美国西部销售电力回收经营成本,这样,WAPA 实际上是一个有着保本目标的利润中心。所有利润中心的管理者都既对收入又对成本负责,但他们并不期望实现利润最大化。

投资中心(investment center)相比利润中心更先进了一步。成功与否不仅通过收益来衡量,它还将收益与其投入资本联系起来,例如收益与所用资本的比率。实际上,投资中心这个术语的使用并不广泛。相反,利润中心这个术语被不加选择地滥用于描述那些对收入和成本负责,但不一定对资本投资负责的中心。

> **投资中心**(investment center):责任中心的一种,它的成功同时取决于收入和投入资本,可能是由收入与资本的比例来衡量的。

制定业绩指标

对大多数组织来说,有效的业绩计量需要多重业绩指标,既包括财务的也包括非财务的指标。好的业绩指标应该符合以下要求:

> **目 的 3**
> 制定业绩指标并运用它们管理组织业绩。

1. 能够反映管理层与组织目标相关的关键行动和作业;
2. 能够反映管理者和员工行为的影响;
3. 容易为员工所理解;
4. 能够平衡长期和短期利益;
5. 基本客观、方便计量;
6. 保持一贯并合乎规律,用来对管理者和员工进行评估和奖励;

有时候会计人员和管理者过于关注财务指标,比如运营预算、利润目标或所要求的投资回报,因为它们易于从会计系统中获取。进一步讲,构建非财务性计量指标的难度通常比较大,有些公司也会将环保工作、社会责任和组织学习等指标归入关键目标之列。尽管如此,要设计一个良好的管理控制系统,你还是应该同时制定出财务和非财务两方面的业绩计量指标,因为"你无法经营不能计量的东西"。

非财务指标往往更易于量化和理解。因此,员工在实现业绩指标的过程中更易于受到激励。例如,曾荣获著名的 Baldrige 全美质量奖(由美国商务部颁发)的 AT&T 公司旗下的全球电话卡服务公司,在客户咨询流程中使用了 18 种业绩指标。这些指标包括回答问题的平均速度、放弃率以及处理申请的时间(相对于 34 天的行业平均水平,该公司只需 3 天)。

财务指标是迟缓的指示器,它反映太慢以至于往往不能帮助避免问题的发生和保证组织的健康发展。通常,在失去大量客户之后,较差的非财务业绩所产生的不利影响(例如,缺乏组织学习、流程改善不利以及顾客满意程度低下)才会在财务指标中显现出来。因此,现在很多公司重视对收入和成本作业动因进行管理,而不是等到收入或成本已成既定事实后再进行解释。出色的非财务业绩通常伴有出色的财务业绩。

监控和报告结果

图 9-1 表明,管理控制系统的中心环节是反馈和学习。在计划和控制的过程中的每一个阶段,所有层次的管理者和员工之间进行有效沟通是很重要的。事实上,组织范围内开展学习是获取并维持财务实力的基础。

里奇·蒂林克——哈利-戴维森公司的前任首席执行官曾经说过:"如果你授权给那些愚昧的人,它们将会更快地作出愚昧的决策。"哈利-戴维森公司 2006 年度销售额超过了 58 亿美元,四年销售额增长率为 42%,利润增长率为 79%。一些管理学专家曾说过,企业的唯一可持续性的竞争优势在于其管理人员参与学习的比例。里奇·蒂林克强调了几点经营美德——去除废物、提高质量、提高客户满意度。

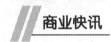

实际应用中的业绩指标

一个组织的业绩指标取决于它自己的目标和目的。举个例子来说,一家软件公司和一家汽车制造企业将有不同的业绩指标。这些指标也必须包括影响一个组织的主要的成功因素。只重视公司表现中的一个方面的业绩指标往往会忽视公司表现的其他方面。

我们来看通用电气公司在 20 世纪 60 年代发明的一个基本的管理控制系统。这一系统着重于 8 个关键结果领域,也就是通用电气所谓的:

财务关键结果领域
1. 赢利性
2. 生产率
3. 市场定位

非财务关键结果领域
4. 产品领先
5. 个人发展
6. 雇员态度
7. 公众责任
8. 长短期目标的权衡

今天看来,在这 8 个领域的标准仍然像它们在 20 世纪 60 年代那样是联系紧密的。显然这些都是一些长期的战略目标。这些标准可能会随着一个企业调整自己达到自己目标的方法而改变,但是一个管理控制系统的基本构架没有必要随着企业管理者偏好的变化而有所改变。

一个离我们现在更近的例子是西南航空公司。西南航空的使命是"致力于为顾客提供最高质量的服务,展示自己的热心、友善、自我价值和公司精神风貌"。然而,到现

在为止,西南航空在衡量管理者的时候关注的还是各项财务指标。最近,西南航空在自己的评价体系中引进了一些非财务指标,包括:

- 上座率
- 飞机和人事部门的设备利用率
- 及时表现
- 可用的座位里程数
- 拒绝登记率
- 每1万名乘客中的行李丢失报告数目
- 航班取消率
- 雇员人口调查
- 每1万名顾客中的投诉数目

通过包括这些非财务指标,西南航空能够促使管理者将自己的注意力集中到那些与西南航空的使命最相关的那些关键成功因素上去。

资料来源:David Solomons, *Divisional Performance: Measurement and Control*(Homewood, IL: Irwin, 1965); and Southwest Airlines Web site(www.southwest.com)。

一旦公司有了卓越的智力资本,如何才能最好地保持住领先地位呢?图 9-3 展示了组织学习是如何增强财务实力的。组织学习由培训时间、员工流动程度以及员工满意度分值等指标来衡量。学习的结果是一贯持续的过程改进,受到生产周期、不合格率(质量)和作业成本的监控。顾客们将会看重反应时间的改善(周期更短)、质量的提高和价格的降低,由此他们增加了对产品和服务的需求。需求增加同更低的产品服务的制造分发成本一道带来了财务状况的增强,这是由产品获利性和收益性指标计量的。必须着重指出的是,一个成功的组织并不囿于一个学习—顾客满意度增加—财务实力提高的循环。财务实力增强的好处,即额外财务资源,必须依靠持续学习与持续流程改进在组织内部进行再投资。图 9-3 显示的信息表明,企业经营业绩的动因是在企业所有层次的管理中,鼓励不断学习与发展的企业文化。如果学习的结果并不能转变流程、带来产品和服务的改进,光靠花钱来培训管理者是不够的。这需要一种学习的文化氛围以激励管理者们将学习的结果转变为组织的发展。

至于每个阶段是否会"自动地"延续前一个阶段的成功,这一点并无保证。如果一个或多个核心业务过程没有得到改进,因果关系链就会被打断。例如,缺乏营销和分销技术的改进会导致失败,因为不能将新的和改良的产品或者服务投向顾客需要的市场。电子商务是这方面一个很好的例子。因此,要注意到业务过程的改进必须发生在价值链的所有环节中。

通用电气公司是营造企业学习氛围的一个很好的例子。销售额超过 1 500 亿美元的 GE 已经在广阔的行业领域中展示出了惊人的获利能力,包括大众传媒(NBC)、运输设备、航天发动机、电器、照明设备、电力分送和控制设备、发电机和汽轮机、核反应堆、医疗成像设备、塑料制品以及金融服务。2006 年,通用电气被《财富》杂志评为"美国最

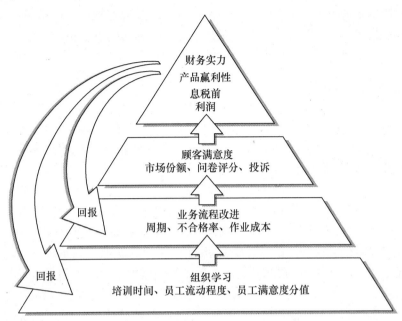

图 9-3 成功组织的构成及业绩指标

受欢迎的公司"。

前任首席执行官约翰·韦尔奇(John Welch)在年报中把 GE 的成功归因于:

……通用电气的文化重视每位员工的个人奉献,鼓励员工热衷于学习,渴求更好的设想并且每天都能灵活、高效地将好的设想付诸于实践。我们是一个学习型企业,一个吸取自身以及其他公司的成功和失败的经验的企业,一个充满自信和资源的企业——基于任何求胜的观念和洞察力,去获取不计其数的发展机遇。学习的渴望以及将所学迅速融于实践的能力将使 GE 获得持久的、难以超越的竞争优势。

约翰·韦尔奇"将所学迅速融于实践"这句话的确切意思是什么?以下是来自约翰·韦尔奇的一段话:

"走出去"的改革,敲开了大门。任何人在任何地方的观点都能够获得接受,去除了 NHI(这里行不通)的想法,摆脱官僚作风,使得无边界的行为方式成为我们公司文化自发和天然的组成部分,由此诞生了学习文化……

2006 年,CEO 杰夫·殷曼特(Jeff. Immelt)又另外指出了 GE 学习文化中的一个重要部分——开放性地选择更好更新的技术以淘汰旧的管理方法:"大多数在 GE 工作的人都会从过去中汲取教训但却都对过去有相当程度的不尊敬。他们有种活在当下而不被过去所累的能力,这种能力是极其重要的。"

正如图 9-1 所示,对业务作业监控和报告的结果是管理控制系统的关键组成部分。图 9-2 表明管理者们要明白哪些是与目标和目的的实现相联系的行动以及相关的业绩指标。一旦这些业绩指标被区分开来,组织必须获得与实现期望结果有关的信息,这是通过提高业绩报告系统来完成的。有效的业绩报告把管理者的总目标、具体目标与结果联系起来,给管理者提供指导,在整个组织范围内调整目标与实现水平,使组织能够对发生的变化及时进行预测并作出反应。

权衡成本与收益

同样,管理控制系统的设计者必须根据公司需求来权衡不同的选择方案的成本与收益。没有一个系统是完美的,但是如果一种系统能在合理的成本基础上提高经营决策水平,它就会优于其他系统。

管理控制系统的收益和成本通常是难以计量的,只有通过试验或实际运用才会显示出来。例如,花旗集团的会计政策总监说过,对于一个详细的管理控制系统,经过几年的试验之后,相对于看得见的效益来说,该系统被证明使用成本过高。因此,花旗公司计划转向精度较低但相对更简单、成本也更低的管理控制系统。与花旗截然相反的情况是,Home Depot 公司在其管理控制系统中增加了更多的衡量标准。当雇员询问该公司的 CEO Bob Nardelli 他为什么要采用新的标准时,Bob 把新标准比作汽车仪表:"你为什么需要一个新仪表呢?你为什么需要一个新的速度计呢?"他认为为这些新标准所付出的成本是值得的,因为它们可以帮助总部了解公司的总体现状。

激励员工取得目标一致并通过报酬发挥管理努力

为了使用最小的成本取得最大的效益,管理控制系统必须注重目标一致和管理努力。当个人与团体都朝向同一组织目标时,当职工以他们最大的兴趣在工作并作出有助于组织目标实现的决定时,便实现了**目标一致(goal congruence)**。**管理努力(managerial effort)** 被定义为通向目标或目的所作出的努力。这里的努力并不仅意味着工作得更快,而且意味着更好。所以,努力包括所有能导致效率更高、效果更好的潜意识的活动(如监督、筹划和判断)。努力是一种程度上的事情——当个人和团体向着目标努力时,它便可被充分发挥。

> **目 的 4**
> 解释业绩评价的重要性以及它如何影响激励制度、目标一致性和员工努力程度。

> **目标一致(goal congruence)**:职工以他们最大的兴趣在工作并作出有助于组织目标实现的决定的状态。

> **管理努力(managerial effort)**:通向目标或目的所作出的努力,包括所有能导致效率更高、效果更好的潜意识的活动(如监督、筹划和判断)。

在几乎不存在管理努力的情况下,目标一致也能实现,反过来也是一样。但报酬对于这两者的实现都是必要的。如图9-1 所示,管理控制系统设计的挑战是要具体确定一个能激发(或至少不使泄气)员工实现组织目标的决心的总目标和行动计划以及业绩评估和报酬体系。例如,一个组织可能会具体制定不断地提高职工的工作效率和有效性的目标。尽管如此,职工会感觉到不断地提高效率将导致更严厉的规范、更快的工作节奏,甚至工作的失去。尽管他们可能会同意"不断提高效率是竞争的必然"这种看法,他们不可能被期望尽力配合不断地提高除非报酬恰好是他们认为的最满意的利益。

举另外一个例子,学生也许会参加一个大学课程,因为他们的目标是学习有关管理会计的内容。教师和学生拥有相同的目标,但目标一致并不足够,教师同样采用分数制度的报酬方式来激励学生。分数是业绩评价的一种方式,就像管理控制报告被用来晋升、激励,还有其他形式的奖赏被用在其他环境下那样。业绩评价被广泛用来促进一致和努力是因为多数人当他们收到的反馈与他们的自身利益相关联时表现得更好。因此,艾伦-布莱德利公司(Allen-Bradly Co. Corning)以及其他的制造商把提高质量作为重要目标,把质量指标放在高层管理者的奖金计划里面。

为了实现目标一致和管理努力的目标,管理控制系统的设计者集中在激励员工上。

> **激励(motivation)**:为达到一些选择性目标的驱动因素。

激励(motivation) 已被定义为达到一些选择性目标的驱动因素。然而对待不同的员工,激励方式大有不同。系统设计者的任务比大多数人开始想象的更复杂、更容易出错、更受人类行为的影响。因此,设计者必须注意一个管理控制系统相对于另一系统来说的不同激励影响,即每一个系统将会引起人们怎样的反应呢?

责任会计、预算、差异以及所有管理控制工具必须对行为产生积极影响。尽管如此,它们也许会被误用为惩罚、责备或发现过失的消极武器。从积极方面看,它们帮助提高员工决策度;如果消极地被使用,它们将对员工施加威胁,这将使员工拒绝或破坏这种技术的使用。评论家们指出,安然公司的管理控制系统是导致公司问题的主要原因。员工会因良好的表现而获得丰厚的奖励,更重要的是,在每次评估排名最后的员工将被解雇。这种设置会导致剧烈的竞争,尽管一开始看起来像是为公司制造了超越一般的业绩水平。日后,这种成功的代价将会越来越清晰地显示出来,其他的工人们会被削弱,业绩的压力会迫使一些员工采用不道德的手段获取好的业绩指标。

小结与复习

问题:

思考关于豪华套房连锁酒店的例子。我们已经注意到,高层管理人员将"超越客户预期"作为整个公司的目标。关键性成功因素是提供即时的客户服务和高品质的个性化服务。销售部副经理苏珊·皮尔斯是全面负责实现该目标的经理,她已经为来年选定了一个目标,那就是提升客户服务部的能力。

1. 为个性化服务关键成功因素确定若干可能的业绩评价指标。
2. 引入若干特定的行为或业务来提升客户部的能力,以实现豪华套房的"超越客户预期"这一目标。

> **答案：**
> 1. 对个性化服务而言，关键的业绩评价指标包括：登记变更数、顾客问卷中对于"友好的、知识渊博的员工"问题的打分、投诉次数、顾客回头率以及有完整档案的顾客比率（整理顾客的独特需求）。
> 2. 特定的行为或业务包括：员工培训、电话记录（可供顾客选择服务的清单）和监督遵照清单的执行、制定顾客满意度调查问卷以及客人登记和预约流程再造。

财务业绩的可靠性及计量

管理控制系统常常需要区分可控和不可控事项以及可控和不可控成本。通常，责任中心管理者处于那些可以解释自己的成果的最佳立场，即使是在那些管理者对自己的影响很小的时候。例如，几年前一个进口商从智利把葡萄进口到美国，由于葡萄被检测出含有有毒的氰化物而遭受了严重的损失。损失超出了进口商的控制，因此，在给定实际销售量异乎寻常低的情况下，进口商的管理控制系统将实际的利润与弹性预算的利润（参见第8章）进行比较。这种比较将作业量（销售水平）的影响同效率的影响区分开来，并在不可控销售量下降的基础上，报告进口商的获利情况。然而，进口商依旧需要解释销售量下降的原因和影响。为什么呢？因为经理是最了解销售信息的人，即使他并不为此负全部责任。

不可控成本（uncontrollable cost）就是在给定的时间范围内不受责任中心管理层影响的任何成本。例如，陶氏化学的一位经理可能无法控制用于生产其他各种化工产品的原油的市场价格。相反，**可控成本**（controllable cost）包括所有受管理者决策与行为影响的成本。例如，那位经理就可以控制原油使用量、劳动力成本和工厂的大部分管理费用。

> **不可控成本**（uncontrollable cost）：是任何在特定的时间范围内不受责任中心管理层影响的成本。

> **可控成本**（controllable cost）：包括所有受管理者决策与行为影响的成本。

在某种意义上说，"可控"这一术语是不恰当的，因为没有任何成本是完全受一位经理控制的。但这一术语广泛来讲指那些受某一位经理的决策影响的成本，尽管不是完全的"控制"。因此，运转邮购信息系统的成本可能受到不是完全而是部分地在信息系统经理控制下的设备或软件错误的影响。信息系统的经理将对信息系统的所有成本甚至停工期成本负责。

区分可控和不可控成本是为了服务与信息的需要。完全不可控成本根本说明不了管理者的决策与行为情况。因为，根据定义，不论经理做什么都不会影响这项成本。这种成本在评价责任中心经理业绩时应该忽略不计，相反，可控成本报告则为经理的业绩表现提供了证据。

因为成本责任可能很分散,系统的设计者必须在对成本性态的理解上帮助确认可控成本,这种理解是通过作业成本不断获取的(见第 4 章)。例如,宝洁公司和 Opjohn 有限公司都在一些部门中运用作业成本计算系统。宝洁公司在它的一个清洁剂部门使用作业管理控制系统来确定可控成本,结果产生了具有战略性意义的转变。

边际贡献

许多企业将计量损益的边际贡献法与责任会计结合起来,即通过成本性态和可控性程度进行报告。

Safeway 公司是一家零售企业。表 9-1 列示了如何使用边际贡献法计量该公司各组织部门(或者分部)的财务业绩。你可以在图 9-4 中看到相关分部 Retail Grocery 商店的组织结构。

表 9-1　Retail Grocery 商店

边际贡献法:损益表样式,按责任部门* (单位:千美元)

	总公司	两分部明细		西部分布明细				西部部中的肉类明细		
		东部分部	西部分部	不可分配的†	杂货	产品	肉类	不可分配的†	商店1	商店2
净销售额	$4 000	$1 500	$2 500	—	$1 300	$300	$900	—	$600	$300
变动成本销售成本	$3 000	$1 100	$1 900	—	$1 000	$230	$670	—	$450	$220
变动经营成本‡	260	100	160	—	100	10	50	—	35	15
变动成本总额	$3 260	$1 200	$2 060	—	$1 100	$240	$720	—	$485	$235
(a) 边际贡献	$740	$300	$400	—	$200	$60	$180	—	$115	$65
减:固定成本(责任经理可控成本§)	260	100	160	$20	40	10	90	$30	35	25
(b) 责任部门经理可控贡献	$480	$200	$280	$(20)	$160	$50	$90	$(30)	$80	$40
减:其他部门经理可控固定成本¶	200	90	110	20	40	10	40	10	22	8
(c) 责任部门边际贡献	$280	$110	$170	$(40)	$120	$40	$50	$(40)	$58	$32
减:不可分摊成本‖	100									
(d) 税前利润	$180									

* 这里说明了三种不同类型的分部:区域部门、产品线和门店。阅读时,请注意其说明的对象范围越来越窄,从东西分部到西部分部再到西部分部肉类分部。

† 只有能够明确认定产品线归属的成本才应该被分摊。

‡ 主要工资及与工资有关的成本。

§ 如广告、促销、销售人员工资、管理咨询、培训和监督成本。

¶ 如折旧、财产税、保险,也可能包括分部经理的薪金。

‖ 这些成本无法明确而有效地分摊给任何分部,除非采用某些具有不可靠性的分摊基础。

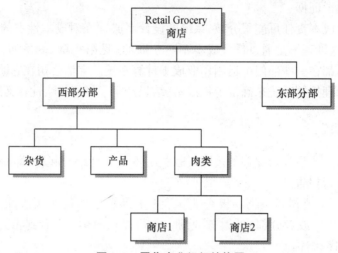

图 9-4　零售企业组织结构图

责任部门（segments）是指将收益和成本分别计量的责任中心。仔细研究这张图，它提供了一种如何设计管理控制系统来同时关注成本性态、可控性、经理业绩以及责任中心业绩的新观点。

> **责任部门**（segments）：指将收益和成本分别计量的责任中心。

表 9-1 中的 a 行显示了边际贡献，即销售收入减去全部可变成本。边际贡献对于预测业务量的短期变化所产生的影响特别有用。管理者们可以通过将增加的销售收入额乘以边际贡献率来迅速计算出预期的收益变化。西部分部关于肉类的边际贡献率是 $180/$900＝0.20，如果售价、每单位经营费用、固定成本或者商店 1、商店 2 之间的混合销售没有发生变化的话，西部分部肉类销售额增加 1 000 美元将产生 200 美元的收益（0.20×$1 000＝$200）。

责任部门经理可控的边际贡献

表 9-1 中的 b、c 行分别列示了责任部门经理可控贡献边际（b）和责任部门总体贡献边际（c）。管理控制系统的设计者区分了作为经济投资的部门和作为职业决策制定者的经理人。例如，长期的干旱，再加上人口老龄化问题都可能给一个滑雪胜地的持续经济投资带来负面影响，但是这个旅游胜地的经理在这种情况可能会做得更加出色。

> **目　的　5**
> 使用边际贡献和可控成本概念来编制用以评价利润中心和投资中心的部门损益表。

商店 1 的经理可能会影响本部门的广告业务，但并不能影响到其他部门的广告业务；可能影响一些固定薪金，但并不能影响其他的薪金等等。并且，部门及商店的肉类经理也许都无法影响商店的折旧和总经理的薪金。因此，表 9-1 按可控性区分成本。所有层次的经理都被要求对部门的贡献边际总额进行解释，但仅对可控贡献边际负责。

注意,部门经理把可控固定成本从贡献边际中扣除,以获得可控贡献边际。这一类可控成本常常是酌量性的固定成本,如本部门的广告费用和某些薪金,但不包括经理自己的薪金。其他不可控固定成本(a、b 两行所列示的)并没有在细分中分配,因为在组织这一较低层次中被认为是不可控的。也就是说,在由西部分部经理控制的 160 000 美元固定成本中 140 000 美元同样能被下属经理控制(杂货、生产和肉类经理),但 20 000 美元却不能被控制。后者是由西部经理而不是由更低层的经理控制的。类似地,同一产品线的 130 000 美元可以归为西部肉类部门,但无法归为单个商店。

在很多组织里,经理有权对某些可变成本和固定成本进行权衡,为了节约可变成本和人工成本,管理者也许会在自动化、质量管理和员工培训等项目上花费巨大支出。并且,广告决策、市场调研和促销都对销售业务产生作用,进而影响贡献边际。可控贡献边际包括这些费用,并试图反映这种权益取舍的结果。

表 9-1 中确定某一项目属于哪类成本分类的区分不可避免地会有些含糊。例如,当服务部门成本被分摊到其他部门时,可控性的确定总是一个问题,商店经理应当承担一部分部门总部的成本吗?如果应当的话,应当承担多少以及标准是什么?如果是计算可控贡献边际,商店折旧或租金应从其中扣除,那么应扣除多少?这些问题并没有简单的答案。每个组织都选择其成本相对最低、收益最大的办法(这与必须遵守严格规则的外部财务会计不同)。

责任部门边际贡献

表 9-1 中的 c 行的责任部门边际贡献近似于该责任部门的财务业绩,并将它与 b 行计量的部门经理的财务业绩区分。"其他部门经理可控固定成本"指的是约束性成本(像折旧和财产税)和酌量性成本(像分部经理的薪金),这些成本可分摊给部门,但要受高层管理控制。

不可分摊成本

表 9-1 在 d 行之前显示了"不可分摊成本"。它们可能包括公司核心成本,如最高管理层的成本和一些公司层面的服务(像法律和税收服务)成本。当找不到有说服力的因果关系或作业分摊理由时,很多企业选择不对这些成本进行分摊。

边际贡献法强调各种财务业绩评价方法的相对客观性。边际贡献本身是最客观的。业绩报告越往下,分摊越有主观性,得出的边际贡献或收益越容易引起争议。尽管争议可能是对管理层时间的浪费,但分摊确实让管理者去注意整个组织的成本,以便加以控制。

管理决策练习

当编制部门财务报告时,经理们必须试着区分可控和不可控事项以及可控与不可控成本。请指出下面各商品业务(例如商店)成本,是否属于变动成本、部门经理可控固定成本、非部门经理控制的可控固定成本或者是一般情况下不可分摊的成本。

    财产税
    销售人员的管理费用
    商店折旧
    销货成本
    本商店广告费用
    公司级广告费用
    公司级公共关系费用
    临时销售人员工资

答案:

变动成本一般是由商店经理控制的,销货成本和临时销售人员工资就是例子。

部门(商店)经理控制的可控固定成本包括本商店广告费用和本部门销售人员的管理费用。商店经理经常决定这些费用的适当水平。

非部门经理控制的可控固定成本包括财产税和商店折旧。这些成本跟商店直接相关,但商店经理并不能改变它们。

不可分摊成本包括公司级的广告费用和公共关系费用。这些成本跟商店的关系很小。

小结与复习

问题:

"书与游戏"公司有两家书店:安蒂书店和马琳书店。每家书店的经理都拥有很大的决策权。但是,广告、市场调查、购书、法律服务以及人事职能是由中心办公室来执行的。"书与游戏"公司现行会计系统是将所有的成本分摊到书店。20×1年的经营成果如下:

项目	全公司	安蒂书店	马琳书店
销售收入	$700 000	$350 000	$350 000
销售成本	450 000	225 000	225 000
毛利	250 000	125 000	125 000
经营费用			
工资和薪金	63 000	30 000	33 000
物料	45 000	22 500	22 500
租金和设施费	60 000	40 000	20 000
折旧	15 000	7 000	8 000
分摊的行政成本	60 000	30 000	30 000
经营费用小计	243 000	129 500	113 500
经营受益(亏损)	$7 000	$(4 500)	$11 500

每家书店的经理作出的决策能够影响工资和薪金、物料以及折旧。与之相对的是,租金和设施费在经理们的控制范围之外,因为经理们不能选择书店的地址和规模。

物料属于变动成本;工资和薪金的可变部分是销售成本的8%,其余部分属于固定成本;租金、设施费和折旧也属于固定成本。人事成本分摊并不受书店任何事项的影响,但是按照销售收入的比例分配。

要求:

1. 用边际贡献法编制业绩报表,将每家书店的业绩和书店经理的业绩区分开来。
2. 评价每家书店的财务业绩。
3. 评价每家书店经理的财务业绩。

答案:

1. 参照表9-2。
2. "书店的边际贡献"这行数据最能评价书店(即企业的责任部门)的财务业绩,尽管两家书店的收入水平相同,但马琳书店的贡献较高。取得这种优势的主要原因是马琳书店的租金和设施费支出更低。
3. "经理可控边际贡献"这行数据最能判断经理的财务业绩。根据这一指标,安蒂书店经理的业绩比马琳书店好。边际贡献对每家书店来说都是一样的,但是马琳书店的管理者比安蒂书店的经理多支出了4 000美元的可控固定成本。当然,这种决策在长期可能是有益的。这些责任部门报表都没有年度预算和弹性预算,它们也许是评价这两家书店及其经理的最好指标。

表 9-2 "书与游戏"公司
业绩报告

项目	全公司	安蒂书店	马琳书店
销售收入	$700 000	$350 000	$350 000
变动成本			
销售成本	450 000	225 000	225 000
工资和薪金	36 000	18 000	18 000
物料	45 000	22 500	22 500
变动成本总额	531 000	265 000	265 000
书店的边际贡献	169 000	84 500	84 500
减：书店经理可控固定成本			
工资和薪金	27 000	12 000	15 000
折旧	15 000	7 000	8 000
可控固定成本总额	42 000	19 000	23 000
经理可控边际贡献	127 000	65 000	61 500
减：他人可控固定成本			
租金和设施费	60 000	40 000	20 000
书店的边际贡献	67 000	$25 500	$41 500
不可分摊成本	60 000		
营业利润	$7 000		

非财务业绩计量指标

多年来,公司都在监测它们的非财务业绩。例如,销售企业跟踪调查顾客以确保满意程度,制造商跟踪调查制造缺陷和产品性能情况。近年来,大多数公司已经对非财务业绩控制领域的重要性有了新的认识。本节将首先讨论一种流行的、已经被各大公司广泛采用的业绩报告——平衡积分卡。它在财务与非财务之间有着清晰的平衡。接下来,本节将对一些特定的非财务业绩计量指标进行测试,如质量、周期和生产率。

平衡积分卡

平衡积分卡(balanced scorecard)是一种业绩评价和报告系统,它使财务指标和经营指标达到平衡,将业绩与报酬相联系并外在地确认组织目标的多样性。像微软、American Express、ExxonMobil、Allstate 和苹果等公司以及政府和非营利性机构,都通过使用平衡积分卡使管理者们把注意力放到关键性的项目——那些驱使公司实现目标的

> 目 的 6
> 利用平衡积分卡确认财务与非财务业绩指标。

> 平衡积分卡(balanced scorecard):是一种使得财务和经营计量指标平衡,联系业绩报酬以及确认组织目标的多样性业绩评价和报告系统。

指标上去。在全美1 000家最大的公司中,50%使用了不同形式的平衡积分卡。我们后面的商业快讯中列举了其中一些比较成功的企业。

平衡积分卡方法的一个优点是产品线管理者们能了解各个非财务指标之间的关系,这些指标更容易与其自身的行动相联系,而财务计量指标通常是同组织目标相联系的。平衡积分卡的另一个优点是它能够关注图9-3中的成功组织中每一部分的业绩评价指标。这提高了学习过程的效率,因为管理者们能够了解到他们的行动结果以及这些行动是怎样跟组织目标联系起来的。

平衡积分卡是什么样的呢?由罗伯特·卡普兰和大卫·诺顿设计的经典平衡积分卡包括了分成四类的**关键业绩指标**(**key performance indicators**,即引导组织实现目标的指标):(1)财务;(2)客户;(3)内部流程;(4)员工成长学习。有些公司会用其他的技术或分类。最普遍的一种是又加了一类指标——员工类别。然而,每一种设计都会在每一个类别之下设定多重业绩指标。例如表9-3中展示的飞利浦电子公司(Philips Electronics)运用的分类和业绩指标。

> 关键业绩指标(key performance indicators):那些驱动组织实现它的目标的计量指标。

表9-3　飞利浦电子公司的业绩指标

财务	流程
实现的经济利润	流程周期时间缩短百分比
经营所获收入	工程变更数量
营运资本	产能利用率
经营现金流	订单回应时间
投资回报	加工能力
客户	能力
顾客调查排名	领导能力
市场份额	专利保护回报百分比
再次订货率	员工培训天数
投诉	品质改善小组参与情况
品牌目录	

商业快讯

平衡积分卡名人堂

1992年,罗伯特·卡普兰和大卫·诺顿设计并制作了平衡积分卡(BSC)。在2000年,他们的公司——平衡积分卡协会(Balanced Scorecard Collaborative)创建了一个"平衡积分卡名人堂"。要想入选名人堂,一个公司必须在以下五条原则中采用至少一条原则,以创建战略中心型组织(strategy-focused organization):高阶领导带动变革;将策略转化为执行面的语言;以策略为核心整合组织资源;将策略落实为每一位员工的工作;

让策略成为持续循环的流程。

到 2005 年年底,平衡积分卡协会已经承认了 69 个组织入选名人堂(获得现时名单,请访问 www.bscol.com.)。入选组织包括:Best Buy 公司、SMDC 健康系统公司、英国国防部、宝马财务服务公司以及温迪国际公司(Wendy's International)。

Best Buy 公司,总部设在美国的明尼阿波利斯,拥有超过 940 家零售商店、128 000 名员工,2006 年年收入超过 300 亿美元。Best Buy 运用平衡积分卡将关系最重大的战略指标"设定为活动的中心",并且帮助公司以适当的价格为顾客提供适合的商品。

SMDC 公司在明尼苏达北部经营着 20 家诊所、医院以及特殊护理机构,年总收入达 7 亿美元。他的 CEO——Peter Person 评论到:"我们公司每月一次的积分卡考查会议对我作为 CEO 有着非凡的价值。积分卡可以让我们顺畅地浏览和整理公司的总体业绩,并且确定方针路线的修订方案。"SMDC 运用平衡积分卡调整公司经营,衔接预算与战略,并将战略意识传播到每一位雇员。

英国国防部的任务就是保护英国免受外来恐怖袭击,维护人民以及国家利益,同时作为一种加强国际和平安全的正义力量而存在。2000 年,在使用了平衡积分卡后,防务管理委员会(Defence Management Board)主席 Kevin Tebbit 爵士这样声明:"平衡积分卡是我们采用的最重要的管理学发明之一。它确保我们——从委员会高层通过命令下达到业务部门——对我们要达成的目标以及每个人需要作出的贡献有着同样的认识。"国防部用平衡积分卡明晰内部联系,由此促进业绩提升。

宝马财务服务公司成立于 1993 年,目的是为北美宝马公司提供销售和市场方面的协助。该公司有超过 150 亿美元的运营资产。它为超过一半的在美国销售的新型宝马进行理财活动。宝马财务公司从 1998 年开始采用平衡积分卡,并在年销售量和客户数量上取得了显著的进步。公司用平衡积分卡将目标、进取心和标准与公司战略连接起来,并在全公司的范围内促进这些连接之间的沟通与交流。

温迪国际是世界最大的连锁饭店集团之一,拥有超过 6 600 家饭店,2006 年销售额达 24 亿美元。该公司引进平衡积分卡,是为了更好地管理无形资产,如知识产权、客户注意力等。他的 CEO——Jack Schuessler 这样评价平衡积分卡的成功:"在关键领域建立目标并且计量我们的流程,这个领域从饭店层面的员工职位到饭店评价分数、业务流程,再到总收入的增长。这些环节都是同等重要的,而不是只有财务计量才重要。"平衡积分卡为财务与非财务计量的平衡提供了框架。

平衡积分卡以不同的方式帮助了上文提到的公司和其他获奖的组织。在被发明以来的 15 年中,平衡积分卡已经赢得了许多公司的广泛的接受和成功运用。

资料来源:"Balanced Scorecard Collaborative Honors St. Mary's/Duluth Clinic Health System, the U. K. Ministry of Defence, Volvofinans, and Wendy's International with Prestigious Hall of Fame Award," *Financial Times Information*, October 16, 2002; Balanced Scorecard Collaborative Web site (www.bscol.com); St. Mary's/Duluth Clinic Health System Web site (www.smdc.org); U. K. Ministry of Defence Web site (www.mod.uk/index.shtml); BMW Financial Services Web site (www.fs.bmwusa.com); and Wendy's International, Inc., *Wendy's International 2005 Annual Report*.

大多数使用平衡积分卡的企业都会为每个部门制定所用的类别,但都会允许各个

部门自行选择与每个类别相关的业绩指标。例如,微软的每个分部都会使用财务、客户、内部流程和成长学习的分类。但以拉丁分部为例,该分部与西雅图总部在每一个类别之下使用不同的业绩指标。平衡积分卡不应该是一种束缚,而应该成为灵活的激励和计量业绩的准则。

管理决策练习

当高层管理者制定组织目标时,他们应该试着在财务和非财务目标之间达到平衡。利用图9-3列示的成功组织的四个组成部分,标明同惠尔浦公司(Whirlpool)如下目标有关的部分:

员工承诺
全面质量
顾客满意度
财务业绩
成长与创新

答案:

图9-3显示的组成部分自下向上通过因果关系相联系。利用惠尔浦高层管理者设定的5个目标。我们可以得出如下因果关系:

如果惠尔浦公司同员工之间达成可靠的承诺,那么成长与创新将会作为组织学习的一部分,这将带来业务流程的改进,随之提高产品的全面质量,然后将带来顾客满意度的提高,满意度提高的最终结果是财务业绩的改善。财务实力的保持将会带来对惠尔浦员工和内部流程的再投资。

质量控制

质量控制(quality control)是指为确保产品和服务达到顾客要求而作出的努力。从本质上来说,顾客是通过将他们的需要与产品提供的性能进行比较来定义质量的。例如,购买者评价一辆汽车的质量是以汽车的可靠性、性能、设计风格、安全性和外观为基础,并参照他们的需要、预算以及其他可选择产品得出的。

> **目 的 7**
> 通过产品质量、生产周期和生产率目标计量业绩。

> **质量控制(quality control):**是指为确保产品和服务达到顾客要求而作出的努力。

根据顾客的要求来定义质量实际上只完成了一半,剩下的问题是:还需要达到并保持期望的质量水平。控制质量的方法有很多种,美国传统的做法是在产品完工后进行质量检查,把不合格产品丢弃或返工。但由于检验的费用很高,通常只能抽查一部分样本,只要不合格产品的数量不超过一个可以接受的质量水平,就证明市场是在控制之中。这意味着仍然可能有不合格产品到达客户手中。

近年来，面对日本产品的成功，美国企业认识到在质量控制方面必须花费高昂的成本。所有被用来制造和检验次品的资源

> **质量成本报告**(cost of quality report)：用来显示质量的财务影响的报告。

都是一种浪费，纠正次品所需要的返工工作量也相当大。而且，修复顾客正使用的产品或重新吸引不满意的顾客，都要花费极高的成本。《华尔街日报》引用 IBM 公司前总裁约翰·阿克斯的话："我访问工厂时，总是听到关于质量和周期的各种大事，而访问顾客时他们又向我诉说一大堆问题，这一切我已经厌倦了。"通过"检查验收"达到质量标准所导致的高成本在**质量成本报告**(cost of quality report)中有明显的表现，该报告显示了质量对财务所造成的影响。表 9-4 列示的质量成本报告计量了 4 类质量成本：

1. 预防成本——防止生产不合格产品或提供不符合标准的服务所发生的成本，包括为实现更优生产而改进产品设计所进行的工程分析，改进生产流程，提高原材料投入质量及员工培训计划所发生的成本。

2. 鉴定成本——确认不合格产品或服务所花费的成本，包括检查和测试费用。

3. 内部失败成本——由于不合格原件和最终产品或由于服务报废与返工所发生的成本，也包括不合格产品或服务引起的延期成本。

4. 外部失败成本——由于提供给顾客不合格产品或服务所发生的成本，如上门维修、退货、或质量担保费用等。

表 9-4 显示，东方制造公司的大部分质量成本都是由于内部或外部失败造成的，但这些成本几乎都被低估了。由于内部延误和销售额损失，低劣的质量会导致巨大的机会成本。例如，在 20 世纪 70 年代和 80 年代，美国制造的汽车由于质量问题而造成的销售损失额比任何质量成本报告中的有形成本都要大。

表 9-4　东方制造公司

质量成本报告　　　　　　　　　　　　　　　　（单位：千美元）

月份			质量成本区	年末		
实际	计划	差异		实际	计划	差异
			1. 预防成本			
3	2	1	A. 质量—管理	5	4	1
16	18	(2)	B. 质量—操作	37	38	(1)
7	6	1	C. 质量—其他计划	14	12	2
5	7	(2)	D. 供应商保证金	13	14	(1)
31	33	(2)	总的预防成本	69	68	1
5.5%	6.1%		占总质量成本的百分比	6.2%	3.1%	
			2. 鉴定成本			
31	26	5	A. 检查	55	52	3
12	14	(2)	B. 测试	24	28	(4)
7	6	1	C. 购买垫片的检查和测试	15	12	3
11	11	0	D. 产品质量审计	23	22	1
3	2	1	E. 检查和测试设备的维护	4	4	0
2	2	0	F. 检查和测试消耗的垫片	5	4	1
66	61	5	总鉴定成本	126	122	4
11.8%	11.3%		占总质量成本的百分比	11.4%	11.3%	

(续表)

月份			质量成本区	年末		
实际	计划	差异		实际	计划	差异
			3. 内部失败成本			
144	140	4	A. 损耗和返工—制造	295	280	15
55	53	2	B. 损耗和返工—操作	103	106	(3)
28	30	(2)	C. 损耗和返工—供应	55	60	(5)
21	22	(1)	D. 失败调查	44	44	0
248	245	3	总内部失败成本	497	490	7
44.3%	45.4%		占总质量成本的百分比	44.9%	45.3%	
345	339	6	总内部质量成本(1+2+3)	692	680	12
61.6%	62.8%		占总质量成本的百分比	62.6%	62.8%	
			4. 外部失败质量成本			
75	66	9	A. 保修费—制造	141	132	9
41	40	1	B. 保修费—操作	84	80	4
35	35	0	C. 保修费—销售	69	70	(1)
46	40	6	D. 保修场地成本	83	80	3
18	20	(2)	E. 失败调查	37	40	(3)
215	201	14	总的外部失败成本	414	402	12
38.4%	37.2%		占总质量成本的百分比	37.4%	37.2%	
560	540	20	总质量成本	1 106	1 082	24
9 872	9 800		总产品成本	20 170	19 600	
5.7%	5.5%		总质量与产品成本百分比	5.5%	5.5%	

资料来源:摘自 Allen H. Seed Ⅲ, *Adapting Manegement Accounting Pricipal to an Avanced Manufacturing Environment*(National Association of Accountants,1988),Table 5-2, p.76。

近年来,越来越多的美国公司对这种质量控制方法进行重新审视。他们采用了一种由美国人戴明(W. Edwards)提出而后由日本公司在10年前开始应用的方法:**全面质量管理(total quality management,TQM)**。顺应一句话,"一盎司的预防胜过一镑的治疗",它强调预防次品和追求顾客满意。全面质量管理的方法是建立在"当一个公司实现高质量水平时质量成本将最低"的假设基础上的。全面质量管理是将质量的原则应用到企业满足顾客需要的所有努力中。美国商业部将鲍德里奇奖(Baldrige Award)授给那些面向顾客的取得质量管理成就的企业。全面质量管理对组织目标、机构和管理控制系统有着重大的影响。要使全面质量管理得以实现,员工们必须在生产过程、产品及服务、质量控制信息的运用等方面得到良好的培训。

> **全面质量管理(TQM)**:将质量的原则应用到企业满足顾客需要的所有努力中。

实行全面质量管理,职工必须接受培训,从而能够编制、解释质量控制图(如图9-5所示)并能按其行动。**质量控制图(quality-control chart)**是产品尺寸和性能各项指标的一张统计图。这张图将有助于在生产过程中,在产生不合格品前查出偏差。它还能确定必须引起工程设计师设计过程中应注意的产品尺寸或性能的过度差异。图9-5中的质量控制图显示,东部制造公司

> **质量控制图(quality-control chart)**:是产品尺寸和性能各项指标的一张统计图。

常常达不到0.6%次品率的目标(这是一个相对较高的次品率)。这意味着进行修正是必要的。

最近,质量控制方面的趋势是作为持续流程改进的"六西格玛"(Six Sigma)。它的设计是为了通过提高质量而降低成本(本书第1章有它的定义)。"六西格玛"要求每百万件产品的次品率不得高于3.4件。然而,"六西格玛"法已经将适用的领域拓展到确定、计量和分析流程,并改善流程使其错误最小化。关键的一点是,它能够计量公司流程中的次品数量,一旦次品数量被计量出来,公司就可以逐步消除它们了。在被摩托罗拉公司发明之后,"六西格玛"法正在对许多大公司产生巨大的影响,如GE、陶氏化工以及3M。在陶氏化学,每个"六西格玛"项目平均下来,就会为公司节省50万美元。

周期控制

提高质量的一个关键是缩短周期。**周期(cycle time)**,也叫生产周期(throughput time)是完成一种产品或服务,或完成产品或服务的一部分所要花费的时间。它是生产或服务的效率和效益的综合指标,也是一种重要的成本动因。生产产品或提供服务的周期越长,所花费的成本越大;较短的周期意味着产品生产和服务的更快完成(没有次品)。缩短周期需要高效运转和高质量的生产过程,也要求对于顾客的需求要求更大的灵活性和更快的反应。随着周期的缩短,在生产过程中质量问题变得明显,要想提高质量就必须解决这些问题。缩短周期同样会使得更迅速地提供产品或服务,而这些产品或服务的特性是顾客们最为关注的。

> **周期(cycle time)**:是完成一种产品或服务,或完成产品或服务的一部分所要花费的时间。

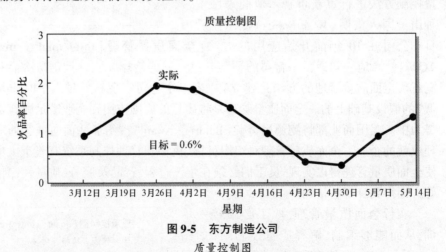

图9-5 东方制造公司
质量控制图

企业通过生产过程中的重要阶段和整个生产过程来计量生产周期。计量周期的一种有效的方法是使用条形码(类似于商店里的商品标签)贴在每一元件或产品上,在每到工序完成时读取。周期就是两个条形码读取的时间差。条形码同样可以对原材料或产品的库存、计划和发货情况进行有效跟踪。

表 9-5 显示了一个周期报告的范例(周期也可用控制图表示)。这份报告说明了东方制造公司在第五个生产阶段中的两个已达到周期目标。这份报告类似于第 8 章的弹性预算报告,对于差异的解释表明了低质量材料和低水平设计会导致大量返工和重新测试。

表 9-5　东方制造公司
5 月第二周周期报告

生产阶段	实际周期*	标准周期	差异	解释
材料加工	2.1	2.5	0.4 F	
电路板组装工	44.7	28.8	15.9 U	低质量材料导致返工
电源组装	59.6	36.2	23.4 U	工程变动要求重新组装所有的电源
产品组装	14.6	14.7	0.1 F	
功能和环境测试	53.3	32.0	21.3 U	测试过程中软件错误导致重新测试

F = 有利差异,U = 不利差异。

* 本周中每一生产阶段平均用时。

生产率控制

另一项为许多公司采用的业绩指标就是生产率。在美国,超过半数的公司将管理生产率作为提高其竞争力的手段之一。**生产率(productivity)**是用产出除以投入来计量的。当产出一定时,投入越少,组织的生产率越高。尽管如此,简单的定义却引起了计量上的困难。怎样计量投入和产出?特定的管理控制问题通常决定了最合适的投入和产出计量指标。劳动密集型(特别是服务业)企业关注的是劳动生产率的提高,因为以人工为基础的指标是合适的。自动化程度高的企业关注机器使用和资本投资生产率。因此以资本为基础的计量指标,如机器可使用时间百分比,对于它们来说也许是最重要的。制造企业一般比较关注原材料的有效使用,对于它们来说材料收益率(材料产出与材料投入之比)的计量指标是生产率的有效反映。所有生产率指标都以管理者希望控制的资源得计量作为分母(投入),以使用资源所的结果的计量作为分子(产出)。

> **生产率(productivity)**:用产出除以投入来计量。

表 9-6 列示了 12 种可能的生产率指标。就像你看到的,生产率指标随着管理当局所关注的资源类型的不同而不同。后面的"商业快讯"描述了经理人和分析家们是如何计量汽车工业的生产率。

表 9-6 生产率指标

资源	可能的产出（分子）		可能的投入（分母）
人工	合格品的标准直接人工小时	÷	实际使用的直接人工小时
	销售收入	÷	员工人数
	销售收入	÷	直接人工成本
	银行存款/贷款业务	÷	员工人数
	服务电话	÷	员工人数
	顾客订单	÷	员工人数
原材料	产出重量	÷	投入重量
	合格品数量	÷	产出总数量
设备、资本、实际生产能力	使用时间（如小时数）	÷	可用时间
	可用时间	÷	时间（如每天 24 小时）
	合格品期望机器工时	÷	实际机器工时
	销售收入	÷	直接人工成本

生产率指标选择

企业应该选择哪种生产率指标来进行管理呢？这取决于企业希望得到的是什么。管理者们通常都重视其上级所要求达到的业绩水平：如果最高管理当局以直接人工这一生产率指标作为基础评价下属业绩，下属管理者就会关注这一特定指标的改进。"你拥有你所计量的"出色地形容了这一种情形。

选择生产率指标存在的挑战是，管理者可能会单单地提高某单一业绩指标，却损害了企业中其他方面的业绩。例如，机器长时间运转可能会提高机器生产率，但会导致过量存货。或者，短期内提高的人工生产率可能会带来较高的次品率。

仅采用一种生产率指标不可能带来业绩的全面提高。管理控制的选择要求在员工为改进业绩指标可能作出的各种努力中进行权衡，很多企业把管理控制的重点放在更为基本的作业活动上，比如质量与服务控制，并通过生产率指标来检测由于作业改善所带来的好处。

不同时期的生产率指标

比较不同时期的生产率时要十分小心，生产过程或通货膨胀率的变化都可能产生误导。例如，考虑 Adobe 公司的劳动生产率，它们采用的生产率指标是"人均销售收入额"。

	2001	2005	变动百分比
总收入（百万美元）	$1 230	$1 966	60%
员工人数	÷3 043	÷4 285	41%
人均收入（未对通货膨胀的影响进行调整）	$404 206	$458 810	14%

商业快讯

生产率指标是汽车制造业的关键

对于汽车制造业来说,生产率是其赢利能力的重要元素。在2005年,其经营的第11年,尼桑被美国Harbour & Associates 咨询调查公司评为"北美最具生产潜力的装配工厂"。其所用的生产率指标是生产一辆汽车所耗用的小时数(HPV)。尼桑生产每辆汽车平均耗用18.93小时。其他两个日本公司——丰田和本田,分别耗用21.33小时和21.43小时。然而,三家公司的生产率相对于2004年都有所下降。情况相反的是,通用汽车、福特和克莱斯勒却有所进步。紧随丰田和本田之后,分别达到每辆耗用22.42小时、23.77小时和23.73小时。克莱斯勒在2005年取得了最大的进步,HPV相对2004年提高了5.7%。福特公司一家在亚特兰大的工厂以每辆汽车平均耗用15.37小时的成绩遥遥领先。在HPV前10名中,通用汽车旗下工厂占了5家,尼桑旗下工厂占了3家。

在一些生产的特殊环节,会有其他的生产率指标来衡量。Harbour公司调查了每个企业生产1个发动机所需的时间(HPE)。例如,丰田以每个发动机2.9小时的成绩位列榜首。在生产4缸发动机方面,丰田西弗吉尼亚制造厂以1.82小时的成绩领先,然而在生产8缸OHV发动机和8缸OHC发动机方面,克莱斯勒在Saltill和Mack大街的工厂以平均3.3小时和3.9小时来生产每个发动机的业绩,位列第一。Harbour公司也对冲压流程进行了评估,在评估中运用每小时冲击数(HPH)和每小时冲压件数(PPH)作为评估指标。

工业分析学家们对生产率及其变化趋势始终保持密切的关注,因为它们是未来赢利能力的预兆。进一步讲,工业分析学家们是要找出那些成功的企业达到现今的生产率水平的方法,以帮助其他企业借鉴这些方法,并避免使用其他不够优秀的方法。

尼桑是如何做到这些的呢?关键是拥有一支"被高度激励的员工队伍",工厂部门经理巴里·沃森如此说。大量"简单有效的"努力是工厂成功的核心。这些努力包括:

- 交流活动,比如家庭日和野餐会
- 持续培训
- 每次倒班开始时管理者和员工们均参加集体会议,这些公开、双向的讨论有效地关注了那些提高生产率和降低成本的建议
- 管理者和员工组成团队对建议进行评估和实施

例如,有的员工建议要设计一种特殊形式的表格,可以显著减少不同生产批次之间更换设备所需的时间。该建议被采纳,使得每一生产流程中的装配数量增加了15%。

资料来源:Harbour and Associates, Inc., *Auto Manufacturing Productivity Report*, June. 2006(www.harbourinc.com); David Welch "Pick Me as Your Strike Target! No, Me!" *Business Week*, April 21, 2003, p.68; and Nissan, Nissan Motor Company 2005 Annual Report, Year Ended March 31, 2006。

通过该项指标,Adobe公司得出其劳动生产率已经实现了14%的增长,因为员工数

量的增长速度慢于总收入的增长速度。但是,总收入没有对通货膨胀的影响作出调整。由于通货膨胀的原因,2001 年的 1 美元相当于 2005 年的 1.1 美元。因此,Adobe 公司 2001 年的销售收入用 2005 年的货币来计算(与 2005 年销售收入具有可比性)是 $1 230 × 1.10 = $1 353,2005 年的人均销售收入调整如下:

	2001(调整后)	2005	百分比变化
总收入(百万美元)	$1 353	$1 966	45%
员工人数	÷3 043	÷4 285	41%
人均收入(未对通货膨胀的影响进行调整)	$444 627	$458 810	3%

经过对通货膨胀的影响进行调整,可以看出 Adobe 公司的劳动生产率仅增长了 3% 而不是 14%。

服务业、政府以及非营利性组织中的管理控制系统

大多数服务业、政府和非营利性组织与制造企业相比,更难实行管理控制系统。为什么呢?主要原因是:与制造商能够说出的汽车和电脑相比,服务业和非营利性组织的

> **目 的 8**
> 描述服务性组织及非营利性组织中应用管理控制系统的难点。

产出更难计量。结果,只有在提供了很长一段时间的服务之后,才能评价这项服务是否是高质量的。例如,如何评价一个银行的客服中心(负责回答客户询问)是否优秀呢?电话的数量或是每个电话所花费的平均时间吗?这两种指标都会激励员工缩短通话时间,但可能结果是为客户提供了不完整的答案。那么通话的总时间呢?这也许会鼓励漫长而浪费时间的通话。当产出的数量和质量难以计量时,建立对投入/产出关系的及时计量就几乎是不可能的。

任何一个组织要想达到成功的管理控制,关键是对员工进行适当的培训和激励,以实现目标一致的努力,并持续控制与重要生产过程和成功因素相一致的目标,而在服务性组织中这一点尤为重要。例如,美国 MBNA 公司是一家大型银行信用卡发行公司,该公司把保留住顾客作为其成功的关键因素。MBNA 对其客户代表进行严格培训,每天要对与保留顾客这一目标相一致的 14 个具体目标的业绩进行计量和报告,并对贯彻目标较好的员工进行奖励。这些目标包括:在第二声电话铃响时必须拿起电话、全天候开启计算机、在 1 个小时内处理客户信用咨询,等等。只要员工们达到这些目标,他们就能获得相当于年薪 20% 的奖金。

对于非营利性组织和政府说,在设计和实施类似于私营企业的重要激励手段的财务利润指标时,还存在着一些其他困难。而且,许多在非营利性组织中谋职的人主要的目的不是为了钱。例如,尽管世界和平组织志愿者仅获得极少的报酬。但是他们从帮助不发达国家改善状况中得到了满足感。因此,物质激励对于非营利性组织而言并不一定是最有效的。控制系统在于非营利性组织中可能永远不会像在营利组织中那样高

度发展,原因如下。

1. 组织的总目标和具体目标并不是十分清楚,并且它们常常是多重的,需要进行困难的选择。
2. 专业人员(例如教师、律师、医生、科学家及经济学家等)在非营利性组织中占主导地位,由于他们特有的职业地位,对于正式控制系统的建立和实施接受度不高。
3. 计量更为困难,这是因为:
   a. 不存在利润指标;
   b. 存在大量的酌量性固定成本,使得投入产出关系难以确切地计量。
4. 来自其他组织的竞争压力或者来自"所有者"改进管理控制系统的要求较少。因此美国的许多城市正通过与私有企业签订合同的方式,将一些重要的服务部门如卫生组织"私有化"。
5. 预算的作用更多地只是为了同基金提供者进行讨价还价,以此获得最大可能的拨款,而并非一个严格的计划。
6. 个人的动机和对个人的激励与营利性组织中的有所不同。

管理决策练习

问题:
　　再来研究一下图 9-3,运用同样的四个基本元素,重新排列它们的位置构成一个框架,以帮助政府和非营利性组织的管理者。

答案:
　　对于政府机构和非营利性组织而言,其最终的目标不是在于财务收入,而是利用现有的经济资源为顾客(或公民)带来最大的利益。因此,它们之间的相互关系应该是:

　　　　组织学习→业务流程改进→财务实力增强→顾客满意度提高

管理控制系统的前景

　　随着组织的发展和环境的改变,管理者们必须扩充和改进他们的管理控制工具。10 年或 20 年前令人满意的管理控制技术对于今天的许多企业来说可能都已经不适用了。

　　不断变化的环境通常意味着组织必须设立不同的目标或不同的关键成功因素。不同的目标会导致不同的行为,也会形成不同的业绩评价标准。显然,管理控制系统也必须得到发展,否则组织就不能有效管理自身资源。下面的一些管理控制原则一直是很重要的,能够指导系统的重新设计来满足新的需要。

1. 永远要认识到每个人都会受到自身利益的驱动,一些人的无私行为可能让你感到欣慰,但是设计管理控制系统时应根据更为一般的个体行为。注意,不同文化背景下,对个人利益的理解是不同的。

2. 设立激励机制,使得每个人在追求自身利益时都能达到组织的目标。如果有多重目标(这种情况是很常见的),那么多重激励是有难度的——为了实现多重目标,进行一些试验是必要的。

3. 在预期或计划的业绩基础上评价实际业绩,如果可能,利用实际的产出对计划进行修正。可以将弹性预算的概念应用到大多数目标和行动上去,无论是财务的还是非财务的。

4. 把非财务业绩指标跟财务业绩同等看待。短期内,管理者可能会在忽视非财务的情况下取得良好的财务业绩,但就长期来说这种情况是不可能存在的。

5. 将业绩指标贯穿于企业的整个价值链中。这保证了企业实现长期成功所需要的重要业务都被整合到管理控制系统中。

6. 定期检查管理控制系统是否是成功的:具体目标达到了吗? 行动上的成功是否意味着总目标也达到了? 员工都获得、理解并有效地使用管理控制信息了吗?

7. 学习世界上其他竞争者在管理控制系统上的成功(或失败)经验。尽管文化背景不同,但人类行为极其相似,从他人的业绩上可以看到新技术和管理控制的成功运用。

记忆重点

1. **描述管理控制系统与组织目标之间的关系**。设计和评价管理控制系统的第一步是明确由最高管理层确立的总目标。

2. **运用责任会计把组织次级部门定义为成本中心、利润中心或投资中心**。责任会计将特定收入或成本目标分配给对其产生最大影响的次级部门管理层。成本中心仅关注成本,利润中心既关注收入又关注成本,而投资中心关注与其投资数额有关的利润。

3. **制定业绩指标并运用它们管理组织业绩**。一个设计良好的管理控制系统会对财务与非财务的业绩都进行计量。优秀的非财务业绩会带来优秀的财务业绩。业绩指标应该可以告诉管理者他们在何种程度上完成了公司的目标。

4. **解释业绩评价的重要性以及它如何影响激励、目标一致和员工努力程度**。业绩计量与评价的方式影响着人们的行为。业绩计量与报酬联系越紧密,就越能提高业绩水平,激励的作用就越大。设计得不好或不平衡的计量指标都会同组织目标相背离。

5. **使用边际贡献和可控成本概念来编制用以评价利润中心和投资中心的部门损益表**。边际贡献将一个责任部门的成本分离为责任部门管理层可控和不可控成本,来计量责任部门收入并帮助进行业绩评价。这样做,将责任部门作为一项经济投资与管理者的业绩在评价时加以区分。

6. **利用平衡积分卡确认财务与非财务业绩指标**。平衡积分卡帮助管理者控制设计为各种组织目标服务的行为。它包含关键业绩指标,能够计量组织完成目标的质量。

7. **通过质量、生产周期和生产率目标计量业绩**。在质量、生产周期和生产率方面对业绩进行评价，可以使员工直接关注这些方面。达到这些非财务指标可以帮助改善实现长期目标。

8. **描述服务性和非营利性组织中应用管理控制系统的难点**。管理控制系统在服务性和非营利性组织中的应用是有难度的，而这种情况的存在有多种原因，其中最主要原因是产出相对难以计量。

会计词汇

平衡积分卡（balanced scorecard）
可控成本（controllable cost）
成本中心（cost center）
质量报告成本（cost of quality report）
周期（cycle time）
目标一致（goal congruence）
投资中心（investment center）
关键业绩指标（key performance indicators）
关键成功因素（key success factor）
管理控制系统（management control system）
管理层努力（managerial effort）
激励（motivation）
生产率（productivity）
利润中心（profit center）
质量控制（quality control）
质量控制图（quality-control chart）
责任会计（responsibility accounting）
责任中心（responsibility center）
责任部门（segments）
生产周期（throughput time）
全面质量控制（total quality management，TQM）
不可控成本（uncontrollable cost）

基础习题

9-A1 采购代表的责任

Excel 电力公司是一家私营企业，它与芝加哥的一家大型航空公司有一份转包合同。尽管 Excel 公司是低价投标，但由于该公司开展该类业务的时间不长，航空公司并不情愿将业务转给 Excel 公司。最终，Excel 公司通过提供经审计的财务报表来向航空公司保证其财务实力。而且，Excel 公司同意签订一个惩罚条款，该条款规定：不管什么原因造成发货延误,在延误期间 Excel 公司每天赔偿 2 000 美元。

Excel 采购代表 Jean 应当负责采购原材料和组件来满足生产安排的需要。她向一个供应商发送了采购一种重要组件的订单,该供应商有这方面的可靠记录,他给了 Jean 一个可接受的发货日期。Jean 反复检查,确定组件将会按时到达。

在供应商应当发货的当天,Jean 被告知组件在最终检查时损坏了,要晚 10 天才能发。Jean 已经为可能的延误预留了 4 天的回旋余地,但 Excel 公司仍然晚了 6 天将货发送给飞行公司,不得不赔偿 12 000 美元。

要求:什么部门应该受罚?为什么?

9-A2 责任会计中的边际贡献法

Mickael 在丹佛和科罗拉多·司普林拥有并经营小型便利连锁店。公司旗下拥有 5 家商店,包括:丹佛分部下的一个中心店和一个利特尔顿店;科罗拉多·司普林分部下的一个中心店、一个广场店和一个机场店;此外,还有独立的行政职能部门、市场调研部、人事部和会计财务部。

该公司 20×1 年的财务成果如下(单位:千美元):

销售收入	$8 000
销售成本	5 000
毛利	3 000
经营费用	2 200
税前利润	$800

以下数据是 20×1 年所发生的经营业务:

1. 5 家店采用相同的方式,因此毛利率也相同。
2. 两家中心店的销售量最大,每一家都占总销售量的 30%,广场店和机场店的销售量分别占总销售量的 15%,利特尔顿店的销售量占总销售量的 10%。
3. 中心店的变动经营成本是其总收入的 10%,其他店的变动成本更少,固定成本更大,它们的变动成本仅占销售收入的 5%。
4. 在中心店,门店的经理控制的固定成本都为 160 000 美元,利特尔顿店为 80 000 美元。
5. 其余的 910 000 美元经营成本包括:
   a. 18 000 美元,由科罗拉多的司普林分部经理控制但不由任意门店控制。
   b. 130 000 美元,由丹佛分部经理控制但不由任一门店控制。
   c. 600 000 美元,由行政部门控制。
6. 行政部门花费的 600 000 美元中,350 000 美元直接提供给科罗拉多的司普林分部,其中 20% 提供给中心店,提供给广场店和机场店各 30%,其余 20% 提供给科罗拉多的司普林分部的总体运营;另外 150 000 美元提供给丹佛分部,其中 50% 提供给中心店,25% 提供给利特尔顿店,其余 25% 提供给了丹佛的总体运营,最后的 100 000 美元是总公司的费用。

要求:

使用责任会计边际贡献法编制分部利润表,利用图表 9-5 的格式,表头必须是:

公司整体	两分部明细		丹佛分部明细			科罗拉多的司普林分部			
	丹佛	科罗拉多的司普林分部	未分摊	商业区	利特尔顿	未分摊	商业区	广场	机场

9-A3 生产率比较

Lewellyn 公司和 Bohn 公司都属于制造公司。2001 年和 2007 年这两家公司的比较数据如下：

		Lewellyn 公司	Bohn 公司
销售收入	2001 年	$5 831 000 000	$7 658 000 000
	2007 年	$6 274 000 000	$9 667 000 000
员工人数	2001 年	56 600	75 900
	2007 年	54 800	76 200

要求：

1. 通过人均收入分别计算 Lewellyn 公司和 Bohn 公司 2001 年和 2007 年的生产率指标。
2. 比较 Lewellyn 公司和 Bohn 公司在 2001 年和 2001 年的生产率的变化。

9-B1 责任会计

Kaphart 公司生产精密机器部件。Kaphart 使用标准成本系统计算各部门的标准成本差异，并分别向其部门经理报告，经理们使用这些信息来改进经营，上级使用同样的信息来评价经理的业绩。

Liz 近来被任命为公司装配部经理。她抱怨该系统对其部门不利。在所有由该部门承担的差异中，有一种差异是不合格元件。检验工作在装配的最后环节进行，检查人员试图找到不合格的原因从而让有关部门对此负责。尽管如此，并非所有错误都能轻易地找出应该由哪个部门负责。不能确定原因的元件被汇总起来并根据已找到的错误数量按比例分摊到每个部门。各部门不合格元件差异等于各部门产生错误加上不能查明原因的元件分摊。

要求：

1. Liz 的抱怨有用吗？作出解释。
2. 为了解决 Liz 的问题以及她的抱怨，你建议公司怎么做？

9-B2 分部贡献、业绩和部门边际贡献

重要干线公司的总经理想对公司的经营做一个大致的了解，特别是关于货运和客运的比较。他已经听说过成本分摊的边际贡献，这种方法强调成本性态的方式和边际贡献，假定总经理已经聘用你作为顾问，并给了你如下信息：

20×0 年的总收入是 80 000 000 美元，其中 72 000 000 美元是由货运实现，8 000 000 美元是由客运实现，后者的 50% 由部门 1 实现，40% 由部门 2 实现，10% 由部门 3 实现。

总变动成本是 45 000 000 美元，其中 36 000 000 美元是由货运发生的。在应由客运承担的成本 9 000 000 美元中，3 300 000 美元、2 800 000 美元和 2 900 000 美元分别分摊给了部门 1、部门 2 和部门 3。

可分离的酌量性固定成本总额是 8 000 000 美元，其中 7 600 000 美元被分摊给货运，其余的 80 000 美元尽管可以大体清楚地追溯到客运方面，但并不能分摊到特定的部门。部门

1、部门 2 和部门 3 分别摊了 240 000 美元、60 000 美元和 20 000 美元。

可分的约束性成本总额为 25 000 000 美元,不受分部经理控制,其中 90% 分摊到了货运。在可追溯到客运的 10% 中,部门 1、部门 2 和部门 3 分别分摊了 1 500 000 美元、350 000 美元和 150 000 美元,其余部分无法分配给具体部门。

要求:

1. 总经理让你编制报表,将整个公司的数据在货运和客运之间划分,再将客运部分分到三个部门。

2. 一些相互竞争的铁路线在夏季周末积极推广一系列的"旅游观光一日游"活动。通常,这些旅行是定期的,以至于载着旅客的小汽车受到定期旅客火车的阻碍。作出开发这项项目的决策应该考虑哪些相关的成本?但是其他有着相同成本结构的铁路线拒绝开发这项观光旅游,为什么?

3. 出于分析的目的,尽管数字可能不符合现实,仍然假定部门 2 的数字代表了一列火车的特定运输而不是一个部门的。进一步假定,铁道部已经向政府部门申请允许停止部门 2 的运营。假定数字是精确的,并且 20×1 年的经营方面同 20×0 年完全重合,那么这对整个公司 20×1 年的净利润产生怎样的影响?

9-B3 律师事务所的平衡积分卡

YMC 是芝加哥的一家律师事务所。该事务所有着非常松散和随意的管理风格,但这种风格在过去一直很奏效。然而,很多有着强烈进取心的事务所正在以比 YWC 更快的速度赢得新的客户。因此,负责经营管理的合伙人 Martinez 最近参加了一个关于律师事务所业绩计量的研讨会,从中了解到了平衡积分卡。他认为这是一项非常好的方法,能够让 YWC 在保持原有文化的基础上更加积极地网罗新客户。

Martinez 设计了一下几个既符合企业核心文化又能为企业进步提供框架的战略目标。

财务方面

 a. 实现企业收入和利润的稳定增长

客户方面

 a. 了解客户以及他们的需要

 b. 重视客户服务高于个人私利

内部业务流程

 a. 鼓励同业人员之间的知识分享与交流

 b. 保持坦率、真诚和经常的相互沟通

 c. 赋予雇员作出对企业有利的决定的权利

组织学习

 a. 维护开放和和谐的氛围,以吸引和保留最优秀的员工

 b. 积极寻找多样性的人才

要求:

1. 为公司的每一项目标提出至少一种业绩衡量指标。
2. 解释一下 YWC 事务所如何利用平衡积分卡来评价员工业绩。
3. 员工报酬应该与平衡积分卡挂钩吗?为什么?

补充习题

简答题

9-1 什么是管理控制系统？
9-2 管理控制系统的目标是什么？
9-3 管理控制系统的主要组成部分是什么？
9-4 什么是关键成功因素？
9-5 "没有业绩指标,目标则毫无意义。"你同意这种观点吗？说明理由。
9-6 "除了提高利润,企业还有其他目标。"列举三个例子予以说明。
9-7 管理层怎样决定其关键成功因素？
9-8 举三个例子说明"管理者在提高短期业绩的同时可能会损害长期绩效。"
9-9 列举三种责任中心。
9-10 利润中心和投资中心有哪些不同？
9-11 列举一种好的业绩评价指标的五个特性。
9-12 管理者们认为有用的四个非财务业绩指标是什么？
9-13 "业绩评价想要达到目标一致和管理层努力。"说明这句话的含义。
9-14 讨论观点："利润中心的管理者应该对整个中心的利润负责,尽管不能控制影响利润的所有因素,但它们仍然需要对利润负责。"
9-15 "变动成本是可控的,固定成本是不可控的。"你同意吗？说明理由。
9-16 "边际贡献是衡量短期业绩的最佳指标。"你同意吗？说明理由。
9-17 举出责任部门的四个例子。
9-18 "要总是努力去区分责任部门的业绩和它的管理者的业绩。"为什么？
9-19 "评价业绩的边际贡献法是有缺陷的,因为仅仅关注边际贡献会忽视业绩有关的其他重要方面。"你同意吗？说明理由。
9-20 什么是平衡积分卡？为什么越来越多的企业使用它？
9-21 什么是关键业绩指标？
9-22 说明质量报告中的四种成本,并加以解释。
9-23 为什么企业正在加大"预防次品"的质量控制？
9-24 "非财务业绩指标能够像财务业绩指标那样得到控制。"你同意吗？说明理由。
9-25 确认劳动生产率的三种计量方式：实物指标、财务指标和混合指标。
9-26 讨论比较不同时期生产率指标的困难。
9-27 "控制系统在非营利性组织中绝对不会像在营利性组织中那样得到高度发展。"你同意吗？说明理由。

理解练习

9-28 管理控制系统与创新

一位快速增长的高科技企业总经理说到："制定预算和通过预算比较业绩可能对于某

些公司是很好的,但是我们想鼓励创新和企业家精神。预算是官僚体制的产物,而并非改革的产物。"你同意这种观点吗?一个管理控制系统怎样才能实现创新和企业家精神?

9-29 市政责任会计

在勉强度过一场危机之后,纽约建立了所有市政当局中最复杂的预算和报告系统。综合财务管理系统(IFMS)"清楚地界定各个代理经理的责任,将费用分摊和组织机构的开支联系了起来……而且,经理们有更多的时间在预算和实际支出产生差异之初就采取正确的措施。"

要求:

讨论诸如综合财务管理系统这样的责任会计系统如何帮助管理类似纽约这样的市政当局?

9-30 控制系统和价值链的客户服务功能

企业越来越多地运用非财务指标作为财务业绩计量指标的补充。非财务指标的一个重要应用领域就是客户服务。近十年来,许多企业对客户的重视日渐增加,并将这种重视反映在应用"客户价值矩阵"(customer-value metrics)的管理控制系统中;也就是设计了新的指标来管理公司在何种程度上满足了客户的利益。

要求:

讨论一下,像沃尔沃(Volvo,一家瑞典汽车公司)这样的企业,是如何在管理控制系统中应用客户价值矩阵的?

9-31 控制系统和价值链的生产功能

近年来,很多企业已经重视控制非财务业绩所产生的价值,并且将其作为提高生产率的关键。特别地,为了获取并保持竞争优势,企业越来越关注质量和周期。讨论质量、周期和生产率是如何联系起来的。

练习题

9-32 关键业绩指标

业绩管理的研究表明,企业可以通过确定和控制那些与企业成功紧密相关的要素而实现有效的竞争,一个关键的业绩评价指标可以被认为是引领企业成功的计量指标。分别为下列公司或组织确定两个关键业绩指标。

1. 西北航空(Northwest Airline)
2. 沃尔玛(Wal-Mart)
3. 惠普(Hewlett Packard)
4. 纽约汽车制造厂(New York Department of Motor Vehicles)

9-33 稳定雇用政策的责任

大西洋两岸金属制造公司生产设备工具已有多年,并且因为产品质量高而在整个行业内享有盛名。但在过去几年里,公司面临着产出不稳定的问题。如果没有足够的业务量,公司便会裁掉一部分焊接工,而当业务需求上升时,公司又会重新雇用他们,这已成为公司的一项政策。然而公司目前的劳资关系很不好,由于这项裁员政策,公司很难再雇到好的焊接工。因此,产品质量持续下降。

工厂经理提议,让时薪18美元的焊接工在业务量较低时期从事设备维护工作,这些工作原来是由时薪 14 美元的工厂维护部门的工人从事的。

作为财务经理,你必须采用最适合的会计流程来处理从事设备维护工作的焊接工工资问题。这项工作应由哪个或哪几个部门负责?负责的比例是多少?说明你的计划的含义。

9-34 售货员的报酬计划

你是日本京都一家百货商店的经理。商店的销售收入随着月份不同而改变,这主要取决于每个售货员的努力程度。一项新的工资加奖金计划已经实施了 4 个月,而你正在检查一份销售业绩报告。这项计划准备每月提供 50 000 日元的基本工资,如果达到月销售定额便发放 68 000 日元的奖金,并且在超过每月定额的部分中提取 5% 的佣金。定额是按照超过上月销售额约 3% 的标准来制定的,用以激励售货员增加销售额(单位:千元日元)。

		售货员 A	销售员 B	销售员 C
1 月	定额	4 500	1 500	7 500
	实际	1 500	1 500	9 000
2 月	定额	1 545	1 545	9 270
	实际	3 000	1 545	3 000
3 月	定额	3 090	1 590	3 090
	实际	5 250	750	9 000
4 月	定额	5 400	775	9 275
	实际	1 500	780	4 050

要求:
1. 计算每月每位售货员的薪酬。
2. 评价该项薪酬计划。建议对此作何调整?

9-35 平衡积分卡的常见指标

以下列举的是平衡积分卡上出现的常见业绩评价指标。指明所列举的指标是否与财务、顾客、内部经营和学习成长的观点相关。

- 销售回报率
- 目标顾客保持
- 净现金流
- 培训时间
- 员工离职率
- 单位材料处理成本
- 市场份额
- 产品开发周期
- 分部收入增长率
- 工伤和病假
- 存活的每日销售额
- 每张发票的平均成本

9-36 健康网的总目标和分目标

健康网(Health Net)有限公司为超过 6 600 万会员提供健康服务。作为一个健康护理管理中心,公司努力以合理的成本提供高质量的健康服务。许多利益相关者,包括医生和其他医疗人员、患者、保险公司、政府监管机构和公众,都对 Health Net 的经营充满兴趣。

要求:

为下面每个关键领域制定一个目标,并制定一个评判目标实现与否的计量指标。
- 顾客满意度
- 实验室测试的有效使用
- 治疗时间的利用情况
- 先进医疗设施的利用情况
- 总体财务业绩

9-37 业绩评价

Daniel Merritt 是一家股票经纪公司,它通过销售业务来评价员工。近来,公司也开始以新开账户的数量来评价股票经纪人的业绩。

要求:

讨论这两种业绩评价指标是如何保持一致的,以及有可能产生的冲突。你认为这些计量指标对于长期获利目标是否恰当。

9-38 简单可控成本

Dixie 的 BBQ 是位于 Duluth 中心的一家饭店。三年前,Dixie 将事业扩展到威斯康星州的苏必利尔。近来,Dixie 决定推出对于各个饭店的现行管理工作,但仍然保持对整个公司的监督工作。她为每家饭店都雇用了一位经理。在 20×3 年中,每家饭店的营业额都是 850 000 美元。为了收罗客源,苏必利尔的饭店的价位要低于 Duluth 中心的饭店。Duluth 中心的饭店的变动成本占其营业额的 60%,苏必利尔的饭店的变动成本占其营业额的 70%。

每位经理负责各自饭店的租金和其他一些固定成本。这些成本在 Duluth 中心的饭店是 125 000 美元,而在苏必利尔的饭店则是 50 000 美元。两者的差异主要归于苏必利尔地区的租金较低。此外,其他一些成本,如广告费、法律咨询费、财务费和个人服务费,都被分摊到总部。这些费用不由各个饭店的经理控制,但饭店确实从这些费用的支出中受益。这部分费用的总额为 360 000 美元,其中 Duluth 中心的饭店花费 110 000 美元,苏必利尔饭店花费 180 000 美元,差异的产生归于苏必利尔饭店需要花费更多的广告费来吸引顾客。剩下的 70 000 美元为公司杂费。

要求:

1. 为整个公司和每个分店分别编制利润表。报表要运用一种可以较容易地评价经理个人业绩和分店经济业绩的格式。
2. 运用题中给出的信息:
   a. 评价作为投资项目的饭店
   b. 评价每位经理的业绩

9-39 质量理论比较

观察下面两张图,比较全面质量管理方法和传统的质量理论。你认为哪一种理论代表当今的全球竞争环境?说明理由。

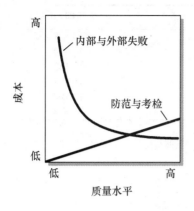 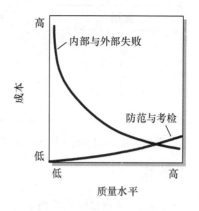

9-40 质量控制图

圣安吉拉制造公司对不合格产品数量的上升表示担忧。从前公司产品的不合格率低于 0.5%，但近来的不合格率已经接近甚至超过 1%，公司决定将最近 8 星期（从 9 月 1 日星期一开始到 10 月 24 日星期四结束，40 个工作日）的不合格产品（数）画成曲线图，如图 9-6 所示。

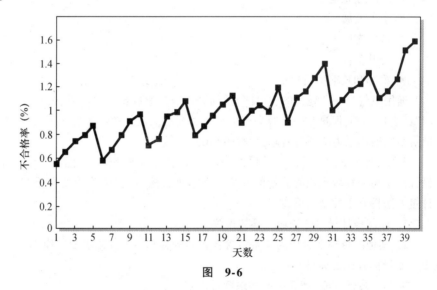

图 9-6

要求：

1. 指出质量控制图中两个重要、明显的趋势。
2. 圣安吉拉的管理层为了应对每种趋势应该采取何种措施。

9-41 周期报告

皮尔计算机公司严格控制产品生产周期，以避免产生计划和额外成本。为每台电脑制造印染线路板的标准周期为 26 小时。考查以下六个星期线路板生产的周期数据：

星期	完工数量	总周期(小时)
1	564	14 108
2	544	14 592
3	553	15 152
4	571	16 598
5	547	17 104
6	552	16 673

要求：以 26 小时作为目标分析线路板周期业绩。

思考题

9-42 多重目标和赢利能力

下面是通用电气公司确认的多重目标：

- 赢利能力
- 市场定位
- 生产率
- 产品领先地位
- 个人发展
- 员工态度
- 公共责任
- 短期和长期的目标平衡

通用电气是一个庞大的、高度分散的公司。当形成这些目标时，公司有 170 个称为 "部门"的责任中心，但这是一个容易产生误解的词汇。在其他很多公司里，这些部门被称为分部。某些通用电力部门有着超过 500 000 000 美元的销售额。

每年，各个部门经理的业绩根据特定的多重指标来评价。设立一个特别的计量小组，设计确认每一领域完成的数量的方法。在这种方法下，业绩评价变得更客观，因为不同的计量方法得到了发展和提高。

1. 你怎样计量每一领域？具体说说。
2. 其他的目标能否作为要素包含在正式的赢利能力计量里面？换句话说，赢利能力的定义能包括其他目标吗？

9-43 责任中心、利润中心和边际贡献法

考查如下汽车经销商一年的营业数据：

汽车销售额	$2 400 000
零部件和服务的销售额	600 000
汽车销售成本	1 920 000
零部件和服务所需原材料	180 000
零部件和服务所需人工	240 000
零部件和服务所需制造费用	60 000
经销商常用开支	120 000
汽车广告费	120 000
汽车销售佣金	48 000
汽车销售工资	60 000

分销商经理很久之前已考虑为部件和服务业务提供的原材料和人工将会涨价,因为这个数量被认为是覆盖了所有的部件和服务常用开支再加上经销商的所有一般常用开支,即部件和服务部门的工作被视为成本恢复活,而汽车销售被认为是产生利益的经济活动。

1. 编制一份跟总经理观点一致的分部利润表。

2. 编制一份可控制的能够反映经销商经营不同见解的利润表。假设 120 000 美元一般常用开支中的 12 000 美元和 60 000 美元能确定地被分别分摊到部件和服务部门以及汽车销售部门。除非用一些特别专断的方式,否则其余的 480 000 美元不能被分摊。

3. 讨论要求 1 和要求 2 的相关价值。

9-44 计划经济下的激励机制

通常,计划经济体制下的国有企业会依据非财务指标来奖励管理人员。例如,政府会对超过五年计划目标生产量的管理人员实行奖励。然而问题还是出现了,因为管理人员自然倾向于预测一个较低的数量进而降低所制定的计划目标。这会破坏计划的制订,也得不到有关产量预测的客观信息。

后来前苏联设计了一种新的业绩评价指标。假定"F"是预计产量,"A"是实际产量,X、Y、Z 是由高级官员设定的经由实证得出的常数,即 $X, Y, Z > 0$,由此设定如下指标来同时促进较高产量和精确预测。

$$\text{业绩} = (Y \times F) + [X \times (A - F)] \quad \text{如果} \quad F \leq A$$
$$(Y \times F) - [Z \times (F - A)] \quad \text{如果} \quad F > A$$

假设古巴在前苏联还很强盛的时候引入了这个计量指标。考察一下哈瓦那电视制造工厂(HTMC)。在 19×3 年间,经理 Chavez 不得不预测来年的电视产量。他满怀信心,认为 19×4 年至少生产 700 000 台电视,而且很有可能生产 800 000 台。如果运气好,甚至能够生产 900 000 台。政府官员告诉他应该采用新的业绩指标,给定 19×4—19×5 年间的常数为 $X = 0.80, Y = 0.80, Z = 1.00$。

要求:

1. Chavez 假设预测汽车产量 800 000 辆,生产了 800 000 辆。计算业绩指标。

2. 再次假设生产了 800 000 辆汽车。如果 Chavez 仅保守地估计生产 700 000 辆汽车,计算此时的业绩指标。同样计算当他预测产量为 900 000 辆时的业绩指标。

3. 假定现在已经是 19×4 年 11 月,很明显 800 000 辆的目标肯定实现不了。此时的业绩指标仍然能够对增加产量产生激励作用吗?假定很明显 800 000 辆的目标在年底很轻易就能达到,此时的业绩指标还具有激励作用吗?

9-45 平衡积分卡

印第安纳波利斯制药公司(IPC)近来正在修正其业绩评价系统。公司确定了四个主要的总目标,以及达到每一总目标所需的分目标。公司的财务经理 Ruth 建议使用平衡积分卡来计量具体目标的进展情况。在一个近期会议上,她告诉 IPC 的管理者,列举出分目标只是建立新的业绩评价系统的第一步,每一具体目标都应伴随一到两个测量指标来控制具体目标的进展。她要求管理者帮助确定恰当的计量指标。

IPC 高层管理者制定的总目标和分目标有:

1. 维持充分的财务健康

a. 确保足够的现金余额来保证财务持续

b. 实现销售额和收益的稳定增长
c. 给股东提供最优越的回报
2. 给顾客提供最优质的服务
a. 提供满足顾客需要的产品
b. 以及时性为基础满足顾客需要
c. 满足顾客的质量需求
d. 顾客最喜欢的供应商
3. 产品和加工改革中要处在行业的领先者
a. 在竞争之前,给市场带来新产品
b. 领导产品加工改革的竞争
4. 发展并维持高效率的生产过程
a. 擅长高效率的制造
b. 有效、快速地设计产品
c. 达到或超过产品生产计划

假设对于 ZMIC 公司的每一目标至少有一种业绩的计量方法。

9-46 质量成本报告

红湖实业的制造分部主要生产各种家具。公司按月编制质量成本报告。在 20×7 年初的时候,红湖实业的总裁要求作为财务经理的你将 20×6 年与 20×4 年的质量成本做一个比较。总裁只是想了解每个年份的总额。年份总额将在下面的表 9-7 中列示出来。

表9-7 红湖实业公司的质量成本报告

质量成本区	20×4 年成本	20×6 年成本
1. 预防成本	45	107
占质量成本总额的百分比	3.3%	12.4%
2. 鉴定成本	124	132
占质量成本总额的百分比	9.1%	15.2%
3. 内部失败成本	503	368
占质量成本总额的百分比	36.9%	42.5%
内部质量成本总额(1+2+3)	672	607
占质量成本总额的百分比	49.3%	70.1%
4. 外部失败成本	691	259
占质量成本总额的百分比	50.7%	29.9%
质量成本总额	1 363	866
生产成本总额	22 168	23 462

要求:

1. 针对表中每一项成本,解释有哪些种类的成本包含其中,并说明它们从 20×4 年到 20×6 年的变化情况。
2. 评价 20×4 年到 20×6 年的总成本变动情况。你认为是什么导致了这些变化?

9-47 六西格玛、平均数和方差

六西格玛质量控制计划的主要目标是更好地满足顾客需要。某公司采用六西格玛来管理送货时间。该公司致力于减少送货时间的平均数和方差或标准差。顾客想尽快取得货物,这点反映在送货时间的平均数上。但他们也会要求确保货物准时到达,这要求送货时间有较小的方差。

考察一下以下在制造企业实施六西格玛后的数据:

订单送货时间(单位:天)	
六西格玛实施前	六西格玛实施后
30	22
12	20
11	5
13	8
26	19
14	8
16	7
20	12
24	18
14	21

要求:分别计算六西格玛实施前后送货时间的平均数和方差。从顾客的角度,你对实施六西格玛的结果如何看待?

9-48 生产率

联合通信是以美国为基地的国际电信公司,20×1年年初取得一家东欧电信公司的控股股份。联合通信公司的一个关键生产指标是每位员工负责的客户电话线数。考察以下数据:

	20×1(不包括东欧电信)	20×1年(包括东欧电信)	20×0年
客户电话线数	15 054 000	19 994 000	14 615 000
员工数	74 520	114 590	73 350
每个员工负责线数	202	174	202

要求:

1. 联合通信20×0年的生产率以及20×1年不包括东欧电信的生产率各是多少?
2. 联合通信20×1年包括东欧电信的生产率是多少?东欧电信的生产率是多少?
3. 如果将联合通信与东欧电信的生产率整合起来,预想将会有什么困难产生?

9-49 生产率指标

汤姆的洗衣店20×1年和20×3年的经营成果如下:

	20×1年	20×3年
所洗衣服的重量(磅)	1 360 000	1 525 000
营业收入	$720 000	$1 394 000
直接劳动工时	45 100 小时	46 650 小时
直接人工成本	$316 000	$498 000

在 20×3 年和 20×1 年,汤姆拥有同样的设备。但在过去的 3 年中,公司花费了更多的精力来培训员工。管理者很想知道员工培训是否提高了劳动生产率。

要求:

1. 基于实物指标,计算 20×3 年和 20×1 年的劳动生产率指标,即根据给定的数据,选择实物产出和实物投入指标,利用它们将 20×3 年的劳动生产率同 20×1 年的进行比较。

2. 基于财务指标,计算 20×3 年和 20×1 年的劳动生产率指标。即从所给的数据中选择财务产出和财务投入指标。用这些指标来比较 20×3 年和 20×1 年的财务劳动生产率。

3. 假定使用以下生产率指标:

$$\text{生产率} = \frac{\text{营业收入}}{\text{直接劳动工时}}$$

4. 由于通货膨胀,20×1 年的 1 美元相当于 20×3 年的 1.4 美元,计算适当的生产率指标来比较 20×3 年和 20×1 年的生产率。

案例题

9-50 目标间的权衡

CDS 公司为美国中西部城市地区的很多公司提供日常的和定期的信息系统服务。CDS 因高质量的客户服务和员工的就业保证而名声大振。质量服务和顾客满意已经成为 CDS 公司的主要分目标——维持一支有经验的和充满激情的劳动队伍,是实现这些目标的重要因素。过去,业务量的暂时下降不意味着裁员,尽管一些员工被要求完成比他们现行工作还要多的工作。期望业务方面的增长,CDS 在 8 月份开始租用一新设备而使每个月的营业费用增加了 10 000 美元。尽管这样,三个月之前,一个新的竞争对手以平均低于 CDS 20% 的价格向 CDS 顾客提供相同的服务。Rico Estrada,公司的建立者和总经理,认为重要的降价对于维持市场份额和避免财务破产是十分必要的。但他对怎样才能在不影响质量服务和劳动队伍友好关系的前提下实现降价还是很疑惑的。

CDS 的生产率目标是实现每个员工 20 个账户。Estrada 并不认为他能够提高生产率,所以仍然维持其对客户需要的质量和灵活性。CDS 同样控制每个账户的平均成本和修正客户满意的数量(对不满的修正)。平均营业利润率是成本的 25%。思考以下过去六个月的数据:

	6 月	7 月	8 月	9 月	10 月	11 月
账户数量	797	803	869	784	723	680
员工人数	40	41	44	43	43	41
账户平均成本	$153	$153	$158	$173	$187	$191
员工平均工资	$3 000	$3 000	$3 000	$3 000	$3 000	$3 000

要求:

1. 讨论 Rico Estrada 面临的选择。
2. 你能猜猜他的困难局面的解决方法吗?

9-51 六西格玛

本章提到过四个使用六西格玛计量和控制质量的公司:摩托罗拉、通用电气、3M 和陶氏化学。

要求：

浏览以上各个公司的网页，看看它们对六西格玛的效果有何评价

9-52　第1章到第9章复习

加拿大公司卡姆洛浦分部的总经理William正在准备一个管理层会议，他的财务经理给了他以下信息。

1. 20×4年6月30日的会计年度总预算：

销售额（产品A 50 000D单位，产品B 70 000单位）	$870 000
所售商品的制造成本	740 000
制造毛利	$130 000
销售和管理费用	120 000
营业收入	$10 000

2. 每单位的标准变动制造成本：

	产品A		产品B	
直接材料	10片 × $0.25	$0.25	5磅 × $0.3	$0.50
直接人工	1小时 × $3.00	3.00	0.3小时 × $2.5	0.75
变动制造费用	1小时 × $2.00	2.00	0.3小时 × $2.5	0.75
小计		$7.50		$3.00

3. 所有的预算销售和管理费用是经常性、固定性的费用；60%是可酌量性费用。

4. 20×4年6月会计年度结束时的实际损益表如下：

销售额（产品A 53 000单位，产品B 64 000单位）	$861 000
销售商品的制造成本	749 200
制造毛利	$111 800
销售和管理费用	116 000
经营利润	$(4 200)

5. 产品A和产品B的预算销售价格分别是9美元和6美元，实际销售价格等于预算销售价格。

6. 实际销货的变动制造成本计划表如下（括号内为实际数量）：

产品A	材料	$134 500	（538 000片）
	人工	156 350	（53 000小时）
	制造费用	108 650	（53 000小时）
产品B	材料	102 400	（320 000磅）
	人工	50 000	（20 000小时）
	制造费用	50 000	（20 000小时）
小计		$601 900	

7. 产品 A 和产品 B 是使用不同的设备制造的。预算固定成本 130 000 美元被划分如下：产品 A 45 000 美元，产品 B 85 000 美元。这些划分的成本有 10% 是酌量性的。其他所有预算固定制造费用，无论是可分的还是一般性的，均为固定的。

8. 没有期初和期末存货。

从你的财务经理那里得来的一些信息将会在即将召开的管理层会议期间被讨论。期望你开始给一些可能的问题准备它们的回答。

1. 确定公司用美元表示的预算保本点、总的贡献边际率以及每一单位产品的贡献边际。

2. 把产品 A 和产品 B 看成公司的部门，找出每一部门的预算贡献边际。

3. 已经确定将预算的销售和管理费用分摊给各部门（要求 2）：固定成本以预算单位混合销售为基础，可酌量性成本以实际的单位混合销售为基础。最后的费用分配结果是什么？简单评价分配方式。

4. 你对按接受的订单的销售额（收入）来分配佣金的建议有什么反应？假设所有的销售人员都有机会销售所有的产品。

5. 确定公司 20×4 年 6 月会计年度结束时的实际"边际贡献"和"责任部门经理可控边际贡献"。假定约束性固定成本没有发生变化。

6. 找到 20×4 年 6 月会计年度结束时每种产品的"销售业务差异"。

7. 找到 20×4 年 6 月会计年度结束时与产品变动制造成本相关的所有差异。

合作学习练习

9-53 总目标、具体目标及业绩指标

确立可靠的指标给学院和大学增加了压力。目的是要明确总目标和具体目标以及形成那些确认总目标和具体目标实现的计量指标。

在你的学院或大学的会计系组织一个由 4—6 人组成的咨询小组（如果你们并不使用这本书作为你们会计系课程的一部分，选择在当地的任一学院或大学的任一系。）。基于你们对该系及其任务、活动的集体认知，为该系制定一份目标说明书。从那份说明书上形成几个每个都能被计量的具体目标。然后为每个具体目标形成一个或更多的业绩指标。

这一练习可供选择的第二步是去会见系里的一位教师，请他来评价你们的具体目标和计量指标。具体目标对系里的成员有意义吗？建议的计量指标可行吗？它们会正确地计量具体目标所实现的业绩吗？它们将对教职工产生适当的激励吗？如果系里已经制定了具体目标，试将它们与你小组形成的进行比较。

互联网练习

9-54 管理控制系统在宝洁公司的应用

建立管理系统，确定计量方式，并确定谁应该为特定的收入、成本和信息负责，这是一项艰巨的任务。组织结构所起的作用是某一特定的计量指标如何较好地发挥作用。确保组织的总体目标与管理控制系统相一致同样成为重要的因素。从网站上评价一个公司的管理控制系统是不可能的。尽管如此，我们能做的是使用网站作为例子以及将本章中的一些概念应用到企业中作为计量指标和工具。

1. 宝洁公司是一家组织结构健全并受到世界普遍认可的知名公司。登陆公司的网站 http://www.pg.com 来确定公司的目标。查找"投资者"标签下链接的"年度报告表"。让我们来看一下宝洁的成功到底归功于哪些重要因素。宝洁在其 2006 年年度报表中"给股东的信"这一部分里列出了公司的"核心优势"。公司的"核心优势"是什么？宝洁又是如何期望将这些核心竞争力转化为成功的？

2. 公司生产大量的产品，网站将其分成不同的类型和品牌来帮助顾客找到相关的产品信息。网站上的产品有哪几大类？访问主页上"家用清洁剂"一类。在这一类产品下包括哪些项目？公司的首要目标是在"家用清洁剂"上创立一个固有品牌，如何建立一个系统来帮助计量该项目标的实现程度？可能选择的三个财务指标是什么？可能的三个非财务指标呢？

3. 宝洁在 2006 年年度报表中"给股东的信"这一部分里列出了三条成长策略。这三条策略是什么？在每一条策略下，列出至少一条财务指标和一条非财务指标来衡量这些策略是否成功。

第 10 章 分权组织中的管理控制

学习目标

学习完本章之后,你应该做到:
1. 定义分权并确定其期望收益与成本;
2. 区分责任中心与分权;
3. 解释将报酬与责任中心业绩尺度相联系将如何影响员工激励和风险;
4. 计算投资报酬率、剩余收益和经济增加值,对比三者作为判断组织中各部门业绩的标准;
5. 比较度量组织中各部门投入资本的不同方法的优缺点;
6. 定义转移定价并明确其目的;
7. 说明转移定价的基本规则,并比较以总成本、变动成本和市场价格为基础的转移定价的优缺点;
8. 确定影响跨国转移价格的因素;
9. 解释可控性和目标管理是如何帮助管理控制系统的实施的。

耐 克

在 30 年间,耐克已经成为世界上最大的运动和健身公司,从俄勒冈州 Beaverton 的一个小公司一跃成为全球企业巨头。在 2004 年的雅典奥运会上,穿着耐克运动鞋的运动员在除马拉松之外的每一项赛跑类项目中都夺得了金牌。而在马拉松比赛中穿着耐克跑鞋的领跑者 Vanderlei de Lima 因被疯狂"粉丝"袭击而最终获得亚军。10 年前,耐克还只是足球比赛场上的配角。然而,巴萨罗纳俱乐部战胜了西班牙联队,尤文图斯队战胜了意大利联队,埃因霍温队战胜了荷兰联队,阿森纳队赢得了英格兰足总杯,罗纳尔迪尼奥赢得了国际足联颁发的年度"世界足球先生"称号,蒂埃里·亨利赢得了"欧洲金靴奖",巴西队赢得了美洲杯,冠军们穿的全部都是耐克的运动服饰!在 2006 年世界杯足球赛之前,耐克公司为全球的专业球迷推出了一个网站——Joga.com,这一全新的商业冒险取得了巨大成功。耐克把自己放在了世界球迷视线的焦点。

耐克能够在全世界取得如此巨大的成功的主要原因是,它赋予了每个国家或地区的管理者很多的权利。为了在这个分权的组织中实现有效的管理,耐克需要大量的信息来协调和评估分散广布的经营行为。一个设计良好的管理控制系统是像耐克这样的全球性公司的必不可少的部分。

耐克是一家全球化的分权制企业。全世界的消费者都认识该公司的"Swoosh"标志。当为耐克公司设计合适的管理控制系统的时候,使得地方层次的自治权与公司层次的高效益达到合适的平衡是一个极大的挑战。

1986—2006年间,耐克公司的收入从10亿美元增长到150多亿美元。同期,耐克公司在美国以外其他地区的收入比重也由25%增至63%。耐克公司在海外拥有比国内更多的专卖店。跑鞋的销售额始终占到总销售额的一半以上,其他服饰的销售额占据了耐克将近1/3的全球总销售额。新合约的试行(即与著名的运动团体、个人和组织签订促销性的合同)对耐克公司的全球战略作出了另一种诠释:意大利国家足球队,瑞士网球明星罗杰·费德勒,连续7次获得环法自行车赛冠军的兰斯·阿姆斯特朗,篮球明星科比·布莱恩特、勒布朗·詹姆斯和迈克尔·乔丹,以及高尔夫球明星泰格·伍兹都与耐克公司签订了合约,作为其形象代言人拓展其全球业务。事实上,收看电视上的几乎任何体育运动节目时,你都有可能看到耐克的"Swoosh"标志。

耐克公司作出了一个明确的决策:用10年的时间推进其全球化战略。这一决策现在已经获得了丰厚的财务回报。当像耐克这样的公司决定大力扩张其海外业务的时候,获得成功的要诀又是什么呢?至关重要的一个因素是,要认识到自身品牌与当地市场的融合度。耐克公司通过将地方市场层次的管理决策授权给当地市场的管理层,解决了融合度的问题。

例如,耐克公司在德国分公司的经理们就作出了与一级方程式赛车世界冠军迈克·舒马赫(Michael Schumacher)设计并签订合约的决策。菲利普·耐特说道:"如果在5年前,经公司总部的内部决策之后才能敲定这样一个事项,但这一次却是由一国的分公司管理层自主作出的决策。"德国分公司的经理很清楚舒马赫与德国市场有着极其密切的联系,他明白这是一项利益驱动的、具有文化意义且能促进品牌效应的举措。菲利普·耐特将耐克公司36%的国际销售收入的增长归功于这一促使分权的举措。"这个例子很好地说明了我们现在正在努力所做的事,以不同地区的分公司为基础作出决策。"

目 的 1

定义分权,并确定其期望收益与成本。

鉴于像耐克这样的组织的壮大及其经营活动的多元化与复杂化,很多人就建议将决策权下放给组织中各层管理人员。这一决策自主权的下放就叫**分权(decentralization)**。组织中这种自主权存在的部门层次越低,分权化程度越高。分权是一个连续区间上的程度问题。本章主要讨论管理控制

> **分权(decentralization)**:决策自主权的下放,组织中这种自主权存在的部门层次越低,分权化程度越高。

系统在分权组织中的作用。在对分权进行概括的介绍之后,本章将讨论一些特殊的问题,这些特殊问题产生于组织中的一个部门给另一个部门提供商品或劳务并收取报酬的事项。然后我们将讨论怎样用业绩指标来激励管理人员。最后,介绍和比较用于评价分权部门获利能力的指标。电信业务的不断壮大和复杂化,尤其是电子邮件和传真机的广泛应用,促进了分权化的进程。地理位置上的分割不再意味着信息渠道的匮乏,尽管销售和生产部门都设在远离公司总部的地区,但最高管理层依然了解这些部门的情况。电子通信可以帮助耐克和其他公司迅速地获取信息,而管理信息系统决定了将获取怎样的信息。

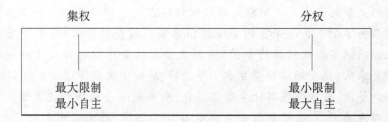

本章的重点放在管理信息系统在分权组织中的作用。在对分权组织进行概述之后,本章接下来将讨论怎样运用业绩计量来激励分权部门的管理者,包括各种计量赢利能力的方法,以鼓励管理者们作出最有利于公司的行为。

集权与分权

分权制并非适用于每一个公司。无论是**集权**(centralization,指决策集中发生在一个地点或一个团体之内)还是分权,都有其

> 集权(centralization):指决策集中发生在一个地点或一个团体之内。

各自的优缺点。有时候,有些公司看起来是采用分权制,但实际上却是集权制,反之亦然。例如,20世纪90年代中期,大多数航空公司,如中国南方航空公司、伊比利亚航空公司以及法国航空公司都试行了分权化。相反地,萨贝纳(比利时国有航空公司)与此同时却在进行机构重组以扭转其分权化的趋势。在保险行业,在Aetna公司进行分权的同时,Equitable公司却在集权。下面让我们研究一下不同公司选择(或放弃)分权制的原因。

成本与收益

对大多数组织来说,至少某些程度的分权是会带来很多益处的。首先,较低的管理者们对当地的情况最为了解,因此可能会比他们的上级作出更为明智的决策。其次,通过分权,管理者们培养了自身的决策能力,并学会了其他有助于他们在组织中向上晋升的管理技巧,从而保证了领导能力的连续性。另外,通过独立决策,管理者们在组织中享有更高的地位,工作热情可以得到更好的激发。

当然,分权也有代价。管理者们可能会作出不符合组织最高利益的决策,这或者是因为他们为了提高本部门的业绩而不惜以牺牲整个组织的利益为代价,抑或因为他们并不了解其他部门的有关情况。而且在分权组织中,管理者们往往会重复设置各种服务性的职能(如会计、广告和人力资源),而在集权组织中设置这些职能所付出的代价可能较小。此外,在分权组织中,为了了解和评价分权单位及其管理者的业绩,最高管理层往往需要责任会计报告,这样收集和处理信息的成本就会上升。最后,分权单位的管理者们还可能在与其他单位就相互提供产品或劳务的磋商上浪费时间。

与非营利性组织相比,在投入和产出均可计量的营利性组织中,分权的情况更为普遍。当决策结果可以被计量时,管理者们就可以对他们所作出的决策负责,因而可以被赋予更多的自主权。在营利性企业中,糟糕的决策可以明显地从较少的利润额上看出来。而大多数非营利性组织由于缺乏这种可靠的业绩计量,所以在赋予管理者们自主权的同时组织的风险就会更大些。

中间立场

有关分权的理论有很多,而且存在很大的不同。成本—收益原则通常要求一些管理决策高度分散,而要求另一些决策相对集中。例如,就总会计师而言,其方案选优、重点引导的职能大部分可以分散,下放给较低管理层处理,然而对于其所得税计划和大宗

记录(如薪金记录),管理的职能则可能是高度集中的。

当组织中各部门彼此之间是相对独立的,也就是说,一个部门的管理者的决策不会影响另一个部门的业绩时,分权是最为成功的。如果各部门发生以下情况:进行大量的内部买卖,从同一外部供应商处大量购货,或者向同一外部市场大量销货的话,这些部门就更适合更高程度的中央集权化。

第9章我们强调了在设计管理控制系统时,成本—收益测试、目标一致性和管理层努力这三个方面都必须予以考虑。如果管理当局已经作出了支持大规模分权的决定的话,**部门自主权(segment autonomy)**,即将决策权下放给组织中各部门的管理者们,也是至关重要的。然而,为了使分权化真正起到作用,这种自主权必须是确实付诸实施的,而不仅仅是在口头上。多数情况下,最高管理层必须愿意接受部门管理者们作出的决策。

> **部门自主权(segment autonomy):** 将决策权下放给组织中各部门的管理者们。

商业快讯

分权的成本与收益

许多公司如百事可乐、杜邦和宝洁都相信,分权对于他们的成功是十分重要的。在分权化运动中做得最出色的是强生公司。强生公司(2005年实现销售收入505亿美元,拥有员工超过115 000人,在57个国家开展业务)是泰诺、邦迪创可贴、强生婴儿爽身粉和Pepcid AC等许多其他知名品牌的制造商。强生公司的分权始于20世纪30年代,具有很长的历史。正如强生公司在其2005年年报中所提到的,分权管理是"促使公司不断成长并保持领先地位的三大战略原则之一"。另一份近期年报详细阐述:"分权管理系统在我们的成绩中也有所体现,它使我们做事专注并很有主人意识。在分权管理系统下的员工可以迅速抓住本地市场的商机。"

在公司的管理结构中,每一家经营性分部都要自主作出决策。这样做的好处之一就是,决策的制定者也恰恰就是那些贴近市场的决策执行者。缺点就是,费用太大,因为许多经营性分部会重复花费某些管理费用。尽管最终都要由强生总部(位于新泽西州)的高层管理人员负责,但一些分部的总经理一年只能见到老板几次。比尔·韦尔登——强生公司董事会主席兼首席执行官这样赞美分权的优点:"强生的魅力来自分权。"这样的组织结构对于培养公司内部的执行力的战略来说是至关重要的,因为年轻的管理者会被赋予管理整个分部的权利。"这让人们富有企业家精神",韦尔登说,"并且得到了锻炼,能够更快地成长起来"。

《商业周刊》这样总结韦尔登的方法:"强生公司的成功在于它独特的文化和组织架构……分布广泛的分部中的每一个分部都能够像一家独立的企业那样独立地经营。例如,它们制定自己的战略决策;它们有自己的财务和人力资源部门。尽管这样的高度分权会导致相对高额的管理费用,但包括CEO韦尔登在内的所有管理者都不认为这些费用会高到无法负担。"

正如你所看到的,分权既有成本也有收益。一些企业在分权与集权之间摇摆不定,有时候认为集权的收益大过分权,有时候又寻求分权在决策上的优势。相反地,强生公司在从长时间的高层领导集权过渡之后,始终坚持分权政策,无论是在公司经营的顺利时期还是不利时期。公司对于分权有一个长期的信念,也许一个足够勇敢(或莽撞)的领导者才能改变强生公司的分权哲学。

资料来源:Adapted from *Johnson & Johnson 2005 Annual Report*; M. Petersen,"From the Ranks, Unassumingly," *New York Times*, February 24, 2002, Section 3, page 2; and A. Barrett. "Staying on Top," *Business Wekk*, May 5, 2003.

责任中心与分权

设计管理控制系统要考虑到控制的两个方面:(1)管理者的责任;(2)管理者的自主权程度。一些管理者将以上两个方面

> 目 的 2
>
> 区别责任中心和分权。

混淆起来,认为利润中心应该拥有很大的自主决策权而成本中心拥有得就少一点。但事实并非如此。即使利润中心辅助以分权,它依然可以独立存在。一些利润中心的管理者,例如在通用电气,在雇佣合同、供应商选择、购入设备和人事决策等方面有很大的自主权。相反,在另一些利润中心,管理者在上述几种决策上几乎都要征得最高管理层的同意。实际上,如果成本中心的管理者拥有更多的决策自主权的话,成本中心可能比利润中心分权化的程度更高一些。决定一个既定的部门是采用成本中心还是利润中心,最基本的问题并不在于是否存在高度分权,而应该是:"利润中心能否比成本中心更好解决目标一致与管理层努力的问题。"

没有哪个控制系统是十全十美的。判断控制系统优劣与否应该集中在哪个备选系统能够更多地带来最高管理当局所寻求的行为。例如,一个工厂可能看上去似乎是一个"自然的"成本中心,因为工厂管理者们对关于其产品营销的决策不能施加影响。尽管如此,一些公司仍以工厂的赢利能力来评价该工厂管理者的工作业绩。为什么呢?因为这种更普遍的业绩评价基础将影响到工厂管理者的行为。工厂管理者们现在自然而然地更加周密地考虑质量控制问题,并对顾客的特殊要求作出更富感情的反应,而不是仅仅关心如何经营一个有效的成本中心。利润中心可能因此获得一个成本中心无法获得的期望水平的工厂管理者的行为。因此,在设计会计控制系统时,最高层管理人员必须考虑到该系统对组织所期望的行为所能施加的影响。

业绩尺度与管理控制

在分权管理控制系统设计中的一个重要因素就是业绩尺度对管理者激励的影响。

> **业绩尺度(performance metric)**:对管理效果衡量的具体指标。

业绩尺度(performance metric)是一个计量管理者成绩的具体指标。当公司赋予管理者自主决策权的时候,是希望管理者们能够运用决策自主权实现公司的目标,而不是达到其他目的。例如,耐克公司管理当局希望其德国分部的经理只有在其能为公司带来更多利润的前提下才与赛车手迈克·舒马赫签订合同,而不是为了给经理可以打入赛车界的核心集团提供入场券。

动机、业绩和报酬

图 10-1 向我们展示了管理层对责任中心和激励的选择是如何影响管理者们的动机的。管理者们的动机准则引导他们选择会带来不同结果的行为,这些行为都是被公司的管理控制系统——尤其是业绩尺度和报酬系统——所计量的。接着,通过反馈的信息,计量指标和报酬会影响管理者的未来目标和努力。正确的业绩尺度和报酬能够提供能够刺激产生最有利于公司利益的行动的激励标准。最重要的是,报酬和激励标准之间的联系创造了管理者的**激励(incentives)**——加强管理层的努力以实现组织目标的正式和非正式的基于业绩的报酬。例如,如果一家公司以部门利润为基础计量和给予报酬,部门经理们就有了努力增加部门利润的积极性。

> **目 的 3**
> 解释将报酬与责任中心业绩尺度相联系将如何影响员工激励和风险。

> **激励(incentives)**:加强管理层的努力以实现组织目标的正式和非正式的基于业绩的报酬。

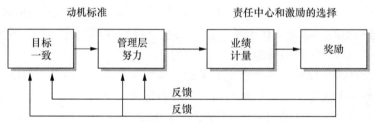

图 10-1 设计管理控制系统的标准和选择

本书已对为数众多的业绩计量指标进行了描述。例如,是采用严格的还是宽松的标准;计量部门业绩时,采用边际贡献还是经营收益;是否在业绩评价中,同时使用财务和非财务指标。对报酬的研究得到了一个简单而重要的基本原则:管理者们倾向于将他们的努力集中在那些能得到衡量和业绩能对报酬产生影响的领域。进一步讲,衡量业绩的指标越客观,管理者们的工作就越努力。因此,能够提供相对客观的业绩评价的会计指标是非常重要的。并且,如果人们认为他们的行为与业绩指标之间毫无联系的话,他们就不会留心改变他们的业绩以影响他们的报酬。

报酬体系的选择显然是整个管理控制系统的一部分。报酬可以采用货币形式,也可以采用非货币形式,如加薪、奖金、晋升、表扬、自我满足的实现、精心设计的办公室和私人餐室。然而,报酬体系的设计主要是最高层管理者们决定的,除了会计师的意见之外,他们还常从许多其他渠道获取建议。

代理理论、业绩、报酬与风险

将报酬与业绩联系起来是很合理的,但是管理者的业绩常常不能直接计量。例如,责任中心的经营成果可能很容易计量,但管理者为了实现这一绩效所付出的努力(即管理业绩)可能就不那么容易计量了。理想的做法是,报酬应该以管理业绩为基础,但是在实务中,报酬通常是根据管理者所属的责任中心的财务成果来进行计量的。管理业绩与责任中心的财务成果肯定是相关联的,但是管理者控制之外的因素可能会影响该责任中心的财务成果。不可控因素对责任中心财务成果的影响越大,因采用该财务成果来代表管理者业绩而产生的问题就越多。

例如,一个耐克商店,假设它的利润急剧增长。以下几个因素都可能是导致利润增长的原因:

- 竞争对手员工的长时间罢工,导致客户转移到耐克公司
- 商店实行了新的成本管理系统,使得处理货物的成本大大降低
- 该地区人口总体增长远远高于其他耐克商店
- 该地区人工成本的增长额没有其他地区的高
- 人员流动低于公司的平均水平,人员相对稳定,雇员们将与同事以及管理层间良好的关系视为他们对工作满意的原因。

耐克公司该如何计量商店经理的业绩呢?应该用这家商店与其他耐克商店的业绩比较来计量这位经理的业绩吗?还有使用其他指标的吗?从上面列示的种种因素不难看出,区域中心所产生的利润中,相当大的比重是由区域管理者无法控制的因素(对手的罢工、人口增长以及人工成本)导致的。但是,区域管理者可能在更新成本管理系统以及为所有员工创造高效的工作环境方面确实做得很出色。

尽管理想的结果总是很难实现,了解一下新近的代理理论的发展可能会帮助你加深对业绩尺度与报酬的联系的认识。**代理理论(agency theory)** 阐述了一个组织的所有者和组织所雇用并代表所有者作出决策的管理者之间的契约关系。最高管理层聘用一位管理者时,双方都要签署一份雇用合同,合同中明确规定业绩指标及其对报酬的影响。例如,一位管理者所在的责任中心达到预算的利润目标,他将获得相当于其薪金15%的奖金。然而并不是所有的报酬都如此明确。公司也许会以升职作为报酬,但几乎不会在合同细则中将升职要求列出来。根据代理理论,雇用合同将在以下3个因素中进行权衡:

> **代理理论(agency theory)**:用于描述业绩评价和报酬的正式选择的理论。

1. 激励:管理者的报酬越依赖于某项业绩指标,就越能激励管理者采取措施使那项指标的计量结果最大化。最高管理层应该明确业绩指标以促使目标一致的实现,并将足够的报酬建立在业绩指标的基础上,以促进管理层努力工作。

2. 风险:不可控因素对管理者报酬的影响越大,管理者所承担的风险就越大。人们通常会规避风险,所以如果期望管理者们承担更大的风险的话,必须给予他们更多的报酬。通过将报酬与责任中心经营的业绩挂钩来激励管理者的行为,尽管在一般意义上来说是合理的,但也会产生副作用——使管理者承担了风险。

3. 业绩计量的成本:如果管理者的业绩可以精确地计量,就不必在激励与风险之间进行权衡。为什么这么说呢?因为那样的话,如果管理者按照要求来开展工作,他就会获得固定数额的报酬;如果没有按照要求去做,就什么也没有。是否按照要求展开工作完全由管理者自己控制,而确定管理者报酬唯一要做的就是看管理者所做工作的业绩水平。但是,直接衡量管理者付出的努力的成本通常是昂贵的,并且有时是不可行的。责任中心的财务成果指标则更容易获得。成本—收益标准通常表明:精确计量管理者所做的工作是得不偿失的。

我们来考虑这样一个例子:一个投资团体聘请一位音乐会组织者来为一次露天音乐会演出做宣传和管理工作。如果投资团体不能直接评价该组织者的努力程度和判断力,他们可能会根据音乐会的经济收入来支付给这位组织者一笔奖金。这笔奖金可能会激励组织者努力地工作来使音乐会赢利。但是与此同时,组织者也承担了很大的风险。比如说,如果下雨了怎么办?尽管不是组织者的错,歌迷们也可能因为坏天气的缘故而不去听音乐会,音乐会可能因此而失败。诸如坏天气这样的因素可能会影响到音乐会的经济收入。结果是,尽管组织者可能干得非常出色,但仍得不到奖金。假定投资团体提供了一个含有部分固定报酬与部分奖金的合同,与固定报酬相比,奖金的份额越大越能产生激励作用,但这也意味着为了补偿组织者所承担的更大的风险,需要支付给他的期望总金额越大。无论公司怎样连接报酬与业绩计量,赢利能力都是一个不容忽视的业绩计量指标。

赢利能力的计量

最高管理层追求的目标主要是利润最大化。他们对分权组织中部门经理业绩的评价通常是根据部门的获利能力。问题就在于获利能力对每个人而言具有不同的含义。它是净利润?税前利润?还是销售利润率?它是一个绝对数?还是一个相对数?在这一部分我们将讨论几个常用的业绩评价指标的优缺点。

> **目 的 4**
> 计算投资报酬率、剩余收益和经济增加值,对比三者作为判断组织中各部门业绩的标准。

投资回报率

通常在强调经营净利润或是利润率时,经理们并没有为与产生利润相关联的投资选取评价的指标。"项目 A 经营利润 200 000 美元,项目 B 经营利润 150 000 美元"这样的简单陈述并不足以表明获利能力的大小。**投资报酬率(return on investment,ROI)**,即用利润除以导致该利润产生的投资额,能更好地说明获利能力的大小。

> **投资报酬率(return on investment,ROI)**:一种业绩评价方法,它是利润除以产生该利润的投资额。

在同样的风险情况和既定的资源情况下,投资者总是追求最大的利润。在其他条件都一样的情况下,如果项目 A 需要投资额 500 000 美元,而项目 B 需要 250 000 美元,你会将资金投资在哪个项目上?

$$ROI = \frac{利润}{投资}$$

$$项目 A 的 ROI = \frac{\$200\,000}{\$500\,000} = 40\%$$

$$项目 B 的 ROI = \frac{\$150\,000}{\$250\,000} = 60\%$$

ROI 是一个常用的有用的指标,它可以与组织内外的其他比率进行比较,也可以与其他项目和行业中的机会进行比较。它受到两个主要指标的影响:一是**销售利润率**(**income percentage of revenue** 或 **return on sales**),即用利润除以收入得到;二是**资本周转率**(**capital turnover**),由收入除以投入资本得到。

> 销售利润率(return on sales):用利润除以收入得到。
>
> 资本周转率(capital turnover):用收入除以投资资本得到。

$$ROI = \frac{利润}{投入资本}$$

$$= \frac{利润}{收入} \times \frac{收入}{投入资本}$$

$$= 销售利润率 \times 资本周转率$$

这两个比率中的任何一个变动而另一个不变,都将导致投资报酬率的变动。通过下面的例子可以更好地了解它们之间的关系:

	投资回报率(%)	=	利润/收入	×	收入/投入资本
当前情况	20	=	16/100	×	100/80
1. 通过降低费用提高利润率	25	=	20/100	×	100/80
2. 通过降低投资提高周转率	25	=	16/100	×	100/64

选择 1 是改进业绩常用到的方法。明智的管理者会在不降低销售额的情况下减少费用,或者是在不增加费用的情况下扩大销售。选择 2 相对而言不太明显,但它是改进业绩的一种更快速的方法。提高投入资本的周转率意味着在诸如现金、应收账款、存货或设备等资产项目上投入的每一美元将会产生更高的收入。这些资产项目上的投资有一个最佳水平:投资过多是浪费,投资太少又有损于企业的信誉和销售竞争能力。提高周转率是采用适时制(just-in time,JIT,见第 1 章)的优点之一。很多在采购和生产系统中实行适时制的企业的 ROI 都实现了惊人的提高。

剩余收益与经济增加值

业绩计量的目的之一就是激励管理者作出能够增加公司价值的决定。大多数管理者认同将回报与投资联系起来进行衡量能够对获利能力进行最终检验的观点。ROI就能提供这样的一种比较。然而，一些管理者更喜欢强调利润的绝对数而不是利润率。他们采用税后经营性利润减去"估算"利息之后得到的**剩余收益**(residual income, RI)这一指标。"估算"利息指的是**资本成本**(cost of capital)，即公司为了获得更多资本而支付的利息，不管实际上是否需要为实行某一项目获得更多的资本。简而言之，剩余收益告诉你公司税后经营性利润超过资本成本多少。例如，假定一个部门的税后经营性利润是200 000美元，当年的部门平均投入资本(总资本)是500 000美元，公司总部评估的"估算"利息率是8%：

> **剩余收益**(residual income, RI)：税后经营利润减去"估算"利息得到。

> **资本费用**：公司的资本成本×投资额。

> **资本成本**(cost of capital)：公司为了获得更多资本而支付的利息，不管实际上是否需要为某一项获得更多的资本。

部门税后经营性利润	$200 000
减：平均投入资本的估算利息(0.08 × $500 000)	400 000
等于：剩余收益	$160 000

根据公司所采用的术语不同，有几种不同的计算剩余收益的方法。一种比较流行的由思腾·斯特管理咨询公司(Stern Stewart & Co.)设计发明并在市场上推广的方法，叫做**经济增加值**(economic value added, EVA)。思腾·斯特管理咨询公司通过公式来定义EVA：

> **经济增加值**(economic value added, EVA)：用调整后的税后经营利润减去投入资本成本与调整的平均投入资本的乘积。

EVA = 调整后的税后经营利润 − 投入资本成本(%) × 调整后的平均投入资本

投入资本成本(%)是长期负债成本和所有者权益以它们占公司或部门的相对比重为权数的加权平均数。思腾·斯特管理咨询公司对财务报告下的税后经营利润和投资成本做了特别的调整：将税后经营利润调整为现金收入的近似形式；将投入资本调整为公司用以创造价值的经济资源所需的现金投资的近似值。这些调整的例子包括：

- 采用已付税金而不是税费；
- 将研发费用资本化；
- 存货发出计价采用先进先出法(这样的话，使用后进先出的公司必须将后进先出法所提准备加回到投入资本中，并且将准备金的变化加到税后经营利润中)；
- 将未记录的商誉与累计商誉摊销额确认为资本，并且将商誉的摊销额加回到税后经营利润中；

- 如果一个公司在计算经济利润时将任何利息费用都扣除的话,该公司必须将这笔利息费用(税后)加到税后经营利润上。

现在举例说明以上内容。假定耐克公司某分部在2004年1月2日投资400万美元用于一种新跑鞋的研发,该跑鞋已经被证明寿命周期会长达四年(2004—2007年)。在记录这笔研发费用之前,每年的经营利润是12 000万美元,资本是5 000万美元。耐克分部的资本成本率是10%。为了简化起见,我们在这里忽略了所得税,尽管计算EVA通常使用的是税后数字。

通常财务报告要求该公司将全部400万美元当期费用化而不计为资产。简单地说,公认会计原则假定这些支出不能给企业带来未来价值。相反地,实施EVA的企业将用于研发的支出视做一项资本投资。出于计算EVA的目的,这家公司将这笔支出资本化,并在其产品寿命周期内费用化。另外,公司会从当年的经营利润中减去一笔资本费用,这笔资本费用是以当年的平均资本余额的10%计算得到的。财务会计报告方法和EVA计算中利润与资本的影响的比较如表10-1所示(以百万美元计)。

表10-1展示了收益与资本在传统的剩余收益与经济增加值上的影响。在耐克公司报表上列示的四年的总经营利润是4 400万美元。传统的剩余收益(不包括资本化的研发费用)是:4 400万美元减去2 000万美元的资本费用,等于2 400万美元。经济增加值也要减去研发资本费用:44 000万美元 – 2 080万美元 = 2 320万美元。也就是说,EVA多减去了80万美元用于研发资本的资本费用。像上面对研发费用所做的调整一样,思腾·斯特管理咨询公司已经确定了超过160余种调整方法。但多数时候,对特定的客户,只推荐采用几种方法。很多公司也有自己的调整方法。尽管如此,所有实施EVA的企业都采用税后经营利润减去资本成本这一基本概念。

表10-1　比较剩余收益和经济增加值

年份	会计经营利润	调整后经营利润	会计资本	调整后平均资本**	剩余收益资本费用(以会计资本的10%计算)	EVA资本费用(以调整后平均资本的10%计算)	留存收益	经济增加值
2004	$8	8 + 4 – 1 = $11*	$50	$53.5	$5	$5.35	$3	$5.65
2005	12	12 – 1 = 11	50	52.5	5	5.25	7	5.75
2006	12	12 – 1 = 11	50	51.5	5	5.15	7	5.85
2007	12	12 – 1 = 11	50	50.5	5	5.05	7	5.95
总额	$44	$44			$20	$20.80	$24	$23.20

* 经营利润 + 研发费用 – 研发费的摊销额 = $8 + $4 – $1 = $11。
** 调整后平均资本:2004年,1/2 × ($54 + $53);2005年,1/2 × ($52 + $53);以此类推。

由于现在许多企业正在采用RI和EVA作为财务业绩评价指标,这两个指标已经得到越来越多的关注。美国电报电话公司(AT&T)、可口可乐公司、CSX铁路运输公司、美国联邦海事委员会(FMC)以及桂格燕麦公司(Quaker Oats)都声称,实施EVA有助于激励管理者们作出能增加股东利益的决策。所有这些公司都是成功的。为什么呢?因为他们在分配、管理以及稀有资本资源(固定资产如重型设备、电脑、房地产及营运资本)的再配置方面比他们的竞争者做得更出色。

管理决策练习

在过去的10年中,IBM公司的EVA业绩有了重大的提高。在1993年,它的EVA业绩是 -1 300万美元。到2000年,EVA业绩提高到了220万美元。像大多数公司一样,21世纪初的经济下滑对IBM的EVA业绩造成影响,其业绩在2002年达到负值。利用以下数据计算2005年的EVA值(以百万计),不用遵循思腾·斯特管理咨询公司的调整方法。如果你是管理者,你该怎样解释这个EVA数据?

	2005
税后经营利润	$7 994
投入资本	70 906
资本成本(假定的)	10%

答案:

$$EVA = 税后经营利润 - 资本成本率 \times 投入资本$$
$$= \$7\,994 - 0.10 \times \$70\,906$$
$$= \$7\,994 - \$7\,091 = \$903$$

1993—2000年间的增长是急剧的。2002年EVA业绩的下滑也并非是不可预见的。很多公司都在2002年都遭受了损失,而IBM的损失比大多数公司都要少一点。到2005年,IBM公司实现EVA业绩90 300美元,虽然还是不能和2000年的业绩相比。

投资回报率还是剩余收益

为什么一些公司更倾向于采用RI,而不是ROI呢?在一个经营净利润为900 000美元,平均投入资本为10 000 000美元的耐克分部,应用ROI法的情况如下:

部门税后经营净利润	$900 000
平均投入资本	$10 000 000
ROI	9%

ROI法下计算的结果传递的基本信息是:继续投资并且最大化你的投资回报率(百分率)。因此,如果业绩是通过ROI衡量的,当期已经获得20% ROI的部门管理者们是不会愿意在ROI只有15%的项目上进行投资的。因为这样做会降低他们的平均ROI。

然而,从公司整体的利益来看,最高管理层可能会要求部门管理者接受ROI小于15%的投资项目。为什么呢?假定这家公司的资本成本率是8%。那么,投资于一个ROI达到15%的项目将会提高公司的获利能力。这是因为每投资100美元,就会带来

15 美元的经营利润和 8 美元的资本成本，净利润为 $15 - $8 = $7。当业绩是通过剩余收益来衡量时，管理者们倾向于在任何 ROI 高于估算利息率的项目上进行投资以提高公司的利润。也就是说，剩余收益法促进了目标一致和管理者的努力工作。它所传递的基本信息是：继续投资并最大化剩余收益这一绝对数。

我们再来看另外两个耐克分部，分部 X 的经营利润为 200 000 美元，分部 Y 的经济利润为 50 000 美元。两个分部同样投资了 100 万美元。假设有个项目，X 分部和 Y 分部都有能力承担。这个项目需要 500 000 美元的投资，有 15% 的税后回报率，也就是每年能够带来 75 000 美元的利润。资本成本率是 8%。为了简单起见，我们不考虑所得税。表 10-2 展示了每个部门投资或不投资的 ROI 与剩余收益。

表 10-2　分部 X 和分部 Y 的投资回报率和剩余收益

	不投资		投资	
	分部 X	分部 Y	分部 X	分部 Y
经营净利润	$200 000	$50 000	$275 000	$125 000
投入资本	$1 000 000	$1 000 000	$1 500 000	$1 500 000
ROI（经营净利润/投入资本）	20%	5%	18.3%	8.3%
资本成本（8% × 投入资本）	$80 000	$80 000	$120 000	$120 000
剩余收益（经营净利润 - 资本成本）	$120 000	$(30 000)	$155 000	$5 000

假设你是部门 X 的管理者，如果对于你的业绩的衡量是通过 ROI 来进行的，你会接受这个投资项目吗？不会。因为这样会使你的 ROI 从 20% 降到 18.3%。但假设你是部门 Y 的管理者，你会投资吗？会的。因为投资可使 ROI 从 5% 提高到 8.3%。一般来说，在采用 ROI 法的企业中，获利能力较低的部门往往比获利能力较高的部门更有动力去投资一个新的项目。

现在假定对于你的业绩的衡量是通过剩余收益进行的。对于这两个部门来说，这个项目将具有同样的吸引力。投资后，每个部门的剩余收益都将增加 35 000 美元：部门 X，$155 000 - $120 000；部门 Y，$5 000 - (-$30 000)。两个部门有着同样的动力去投资这个项目，这种动力依赖于与该项目所需的资本成本相比将会获得的收益。

一般来说，采用剩余收益法或 EVA 法将比采用 ROI 法更能促进目标一致并达成更优决策。很多公司都确信 EVA 指标对其成功是非常重要的。詹姆斯·M. 科尼利厄斯，Guidant 公司（一家以生产心血管疾病医疗器械为主的企业）的主席，在思腾·斯特管理咨询公司的网站上这样称赞 EVA：

> 在 Guidant 的每一天，我们都将管理者的奖金与 EVA 业绩目标相连……如果一个目标没有 EVA 业绩的助益，我们就不会做它。我们付给那些在有限时间内开发出新产品的技术工人 EVA 奖金，并且我们在他们中间看到了以往从来不曾看到的产品创新。所有的员工……都以从未有过的热情在工作着。我确定这样的结果要大半归功于 EVA。员工们正在积极寻求企业的改进和提高，因为很大比例的年终奖金是要依赖于 EVA 的提高的……他们达成的所有成绩都离不开 EVA。

西门子公司是欧洲最大的电器和电机生产企业，同时也是思腾·斯特管理咨询公司在欧洲的首位 EVA 客户。西门子公司在其年报中提到"西门子公司将 EVA 作为准绳,以此来衡量我们的努力是否取得成功。EVA 业绩衡量标准激励我们的员工在为我们的客户以及客户的客户服务时注重效率,富有创造力,并且具有变革精神。这些特质将会转化为赢利的增长以及回报的提高。"

西门子公司采取的提高 EVA 的其他措施包括:将其光线电缆以及零售和银行的业务出售。正如西门子公司所说,"放弃某些选定的业务是为了给更多的战略投资机会提供资金"。

但是,大多数公司采用的仍然是 ROI。为什么?可能是因为 ROI 不仅更易于为管理层所理解,而且能促进各部门之间的比较。另外,将 ROI 与合理的增长以及利润目标结合起来可以使 ROI 的机能失调性最小化。

小结与复习

问题:

假定 Google 的一个部门有 2 000 000 美元的资产,投入资本 1 800 000 美元,经营净利润 600 000 美元。不考虑所得税。

1. 该部门的 ROI 是多少?
2. 如果资本成本的权数是 14%,EVA 是多少?
3. 假如管理层将 ROI 作为业绩评价指标,会对管理行为有什么影响?
4. 假如用剩余收益作为业绩评价指标,会对管理行为有什么影响?

答案:

1. ROI = \$600 000 ÷ \$1 800 000 = 33%。
2. EVA = \$600 000 − 0.14(\$1 800 000) = \$600 000 − \$252 000 = \$348 000。
3. 如果公司用 ROI 来评价管理者,他会倾向于拒绝投资在 ROI 小于 33% 的项目上。站在全公司的角度来看,这种做法是公司所希望的,因为公司最好的投资机会可能就在那个项目中,而且可能就在 22% 的回报率的点上。如果公司通过 ROI 来评价一个部门多于用 EVA 来评价,一个部门会一味追求高的 ROI 而有相对较少的机会拓展投资。
4. 如果公司使用 EVA,管理者就倾向于接受任何回报率超过资本成本率的项目。部门拓展的机会就比较大,因为其目标是达到一个数字的最大化而不是一个比率。

对投入资本的进一步讨论

为了计算 ROI 或剩余收益,都必须计算利润与投入资本。然而,对于这些概念的理解是千差万别的。为了理解 ROI 和剩余收益这些数字具体表示什么意思,你首先必须确定投入资本与利润该如何定义和计量。在第 9 章中,我们已经讨论了不同的利润形式,在此我们不再重复。但是,我们将对投入资本的不同定义做进一步的探讨。

> **目 的 5**
>
> 比较质量组织中各部门投入资本的各种方法的优缺点。

投入资本的定义

考虑下面的资产负债分类项目:

流动资产	$400 000	流动负债	$200 000
财产、厂房、设备净值	800 000	长期负债	400 000
在建工程	100 000	股东权益	700 000
资产总额	$1 300 000	负债及股东权益总额	$1 300 000

对上面资产负债表中投入资本及其价值的可能的定义包括:

1. 资产总额:所有包含的资产,总计 1 300 000 美元。
2. 已使用资产总额:除已经议定的在建工程之外的全部资产,即 $1 300 000 − $100 000 = $1 200 000。
3. 资产总额减流动负债:除短期债权人所提供的资产部分以外的全部资产,即 $1 300 000 − $200 000 = $1 100 000。有时它会表示为长期投入资本;注意,它也可以通过将长期负债与股东权益相加得到,即 $400 000 + $700 000 = $1 100 000,这也是在实施 EVA 时采用的定义。
4. 股东权益:对所有者在企业的投资额 700 000 美元予以关注。

为了衡量部门经理的业绩,可以采用除了股东权益以外的其他三个定义。如果部门经理的任务是在不考虑融资的情况下,使得所有资产得到最佳利用,这时采用资产总额的定义会是最好的选择。如果最高管理层知道经理持有当期没有生产能力的资产,那么采用已使用资产总额的定义最好。如果经理能够直接控制短期债权和银行贷款,那么最好采用资产总额减流动负债的定义。在选择投入资本定义方面的一个行为性要素是经理们将注意减少定义中所包含的资产并增加其中的负债。在实务中,多数公司采用的是以资产总额定义的投入资本为基础计算的 ROI 和剩余收益,大约一半(主要是实施 EVA 的公司)的公司都会减去一部分流动负债。

资产计价

包含在部门投入资本中的任何资产都应以某种方式加以计量。包括在投资基础中的资产应以账面价值总额还是账面价值净额加以计量？**账面价值总额(gross book value)** 是在减去累计折旧之前的资产的原始成本。**账面价值净额(net book value)** 是由资产的原始成本减去任何累计折旧得到的。实务中，赞同采用基于历史成本的账面价值净额作为计价基础的占大多数。这意味着，用经过计算的数字编制资产负债表做财务报告，也因此用这个数字做业绩评价。然而，在某些情况下，其他的选择也是很具吸引力的。下一步我们将讨论历史成本和现行成本以及账面价值总额和账面价值净额的话题。

> **账面价值总额(gross book value)**：是在减去任何累计折旧之前的资产的原始成本。

> **账面价值净额(net book value)**：是由资产的原始成本减去累计折旧得到。

许多公司偏好使用账面价值，只有很少的公司采用重置成本或其他类型的现行价值。多年来，历史成本因其为管理决策和绩效评估提供了错误的基础而遭到了广泛的批评。历史成本会与时下公司要购买资产的花费相差甚远，也会与现在出售资产的价格差距很大，而这些价格在制定与资产相关的决策时都是非常重要的。尽管历史成本遭到了诸多批评，管理者们并没有急于抛弃历史成本。

为什么历史成本会得到如此广泛的应用呢？一些评论家认为全然无知是最好的解释。但是，一个更有说服力的答案来自对成本—收益的分析。会计系统的代价是昂贵的。为了很多法律上的目的，历史记录应该好好保存，所以它们的存在是合理的。以历史成本进行业绩评价，不需要花费额外的成本。而且，很多高层管理者认为这样一个系统能够实现期望的目标一致和促使管理层努力工作，而一个更为复杂的系统并不能从根本上改进集体的经营决策。

厂房和设备：总值还是净值

在资产计价中，区分账面价值净值与账面价值总额是非常重要的。大多数公司在计量它们的投资基础时采用账面价值净额。然而，最近的一项调查表面，少数比较重要的公司采用的是账面价值总额。账面价值总额的支持者认为它有助于不同年度、不同工厂和不同部门之间的比较。在账面价值总额计量之下，业绩评价只是依靠资产的应用情况而不是资产的使用年限。

考虑下面这个例子。一套设备价值 600 000 美元，使用寿命 3 年，无残值(见下表)。

年度	折旧前经营利润	折旧	经营利润	平均投资			
				价值净值*	回报率	价值总值	回报率
1	$260 000	$200 000	$60 000	$500 000	12%	$600 000	10%
2	260 000	200 000	60 000	300 000	20	600 000	10
3	260 000	200 000	60 000	100 000	60	600 000	10

* ($600 000 + $400 000) ÷ 2；($400 000 + $200 000) ÷ 2。

随着设备的老化,设备的账面净值报酬率会提高。如果经营利润没有变化,账面总值的回报率也不会变化。如果经营利润逐年减少,回报率也会降低。支持用账面价值总额进行业绩评价的人认为业绩指标的提高不应单纯依靠于设备使用年限的增加。相反地,账面价值净额的拥护者认为账面价值净额不仅与资产负债表中列示的资产一致,而且应与净利润的计算一致,这样就不容易产生误解。

先不考虑理论上的争辩,企业在选择采用账面价值净额还是价值总额时,应该考虑到它们对动机的影响。与采用账面价值净额相比,采用账面价值总额对其进行业绩评价的管理者们往往倾向于尽快地替换资产。假定耐克公司某部门有一台机器,已经使用 4 年,原始成本 1 000 美元,账面净值 200 美元,它可以由一台同样价值 1 000 美元的新机器代替。对于账面价值净额与账面价值总额的选择不会影响净利润。但是,如果这家公司采用账面价值净额,替代新机器后投资基础会从 200 美元增加到 1 000 美元;如果采用账面总值,投资基础仍然是 1 000 美元。为了最大化 ROI 或剩余收益,管理者们想要一个较低的投资基础。采用账面净值的公司管理者倾向于保留账面净值较低的旧资产,而那些采用账面总值的公司管理者们保留旧资产的动机很低。因此,为了激励管理者们采用新型生产技术,账面价值总额更可取,资产价值净额促进的是更为保守的资产重置方法。

总而言之,对于历史成本和现行成本或是账面价值总额和账面价值净额之间的问题,目前还没有一个统一的答案。但是,无论某一特定的管理系统或会计技术是否能够改进集体经营决策,对于采用哪一种方法的成本—收益测试和对动机影响的评估,每个组织就需要自行判断。成本—收益测试本身并不是"真实"或"完美"的,它仅仅是为你提出了一些问题,你为"更好的"系统所花费的额外成本是值得的吗?它会帮助你实现更好的目标一致和管理层努力吗?如果你的管理者能够更好地利用现有的不完美系统,他们是否会作出不同的决策?

转移定价

既然对计量赢利能力有了一些了解,我们来看一些使赢利能力作为一项业绩评价指标更加复杂化的事情。当部门各自独立时,分权组织中很少有问题产生。部门经理们可以只关注本部门的事务而不至于损害组织的整体利益。相反,当部门之间的相互影响比较大时,某个决策符合一个部门的最佳利益但损害其他部门的利益并因此对组织整体产生负面影响的可能性会大为增加。例如,耐克公司的两个分部也许会为了争夺同一个客户而采取降价措施,进而损害了公司的整体收益。

这种情况往往在一个部门向另一个部门提供产品或劳务并因此向该部门收取转移价格时出现。**转移价格(transfer price)**是组织的一个部门向处于同一个组织的另一个部门提供劳务或产品并以此索取的费用金额。例如,一个部门生产半成品并将它

> **转移价格(Transfer prices):** 一部门向处于同一组织中的另一部门提供产品或劳务并因此收取的金额。

们卖给另外一个部门加工成成品,转移价格是提供产品或劳务的部门的收入,同时也是获得产品或劳务的部门的成本。通常,"转移价格"这一术语也可以用在劳务上,例如生产部管理者从市场部那里买来广告服务。

转移定价的目的

为什么会存在转移定价系统？主要原因是为了传递能导致目标一致决策的数据。当公司以赢利能力作为业绩标准评价部门

> **目 的 6**
> 定义转移价格并明确其目的。

时,他们希望部门管理者会因为作出了同时有利于分部和公司整体利益的决策而获得报酬。例如,转移定价应该指引管理者们:是在整个组织内部还是外部、是在销售上还是购买产品和劳务这个问题上作出最好的可行的决策。换句话说,一个决策在增加部门利益的同时也能够增加公司的利益。最后,跨国公司可以利用转移定价最小化其在世界范围内的各种税负。

转移定价系统的另一个目的就是限制部门的自主权。最高管理层可以规定部门之间产品和劳务的转移价格。但是,一旦组织决定实行分权,那么部门管理者必须可以自由地制定决策。转移定价系统的影响取决于最高管理层制定的业绩评价和计量系统,而不是直接在决策上的干预。

组织在处理有关转移定价这类问题时,有时采用基于成本的定价,有时采用基于市场的定价,还有时采用协商定价。因此,在转移定价领域,并没有一个单一的、普遍适用的答案。试着问一下任何一位分权组织中的管理者。他们通常的回答都是,他们遇到了一些转移定价方面的困难。例如,一位 Weyerhaeuser 公司(一家大型木制产品企业)的管理者曾经宣称转移定价是其公司中最棘手的管理控制问题。

转移定价的基本原则

虽然对转移定价来说没有一个单一的规则,但是有一条基本的规则能够提供一些指导:

> **目 的 7**
> 概述转移定价的基本原则,并利用这一原则制定基于总成本、可变成本和市场价格的转移定价。

转移定价 = 付出成本 + 机会成本

如前所述,付出成本是一个实际的现金支付额。付出成本是获得劳务或产品的部门在将产品或劳务转移到另外一个部门时所要付出的额外成本。付出成本通常是被转移产品或劳务的变动成本。机会成本是卖出转移产品或劳务的部门为了内部交易而放弃的可以实现贡献最大化的利润。例如,一个部门的生产能力足以让它进行内部转移或外部交易(只能选择其一,不能同时进行),机会成本就是该部门从外部交易可以获得的边际贡献。

为什么这条规则能够得到普遍应验呢？观察一下下面列示出来的两个虚拟的耐克公司部门。织物部(出售方)向运动服饰部(购买方)转移用来生产高尔夫球衣的织物:

假设由于可以在市场上获得10美元的价格,织物部的机会成本4美元就上升了。因此,在市场上出售所得的收益是 $10 – $6 = $4。在任何低于10美元的转移价格水平上,织物部在市场上的获利都将高于内部交易的获利。所以,织物部能够接受的最低转移价格是 $6 + ($10 – $6) = $10。

现在来观察一下这桩交易对服饰部的情况。如果服饰部想从织物中获利,那么服饰的销售价格必须高于织物的转移价格与自己其他的成本之和。由于高尔夫球衣的销售价格是25美元,而其他成本是12美元,所以服饰部希望支付织物的成本是 $25 – $12 = $13。但是它不会付给织物部比市场上同类织物价格更高的价钱。因此,服饰部所能接受的最高转移价格是13美元与外部供应商的价格两者之间较低的一个。

从公司的立场来看,如果:(1)生产织物的总成本(10美元)比织物的总价值(13美元)低;(2)织物部的总成本(包括机会成本)比服饰部愿意付给外部供应商的成本要低,那么公司内部的转移定价是被鼓励的。第一条标准保证了公司没有付出比织物本身价值更多的成本;第二条标准保证了公司不会因为自己生产织物而不是在外部市场购买而付出更多的成本。只有10美元的转移定价(织物部的变动成本加机会成本)才会永远符合这两条标准。为什么呢?因为介于10美元与13美元之间的任一价格都符合第一条标准。但是,只有10美元的价格符合第二条标准,因为如果织物价格低于10美元,服饰部应该向外部市场购买。

表10-3概括了外部供应商的价格高于或低于10美元时,部门对于10美元的转移价格的决策以及该决策对耐克公司的整体影响。当转移价格为10美元时,无论外部供应商的定价如何,独立决策的部门管理者都会作出最有利于公司整体利益的选择。其他的转移价格都有可能让管理者作出有利于部门却不是有利于公司整体利益的决策。织物部会拒绝任何低于10美元的转移价格而不管服饰部的收益如何,而服饰部又会拒绝以任何高于外部市场价的价格进行交易。就算在公司内部总成本较低的情况下,任何高于10美元的转移价格都会使服饰部转向外部市场的可能性加大。例如,当转移价格是12美元但外部市场价是11美元的时候,服饰部会宁愿以11美元的价格从外部购买,即使此时公司内部生产织物的成本只需10美元(包含机会成本)。

表10-3 总结10美元转移价格的影响

外部供应商价格	部门管理者决策	最有利公司决策
低于10美元	不进行内部交易——购买方因内部交易会减少利润而拒绝交易	从外部市场购买,公司整体付出的成本较低
高于10美元	如果购买方的收益高于10美元:转移价格为10美元——对买卖双方都有利	进行内部交易,因为转移价格低于外部市场价格
	如果购买方的收益低于10美元:购买方拒绝交易	不进行交易,因为商品收益低于成本

由于转移定价系统往往具有不同的目标,这个基本原则有时并不能提供一个理想的价格,但它却是一个很好的评价转移定价系统的标准。我们接下来将测试一下转移价格与付出成本加机会成本之和的接近程度,以此来分析以下几种目前流行的转移定价系统:

1. 基于市场的转移价格
2. 基于成本的转移价格
   a. 变动成本
   b. 完全成本(可能附加利润)
3. 基于协商的转移价格

我们在分析转移定价系统的时候,我们将假设一家企业有很多不同的部门在互相提供产品,而且公司希望在一个分权的经营模式下保持部门独立性。

基于市场的转移价格

如果对公司内部转移的产品或劳务已经存在一个市场,转移价格通常是很明确的。通行的规则一般是"如果市场价存在,使用它"。市场的竞争程度越高,这条规则就越适用。

如果对公司内部转移的产品或劳务存在一个竞争性的市场的话,采用市场价格作为转移价格一般会导致所期望的目标一致和管理层努力。为什么呢?因为市场价格等于变动成本加机会成本。

$$转移价格 = 变动成本 + 机会成本$$
$$= 变动成本 + (市场价格 - 变动成本)$$
$$= 市场价格 + 变动成本 - 变动成本$$
$$= 市场价格$$

许多公司的销售部门会在进行内部交易的时候把节省的销售和送货成本从转移价格中扣除。因此,适合的市场价格就是销售部门愿意出卖货物的净价。

如果外部市场不是竞争性的,那么市场价格将不是单一的。销售部门可以以任何低于外部供应商的价格转移产品或劳务。在这种情况下,大多数基于市场的转移定价系统会使用销售部给外部客户的净价作为转移价格。

为了测试基于市场的转移价格,考虑一下耐克公司的两个部门。织物部的产品销售给外部的客户和公司其他部门如服饰部。织物部产品的付出成本是 6 美元,卖给外部客户的价格是 10 美元。服饰部可以以 10 美元的价格从外部市场购进织物,再加上 12 美元的其他成本后制成高尔夫球衣。球衣的售价为 25 美元。服饰部应该从外部市场购买织物还是从耐克织物部中购买?

假设现在织物部可以将所有产品卖给外部客户而不必花费任何的销售和运输成本。服饰部的管理者会拒绝付出任何高于 10 美元的价格。为什么呢?因为如果转移价格高于 10 美元的话,部门管理者会从外部供应商处购买,以最大化部门利润。

此外,织物部的管理者不会以低于 10 美元的价格卖出产品。为什么呢?因为可以以 10 美元的价格将产品卖给外部客户,任何低于 10 美元的转移价格都会降低部门利润。

现在,假设织物部在对外销售时发生的每平方码0.75美元的营销和运输费用,在转移给服饰部的时候可以予以扣除。所以大多数公司选择将转移价格定在9.25美元,这样的价格通常叫做"市场价格减成"(market-price-minus)转移价格。织物部应该从服饰部(9.25美元,不包括营销费用和运费)和外部客户处(10美元减去0.75美元)得到同等的收益,而服饰部节省了0.75美元的成本,耐克公司的整体都受益。

相似的情况是,在一个非竞争性市场中,织物部产品的外部定价是9.25美元,而服饰部的外部购买价是10美元。只有当耐克公司整体获利的时候,转移价格才会被定在9.25美元。也只有当转移价格不低于9.25美元的时候,织物部才会同意进行内部交易。同样地,只有在转移价格不高于10美元并且货物本身价值不低于9.25美元的情况下,服饰部才会同意内部转移。这个标准促使管理者作出有利于公司整体的决策。

基于市场的转移定价系统的主要问题是,市场价格有可能是不可获得的。

基于成本的转移价格

当市场价格不可获得的时候,许多公司就会转向基于成本的转移价格。事实上,世界上主要的公司中,约有半数的公司是按成本来制订转移价格的。但是,对于成本存在许多不同的定义。有些公司只采用变动成本,有些公司采用完全成本,还有些公司采用完全成本加上一定利润。从成本分类的另一个角度来说,有些公司采用标准成本,有些公司采用实际成本。基于成本的转移价格非常容易理解和应用,但是也会难免导致**紊乱决策**(dysfunctional decisions)——任何与公司目标相悖的决策。成功运用基于成本的转移价格的关键就是最小化紊乱决策的发生。让我们来测试以下几种基于成本的转移价格系统。

> **紊乱决策**(dysfunctional decisions):任何与公司目标相悖的决策。

基于变动成本 选择基于变动成本作为转移价格的公司暗示了一点:销售产品的部门没有机会成本。为什么呢?因为付出成本通常等于变动成本:转移价格 = 付出(变动)成本 + 机会成本 + 0。因此,基于变动成本的转移定价系统适用于机会成本是0的产品提供部门。这通常暗示了产品提供部门有很多的剩余生产能力。

基于变动成本的转移价格系统会在产品提供部门存在较多的机会成本时导致紊乱决策。在耐克公司的例子中,有两种此类情况可能发生。第一,如果有任何大于0的机会成本存在,织物部的管理者都可能会选择将产品卖给外部的客户或生产另一种获利更大的织物而不是进行内部交易。当服饰部的利润高于织物部内部转移产品的利润时,紊乱就会发生。第二,当意识到织物部缺乏生产织物的激励时,最高管理层依然会坚持让织物部继续生产和进行内部转移。这种决策对整个公司而言是不利的,因为这使织物部错过了获得更大的利润的机会,这个利润比服饰部生产的球衣的利润还要大。此外,它还侵犯了部门的自主权。

基于完全成本或完全成本加利润的转移价格 完全成本除包括变动成本之外还包括分摊的固定成本。而且,一些公司还在完全成本之上又加了一部分利润。这暗示了一种假设：分摊的固定成本（有可能还包括一部分利润）是机会成本的近似值。当生产能力有限的时候，产品提供部门无法同时满足内部和外部的需要，机会成本就是大于零的。在这种情况下，基于变动成本的转移价格就是有问题的。然而，我们并不能保证这种加上分摊的固定成本、加或不加利润的成本就是对机会成本的适当估计。但是，它总比设定机会成本为零的情况要好得多。一些公司认为运用作业成本法会使基于成本的转移价格更加适当，就下面的"商业快讯"中所描述的那样。

当提供产品部门的机会成本与分摊的固定成本（也许加上利润）有明显的不同时，基于成本的转移定价也会导致紊乱决策。在上面的例子中，假设织物部有剩余的生产能力并且几乎从不为零。然而，由于固定成本很大，所以织物的总成本为分摊的 8 美元固定成本加上 6 美元的变动成本。在转移价格为 14 美元的时候，假设外部供应商除非不存在，否则同样会付出不低于 14 美元的价格，服饰部会拒绝进行内部转移，除非高尔夫球衣的销售价格不低于 \$14 + \$12 = \$26。因此，由于球衣的实际售价为 25 美元，所以服饰部决定停止球衣的生产。但是，这个决定却让耐克公司损失了 \$25 - (\$6 + \$12) = \$7 的边际贡献。所以，服饰部的决策是一个紊乱决策，它不符合耐克公司的利润目标。

商业快讯

作业成本法与转移定价

Teva 制药有限公司是世界性的专卖药制造商。该公司总部位于以色列，2006 年实现销售收入 84 亿美元。Teva 公司在 20 世纪 80 年代中期进入了利润丰厚的非专利药物市场。作为其公司战略的一部分，该公司将其制药业分权化成为我们这里所提及的成本中心和利润中心。

公司的每一个市场部门都向生产部门购买非专利药物。在分权之前，每一个市场部门只是一个收入中心。在新的组织结构下，由于利润现在成了主要的财务业绩指标，管理层不得不决定如何计量市场部门的成本。

市场部门的一项主要成本是向生产部门购买药物而支付的转移价格。管理层为公司的转移价格考虑了几个不同的定价基础。由于没有一个完备、活跃的市场，市场价格被否决了；管理层认为针对合理价格的争论将是耗时且易产生分歧的，所以协商价格也被否决了。短期内公司采用了变动成本（包括原材料和包装成本）。然而最终变动成本也被否决了，因为变动成本不能导致一致的决策——大量使用稀有材料的产品并没有同那些仅仅使用少量稀有材料的产品分开来。此外，如果一个药物的当地来源确实存在，那么市场价格总是会高于变动成本转移价格。因此，Teva 公司生产部门的管理者们缺乏保持低成本的动力。

完全成本作为定价基础也被否决了，因为传统的成本系统并没有捕获到生产部门的实际成本结构信息，而且传统的成本系统低估了产量较低的产品的成本，高估了产量较高的产品的成本。该系统只将原材料成本直接分配到产品上，剩余的生产成本被分成两类成本并以劳工小时或机器小时为基础进行分配。传统的成本系统存在的另一个问题是,它不能捕获并正确分配调试准备活动中的非增值成本。产品成本核算中存在的错误的大小,我们无从知晓。但是,对传统的成本系统缺乏信心导致了完全成本作为转移价格基础的方案被否决了。

Teva公司的管理层采用了作业成本系统以提高其产品成本核算的准确性。作业成本系统中有5个作业中心和相应的成本库:物料、生产、包装、质保和装运。由于成本核算的准确性有了显著的提高,管理层能够采用完全作业成本作为转移价格。

Teva公司的管理者们对他们的转移定价系统感到非常高兴。该系统所带来的好处包括以下几个方面:增加了对转移成本与实际发生的长短期期成本基本一致的程度;增加了部门之间的交流;增加了对低产量产品的成本以及支持这些产品所需产能的成本的认识。他们相信他们的作业成本是对付出成本加机会成本的最好估算,因为分摊的固定成本可以很好地衡量所耗用资源的价值(机会成本)。

资料来源:Adapted from Robert Kaplan, Dan Weiss, and Eyal Desheh, "Transfer Pricing with ABC," *Management Accounting*, May, 1997, pp. 20—28; Teva Pharmaceutical Industries, LTD, *2006*, *Annual Report*。

如果一家公司使用实际成本而不是标准成本时,基于成本的转移价格也会出现问题。因为获取产品的部门不会预先知道产品的实际成本,因此也无法合理地计划成本。更重要的是,因为基于实际成本的转移价格同时将成本中无效率的部分传递给了采购部门,供应部门会因此缺乏控制成本的动力。所以,我们推荐采用成本分配和基于成本的转移定价时,都采用预算或标准成本而不是实际成本。

最后,基于成本的转移定价可能会削弱部门的自主权,有时还会导致部门利益与组织利益的冲突。假如管理者既承认内部转移比外购更有利于公司利益,又认为转移价格对本部门是不公允的。他也许会依然按照最高管理层的指示去做但在部门中对结果愤愤不平,也有可能他对有利于公司整体的决定置之不理,而只做那些对本部门有利的事情。以上两种情况都是不可取的。

基于成本的转移定价的最大优点就是容易理解和实施成本较低。然而,任何基于成本的转移价格都有可能导致决策紊乱。那些无视市场价格的公司应该判断决策紊乱造成的影响是否大到足以让他们舍弃基于成本的转移价格。解决办法之一就是放弃分权决策——让最高管理层来决定是进行外购还是内部转移。然而,假如分权的效益很大而这恰恰又是由于成本转移定价所导致的。在这种情况下,另外一个选择就是基于协商的转移定价。

管理决策练习

考虑以下关于 Willamette 公司制作和装配车间的数据。

制作车间	
分组合件的变动成本	$35
剩余生产能力(件)	1 000
装配车间	
分组合件的外部市场价格	$50
需要的件数	900

如果你是制作车间的管理者,你对可以接受的分组合件的最低转移价格是多少?如果你是装配车间的管理者,你对分组合件愿意付出的最高价格是多少?有没有某个价格可以激励分组合件的生产和转移?如果是,这个价格是多少?

答案:

制作车间有剩余生产力,所以管理者会很乐意接受高于变动成本 35 美元以上的任何转移价格。装配车间可以在外部市场以 50 美元的价格买到分组合件,所以管理者愿意付出不高于 50 美元的价格向制作车间购买分组合件。当转移价格在 35—50 美元之间时,内部转移才会发生。

基于协商的转移价格

在各部门拥有高度自主权的公司里,管理者们通常可以相互协商来确定转移价格。尽管没有政策要求,管理者们会在协商过程中考虑成本和市场价格的因素。协商转移定价的支持者们主张,参与交易的管理者们对公司在生产和转移产品或劳务中会得到或者损失什么有着最清楚的了解,因而公开的协商允许管理者们作出最优的决策。对协商转移价格的批评集中在协商所花费的时间和精力上。在他们看来,协商是一种不会直接增加公司利润的活动。

让我们来研究一下耐克公司的织物部和服饰部的管理者们是怎样协商达成转移价格的。假设织物部是市场上唯一的织物供应商。服饰部的管理者也许会看高尔夫球衣的销售价格 25 美元减去其他成本 12 美元,并且决定以任何低于 $25 - $12 = $13 的转移价格购买织物。如果服饰部以低于 13 美元的价格购进织物,他在出售球衣的时候就会加上本部门的利润。

同样地,织物部的管理者也会研究一下转移织物的生产成本。如果有剩余的生产能力,那么就没有机会成本,任何高于 6 美元的转移价格都会增加部门的利润。然而,假设织物部没有剩余生产能力而有一个客户愿意付给织物 10 美元的价格。因此,生产织物的机会成本就会是 4 美元。内部转移的结果就是织物部不仅要付出 6

美元的变动成本而且还要放弃 4 美元的边际贡献。所以,织物部所能接受的最低转移价格为 10 美元。如果机会成本是 7 美元的话,织物部所能接受的最低转移价格就是 13 美元。

如果服饰部愿意付出的最高转移价格高于织物部可以接受的最低转移价格,那么协商转移就可以达成。当织物部的机会成本为零时,交易会在 6—13 美元之间的任何价格上达成。织物部的管理者会乐于接受任何高于 6 美元的价格而服饰部的管理者会付出不高于 13 美元的价格。具体的转移价格要取决于两个部门管理者的协商能力。而当织物部的机会成本小于 7 美元时,转移同样也会发生。最低的转移价格是变动成本加机会成本。然而,如果织物部的机会成本大于 7 美元,转移就不会发生。这正是耐克公司希望看到的。当织物部产品的机会成本低于 7 美元,该项交易会比织物部的其他交易获得更多利润,转移就会发生。当织物部产品的机会成本高于 7 美元,织物部其他交易的边际贡献就会高于服饰部球衣的边际贡献,转移就不会发生。应此,管理者的决策是与公司利益一致的。

看到部门管理者作出决策紊乱行为时,分权组织的最高管理层应该做些什么呢?答案通常是:"视具体情况而定。"最高管理层可以插手干涉并强制内部转移的实现,但这样做损害了部门管理者的自主权,也会违反分权化的总方针。这样做的前提是,最高管理层拥有作出正确决策的必要信息。最重要的是,频繁的干预会导致重新集权。而一个公司如果需要更多的集权的话,会更倾向于通过合并部门来实现组织结构的重建。

鼓励分权的最高管理者经常采取的做法是:确保生产和采购部门的管理者都了解所有的情况并允许他们协商转移价格。即使当最高管理者怀疑可能会出现决策紊乱时,他们也会忍受这样的后果并且接受部门管理者的判断,将此视为分权的代价(当然,反复出现决策紊乱也意味着有必要改变组织结构或更换管理人员)。接受过良好的培训并充分了解情况的管理者们有能力了解机会成本、固定成本和变动成本,他们通常会比最高管理层作出更好地决策。生产部门的管理者最了解如何运用其生产能力;采购部门的管理者最清楚被转移项目可能带来的利润。另外,协商使得相关部门在设定转移价格时,能根据不断变化的市场情况灵活地作出反应。一种转移价格可能适用于生产能力闲置时,而在需求增加、生产能力接近满负荷运转时,另一种转移价格可能是恰当的。

跨国转移定价

到现在为止,我们所关注的都是转移定价政策对管理者激励的影响问题。然而,在跨国公司里,其他因素可能会占主导地位。

目 的 8
确定影响跨国转移价格的因素。

例如,跨国公司采用转移价格使其在世界范围内的所得税、进口税及关税最小化。例如,耐克公司宁愿在加拿大获取利润,那里的所得税的边际税率只有 21%,而不愿意在美国获取太多的利润,因为美国的所得税边际税率是 35%。

假定设在高所得税率国家的一个分部为设在低所得税率国家的另一个分部生产一种元件。通过设定一个较低的转移价格，大部分生产所得利润可以在低所得税率国家予以确认，以此降低整个公司的税负。同样，一些产品，在低所得税率国家生产，并转移到在高所得税率国家所设的分部，转移价格都比较高，以此来使税负最低。

有时所得税对转移价格的影响会被进口税带来的影响所抵消。通常，进口税是按照为购买某产品支付的价格进行计算的，不管这件产品是从公司外部购买还是在公司内部部门之间进行转移的。因此，低转移价格会导致低进口税额。

当然，税务机关会识别设定转移价格以使所得税和进口税最小化这样的动机。因此，大多数国家对允许的转移价格都有限制。美国的跨国公司要遵循《内部收入法规》，该法规明确规定内部转移价格应确定在以市场价格为基准的一定范围内，或当这些部门是相互独立的公司时所采用的价格。甚至就是在遵循这一法规时，各公司也会在决定什么是确切的"一定范围内"时采取不同的尺度。

考虑这样一个例子，爱尔兰耐克公司生产一种高端的鞋子并转移给耐克的德国分部。爱尔兰分部的所得税税率是12%，德国分部的所得税税率是40%。此外，进口税是按货物价格的20%计算的。假订单位产品的完全成本是100美元，变动成本是60美元。如果税务机关既允许变动成本转移价格也允许完全成本转移价格，公司应选择何种方法呢？以100美元而不是60美元的价格进行转移，公司可以获得每单位3.2美元的收益。这里我们假定进口税无法抵扣。

按100美元而非60美元转移产品所产生的影响	
爱尔兰分部收益高出$40，爱尔兰分部将多支付12%×$40的所得税	$(4.80)
德国分部的收益低了$40，德国分部将少支付40%×$40的所得税	16.00
德国分部在额外的$100－$60＝$40上多支付的进口税为20%×$40	(8.00)
按$100而不是$60转移产品的净节约额	$3.20

公司也可能采用转移价格来避免某些政府施加的财务限制。例如，一国可能会限制对外国所有者发放的股利数。一个公司通过向国外分部转移产品而获得现金收入可能比它从国外直接获得现金股利还要容易一些。

总之，转移定价问题在跨国公司中比在国内公司中复杂。跨国公司要通过转移价格实现很多目标，并且这些目标常常是相互矛盾的。

小结与复习

问题：

再次考虑耐克公司织物部和服饰部的例子。除了文中提供的数据之外，假设织物部年固定成本为 800 000 美元，估计每年足够生产 100 000 件高尔夫球衣。生产一件球衣的完全成本是：

变动成本	$6.00
固定成本，$800 000 ÷ 100 000 件	8.00
每件球衣的总成本	$14.00

假设织物部拥有闲置生产能力。服饰部正在考虑是否要购买足够生产 100 000 件高尔夫球衣的织物，并将每件球衣的售价定在 25 美元。生产和销售球衣的其他成本是 12 美元。如果耐克公司将转移价格定为总成本，服饰部管理者会同意购买吗？解释原因。如果服饰部管理者决定购买，公司整体会从中获利吗？解释原因。

答案：

服饰部的管理者不会同意购买。因为最后的转移价格 14 美元对服饰部没有吸引力：

服饰部：		
产品售价		$25
减：成本		
付给织物部的转移价格（总成本）	$14	
其他生产销售成本	12	
服饰部总成本		26
服饰部贡献利润		$(1)
公司整体：		
产品售价		$25
减：变动成本和机会成本		
织物部	$6	
服饰部	12	
变动成本和机会成本总额		18
公司整体贡献		$7

如果织物部生产并转移了织物，公司整体将获利 70 000 美元。

最主要的教训是，当提供产品或劳务的部门有剩余生产能力的时候，基于总成本的转移定价会导致错误的决策。为了自己的利益，服饰部的管理者没有动力去购买织物部的产品。

管理控制系统成功的关键因素

除了对于获利能力和转移定价政策的恰当计量,一个成功的管理控制系统还包括几个其他关键因素。就像一般意义上的管理而言,管理控制系统与其说是一门科学不如说是一门艺术。某些公司诸如耐克理所当然地会将许多主观因素与客观获利能力计量同时纳入其业绩计量系统。聪明地利用现有的信息与获取信息本身同样重要。下面,我们将简要阐述得以帮助管理者解释和运用管理控制信息的三项因素。

强调可控性

正如第9章所解释的(见图9-4)那样,最高管理层应该区分部门管理者业绩和作为公司一项投资的部门的业绩。最高管理层应该以可控业绩(在很多情况下,是一些

> **目 的 9**
> 解释可控性和目标管理是如何帮助管理控制系统的实施的。

与可控投资有关的可控性边际贡献)为基础对部门管理者进行评价。但是,诸如增加还是减少部门投资这样的决策应该以部门的经济变动性为基础,而不是以部门管理者业绩为基础。

这种区分有助于解决某些烦人的难题。例如,最高管理层可能想要以投资基础来评价零售商店的经济业绩,但事实上他们却可能在只注重利润而忽略任何投资分配的情况下对商店管理者作出评价。如果将投资分配给管理者,就应该只分配那些管理者可控制的投资。可控性取决于管理者针对投资基础大小这个问题能作出什么决策。例如,在一个高度分权的公司,譬如强生或通用电气,管理者可以影响资产的规模,可以对短期信贷以及某些长期信贷的恰当金额进行判断。而那些管理者无法影响的投资决策不应作为他们的业绩评价标准。

目标管理和预期设定

目标管理(management by objectives, MBO)阐述了为了实现下一期的目标,管理者及其上级共同对一系列的目标和计划进行的系统表述。为了方便起见,这里的目的(goals)与目标(objectives)两个术语的意思

> **目标管理**(management by objectives, MBO):为了实现下一期的目标,管理者及其上级共同对一系列的目标和计划所进行的系统表述。

是一样的。计划通常采用责任会计预算的形式(还包括诸如管理培训和安全管理等不包含在企业会计预算中的补充性目标)。这样,公司就可以根据约定的预算目标对管理者的业绩进行评价。重要的是管理者的预期应该与他们上级的一致。

目标管理法减少了对可控性的抱怨,因为管理者首先会在合理的预算上达成一致。也就是说,预算是管理者与其上级在特定的期间内,在特定的一系列预期的外部和内部

的影响下协商后的结果。例如,根据预期来评判结果会使管理者更容易接受被指派到一个不太成功的部门。为什么呢?因为一个经济困难部门的经理仍然可以达到预定的目标。因此,一个目标管理系统比一个为了自身利益而强调绝对赢利能力的系统更可取。除非根据是否达到合理预期来做评判,否则有能力的管理者们将不愿意接手那些处在经济困境中的部门。无论是否运用了目标管理,技术性的预算和明智的业绩评价将会非常有助于克服普遍存在的抱怨:"我们正对超出我们控制范围的事项负责。"

目标管理对于强调非财务指标比财务指标更重要的非营利性组织而言尤其有用。管理者可以设立与总体组织目标相一致的目标。下面的商业快讯具体阐述了一个学术机构是如何运用分权来深化学校的财务指标和非财务指标。

预算、业绩目标和道德

业绩评价系统中很多棘手的动机方面的影响可以通过对预算的灵活使用降至最低。对个别管理者来说,怎么强调调整预算的客观需求也不为过。例如,如果最高管理层使每位员工把注意力放在下一期预算可达到的目标上,那么不论 ROI 还是剩余收益,都可以促进目标一致和管理层努力。

以预算作为业绩目标也有其弊端。在第 7 章中我们指出了错误地利用预算作为业绩评判标准会如何导致谎言和欺骗。那些在评判管理者时过分注重是否达到预算的公司会鼓动不道德行为的产生。有些公司诸如世界通公司的最高管理层给予"编造数字"优先的地位,致使部门在无法达到目标的情况下,显而易见地会编造会计报告。在安然事件中,不良的业绩评价造成了如此深远的影响,使得管理者玩起了簿记的游戏,据说还操纵了电子价格来使他们的业绩看上去更好。这一切给我们的教训是,"灵活"地运用预算是好的,但利用预算对管理者施加不合理的压力会导致组织层面的道德的严重破坏。

商业快讯

大学中的分权制

公司不是唯一采用分权制的组织。许多非营利性组织,如大学、医院和教堂,也会采用分权制,将组织中部门的决策权分散给一些代表。每个部门设定与整个组织目标一致的目标是非常重要的。

哈佛大学就是这样的一个例子。遵照"人须自立,人贵自助"的信条。哈佛大学划分出了 9 个学院:(1) 科学与艺术学院(包括哈佛学院、科学与艺术研究所和继续教育学院);(2) 医学院(包括医学院和口腔医学院);(3) 商业管理研究所;(4) 设计研究所;(5) 神学院;(6) 教育学院;(7) 约翰·F. 肯尼迪政府学院;(8) 法学院;(9) 公共健康学院。每个学院的最高管理者是一名由校长任命的教务长。这名教务长将直接对其管理之下的学院的财务和组织工作负责。事实上,每个学院的运转方式与分权组织中的各个分部都是极其相似的。虽然每个学院都有很大的自主权,但是依然需要制定与哈佛大学目标相一致的财务以及非财务目标,而且其业绩也会依照目标来衡量。

由于哈佛大学的每所学院都要对自身的收入和支出负责,这也与许多营利性组织中的状况十分相似。在哈佛大学,负责日常运营管理工作的组织是——哈佛集团(Harvard Corporation)。哈佛集团是一个由校长领导的 7 人委员会,其他六人来自哈佛的一些学院。为了更有效地管理哈佛,哈佛集团需要从各个委员处获得学院信息,但却不会直接为学院作出决策——那是教务长的工作。当报告显示一些错误发生时,委员会才会出面干预。

由于学院之间互相独立,分权制运转得非常成功。但是,就像在营利组织中一样,学员之间的相互交流也存在困难。例如,当某一学院的学生选择了另一学院的课程时,学费如何分配? 这是一个典型的转移定价问题。也许两个学院(例如,经济系与商学院)会竞争同一个教师。在这样的雇佣决策上,怎样做才是对整个大学有利的呢? 怎样才能鼓励学院之间在交叉学科的研究项目中的交流合作呢? 如何决定将有限的基金投入到法学院还是神学院? 以上这些都是分权会带来的问题。

像其他组织一样,哈佛必须在组织目标与部门权威决策和激励带来的利益之间做一个权衡。哈佛大学是一个分权制的典范,而其他大学会更倾向于集权制。

资料来源:"Harvard's Nine Faculties"(www.hno.harvard.edu/guid/underst/index.html)。

正如我们在本章之前所说的,"业绩计量结果决定了你所获得的多少"。运用与组织目标相一致的计量方法是极为重要的。然而,业绩计量只是管理控制系统的一部分而已。会计师常常过于注重计量。管理者也应该好好想想如何通过业绩计量来达到组织目标。如果管理者错误地运用,那么即使是好的计量也可能导致不良的决策。一个好的管理控制系统只有当管理者恰当运用时才会产生作用。

记忆重点

1. **定义分权并确定其期望收益和成本**。随着公司规模的发展,高层经理们进一步从日常的业务中脱手,经理们以自身能力进行有效的计划和控制变得越来越难。在大公司中,实现有效计划和控制的一个途径就是将决策分权化。这就意味着最高管理层将授予中层和低层经理以决策自主权,这些决策的制定会影响到次级部门的业绩。决策权下放得越多,分权化程度越高。通常来说,次级部门经理对于在决策制定过程中所要考虑的因素最为清楚。

2. **区分责任中心与分权**。最高管理层必须设计管理控制系统,这样经理们可以受到激励并为公司的最佳利益而努力工作。通过对责任中心、恰当的业绩评价指标以及报酬的选择,可以实现这个目标。分权化的程度并不取决于选择何种形式的责任中心。例如,比起一个高度集权的公司的利润中心的经理来说,另一公司的成本中心的经理可能拥有更多的决策自主权。

3. **解释将报酬与责任中心业绩尺度相联系将如何影响员工激励和风险**。通常,将经理的报酬与责任中心的经营结果联系起来是合理的。最高管理层应该对促进目标一致的责任中心的经营业绩进行衡量。但是，将报酬与经营结果挂钩将会给经理带来风险。不可控因素在经理报酬方面的影响越大，经理承担的风险就越大。

4. **计算投资报酬率、剩余收益、经济增加值，对比三者作为判断组织中各部门业绩的标准**。采用一系列包含财务指标（如ROI、剩余收益、EVA）的业绩评价指标来衡量投资中心的经营结果是非常典型的。ROI是由任何利润指标除以投资额所得到的，用相对数表示。剩余收益或是EVA是税后经营利润减去投入资本的估算利息（资本成本）后的余额，是一个绝对数。

5. **比较度量组织中各部门投入资本的不同方法的优缺点**。一个公司衡量投入资本的方法决定了投资回报率、剩余收益以及经济增加值所能带来的激励效果。管理者们将会试图减少或增加包含在其所在部门投资基础中的资产或负债。如果公司在衡量资产价值时，采用的是账面价值净额而不是账面价值总额，那么管理者将采用更保守的资产重置政策。

6. **定义转移价格并明确其目的**。在有很多部门的大公司，一个部门通常会向另一个部门提供产品或劳务。决定在内部转移中应该收取的费用（转移价格）往往是很难的。公司采用不同的转移价格政策。制定转移价格的总目的是使得经理们为着整个公司而非部门的利益来开展工作。

7. **说明转移定价的基本原则，并比较以总成本、变动成本和市场价格为基础的转移价格的优缺点**。一般而言，转移价格应该趋近于生产部门付出的成本和机会成本之和。每种转移价格都有其优缺点。每种转移定价的方法都有其适合的场合，而在某些场合却会造成决策紊乱。以成本为基础的转移价格是随时可取的，但如果公司采用的是实际成本的话，接受产品或劳务的部门经理事先并不知道实际成本，这将使得计划其成本变得很困难。当产品或劳务的市场竞争激烈时，采用市场价格的转移价格一般会导致所期望的目标一致和最优决策。当提供产品或劳务的部门有闲置生产力时，采用变动成本的转移价格一般会导致目标一致。

8. **确定影响跨国转移价格的因素**。跨国组织通常采用转移价格作为将其世界范围内所得税、进口税以及关税降至最低的手段。

9. **解释可控性和目标管理是如何帮助管理控制系统的实施的**。不论管理控制系统采用何种评价指标，这些指标一旦被用于评价管理者的业绩，就应该只集中在管理者业绩中可控制的方面。与基于绝对利润的评价指标相比，目标管理将注意力集中在业绩与期望的对比中的做法更合理。对预算和评价指标的误用可能会促使管理者违反道德标准。

会计词汇

代理理论（agency theory）
资本费用（capital charge）
资本周转率（capital turnover）
集权（centralization）
资本成本（cost of capital）
分权（decentralization）

决策紊乱(dysfunctional decisions)
经济利润(economic profit)
经济增加值(economic value added, EVA)
账面价值总额(gross book value)
激励(incentives)
目标管理(management by objectives, MBO)
账面价值净额(net book value)
业绩计量(performance metric)
剩余收益(residual income)
投资回报率(return on investment, ROI)
销售回报率(return on sales)
部门自主权(segment autonomy)
转移价格(transfer price)

基础习题

10-A1 投资回报率与剩余收益的计算

参考下列数据(单位:千美元):

	部门		
	Alpha	Beta	Gramma
平均投资资本	$1 000	$600	$1 800
收入	3 600	1 800	9 000
利润	180	126	180

要求:

1. 计算每个部门的销售回报率、资本周转率和投资回报率
2. 哪个部门的业绩最好?为什么?
3. 假设每个部门的投资资本有10%的资本成本率。计算每个部门的剩余收益。以剩余收益为基准,哪个部门的业绩最好?为什么?

10-A2 转移定价分歧

Gilbert Equipment是一家法国的高度分权化的交通设备制造公司。每个部门的主管拥有所有对内及对外销售事宜的完全决定权。普罗旺斯部门一直从诺曼底部门购入某种设备元件。但是,当被告知诺曼底部门将其单价调高到了325欧元后,普罗旺斯部门的经理决定以300欧元的单价从外部供应商处购买该元件。

诺曼底部门最近刚刚购置了一批专门用于生产该元件的设备。部门经理以折旧费提高为由提请公司总裁让普罗旺斯部门以325欧元从诺曼底部门购入该元件。他提供了以下数据来支持他的请求:

普罗旺斯分布每年购入元件数	2 000 件
诺曼底分部单位产品变动成本	280 欧元
诺曼底分部单位产品固定成本	30 欧元

要求：

1. 假设诺曼底部门的机械设备不作其他用途，如果普罗旺斯部门以 300 欧元的单价从外部供应商处购买该元件，公司整体会获利吗？用计算说明。

2. 假设诺曼底部门的内部机械设备不会因此闲置，机械设备被用做其他产品的生产，这又将导致每年 45 500 欧元的耗费，那么普罗旺斯部门应该以 300 欧元的单价从外部购买元件吗？

3. 假定诺曼底部门的内部机械设备不作其他用途，外部供应商的销售单价又降低了 30 欧元，普罗旺斯部门应该从外部购买元件吗？

4. 作为公司总裁，你将如何应对诺曼底部门经理的请求？你的决策会因为上面要求 1—3 所描述的特定情况而不同吗？为什么？

10-A3 转移定价

回到问题 10-A2 的要求 1。假定诺曼底部门能够改进该种元件，使得每件增加 12 欧元的变动成本，并以 325 欧元的单价将 2 000 件元件销售给其他客户。在这种情况下，如果普罗旺斯部门以 300 欧元的单价从外部购买 2 000 件元件，整个公司会获益吗？

10-A4 报酬率与转移价格

下面是关于机器生产公司温哥华分部的 20×7 的预算经营的数据：

平均可用资产	
应收账款	$160 000
存货	$290 000
厂房和设备（净值）	$450 000
总计	$900 000
固定费用	$300 000
变动成本	每件 $1
平均可利用资产的期望报酬率	25%
预期生产量	150 000 件

要求：

1. (a) 为了获得平均可利用资产的期望报酬率，每单位平均销售价格为多少？
   (b) 预期的资产周转率是多少？
   (c) 销售回报率是多少？

2. (a) 按照上题的销售价格，在销售量为 170 000 件时，该部门实际的资产报酬率是多少？
   (b) 销售量是 130 000 件时，该部门实际的资产报酬率是多少？

3. 假定温哥华分部将 45 000 件产品销售给本公司的另一部门——卡耳加里分部，同时又以要求 1(a) 中的价格对外销售 105 000 件。卡耳加里部门的部门经理对温哥华部美元的暂定价格犹豫不决。她提出2.25美元这个价格,因为她认为卡耳加里部门自己生产该产品的成本就是2.25美元。温哥华部门的部门经理通过研究数据发现,如果不将产品销售给卡耳加里部门,而仅仅是对外销售105 000件的话,可以减少存货费用60 000美元、厂房和设备费用90 000美元以及固定费用22 000美元。他应该以2.25美元的价格将产品销售给卡耳加里部门吗?用计算证明。

10-B1　ROI还是剩余收益

佩斯公司是澳大利亚的一家大型综合性集团公司,其亚洲业务范围涉及航运、金属以及采矿业。重金属部门的总经理计划提交一份20×8年度资本预算,作为整个公司预算的一部分。

部门经理有以下几个项目作为选择,所有这些项目都需要资本的支出,并且所有这些项目的风险是一样的。

项目	所需投资	回报
1	$4 800 000	$1 200 000
2	1 900 000	627 000
3	1 400 000	182 000
4	950 000	152 000
5	650 000	136 500
6	300 000	90 000

部门经理需要从这些项目中作出选择。该公司的资本成本率是15%,该部门有1 200万美元可以用于投资。

要求:

1. 请计算在以下三种情况下该部门的总投资、总回报率、投资回报率以及剩余收益:

a. 公司规定,部门经理应该选择投资回报率至少达到20%的所有项目。

b. 公司以部门经理最大化投入资本的回报率的能力来衡量他们的业绩(假定这是一个没有投入资本的新部门)。

c. 部门经理应该使剩余收益最大化,剩余收益以15%的资本成本率计算。

2. 以上三种方法中,对整个公司来说哪一种方法是最有效的投资政策?请解释原因。

10-B2　计算经济增加值

可口可乐是最先使用经济增加值的公司之一。2005年该公司的利润是48.72亿美元,比2004年的48.47亿美元略高。以下是可口可乐公司公布的2004年与2005年的结果(单位:百万美元)

	2004	2005
税前营业利润	$5 698	6 085
税金	1 676	1 500

2004年可口可乐公司的平均投资资本是20 308百万美元,2005年是19 591百万美元,并且资本成本率由2004年的9%上升到2005年的10%。

要求：
1. 计算可口可乐公司 2004 年和 2005 年的经济增加值。
2. 比较 2005 年和 2004 年该公司在为股东创造价值方面的业绩。

10-B3 转移定价

夏季，Mammoth 公司在黄石公园经营了几家免下车冰激淋连锁摊点。公司希望每个连锁摊点的管理者都以老板的姿态来经营连锁摊点，他们的业绩将通过利润来衡量。这个夏季 Mammoth 公司租了一台冰激淋机向所有连锁摊点提供冰激淋，租金为 3 600 美元。因为没有乳制品执照，Mammoth 公司不能向其他销售商供应冰激淋。冰激淋生产管理者按每加仑 4 美元的价格向每个连锁摊点收费。该季冰激淋经营情况如下：

售给连锁摊点的销量（单价 $4，16 000 加仑）		$64 000
变动成本（每加仑 $2.10）	$33 600	
固定成本		
冰激淋机租赁费	3 600	
其他固定费用	10 000	47 200
经营利润		$16 800

Old Faithful 免下车连锁摊点（Mammoth 公司经营的连锁摊点之一）的管理者请求公司同意其与外部供应者签订合同，以每加仑 3.35 美元的单价向其购买冰激淋。Old Faithful 免下车连锁摊点整个夏天将用 3 000 加仑的冰激淋。Mammoth 的总会计师 Rosita Cruz 向你征询意见。你发现，如果 Old Faithful 免下车连锁摊点从外部购买冰激淋的话，经营冰激淋机所花费的其他固定费用将减少 900 美元。Cruz 要求你在公司整体利益最大化的前提下对上述请求进行分析，给出合适的转移价格，并解释你的结论。

10-B4 报酬率和转移价格

Kaycee 玩具公司东京分部生产"Shogi"游戏，并在日本市场上以 7 200 日元的单价销售。以下是东京分部 20×8 年的预算：

变动成本	￥ 5 000（每件）
固定成本	￥ 6 080 000
总资产	￥ 12 500 000

Kaycee 公司要求东京分部以 20% 的总资产报酬率（税前）来制定预算。

要求：
1. 假定东京分部在 20×8 年度的预计销售量是 3 400 件。
   a. 总资产报酬率将是多少？
   b. 预期的资产周转率是多少？
   c. 销售回报率是多少？
2. 东京分部正在考虑修改其预算，以达到 20% 的期望总资产回报率。
   a. 如果预算中的其他部分不变，要销售多少件产品才能达到期望的回报率？
   b. 假定最大销售量为 3 400 件，为实现期望的回报率，总资产应减少多少？假定总资产每减少 1 000 日元，固定费用就减少 100 日元。

3. 假定在日本市场上只能销售 2 400 件。另外 1 400 件可以销售给 Kaycee 玩具公司在欧洲的营销部门。东京分部的管理者提出以每件 6 700 日元的单价销售这 1 400 件产品。欧洲营销部门的管理者将价格还至 6 200 日元,理由是她可以以每件 6 200 日元的成本从一家意大利生产商处购得该产品。东京部门的管理者知道,如果将产量降至 2 400 件的话,他可以减少一些资产,从而使得总资产降至 1 000 万日元,固定成本降至 490 万日元。东京部门应该以 6 200 日元的单价将产品售给欧洲营销部门吗?列出相关的计算。这里不考虑所得税和进口关税的影响。

补充习题

简答题

10-1 "分权既有效益又有成本。"请分别给出三个例子。

10-2 复杂的会计与信息系统促进了分权化。请解释它们是如何做到的。

10-3 为什么相对于非营利性组织来说,营利性组织应用分权更为普遍?

10-4 "分权的实质就是采用利润中心的形式。"你同意这种说法吗?解释原因。

10-5 什么样的组织会认为分权比集权更可取?

10-6 根据代理理论,雇用合同会在哪三个因素之间进行权衡?

10-7 采用 ROI 衡量业绩的主要优点是什么?

10-8 哪两个项目会影响 ROI?

10-9 剩余收益与会计利润有什么不同?

10-10 定义经济增加值(EVA),并描述公司用以提高 EVA 的三种方法。

10-11 部门 A 的 ROI 是 20%,部门 B 的 ROI 是 10%。每个部门管理者的奖金都是根据其所在部门的 ROI 来决定的。试讨论,如果有一个投资项目的 ROI 是 15%,这两个部门的管理者是应该接受还是拒绝这个投资项目?如果管理者的业绩是根据以 11% 的利息率计算的剩余收益来衡量的,他们两人会不会作出不同的决策?请解释。

10-12 给出四种可以用来计算 ROI 或剩余收益的投入资本的定义。

10-13 "采用历史成本会计系统的管理者们往往注重已经发生的成本,而不重视将来可能发生的成本。"你同意这种说法吗?为什么?

10-14 计算 ROI 时,罗斯公司采用账面净值作为投入资本。一个部门管理者提议公司用账面总值取代账面净值来计算投入资本。两种计量方法对部门管理者的激励有何不同?你认为提议作出变动的那位管理者所在部门的资产是相对比较新的还是比较旧的?为什么?

10-15 为什么需要转移定价系统?

10-16 阐述采用实际完全成本作为转移价格会带来的两个问题。

10-17 闲置生产能力存在与否是如何影响最佳转移定价政策。

10-18 "我们采用变动成本作为转移价格以确定不会作出导致功能紊乱行为的决策。"试对此进行讨论。

10-19 协定转移价格的主要优缺点各是什么?

10-20 讨论影响跨国转移价格，但对纯粹的国内转移价格影响不大的两个因素。
10-21 阐述目标管理（MBO）。
10-22 业绩评价是如何导致管理者的不道德行为的？

理解练习

10-23 分权

许多公司都在进行组织结构变动，变为集权或分权。但不久后，又朝着上次相反的方向改变组织结构。为什么一个公司曾经一度是分权，但随后又变为集权？

10-24 比较业绩评价的财务指标

你同意"ROI 和剩余收益都采用利润与投入资本来评价业绩，因此采用哪一个对我们来说并不重要"这种说法吗？请解释原因。

10-25 业绩评价衡量标准与道德

"财务指标衡量标准使管理者忽略了道德问题，而只把注意力放在达到利润目标上。看看安然，Global Crossing，世通公司，泰科，南方健诊和其他一些公司所发生的事，它们就是上述说法的实际证明。"试评价这句话。财务指标衡量标准是否能与道德行为相容？

10-26 转移定价与组织行为

转移定价系统存在的主要原因是，它能够传递导致不同经营单位管理者目标一致决策的数据。当管理者行为与组织目标发生冲突的时候，机能失调行为就产生了。为什么有时候即便一个部门管理者的行为看上去处于机能失调状态，最高管理层仍会接受其所作的判断？

练习题

10-27 简单 ROI 计算

参看以下数据：

销售收入	$120 000 000
投入资本	$50 000 000
净利润	$6 000 000

要求：

计算以下指标：
1. 资本周转率
2. 销售回报率
3. 投资回报率

10-28 简单 ROI 计算

填空：

	部门		
	A	B	C
销售回报率	6%	3%	___%
资本周转率	3	___	5
投资回报率	___%	24%	20%

10-29 简单的 ROI 以及剩余收益的计算

	部门		
	X	Y	Z
投入资本	$1 000 000	$	$1 250 000
利润	$	$ 182 000	$ 150 000
销售收入	$2 000 000	$3 640 000	$
销售回报率	4%	___%	___%
资本周转率			3
ROI	___%	14%	___%

要求：

1. 进行类似的列表计算，将表中空格填上数据。
2. 哪个部门的业绩最好？请解释原因。
3. 假定每个部门投入资本的成本率都是 12%，计算每个部门的剩余价值。

10-30 B&S 公司的 EVA

B&S 公司是世界上最大的冷凝汽油机制造商，其生产的产品用于户外动力设备。该公司的引擎被用于园艺设备行业。根据该公司的年报，"管理层基于这样的假定：如果投入公司运营中资本的现金回报率超出资本提供者的预期，那么公司的价值就会增加"。

以下数据摘自 B&S 公司 2006 年的年报，其中经营利润和平均投入资本已经对研究费用资本化和采用存货先进先出法这两项进行了调整（单位：千美元）

	2006	2005
调整后税前经营利润	$179 666	$198 368
税金	60 458	64 444
调整后平均投入资本	1 770 477	1 747 854
资本成本	11.7%	10.7%

要求：

1. 计算 B&S 公司 2005 年和 2006 年的 EVA。
2. B&S 公司 2006 年的经营状况比起 2005 年是否有所提高？解释原因。

10-31 资产与权益基础的比较

Laurel 公司拥有 200 万美元的资产以及利率为 10% 的长期负债 90 万美元。Hardy 公司拥有 200 万美元的资产，无长期负债。两家公司的年经营利润（息前）均为 40 万美元。

要求：

1. 在下列基础上计算回报率。
   a. 可用资产

b. 所有者权益

2. 评价两个基础下计算出来的投资回报率在评估经营业绩上的相对优点。

10-32 确定未知数

参看下面的数据：

	部门		
	J	K	L
利润	$280 000	$ _____	$ _____
销售收入	$ _____	$ _____	$ _____
投入资本	$ _____	$3 000 000	$16 000 000
销售回报率	7%	4%	_____ %
资本周转率	4	_____	3
ROI	_____ %	20%	15%
利息率%	16%	12%	_____ %
剩余价值	$ _____	$ _____	$ 320 000

要求：

1. 进行列表计算，将上表中的空格填上数字。
2. 哪个部门经营得最好？解释原因。

10-33 资产账面总值与资产账面净值

马丁南尼公司 St. Cloud 分部最近刚买了价值为 15 万美元、使用期为三年的资产。马丁南尼的高层管理者以 ROI 为衡量基准，对 St. Cloud 分部的管理者——Freida Rameriz 进行业绩评价。她可以选择用资产总值或资产净值来衡量资产。该公司折旧前的经营利润是每年 8 万美元。

要求：

1. 采用资产账面总值，St. Cloud 分部三年的 ROI 分别是多少？
2. 采用资产账面净值，St. Cloud 分部三年的 ROI 分别是多少？
3. 如果 Rameriz 期望马丁南尼将她调至另一部门一年，她会更倾向于哪种衡量资产的政策？

10-34 变动成本转移价格

一把椅子的变动成本是 50 美元，作为一件未完成的家具从装配部门转移到完工部门的转移价格是 63 美元。完工部门因为打磨、完成椅子所耗费的变动成本是 28 美元，椅子最终的销售价格是 85 美元。

要求：

1. 分别列表计算以下两种决策下完工部门以及整个公司的单位边际贡献。(a) 以转移价格将椅子向外部销售；(b) 打磨后再向外部销售。
2. 作为完工部门的管理者，你会作出哪种选择？请给出理由。

10-35 转移价格的最大和最小值

Sherwin 公司是一家自行车制造商。自行车的配件由不同的部门生产，然后转移到代顿部门装配成完工产品。代顿部门也可以从外部供应商处购买所需配件。车轮是由托莱多部门制造的，该部门也可以将车轮对外销售。所有部门都是利润中心，各部门的管理者可以自主协商转移价格。托莱多部门和代顿部门的价格与成本情况分部如下所示：

托莱多分部	
对外销售价格	$14
内部转移价格	?
成本	
每个车轮的变动成本	$10
固定成本总额	$320 000
预算产量	64 000 个车轮*

* 包括为内部转移给代顿部门而生产的数量。

代顿分部	
对外销售价格	$170
成本	
每辆自行车所需车轮的成本	?
每辆自行车所需其他配件的成本	$85
每辆自行车所需其他变动成本	$45
固定成本总额	$640 000
预算产量	16 000 辆自行车

这两个部门的固定成本都不会因为车轮从托莱多部门转移到代顿部门而发生改变。

要求：

1. 计算代顿部门为了从托莱多部门购入车轮而愿意付出的最高的单位转移价格。

2. 假设托莱多部门存在闲置生产能力，计算托莱多部门愿意生产并销售给代顿部门的车轮的最低单位转移价格。

10-36　跨国转移价格

全球剑桥公司具有遍布全世界的生产和营销部门。其爱尔兰部门生产的一种特殊产品转移到日本的营销部门，爱尔兰和日本的所得税税率分别是12%与40%。假定日本对该产品征收10%的进口税，并且进口税不得作为税前扣除项目。

该产品的变动成本是200英镑，总成本是400英镑。假定在法律允许范围内，公司可以在变动成本与总成本之间任意选择一个数目作为转移价格。

要求：

1. 全球剑桥公司应选取怎样的转移价格以达到税负最低？阐述你的理由。

2. 公司采用要求1的价格，最多可节税多少？请计算出最低税负和最高税负的差额。

思考题

10-37　代理理论

Tamura国际贸易公司计划为其设在墨西哥的部门聘请一位经理。Tamura公司的总裁和人事副总裁试图订立一份激励有效的雇用合同。经理将会在远离东京总部的地方开展经营活动，所以通过亲自观察来评价经理业绩的方式会受到限制。总裁坚信，通过激励来促使经理创造利润是非常必要的。他同意，如果利润超过1 200 000日元，经理将会得到

150 000 日元的薪水和 10% 的奖金。如果业务如预期的那样开展,利润将会是 4 600 000 日元,经理将会获得 490 000 日元。但是利润和报酬都可能高于或低于计划。

人事副总裁却认为,490 000 日元的报酬要高于 Tamura 公司大多数部门经理的报酬。她确信,通过支付 400 000 日元固定工资就可以聘请到一位非常称职的经理。她反驳道:"当我们可以用 400 000 日元聘请到同一个人时,我们为什么要花 490 000 日元呢?"

要求:

1. 哪些因素会影响 Tamura 公司对雇用合同的选择?给出支持或者反对每个合同的理由。

2. 为什么期望报酬与奖金计划的关联程度比其与直接工资的关联程度更大?

10-38 利润与周转率

会计师通常将 ROI 表示成资本周转率和销售回报率这两个指标计算的结果。你正在考虑投资以下三家公司中的一家,该三家公司都处于同一行业,下面是有关信息:

	公司		
	Abel	**Baker**	**Charlie**
销售收入	$6 000 000	$2 500 000	$37 500 000
利润	$600 000	$375 000	$375 000
资本	$3 000 000	$12 500 000	$12 500 000

要求:

1. 为什么要将 ROI 分解成销售回报率与资本周转率?

2. 分别计算这三家公司的销售回报率、资本周转率以及 ROI,并利用上面的数据对三家公司的业绩进行评价。

3. Baker 和 Charlie 有相同的利润和资本,但是销售收入却相差很大。讨论 Baker 和 Charlie 两个公司可能所处的行业。

10-39 根据不同业务部门计算的 ROI

多媒体科技公司经营以下三种不同的业务:(1)娱乐;(2)出版/信息;(3)消费者/商务理财。下面是近年的一份经营业绩(以百万美元计):

	收入	经营利润	总资产
娱乐	$1 272	$223	$1 120
出版/信息	$705	$122	$1 308
消费者/商务理财	$1 235	$244	$924

要求:

1. 分别计算三个部门的以下指标:
a. 销售回报率
b. 资本周转率
c. ROI

2. 评价这三个业务部门的 ROI 的差异并解释原因

10-40 B&S 公司的 EVA 与剩余收益

此题为 10-30 题的扩展练习。EVA 与剩余收益之间的主要区别在于,EVA 更加注重现金量。实施 EVA 的企业对损益表上的经营利润以及资产负债表上的投入资本都作了一些调整。常见的调整包括:将研发费用资本化、在收付实现制下报告担保成本。大多数实施 EVA 的企业只作少许类似的调整(5—10 项)。

下面的数据摘自 B&S 公司 2006 年年报(单位:千美元):

经营利润	$175 966
预提所得税	50 020
对经营利润做的关于研发与先进先出法存货的调整净值	3 700
通过研发费用资本化和使用先进先出法带来的资本	146 800
期末所有者权益总额	987 206
税金	60 458
期末流动负债总额	343 146
期末资产总额	1 944 200
上一年期初所有者权益总额	889 186
上一年期初流动负债总额	352 668
上一年期初资产总额	1 998 968
管理层对资本成本率所作的估计	11.7%

要求:
列表计算并比较 B&S 公司的 EVA 与剩余价值。

10-41 好时公司的 EVA

好时公司生产、分配、销售许多好时品牌的产品。同时,它也有其他一些品牌,例如 Almond Joy、Kit Kat、Milk Duds 和 Twizzler。该公司 2004 年度和 2005 年度的财务成果如下所示(以百万美元计):

	2005	2004
收入	$4 836	$4 429
经营费用	3 975	3 548
利息费用	88	67
所得税	280	237
平均投入资本(总资产减流动负债)	$2 654	$2 764

要求:
1. 假定好时公司的资本成本率是 9.5%,计算该公司 2004 年度、2005 年度的 EVA。假定好时公司年报中的税后经营利润与投入资本都是未经调整的(这些调整是由思腾·斯特或其他公司推荐采用的)。
2. 讨论该公司在 2004 年度、2005 年度的 EVA 的变化。

10-42 EVA

可口可乐公司采用 EVA 来评价管理层业绩。2005 年度,可口可乐公司实现经营净利润 60.85 亿美元,缴纳所得税 18.18 亿美元,平均非流动负债与所有者权益 199.50 亿美元。在该公司的资本构成中,长期负债占 15%,权益占 85%。假定负债的税后成本率是 5%,权益资产成本率是11%。

要求：

1. 计算可口可乐公司的EVA。假定可口可乐公司年报中所反映的税后经营利润和投入资本并未做由思腾·斯特管理咨询公司或其他公司所推荐采用的调整。
2. EVA可以反映可口可乐公司最高管理层在2005年的业绩方面的哪些情况？

10-43 部门业绩的评价

作为Friendly Hardware公司的CEO，你对下面评价部门业绩的指标进行了审查（以千美元计）：

部门	净资产		经营利润	
	基于历史成本	基于重置资本	基于历史成本	基于重置资本
工具	$15 000	$15 000	$2 600	$2 600
设备	44 000	55 000	6 750	6 150
照明工具	27 000	48 000	5 000	3 900

* 基于历史成本的经营利润与基于重置成本的经营利润之间的差别导致折旧费用上的差别。

要求：

1. 分部在历史成本与重置成本的基础上计算净资产报酬率与剩余收益，采用10%作为最小的期望报酬率来计算剩余收益。
2. 按照要求1中所计算的四个不同指标来对每个部门的业绩进行排序。
3. 这些指标反映出的部门的业绩如何？管理者的业绩如何？你更倾向于哪一个指标？为什么？

10-44 固定资产采用账面总值还是账面净值

假定一家工厂购入了一项固定资产，价值60万美元，有效使用期4年，无残值。该工厂对固定资产的折旧采用直线法。该工厂管理者的业绩是通过与这些固定资产相关联的利润指标来衡量的。减去折旧以后每年的净利润是6万美元。

假定收入和除折旧以外的所有费用都是以现金支付的。所产生的净利润全部用于股利的分配。因此，折旧费用所产生的现金流量将逐年累积。部门管理者业绩的评价与固定资产相关，因为所有的流动资产，包括现金在内，都被视做是由公司集中管理的。假定（当然，该假定是不现实的）任何累积的现金都不作其他用途。这里不考虑税收的影响。

要求：

1. 分别在以下两种基础上计算工厂的报酬率以及整个公司的报酬率，并将这两者进行比较：
   a. 资产的账面总值（即原始成本）
   b. 资产的账面净值
2. 分别评价资产账面总值与资产账面净值在作为投资基础方面的相对优点。

10-45 经济价值与重置价值的作用

"就我而言，经济价值（economic value）是进行业绩评价、衡量资产价值的唯一合理并可取的基础。这里所指的经济价值就是预计未来经济收益流入的现值。但是我们在取得新的资产时并不采用这样的做法——也就是说，尽管我们会采用折现现金流来计算一个可能的正的净现值（NPV），但我们仅仅按照不超过成本的值来记录资产的价值。在这种情况下,多出的现值并不会在初始年度的资产负债表中反映出来。而且,在后续年度中所采用的重置成本也不能够反映出经济价值。在资产存续的某个时点,重置成本可能会小于经济价值。"

"市场价值对我并没有吸引力,因为它所反映的是一种次优选择——也就是说,它通常反映了从一个被放弃的备选项目上可以获得的最大金额。显然,如果使用中的资产的市场价值超过其经济价值,该项资产就应该被出售。然而在大多数情况下会出现相反的情况:使用中的资产的市场价值往往远远低于其经济价值。"

"在折现现金流的基础上,计算并记录资产的总现值的做法是不可行的。因此,我认为采用类似资产(这些资产提供类似服务)的重置成本(减去累积折旧)是计量使用中资产的经济价值的最好且可行的操作方法。当然,这在对部门的业绩进行评价而不是在对部门管理者的业绩评价时显得更为合理。"

要求:

请对上面的言论进行评价,注意不要离题,集中探讨引文所描述的问题。

10-46 一家汽车经销公司的利润中心与转移定价

一家大型的芝加哥汽车经销公司正在实施责任会计系统并为此建立起三个利润中心:零件与服务部门、新车部门以及二手车部门。公司告知这三个部门的管理者,他们需要以所有者的姿态来经营各自的业务。但是,部门之间也存在业务。例如:

a. 零件与服务部门为新车的最终销售以及二手车售前的修理提供零件或服务;

b. 顾客以旧换新的旧车是二手车部门存货的主要来源;

这家汽车经销公司的所有者请你为他们公司转移定价政策草拟一份说明书,并在其中列出一些能被用于解决以上所举业务的特别规则。他强调说明书的表述明确是极为重要的。因为公司将以这份说明书来解决转移定价方面的纠纷。

10-47 转移定价

跨国动力公司的减震压杆部门专门生产供汽车使用的压杆部件。该部门一直是汽车部门车用压杆的唯一供应者,它以现行的大宗市场批发价——每件45美元作为转移价格。同时,该部门也以57美元的单价销售给外部零售商。通常,每年对外销售占到该部门年销售量——100万件的25%。一般的年度合并数据如下所示:

销售收入	$48 000 000
变动成本,@ $37.5每件压杆	$37 500 000
固定成本	$4 500 000
总成本	$42 000 000
利润总额	$6 000 000

Flint Auto Parts公司是一家完全独立的公司,它以42美元的单价向汽车部门报价。减震压杆部门声称不能以这个价格提供压杆给汽车部门,因为如果采用42美元的单价,将不会获得任何利润。

要求:

1. 假设你是汽车部门的经理,你如何看待减震压杆部门的观点。(假定正常的外部产量不会增加。)

2. 减震压杆部门的管理者认为,通过增加 300 万美元固定费用以及增加 4.5 美元单位变动成本,并将售价减至 54 美元,其对外销售量会增加 750 000 件。假定每年最大生产能力是 100 万件,该部门应该放弃公司对内销售而将把注意力主要放在产品对外销售上吗?

10-48 转移定价的协商

你是 Samtech 公司美国分部的总会计师。你所在的部门不存在闲置的生产能力。澳大利亚部门请求美国部门为其提供音响系统(芯片和扬声器),这种系统将用于该部门刚引进的新型游戏盒子(Game box)的制造。美国部门现在对外销售的相同音响系统的单价是 11 美元。

澳大利亚部门提出以 7 美元的单价购买该系统,该游戏盒子的总成本如下所示:

从外部供应商处购买的系统	$28.10
美国部门提供的音响系统	7.00
其他变动成本	17.50
固定成本	10.00
总计	$62.60

澳大利亚部门仍有 50% 的闲置生产能力。这种新型音响系统是一种重要的新产品,生产该种产品将会增加该部门生产能力的利用率。根据目标成本,澳大利亚部门的管理层决定,如果音响系统的单价超过 7 美元,该新型游戏盒子的生产将变得不可行,因为该游戏盒子的预计售价只有 62.00 美元。

Samtech 公司通过将税前 ROI 和实际利润与预算相比较来评价部门经理的业绩。

要求:

1. 作为美国部门的总会计师,你会建议以 7 美元的单价向澳大利亚部门提供这种音响系统吗?解释原因。

2. 如果美国部门向澳大利亚部门提供音响系统,短期来说对 Samtech 公司有经济利益吗?解释原因。

3. 讨论这种情况下组织上以及行为上固有的困难(如果存在的话)。作为美国部门的总会计师,在这种情况下,你会向 Samtech 公司的总裁提出什么建议?

10-49 转移价格与闲置生产力

国家木制品制造公司的 Eugene 部门购买木材用于桌子、椅子以及其他木制家具的生产。大部分的木材是从该公司的另一个部门——Shasta Mill 购入的。Eugene 部门和 Shasta Mill 部门都是利润中心。

Eugene 部门提议生产一种新型摇椅,该摇椅的售价将是 95 美元。该部门的管理者正在考虑从 Shasta Mill 部门购入所需木材。Eugene 部门计划生产 800 把摇椅,正好利用现在闲置的生产能力。

Eugene 部门也可以以 72 美元的单价外购所需木材。国家木制品制造公司规定:内部转移价格必须以完全分摊成本为基础。

假定以下是为生产一把摇椅所耗费的成本以及所需木材的成本:

Shasta Mill 部门——木材成本		Eugene 部门——椅子成本		
变动成本	$48	变动成本		$70
分摊的固定成本	22	从 Shasta Mill 部门购入的木材		
完全分摊成本	$70	Eugene 部门的变动成本		
		制造成本	$23	
		销售成本	6	29
		变动成本总计		$99

要求：

1. 假定 Shasta Mill 部门还有闲置的生产能力，因此，生产所需的木材不会增加固定成本。在现行的转移价格政策下，Eugene 部门会从 Shasta Mill 部门购入生产摇椅所需的木材吗？解释原因。如果管理者决定从 Shasta Mill 部门购入木材，会对整个公司有益吗？解释原因。

2. 假定 Shasta Mill 部门没有闲置的生产能力，生产这种摇椅所需的木材的对外销售价格是 72 美元。如果 Eugene 部门的管理者决定从 Shasta Mill 购买木材，对公司整体而言有益吗？解释原因。

10-50 转移定价原则

Cal Legal Serveices 咨询公司是一家分权化的公司，在加利福尼亚有 25 个分部，其总部设在旧金山。其中一个部门设在 50 英里外的圣乔斯。Cal 影印是提供影印业务的部门，就设在总部大楼里。最高管理层希望圣乔斯部门可以通过 Cal 影印部门来打印报告。所有的费用最终都会向顾客收取，但是 Cal Legal Serveices 咨询公司对保持这些费用的竞争性感到担忧。

Cal 影印部门向圣乔斯部门收取了以下费用：

采用胶印法的照片页（安装成本）	$0.240
每页纸的影印成本	$0.014

在此情况下，Cal 影印部门会获得固定成本 60% 的贡献毛利。

外部影印店影印立等可取的 100 份 120 页的报告所收取的费用如下：

4U 影印	$203.50
杰夫影印	179.25
库斯顿影印	184.00

这三家影印店都坐落在 Cal Legal Serveices 咨询公司的圣乔斯部门的 5 英里范围之内，它们都可以在两天之内完成报告的影印任务。为了完成报告的影印，需要派专人送交原稿并取回影印稿。这个人通常是直接到公司总部去取和送。但是过去，交原稿或取回影印稿都要经过不同的部门。从 Cal 影印部门获取影印稿通常花三四天的时间（因为在运送以及取回的过程中会存在另外的时间问题）。

Cal 影印部门的质量控制是很糟糕的，过去所影印的报告中有时会有折痕，偶尔会出现校对错误或缺页（公司内部的一份提到 Cal Legal Serveices 咨询公司存在经济困难的备忘录曾经放在了给客户的一份报告里。所幸的是，圣乔斯部门在将报告分派给客户之前发现了这个错误)。上面所提到的外部三家影印公司的质量控制程度是未知的。

(尽管在这个案例中,成本上的差异似乎并不明显,但是在关键问题方面,这些数字被认为是重要的。)

要求:

1. 假定你是 Cal Legal Serveices 咨询公司圣乔斯部门的决策者,你将会把业务交给哪家影印店?就整个公司的利益而言,这是最优决策吗?

2. 在这个例子中,如果仅从经济角度考虑,最优转移价格是多少?

3. 在保持客户的商誉方面,时间是非常重要的,可能会有来自这个客户的潜在的回头业务。在此观点下,该公司最佳的决策是什么?

4. 就最高管理层希望圣乔斯部门使用 Cal 影印部门这一问题上所表现的智慧发表评论。

10-51 协商转移价格

Ibex 办公家具公司的灯具部门需要 1 200 件来自制造部门的含铅玻璃灯罩(leaded-glass lamp shade)。这家公司所实行的是协商转移价格政策。制造部门有足够的闲置生产能力来生产这 2 000 件灯罩。该灯罩的变动成本是 23 美元,市场价格是 39 美元。

要求:

这两个部门之间可以协商的转移价格的范围是多少?解释为什么低于这个范围的价格是不可取的、高于这个范围的价格为什么也是不可取的?

10-52 转移价格与非控股股东权益

本章讨论的是跨国公司部门间的转移利润。而在另一个场合下,即母公司将产品转移给非 100% 控股的子公司或从这个子公司获取产品,转移价格也能产生类似的效果。思考米其林团队以及它的磨光子公司——Stomil Olsztyn。米其林拥有这个子公司 70% 的股份,并以转移价格从这个子公司购入轮胎。因为米其林拥有 Stomil Olsztyn 的绝大多数股份,因而控制了转移价格的政策。而 Stomil Olsztyn 另外 30% 的股东则认为米其林将转移价格定得太低,因此减少了 Stomil Olsztyn 的利润。他们坚持认为如果在市场上销售轮胎而不是将轮胎转移给米其林,Stomil Olsztyn 将会得到更多的利润。作为回复,米其林的管理者则认为 Stomil Olsztyn 比米其林团队中的其他成员获得的利润更多,因此转移价格是合理的。

要求:

讨论米其林以较低的转移价格从 Stomil Olsztyn 获取轮胎的动机以及 Stomil Olsztyn 的非控股股东更倾向于什么转移价格。现假设 Stomil Olsztyn 生产一只轮胎的变动成本是 20 欧元并以 25 欧元的单价转移给米其林,米其林和 Stomil Olsztyn 该如何确定合理的转移价格?

10-53 跨国转移价格

美国医用设备公司在其明尼阿波利斯市的工厂里生产多种医用产品。公司在世界范围内都有销售部门,其中一个部门设在瑞典的乌普萨拉。假定美国的所得税税率是 34%,瑞典的所得税税率是 60%,并且瑞典对医用设备的进口征收 12% 的进口税。

心脏监测仪在明尼阿波利斯市生产,然后运到瑞典。该产品的单位变动成本是 400 美元,单位完全分摊成本是 650 美元。

要求：

1. 假定瑞典和美国政府都允许将变动成本或完全分摊成本作为转移价格。美国医用设备公司将采用什么样的转移价格以使其所得税和进口税总额降至最低？如果采用你所提议的转移价格，将会为公司减少多少税额？假定进口税不能作税前抵扣。

2. 假定瑞典议会通过了一项法律，将所得税降至50%，并且将心脏监测仪的进口税提高至20%，在这种情况下，重新考虑要求1中的问题。

10-54 本章要点回顾

加拿大设备公司采用分权化的组织结构，将其每一个部门都看做是一个投资中心。尽管在充分利用其生产能力的情况下，多伦多部门每年能够生产21 000台空气过滤器，该部门的现年销售量只有15 000台。每台空气过滤器的变动制造成本是21美元，总的固定成本是90 000美元。这15 000台空气过滤器以每台40美元的价格对外销售。

加拿大设备公司的另一个部门——蒙多利尔部门想要以37美元的单价从多伦多部门购进1 500台空气过滤器。这个价格是蒙多利尔从外部供应商购买时支付的价格。

要求：

1. 如果蒙多利尔部门从多伦多部门购入1 500台空气过滤器，计算其对整个公司经营利润的影响。

2. 多伦多部门愿意售出这1 500台空气过滤器的最低售价是多少？

3. 蒙多利尔部门愿意为这1 500台空气过滤器支付的最高售价是多少？

4. 假定现在多伦多部门每年能够生产并对外销售21 000台空气过滤器。如果公司最高管理层要求多伦多部门销售1 500台空气过滤器给蒙多利尔部门，价格分别为：(a) 每台21美元；(b) 每台37美元。这两种情况将会对整个公司的经营利润产生什么样的影响？

5. 我们假定多伦多部门现在的年经营利润是36 000美元，平均投入资本是300 000美元。部门管理者有机会投资一个项目，该项目需要额外投入20 000美元，将使得年经营利润增加2 000美元。(a) 如果加拿大设备公司采用ROI来衡量部门管理者的业绩，该部门管理者会接受这个投资项目吗？(b) 如果公司采用EVA来衡量业绩呢？（假定资本成本率是7%。）

案例题

10-55 利润中心与集中服务

星星制造公司主要生产Starlite牌小器械。该公司有一个工程咨询部门，它的主要任务是帮助生产部门改进经营方法和程序。

几年来，该公司按照有关部门管理者签订的协议将咨询服务所发生的费用都分配到了生产部门，该协议明确了以下内容：项目的范围、预计收入以及所需的咨询时间。对生产部门费用的收取是根据工程咨询部门为其提供服务所发生的成本而进行的。例如，高级工程师每小时的收费（成本）高于初级工程师。所发生的固定成本也包括在内。这份协议事实上是一个"固定价格"合同，即生产管理者能够事先得知咨询项目所耗费的总成本。近期的一份调查显示，生产管理者对工程师们非常有信心。

工程咨询部门管理者对40位工程师与10位技工的工作进行监察，然后向工程管理者汇报，管理者转而向生产副总裁汇报。工程咨询部门管理者有权增加或减少她所监管的工程师的数量。她的业绩评价基于很多因素,其中包括扣除本部门经营成本后节约的资金。

生产部门是利润中心,它所生产的产品以市场上同类产品的近似价格被转到下一个部门,比如销售部门。

最高管理层正在认真考虑一个"不计费"计划。也就是说,生产部门将完全免费地接受工程咨询部门的服务。新计划的支持者认为,它将激励生产部门管理者更好地利用工程咨询部门的人力资源。而在其他各个方面,新系统都与现行系统相一致。

要求:

1. 将现行计划与建议的计划进行比较,它们各自的优缺点是什么?特别需要考虑的是,工程咨询部门的管理者还会倾向于聘用最佳数量的工程咨询人员吗?

2. 你更倾向于哪个计划?为什么?

10-56 目标管理

Roger Ravenhill 是 Haida 公司的 CEO。Ravenhill 有财务管理的背景,并且在整个组织中人们都认为他是一个一丝不苟的领导者。在 Ravenhill 就任 CEO 后,他强调成本的降低,并引入了一个综合的成本控制与预算系统。Ravenhill 建立了公司的目标与预算计划,并将这些分配给他的下属来执行。一些公司要员因不能完成既定的预算计划而被撤职或调职。在 Roger Ravenhill 的领导下,经过数年的不良经营之后,Haida 又成为一个财务稳定并且赢利的公司。

最近,Ravenhill 非常关注组织中人的因素,并对被称做是"目标管理"(MBO)的管理技巧产生了兴趣。如果 MBO 能够产生足够的正效应,他计划在整个公司中推行这个系统。但是他意识到自己并不完全了解 MBO,因为他不知道 MBO 与现行的以建立公司目标与预算计划为基础的管理系统有何区别。

要求:

1. 简单说明实行 MBO 需要做些什么,并指出它的优缺点。

2. Roger Ravenhill 的管理方法是否将人的价值这一前提与 MBO 的目标结合了起来?说明原因。

合作学习练习

10-57 ROI

以 3—6 人形成小组,每个学生都要选一个公司。对所选择的公司进行协调,使得每个小组所选择的公司是属于不同行业的。例如,对于一个 5 人小组来说,一个很好的行业组合是:一家零售公司、一家标准的制造公司、一家计算机软件公司、一家银行和一家电力公司。

要求:

1. 每个学生应该找到自己所选的公司最近的年报(可以利用网络资源。如果你不能找到公司的主页,可以尝试 www.sec.gov 这个网址,然后搜索证券交易委员会为该公司 10-K 报告所建立的文件,该文件含有这家公司的财务报表)。计算以下指标:

    a. 销售回报率

    b. 资本周转率

    c. 投资报酬率(ROI)

2. 作为一个小组,对所选公司的业绩进行比较。为什么不同公司之间这些指标会存在差异?这些公司及其所处的行业的哪些特征能够解释这些指标的差别?

互联网练习

10-58　马里奥特国际公司(Marriott International,简称 MI)的分权

导致一个组织分权的原因有很多。可能是因为组织所涉及的业务多元化,而且各业务之间的联系并不紧密,比如建筑业与汽车销售业;也可能是由于公司所有权结构以及公司治理结构的特点所造成的。下面让我们来看一下属于后面这一类型的一家公司——马里奥特国际公司(MI)。

1. 搜索 MI 的主页:http://www.marriott.com,主页上着重列示了公司的哪些业务?主页上还包含了该公司的哪些其他信息?

2. MI 公司是如何对公司进行分权的?你认为公司的部门是成本中心、利润中心还是投资中心?

3. 通过点击主页上的"公司信息"栏,然后点击"年报",最后点击"最近年报",你可以看到该公司最近的年报。找到报表附注里关于业务部门的信息。这家公司确认了多少个业务部门?分别是哪些部门?针对不同的部门,公司分别披露了哪些信息?

4. 每个部门都获得资产并产生利润。分别计算每个部门过去两年的平均总资产回报率(operating return on average total assets)。

5. 过去的两年中,整个公司的平均总资产回报率是多少?在每个业务部门的业务不同的情况下,你认为平均总资产回报率是评价部门业绩的一个好的指标吗?哪些因素可能影响你的答案?

6. MI 公司内部可能存在转移价格吗?如果该公司有转移价格。你认为该公司是如何确定它的转移价格的?

第三部分　资 本 预 算

● 第 11 章　资本预算

第11章 资本预算

学习目标

学习完本章之后,你应该做到:
1. 描述资本预算决策,并用净现值法作资本预算决策;
2. 运用敏感性分析评价投资项目;
3. 用全部项目法和差别法计算两个项目之间的净现值差额;
4. 确认净现值分析中的相关现金流量;
5. 计算项目的税后净现值;
6. 说明资产处置对现金的税后影响;
7. 运用回收期模型和会计收益率模型,并将它们与净现值模型进行比较;
8. 协调用净现值模型制定决策而用会计利润评价相关业绩之间的矛盾;
9. 计算通货膨胀对资本预算项目的影响(附录11)。

鹿 谷

当从落基山脉的雪坡高速滑落时你也许不会考虑资本投资这类事情,除非你恰好是一个滑雪场的管理者。顾客关心的是滑道、缆车和温暖的旅馆,而滑雪场的管理者关心的是数百万美元的投资。

作为犹他州瓦沙奇山脉的一个豪华滑雪胜地,鹿谷有很强的顾客导向意识——滑雪场的财务总监吉姆·马德森将其称为"鹿谷特色"。从帮助滑雪的服务人员到旅馆提供的美食,鹿谷滑雪场不愧为一流的滑雪胜地。当滑雪场过于拥挤时,滑雪场会限制出售缆车票以防止顾客等待过久。每年,鹿谷都会把投资用于新建、扩建或者重建各项设施。例如,2003—2004年间,他们投资了6百万美元来扩建旅馆、改善餐厅设施、增加滑雪空地以及将人工造雪范围扩大至邻近的恩派尔峡谷区域。

鹿谷滑雪场制订了一个为期10年的资本扩张计划,最近的计划包括构建5辆新的缆车,以使滑雪场的经营范围可以扩大到恩派尔峡谷,扩张还包括一个旅馆和一个新的停车设备。通过测算等待缆车的时间以及餐厅和自助餐厅里排队的长度,滑雪场的管理者计算出滑雪场的客流情况,并据此决定何时进行下一轮投资。

2002年在鹿谷举行冬季奥运会之前,鹿谷滑雪场完成了主要的资本扩张。鹿谷以障碍滑雪和自由滑雪为特色,举办了在名为"挑战极限"(Know You Don't)的滑道上的滑雪障碍赛以及在白鸦滑道上的雪上特技和空中特技表演。像你一样的新游客，只要滑雪出色，就可以使用这些滑道。就像奥林匹克运动员练习他们的技能以参加比赛，以及电影《周末武士》（Weekend Worriors）中测试运动员的能力和反应一样，鹿谷的管理者必须通过额外的资金投入来改进滑雪场的设施。

滑雪者经常不会意识到准备滑道所需要的规划和投资。但是，在鹿谷滑雪场这样一个犹他州瓦沙奇山脉的滑雪胜地并且是2002年冬季奥林匹克运动会主办场地之一的地方，经理人们非常了解这些。他们在资本预算决策中倾注了很多精力。这些决策影响着他们顾客的快乐、舒适和安全。

规划或项目的资本预算

不只是鹿谷滑雪场面临着资本投资和扩张决策，每个公司在某个时间都需要决定以何种方式、在何地对一些重大项目投入资金，这些项目将对公司未来几年的财务业绩产生影响。本章将着重讲述有关项目或规划的计划和控制，而这些项目对公司财务业绩的影响将远超过一个年度。这样的决策需要大量的资源投入，我们称其为资本性支出，以期获得未来的收益。**资本预算（capital budgeting）** 阐述了决定并筹集资本性支出的长期规划。

> **资本预算（capital budgeting）**：影响财务业绩超过一个长于一年时间的期间、为了进行投资和筹集资金的长期规划。

第 11 章 资本预算

资本预算包括三个阶段：(1) 确定潜在的投资；(2) 从中选择具体投资项目(其中包括收集帮助决策的数据)；(3) 投资的跟踪监测，或"事后审计"。会计人员通常不会参与到第一阶段的工作，但在第二、第三阶段中他们将起到重要的作用。

为什么会计人员会参与资本预算决策呢？他们的首要作用是作为信息方面的专家。我们知道，成本管理系统的作用之一就是为重大资本预算这样的战略性决策提供成本计量指标。

会计人员会收集和解释信息，以帮助管理层作出此类决策。为了帮助把成页的信息资料组织起来，会计人员需要借助资本预算模型。下面让我们来看看其中的一些模型是怎样运作的。

现金流量折现模型

最广泛使用的资本预算模型是**现金流量折现模型[discounted-cash-flow (DCF) models]**。这类模型侧重于项目的现金流入和流出，并同时考虑货币的时间价值。它建立在一句古老谚语的基础上：一鸟在手胜于两鸟在林——今天手中的一块钱其价值远大于几年后收到的一块钱。这个谚语适用于此，是因为在未来收回的货币有一定的机会成本(由于现在没有收到这笔钱而损失的和在未收回期间内可以由这笔钱赚得的收入)。同样地，现在借钱用于资本支出有一定的成本(以利息的形式)，就像使用一幢建筑物或一辆汽车也会有成本(租金)一样。在美国，超过85%的大型工业企业使用现金流量折现模型。通过下面的"商业快讯"专栏你还可以了解现金流量折现模型是怎样应用于电子商务企业的。

> **现金流量折现模型(discounted-cash-flow (DCF) models)**：一种在关注现金流入和流出的同时考虑货币时间价值的资本预算模型。

商业快讯

现金流量折现模型是否适用于电子商务投资？

20世纪90年代末期的电子商务浪潮似乎在2001—2002年间的经济衰退中结束了。但是到了2003年，我们可以很清楚地看到电子商务并没有消失。经济动荡将赢家与输家区分开来——有很多既是赢家也是输家。互联网经济的崩溃并不意味着电子商务的结束，但它更清楚地表明了胜者的特质。在电子商务领域作出正确投资的企业成功了，而那些投资失误的企业只能苦苦挣扎甚至消失。

将胜负区分的一个关键取决于他们如何评估资本投资决策。在电子商务的昌盛时期，很多企业忘记了基础的投资分析。企业推销的是他们的投资收益率甚至是网站点击率，而不是专注于现金流和现金流量折现模型。他们忘记了只有净现金流才能带来价值。如果对应的成本增加得更快，收益的增长将失去意义。并且没有人会因为网站访问量而变得富有，必须要想办法将这些网站访问量转化为现金流。

专注于用网络和其他电子商务技术来增加利润的企业获得了成功。那些仅注重用技术来集聚人气而忽略获利能力的企业只能艰难挣扎。《商业周刊》列出了其中的一些胜者和败者。

胜者	败者
新华美通（Expedia）	惠普
亚马逊书店	巴诺（Barnes & Noble）
易趣	美国在线时代华纳（AOL Time Warner）
雅虎	库普医生（drkoop.com）
戴尔	很多起步者

这些赢家是如何作出资本预算决策的呢？首先，他们找出可以通过电子商务获得现金的方式——不是获得新的现金流入就是节约现金流出。他们的商业计划明确了在什么时刻公司的电子商务业务可以获利和获利多少。其次，在发展电子商务业务的同时，他们不会试图去保护现在的业务。不管怎样，如果消费者转向了互联网，传统公司的客户就会流失。最后，这些企业会用上现金流量折现模型。他们了解未来的现金价值小于现在的，因此需要用在未来能够产生的大量利润来证明短期内不能收回的投资的价值。

为什么像亚马逊这样的公司能够生存下来呢？因为这样的公司的获利计划和他每个产品的生产计划是一致的。每一种新的产品都会有不能带来利润的时间，但是一个接一个的产品生产满足了为达到最佳利润所需要的现金流。当亚马逊网站宣布2003年第一季度有28%的销售增长时，新闻界首先强调他们得到了正的现金流。

赢家还有那些不被公众认为是电子商务企业的公司。通用汽车和礼来大药厂（Eli Lilly）通过电子商务获利。2003年，B2B电子商务创造了近4亿的价值。与公众的认知相反，电子商务领域的投资依然在稳步增长，并且会有可以预见的生产力发展——这很大程度上是由于主流企业用电子商务来更好地达到了目标。

电子商务的投机活动还是有危险的。尽管如此，相比于那些用技术手段找出路的企业来说，用现金流量折现模型做好现金流量的规划的企业会得到更好的生存机会。

资料来源："The E-Business Surprise," *Business Week*, May 12, 2003, pp. 60—68; "Amazon.com Announces 28% Sales Growth Fueled by Lower Prices and Free Shipping," *Business Wire Press Release*, April 24, 2003。

现金流量折现模型的主要方面

顾名思义，现金流量折现模型侧重于预期的现金流入和流出，而不是净收益。公司现在投入现金是为了在未来回收现金。现金流量折现模型主要是比较现在的现金流出价值和未来的现金流入价值。

现金流量折现模型建立在复利理论的基础上,复利理论应该在财务会计课程中已经讲授过。

净现值

我们将主要介绍目前最流行的一种现金流量折旧模型,即**净现值法[net-present-value(NPV) method]**,净现值法是将所有预期的未来现金流按照最低期望的报酬率折现为现值的方法。最低期望报酬率取决于目标项目的风险——风险越高,最低期望报酬率也越高。最低报酬率是建立在资本成本基础上的,而资本成本是公司为获取更多的资本而付出的代价,这个最低期望报酬率也被称为**要求报酬率(required rate of return)**、**槛率(hurdle rate)**或**折现率(discount rate)**。管理者运用这个最低期望报酬率计算一个项目所有预期的现金流量的现值之和(包括现金流入与流出)。如果这个现值之和是正数,则项目是可取的;如果是负数,则项目不可取。这是因为净现值为正数表示接受这个项目会使公司增值,因为这个项目产生的现金流入的现值超过了现金流出的现值。同样地,为负的现值表示如果接受这个项目,公司会变得更糟。(净现值为零表示这个项目所产生的现金流入的现值等于现金流出的现值,这意味着这个项目无利可图)。因此,在投资决策中,管理者要选择净现值最高的项目。

> **净现值法(net-present-value(NPV) method)**:一种为了进行资本预算、以最低期望报酬率计算所有未来预计现金流量现值现金流的折现方法。

> **要求报酬率(required rate of return)**、**槛率(hurdle rate)**或**折现率(discount rate)**:基于企业资本成本的最低期望报酬率。

商业快讯

信息技术的资本预算

近来的调查显示,几乎所有的大型公司都使用现金流折现法(DCF)来进行它们的资本预算决策——这不仅仅在美国,而是在世界上大部分发达国家都已是事实。虽然现金流量折现法的适用越来越广泛,却因其在信息技术领域(IT 行业)导致过度谨慎地进行投资决策而被一些人批评。批评家们认为 IT 投资收益是很难量化的,而这样的投资带来了无法预测的机会,如果忽略一些潜在的收益和机会,公司会放弃一些可取的 IT 投资。

最近,有人提出有两种方法可以用来改变这种局面,基本上就是在运用现金流量折现分析的基本原则,但增加了复杂程度来帮助确定和评估 IT 投资的所有收益:(1) 运用作业成本法(ABC)更好地定义和量化 IT 投资收益;(2) 运用期权定价模型来确认 IT 投资导致的未来期权价值。

用作业成本法更好地评价一项 IT 投资收益,只不过是衡量现金流量折现模型的现金流量的方式的改进。均富会计师事务所负责业绩管理实务的斯科特·盖姆斯特建议,对于 IT 投资的资本预算分析通常主要看直接成本与收益,而忽略了间接成本的许多节约额。因为作业成本核算系统的重点在于间接成本,这有助于确定新 IT 系统的其他成本影响。对作业的关注使管理者们可以更好地评价对一个新 IT 系统的各种影响。例如,一个企业资源规划系统(ERP)将改变一个公司许多作业中的大部分工作。在 ERP 系统得以潜在实施的情况下审查每一项作业,都将帮助管理者们评价新系统的全部影响。

另一个建议是使用期权定价理论来评价 IT 投资,这是现金流量折现法的改进而非替代选择,它可以被应用到销售点借记卡服务的时间配置决策中——这一服务是由新英格兰北方的美国人开通的 24 小时电子银行提供的,它可以清楚地确认一项当前投资决策所产生的未来机会,并且通过最大范围的可能产出来测定一项潜在投资的价值。描述期权定价模型并非我们的目的,我们把这一问题留给金融专业的教材。但是模型的本质是可能的未来期权对当期投资决策的价值的影响。例如,即期投资会失去 6 个月后有更多的信息时进行一项相似投资的期权;或者即期投资会创造一个允许在未来进行追加投资的基础,如果不是这样,投资就不可能。用即期投资决策限制或扩展未来期权必定会影响投资期望。

IT 投资者对现金流量折现模型的批判应该促进现金流量折现方法的改进而不是否决它。当然,如果不用改进的方法,管理者们必须判断投资的主观影响,但是现金流量折现分析是不衡量投资的主观影响的。

资料来源:Adapted from S. Gamster, "Using Activity Based Management to Justify ERP Implementations," *Journal of Cost Management*, September/October 1999, pp. 24—33; M. Benaroch and R. J. Kauffman, "A Case for Using Real Options Pricing Analysis to Evaluate Information Technology Project Investment," *Information Systerm Research*, March 1999, pp. 70—76; and G. C. Arnold and P. D. Aatzopoulos, "The Theory-Practice Gap in Capital Budgeting: Evidence from the United Kingdom," *Journal of Business Finance and Accounting*, June/July 2000, pp. 603—626; and M. Amram and K. M. Howe, "Real-Options Valuations: Taking Out the Pocket Science," *Strategy Management*, February 2003, pp. 10—13。

净现值法的运用

本章中我们主要是利用下面的例子来说明现金流量折现模型的应用:鹿谷滑雪场的滑道经理正在考虑购买新的更有效的铲雪(snow grooming)设备,这种设备可望提高工作效率,并且预计每年节约现金支出 2 000 美元。这套设备的使用年限是 4 年,在使用年限结束后残值为零。设备的现值是 5 872 美元,最低期望报酬率为每年 10%。

运用净现值法有以下几个步骤,具体见表 11-1。

> **目 的 1**
> 描述资本预算决策,并用净现值法作资本预算决策。

第 11 章 资本预算

表 11-1 净现值法

初始投资为 5 827 美元,生命周期为四年,每年营运现金的流入为 2 000 美元,最低要求报酬率为 10%。括号内为现金流出,无括号的为现金流入。总现值近似到个位。

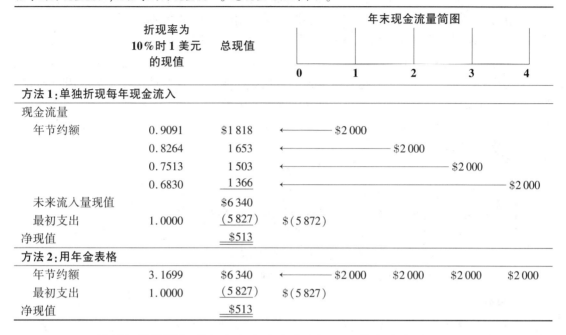

1. 编制相关的预期现金流入和流出表:表 11-1 的右边表示这些现金流量是怎样被概述的,加括号表示现金流出。记住一定不要遗漏初始投资金额。尽管这个图标并不是必需的,但它有助于你看清成本及成本间的关系。

2. 计算各项预计现金流入与流出的现值:查阅附录 A 中的表 1,从表中正确的行和列中找出每年现金流量的现值系数,再将各项预计的现金流入与流出数乘以合适的现值系数。例如,两年后取得的 2 000 美元的现值为 $2 000 × 0.8264 = $1 653$。

3. 计算各项净现值之和:合计数即为该项目的净现值。选择净现值为正数的项目,放弃净现值为负数的项目。

4 个金额为 2 000 美元的现金流入的净现值为 6 340 美元,而管理者只需付出 5 827 美元——一个项目的净现值为 $6 340 − $5 827 = $513,因此这个项目是可行的。

选择正确的表格

表 11-1 同时显示了另外一种计算净现值法的方法,在这里称为方法 2,其基本步骤和方法 1 是一样的——唯一不同的是方法 2 使用的是附录 A 的表 2 而不是表 1。表 2 是年金表,它提供了一条减少手工计算的捷径:提供了用于计算在相等时间间隔点的一系列相等现金流量的折现系数。由于例子中的 4 个现金流量都相等,你可以用表 2 来进行一次性现值计算而不需要用表 1 来进行 4 次单独计算。表 2 只是对表 1 中相关现

值系数进行了加总而已,因此折现率是10%、期限为4年的年金现值系数为①:

$$0.9091 + 0.8264 + 0.7513 + 0.6830 = 3.1689$$

注意不要用错表格了,你应该使用表1来折现单个数值,而表2则用于折现一系列相等的数值。当然,表1是表2的基础,它可以用于所有现值的计算。

当使用计算机的现值计算功能或者在计算机上使用Excel表格程序的现值功能时,你可以完全不用表1或表2,但是我们建议你在学习净值法时运用表格,因为使用这两个表格可以使你更好地理解现值计算的整个过程。当你对这种方法应用自如时,你就可以享受计算器和计算机所带来的速度和方便了。

管理决策练习

经理常会觉得对货币的时间价值有直观的感觉是很有用的。对于以下三项现值,先估计再用8%的折现率计算。利用附录A的表1和表2。

1. 5年后获得的1 000美元的现值。
2. 五年内每年年末获得的1 000美元的现值。
3. 未来3、4、5年每年年末获得的1 000美元的现值。

答案:

估算的值会由于你的技巧和对现值计算的经验的不同而不同。计算的结果如下:

1. 解答第1题要求使用表1中行为5年、列为8%的折现系数:

$$\$1\,000 \times 0.6860 = \$680.60$$

2. 解答第2题要求使用表2中行为5年、列为8%的折现系数:

$$\$1\,000 \times 3.9927 = \$3\,992.7$$

3. 解答第3题有几种方法,其中两种为:

仅使用表2:$1 000 × (3.9927 − 1.7833) = $2 209.40

使用表1和表2:$1 000 × 2.5771 × 0.8573 = $2 209.35

这两种方法存在0.05美元的误差。

最低报酬率的影响

最低报酬率对净现值有很大的影响。最低报酬率越高,未来的每项现金流入的现值就越低。为什么呢?因为报酬率越高,等待未来的现金流量而不进行现期投资的代价就越大。因此,高的折现率导致低的项目净现值。例如,按16%的折现率,表11-1中的项目净现值就变为−231美元。即$2 000 × 2.7982 = $5 596,比所需的投资5 287美元多了231美元,而不是折现率10%下计算的513美元。(现值系数2.7982来源于附

---

① 误差使附录A中表2数据和表1数据的加总额相差0.0001。

录 A 的表 2。)当要求的报酬率不是 10% 而是 16% 的时候,该项目的 5 827 美元的价格就不合算了。

净现值模型的假设

我们必须对使用净现值模型作出两个主要的假设。首先,我们假设一个确定的环境,即假定预期的现金流入和流出在指定时间内是确定发生的;其次,我们假设资本市场是完美的,也就是在任何时候如果我们需要额外的现金,都可以用相同的利率借入或借出资金,此利率即是我们的最低报酬率。如果这些假设成立,则没有比净现值更好的模型了。

然而,事实上既没有确定的环境也没有完美的资本市场。尽管如此,由于其他大部分模型的假设更加缺少现实性,净现值模型通常比它们更好一些。净现值模型并不完美,但它通常符合我们的成本—收益标准,也就是说,运用净现值模型进行决策获得的收益大于所付出的成本,而运用其他复杂的模型进行决策时获得的收益,往往不能抵消其应用成本。

折旧与净现值

在计算净现值时,并不需要扣除折旧。为什么呢? 因为净现值以现金流入和流出为基础,而非以会计意义上的收入和费用为基础。② 但折旧不是现金流量,这是一种把长期资本成本(通常在构置时已用现金支付)分摊到不同时期的方法。因为资本成本的现金流出已记录和计算,而在未来现金流量中扣除折旧就好比对资产成本计算两次——一次在购置时,另一次则在资产使用期。

关于决策制定的回顾

你一定要明白为什么净现值是这样操作的,而不仅仅只是懂得如何去运用它。由于货币时间价值的影响,我们的例子中的决策者不能直接把即期现金流出 5 827 美元与未来一系列的每年现金流入 2 000 美元相比。净现值模型用现期的货币单位(如美元、法郎、马克或日圆)把各期金额折现到零点从而有助于进行比较。最低要求报酬率衡量了使用货币的成本,折现率为 14% 时,其比较如下:

现期美元流出	$(5 827)
折现率为 14% 时现期美元等量流入	5 827*
净现值	$0

* $2 000 × 2.9137 = $5 827。

因此,在要求报酬率为 14% 时,决策者并不在乎是现期持有 6 075 美元,还是拥有

---

② 在本章中,我们的例子通常假定现金流入与收益等价,现金流出与费用(除折旧外)等价。当然,如果收益与费用是在会计的权责发生制基础上核算的,那么对一个精确的现金流量折现模型所要确认的现金流入和流出就会有所提前或滞后。例如,10 000 美元的赊销额在一个时期会按收益记录,但其相关的现金流入必须在收款后才能被现金流量折现模型确认,这可能发生在第二个时期。本章不做这种安排。

一系列4年期的年现金流入2 000美元。如果利率为16%,决策者会发现项目已不再具有吸引力,因此净现值将会是−231美元。下图表示折现率和净现值之间的关系。

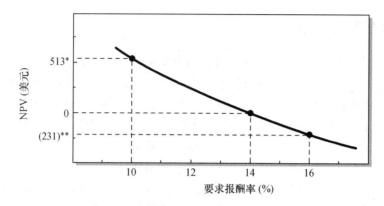

* ($2 000 × 3.169 9) − $5 827 = $513
** ($2 000 × 2.798 2) − $5 827 = $(231)

折现率为10%时,净现值是513美元,所以项目是可行的。当折现率低于14%时,净现值都是正的,高于14%的折现率会使净现值为负。

内含报酬率模型(IRR)

另一个流行的现金流量折现模型是**内含报酬率模型(IRR)**。这个模型决定在净现值为零时的利率。如果这个利率,即内含报酬率,比最低报酬率大,那么这个项目就是可行的。

> **内含报酬率模型(IRR)**(internal rate of return(IRR) model):确定利率使净现值为零的资本预算模型。

如果不是如此,此项目不可行。金融书籍中有关于内含报酬率模型的描述,我们这里就不深谈了。尽管如此,大多数的内含报酬率模型得出的结果与净现值法一致。在我们的例子中,内含报酬率是14%。因此,当我们的最低报酬率是10%时(或者任何低于14%的最低报酬率),我们可以接受这个项目。在任何最低报酬率高于14%时,我们会否决它。总的来说,我们发现:

如果内含报酬率>最低报酬率,那么净现值>0且我们应接受此项目。
如果内含报酬率<最低报酬率,那么净现值<0且我们应否决此项目。

由于净现值模型和内含报酬率模型在大多数投资计划的一致性,对于这章的所有示例,我们都将应用净现值模型。

实物期权模型

总的来说,内含报酬率模型大体上是与净现值模型一致的,实物期权的应用则是对净现值模型的改进。它更精确,且仅有一些公司在日常资本预算决策中应用它。但是,

第 11 章 资本预算 529

它是一项重要的创新,并且必然会流行。正如内含报酬率模型,我们把这个模型的细节留给金融书籍。**实物期权模型**承认或有投资——即企业可根据其成功的潜力不断调整的投资——的价值。例如,一项企业可以分步实施的计划,即这个计划的某一阶段的投资只有在前一阶段投资成功的基础上才能实施,会优于一个"全有或全无"的计划,即这个计划的全部投资一次性发生。即使这个分步投资的预期净现值会少些(这是很有可能的,因为当整个投资程序不是一次性发生时,会造成效率的降低),如果企业在早期可以收集足够的信息来为后期作出更好的决策,分步投资将是更好的方式。

> **实际期权模型(real options model)**:承认或有投资——企业可根据其成功的潜力不断调整的投资的资本预算模型。

现金流量折现模型中的敏感性分析及风险评估

由于未来的不确定性,实际现金流量与预期或预测的会有所差异。为了检查这一不确定性,管理人员通常运用敏感性分析,这种分析可以显示实际现金流入和流出与预期不同时将产生的财务后果——它可以回答一些"如果……将会怎样"的问题,例如:如果我对使用寿命或现金流量的预测发生改变,那么净现值会如何变化呢? 理解敏感性分析的最好方法是看实例,所以让我们看一个例子。

> **目 的 2**
> 运用敏感性分析评价投资项目。

假设鹿谷的管理人员知道表 11-1 的实际现金流入可能会下降到低于预期的 2 000 美元的水平。在净现值变为负值之前,年现金流入可以降到 2 000 美元以下的多大幅度? 净现值为零时的现金流入就是盈亏平衡时的现金流量:

$$NPV = 0$$
$$(3.1699 \times 现金流量) - \$5\,827 = 0$$
$$现金流量 = \$5\,827 \div 3.1699$$
$$= \$1\,838$$

如果年现金流入少于 1 838 美元,净现值就为负,该项目就应该被否决。因此年现金流入下降 $2\,000 - \$1\,838 = \$162$ 或者 8.1% 时,管理者就会改变决策。

管理人员之所以偏好敏感性分析,是因为它能提供未来可能事件的即期答案,而且它可以通过提供某种决策来预测变化的敏感性程度而向管理人员显示既定项目存在多大的风险。项目的敏感性越强(净现值随现金流量的变化而发生更大的变化),风险就越高。敏感性分析也许会很快变得复杂,完全靠手工计算会棘手而又乏味,幸而有大量的敏感性分析软件,可以让计算机处理所有计算工作而让管理人员和会计人员专注于对结果的分析。

两个项目净现值的比较

至此,我们已经知道如何运用净现值法去评估一个既定项目。在实际中,管理人员极少在某一时期只分析一个项目,相反,他们需要对几种备选方案进行对比,看哪一种是最好的或是最有利可图的。我们现在要考虑如何用净现值法比较两个或者多个备选方案。

> **目 的 3**
>
> 用全部项目法和差别法计算两个项目之间的净现值差额。

全部项目法和差别法

比较备选方案的两种普遍方法是:(1) 全部项目法;(2) 差别法。

全部项目法(total project approach) 先计算对于每个备选方案的现金流量的总影响,然后将这些现金流量全部折为现值。这是最流行的方法,并且可以应用于任何数目的备选方案的比较。总现金流量的净现值最大的备选方案是最好的。

> **全部项目法(total project approach)**:先计算对于每个备选方案的现金流量的总影响,然后将这些现金流量全部折为现值,再以此比较待选方案的一种方法。

差别法(differential approach) 计算两个备选方案间现金流量的差额并将其折为现值。这种方法不能用于两个以上备选方案的比较,通常用于比较的两种方案是:(1) 开始一个项目;(2) 不作任何选择。

> **差别法(differential approach)**:计算两个备选方案间现金流量的差额并将其折为现值,再以此比较待选方案的一种方法。

让我们对差别法和全部项目法进行比较。以鹿谷滑雪场的一个拉动滑雪升降梯的发动机为例。假设滑雪场在三年前以 56 000 美元购入这台机器。这台机器还有 5 年的使用寿命,但它需要在 2 年后进行大修,预计花费 10 000 万元。机器现在的残值为 20 000 美元,5 年后它的残值预计为 8 000 美元。假定费用为 10 000 美元的大修如期进行,预计这台机器每年的现金运行成本为 40 000 美元。一位销售代表提出可花费 51 000 美元来购买新机器,这台新机器每年可节约现金运行成本 10 000 美元,不需要任何检修,有 5 年的使用寿命,并有 3 000 美元的残值。若最低报酬率为 14% ,公司该做何选择以减少长期运行成本。

不管用哪一种方法,进行资本预算决策最困难的部分也许就是预测相关现金流量:分析哪些事项会引起现金流入或流出是非常棘手的,尤其是当现金流量很多的时候。然而,不知道备选方案的现金流量就无法对它们进行比较。所以无论是用全部项目法还是差别法,第一步就是安排出项目的相关现金流量,表 11-2 显示了每种方案的现金流量是怎样被概述的——下一步就取决于所用的方法了。

全部项目法:确定每个项目现金流量的净现值,选择具有最大正净现值或者最小负净现值的项目。表 11-2 显示替换发动机的净现值为 -132 435 美元,这是好于保留发动机的净现值 -140 864 美元的。优势是 $140 864 - $132 435 = $8 429。大多数现金流量是负的,因为这是运行发动机的成本。具有最低成本——最小负净现值的选择是最理想的。

第 11 章 资本预算

表 11-2 净现值的全部项目法和差别法

	折现率为14%时的现值系数	总现值	年末税后现金流量图					
			0	1	2	3	4	5
Ⅰ. 全部项目法								
A. 更换设备								
年现金运行成本,用年金表*	3.4331	$(102 933)		($30 000)	($30 000)	($30 000)	($30 000)	($30 000)
5年后残值	0.5194	1 558						$3 000
最初所需投资	1.0000	(31 000)	($31 000)					
净现金流出现值		$(132 435)						
B. 保留现有设备								
年现金运行成本,用年金表	3.4331	$(137 324)		($40 000)	($40 000)	($40 000)	($40 000)	($40 000)
2年后大修	0.7695	$(7 695)			$(10 000)			
5年后残值	0.5194	4 155						$8 000
净现金流出现值		$(140 864)						
对更换有利的差额		$8 429						
Ⅱ. 差别法								
A-B. 对差额的分析								
现金运行节约成本额用年金法	3.4331	$34 331		$10 000	$10 000	$10 000	$10 000	$10 000
2年后避免的大检修	0.7695	7 695			$10 000			
5年后残值的差额	0.5194	(2 597)						$(5 000)
增加的最初投资	1.0000	(31 000)	($31 000)					
更换的净现值		$8 429						

* 附录 A,表 2。

差别法:算出差别现金流量。换句话说,假设实施其中一个项目(如项目 A),再如第 6 章介绍的那样进行差别分析。确切地说,就是每年从项目 A 的现金流量中减去项目 B 的现金流量,注意现金流入是正值,而现金流出是负值;然后计算出差别现金流量的净现值。若这一净现值是正的,选择项目 A(根据净现值,项目 A 最好);若是负的,则选择项目 B(根据净现值,项目 B 最好)。全部项目法计算两个项目的净现值的差别,而差别法计算两个项目的现金流的差别的净现值。两者得出了同样的总差别:替换方案有 8 429 美元的优势。

表 11-2 列示出两种方法都能得到相同的答案。所以如果仅有两个备选方案,这两种方法是可以互换的。如果我们的例子有两个以上的备选方案,那么我们就只能选用全部项目法。

净现值的相关现金流量

正如前面所说,预测现金流量是资本预算中最困难的部分。当你列出相关现金流量时,一定要考虑四种流入和流出:(1) 最初零时点的现金流入和流出;(2) 在营运资本上的投资,如应收账款和存货;(3) 未来残值;(4) 经营性现金流量。

> **目 的 4**
> 确认净现值分析中的相关现金流量。

最初零时点的现金流入和流出 这些现金流量包括购买和安装设备的现金流出和新项目所需的其他款项,以及处理被替换物时所带来的现金流入或流出。在表 11-2 中卖掉旧机器得来的 20 000 美元与新机器的买价 51 000 美元相抵,得到一个净现金流出 31 000 美元。如果旧机器没有卖掉,那么拆除和丢弃旧机器所发生的任何成本都应加到新机器的买价中。

在营运资本上的投资 在资本预算模型中使用来自销售的现金流入(而不是利润)和来自费用的现金流出(而不是应记费用,如销货成本)的预测的公司不需要考虑营运资本中各个投资的会计计量。尽管如此,利用权责发生制的收入和费用来估计现金流的企业必须考虑营运资本(即主要是应收账款加存货减应付账款)作为另一种投资。对营运资本的投资与对厂房设备的投资一样是最初的现金流出。在净现值模型中,最初支出被列入了简图中零始点的现金流出。然而,营运资本在项目生命周期末与厂房设备是不一样的:对厂房设备的投资在项目生命周期内通常会被耗尽,如果有的话也仅仅是很小的一点残值;相反地,营运资本的投资会一直存在直至项目结束。因此,我们把所有一直存在的投资看做在项目结束时的现金流入。营运资本(通常是应收资本和存货)的期初投入与它的期末回收投资的现值之间的差异是该项目使用营运资本的成本。

管理决策练习

考虑鹿谷礼品店正在进行扩张。假设它需要对建筑和固定资产额外投资 10 000 美元,建筑的使用寿命是 20 年并在 20 年后有 1 000 美元的残值。它也需要在零时点对存货投入现金 6 000 美元。鹿谷会在第一年卖出这批存货并用 6 000 美元买入下一批,这样的投资会每年进行并持续到第 19 年。然而,在第 20 年时将不会继续购入存货,因为销售不会持续到项目结束后。如下表所示,假设鹿谷用收入和费用来估计每年的现金流量。完成现金流量简图,在表格中填入存货的净现金流(即 a、b、c、d 和 e)。

现金流量简图

年末	0	1	2...	19	20
对建筑物和固定资产的投资	$(10 000)				$1 000
对营运资本(存货)的投资	a	b	c	d	e
收入(现金流入的估计)	$0	12 000	12 000...	12 000	12 000
销货成本(现金流出)	$0	(6 000)	(6 000)...	(6 000)	(6 000)

答案:

我们在零始点用 6 000 美元购买存货,因此 a = $(6 000)。在第一年这成为 6 000 美元的费用(销货成本),同时我们又花了 6 000 美元买存货,以此循环直到第 19 年。因此,从第一年到第 19 年都有费用和由存货引起的现金流出 6 000 美元。这个费用即是这些年每年现金流出的一种合适的计量方式。而我们记录中再没有对存货的投资,即 b = c = d = 0。尽管如此,在第 20 年存在 6 000 美元的费用却没有现金流出。既然费用高估了 6 000 美元的存货,我们应该在营运资本的投资中加上 6 000 美元的现金流入,即 e = $6 000。基本上这代表了 6 000 美元存货的原始投入的收回。对营运资本的投资(这里只有存货)反映了对收入和成本的实际计量与用来资本预算的现金流计量之间的差别。如这个表格所示,建筑物和固定资产的残值会很小。然而,当礼品商店终止这项业务时,它通常可以收回存货投资的现值。

未来残值 资产可能会有相关残值。项目结束时的残值会增加当年的现金流入。对于期末残值的估计错误通常不会产生重大影响,因为它们的现值一般很小。

经营性现金流量 大部分投资的主要目的是希望能影响经营性现金的流入和流出,这些影响有些是难以衡量的,而且有三点需要特别注意。

第一,唯一相关性的现金流量是那些在备选方案中有差别的现金流量。固定间接成本通常在所有有效选项中都是一样的,如果是这样,这些费用确实可以被忽略。在实务中,很难精确地确定哪一项成本在被选项目中有所不同。

第二,如前所述,折旧和账面价值应该不计。资本成本是由最初的支出确认的,并不像在会计的权责发生制下那样由折旧来确认。

第三,现金流出的减少相当于现金流入,两者都表示价值的增加。

技术投资的现金流量

许多资本预算决策把进行一项可能性投资与维持现状不变进行比较——投资一项高度自动化的生产系统以取代传统系统,就是此类决策。对于自动化系统的现金流预测应该与对于未来继续使用现有系统的现金流预测进行比较,后者并不一定等于目前的现金流量。为什么呢?因为竞争环境始终在改变。如果其他企业投资自动化系统,没做此项投资就可能导致销售额的下降,从而导致一个不具有竞争力的成本结构。若不使用自动化系统,将来可能会引起现金流量的持续下跌。

假设一个公司使用传统系统,当年有 10 000 美元的净现金流入。投资一个自动化系统会使净现金流入增加到 12 000 美元,不投资则会使净现金流入减至 8 000 美元。投资收益的现金流入是 $12 000 - $8 000 = $4 000,而非 $12 000 - $10 000 = $2 000。

小结与复习

问题:

复习表 11-2 的问题和解答,按下面的要求进行敏感性分析,假定各个要求是相互独立的。

1. 如果最低要求报酬率为 20%,计算选择的净现值的差值。
2. 若预测经营性现金成本为 35 000 美元,而不是 30 000 美元,用 14% 的折现率计算选择的净现值差值。
3. 在该项目选择的净现值差额趋近于零之前,经营性现金节约额最多能比预测的 1 000 美元低多少?使用原来的折现率 14%。

答案:

1. 可以使用全部项目法或差别法。若使用差别法,则:

	总现值
年经营性现金节约额,用年金表(附录 A 的表 2):2.9906 × $10 000 =	$29 906
避免的检修:0.6944 × $10 000	$6 944
残值差异:0.4019 × $5 000	(2 010)
增加最初投资	(31 000)
更换所带来的净现值	$3 840

> 2.
>
> | | |
> |---|---:|
> | 表 11-2 中的净现值 | $8 429 |
> | 每年额外增加经营成本 5 000 美元的现值:3.433 1 × $5 000 | (17 166) |
> | 新的净现值 | $(8 737) |
>
> 由于每年少节约 5 000 美元,新机器的净现值为负,因此项目是不可取的。
>
> 3. 令 X = 年经营性现金节约额,并找出这样的 X 值使得净现值 = 0,则:
>
> $$0 = 3.433\,1(X) + \$7\,695 - \$2\,597 - \$31\,000$$
> $$3.433\,1X = \$25\,902$$
> $$X = \$7\,545$$
>
> (注意:$7 695,$2 597 和 $31 000 都在表 11-2 的底部)
>
> 如果年节约额从 10 000 美元下降到 7 545 美元,即下降了 $2 455 或相当于 25%,那么净现值就达到零点。
>
> 另一个得到相同答案的方法是将净现值 8 429 美元(见表 11-2 底部)除以 3.433 1 得到 2 455 美元,即为所求的使净现值变为零的年节约额的差额。

所得税和资本预算

制定资本预算决策时,我们必须考虑另外一种现金流量:所得税。公司支付的所得税是现金的流出,它们在资本预算中的基本

> 目 的 5
>
> 计算项目的税后净现值。

作用与其他现金支出没有什么区别,但是税额可减少项目间的现金差异。例如,如果一个项目的经营性现金流量节约额比另一个项目多出 1 000 000 美元,40% 的所得税税率会使经营性现金节约额减至 600 000 美元。为什么呢?因为节约额中的 400 000 美元 (40% × $1 000 000)要用来纳税。

美国的公司必须交纳联邦所得税和州所得税,联邦所得税在利润的基础上征收,税率随着利润的增加而提高。一般公司应纳税所得额在 50 000 美元以下的,现行联邦所得税税率为 15%,之后的税率不断增加,直到公司应纳税所得额超过 335 000 美元,而这时在增加的利润额上征收 34%—38% 的税。各个州的州所得税税率都不相同,因此,一个公司所缴纳的综合税率(即联邦税税率和州税税率之和)是不大一样的。

在资本预算中,相关税率是**边际所得税税率**(marginal income tax rate),即税前利润增加额所适用的税率。例如某公司的税

> **边际所得税税率**(marginal income tax rate):税前利润增加额所适用的税率。

前利润的第一个 50 000 美元,付 15% 的所得税,超过 50 000 美元的税前利润要付 30% 的所得税,那么税前利润为 75 000 美元时,公司的边际所得税税率是多少呢?这一边际税率是 30%,因为公司任何增加的税前利润都按 30% 付税。相比较而言,公司的平

均所得税税率只有20%（即15% × $50 000 + 30% × $25 000 = $15 000 是税前利润为75 000 美元时的应付税金）。当我们衡量资本预算决策中的纳税影响时，经常要用到边际税率，因为它是适用于所计划项目产生的现金流量增加额的税率。

折旧扣除效果

缴纳所得税的组织一般保留两套账本：一套向公众报告，另一套向税务当局报告。在美国这种行为并不是非法的或不道德的——实际上，这是很必要的。税务报告要服从一些用以达到特定社会目标的规则，这些规则通常使得组织无法编制出能够最好地衡量一个组织的财务结果和状况的财务报表。因此，如果单独设置一套适用于财务报告的原则，对于财务报告的使用者来说更具有信息告知作用。本章我们将主要研究税额现金支付的计量问题，因此我们把重点放在税务报告原则而不是那些公开财务报告原则上。

在税务报告和公开财务报告中经常存在的一个不同项目就是折旧。回忆一下，折旧是将一项资产的成本在其有用寿命期内摊销。另外，美国税务当局允许采用**加速折旧法（accelerated depreciation）**，这样就将资产成本的大部分都摊销在了前几年里，而后几年则摊销较少。公开报告里使用的资产折旧通常每年都是一样的，这就称为直线折旧。例如，一项价值10 000 美元的资产在5 年的有效寿命期内折旧，用直线折旧法每年摊销$10 000 ÷ 5 = $2 000；而用加速折旧法时，前几年的摊销额多于2 000 美元，而后几年的摊销额少于2 000 美元。

> **加速折旧法（accelerated depreciation）**：一种将资产成本的大部分摊销在前几年，而后几年则摊销较少的折旧方法。

表11-3 显示了鹿谷滑雪场所拥有的一项假定资产的税前利润、所得税和折旧之间的关系。假定鹿谷滑雪场的一台造雪设备以125 000 美元的现金购买。该设备有5 年的**回收期（recovery period）**，即一项资产基于税收目的进行折旧的年数。使用该设备的年销售收入为130 000 美元，费用（不包括折旧）为70 000 美元。设备的购置成本以每年折旧的形式在纳税时得以扣除。

> **回收期（recovery period）**：一项资产基于税收目的进行折旧的年数。

表11-3　鹿谷滑雪场——造雪设备

利润表、所得税和现金流量的基本分析

	传统年度利润表	
(S)	收入	$130 000
(E)	减去：费用，不包括折旧	$70 000
(D)	折旧（直线法）	25 000
	总费用	$95 000
	税前利润	$35 000
(T)	所得税	14 000
(I)	净利润	$21 000
	对现金的税后总影响为：	
	S − E − T = $130 000 − $70 000 − $14 000 = $46 000	
	或 I + D = $21 000 + $25 000 = $46 000	

(续表)

相同事实的资本预算分析

(S−E)	经营对现金的影响	
	来自经营的现金流入：$13 000 − $70 000	$60 000
	所得税的流出(税率为40%)	24 000
	来自经营的税后流入(不含折旧)	$36 000
	折旧的现金影响：	
(D)	直线折旧：$125 000÷5 = $25 000	
	所得税节约额，税率为40%	10 000
	对现金的税后总影响	$46 000

对造雪设备这样的固定资产进行折旧，将产生未来的税额扣除。在本例中，这些扣除总值达到了全部买价125 000美元，这一扣除额的现值直接取决于它每年对未来所得税支付额的特定影响，因此现值也就受到回收期、折旧方式的选择、税率和折现率的影响。

表11-4分析了鹿谷滑雪场的资本预算数据，假定公司为税收目的采用直线折旧法，投资该项资产的净现值为40 821美元。

表11-4 所得税对资本预算分析的影响

假定：设备原始成本为125 000美元，5年寿命；最终残值为零，年税前经营性现金净流入为60 000美元，所得税税率为40%，要求税后报酬率为12%。除折现系数外所有项目以美元为单位。税后现金流由表11-3得来。

	12%的折现系数，来自正确的表格	折现率为12%的总现值	年末税后现金流量简图					
			0	1	2	3	4	5
经营对现金的影响，不包括折旧，$6 000×(1−0.4)	3.6048	$129 733		36 000	36 000	36 000	36 000	36 000
直线折旧的现金影响：所得税节约额，$25 000×0.4	3.6048	36 048		10 000	10 000	10 000	10 000	10 000
对现金的税后总影响		165 821						
投资额	1.0000	(125 000)	(125 000)					
投资净现值		$40 821						

125 000美元的投资实际上可获得两项现金流量：(1) 来自经营活动的净现金流入；(2) 所得税支出的节约额(在资本预算中与增加现金流入有相同的结果)，因为公司在计算应纳税利润时是可以扣除折旧的。折旧方式的选择不会影响经营中的现金流入，但不同的折旧方式会影响所得税的现金流出，也就是说，直线折旧法会产生一个税收节约额的现值，而加速折旧法则会产生一个不同(高)的现值。

纳税扣除、对现金的影响和时间分布

注意表 11-4 中经营对现金的净影响是由税前金额乘以（1 – 税率，即 1 – 0.4 = 0.6）得来的。总影响是现金流量本身减去税金的影响。销售收入每增加 1 美元，税金就会增加 0.4 美元，净现金流量增加 0.6 美元。费用每增加 1 美元，税金就会减少 0.4 美元，净现金流量减少 0.6 美元。因此，来自经营活动的净现金流入为 \$130 000 – \$70 000 = \$60 000，其税后影响为 \$13 000 × 0.6 – \$70 000 × 0.6 = (\$130 000 – 70 000) × 0.6 = \$60 000 × 0.6 = \$36 000。

相比较而言，非现金费用（折旧）的税后影响则由纳税扣除额 25 000 美元乘以税率本身计算得来，即 \$25 000 × 0.4 = \$10 000。注意这是现金流入，因为它减少了税收支付。非现金费用对现金的总影响仅仅是税金节约效果。

在本章中，我们假设所有的所得税流量和相关的税前现金流量同时发生。例如，我们假设 60 000 美元的净税前现金流入与相关的 24 000 美元的税额支付都在第一年发生，没有任何的税额被递延到第二年。我们的另一个假定是问题中的公司都是赢利的，也就是说，在所描述的条件下，公司有足够的各种来源的应纳税收入使这些所得税上得来的好处得以发挥。

加速折旧法

政府经常允许使用加速折旧法来鼓励长期资产投资。我们来看为什么加速折旧法对投资者是有吸引力的。回忆表 11-4 中的数据。假设整个原始投资在所得税报告中可被立即核销（这些假设在一些国家是实际情况）。我们可以看到净现值将从 40 821 美元上升到 54 773 美元。

	现值	
	表 11-4	立即全部核销
经营对现金的影响	\$129 773	\$129 773
折旧对现金的影响	36 048	50 000 *
对现金的税后总影响	165 821	179 773
投资额	(125 000)	(125 000)
净现值	40 821	54 773

* 假设纳税影响与投资同时在零时点发生：\$125 000 × 0.4 = \$50 000。

总而言之，折旧进行得越早，所得税节约额的现值就越大。不管用哪一种折旧方法，税金节约总额是一样的。本例中由折旧扣除带来的税金节约，或者是 0.4 × \$125 000 = \$50 000 的当期节约，或者是 5 年内每年 0.4 × \$25 000 = \$10 000 而总额为 50 000 美元的节约。但货币的时间价值使当期节约比未来节约来得更有价值，所得税规划里的座右铭是"当有合法选择时，要尽早而非尽晚地进行扣除"和"要尽晚而非尽早地确认应纳税收入"。

管理者们有义务在法律许可范围内为股东尽可能地减少和递延税额的缴纳。例如,精明的管理者在法律许可的时候会用加速折旧法而不是直线折旧法。这被称为避税。精心的纳税规划能带来巨大的财务回报。然而,管理者不能进行逃税,即通过记录伪造的扣除额或不报告收入非法地减少纳税额。避税的管理者可以得到奖励,而逃税的则通常会入狱。

有时避税和逃税之间的界线并不明显。专家们试图理清这之间的灰色地带——"伪避税"。那些不是直接地违法但又确实与税法的意图相左的税收策划便是属于这种类型。例如,政府控告泰科(Tyco)的管理人员利用相对合法但不道德的方式减少税收。尽管关于是否合法的事物也是合乎道德的这个问题存在争议,某些节税策略确实是既不合法也不合乎道德的。特别是,关于泰科管理层准备假发票和运送空箱到位于新罕布什尔州的集团总部来欺骗税务部门的指控(如果是真的话)代表了既违法又不道德的行为。

修正的加速成本回收制

在美国的所得税法下,公司大部分资产的折旧均采用**修正的加速成本回收制(MACRS)**,这种制度为所有种类的资产规定了一个回收期以及一个加速折旧时间表。每种资产归为表 11-5 中八类的一类。

> **修正的加速成本回收制**(modified accelerated cost recovery system,MACRS):在美国的所得税法下,公司用来折旧大部分资产的一种方法。

表 11-5 修正的加速成本回收制(MACRS)的资产分类举例

3 年	几种特定行业的特殊工具、路面牵引机
5 年	汽车、卡车、研究设备、计算机、指定行业的计算设备
7 年	办公设备、火车轨道、大部分行业的机器设备
10 年	水上运输设备、某些指定行业的机器设备
15 年	大部分土地改良设施、某些指定行业的机器设备
20 年	农场建筑物、发电和送电设备
27.5 年	居住用的租赁房地产
31.5 年	非居住用的租赁房地产

表 11-6 显示了 MACRS 的资产回收期为 3、5、7 以及 10 年的折旧时间表。要注意每个时间表都比回收期延长了一年,因为 MACRS 假设有一个半年期的折旧发生在第一年而另一个半年期的折旧发生在最后一年。因此,一个 3 年期的 MARCRS 折旧时间表各有半年折旧在第 1 年和第 4 年,而第 2 年和第 3 年有全年的折旧。我们可以把 MARCRS 折旧应用到表 11-4 所示的例子中,假设鹿谷已购入的造雪设备属于 MACRS 的 5 年期资产。

表 11-6 MACRS 折旧时间节选表

纳税年度	3 年期财产	5 年期财产	7 年期财产	10 年期财产
1	33.33%	20.00%	14.29%	10.00%
2	44.45	32.00	24.49	18.00
3	14.81	19.20	17.49	14.40
4	7.41	11.52	12.49	11.52
5		11.52	8.93	9.22
6		5.76	8.92	7.37
7			8.93	6.55
8			4.46	6.55
9				6.56
10				6.55
11				3.28

年度	(1)	(2)	(3)	(1)×(2)×(3)
1	0.40	0.8929	$125 000 × 0.2000 = $25 000	$8 929
2	0.40	0.7972	125 000 × 0.3200 = 40 000	12 755
3	0.40	0.7118	125 000 × 0.1920 = 24 000	6 833
4	0.40	0.6355	125 000 × 0.1152 = 14 400	3 660
5	0.40	0.5674	125 000 × 0.1152 = 14 400	3 268
6	0.40	0.5066	125 000 × 0.0576 = 7 200	1 459
				$36 904

鹿谷公司用 MACRS 代替直接折旧法所获得的收益为多少呢？注意：用 MACRS 得出的税金节约额的现值 36 904 美元比直线折旧法下得到的 36 048 美元（见表 11-4）高出了 856 美元。

MACRS 折旧的现值

管理者在资本预算决策中通常想知道折旧带来的税金节约额的现值。表 11-7 提供了各种不同利率下回收期为 3、5、7、10 年的 MACRS 时间表中折旧 1 美元的现值。假定考虑一个拥有 3 年期资产以及 10% 的最低要求报酬率的公司。MACRS 折旧下 1 美元的现值如下：

年度	折旧* (1)	10% 折现率的现值系数 (2)	折旧的现值 (1)×(2)
1	$0.3333	0.9091	$0.3030
2	0.4445	0.8264	0.3673
3	0.1481	0.7513	0.1113
4	0.0741	0.6830	0.0506
总折旧	$1.0000		
1 美元折旧的现值，见表 11-7			$0.8322

* 数据来自表 11-6 中 3 年期财产的一列。

表 11-7　MACRS 折旧下 $1 的现值

折现率	3 年	5 年	7 年	10 年
3%	0.9439	0.9215	0.9002	0.8698
4%	0.9264	0.8975	0.8704	0.8324
5%	0.9095	0.8746	0.8422	0.7975
6%	0.8931	0.8526	0.8155	0.7649
7%	0.8772	0.8315	0.7902	0.7344
8%	0.8617	0.8113	0.7661	0.7059
9%	0.8468	0.7919	0.7432	0.6792
10%	0.8332	0.7733	0.7214	0.6541
12%	0.8044	0.7381	0.6810	0.6084
14%	0.7782	0.7055	0.6441	0.5678
15%	0.7657	0.6902	0.6270	0.5492
16%	0.7535	0.6753	0.6106	0.5317
18%	0.7300	0.6473	0.5798	0.4993
20%	0.7079	0.6211	0.5517	0.4702
22%	0.6868	0.5968	0.5257	0.4439
24%	0.6669	0.5740	0.5019	0.4201
25%	0.6573	0.5631	0.4906	0.4090
26%	0.6479	0.5526	0.4798	0.3985
28%	0.6299	0.5327	0.4594	0.3787
30%	0.6128	0.5139	0.4404	0.3606
40%	0.5381	0.4352	0.3632	0.2896

你可以按以下 3 个步骤求税金节约额的现值：

1. 从表 11-7 中根据恰当的回收期和要求报酬率找出所需的数据；
2. 用税率乘以这些数据得出每投资 1 美元可得到的税金节约额；
3. 用投资额乘以这些结果得出税金节约总额。

考虑我们投资为 125 000 美元的造雪设备，设备的 MACRS 回收期为 5 年。税后要求报酬率为 12%，税率为 40%，则产生的税金节约额的现值为 $0.7381 \times 0.4 \times \$125\,000 = \$36\,905$——这与前面计算的 36 904 美元不同，有 1 美元的误差。

管理决策练习

　　为什么管理者为税收目的而喜欢使用加速折旧法呢？考虑一项 100 000 美元的资产投资，这项资产具有 10 年的经济寿命以及 10 年的 MACRS 回收期，资产在第 10 年年末无残值。税率为 40%，要求报酬率为 10%。采用直线折旧法时税金节约额的现值为多少？而采用 MACRS 进行折旧时税金节约额的现值又是多少呢？哪一种折旧方法对于公司来说最有益？

答案：

直线法每年折旧 = $10 000，所以每年税金节约额 = 0.4 × $10 000 = $4 000。因此，税金节约额的现值 = $4 000 × 6.1446 = $24 578.40。

MACRS 折旧的现值 = 0.6541 × 0.4 × $100 000 = $26 164.00。尽管无论用哪一种折旧方法税金节约总额都为 40 000 美元，但使用 MACRS 加速折旧表可以产生更大的现值，即 $26 164.00 − $24 578.40 = $1 585.60。

清算的损失与利得

处理设备所得的现金也会影响所得税。假定鹿谷公司把它以 125 000 美元买来的造雪设备在提取了 3 年直线折旧后于第 3 年年末售出。如果鹿谷公司把它以账面价值 [即 $125 000 − (3 × $25 000) = $50 000] 售出，则没有税收影响。如果鹿谷公司以超过 50 000 美元的价格售出，就会获利并有额外的税金支付。如果公司所得少于 50 000 美元，公司就有损失和税金节约额。下面的表格显示了销售价格为 70 000 美元和 20 000 美元时对现金流量的影响：

> **目 的 6**
> 说明资产处置对现金的税后影响。

(a) 销售现金收入	$70 000	$20 000
账面价值：($125 000 − 3 × $25 000)	50 000	50 000
利得（损失）	$20 000	$(30 000)
税率为 40% 时对所得税的影响		
(b) 税金节约，流入效果：0.4 × 损失		$12 000
(c) 税金支出，流出效果：0.4 × 获利	$(8 000)	
销售现金流入：		
(a) + (b)		$32 000
(a) − (c)	$62 000	

小结与复习

问题：

考虑表 11-4 所示的投资机会。该设备初始成本为 125 000 美元，经济寿命为 5 年，最终残值为 0，每年税前经营性现金流入为 60 000 美元，所得税税率为 40%，要求的税后报酬率为 12%。假设该设备为纳税的目的采用了 5 年的修正的加速成本折旧法（MACRS），则净现值（NPV）计算如下：

	现值（PV）
经营对现金的影响* $60\,000 \times (1 - 0.40) \times 3.6048$	$129\,773
在MACRS法下折旧对所得税节约的现金影响 $125\,000 \times 0.4 \times 0.7381$†	$36\,905
对现金的税后总影响	$166\,678
总投资	125\,000
净现值	$41\,678

* 详情见表11-4。
† 系数0.7381来自表11-7。

要求：

分别考虑下面的情况，计算出每项投资的净现值。假设对于以下的变化，原始的折旧时间表不会发生改变。

1. 假设鹿谷在5年后即可出售设备，预计获得现金20\,000美元。
2. 不考虑要求1中的假设，回到最初数据，假设设备的经济寿命为8年而非5年，但是出于纳税目的仍然允许MACRS法下的成本回收期超过5年。

答案：

1. 给出的净现值		$41\,678
销售现金收入	$20\,000	
账面价值	0	
利得	$20\,000	
40%的所得税	8\,000	
对现金的税后总影响	$12\,000	
5年后收到的12\,000美元的现值，折现率为12% $12\,000 \times 0.5674$		6\,809
投资的净现值		$48\,487
2. 给出的净现值		$41\,678
加上8年每年36\,000美元的现值		
折现系数 $4.9676 \times \$36\,000$	$178\,834	
减去5年每年$36\,000的现值	129\,773	
现值的增加		$49\,061
净现值		$90\,739

* 因子4.9676来自附录A的表2。

该项投资是很有吸引力的。需要特别注意的是，从纳税角度确认的回收期并不一定要等于资产的经济使用寿命。税法规定了各种可折旧资产的使用寿命（或回收期）。纳税寿命不受资产的经济使用寿命的影响。因此，使用寿命较长的资产在增加了经营性现金流量的同时并未减少税金节约额的现值。

关于折旧的一些疑问

折旧与账面价值这两个概念常常被错误理解——让我们回顾一下它们在决策中的作用。假设鹿谷公司正考虑是否要更换一台旧复印设备,它的账面价值为 30 000 美元,剩余使用寿命为 3 年,预计期末残值为 0,现在处理该资产可得 12 000 美元。简化起见,假设鹿谷按直线折旧法每年折旧 10 000 美元,所得税税率为 40%。

如图 11-1 所示,上述数据应仔细地分别考虑。需要特别注意的是,输入该决策模型的现金流量数据考虑了所得税的影响。账面价值和折旧对预测而言是很必要的,但它们本身并不是现金流量折现决策模型的输入数据。

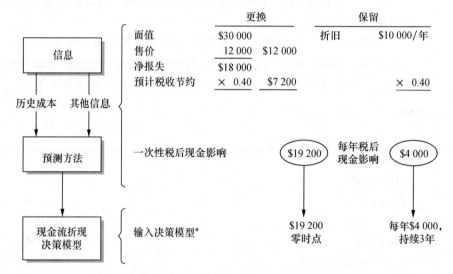

图 11-1　关于账面价值和折旧的看法

* 当然,这一决策模型还有其他的相关输入,例如新设备的成本、未来每年经营性现金流量的差异。

分析长期决策的其他模型

尽管越来越多的公司正在运用现金流量折现模型进行资本预算决策,但实际应用中还有许多其他模型。这些模型都要比净现值法简单,但同时用途也不广。但是,很多公司仍然采用这些不太重要的模型,因为它们能提供一些有趣的对现金流量折现模型的补充信息。我们将讨论回收期模型和会计收益率模型。

> **目　的　7**
> 运用回收期模型和会计收益率模型,并将它们与净现值模型进行比较。

回收期模型

回收时间（payback time）或回收期（payback period）是指通过经营性现金流入的形式回收最初的现金投资所需要的时间。假设鹿谷花 12 000 美元买来一台估计使用寿命为 4 年的用于餐厅的电炉，每年预计经营性现金流出节约额为 4 000 美元，不计折旧，回收期是 3 年，计算如下：

> **回收时间或回收期**：指通过经营性现金流入的形式回收最初的现金投资所需要的时间。

$$回收期 = \frac{最初的投资增量}{每年相等的经营性现金流入增量}$$

$$P = I/O = \$12\,000 / \$4\,000 = 3 \text{ 年}$$

该公式只适用于每年经营性现金流入相等的情况。当每年的现金流入不相等时，我们必须逐年累积净现金流入，直到收回最初投资。假设现金流量模式如下：

年末	0	1	2	3	4
投资	($12 000)				
现金流入		$4 000	$6 000	$5 000	$5 000

回收期的计算如下：

年数	初始投资	净现金流入 每年发生额	净现金流入 累计额
0	$12 000	—	
1	—	$4 000	$4 000
2	—	6 000	10 000
2 +	—	2 000	12 000

在此例中，回收期略大于 2 年。第三年内的插值法说明，回收最后 2 000 美元的投资需 0.4 年，因此回收期为 2.4 年。

$$2 \text{ 年} + \left(\frac{\$2\,000}{\$5\,000} \times 1 \text{ 年} \right) = 2.4 \text{ 年}$$

回收期模型的两个主要缺点是：(1) 它不能衡量赢利性（而赢利性是经营的主要目的）；(2) 它不考虑货币的时间价值。预计未来的货币被错误地等同于当期的货币。现金流量折现模型充分地将利息和现金流的时间问题考虑了进去。回收期模型主要衡量投资能在多短的时间内被收回。但是，回收期短的项目并不一定比回收期长的项目更可取，毕竟，公司若不投资，可以立即收回其投资额。

有时管理人员用回收期来粗略估计一个项目的风险。假设一家公司面临着快速的科技变革，几年后的现金流量可能会很不确定；在这种情况下，能迅速收回投资的项目也许比回收期较长的项目风险更小一些。

会计收益率模型

所谓的**会计收益率模型**(accounting rate-of return(ARR) model)就是一个以预计年平均经营收益增量与所需最初投资的增量之比来衡量一个项目的收益的非DCF资本预算模型。

> **会计收益率模型**：一个以预计年平均经营收益增量与所需最初投资的增量之比衡量一个项目的收益的非DCF资本预算模型。

$$会计收益率 = \frac{预计年平均经营收益增量}{所需最初投资的增量}$$

$$ARR = \frac{(O-D)}{I} = \frac{年平均经营现金流入增量 - 年平均折旧增量}{最初投资的增量}$$

会计收益率的计算与传统的计算收入和投资的会计模式极为相似,它们也显示了投资对一个机构财务报表的影响。

如表11-1所示,设投资额为5 827美元,寿命期4年,估计残值为0,年预计经营现金流入为2 000美元。年折旧为 $5 827÷4=\$1 456.75$,近似为1 457美元。将这些值代入会计收益率等式：

$$ARR = \frac{(\$2\,000 - \$1\,457)}{\$5\,827} = 9.3\%$$

有些公司用平均投资(对机器设备而言通常假设为寿命期内的平均账面价值),而不用原始投资作为分母,因此分母③变为 $\$5\,827÷2=\$2\,913.50$,而比率也就翻倍了。

$$ARR = \frac{(\$2\,000 - \$1\,457)}{\$2\,913.50} = 18.6\%$$

会计收益率模型是建立在权责发生制编制的财务报表基础上的。与回收期模型不同,衡量赢利性起码是该模型的目标之一。但它仍然有很大一个缺陷:忽略了货币的时间价值。未来预计的现金流入与当期现金被同等对待。DCF模型则考虑了利息、货币流入的时间等因素的影响。而会计收益率模型则基于年平均额,它所用到的投资和收入是为了不同的目的,即为计量一定时期经营情况和财务状况而设计的。

业绩评估

潜在矛盾

许多管理人员不愿把现金流量折现模型当做进行资本预算决策的最佳方法,这是因为会计收益被广泛应用于业绩评估;也就

> **目 的 8**
> 协调用净现值模型制定决策和用会计收益率模型评价相关业绩之间的矛盾。

---

③ 项目承担的投资将从5 827美元下降到0,下降的速率是每年1 456美元。因此,平均投资应该等于年初账户余额加年末账户余额($5 827+0)除以2,即2 913.50美元。

是说，如果要求管理者们以现金流量折现模型来做投资决策，却用非现金流量折现模型（如典型的会计收益率模型）来评价决策，他们的积极性将受到打击。

让我们来看看表 11-1 中的例子可能产生的潜在矛盾。回忆一下，净现值为 513 美元，要求回报率为 10%，投资 5 827 美元，4 年每年现金节约额为 2 000 美元，无残值。以直线折旧法计算的会计收益来衡量，则 4 年的业绩评估如下：

	第 1 年	第 2 年	第 3 年	第 4 年
经营性现金节约额	$2 000	$2 000	$2 000	$2 000
直线折旧 = $5 827÷4	1 457	1 457	1 457	1 457*
对经营收益的影响	543	543	543	543
年初账面价值	5 827	4 370	2 913	1 456
会计收益率	9.3%	12.4%	18.6%	37.3%

* 由于近似误差，总折旧是 4 × $1 457 = $5 828，而不是 5 827 美元，这是由于近似的误差。另外，以上的会计收益率是基于投资的年初账面价值来做代表的。

如果用会计收益来评估业绩，那么就算净现值很有利，管理人员也不愿意更换设备，尤其当他们隔一两年就可能调往新职位（或退休）的时候。为什么呢？权责发生制会计往往低估了前期回报，特别是第一年回报低于期望报酬率的时候，而管理者往往享受不到高估的后期回报的好处。

如第 6 章所述，若在第一年的损益表上老设备出现严重的账面损失的话，管理人员将更加反对更换设备，尽管该损失在一个精确建构的决策模型中是不相关的。因此，如果用典型的会计计量方法来评估业绩，人们会放弃一些长期的重大项目，如对高科技生产系统的投资。这个模式也有助于解释为何许多美国公司都相当短视。

矛盾的协调

协调预算资本和业绩评估之间的任何潜在矛盾的最佳方法，是在这两个活动中均运用现金流量折现模型来进行决策。用经济附加值（EVA）法（见第 10 章）来评估公司的业绩可以避免一些这样的矛盾。尽管经济附加值法用的是权责发生制会计指标中的利润和投资，而不是现金流量，但从概念角度看它与资本预算的净现值法很相似，这两种方法均认为一个项目只有在弥补资本成本后才能创造价值。

另一个解决矛盾的方法是用资本预算决策的事后评价，这通常被称为**事后审计**（**postaudit**）。最近的调查表明，大多数（约 76%）大型公司至少在一些资本预算决策上采取了该方法。事后审计的作用为：

> **事后审计**：利用进行资本预算决策的事后评价。

1. 证实投资费用在预算内如期支出；
2. 比较最初预测的现金流量和实际现金流量，以促进准确且诚实的预测；
3. 提供信息以提高未来的现金流量预测水平；
4. 评价项目的延续情况。

通过将事后审计的重点放在实际的和预测的现金流量的比较上，评价会与决策过程达成一致。这种评价机制可以缓和矛盾，甚至可以产生更多的矛盾解决方式，如将经理个人业绩和现金激励与这种评价方式联系起来。

但是，资本预算决策的事后审计成本是很高的。大多数会计系统是为了每年评估产品、部门、分部及地区等的经营业绩而设计的；与之相反，资本预算决策通常处理的是单独的项目，而非由部门管理人员同时管理的多个项目的集合。因此，一般只对选定的资本预算决策进行审计。

权责发生制会计模型长期存在且已被普遍应用，它与各种形式的决策模型之间的矛盾，是管理控制系统设计中尚未解决的最为严重的问题之一。高层管理人员若采用一种模型进行决策而同时用另一种模型来评估业绩，想达到目标一致性是不大可能的。

记忆重点

1. **描述资本预算决策，并用净现值法作资本预算决策**。资本预算决策是关于特定资产的支出及融资的长期决策。净现值模型运用最小要求报酬率算出未来预计现金流量的现值，以作出相应决策。净现值大于0的项目才能被接受。

2. **运用敏感性分析评价投资项目**。管理人员以敏感性分析来衡量实际现金流量与预计现金流量差异将产生的影响，并以此来评价风险。

3. **用全部项目法和差别法计算两个项目之间的净现值差额**。全部项目法比较的是每个备选项目对现金流量的影响，而差别法计算的是两个备选方案现金流量的差额。比较两个项目时，这两种方法将产生相同的结果。全部项目法还可用于多个项目的比较。

4. **确认净现值分析中的相关现金流量**。预测现金流是资本预算中最难的部分。管理人员必须考虑四种现金流：最初零时点的现金流入和流出、用于应收账款和存货的投资、未来净残值以及经营现金流量。

5. **计算项目的税后净现值**。所得税能对一项投资的可行性产生重要的影响。增加税额是现金流出，而税收节约是现金流入。加速折旧法能增加一家公司的税收节约。一般而言，公司应在税法允许的范围内尽早计提折旧。

6. **说明处置资产对现金的税后影响**。如果公司处理资产的收入超过资产的账面价值，税负便会增加。若售价低于资产的账面价值，则产生税收节约。

7. **运用回收期模型和会计收益率模型，并将它们与净现值模型比较**。回收期模型较易使用，但它不能衡量赢利性。会计收益率模型利用了会计收入和投资的概念，但它忽视了货币的时间价值。这两个模型都不如净现值模型。

8. **协调用净现值模型制定决策而用会计利润来评价相关业绩之间的矛盾**。净现值衡量的是项目所有现金流入的现值，而会计利润只衡量了一个时期。净现值为正的项目第一年的会计利润可能很低，甚至为负。管理人员会不愿意投资于此类项目，尽管也许这对公司是有利的。尤其是当他们将可能调往新职位时而享受不到预计的较高的后期回报时，他们更不愿投资。

9. **计算通货膨胀对资本预算项目的影响**。对于资本预算分析的通货膨胀调整来说，最重要的是一致性，期望报酬率和预计现金流量都必须包含预期通货膨胀的因素。

附录11　资本预算和通货膨胀

资本预算决策者还应考虑通货膨胀对现金流量预测的影响。**通货膨胀(inflation)**指单位货币一般购买力的下降。例如，如今的1美元只能买到20世纪80年代早期1美元所能买到的东西的一半。5%的年通货膨胀率会在10年内使物价平均上涨超过60%。在巴西、阿根廷等国家，三位数的年通货膨胀率(即每年平均物价翻一番以上)是很普遍的，并已对经济决策造成重大影响。美国最近的通货膨胀率已经降低了(在3%以下)，但是在将来很可能增加。如果预计一个项目的寿命期内将有相当程度的通货膨胀，资本预算模型必须为此展开具体、一致的分析。

> **目　的　9**
> 计算通货膨胀对资本预算项目的影响。
>
> **通货膨胀**：指单位货币一般购买力的下降。

注意一致性

在资本预算中正确考虑通货膨胀的关键，是对最低期望报酬率和预计现金流入流出处理的一致性，这便要求在最低期望报酬率和现金流量预测中都要考虑到通货膨胀的因素。

很多企业在市场利率——又称**名义利率(nominal rate)**——的基础上确定他们的最低期望报酬率。这种名义利率包含了通货膨胀的因素。例如，考虑一个12%的名义利率的三种可能组成部分：

> **名义利率**：已经将通货膨胀考虑在内的市场利率。

(a)	无风险因素——"纯"利率	3%
(b)	企业特定风险要素——承担较大风险所需的"风险溢价"	5
(a)+(b)	常被称为"实际利率"	8%
(c)	通货膨胀因素——由于预计单位货币一般购买力贬值而需要的溢价	4
(a)+(b)+(c)	常被称为"名义利率"	12%

12%的报酬率中有4个百分点是用于补偿未来将受到的用已贬值的货币支付的款额，所谓"已贬值的货币"是指与当初投入的货币相比购买力已经下降的货币。因此，在市场利率基础上得到的最低期望报酬率已自动保留了通货膨胀因素。在市场利率基础上确定最低期望报酬率的公司也应根据预期的通货膨胀因素对其现金流量预测进行调整。例如，假设一个公司预计未来两年内每年售出1 000件产品，假设今年的价格为50美元，而第二年由于通货膨胀价格升为52.5美元。今年预计的现金流入为1 000 × \$50 = \$50 000，而第二年根据通货膨胀调整后的现金流入为1 000 × 52.5 = \$52 500。通货膨胀调整后的现金流量指为反映预期的通货膨胀而进行价格调整后的预计现金流入量和流出量。

考虑另一个例子：设备的购买成本为200 000美元，生命期为5年，期末残值为0，每年税前经营性现金节约额为83 333美元(以20×0年的美元计)，所得税税率为40%。为简单起见，我们假设每年直线折旧额为\$200 000 ÷ 5 = \$40 000。市场利率基础上的税后最低期望报酬率为25%，已包括10%的通货膨胀因素。

表11-8显示的是分析通货膨胀效果的正确方法与不正确方法，这里的关键词是内部

表 11-8 通货膨胀和资本预算

折现率 25%

	现值系数	现值	0	1	2	3	4	5
正确的分析（记住，折现率包括了通货膨胀因素，并且要对预测的现金流量进行通货膨胀调整）								
经营性现金流入:								
以 20×0 年货币计量的税前流入 $83 333								
40% 所得税的影响 33 333								
对现金的税后影响 $50 000								
	0.8000	$44 000		$55 000*				
	0.6400	38 720			$60 500			
	0.5120	34 074				$66 550		
	0.4096	29 985					$73 205	
	0.3277	26 388						$80 526
小计		$173 167						
年折旧: $200 000÷5 = $40 000								
折旧对现金的影响								
所得税节约额（税率为 40%） = $40 000×0.40 = $16 000	2.6893	43 029		$16 000†	$16 000	$16 000	$16 000	$16 000
设备投资	1.0000	(200 000)	($200 000)					
净现值		$16 196						
不正确的分析（常见错误是折现率上有通货膨胀因素，却没有调整预计的现金流入）								
税后经营性现金流入	2.6893	$134 465		$50 000	$50 000	$50 000	$50 000	$50 000
折旧对现金额的影响	2.6893	43 029		16 000	16 000	16 000	16 000	16 000
设备投资	1.0000	(200 000)	($200 000)					
净现值		$(22 506)						

* 每年进行预期通货膨胀调整：$50 000×1.10，$50 000×1.10^2，50 000×1.10^3 等。
† 折旧带来的年末所得税所得税节约额不受通货膨胀影响，为什么呢？因为所得税的纳税扣除额是在以 20×0 年货币计算的资产原始成本基础上得来的。

一致性。正确的分析(1)使用的是包括通货膨胀因素在内的最低期望报酬率,即(2)直接对预测的经营性现金流量进行通货膨胀调整。注意,正确的分析赞成购买该设备,而不正确的分析却反对购买。

表 11-8 中的不正确分析本身就是不一致的。预测的现金流入量不包括根据通货膨胀作出的调整,依然以 20×0 年的美元计算,但折现率却包含了通货膨胀因素。这样的分析缺陷将导致不明智的决策——拒绝购买。

折旧的作用

表 11-8 中正确的分析显示,折旧对税金的影响并没有进行通货膨胀调整。为什么呢?因为美国所得税法仅允许以最初投资额为基础进行折旧扣除。

所得税法的反对者认为,不允许对折旧扣除额进行通货膨胀调整挫伤了资本投资的积极性。例如,若折旧不是每年 40 000 美元,表 11-8 中的净现值将会更大,那时每年(如 20×1 年,20×2 年等)将产生 16 000 美元的税收节约(以当年的货币水平表示);而现行税法的支持者则声称可以以其他方式来鼓励资本投资,最突出的例子就是允许采用比资产的经济寿命短得多的寿命期进行加速折旧。

用反馈来提高预测质量

预测并处理价格变化的能力是一项很有价值的管理技巧,特别是在通货膨胀达到相当高水平的时候。审计和反馈能帮助评价管理者的预测能力。

表 11-8 中经营性现金流量的调整采用的是物价总水平的通货膨胀率——10%。但在实际中,管理者预测材料、人工和其他项目的价格变动时,应使用特定的通货膨胀率,这些百分比可能每年都会变化。

小结与复习

问题:

检查表 11-8 中的正确分析。假设经营性现金流入再持续一年,计算第 6 年现金流入的现值,不计折旧。

答案:

经营性现金流入为 $50\,000 \times 1.10^6$,或 $80\,526 \times 1.10$,结果为 88 579 美元。现值为 $88\,579 \times 0.2621$,23 217 美元,系数参考附录 A 的表 1(第 6 行,25% 列)。

问题:

阅读表 11-6 接近中间部分的 MACRS 折旧时间表,假设预期的通货膨胀率为 7%,你将如何改变折旧的现值以包含该通货膨胀率呢?

答案:

计算将无变化,折旧纳税效果不受通货膨胀的影响。美国所得税法允许在原始投资额上进行扣除,除此之外没有什么可补充的。

会计词汇

加速折旧法(accelerated depreciation)
会计收益率模型(accounting rate-of-return(ARR)model)
资本预算(capital budgeting)
差别法(differential approach)
折现率(discount rate)
现金流量折现模型(discounted-cash-flow(DCF) models)
槛率(hurdle rate)
通货膨胀(inflation)
内含报酬率(internal rate of return(IRR)model)
边际所得税税率(marginal income tax rate)
净现值(net present value)
净现值法(net-present-value(NPV)method)
名义利率(nominal rate)
回收期(payback period)
回收时间(payback time)
事后审计(postaudit)
回收期(recovery period)
要求报酬率(required rate of return)
全部项目法(total project approach)
修正的加速成本回收制(MACRS)
实物期权模型(real options model)

基础习题

提示:在涉及所得税的所有作业中,除特别指出外,各题目均做以下假设:
(1) 所有所得税现金流量均与税前现金流量同时发生。
(2) 所考虑的公司有足够的来自其他渠道的应税收入,以享受所述情形中的税收优惠。

11-A1 关于复利

利用附录 A 完成下列练习。答案在本章后面。

1. 今天是你 55 岁的生日。你计划再工作 5 年便退休,然后和你的伴侣花 20 000 美元环游世界。你现在必须一次投资多少钱来累积这 20 000 美元? 假设你的最低期望报酬率为:

a. 5%,年复利
b. 10%,年复利
c. 20%,年复利

2. 你想未来5年每年年末花2000美元去度假。你现在必须一次支付多少钱来度过那5个假期？假设你的最低期望报酬率为：

    a. 5%，年复利

    b. 10%，年复利

    c. 20%，年复利

3. 你60岁的时候发现你的老板正在转向另一个市场。你的退休金为100000美元，你还有一些储蓄，考虑是否现在要退休。

    a. 假如你现在将这100000美元用于投资，年利率为5%，复利，每年你可以从该账户提取多少钱，使得5年后该账户为0？

    b. 若利率为10%，重算问题a。

4. 两名NBA球员约翰逊和杰克逊各签订了一份5年期、总额为30 000 000美元的合同。若年利率为16%，复利，哪一份合同的现值更高？列出算式。

年数	年现金流入(单位:千美元)	
	约翰逊	杰克逊
1	$10 000	$2 000
2	8 000	4 000
3	6 000	6 000
4	4 000	8 000
5	2 000	10 000
	$30 000	$30 000

11-A2 投资决策的净现值

西部州立大学计算机管理中心的管理员正在考虑是否购买120台计算机；这些计算机将花费现金320 000美元，最终残值为0，经济寿命为3年。若购买，每年能节约现金150 000美元，要求报酬率为14%，不考虑所得税。

要求：

1. 计算净现值。
2. 该计算机中心应该购买这批计算机吗？请说明理由。

11-A3 所得税、直线折旧法及现值

一个网络公司经理正在考虑是否购买一台服务器用于网络运行。这些计算机将花费现金660 000美元，最终残值为0，回收期和经济寿命均为3年。购买后每年税前现金节约300 000美元。所得税税率为40%，要求的税后报酬率为12%。

要求：

1. 若为税务目的采用直线折旧法，每年折旧额为220 000美元，计算净现值。该公司是否应购买计算机？阐述理由。

2. 假设该批计算机3年内提足折旧，但仍能售得现金90 000美元。计算净现值。该公司是否应购买计算机？阐述理由。

3. 不考虑要求2，假设要求的税后报酬率为8%而非12%，是否应购买计算机？阐述理由。

11-A4 修正的加速成本回收制(MACRS)和现值

Tristate Power公司总裁正在考虑是否应为其South Plains子公司购买一些设备；这些设

备将花费现金 1 500 000 美元,净残值为 0,经济寿命为 10 年,每年税前经营性现金节约额为 355 000 美元,所得税税率为 40%,要求得税后报酬率为 16%。

要求:

1. 假设回收期为 7 年,考虑到税收的影响,使用 7 年的回收期已经修正的加速成本回收制计提折旧,计算净现值。应购买这些设备吗?

2. 假设该批设备经济寿命为 15 年,即从第 11 年到第 15 年每年还可额外节约经营性现金 355 000 美元。假设回收期为 7 年,应该购买这些设备吗? 列出算式。

11-A5　资产处理的损失和获利

一项资产的账面价值为 50 000 美元,20×1 年 1 月 1 日出售,假设售价分别为(a) 65 000 美元和(b) 30 000 美元,列表计算每个售价的损失或获利、它对所得税的影响及其对现金的税后总影响。所得税税率为 40%。

11-B1　复利练习

利用适当的表格进行下列计算:

1. 你一直想去大峡谷旅游,现在你应投资多少钱以便在 3 年后获得所需的 15 000 美元? 假设投资的利率为

　　a. 4%,年复利

　　b. 10%,年复利

　　c. 16%,年复利

2. 你想办退休,为此你必须在未来 5 年内动用你的部分储蓄来补充你的收入。假设你每年需要 12 000 美元,你现在应一次性投资多少钱来补充你未来 5 年的收入? 假设你的最低期望报酬率为:

　　a. 4%,年复利

　　b. 10%,年复利

　　c. 16%,年复利

3. 你刚中奖得到 500 000 美元。你决定把这笔钱用于投资,未来 10 年内每年能提取相等数额的现金。你每年提取多少钱才能使 10 年后该账户的余额为 0? 假设你的投资的利率为:

　　a. 5%,年复利

　　b. 10%,年复利

4. 一个职业运动员面临着两份 4 年的工资合同;合同 A 总额为 1 400 000 美元,合同 B 为 1 300 000 美元,年复利率为 14%,哪一份合同的净现值较高? 并列出算式。

	合同 A	合同 B
第 1 年末	$200 000	$450 000
第 2 年末	300 000	350 000
第 3 年末	400 000	300 000
第 4 年末	500 000	200 000
Total	$1 400 000	$1 300 000

11-B2　投资决策的净现值

Sacred 医院放射部门的管理者正在考虑是否购买一些 X 射线设备;这些设备将花费现

金 380 000 美元,净残值为 0,经济寿命为 5 年,每年经营性现金流入将增加 140 000 美元,要求报酬率为 14%,不计所得税。

要求:

1. 计算净现值。
2. 应该购买这些设备吗?说明理由。

11-B3 所得税、直线折旧与净现值

生物科技公司的总裁正在考虑购买一些设备用于研究开发;这些设备将花费 400 000 美元,残值为 0,回收期和经济寿命均为 5 年。每年税前经营性现金流入增加 135 000 美元,5 年共 675 000 美元,所得税税率为 40%,要求的税后报酬率为 14%:

要求:

1. 若为税收目的采取直线折旧法,每年折旧额为 80 000 美元,计算净现值。该公司购买这批设备吗?
2. 假设该批设备在第 5 年末提足折旧,但仍能售得现金 25 000 美元。该公司应购买这批设备吗?

列出算式。

3. 不考虑要求 2,假设要求的税后报酬率为 10% 而非 14%,应购买这批设备吗?列出计算过程。

11-B4 修正的加速成本回收制(MACRS)和现值

阿拉斯加采矿公司的总经理有机会以 250 000 美元购买一台新钻机,回收期为 5 年,每年税前经营性现金节约额为 81 000 美元,经济寿命为 5 年,残值为 0,所得税税率为 35%,要求的税后报酬率为 16%。

要求:

1. 假设为税收的目的而采用 MACRS 法计提折旧,计算净现值。该公司应该购买这些设备吗?
2. 假设该设备的经济寿命为 6 年,即第 6 年还有 81 000 美元的经营性现金流入,回收期仍为 5 年。该公司应该购买这些设备吗?列出算式。

11-B5 所得税与资产处理

假设 Garciaparra 公司的所得税税率为 30%。

要求:

1. 一台旧机器账面价值为 20 000 美元,公司将其出售得现金 10 000 美元。该决策对税后现金流量的影响是什么?
2. 一台旧机器账面价值为 20 000 美元,公司将其出售得现金 35 000 美元。该决策对税后现金流量的影响是什么?

补充习题

简答题

11-1 资本预算有三个阶段:(1)确认潜在的投资项目;(2)选择将要进行的投资项

目;(3) 投资的事后审计。会计在每个阶段的作用分别是什么?

11-2 为什么说现金流量折现法是较好的资本预算法?

11-3 "最低期望报酬率越高,公司愿意为那些能节约成本的设备支付的价格便越高。"你同意这个说法吗? 说明理由。

11-4 "现金流量折现模型建立在两个假设(一切都是确定的,资本市场是完善的)的基础之上,所以在大多数现实环境中是不可行的。"你同意这个说法吗? 说明理由。

11-5 "用现金流量折现模型进行决策时,若单独考虑折旧则成本被计了两次。"你同意这个说法吗? 说明理由。

11-6 用内部收益模型所作出的决策与用现金流量折现模型所作出的决策截然不同吗? 为什么?

11-7 为什么真实期权模型会被认可? 而内部收益模型和现金流量折现模型则不被认可呢?

11-8 评论下列说法:"我们的现金预测太不精确,所以我们无法进行敏感性分析。"

11-9 为什么用差别法与用全部项目法评价两个项目的优劣时会产生相同的结果?

11-10 "现金流量折现模型不能用于高科技如计算机制造系统的投资决策。"你同意这个说法吗? 说明理由。

11-11 区别平均所得税税率和边际所得税税率。

11-12 "(美国)国会应通过一条法律来禁止公司保留两套账本。"你同意这种说法吗? 说明理由。

11-13 区分避税和逃税。

11-14 "公司企图避税是不道德的。"你同意吗? 说明理由。

11-15 解释为什么从所得税的目的来看,加速折旧法比直线折旧法好。

11-16 "投资某设备实际上是获得了两股现金流量。"你同意这种说法吗? 说明理由。

11-17 为什么税收扣除应尽早进行?

11-18 "修正的加速成本回收制(MACRS)的半年法惯例使得资产的折旧期超过了MACRS时间表所设定的回收期。"你同意这种说法吗? 说明理由。

11-19 "有所得税时,折旧便成为一种现金支出。"你同意这种说法吗? 说明理由。

11-20 "如果现金流量折现模型优于回收期模型和会计收益模型,我们为什么还要学习其他模型呢? 这只会让事情复杂。"评论这种说法。

11-21 回收期模型的主要缺陷是什么?

11-22 说明资产预算决策模型与业绩评估方法之间的矛盾是如何产生的。

11-23 学习附录11。说明市场利率有哪三个组成部分?

11-24 学习附录11。讨论在资本预算模型中考虑通货膨胀的条件下,如何达到内部的统一性。

理解练习

11-25 对研究开发的投资

"用现金流量折现模型来评估在研究开发上的投资是不可能的。如果没有可以计量的成本节约额,我们甚至不知道将研发出什么产品。"一位被要求以预计净现值来评估在其主要研发科目上的投资的研发经理如是说。你同意这种观点吗？说明理由。

11-26 公司价值与净现值

当一个公司投资一个净现值为正的项目时，该公司的价值一般会如何变化？反之，若投资项目的净现值小于0，公司价值又会怎样？

11-27 生产设备的重置

一个制造业企业最近正考虑将其一种主要设备更换成更新、更快、更精确的新设备。这个决策可能影响到哪些现金流量？分别列出所有交易量化的和较难衡量的现金流量。

11-28 资本预算、税和道德问题

美国税法很复杂。有时避税和逃税之间的界限不是很清晰。讨论一下两个资本投资决策中所隐含的法律和道德问题：

a. 一家公司投资一项资产，希望其增值而不是贬值。然而，税法允许公司扣减该资产的折旧。因此，公司因税收目的而使用了加速折旧法（MACRS）折旧该项资产。

b. 在海外投资往往有税收优惠。例如，在百慕大，所有的利润，股利和收入所得都不交税，也没有增值税、代扣所得税和销售税。一家美国公司决定在百慕大投资一家制造业公司，并将该公司的利润尽可能转向在百慕大的制造公司。

练习题

11-29 关于复利

Anita Chen 想购买一套价值 300 000 美元的房子，首期支付 60 000 美元，同时她希望能贷款 240 000 美元，30 年内分期付清。为简单起见，假设每年年末偿还该分期付款，不计贷款费用。

要求：

1. 如果利率分别为（a）8%，（b）10%，（c）12%，每年复利，Anita 每年应支付多少钱？
2. 若付款期为 15 年期，其他要求同问题1，每年应支付多少钱？
3. 假设 Anita 要在 30 年期和 15 年期的分期付款中进行选择，利率均为 10%，复利。分别计算两种情况下的总支付和总利息额。

11-30 关于复利

假设 Mitsubishi Motors North American 需向花旗银行贷款，双方同意的贷款利率为 10%。

要求：

1. 假设 Mitsubishi Motors North American 同意于 4 年后偿还 600 000 000 美元，花旗银行现在将借给该公司多少钱？
2. 假设 Mitsubishi Motors North American 同意于未来 4 年内每年年末偿还 150 000 000 美元，花旗银行现在将借给 Mitsubishi Motors North American 多少钱？

11-31 关于复利

一个建筑承造商向你借款，你在考虑以下几种偿还方案：

1. 若 4 年后一次偿还 600 000 美元，你的期望报酬率为每年 12%，复利，你将借给他多少钱？若你的期望报酬率为 16%，复利，你将借给他多少钱？
2. 假设要求 1 中的利息为半年复利一次，其他不变，结果如何？

3. 假设该贷款将在未来 4 年内每年年末以年金方式偿还 150 000 美元,你的期望报酬率为复利每年(a)12% 或 (b)16%,这两种情况下你将分别借给他多少钱?

11-32 利率表中的基本关系

1. 假设现在你以 12% 的年利率借得 150 000 美元,复利,8 年后一次偿还本息。你将要还多少钱?用附录 A 的表 1 和基本公式:现值 = 未来数额 × 转化系数。

2. 假设该笔贷款将于未来 8 年每年年末以相同数额的年金偿还,其他条件同上,每年应还多少?

11-33 现值和运动员工资

根据有关规定,NBA 篮球队每年球员的总工资不能超过一定的数额。假设 20×6 年湖人队计划支付最高限额的工资 60 000 000 美元,该队一名篮球明星奥尼尔将收到 6 000 000 美元,但为了留出足够的钱来奖励新球员,他同意将他工资中的 6 000 000 美元递延两年,那时的工资最高限额将会提高。原工资合同为 20×6 年 14 000 000 美元、20×7 年 14 000 000 美元、20×8 年 16 000 000 美元,新合同为 20×6 年 8 000 000 美元、20×7 年 14 000 000 美元、20×8 年 22 000 000 美元。简单起见,假设计划所有的工资于每年 7 月 1 日支付。奥尼尔的最低期望报酬率为 12%。

要求:
递延工资将会给奥尼尔带来损失吗?如果会,损失是多少?计算该损失在 20×6 年 7 月 1 日的现值,并说明原因。

11-34 简单净现值

填空。

	年数			
	8	18	20	28
每年现金流入量*	$10 000	$_____	$9 000	$8 000
所需的最初投资	$_____	$80 000	$65 000	$25 000
最低期望报酬率	14%	20%	_____	25%
净现值	$5 613	($13 835)	$2 225	$_____

* 现金流入将于每年年末收到。

11-35 购置新设备

利帕特办公设备公司提出向迪亚兹公司出售一批新的包装设备。该设备的市价为 38 000 美元,但利帕特公司答应用 15 000 美元的旧设备抵账。旧设备账面价值为 8 700 美元,变现价值为 10 000 美元。未来 12 年预计每年可节约现金经营成本 5 000 美元,最低期望报酬率为 12%。旧设备剩余使用寿命为 12 年,12 年后新旧设备均无残值。

要求:
迪亚兹公司是否应该购买新设备?运用净现值法列出计算过程。不考虑所得税。

11-36 现金流流入现值

Sea & Ski.com 公司是一家新成立公司,其经营计划显示预期现金流量如下:

	现金流出	现金流入
初始投资额	$215 000	$—
年末：1	150 000	200 000
2	200 000	250 000
3	250 000	300 000
4	300 000	450 000
5	350 000	500 000

要求：

1. 计算所有现金流量的净现值，结果近似到个位，折现率为14%。

2. 假设最低期望报酬率为12%，不进行进一步计算，确定净现值为正还是为负，并说明理由。

11-37　净现值和内含利率

Albion公司正在考虑投资一台价制为54 072美元的机器，每年可节约15 000美元，共5年。公司成本为10%。

1. 在10%、12%、14%的基础上，计算该项目的净现值。

2. 计算该项目的内含利率。

3. 假如公司使用净现值模型，会接受这个项目吗？为什么？

4. 假如公司使用内含利率模型，会接受这个项目吗？为什么？

11-38　敏感性分析

Philadelphia集团正在考虑用新的软件更换旧的开票系统，新软件每年可节约净现金经营成本5 000美元。旧系统的处置价值为零，但尚可继续使用12年。购买新软件将花费30 000美元，估计使用寿命为12年，最低期望报酬率为10%。

要求：

1. 回收期为多少年？

2. 计算净现值。

3. 管理者不能确定新软件的使用寿命，如果使用寿命不是12年，而是(a)5年或(b)20年，那么净现值分别是多少？

4. 假设使用寿命＝12年，但是每年节约额为3 500美元而不是5 000美元，净现值又为多少？

5. 假设使用寿命是8年，年节约额为4 000美元，净现值为多少？

11-39　净现值和敏感性分析

Ojibwa城市监狱的衣服目前由当地的一名洗衣工负责洗烫，监狱每年向其支付46 000美元。该监狱管理人员现正考虑以包括安装费在内的总成本为50 000美元的价格购买洗衣机、烘干机及熨烫设备，这样囚犯就可以自己洗衣服了。该监狱预计这些机器可使用5年，每年可节约15 000美元，期望报酬率为10%。

要求：

分别回答以下问题：

1. 计算在洗熨设备上的投资的净现值。

2. a. 假设机器仅可使用4年，计算净现值。

b. 假设机器可使用7年,计算净现值。
3. a. 假设年节约额仅为12 000美元,计算净现值。
   b. 假设年节约额为18 000美元,计算净现值。
4. a. 结合要求2和要求3的最好结果,计算最乐观的净现值。
   b. 结合要求2和要求3的最差结果,计算最悲观的净现值。
5. 机器的预期寿命估计为5年,那么年节约额最少为多少时,对洗烫设备投资的方案是可取的?

11-40 折旧、所得税、现金流量

填写未知数(单位:千美元)

(S)	销售额	530
(E)	费用(不包括折旧)	350
(D)	折旧	100
	总费用	450
	税前收益	?
(T)	所得税(税率为40%)	?
(I)	净收益	?
	经营对现金的影响	
	来自经营的现金流入	?
	所得税流出(税率为40%)	?
	税后经营流入	?
	折旧影响	
	折旧	?
	所得税节约额	?
	对现金的税后总影响	?

11-41 对现金的税后总影响

CableNet公司20×6年损益表中有如下数据:

销售额	$1 200 000
减:费用(不包括折旧)	600 000
折旧	400 000
总费用	1 000 000
税前收益	200 000
所得税(税率为40%)	80 000
净收益	120 000

要求:

计算对现金的税后总影响。利用表11-3中第二种部分的格式——相同事实的资本预算分析。

11-42 MACRS 折旧

2006 年,埃尔斯顿鞋业公司购买以下资产并立即投入使用:

1. 2 月 1 日以 30 000 美元购得专用工具(3 年 MACRS 资产)。
2. 12 月 15 日以 4 000 美元购得一台台式电脑。
3. 7 月 7 日以 6 000 美元购得专用校准设备用于研发。
4. 3 月 1 日以 7 000 美元购得一组文件柜。

要求:用指定的 MACRS 法计算 2006 年和 2007 年的为纳税目的的折旧。

11-43 MACRS 折旧

计算下列 5 项资产在 MACRS 法下各自税收节约额的现值。

	资产成本	回收期	折现率	税率
(a)	$240 000	3 年	12%	35%
(b)	600 000	5 年	10%	40%
(c)	55 000	7 年	16%	50%
(d)	900 000	10 年	8%	35%
(e)	400 000	10 年	15%	25%

11-44 净现值,会计收益率,回收期

长湖奶王公司正考虑一项提议,即投资购置一个扬声系统,使其员工能为驾车经过的顾客提供服务。该系统的成本为 40 000 美元(包括安装专用窗口和车道修整的费用)。长湖奶王公司的总经理詹纳·霍尔丁预期为驾车经过的顾客提供服务将使年销售额增长 25 000 美元,边际贡献率为 40%。假设该系统的经济寿命是 6 年,期满无残值,要求报酬率为 12%,不考虑税收影响。

要求:

1. 计算回收期。这是一个好的赢利指标吗?
2. 计算净现值。霍尔丁应该接受这一提议吗?为什么?
3. 利用会计收益率模型计算初始投资的收益率。

11-45 资本预算方法的比较

光明游泳俱乐部打算花 15 000 美元购买新的泳池加热器,这台机器每年可节约现金经营成本 3 000 美元,估计使用寿命为 8 年,残值为 0。不考虑税收影响。

要求:

1. 回收时间是多少年?
2. 假设最低期望报酬率为 8%,计算净现值。这家俱乐部应该购买这台机器吗?为什么?
3. 利用会计收益率模型计算初始投资的收益率。

11-46 通货膨胀和资本预算

一家咨询公司下属商业部门的经理计划投资 300 000 美元为其员工购买个人计算机。计算机使用寿命和回收期均为 5 年,使用 MACRS 折旧法,无残值。该项投资预期每年可节约人工成本 125 000 美元(用第 0 年的货币表示)。所得税税率为 45%,税后要求报酬率为 20%,其中包括通货膨胀因素 4%。

要求：

1. 计算计算机的净现值。使用名义要求报酬率并对现金流进行通货膨胀调整。（比如，第1年的现金流量 = 1.04×第0年的现金流量。）

2. 不对现金流量进行通货膨胀调整，直接使用名义要求报酬率计算购买计算机的净现值。

3. 比较要求1和要求2的答案，哪个是正确的？运用不正确的分析是否会导致过度投资或投资不足？请说明理由。

11-47 资本预算对通货膨胀的敏感性

一家墨西哥批发公司的总裁劳尔·蒙托亚正在考虑是否投资420 000比索购置新的半自动装载设备，该设备可使用5年，残值为0；使用20×6年的价格和工资率在劳动力使用上每年能节约经营现金160 000比索。现在是20×6年12月31日，每年税后最低期望报酬率为18%。

要求：

1. 计算该项目的净现值。假设5年内每年节约额为160 000比索，税率为40%。为简单起见，假定在纳税时按直线法计提年折旧420 000比索/5 = 84 000比索，蒙托亚想知道要求1中的模型是否正确分析了通货膨胀的影响，他认为18%的期望报酬率包含了预期通货膨胀因素。为便于分析，他假定现行的通货膨胀率（每年10%）在以后的5年内保持不变。

2. 按10%的通货膨胀率调整经营现金节约额，重新回答要求1中的问题。

3. 要求1和要求2中的分析哪一个是对的？

思考题

11-48 办公设备的更新

北伊利诺伊大学正考虑从柯达购买速度更快的复印机来代替一些佳能复印机。管理部门非常关注最近10年运行成本的增加。

如果转而使用柯达，需要重新培训两名操作员，培训和改造费用为4 000美元。

北伊利诺伊大学的3台佳能复印机是5年前以每台10 000美元买进的，预计使用寿命为10年。现在的转售价格为每台1 000美元，5年后的残值为零。新的柯达设备为总成本为55 000美元，5年后的处置价值为0。

3名佳能操作员每人每小时报酬为8美元，通常每人每周工作40小时。每台机器每月发生一次故障，这导致每月50美元的修理成本。为完成正常月工作量，每台机器每月需加班4小时。每月每台佳能复印机的色墨、物料供给等花费100美元。

柯达系统完成相同工作量仅需两名固定操作员，每周固定工作40小时，工资率为每小时10美元，无须加班。每年色墨、物料供给等总花费3 300美元。维修和维护服务全部由柯达公司提供，每年支付1 050美元（假设一年52个星期）。

要求：

1. 运用现金流量折现法分别计算两种选择方案5年内所有相关现金流量的现值。折现率为12%，作为非营利性大学，北伊利诺伊大学不支付所得税。

2. 若仅根据给定的数据做决策，北伊利诺伊大学应继续使用佳能复印机还是更换它们？

3. 还有什么因素会影响决策？

11-49 铁路设备的更新决策

圣达菲铁路公司打算投资购买一个新的能附在生产打夯机上的自动提升设备，以更换一个用于铁轨维护的电动千斤顶打夯机。

现在使用的电动千斤顶打夯机是 5 年前以 24 000 美元的价格买进的，当时预计寿命 12 年，从现在起 1 年内这台机器要花费 5 000 美元进行大检修，目前的变现收入为 4 000 美元，7 年之后无残值。

自动提升附加设备的交货价为 72 000 美元，预计寿命 12 年。考虑到组合维护机器的预期未来发展，该设备可能于第 7 年末被处理掉以采用新开发的机器。该设备第 7 年末的估计售价为 7 000 美元。

测试显示，较之现在使用的电动千斤顶打夯机，自动提升设备能将铁轨路面修整得更加平整均匀。新设备能减少一名工人——包括额外福利在其年薪为 30 000 美元。

铁轨维护具有季节性，机器通常在每年的 5 月 1 日到 10 月 31 日运行，10 月 31 日之后机器操作员和工人会被调去做其他相同工资率的工作。

销售人员称新设备的正常维护成本大概每年 1 000 美元。由于自动提升设备比手工操作的机器更复杂，所以可能 4 年之后需要进行预计花费 7 000 美元的全面检修。

记录显示，电动千斤顶打夯机的正常年维护成本为 1 200 美元。两台机器的燃料消耗相同。

要求：

圣达菲公司应当继续使用电动千斤顶打夯机还是换用新设备？期望报酬率为 10%，计算净现值（不考虑所得税影响）。

11-50 折现现金流量、不一致的收益流量及相关成本

一家位于某大城市郊区的九洞高尔夫球场的所有者格林正在考虑一项提议，就是给球场提供照明，使球场能够在晚上开放。格林女士于去年年初以 480 000 美元购得该球场，她在过去 28 个星期的球季的经营中获得的收入为 135 000 美元，全年各种用途的总支出为 84 000 美元。

为该球场提供照明需要的投资预计为 94 000 美元。照明系统需 300 只 1 000 瓦的灯泡，电费为每千瓦时 0.08 美元，预计每晚平均经营时间为 5 小时。由于有时会出现恶劣天气，并且球季开端和末尾晚上的经营时间可能会缩短，所以预期每年只经营 130 个晚上。晚上球场开放的人工成本为每晚 75 美元，灯泡成本预计为每年 1 500 美元，其他维护和修理费用总计每年为照明系统初始成本的 4%。该设备财产税为其初始成本的 1.7%。预计前两年晚上经营的平均收入为每晚 420 美元。

考虑到可能会有来自其他高尔夫球场照明工程的竞争，格林女士决定年投资收益率至少为 10% 时才进行该项投资。因为预期存在竞争，所以预计第 3 年到第 5 年的每晚收入会降至 300 美元。估计 5 年后照明设备的残值为 30 000 美元。

要求：运用现金流量折现法确定格林女士是否应安装照明系统。

11-51 设备及营运资本投资

爱丁堡公司拥有一台旧酿造机，当前处置净值为 15 000 英镑，5 年后为 4 000 英镑。新酿造机售价为 62 000 英镑，花 47 000 英镑再加上旧机器也可以换取新机器。旧机器营运现金流出量为每年50 000英镑,新机器则为40 000英镑。5年后新机器的处理残值为2 000英镑。最低期望报酬率为20%,该公司运用差别法来指导决策。

要求:

应该购买新机器吗?列出计算过程。公司程序要求计算每个选择备选方案的现值,成本最低的方案最可取。假设按20%的折现率,5年后1英镑的现值为0.4英镑,5年期1英镑年金的现值为3英镑。

11-52 更新决策

城际铁路公司已在其经营的客车上配备了一辆自助餐车,但这辆餐车的年度经营显示连续亏损,并预计亏损会继续,有关数据如下所示:

现金收入		$200 000
食物、物料供给等现金费用	$100 000	
工资	110 000	210 000
净损失(不考虑餐车自身的折旧)		$(10 000)

自动售货机公司可以以22 000美元的售价向铁路公司提供自动售货机,或以目前餐车中使用的旧设备抵免3 000美元换入新机器(旧设备账面价值和变现价值均为3 000美元)。自动售货机的预计使用寿命为10年,无残值。决策者根据其他公司经营的经验预测新设备能使食品销售量增长50%,但售价亦下降50%,因此新收入可能为150 000美元。自动售货机的食品种类和搭配预计与自助餐车的一样,食品和饮料全部由一家餐饮公司提供,并承担机器维修等成本,其收入的10%交给铁路公司。原餐车职工将被立即解雇,离职费总计32 000美元,不过需配备一名具有自动售货机常识的服务员,每天上一次班,铁路公司每年支付给他13 000美元。

由于政治及其他原因,铁路部门肯定不会完全放弃餐饮服务。10年后旧设备无残值。

要求: 根据前述数据,计算下列问题,并说明计算过程。不考虑所得税。

1. 用净现值法分析该项追加投资。假设最低期望报酬率为10%,在10%的折现下,10年后1美元的现值为0.400美元,10年期1美元年金的现值为6.000美元。

2. 铁路公司每年从餐饮公司得到的收入最低为多少时,该项投资才是可行的?列出计算过程。

11-53 无所得税情况下运输成本的最小化

Luxor公司生产工业用和家用照明设备,其生产车间位于菲尼克斯,而仓库位于离菲尼克斯2 500英里的克利夫兰。公司产品由运输公司以每磅设备0.26美元的费率运往东部仓库。Luxor财务主管奥德瑞·哈里斯正考虑是否购买一辆卡车用于向东部仓库运输产品。有关卡车的数据如下:

购价	$40 000
使用寿命	5年
5年后残值	0
卡车载重量	10 000磅
卡车现金运营成本	每英里0.90

哈里斯认为这项投资非常有吸引力,因为她已成功地与 Retro 公司达成协议,卡车每次从仓库返回时,可顺便从克利夫兰运送 Retro 公司的产品至菲尼克斯。Retro 已同意向 Luxor 支付每车 2 400 美元的费用,每年不超过 100 车。

Luxor 的市场营销经理估计未来 5 年每年将有 500 000 磅产品需运往东部仓库,卡车每次往返都会满载。不考虑所得税。

要求:

1. 假设 Luxor 的最低要求报酬率为 20%,该公司是否应该考虑购买卡车?列出计算过程以支持你的结论。

2. 仅根据前述数据,Retro 公司必须保证至少需要 Luxor 为其运货多少次,对 Luxor 来说该项交易才是可接受的?

3. 哪些定性因素可能会影响你的决策?请具体说明。

11-54 直线折旧法、MACRS 折旧法、直接注销法

王先生于 2007 年 1 月 2 日花 40 000 美元为其杂货店购买了一台冰柜。冰柜经济寿命和回收期均为 5 年。王先生的最低期望报酬率为 12%,税率为 40%。

要求:

1. 若王先生使用直线法计算纳税折旧,请计算折旧抵税额的现值(假设 2004 年年末折旧满一年)。

2. 若王先生使用 MACRS 折旧法计算纳税的折旧,请计算折旧抵税额的现值。

3. 若准许王先生直接扣除冰柜的全部成本以计算纳税折旧,请计算折旧抵税额的现值。

4. 若以上三种方法都是税法允许的,王先生会采用哪种方法来扣除冰柜成本?为什么?

11-55 MACRS、残值

Maddox 公司估计如果花费 33 000 美元购买一台特殊用途机器,未来 5 年每年可节约现金经营成本 9 800 美元。残值预计为 4 000 美元,尽管按 MAXRS 折旧法计算纳税折旧时(回收期为 5 年)不提供残值。设备将于第 6 年年初出售,为便于分析,假设出售收入于第 5 年年末取得。税后最低期望报酬率为 12%,假定所得税税率为 45%。

要求:用净现值法说明该投资是否可行。

11-56 购买设备

堪萨斯市诊所是一家营利性医疗部门,该诊所正计划花费 45 000 美元购买现代化 X 光设备,以取代一台账面价值和残值均为 0 的旧设备,该旧设备尚可继续使用 7 年。

新设备未来 7 年内每年可节约现金运行成本 15 000 美元,7 年后可以 7 000 美元的价格出售。第 5 年年末将进行一次花费 4 000 美元的大检修,但老设备不需要这样的大检修。税法允许大检修的全部成本在第 4 年做纳税抵扣。该设备回收期为 5 年,使用 MACRS 折旧法计算纳税折旧。税后最低期望报酬率为 12%,所得税税率为 40%。

要求:计算税后净值。判断对新设备的投资是否可取?

11-57 MACRS 和低收入住宅

赫克托·拉米雷是专门投资居民住房的房地产开发商。最近市场上有一幢共 20 套破旧公寓的综合楼待售,售价 310 000 美元。拉米雷预测,经改造后 12 套一室一厅公寓可按

每月380美元出租,8套二室一厅公寓可按每月440美元出租;他预算将15%的房租收入用于维护和维修。如果改造得好的话,房子可使用30年。改造成本为每套15 000美元,购价和改造成本均为27.5年的MACRS资产。

假设MACRS表中前27年每年分配相同的折旧额,第28年分配半年的折旧额。折现率为10%,按这种方法在28年后回收的1美元成本的现值为0.3372美元。

拉米雷斯不打算在30年的使用寿命内一直保留该综合公寓楼,他很可能在第10年末将其出售,预计售价为980 000美元。

拉米雷斯的税后要求报酬率为10%,所得税税率为38%。

要求:

拉米雷斯该不该购买这幢综合公寓楼?税后净现值为多少?不考虑投资税扣除和其他诸如资本获利等的税收复杂情况。

11-58 税后现金流量现值、回收期及会计收益率

位于日本横滨的横滨化工公司计划购买新设备来扩大一种畅销溶剂的生产,估计数据如下(货币单位:千日圆)

新设备目前的现金资本	￥370 000
预计使用年限	10
最终残值	50 000
每年收入增量	330 000
每年费用增量(除折扣外)	165 000

假设所得税统一税率为60%,全部收入和费用(除折旧)均以现金支付,折现率为14%;使用直线法计算纳税折旧,折旧年限为10年;并假设最终残值会影响每年的折旧。

要求:计算

1. 每年折旧费用
2. 预计每年净收益
3. 年净现金流量
4. 回收期
5. 初始投资的会计收益率
6. 净现值

11-59 投资评价分析和图表

如果AIC公司开发一个新的整合流程(IC-968)。AIC的开发队伍在2003年底成立,开发IC-968的工作已做了几年。在花费175 000美元用于开发IC-968之后,该团队在2007年要决定是否生产IC-968。生产IC-968需要在2007年年底初次投入199 500美元。

该项目的预期生命周期为7年(2007年底到2014年)。预计IC-968的现金流量如下:(假设所有现金流发生在年末):

年末	现金流入	现金流出
2007	$0	$199 500
2008	100 000	100 000
2009	220 000	180 000
2010	340 000	260 000
2011	460 000	320 000
2012	470 000	280 000
2013	410 000	200 000
2014	150 000	120 000

AIC 适用的税率为 40%，为税收目的，资产未来年限折旧使用直线法。机器 7 年后的残值为 0。AIC 使用两种标准衡量潜在投资：回收期和净现值。理想的为 3 年回收期或更少，净现值大于 0。AIC 的投资成本为 18%。

要求：

1. 准备一个表格来显示税后年现金流，累计净现金流和累计折扣净现金流。
2. 若使用回收期，AIC 会投资生产 IC-968 吗？
3. 若使用净现值，AIC 会投资生产 IC-968 吗？
4. 用折现图来显示在投资年限中税后累计净现金流和税后累计折扣净现金流。在图中明确表述该项目的回收期和净现值。
5. 你推荐 AIC 投资该项目吗？解释原因？

11-60　固定资产和流动资产、业绩评估

Bedford 诊所面临降低成本的压力。实际上，诊所管理者正在管理各种收入中心，以求从整体上最大程度地补偿诊所的经营成本。管理者在考虑是否花 193 000 美元购买一台专用 X 光仪，其独特性能为整个诊所带来每年 52 000 美元的额外现金收入。

仪器预计使用寿命为 6 年，最终残值 22 000 美元。这台 X 光仪是精密仪器，需要持续储备各种物料和备用部件，以便在相关零部件出现故障能立即更换。因此任何时候都必须维持 15 000 美元的零部件投资，但仪器使用寿命结束时这项投资就可全部收回。

要求：

1. 计算要求报酬率为 14% 时的净现值。
2. 计算：（a）初始投资会计收益率；（b）"平均"投资的会计收益率。
3. 为什么管理者可能不愿意根据现金流量折现模型作出决策？

11-61　鹿谷滑雪场

犹他州瓦沙奇山的鹿谷滑雪场计划增加 5 辆新的椅式缆车。假设购买 1 辆缆车需要花费 220 万美元，布置滑雪坡和安装缆车需要花费 148 万美元。缆车能使滑雪坡多容纳 300 名滑雪者，但是 1 年只有 40 天需要额外的容纳量（假设在这 40 天鹿谷滑雪场的这 300 张门票将全部售出）。在滑雪场开放的 200 天里，开动新缆车的每天成本为 500 美元。假设鹿谷滑雪场的缆车票价为 65 美元一天，滑雪一天需要再支付 10 美元。新缆车经济寿命为 20 年。

要求：

1. 假设鹿谷滑雪场的税前要求报酬率为 14%，计算新缆车的税前净现值，并告诉滑雪场管理部门增加缆车是否是一项有利可图的投资。

2. 假设鹿谷滑雪场的税后要求报酬率为 8%,所得税税率为 40%,按 MACRS 折旧法计提折旧,折旧期限为 10 年。计算新缆车的税后净现值,并告诉滑雪场管理部门增加缆车是否是一项有利可图的投资。

3. 有哪些主观因素会影响投资决策?

11-62 税后净现值

Saxon 公司打算购买一台打印机来生产其产品。具体信息如下:

新机器	
购买成本(新)	$85 000
年现金收益	55 000
年现金营运成本	38 000
残值——从现在起 10 年	5 000

如果购买新机器,将使用 10 年然后交换另一台机器。公司用直线法计算折旧,既是出于财务目的,也是出于税收的目的。假如 Saxon 最近有台账面价值为 30 000 美元的旧打印机。如果他们购买新机器,其处置价格为 8 000 美元。Saxon 的投资成本为 14%,税率为 30%。

要求:在净现值方法下,是否应该购买新机器?

11-63 税后运输成本的最小化,通货膨胀

(此问题是包含税收和通货膨胀因素的 11-53 的更新) Luxor 公司生产工业用和家用照明设备,其生产车间位于菲尼克斯,而仓库位于离菲尼克斯 2 500 英里的克利夫兰,公司产品由运输公司以每磅设备 0.26 美元的费率运往东部仓库(用第 0 年的货币表示),该费率随通货膨胀率的增加而增长。

Luxor 财务主管奥德瑞·哈里斯正考虑是否购买一辆卡车用于向东部仓库运输产品。有关卡车的数据见 11-53。

哈里斯认为这项投资非常有吸引力,因为她已成功地与 Retro 公司达成协议,卡车每次从仓库返回时,可顺便从克利夫兰运送 Retro 公司的产品至菲尼克斯。Retro 已同意向 Luxor 支付每车 2 400 美元的费用,每年不超过 100 车。

Luxor 的市场营销经理估计未来 5 年每年将有 500 000 美元的产品需运往东部仓库,卡车每次往返都会满载。

假设条件如下:

a. Luxor 要求最低税后报酬率为 20%,其中包括 10% 的通货膨胀因素。
b. 税率为 40%。
c. 成本回收期为 5 年的 MACRS 折旧法。
d. 通货膨胀率为 10%。

要求:

1. 应该购买卡车吗? 列出计算过程以支持你的结论。
2. 哪些定性因素可能会影响你的决策? 请具体说明。

11-64 通货膨胀与非营利性组织

莫比尔市市政府正考虑于 20×0 年 12 月 31 日花 7 300 美元购买一台影印机,机器使用寿命 5 年,期末无残值。每年预计可节约现金经营成本 2 000 美元——用 20×0 年的货币计量。

最低期望报酬率为 14%,其中包括估计为 6% 的通货膨胀率(注意,市政府无需支付所得税)。

要求:

用 14% 的最低期望报酬率回答要求 1 和要求 2:

1. 对现金经营成本节约额进行通货膨胀调整,计算该项目净现值。
2. 按照 6% 的通货膨胀率对现金经营成本节约额进行调整后,计算净现值。
3. 比较要求 1 和要求 2 的结果。在资本预算的通货膨胀分析中,哪个结论是正确的?

案例题

11-65 CAD/CAM 投资

Gustay Borg 制造公司正在考虑安装计算机辅助设计、计算机辅助制造系统(CAD/CAM)。目前建议只要求使用系统中的 CAD 部分。主管生产设计和策划的经理伯杰特·奥尔森预计 CAD 部分可以做 5 个设计员的工作,每个设计员每年的报酬为 SKr260 000 瑞士法郎(52 周×40 小时×SKr125/小时,SKr 为瑞士法郎货币符号)。

CAD/CAM 系统售价 160 万瑞士法郎(不能单独购买 CAD 部分)。运行系统中 CAD 部分的年付现成本为 900 000 瑞士法郎,该系统预计可使用 8 年。Gistov Borg 的最低期望报酬率为 12%。

要求:

1. 计算 CAD/CAM 系统投资的净现值。是否应该投资购买该系统?说明原因。
2. 假设奥尔森不能确定其对节约额和经济寿命的预测,CAD 部分可能只能替代 4 名设计员。若出现更好的系统,CAD/CAM 系统可能仅使用 5 年,但也可能使用 10 年之久。分别作出最悲观、最可能和最乐观的净现值预测,并解释以上分析是否使你更加认可要求 1 中的购买决策?
3. 有哪些主观因素可能会影响你的决策?

11-66 技术投资

肯塔基汽车零部件公司正考虑安装计算机集成制造系统(CIM)作为适时生产系统(JIT)的一部分。公司总裁本杰明·戈兹沃西认为安装新系统非常必要,但对公司来说这是一项重大投资,必须经董事会同意,因此需要用数据来说明投资的必要性。

这一任务被分派给本杰明的女儿利亚·戈兹沃西来完成,她是一名商学院毕业生,熟悉资本预算净现值法的运用。为确定相关成本,她找出了以下信息。

肯塔基汽车零部件公司生产各种汽车小元件,并将其销售给汽车制造商,拥有 40% 的市场份额,2007 年预期经营结果摘要如下:

销售额		$12 000 000
销售成本		
变动成本	$4 000 000	
固定成本	4 300 000	8 300 000
销售费用和管理费用		
变动费用	$2 000 000	
固定费用	400 000	2 400 000
经营收益		$1 300 000

安装 CIM 系统要花费 500 万美元,预计使用寿命为 6 年,无残值。2008 年职工培训费将超出成本节约额 40 万美元,2009—2013 年的变动销售成本将降低 35%,年节约额为 140 万美元,但固定销售成本不会降低——实际上新系统按直线法计提的折旧额将导致固定销售成本上升,销售费用和管理费用不受影响。要求报酬率为 12%,假设除 2008 年年初的初始投资外,所有现金流量均发生在年末。

要求:

1. 假定利亚·戈兹沃西认为若不投资 CIM 系统,生成和销售状况将在未来 6 年内保持 2007 年的水平不变。计算 CIM 投资的净现值。

2. 现假设利亚·戈兹沃西预测若不安装 CIM,本公司将很难与其他企业竞争。事实上,她已经进行市场调研,调研结果显示:若不投资 CIM,从 2008 年开始市场份额每年将下降 3 个百分点(比如,2008 年市场份额将为 37%,2009 年将为 34%,2010 年为 31%);其研究亦表明总体市场销售水平和市场价格将维持不变。请计算 CIM 投资的净现值。

3. 替利亚·戈兹沃西准备一份提交给肯塔基汽车零部件公司董事会的备忘录,解释为什么要求 2 中的分析是恰当的?为什么要求 1 那样的分析会导致对高科技项目的投资不足?备忘录中还应解释一下净现值计算中未包括的定性因素。

11-67 质量投资

布里斯班制造公司生产单一型号的 CD 播放机,并销售给澳大利亚音响系统制造商。每台 CD 机售价 210 美元,检测、修复产品缺陷和客户退款等成本发生之前的边际贡献为 70 美元。

20×6 年,布里斯班公司的最高管理层打算改变质量控制系统。现在每年需花费 30 000 美元用于质量控制检测,布里斯班每年生产并装运 50 000 台 CD 机,其中平均有 2 000 台次品,这些次品中有 1 500 台在检测过程中被发现——修复次品平均每台花费 85 美元;其余 500 台运给客户——客户发现一台次品后,布里斯班公司退还全部价款 210 美元。

由于越来越多的客户转为运用适时制存货管理系统和自动化生产过程,收到次品给他们带来了日益严重的问题。有时更换一台次品 CD 机会延误整条生产线的运行,布里斯班公司的竞争对手已认识到这种形势,大多已经开始实施全面质量控制计划。布里斯班若不提高质量,预计从 20×6 年开始 CD 机销售量每年将减少 5 000 台:

	不实施质量控制系统时的 预计销售量（台）	实施质量控制系统时的 预计销售量（台）
20×6	50 000	50 000
20×7	45 000	50 000
20×8	40 000	50 000
20×9	35 000	50 000

提议的质量控制计划包括两方面：首先，布里斯班公司将立即花费 900 000 美元培训工人，使之能在次品出现时及时发现并修复。这预计能使次品 CD 机数量由 2 000 台减至 500 台，而无须额外增加制造成本。其次，设置较早的检测点代替目前的检测点，这就需要以 250 000 美元购买一台 X 光机，而且与现在的检测成本相比，每年将额外花费运行成本 60 000 美元。早期发现次品将使次品平均修复费用由 85 美元降至 50 美元，且只有 50 台次品会卖给客户。为增加竞争力，卖给客户的每台次品 CD 机，布里斯班公司将按售价的 1.5 倍（315 美元）退款。

布里斯班公司最高管理层认为，4 年的策划期足以分析这项决策，最低要求报酬率为 20%。为简单起见，假设在目前的质量控制系统下，产量降低时次品量仍保持为 2 000 台，并且假定所有现金流量均在相关年度年末发生。

要求：

布里斯班制造公司会采用新的质量控制计划吗？用净现值法模型来说明原因。不考虑所得税。

11-68 自制或外购、设备更换

Ahoy 公司是最大的瓶装迷你船制造商之一，其中有一种船的某个特别复杂的部件需要使用特殊工具，且该工具不能用于生产其他产品。这些工具于 2003 年 7 月 1 日由该公司花费 200 000 美元购得。

假设现在是 2007 年 7 月 1 日，模型船部门的经理拉蒙·鲁伊斯正在考虑三种选择方案：第一种，继续使用现在的工具，尚可使用 5 年，使用期满无残值；第二种，以 40 000 美元的价格出售工具，按 11 美元的单价从外部供应商处购买这种部件；第三种，花费 180 000 美元把现有工具更换为效率更高的新设备。

鲁伊斯预测未来 5 年每年生产 8 000 艘船。船的制造成本列式如下，预计成本不变：

直接材料	$3.80
直接人工	3.70
变动间接费用	1.70
固定间接费用*	4.50
总单位成本	$13.70

* 折旧费占固定间接费用的 2/3。工厂其余固定间接费用为现金费用，若部件不自制，可节约 60% 的现金费用。

外部供应商所报价格 11 美元为一次性报价，以后不可能有这么低的价格。Ahoy 公司必须保证在未来 5 年每年至少购买 7 000 个部件。

新工具可使用 5 年，期末处置价值为 50 000 美元。旧设备为 5 年 MACRS 资产，新工具为3年MACRS资产(均使用目前的MACRS表),这种该公司按直线法计提账面折旧,按MACRS法计算纳税折旧。新工具的销售代表称"这种新工具能使每个部件的直接人工和变动间接费用减少2.10美元。"鲁伊斯认为其估计是准确的;然而,她也知道使用新设备对材料质量要求较高,她预计新设备的成本如下:

直接成本	$4.00
直接人工	2.50
变动间接费用	0.80
固定间接费用	6.00*
总单位成本	$13.30

* 固定间接费用的增长是由新设备的折旧引起的。

该公司的边际税率为40%,税后要求报酬率为12%。

要求:
1. 计算三种备选方案的净现值,注意税收影响。鲁伊斯应该选择哪一种方案?
2. 除净现值外还有哪些因素会影响鲁伊斯的选择?

合作学习练习

11-69 资本预算、敏感性分析与道德

詹姆斯·拉格兰奇最近被任命为一家食品公司早餐部的总会计师。部门经理勒妮·奥斯特兰德以有干劲、有才智、有毅力而著称,是一名非常成功的管理者,传闻他很快会晋升到公司的最高管理层,甚至可能是公司总裁的候补人选。詹姆斯的首要任务之一是为一种新的冷麦片——Krispie Krinkless——编制财务报告分析。该产品对奥斯特兰德极其重要,因为她相信引进该产品会非常成功,从而为她晋升最高管理曾提供跳板。

拉格兰奇与负责设计的食品实验室、负责测试的市场调查部门及负责为该产品的引入提供资金的财务人员讨论了该产品。综合全部信息,他提出以下乐观的和悲观的销售预测:

	乐观的	悲观的
第1年	$1 600 000	$800 000
第2年	3 600 000	1 200 000
第3年	5 000 000	1 000 000
第4年	8 000 000	800 000
第5年	10 000 000	400 000

乐观的预测假定成功地引入了一种畅销产品,悲观的预测假定引入该产品后未得到市场的广泛接受,在5年后退出市场。拉格兰奇认为最可能的结果为乐观和悲观预测的折中情形。

拉格兰奇从财务部得知,引进这种产品的报酬率必须达到16%,才能使最高管理层同意提供资金;他认为这种产品的边际贡献率大概是50%,但也可能低于42%,或高达58%。原始投资包括300万美元的生产设备成本、250万美元的广告费和其他产品引进费用以及50万美元的营运资金(存货等)。这套生产设备5年后的价值为80万美元。

基于其初步分析,拉格兰奇建议奥斯特兰德不要推出这种产品。奥斯特兰德对此很不高兴,她认为拉格兰奇太悲观了,并要他重新处理数据,使她能够说服最高管理层推出该产品。

拉格兰奇进行了进一步分析,但预测结果并无差别,实际上,他更加相信他的预测是准确的。然而,他确信如果把不支持引进新产品的数据交给奥斯特兰德,就会激怒她;而且,她也可能是正确的,也就是说,预测中有太多的不确定性。拉格兰奇可以很容易地提供支持新产品可信数据——尽管他自己不相信这些数据,但他认为他可以使最高管理层相信这些数据是准确的。

要求:

由整体班级或者3—6个人的小组进行角色扮演。这里按一个小组的活动来解释。选择一名小组成员扮演詹姆斯·拉格兰奇,再选一名成员扮演勒妮·奥斯特兰德。

1. 在整个小组(扮演奥斯特兰德的成员除外)的帮助下,拉格兰奇编制一份第一次提交给奥斯特兰德的资本预算分析。

2. 接着,拉格兰奇与奥斯特兰德再次进行会谈:他们应努力在提交给最高管理层的分析报告上达成一致,与此同时,其他小组成员记录每位讨论者作出的道德判断。

3. 拉格兰奇和奥斯特兰德完成角色扮演任务后,整个小组评价每个人作出的道德判断,并将拉格兰奇在这种情形下应采取的适当立场给出建议。

互联网练习

11-70 嘉年华公司的资本预算

许多公司都有一个持续成长的目标:有些公司通过扩大现有经营规模和提高现有资产的利用率得到成长,有些则通过收购同行业公司或者购买其他领域的公司得到成长。无论选择哪种方法,资本预算都是整个系统扩张计划的重要部分。考虑嘉年华公司(已通过收购得到扩张)的扩张活动,该公司通过购买新资产和资产置换进行扩张。

1. 登陆嘉年华公司主页 http://www.carnivalcorp.com,选择"投资者概览"链接。嘉年华拥有多少航线或对什么航线感兴趣?当前经营的游轮有多少?公司列示了哪种类型的未来扩张计划?这些信息表明公司的意图是什么?

2. 可以看到公司正计划购买新游轮。为了获得更多的信息,点击年报链接,选择最近的年报,并用 Adobe Acrobat Reader 打开。转到年报后半部分"管理当局关于财务状况和经营成果的分析讨论书"。阅读"经营成果摘要",并用游客航行天数和客座率计算嘉年华航行日的载客容量。说明过去3年中的载客容量有何变化?

3. 现在回到年报开头,阅读 CEO 的信。这封信告诉了投资者关于本年度新投资的哪些信息?采取何种形式进行投资、扩张?未来投资计划如何?

4. 值得注意的是,当我们同时考虑购买新游轮与增加对其他航线的所有权的行为时,公司必须以某种方式支付这些费用。现在让我们看一下现金流量表,看能否确定公司可从何处筹集现金购买新游轮。依据你对现金流量表的观察,嘉年华为新资产投了多少钱?又是从何处筹资的?

5. 嘉年华扩张计划的另一个例子可在"承诺与意外事件的附注"中找到(1999年附注8),这条附注提供了什么信息?该信息如何表明嘉年华已经考虑了一项资本预算?

第四部分　产品成本核算

- 第 12 章　成本分配
- 第 13 章　制造费用的会计处理
- 第 14 章　分批成本及分步成本核算系统

第12章　成本分配

学习目标

学习完本章之后，你应该做到：
1. 描述成本分配的基本框架；
2. 将服务部门的变动成本和固定成本分配到组织中的其他部门；
3. 运用直接法和阶梯法将服务部门的成本分配到使用部门；
4. 整合传统法和作业成本法下服务部门的分配系统，将系统的总成本分配给产品或服务的成本对象；
5. 将与顾客行为有关的成本分配到顾客中；
6. 分配企业总部的成本；
7. 使用实物量法和相对销售价值法将联合成本分配到产品中。

洛杉矶大林公司

回想一下你上次在以下商店购物的情景——沃尔玛、Kmart、Dollar General、Best Buy、Walgreen 或 Payless ShoeSource。你是否注意到放置装置了？回答可能是没有。商店内的放置装置，例如架子、柜台、衣架、陈列装置等对于所有的折扣商店、专卖店和百货商店都是很重要的，但没有多少人在购物时会注意到这一点。在商店配置行业拥有领先地位的一家公司就是洛杉矶大林公司（L. A. Darling）。洛杉矶大林为全世界的零售店、折扣店、百货商店、药店和专卖店设计和制造金属的、木制的以及金属线的零售陈列装置。

如今，当一个主要的零售商采取了一个很积极的发展方案时，它会选择大林为其提供放置装配。其负责人雷·沃特森（Ray Watson）说："大林的其中一个优势就是其巨大的生产能力。"但在给公司竞争力优势的同时，经营成本是一个挑战，其中大部分都是固定间接制造费。

为了计算产品的毛利，大林是如何把这些固定制造费分配到每个产品中的呢？在评估经理业绩的时候要不要考虑这些成本呢？许多公司至少是部分地基于其所管理的部门的利润水平来对经理进行业绩评估的。因此，经理通过作出有利于部门利润的决定来优化其业绩。那我们该怎样计量收益呢？在计量收益的时候，会计师会作出许多判断。其中最重要的一个就是选择计算产品成本的恰当方法。一些经理认为产品成本计算法是会计师的责任。然而,当经理们意识到产品的成本会影响到他们的业绩评价时,他们马上就会关心会计师是如何计算产品成本的。只有知道什么东西会影响到产品成本,经理才可以预测他们的决策对于收益以及他们业绩评价的影响。

就如一些产品或服务比其他产品或服务更有利,不同客户的获利能力也有差异。例如,大林的销售经理知道一些客户比如说沃尔玛会订购与那些小专卖店不同种类和数量的大林产品。沃尔玛的产品结构与那些专卖店的极其不同,服务成本例如订货成本,运输成本以及售后服务等也存在着很大的差异。幸运的是,计算机技术和成本分配方法的改进使会计师既能够计量产品/服务的获利能力又可以计量客户的获利能力。

大林该如何来计量大客户例如沃尔玛以及那些小专卖店的获利能力呢?沃特森解释说对外报告所要求的方法对于顾客收益(customer profitability)的计量几乎是没有什么用处的。最终,大林用了贡献法(第5章介绍到的)与作业成本核算法相结合的方法来作出战略决策和达到经营控制的目的。

洛杉矶大林公司的主要业务是设计、制造和安装展示装置,图中的展示装置就是他们公司提供的一种产品。该公司利用本章中讲述的很多成本分配的概念来确保用于决策制定和经营控制的成本信息是尽可能可靠的。

正如洛杉矶大林的例子那样,对于大多数企业而言,成本分配是达到了战略重要性的。例如,许多院系的教师都用大学的计算机系统来教学以及进行政府基金资助的调研。那么计算机系统的成本有多少应该分配到调研项目上呢?或者假设成立了一个洛杉矶特别警察小组来调查一系列相关的案件。那么他们所做的努力的全部成本,包括不同的附属成本又是多少呢？最后，假设一家公司的两条不同的生产线使用同一台机器。每条生产线应该分配到多少机器的成本呢？这些都是成本分配的问题，也就是这一章的核心。

成本分配的一个基本框架

正如第4章所指出的，成本分配方法是企业成本会计系统——即用来决定产品、服务、客户或其他成本对象的成本——中的重要组成部分。为什么呢？因为，大多数企业的会计人员能够直接分配到产品和服务的成本不到营业成本的60%。其他的那些成本，会计师要么使用成本分配法进行分配，要么就不分配。大多数经理更愿意把这些成本间接分配掉。

> **目 的 1**
> 描述成本分配的基本框架。

因为对于所有企业而言，产品、服务、客户是几个重要的最终成本对象，所以在此我们主要研究企业该如何把直接成本和间接成本（分摊的）分配到这些成本对象中。一些企业几乎把价值链上的所有成本都分配到产品、服务和客户身上，但另一些则不分配非生产性成本，例如研发费用、营销费用或管理费用。对外披露的财务报告中，企业必须也只能把生产性成本分配到产品中。用于内部管理的财务报告可以选择分配也可以选择不分配所有的其他成本。

我们将用图12-1所示的框架来说明成本分配是适合整个成本会计体系的。图12-1中的每一个箭头都代表着把一些成本分配到相应的成本对象中去。这里列示了三种成本对象——服务部门、生产部门、产品/服务部门（客服部）。成本会计系统一般

> **生产部门**：工人们在其中生产产品或提供服务的部门。

> **服务部门**：专为支持其他部门而设立的部门。

都是先累计成本，然后把它们分配到企业的每一个个体中，我们称这种个体为部门。有两种部门：(1) **生产部门**(producing departments)，工人们在该部门里生产产品或提供服务；(2) **服务部门**(service departments)，它是用于为其他部门或客户服务的。例如，人力部、医院专门负责洗涤的部门以及设备维护部等。我们可以把直接成本直接追溯到相应的部门，就如箭头所示。相比起来，我们不得不将间接成本进行分配，例如几个部门共用的设备的租金。在图12-1中，用箭头2表示。

假设一家公司现在把资源成本1和2分配到了生产和服务部门。假设一些服务部门还为其他服务部门提供服务。例如，人力部门为设备维护部门提供人力。箭头3表示了这些成本的分配。在完成了1、2、3的成本分配之后，经理们就可以对每个服务部门的业绩进行评估了。

对生产部门所使用的资源成本的计量例如机器的加工、安装或装配，许多企业都运用分配方法把服务部门的成本分配到生产部门中去。为什么呢？因为经理希望知道总

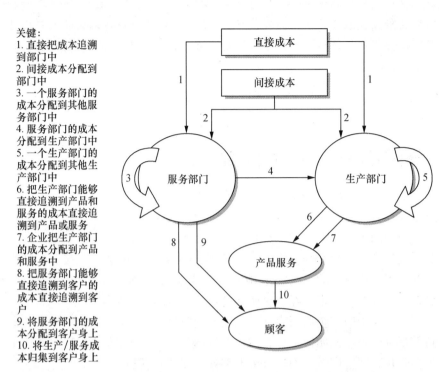

图 12-1 成本会计体系框架

关键：
1. 直接把成本追溯到部门中
2. 间接成本分配到部门中
3. 一个服务部门的成本分配到其他服务部门中
4. 服务部门的成本分配到生产部门中
5. 一个生产部门的成本分配到其他生产部门中
6. 把生产部门能够直接追溯到产品和服务的成本直接追溯到产品或服务
7. 企业把生产部门的成本分配到产品和服务中
8. 把服务部门能够直接追溯到客户的成本直接追溯到客户
9. 将服务部门的成本分配到客户身上
10. 将生产/服务成本归集到客户身上

成本，既包括生产部门自己的成本，还包括使用其他部门资源的成本。在图 12-1 中，用箭头 4 表示。有时一个生产部门会把自己部门的在产品、最终产品或服务转移到另一个生产部门。例如，一个生产部门可能加工一种化学物质，它可以同时产生几种最终产品和另一些需要进一步加工的产品。这种情况下，我们就把那些需要进一步加工的产品的成本转移到下一个生产部门——如图 12-1 中的箭头 5 所示。注意，服务部门的直接成本——箭头 1 所示——在箭头 4 所示的分配中就成为生产部门的间接成本。例如，人力部门的公司对于人力部门而言是直接成本。然而，当我们把这些成本同所有的人力部门的成本一起分配到生产部门中去时，对于生产部门而言，它们就成了间接成本。

至此，我们把服务部门和生产部门的成本都累计到了生产部门。下一步就是要把这些成本分配到产品或服务中。生产部门中，大多数成本都是可以直接追溯到产品和服务的。其他生产部门的成本就被分配到产品和服务中了，就像图 12-1 中的箭头 7 所示的那样。同时，因为我们改变了成本对象，一些本来是直接成本的在成本对象改变后就变成间接成本了。例如，生产监管人员的工资，物料费以及大部分机器设备的成本。

所有的企业都会累计它们产品或服务的成本。因为财务报表要求企业必须这么做。所以，箭头 1 到箭头 7 所示的追溯和分配成本对于所有企业而言是很平常的事情。但是，越来越多的企业同时还计量并管理成本和顾客收益。如箭头 8 到箭头 10 所示。

一些服务部门的业务活动是服务于客户而不是生产。例如，订单处理和客服业务。因此，我们把这种服务的成本分配到客户而不是生产部门。我们可以直接追溯其中的一些成本到客户身上——如图 12-1 箭头 8 所示。例如，销售佣金和诸如售前协商之类的特定客户支持。然后我们再分配其他与客户服务相关的诸如订单处理等的成本——如图12-1箭头9所示。图12-1中的最后一步就是把产品或服务的成本分配到购买者身上。之后，企业就可以在销售收入中扣掉箭头8、9、10所示的成本之后计算出顾客收益。

为什么直接把客服部门的成本追溯或分配到客户身上（图12-1箭头8和9所示）而不是先把它们分配到生产部门再分配到客户身上是很重要的呢？如果我们把这些成本先分配到生产部门再到产品，那么在分配到产品时就是根据与生产相关的产量为计量依据了，而这个与客服成本的动因关系不大。这会歪曲产品和客服的成本。

会计体系会把一个部门的所有直接和间接成本都分配到部门的产出中。这就要求会计师辨别和计量部门的产出（这些产出将要承担分配的成本）并决定间接成本的成本分配基础（cost-allocation base）。例如，诊所的儿科可能根据每个病人的不同治疗时间把其间接成本分配到每个病人身上；或者是生产企业的组装设备，可能根据机器的使用时间把成本分配到每个组装完成的产品上；或者是会计师事务所的税务部门可能根据服务时间把成本分配到每个被服务的客户身上。

正如第4章所指出的，正因为成本动因和成本之间存在的逻辑关系以及因果关系，所以我们要有一个成本动因作为成本分配基础。例如，把楼房租金分配到每个部门中的一个逻辑的成本分配基准就是根据每个部门所占地的面积来计量的。其他的逻辑成本分配基准有根据体积来分配制热和通风设备的折旧；或者根据直接成本来分配管理费用。在实务中有许多不同词汇用于描述成本分配。例如第4章所指出的，分配（allocate）、分配（apply）、吸收（absorb）、归属（attribute）、再分配（reallocate）、追溯（trace）、归集（assign）、分配（distribute）、再分配（redistribute）、加载（load）、负荷（burden）、分摊（apportion）、再分摊（reapportion）等，它们在描述将成本分配到成本对象时是可以交换使用的。

一些单独的间接成本也是十分重要的，我们在分配它们的时候使用明显一点的成本分配基础。例如，我们会根据所用直接人工小时数把律师事务所的专业人工成本逐项分配到部门、工作和项目中去。其他一些不重要的成本动因不用逐一分配，可以聚集成库，然后一起分配。一个成本库是指使用一个成本动因分配到成本对象中去的若干单个成本的集合。例如楼房租金、水电成本和看管保安等可归于同一个成本库，因为公司通常按占地大小来分配它们。在大学里，可将注册主任办公室的所有经营成本归于同一个成本库中，然后按照每个学院学生的人数分配到各个学院中去。

下面的部分将更具体地讨论服务部门成本的分配，之后的部分主要讨论将成本分配到产品、服务或顾客中去的情况。

服务部门成本的分配

在图12-1的总体框架中,服务部门的成本分配由箭头3、4、8、9所表示。在讨论分配方法之前,先介绍一些经理在设计分配体系的时候应该考虑的一般指导原则。

> **目 的 2**
> 将服务部门的变动成本和固定成本分配到组织内的其他部门。

一般指导原则

可接受的服务部门成本分配的原则如下所示:

1. 在提供服务前而不是在其之后,确定有关成本分配部分或全部细节。只有先制定了"游戏规则",这样所有部门才可恰当地作出计划。

2. 分别分配变动成本库和固定成本库。应当注意的是,一个服务部门(如计算机部门)如果有一个以上成本动因导致成本分配,则该部门可以有多个成本库。至少应有一个变动成本库和一个固定成本库。

3. 利用预算对每个服务(辅助)部门进行业绩评估,正如对每个生产和经营(业务)部门那样。不管后来成本是如何分配的,服务部门的业绩是通过实际成本和预算的比较得以评估的。可从预算中确定分配时需要使用的变动成本库和固定成本库。

某大学的计算机部门是一个简化的例子,它有工商学院和工程学院这两个主要用户。图12-2描述了这个分配系统。我们将把三种成本分配类型在图12-2中表示出来。第一种分配类型包括的成本有能源和建设成本。会计系统首先把这些成本归集起来,然后再分配到组织中的各部门,其中包括计算机部门。第二种分配类型是把来自计算机部门的变动成本和固定成本分配到工商和工程这两个学院中去。最后,第三种分配类型是把工商和工程两个学院的成本分配到各项目中去。让我们主要关注第二种成本分配类型,即把计算机部门的成本分配到工商和工程两个学院中。

计算机部门的成本(薪水、折旧、能源、材料等)应如何分配到使用部门中呢?假定有两个主要的分配目的:(1)预期计算机使用的经济效益;(2)鼓励各部门和个人更充分地使用主机。

我们需要对计算机部门的成本进行详细的分析。计算机部门主要的作业活动是计算机的处理过程。计算机主机是通过一个5年的租赁合约获得的,这个租赁合约规定,除非支付违约金,否则该合约不能取消。计算机消耗的资源包括处理时间、操作时间、能源、材料和建筑物占用等。假定已经完成了成本性态分析,下一年的预算公式为每月100 000美元的固定成本加上计算机每使用一小时200美元的变动成本。在下两部分中,我们将讨论指导原则2的应用。

变动成本库

变动成本库的成本包括耗用的能源和材料,成本动因是计算机使用小时数。因此,

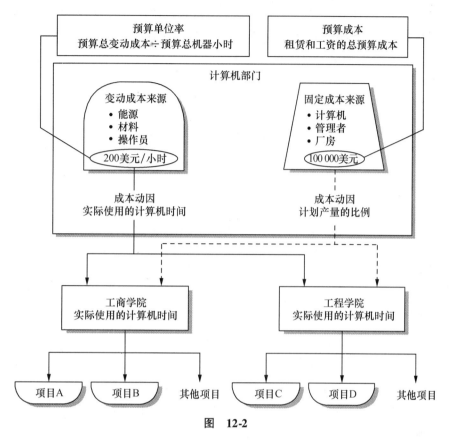

图 12-2

变动成本应如下分配：

预算分配率 × 计算机实际使用小时数

因果关系非常明确：使用越频繁，成本越高。在这个例子中，使用的分配率为 200 美元/小时的预算分配率——这个分配率是用预计的计算机使用小时去除预计的耗用能源和材料的成本而得到的。

分配服务部门的变动成本使用的是预算分配率而不是实际分配率，这样既可防止价格浮动的影响，也可以防止服务部门的低效率。当一个组织分配服务部门的全部实际成本时，使用服务的部门经理就对其无法控制的成本负有责任，这会减少对服务部门提高效率的激励——两种后果都不是我们所希望看到的。

考虑将变动成本分配到使用了 600 机时的部门。假设计算机部门的低效率使变动成本为 140 000 美元，而不是预算的 120 000 美元（600 小时 × 200 美元）。一个好的分配方案应只将 120 000 美元分配到使用部门，而将剩下的 20 000 美元作为不分配的、计算机部门的不利预算差异。这样的做法将使计算机部门的管理者对这 20 000 美元的差异负责，而使用部门的不满也减少了。使用部门的管理者对分配的不确定和服务部门管理不善的抱怨，往往比成本动因的选择（如直接人工或员工人数）的不满还要强烈。如果服务部门负有预算责任而使用部门又免受短期价格浮动和低效率的影响，那么上述抱怨会少一些。

以美国一个州政府的汽车修理和保养部门为例。享受该部门服务的机构将收到各类服务的固定价格。假设有汽车被修理的机构的负责人被告知:"你们的修理任务一般需要 5 小时,但我们新雇佣了一名工人,他将用 10 个小时完成修理。因此,我们将按 10 小时向您收费。"那么,这位负责人会有何感觉呢?

固定成本库

现在再来看看我们提到的大学里计算机部门的例子。固定成本库的成本包括租赁费、员工的工资、建筑物的占用成本(包括折旧、保险等)。固定成本库的成本动因是该大学获得计算机设备时两个学院估计其所需的处理能力的总量。因此,固定成本应该这样分配:

可用处理能力的预算百分比 × 预算固定成本总额

假设院系主任们最初预计的长期平均月使用时间为:工商学院 210 小时,工程学院 490 小时,共计 700 小时。固定成本将这样分配:

	商学院	工程学院
每月固定成本		
$100 000 的 210/700 或 30%	$30 000	
$100 000 的 490/700 或 70%		$70 000

这种预先确定的一次性总额方法是以用户可以长期使用的生产能力为基础的,而不管各月的实际使用量是多少。其原因在于,影响固定成本水平的服务总水平和相对预期用量有关的长期计划有关,而不是与服务水平和相对实际用量的短期浮动有关。关注图 12-2 中这六种成本的分配。

在分配预算固定成本时,使用可用的处理能力而不是所用的处理能力的主要优点是分配到使用部门的短期成本并不受其他使用部门实际用量的影响。这种预先确定的一次性总额方法在长期与短期的服务使用方面,达到了预期的激励效果。

在实际操作中,固定成本库往往以所用的能力为基础而不是以可用能力为基础进行不恰当的分配。假定计算机部门按实际情况分配实际总成本。在月底,实际总成本将按使用部门实际使用小时的比例分配。假定工商学院用 200 小时,工程学院用 400 小时,比较两学院所承担的成本:

发生的总成本, $100 000	
商学院:200/600 × $100 000 =	$33 333
工程学院:400/600 × $100 000 =	66 667
分配的总成本	$100 000

如果下个月工商学院只用了 100 小时,而工程学院仍用了 400 小时,那将如何呢?

发生的总成本, $100 000	
商学院:100/500 × $100 000 =	$20 000
工程学院:400/500 × $100 000 =	80 000
分配的总成本	$100 000

工程学院的使用小时数没有改变,但它却要多承担 13 333 美元的成本,大约提高了 9%。其短期成本依赖于其他使用者的用量,而并非只依赖于它自身的用量。这种现象是由总成本中固定成本的错误分配方法造成的——在这种分配方法下,分配量与各个消耗部门的实际用量密切相关。按预算用量即用预先确定的一次性总额的分配方法可以避免以上不足。

再看上文中提到的汽车修理点的例子。如果你去取车时有人这样通知你,你一定会非常不悦:"我们每天的固定费用是 1 000 美元,今天店里只有您的一部车,所以将由您支付全部的 1 000 美元——如果今天店里有 100 辆车,您只需要支付 10 美元。"

采用一次性总额法的问题

采用一次总额法可能会导致一些问题。如果固定成本以长期计划为基础进行分配,那么消费部门就会有低估计划用量从而减少成本分配比例的倾向。为了制止这种倾向,高级管理人员可以对预测进行监督,并利用跟踪和反馈使未来的预期更诚实。

在一些组织中,准确预期的经理们可以得到加薪以示明确的鼓励。此外,一些分配成本的方法也会对压低预期进行惩罚。例如,假设某经理预期用量为 210 小时,而实际需求为 300 小时,那么在这类分配中,对于那些超过 210 的那些小时数,经理或者无法获得,或者必须付高价。

交互服务

在我们计算机部门的例子里,我们假设仅向其他两个部门提供计算机服务。服务部门除支持生产部门外,通常还支持其他的服务部门,这些服务被称为交互服务或部门间服务。

再看本章开头提到的洛杉矶大林公司的例子,假设大林的将卖给沃尔玛、Target 和 Walgreens 的放置装置是按惯例和标准装配的。图 12-3 是设备流程图。大林有两个生产部门——加工和装配、两个服务部门——设施管理(租金、供热、保险、保安服务以及一些公司资源例如管理和技术等)和人事。在这部分,我们仅把加工和装配作为成本对象。假设服务部门的全部成本只由一个成本动因引起,也只根据这个动因的变化而成比例地变化——也就是说这些是变动成本的资源。公司认定,设施惯例部门的最佳成本动因是占地面积,人事部的最佳成本动因是员工人数。图 12-3 列出了在最近一个月所发生的直接成本,此时公司生产了 200 个惯例产品和 1 200 个标准旋转装置。图 12-3 列出了各部门的占地面积和员工人数。应该注意的是,设施管理部门除了向生产部门提供服务外还向人事部门提供服务,而人事部门也同时向生产部门和设施管理部门的员工提供帮助。

目前有两种分配服务部门成本的方法:直接法和阶梯法。

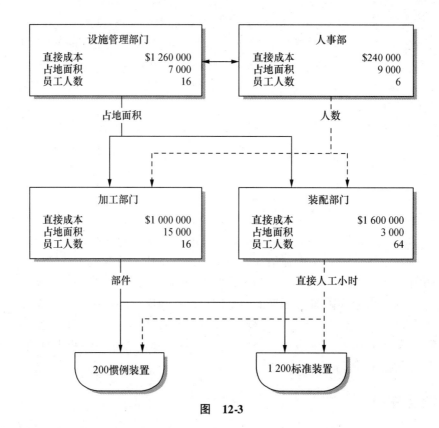

图 12-3

直接法 直接法(direct method)在把既定服务部门的成本分配给生产部门时,将忽略其他服务部门。换句话说,在直接成本法下,设施管理部门和人事部门相互提供给对方的服务将被忽略。设施管理部门的成本只按生产部门的相对占地面积来分配:

- 生产部门总占地面积:15 000 + 3 000 = 18 000
- 分配给加工部门的设施管理部门的成本:(15 000 ÷ 18 000) × \$1 260 000 = \$1 050 000
- 分配给装配部门的设施管理部门的成本:(3 000 ÷ 18 000) × \$1 260 000 = \$210 000

同样,人事部门的成本也是只按照生产部门员工的相对人数分配到生产部门:

- 生产部门员工的总人数:16 + 64 = 80
- 分配给加工部门的人事成本:(16 ÷ 80) × \$240 000 = \$48 000
- 分配给装配部门的人事成本:(64 ÷ 80) × \$240 000 = \$192 000

目 的 3

运用直接法和阶梯法将服务部门的成本分配到使用部门。

直接法:在把既定服务部门的成本分配给创造收入的(经营性)部门时,将忽略其他服务部门。

阶梯法 阶梯法（step-down method）在确认服务部门对生产部门提供支持的同时，也确认对其他服务部门作业提供的服务。因此必须选择一个分配的顺序，通常是从向其他服务部门提供最多服务（以成本衡量）的那个服务部门开始。分配顺序中排在最后的是提供最少服务的服务部门。我们一次只分配一个服务部门的成本，把该成本分配到生产部门和其他服务部门中去。一旦部门成本被分配到了其他部门，就不会有其他服务部门的成本被分回到这一部门。

> **阶梯法**：一种分配服务部门成本的方法。它在确认服务部门对生产部门提供支持的同时，也确认它对其他服务部门作业提供的服务。

在我们的例子中，首先分配设施管理部门的成本。为什么呢？因为设施管理部门提供给人事部门的支持多于人事管理提供给设施管理部门的服务。注意表12-1在把设施管理部门的成本分配给人事部门后，不再有成本被分配回设施管理部门，尽管人事部门也向设施管理部门提供了服务。而人事部门660 000美元的成本，除了本身的直接成本24 000美元外，还包括从设施管理部门分配来的42 000美元，将一起被分配到生产部门中去。注意表12-1中的最后一列。在分配之前，4个部门发生的成本一共是4 100 000美元。在第一步中，我们从设施管理部门的成本中减掉126 000美元，然后加到其他3个部门中去——这对于总成本来说是没有影响的。在第二步中，我们从人事部门的成本中减掉66 000美元，然后加到剩下的两个部门中去——同样，总成本也没有被影响到。在分配之后，总成本仍然是4 100 000美元，但它全部是加工和装配部门的成本了——设施管理和人事部门就不再有成本了。

表12-1　阶梯分配

	设施管理部门	人事部门	加工部门	装配部门	合计
直接部门分配前成本	$1 260 000	$240 000	$1 000 000	$1 600 000	$4 100 000
第一步					
设施管理部门	$(1 260 000)	(9÷27)× $1 260 000 = $420 000	(15÷27)× $1 260 000 = $700 000	(3÷27)× $1 260 000 = $140 000	
第二步					
人事部门		$(660 000)	(16÷80)× $660 000 = $132 000	(64÷80)× $660 000 = $528 000	
分配后总成本	$0	$0	$1 832 000	$2 268 000	$4 100 000

两种方法的比较 表12-2比较了生产部门在直接法和阶梯法下的成本。值得注意的是，分配方法对成本有重大的影响。如果一个管理者使用直接法而不是阶梯法来分配成本，那么加工成本是比较昂贵的；反之，如果使用阶梯法来分配成本，装配成本则比较昂贵。

表 12-2　直接法与阶梯法的比较

	加工部门		装配部门	
	直接法	阶梯法*	直接法	阶梯法*
部门直接成本	$1 000 000	$1 000 000	$1 600 000	$1 600 000
分配自设施管理部门	1 050 000	700 000	210 000	140 000
分配自人事部门	48 000	132 000	192 000	528 000
总成本	$2 098 000	$1 832 000	$2 002 000	$2 268 000

* 来自表 12-1。

哪种方法更好呢？一般来说，阶梯法更好。为什么呢？因为阶梯法承认了服务部门对其他服务部门提供了最重要的支持。直接法的最大优点就是简单易行。如果这两种方法的结果没有很大差异，许多企业会选择直接法，因为它更加便于管理者理解。

与成本动因无关的成本　在解释直接法和阶梯法时，我们的例子是假设只使用一个成本动因来分配既定服务部门的所有成本。例如，我们假设占地面积可被用来分配设施管理部门的所有成本。但如果设施管理部门的一些成本与占地面积无关将会怎么样呢？例如，租金通常是整个厂房在一段时间内的成本总和。又比如说，另外一家公司承担了保安工作，其费用等于每个月固定的金额再加上根据占地面积来计算的另外一笔费用。

当成本与成本动因没有联系时，我们有两种有用的方法：

1. 确定其他成本动因。将设施管理部门的成本归为两个或更多不同的成本库，然后使用不同的成本动因来分配每个成本库中的成本。例如，租金和保险费用通常是固定成本，但我们常按不同服务部门的占地面积将它分配到各部门中。能源成本大多数都是变动成本，我们通常用兆瓦小时作为成本动因对其进行分配。又如之前所提的保安费用是一个混合类型的成本。对于变动成本那部分的分配，我们使用与成本支付时同样的成本动因——比如说占地面积。固定成本那部分可能就没有可靠的成本动因，因此就不对其进行分配。

2. 使用直接法或阶梯法，以占地面积为成本动因分配所有的成本。这种做法假设就长期而言设施管理部门的所有成本是由占地面积引起的——即使在短期，这种因果关系也不易确定。换言之，使用更多的占地面积不会立刻导致设施管理部门成本的增加，但这一成本最终会慢慢地随着占地面积的增加而成比例增加。

管理决策练习

　　假设你在一个由不同职能部门人员组成的小组里，你与该小组的其他成员正在讨论如何分配采购部门的成本。其中一个成员告诉你"分发出的订购单数"是最好的成本动因。以下是一个总成本与发出的订购单数两者关系的散点图：

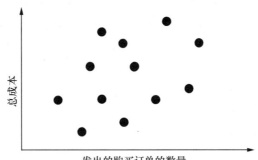

根据小组对图表的观察,图中的点非常分散,不呈线性,这表明单一的成本动因——"发出的订购单数"——并非衡量采购部门完成工作的可靠标准。经调查发现,采购部门的工作不只是发订购单,其中很重要的一项工作就是验证新的供应商。你对分配成本的方法有什么建议?

答案:
因为采购部门的大部分成本不与成本动因"订购单数"相关,所以我们需要第2个成本库,它的成本动因是"新供应商的数量"。

将成本分配到最终成本对象中

在讨论完服务部门的成本分配之后,我们接下来就讨论生产部门的成本分配。所有成本都要进一步分配——那就是分配到最终成本对象中。最终成本对象是产品,如汽车、家具和报纸等,还有一些是服务,如银行业务、医疗保健、教育事业等。有时我们把分部的总成本分配到产生收入的产品或服务中,称为**成本分配**(cost application) 。

> **成本分配:** 把分部的总成本分配到产生收入的产品或服务中去。

传统法

传统法使用下述步骤将成本分配到产品、服务和顾客中:

1. 把每个生产部门的成本分成两类——其中包括部门的直接成本和所有分配到该部门的成本:(1) 可以追溯到最终成本对象的直接成本;(2) 间接成本。

2. 把直接成本分配到合适的产品或服务中。需要注意的是,一些对于部门而言是

> **目 的 4**
> 整合服务部门的成本分配系统和传统的作业成本系统,并利用它们将系统总成本分配到产品或者服务主体中去。

直接成本的对于最终成本对象会变成间接成本——例如,部门设备的折旧。

3. 每个生产部门都要选择自己的成本库和相对应的成本分配基数,然后把所有的部门间接费用都分配到适当的成本库中。例如,你可以把一些部门的间接成本按直接人工小时进行分配,另一些按机器小时进行分配,剩余的就按产品的数量进行分摊。固定和变动成本要使用不同的成本库。

4. 根据产品和服务的成本分配基数的比例把每个成本库中的成本分配到产品和服务中去。用实际的成本动因水平来分配变动成本,用预算的成本动因水平来分配固定成本。

之前的例子中提到了洛杉矶大林公司的放置装置。图 12-4 列示了生产流程图并假设使用阶梯法来分配服务部门的成本。现在我们主要以两种陈列装置作为洛杉矶大林放置装置的成本对象。

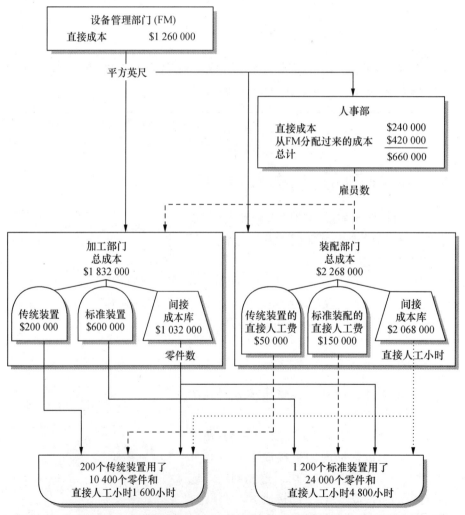

图 12-4　洛杉矶大林公司的演示部门:利用传统法和阶梯法将成本分配到成本对象中去

第一步,要确定可以直接追溯到产品的操作部门的成本。加工部门的总成本是

1 832 000 美元。其中有 800 000 美元是属于零部件的变动成本。就像图 12-4 所示的那样，我们可以直接把这些费用追溯到两种产品中去。同样，装配部门 2 268 000 美元的总成本中，我们可以直接追溯 200 000 美元到产品中。这些是装配工人的工资，也是大林公司的变动成本。剩余资源和从服务部门分配过来的成本都是间接成本。在此，我们假设这些资源的成本是固定的。为什么在生产部门中没有直接人工呢？因为这是机器密集型部门，只有间接的人工来维护机器。

第二步，正如图 12-4 中显示的那样，我们把直接成本分为了两种类型。图 12-3 中的 1 000 000 美元直接成本到图 12-4 中怎么会只有 800 000 美元了呢？答案就是我们改变了成本对象。当我们只是计算生产部门的成本时，200 000 美元的成本——例如，机器的折旧费用和监管费用等——就是一个部门的全部成本。一个部门是一个单一的成本对象，不需要进行成本的分配。当我们把成本对象改成了两种产品时，这些资源就成为共享资源了。既然没有经济上可行的方法直接把这些成本追溯到产品中，那么我们就需要对其进行分配。

第三步，对每个部门，我们都要选择一个间接成本的成本库和相对应的成本分配基数。我们把剩余的 1 032 000 美元间接成本分配到加工部门的固定成本库中，用预计的零件数作为成本分配基数。同样，我们把剩余的 2 068 000 美元间接成本分配到装配部门的固定成本库中，用预计的直接人工小时作为成本分配基数。

分配到产品中的间接成本计算如下：

加工：$1 032 000 ÷ (10 400 + 24 000) 零件数 = $30.00/零件

转配：$2 068 000 ÷ (1 600 + 4 800) 直接人工小时 = $323.125/直接人工小时

200 个传统装置和 1 200 个标准装置的总成本和单位成本计算如下：

	200 传统装置		1 200 标准装置	
	总成本	单位成本	总成本	单位成本
零件	$200 000	$1 000.00	$600 000	$500.00
直接人工	50 000	250.00	150 000	125.00
间接成本——				
加工部门	312 000 *	1 560.00	720 000 †	600.00
装配部门	517 000 ‡	2 585.00	1 551 000 §	1 292.50
	$1 079 000	$5 395.00	$3 021 000	$2 517.50

* $30.00 × 10 400 零件
† $30.00 × 24 000 零件
‡ $323.125 × 1 600 直接人工小时
§ $323.125 × 4 800 直接人工小时

传统法分配成本时，关注的是部门成本的积累和报告。在过去的几十年中，一种新的方法——作业成本法（activity-based costing）（第 4 章所阐述的）已经变得很普遍。下面就让我们来看一下如何用作业成本法来计算大林公司的两种产品的成本。

作业成本法（ABC 法）

假设管理者只对生产部门使用作业成本分配法。服务部门仍旧采用传统法。我们仍旧用阶梯法来分配服务部门的成本。首先,我们把设施管理部门的成本分配到人事部和生产部的特定业务活动中。然后,把人事部的成本——包括直接成本和从设施管理部门分配过来的成本——分配到不同的业务活动中。最后,我们用两级 ABC 体系来分配生产部门的业务成本库,一共有了 4 个步骤。

第一步:确定体系中的关键因素 成本分配的目的就是确定大林公司的两种最终产品——传统装置和标准装置——的成本。服务部门的成本分配体系的结构没有改变,我们仍旧用阶梯法。主要的区别在生产部门。作业成本法把零件和直接人工的成本追溯到每个产品中,这一点同传统法是一样的。在实施 ABC 法的过程中,管理者经常会发现增进成本准确性的方法。在这种情况下,管理者决定将加工和装配部门整合成一个新的生产部门,该部门有三个主要的业务活动——设计、加工和装配、设计资源,工程师和 CAD 设备之前是属于设备管理部门的。管理者认为如果把这些列入生产部门的设计业务范围的话可以更准确地分配这些成本。它们用不同的零件、机器小时和直接人工成本作为成本分配基数。总之,设计、加工和装配业务是以不同的零件作为成本分配基数的。

第二步:找出资源、业务和成本对象之间的关系 通过对关键人员的访问可以确定两个服务部门、三种业务活动、资源和最终成本对象之间的内在关系。图 12-5 是列示了这些内在关系的流程图。图 12-5 中,新生产部门是由虚线框起来的那部分。为什么我们要用虚线呢？作业成本法的重点就是把成本分配到业务活动中去,是没有部门界限的。注意,图中也显示了每种资源的成本表现。在计划时,了解资源的成本表现是至关重要的。

第三步:收集有关成本的数据以及在资源和作业中成本动因是物流的数据 以运作流程图为指导,会计人员通过进一步向相关人员调查收集所需要的成本和运作数据。图 12-5 列示了收集到的数据。注意,设施管理部门的总成本是 1 000 000 美元,而不是在传统法下的 1 260 000 美元。这个差异就是现在被包括在生产部门的工程师和 CAD 设备的成本。每一种业务活动都显示了总成本库。例如,加工业务的成本库是 1 476 000 美元。计算如下:

支持加工业务的资源	分配额的计算	分配成本
设备管理部门	$1 000 000 × [15 000 ÷ (9 000 + 3 000 + 15 000 + 3 000)]	$500 000
人事部	$540 000 × [16 ÷ (10 + 16 + 64)]	96 000
机器、机修工和物料	$1 200 000 × 70%	840 000
监管人员和设备	$400 000 × 10%	40 000
总计		$1 476 000

第四步:计算和解释新的基于作业的信息 表 12-3 列示了分配业务活动成本的最后一步。每一个业务活动,表中列示了间接成本库,它是由服务部门的成本分配和资源分配的第一步形成的。接下来,列示了通过适当的成本分配基础把这些成本分配到两种产品中去。

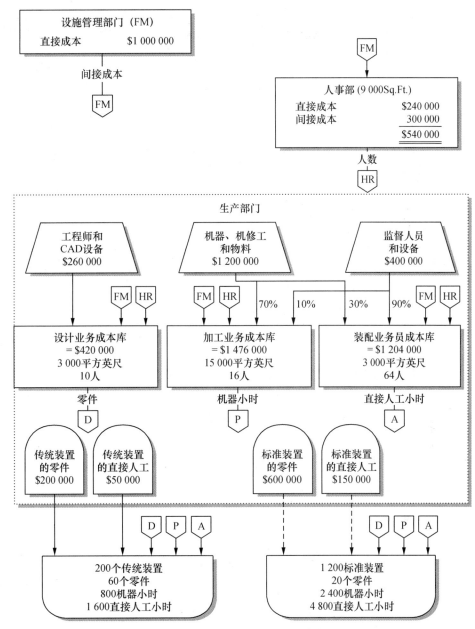

图 12-5 用业务成本法分配成本

表 12-3 大林公司的展示部门：使用 ABC 方法将成本分配到最终的成本对象中去

业务/资源	成本库	成本动因实物流	单位成本	传统装置 实物流	传统装置 成本	标准装置 实物流	标准装置 成本
设计(零件)	$420 000	80	$5 250	60	$315 000	20	$105 000
加工(机器小时)	1 476 000	3 200	461.25	800	369 000	2 400	1 107 000
装配(直接人工小时)	1 204 000	6 400	188.125	1 600	301 000	4 800	903 000
零件数					200 000		600 000

（续表）

业务/资源	成本库	成本动因实物流	单位成本	传统装置		标准装置	
				实物流	成本	实物流	成本
直接劳动					50 000		150 000
直接人工和分配成本					$1 235 000		$2 865 000
产品个数					÷200		÷1 200
单位成本					$6 175		$2 387.5

比较在传统法和业务成本法下的单位成本。这两种方法所计算出的成本有很大的不同，如下表所示：

	分配成本	
	传统装置	标准装置
传统法	$5 395.00	$2 517.50
业务成本法	$6 175.00	$2 387.50

这些差异有多重要呢？假设产品的成本占了大林公司总成本的40%。如果公司希望得到总成本20%的经营收益，那么要获得的收入就是[1.2 × 产品成本 ÷ 0.4] = 300% × 产品成本或产品成本的三倍。这就意味着用成本法计算的传统装置的价格为 3 × $5 395 = $16 185，用业务成本法计算的价格为 3 × $6 175 = $18 525。假设用业务成本法算出来的成本是更为精确的，那么用传统法算出来的价格就会低2 340美元或12.6%。对于大林公司的决策制定者而言，底线问题就是——用成本较高的业务成本法来算成本来避免价格决策失误是否值得？

另一个由传统法转成业务成本法的公司是陶氏化学（Dow Chemical）。下面的"商业快讯"中阐述了陶氏化学是如何用业务成本法来实行一项新的商业战略的。

商业快讯

陶氏化学用作业成本法改善成本情况

陶氏大学认为作业成本法是公司成本管理体系的基础。陶氏化学——年收入超过460亿美元的公司——是美国最大、世界第二的化工公司。企业有三个主要的部分：塑料、化学产品、农产品。陶氏化学在20世纪90年代中期从传统法转换到了作业成本法，这个改变是公司整体战略的一部分。它出售药品、能源以及消费品，并且它还定了一个目标——要做一个化工、塑料以及农业科学领域最好的公司。陶氏化学认为要达到这个目标，它需要改进其成本体系的质量和准确性，包括内部服务的成本，如人事部和维修部提供的服务。

服务提供者——诸如人事部和维修部——确定主要发生的业务以及每个业务合适的成本动因并计算出每个业务的成本。以业务来计算成本可以使成本更易懂，并且更易控制。陶氏化学的管理者所用来改进成本控制的一个方法就是设立基准。将服务的内部提供者与外部提供者进行比较,以此来确保其服务成本是有竞争力的。作业成本法的另一个优势就是改进了资源计划和计划的利用率。通过以业务与其管理的成本动因来计算成本,陶氏化学的维修部经理可以更有效地计划维修材料的需求和可用性。总之,自从公司把作业成本法引入其成本管理系统后,公司受益良多。

资料来源:J. Damitio, G. Hayes, and P. Kntzele, "Integrating ABC and ABM at Dow Chemical," *Management Accounting Quarterly*, Winter 2000, pp. 22—26; and *Dow Chemical Company*, *2005 Annual Report*。

至此,我们已经讨论了如何累计成本以及把它们追溯或分配到产品或服务中——如图 12-1 的箭头 1 到 7 所示。这样就可以计算产品或服务的毛利润。许多管理者发现,要达到总体的赢利目标,拥有可获利产品或服务和可获利顾客是必要的。现在我们来看一下企业是如何计量和管理顾客收益的。

顾客成本对象的成本分配,确定顾客收益

正如图 12-1 所示,与毛利率相比,顾客收益更多的是取决于顾客购买的产品或服务。顾客收益还取决于完成订单的成本以及为顾客提供其他服务的成本,诸如订单的改变、退回、加急的预定或交付。图 12-6 列示了这两个因素是如何决定收益率的。

> 目 的 5
> 将与顾客行为有关的成本分配到顾客中。

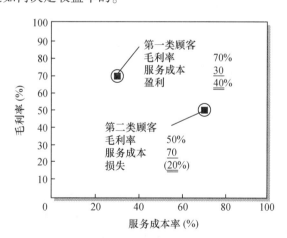

图 12-6 作为顾客总收益和服务成本的函数的顾客收益

看一下第一类顾客。这类客户通常购买的产品都有很高的毛利,大约为 70%。但这一类顾客的服务成本率(服务成本÷销售收入)比较低,大约是 30%。最终,第一类顾客有一个比较高的收益率,70% - 30% = 40%。第二类顾客购买的产品毛利比较低,服务成本却很高,这样公司就会产生亏损,50% - 70% = -20%。这个差异大部分是由

服务成本高了40%所导致的。那么是什么原因使得第一类和第二类顾客的服务成本有如此大的差异呢？以下是对顾客服务成本高低的简单说明。

低服务成本	高服务成本
订单量大	订单量少
变动少	变动多
售前和售后服务较少	售前和售后服务较多
正常的预定	加急的预定
标准的交付	特殊的交付要求
退回量少	退回频繁

计量和管理顾客收益

在成本分配的总体框架中，我们说过把直接成本和发生在顾客身上的间接费用追溯和分配到顾客身上而不是先分配到生产部门再分配到顾客身上是很重要的。这是因为，如果我们先把这些成本分摊到生产部门然后再分配到产品中，分配到顾客身上的那部分是基于产量来算的，而这个与顾客的服务成本没有很大的联系。这样的分配会导致成本的失真并导致顾客收益计量的错误。在此我们以一个例子来看看这个重要的概念。

Cedar是运动服装和运动装备的经销商。Cedar提供给零售商许多产品，但只把产品分成两大类别——服装和运动器材。

- 服装产品以整箱的形式运到Cedar那里，然后Cedar就把这些箱子运到客户那里。例如，衬衫，短裤和帽子等。
- Cedar是大批量地拿到那些运动器材的。它必须拆开这些产品的包装，然后再重新包装以满足对某个器材的小批量预定。例如，网球拍和网球、垒球帽及手套、高尔夫球杆和球袋。

Cedar有两类客户：

1. 小商店：这些商店通常订货量比较少（平均每次10箱），大多数的订货都是服装商品。

2. 大商店：这类商店的订货量比较多，服装和运动器材类商品都有订货。

Cedar的管理层设定了一个战略目标来增进产品和顾客收益。一个相关的必须支持这个战略的子目标就是运用准确的成本会计体系来确立获利产品和客户。

Cedar目前用的是简单的成本会计体系来计算产品和客户的收益率。唯一的直接成本就是服装和运动器材类的采购成本。Cedar用一个简单的间接成本库来分配所有的间接成本，并以"产品的磅数"作为成本分配基数。表12-4列示了今年的成本和经营数据。

表 12-4　Cedar 分销商的经营数据

产品数据

	服装	运动器材
年需求量（箱）	1 400	1 000
平均每箱的购货成本	$80	$140
平均每箱的重量	15 磅	25 磅
平均每箱的销售价格	$570	$830

客户数据

	小商店	大商店
服装需求量（箱）	600	800
运动器材（箱）	200	800
年度总需求	800	1 600
订单	80	35

间接成本数据

　　简单的间接成本库由在收货、储存、挑选、包装、运送、订单处理和客户服务活动中所需要的资源组成。这些资源的年度总成本是 690 000 美元。用来分配这个成本的成本分配基数是每个出售产品的重量（磅）。

　　要确定一个顾客的收益率，我们首先要计算每个产品的单位毛利，然后用每个顾客订购的产品组合来计算收益率。表 12-5 就列示了怎么样计算单位毛利以及两种产品的毛利率。从毛利率来看，服装比运动器材有更好的收益。由于小商店的产品组成 75% 是服装，而大商店为 50%，我们可以预期小商店的收益率更好，如表 12-6 所示。要注意顾客收益仅仅基于某一个特定顾客订购的产品组合。

表 12-5　每例服装和运用用具的边际收益

	计量单位	单位收入/成本	服装 产出量	服装 总收入/成本	运动器材 产出量	运动器材 总收入或成本
服装收入	箱	$570.00	1 400	$798 000		
运动器材收入	箱	$830.00			1 000	$830 000
服装购入成本	箱	$80.00	1 400	112 000		
运动器材购入成本	箱	$140.00			1 000	140 000
间接成本库，$690 000	磅	$15.00 *	21 000 **	315 000	25 000	375 000
总成本				427 000		515 000
毛利				$371 000		$315 000
每箱毛利				$265 000		$315 000
毛利率				46.5% †		38.0% ‡

* 690 000 ÷ [（15 磅/箱×1 400 箱）+（25 磅/箱×1 000 箱）]
** 15 磅/箱×1 400 箱
† 371 000 ÷ 798 000
‡ 315 000 ÷ 830 000

表 12-6 Cedar 的客户盈利性

	小商店			大商店		
	箱数	每箱毛利	总毛利	箱数	每箱毛利	总毛利
服装	600	$265.00	$159 000	800	$265.00	$212 000
运动器材	200	315.00	63 000	800	315.00	252 000
			$222 000			$464 000
总毛利率			43.7% *			41.4% †

* $222 000 ÷ (600 × $570 + 200 × $830) = $222 000 ÷ ($342 000 + $166 000) = $222 000 ÷ $508 000 = 0.437

† $464 000 ÷ (800 × $570 + 800 × $830) = $464 000 ÷ ($456 000 + $664 000 ÷ $464 000 ÷ $1 120 000 = 0.414

我们的分析显示,增加 Cedar 的总体收益水平的一个战略就是以服装产品和小商店客户为重点。然而,在制定这个战略时 Cedar 的管理层依赖于成本的准确性。当唯一的成本分配基础——每出售产品的磅数——对所有间接成本库中的资源而言是可信的、可靠的成本动因时,Cedar 用简单成本会计体系也能够准确地分配间接成本。让我们看看这种情况。

服务成本的分配　当我们再次看到表 12-4 时,可能会问:"所有业务活动和其相关的间接资源真的仅仅只与产品的重量有关?"也许"顾客订单数"对于某些业务而言是更好的成本分配基数,例如订单处理和客户服务业务,以及其他相关资源等。

假设"顾客订单数"对于订单处理和客户服务业务而言确实是更好的成本分配基数。这两个业务所用资源的成本是 276 000 美元(总的间接成本为 690 000 美元)。在计算产品获利时应该扣除这些成本。此外,还需另外建立一个成本库,把这些成本分配到顾客身上(注意,图 12-1 中的分配类型 9 所示的情况)。

图 12-7 列示了我们怎样改变 Cedar 的旧的分配体系来反映这个改良。图 12-7 没有包括收入和直接成本,因为它们在两种方法下都是一样的。一个成本库是 276 000 美元,这个是订单处理和提供客户服务所发生的费用。我们将研究在短期内怎样分配这个成本。另一个成本库就是 $690 000 − $276 000 = $414 000,这些成本与收货、卸货、储存、包装和运输有关,它还留在原来的那个间接成本库中。对这 414 000 美元的分配没有改变,仍旧以产品的重量作为分配基数。

在我们改良的体系中,我们以订单数作为分配 276 000 美元的基数,把这些成本分配到顾客身上。这个分配基数比产品重量更好地表现了成本动因。图 12-7 中对于分配比例的分析揭示了顾客收益在改良分配体系下的变化。想一下,在两种分配体系下,把 276 000 美元分配到大商店的情况。在旧体系下,大商店分配到了(32 000 ÷ 46 000)× $276 000 = $192 000 的成本,因为运送给大商店的产品重为 32 000 磅,而所有产品的总重量为 46 000 磅。在改良分配体系下,对于 276 000 美元的分配是基于大商店订单数量的比例。在 115 个订单中,大商店占有 35 个,所以分配给大商店的成本就是(35 ÷ 115)× $276 000 = $84 000。在改良的分配体系下,大商店少分配了 $192 000 − $84 000 = $108 000 的间接成本以及与客户相关的成本。相对的,小商店就多分配到了 108 000 美元的成本。

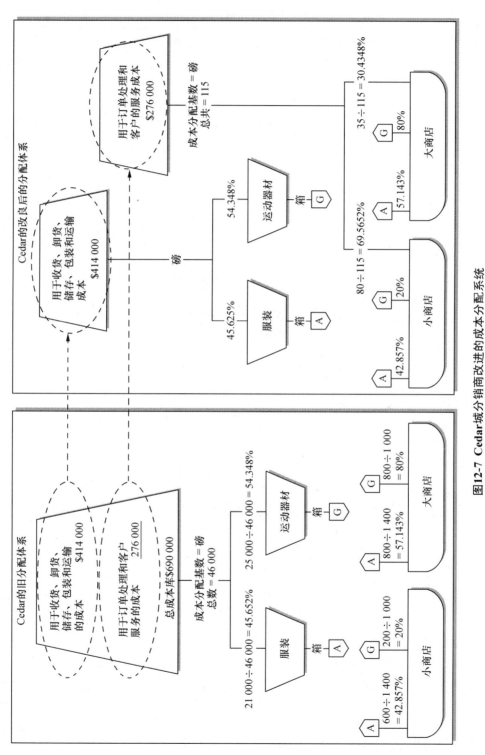

图12-7 Cedar城分销商改进的成本分配系统

改良的成本分配体系对大商店和小商店的收益的计量产生了很大的影响。表12-7列示了产品毛利、客户毛利、客户服务成本以及顾客收益的计算。

表 12-7　使用改良方法之后的 Cedar 公司的产品和顾客获利的计量

	产量或成本分配基数	单位收益或单位成本	服装		运动器材	
			产量或成本分配基数	总收入或成本	产量或成本分配基数	总收入或成本
产品收益的计量						
服装收入	箱	$570.00	1 400	$798 000		
运动器材收入	箱	830.00			1 000	$830 000
服装成本	箱	80.00	1 400	112 000		
运动器材成本	箱	140.00			1 000	140 000
间接成本库	磅	9.00 *	21 000	189 000	25 000	225 000
总成本				301 000		365 000
产品毛利				$497 000		$465 000
单位产品毛利				$355.00		$465.00
产品毛利率				62.3%		56.0%

	小商店			大商店		
	产量或成本分配基数	单位毛利或成本	毛利或成本	产量或成本分配基数	单位毛利或成本	毛利或成本
顾客获利的计量						
服装产品毛利	600 箱	$355.00	$213 000	800 箱	$355.00	$284 000
运动器材毛利	200 箱	465.00	93 000	800 箱	465.00	372 000
全部产品的毛利			306 000			656 000
服务成本，$2 400/订单 §	80 个订单	2 400	192 000	35 个订单	2 400	84 000
顾客毛利			$114 000			$572 000
顾客毛利率			60.2% †			58.6% ‡
服务成本率			37.8%			7.5%
顾客获利率			22.4% ¶			51.1% #

　* $414 000 ÷(15 磅/箱×1 400 箱+25 磅/箱×1 000 箱)
　† $306 000 ÷(600 箱×$570/箱+200 箱×$830/箱)
　‡ $656 000 ÷(800 箱×$570/箱+800 箱×$830/箱)
　§ $276 000 ÷(80 个订单+35 个订单)
　¶ 60.2% −37.8% 或 $114 000 ÷(600 箱×$570/箱+200 箱×$830/箱)
　# 58.6% −7.5% 或 $572 000 ÷(800 箱×$570/箱+800 箱×$830/箱)

与现有的简单的成本会计体系(表12-6)相反，改良体系显示了对 Cedar 而言，大商店才是获利最大的顾客。服务成本很低，并且其产品结构提供了很大的毛利。这个例子证明了会计师要很仔细地选择和计量成本分配基数的重要性。改良的体系让 Cedar 的管理者们更加清楚地了解了公司的经营，并使他们有了一个计量和管理顾客收益的工具。

在本章开始，洛杉矶大林公司的负责人说用作业成本法可以帮助他更好地决定顾客收益情况。在接下来的回顾中的总结问题里列举了大林是如何确定顾客收益，又是如何建立一个改进获利的行动计划的。

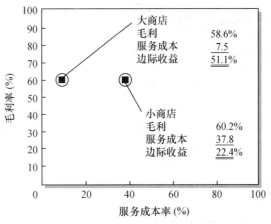

图 12-8　Cedar 公司的顾客获利情况

小结与复习

问题：

考虑以下洛杉矶大林公司放置装置的例子。图 12-5 和表 12-3 显示了公司是如何用作业成本法来确定传统和标准放置装置的成本的。假如管理层希望知道其主要客户的获利情况。假设其两大主要客户是西南硬件公司（Southwest Hardware）和塔吉特公司（Target）。西南硬件公司订购传统和标准两种放置装置。它还有特别的服务要求，每个订单的量相对较小，要求大量的售前和售后客户服务。相反，塔吉特只订购一些传统的放置设备，订单的量比较大，没有要求很多的客户服务或公司员工的服务。

会计师对与客户相关的业务做了一个分析，得出的结论为，在对客户的服务成本中，有两种业务活动导致的成本差异最大，即销售活动和客户服务。每个顾客或多或少都会享受到这些服务，所以直接把这些成本追溯到客户身上是行不通的。因此，洛杉矶大林公司把这些成本分配到客户身上。所选择的成本分配基数是销售成本库的订单数、员工服务小时和公司辅助成本库。

为了确定这两个顾客的获利情况，公司收集了如下数据：

- 传统放置装置的平均价格 $12 000
- 标准放置装置的平均价格 $8 500
- 西南硬件公司订购的传统装置的数量 180
- 塔吉特订购的传统装置的数量 20
- 西南硬件公司订购的标准装置的数量 220
- 塔吉特订购的标准装置的数量 980
- 服务成本业务活动分析数据：
  - 总的销售和市场营销成本库 $3 000 000
  - 总的顾客服务和公司辅助成本库 $1 150 000
  - 每个顾客所用的每个成本分配基数的量：

成本分配基数	西南硬件公司	塔吉特
订单数	40	20
小时	6 400	3 600

1. 计算西南硬件公司和塔吉特公司的毛利率和服务成本率。
2. 画一张类似于图 12-8 的图来描述这两家公司的顾客获利情况。
3. 为这两家公司各提一个增进获利的战略意见。

答案：

1. 表 12-8 列示了顾客毛利和顾客服务成本的计算过程。

表 12-8　大林放置装置中对未分配企业间接成本的分配

	成本分配基数	单位收入或成本	西南硬件公司 成本分配基数的量	西南硬件公司 收入/成本	塔吉特 成本分配基数的量	塔吉特 收入/成本
收入——传统的	放置装置个数	$12 000	180	$216 000 000	20	$240 000
收入——标准的	放置装置个数	8 500	220	1 870 000	980	8 330 000
总收入				4 030 000		8 570 000
成本——传统的	放置装置个数	6 175*	180	1 111 500	20	123 500
成本——标准的	放置装置个数	2 387.5*	220	525 250	980	2 339 750
总成本				1 636 750		2 463 250
毛利				2 393 250		6 106 750
服务成本						
销售	订单数	50 000†	40	2 000 000	20	1 000 000
客户服务和公司辅助活动	小时	115‡	6 400	736 000	3 600	414 000
总服务成本				2 736 000		1 414 000
对未分配企业间接成本的贡献				$(342 750)		$4 692 750
毛利率				59.4%		71.3%
服务成本率				67.9%		16.5%
顾客边际收益率				(8.5%)		54.8%

* 来自表 12-3

† $3 000 000 ÷ (40 个订单 + 20 个订单)

‡ $1 150 000 ÷ (6 400 小时 + 3 600 小时)

2. 图 12-9 描述了西南硬件公司和塔吉特的获利情况。

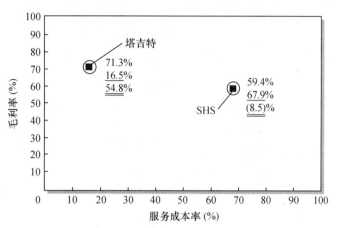

图 12-9　大林的放置装置：用作业成本法计量顾客获利情况

3. 可以用图 12-9 作为设定获利改进战略的向导。相对于西南硬件公司来说，塔吉特对公司的获利贡献会更多。大林的管理层应该保护像塔吉特那样的客户使其免受潜在竞争者行为的影响，比如向其提供长久的折扣。另外，销售部门的经理应该剖析这类顾客，这样销售人员就会更容易地找到新的有利可图的生意。因为西南硬件公司的每个订单量很少，而且还有大量的售前和售后服务，所以它的服务费用很高。可能增进其获利能力的行为包括对公司辅助服务进行收费，回顾大林的客户服务和公司辅助功能的内部流程，以此来增加其效率。还可以提高传统放置装置的价格。

这总结了我们对于服务部门的成本分配。接下来，我们会讨论两种特别的成本分配类型：(1) 分配公司总部成本，如公共关系费用和法律费用；(2) 分配联合成本和副产品成本。

 管理决策练习

为了加深你对传统法和作业成本计算法两种不同的分配系统的理解，下面来计算一下豪华型扬声器的生产商 LB 公司间接费用的分配。公司生产两种类型的扬声器：标准型(S)和豪华型(D)。下面的图表示了在作业成本法和传统法下成本的分配将会是什么样。生产部门的间接成本是 36 000 美元。比较两种方法的不同之处。

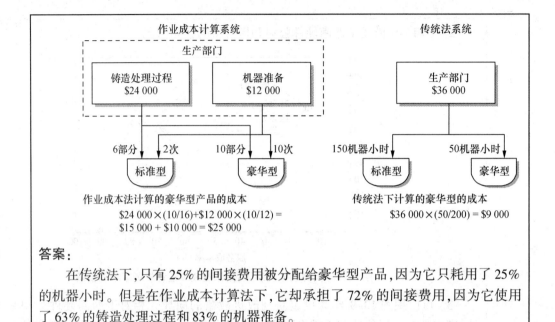

答案：

在传统法下，只有25%的间接费用被分配给豪华型产品，因为它只耗用了25%的机器小时。但是在作业成本计算法下，它却承担了72%的间接费用，因为它使用了63%的铸造处理过程和83%的机器准备。

分配企业的总部辅助成本

许多管理者认为把所有成本都分配到的经营部门是可取的。这类分配不一定要从会计师的角度来考虑，通常也不是有用的管理信息。因为这个原因，在本章中，我们不把总部成本作为价值链的一部分。然而，只要对所有的管理者都以同样的方式把成本分配到其部门，那么他们就认为是公平的，也就接受了。

> 目 的 6
>
> 分配企业总部的成本。

情况允许的话，比较理想的总部成本的成本分配基础是使用情况。实际的和预计的都可以。但公司很少根据使用情况来分配服务成本，例如公共关系费、高层领导的间接费用、房产部门的费用以及企业计划部的相关费用。但对于数据处理、广告和经营性调查来说，他们很可能会用使用情况作为成本分配的基础。

根据使用情况来分配总部成本的，企业中对于成本分配的怨愤会更少。看一下商业周报上所报道的J. C. 彭尼公司的经历：

公司的会计师希望诸如Thrift药品这样的子公司和保险经营部门以收入作为分配基数来分配它们的人事、法律以及审计费用。但子公司争辩道它们有自己的人事部和法律部，应该分配到更少的公司总部成本……小组委员会负责处理这件事，他们让企业的部门估计一下它们对子公司提供服务所花费的时间和费用。基于这些调查，最终的对子公司的分配比原来分配给它们的少，但比它们认为它们应该付的要多。虽然如此,这个分配计划还是顺利实施了。

使用这种方法并不总是经济的。对于许多总部成本来说,我们很难根据因果关系来分配,例如总裁的工资和相关费用、公共关系费、法律服务费、所得税筹划、集团广告(company-wide advertising)和基本市场调查等费用。结果,许多公司就用其他的成本分配基础来分配企业的总部成本,即使它们不一定是成本动因,例如每个部门的收入、每个部门的销货成本、每个部门的资产总额或每个部门的总成本(在分配总部成本之前)。

使用之前所述的成本分配基础可能会体现出一个大致的因果关系。基本上,它们体现了对于成本分配哲学的"承受能力"。例如,某公司也许会根据每个部门的收入情况将公司层次上的广告费——如对PBS电视台某一档节目的赞助——分配到每个部门的产品。但这些成本都在销售之前。它们是由管理者的政策所决定的可分辨的成本,而不是由销售结果决定的成本。虽然在一个大型调查中,有60%的公司为了某些成本分配目的而使用销售收入作为成本分配基础,但是这并不代表某个业务的成本是由这样的成本动因导致的。

使用预计销售分配

如果某公司认为即使成本并不是随着销售的变化而成比例地变化的,它们也要用销售作为成本分配的基础,那么它应该使用预计的销售而不是实际销售作为成本分配的基础。至少这个方法保证了其他部门的收入不会影响给定部门的短期成本。

例如,大林公司预计的总部广告费是两个国家——墨西哥和加拿大——预计销售收入的10%。墨西哥和加拿大的预计销售都是500 000美元,所以总预计广告费(固定成本)为100 000美元。在墨西哥和加拿大的实际销售分别为300 000美元和600 000美元。公司将如何分别用预计销售和实际销售来分配这100 000美元的预计广告费?

分配100 000美元的预计中心广告费

	墨西哥	加拿大
预计销售	$500 000	$500 000
以预计销售为基础分配	50 000	50 000
实际销售	300 000	600 000
以实际销售为基础分配	33 333	66 667

以预计销售为分配基础更好。为什么呢?因为它指出了相对于墨西哥的广告费而言,其销售率太低了——它直接指出了潜在问题。相反,以实际销售为分配基础的话,加拿大的经营成果就被其较高的广告费完全掩盖了,却反而体现了墨西哥的经营成果良好——虽然它并不是那么成功。当分配一个部门的成本取决于另一个部门的业务时,就会出现类似于这样的又一个混淆的例子。

联合成本和副产品成本的分配

联合成本和副产品常给成本分配带来一些难题,从定义上看,这些成本不止与一个产品相关,且不能由个别产品单独确认。我们从联合成本开始学习这些特殊的例子。

> **目 的 7**
> 使用实物量法和相对销售价值法将联合成本分配到产品中。

联合成本

至今为止,我们都假设成本动因可以由单个产品确定。例如,如果以机器小时为基础将作业成本分配至产品或服务中,我们是假设制造每个产品所消耗的机器小时是可以计量的。但是,有时在单个产品被分离之前(即在分离点之前)已有投入。回顾第6章,我们将这种成本称为联合成本。联合成本包括所有在分离点之前投入的材料、人工和间接费用。

假设一个部门生产不止一种产品,其中有一部分成本是联合成本。这些联合成本该怎么分配到产品中呢?正如第6章中提到的,分配联合成本不应影响有关单个产品的决策。尽管如此,为了存货计量和收益确定的目的,联合成本应按惯例分配到产品中。

现在来考虑第6章中有关联合产品成本的例子。陶氏化学公司的一个部门生产X和Y两种化学产品。联合成本是100 000美元,产量是X产品1 000 000升,Y产品500 000升。售价是X产品0.09美元/升,Y产品0.06美元/升。按常规,100 000美元的联合成本中的一部分将被分配到X的存货中,剩下的部分分配到Y的存货中。这样的分配只对存货计价目的有用。正如第6章中我们解释过的,在决定销售联合产品还是进一步加工的决策中,联合成本是如何分配的应被忽略。

再分配联合成本时有两种经常使用的方法:实物量法和相对销售价值法。如果一家公司使用实物量法,那么它们分配联合成本的方法如下:

	升数	加权	联合成本的分配	分离点的销售价值
X	1 000 000	10/15 × $100 000	$66 667	$90 000
Y	500 000	5/15 × $100 000	33 333	30 000
	1 500 000		100 000	120 000

这种方法表明,在分离点时生产Y产品的联合成本33 333美元超过了它的销售价值30 000美元,这似乎意味着不应继续生产Y产品。但是,这种分配方法并不有助于生产决策。这两种产品都不能够单独生产。

一个关于Y产品的生产决策一定是一个关于X产品和Y产品的生产决策。因为总收益120 000美元大于总联合成本100 000美元,两种产品都应该生产。对于生产决策而言,分配方法并不重要。

实物量法在计量每个产品的产出时,要求使用共同的实物单位。例如,在木材行业中,木板的尺寸成为不同产品的共同单位。但是,有时却无法找到这种共同单位。例如屠宰业中通过屠宰公牛得到牛皮和牛肉,我们可以使用磅数作为共同单位,但是磅数不是衡量牛皮的最佳计量单位。因此,许多公司选择相对销售价值法来分配联合成本。以下是陶氏化学品公司使用相对销售价值法的分配结果。

	分离点的相对销售价值	加权	联合成本的分配
X	$90 000	90/120 × $100 000	$75 000
Y	30 000	30/120 × $100 000	25 000
	$120 000		$100 000

这种加权是以单个产品的销售价值量为基础的。因为 X 产品在分离点时的销售价值是 90 000 美元,总的销售价值是 120 000 美元,所以有 90/120 的联合成本分配给 X 产品。

现在每个产品被分配到的联合成本都比在分离点的销售价值少。要注意的是,在将成本分配到某个具体产品时,例如 Y 产品,不仅与 Y 产品的销售价值有关,还与 X 产品的销售价值有关。具体来说,假设你是 Y 产品的生产经理,计划按 30 000 美元销售 500 000 升的 Y 产品,以达到利润 $30 000 − $25 000 = $5 000。若其他条件不变,X 产品的价格跌至 0.07 美元/升,此时 X 的收入是 70 000 美元而不是 90 000 美元。这样分配给 Y 产品的联合成本不再是总成本的 30/120,而是 30/100 × $100 000 = $30 000,利润则为 0。尽管 Y 产品的经营是按计划进行的,但成本分配方法的变动将导致其利润比计划的少 5 000 美元。

相对销售价值法还可以用于共同产品不能在分离点出售时。为了运用这种方法,我们近似得出分离点的销售价值如下:

分离点的销售价值 = 最总销售价值 − 分离后的成本

例如,假设在分离点后处理 500 000 升的 Y 产品需要成本 20 000 美元,售价是 0.1 美元/升。那么分离点的销售价值是 ($0.1 × 500 000) − $20 000 = $30 000。

副产品成本

副产品(by-product)类似于联合产品,是一种在制造过程未到达分离点之前无法单独确定的产品;副产品又不同于联合产品,与其他在分离点生产的产品相比,其销售价值总额是微不足道的。与之相反,在分离点与其他相关产品相比,联合产品的销售价值总额是较显著的。副产品的例子很多,如肥皂生产中的甘油以及衣服和地毯加工中的布头。

> **副产品**:与联产品相类似,是一种在制造过程到达分离点之前无法单独确定的产品,但它与其他在分离点产生的产品相比,销售价值总额是微不足道的。

如果我们确定某个产品是副产品,那么分配给它的成本就只有可区分成本,而联合成本是分配给主要产品的。副产品收入减去它们的单独成本得到的差值,应从主要产品的成本中扣除。

以一个木材公司为例,它将生产木材过程中产生的锯末销售给某生产胶合板的公司。假设公司将锯末确定为副产品。20 × 1 年锯末的销售定额是 30 000 美元,收集、装运锯末的成本是 20 000 美元(分离点后发生的成本),锯末的存货成本只包含这 20 000 美元的单独成本。生产木材和锯末的任何联合成本不被分配到锯末中,那收入和单独成本的差值 10 000 美元($30 000 − $20 000)将从木材的生产成本中扣除。

小结与复习

问题:

非制造业组织常常会发现,将成本分配到最终的产品或服务上去是十分有用的。我们以医院为例来探讨一下。医院的产出并不像工厂的产出那样容易确定。我们假设有 3 个能够为医院赢利的部门,它们的产出指标如下:

部门	产出指标*
放射科	所拍的 X 光片
化验科	所进行的化验
日常医务服务†	病人医护日(即病人人数乘以每个病人看病的天数)

* 这些指标就是我们的"产品"成本对象,即医院不同的赢利部门所进行的创收活动。
† 提供医务服务的部门在医院中有许多,比如妇产科、小儿科和牙科,此外还有住院和门诊的护理。

医院 20×7 年的产出预算是:放射科拍摄 60 000 张 X 光片;化验科进行 50 000 次化验;日常医务服务部门提供 30 000 个病人医护日。

除了这些赢利部门之外,医院还有 3 个提供后勤服务的部门:管理和财务部门、设备运作和维修部门以及洗衣房(当然,真正的医院并不是仅有这些部门,此题的假设只是为了保证数据的可操作性)。

医院决定以管理和财务部门的成本动因作为其他部门的直接成本,设施经营和维修部门的成本动因是占地面积,洗衣房的成本动因是洗衣的磅数。20×7 年的有关预算数据如下:

	直接部门成本	占地面积	洗衣磅数
管理和财务部门	$1 000 000	1 000	—
设施经营与维修部门	800 000	2 000	—
洗衣房	200 000	5 000	—
放射科	1 000 000	12 000	80 000
化验科	400 000	3 000	20 000
日常医务服务	1 600 000	80 000	300 000
合计	$5 000 000	103 000	400 000

要求:

1. 用直接法分配服务部门成本。

2. 用阶梯法分配服务部门成本。先分配管理和财务部门,再分配设施经营部门,最后分配洗衣房成本。

3. 分别用两种方法计算各赢利部门的单位产出成本:(a) 由直接法分配得到的成本(要求1);(b) 由阶梯法分配得到的成本(要求2)

答案:

1. 表12-9中列示了3个问题的答案。首先使用的是直接法。需要注意的是,在直接法下没有任何服务成本被分配到其他服务部门。因此,只需要按照赢利部门成本动因的相关用量来分配成本。例如,设施经营和维护部门分配成本时,服务部门的占地面积被忽略不计。成本动因就是赢利部门 95 000 平方英尺的占地面积。

表12-9 服务部门成本分配的方法:直接法和阶梯法

累计基础	管理部门	设施经营与维护部门	洗衣房	放射科	化验科	日常医务服务
	累计成本	占地面积	磅数			
1. 直接法						
分配前的直接成本	$1 000 000	$800 000	$200 000	$1 000 000	$400 000	$1 600 000
管理和财务服务	(1 000 000)	—	—	333 333*	133 333	533 334
设施经营与维护		(800 000)	—	101 503†	25 263	673 684
洗衣房			(200 000)	40 000‡	10 000	150 000
分配后的总成本				$1 474 386	$568 596	$2 975 018
赢利部门产出(底片、化验、病人日)				60 000	50 000	30 000
3a. 产出的单位成本				$24.573	$11.372	$98.567
2. 阶梯法						
分配前的直接成本	$1 000 000	$800 000	$200 000	$1 000 000	$400 000	$1 600 000
管理和财务服务	($1 000 000)	200 000§	50 000	250 000	100 000	400 000
设施经营与维护		(1 000 000)	50 000¶	120 000	30 000	800 000
洗衣房			(300 000)	60 000#	15 000	225 000
分配后的总成本				$1 430 000	$545 000	$3 025 000
赢利部门产出(底片、化验、病人日)				60 000	50 000	30 000
3b. 产出的单位成本				$23.833	$10.900	$100.833

* $1 000 000 ÷ ($1 000 000 + $400 000 + $1 600 000) = 33.33% × $1 000 000 = $333 333;等等。

† $800 000 ÷ (12 000 + 3 000 + 80 000) = $8.4210526;$8.4210526 × 12 000 平方英尺 = $101 053;等等。

‡ $200 000 ÷ (80 000 + 20 000 + 300 000) = $0.5;$0.5 × 80 000 = $40 000;等等。

§ $1 000 000 ÷ ($800 000 + $200 000 + $1 000 000 + $400 000 + $1 600 000) = 25%;25% × $800 000 = $200 000;等等。

¶ $1 000 000 ÷ (5 000 + 12 000 + 3 000 + 80 000) = $10.00;$10.00 × 5 000 平方英尺 = $50 000;等等。

$300 000 ÷ (80 000 + 20 000 + 300 000) = $0.75;$0.75 × 80 000 = $60 000;等等。

在直接法下，赢利部门分配后的总成本等于分配前 6 个部门的直接成本的总额，即 $1 474 386 + $568 596 + $2 957 018 = $5 000 000。

2. 表 12-9 的下半部分列示出了阶梯法的计算情况。管理和财务部门的成本首先被分配到其他 5 个部门中去。因为部门自身的成本不会被分配到本部门，所以成本动因包含除了管理和财务部门之外的其他 5 个部门的成本共 4 000 000 美元。

第二步是分配设施经营和维护部门的成本。注意，没有成本分配回本部门或管理和财务部门，因此，其他 4 个部门的占地面积共 100 000 平方英尺用于成本分配。

第三步分配洗衣房成本。前面两个已经分配过的部门不参加分配，尽管它们也享受了洗衣服务。

与直接法计算的结果一样，赢利部门最终分配的总成本等于分配前 6 个部门的直接成本之和，即 $1 430 000 + $545 000 + $3 025 000 = $5 000 000。

3. 本题的答案在表 12-9 中标示为 3a 和 3b。比较直接法和阶梯法分配的单位成本。在很多情况下，最终产品成本的差异并不足以使人们投资于比直接法更为精确的成本核算方法。但有时对于政府机构或者按照成本来支付大量服务费用的人来说，即使是很小的差异也是十分重要的。例如，在表 12-9 中，平均的化验成本是 11.37 美元或 10.90 美元。对于决定医院定价的董事会财务委员来说，两个不同的成本就可能非常重要。因此，成本的分配通常被看做一种技术，它有助于回答"谁将为什么而支付以及支付多少"这样的重要问题。

记忆重点

1. **描述成本分配的基本框架**。直接成本和间接成本被分配到不同的成本对象中，包括服务部门、生产部门、产品和顾客。所有的公司都把间接成本分配到生产部门和提供给顾客的产品或服务。这些分配通常还包括服务部门的成本分配。一些企业还会进一步把成本分配到顾客这一层。

2. 将服务部门的变动成本和固定成本分配到组织中的其他部门。两种方法可以用来分配服务部门的成本。变动成本的分配是用预算成本率乘以实际成本动因量。固定成本则是使用预计可使用产量的百分比乘以总的预算固定成本。

3. 运用直接法和阶梯法将服务部门的成本分配到使用部门。当服务部门给生产部门以外的部门提供服务时，有两种方法可以用来分配成本。直接法忽略其他服务部门提供的服务，而阶梯法则确认其他服务部门同样使用了服务。

4. 整合传统法和作业成本法下服务部门的分配系统，将系统的总成本分配给产品或服务的成本对象。当一个公司的产品或服务是成本对象时，它应该用其分配系统来合计其服务部门的分配成本，该分配系统是用于确定最终成本对象的成本的。文中讨论了两种公司常用的方法：传统法和作业成本法。相对于传统法而言，作业成本法可以提供更精确的成本预算,但它用起来也比较贵。

5. **将与顾客行为有关的成本分配到顾客中**。顾客收益是产品组合与服务成本的函数。会增加顾客服务成本的活动有:小批量的订单、售前服务、订单的改变、退货、特殊交货要求以及售后服务。

6. **分配企业总部的成本**。总部成本包括公共关系费用、公司最高管理层间接费用、法律费用、数据处理费用、会计师部费用和公司范围的计划费用。通常,这些总部成本只分配给可以衡量使用量的部门。

7. **使用实物量法和相对销售价值法将联合成本分配到产品中**。为了对存货计价和确定收入,我们常使用实物量法和相对销售价值法来把联合成本分配到产品中。但是,这一成本分配过程并不影响生产决策。

附录 12:多级作业成本法体系(Multistage ABC System or MSABC System)

在第 4 章中我们介绍了**两级作业成本法体系(two-stage ABC system)**。两级作业成本法系统是作业成本法系统中最简单的一种。第一步,把成本分配到业务活动中;第二步,把分配到业务活动中的成本再分配到具体的产品、顾客或其他成本对象中。这带有一些财务会计的味道,因为总账是处于所有所使用的成本数据的中心位置。虽然两级作业成本法体系满足了很多企业的决策需要,但还是有一些企业更喜欢**多级作业成本法体系(Multistage ABC System,MSABC System)**,例如联邦快递、波音、全州保险(Allstate Insurance)以及美国劳工部(United State Department of Labor)。多级作业成本法有两步以上的分配步骤,并且是通过资源成本动因来分配而不是根据百分比。

> **多级作业成本法体系**:多级作业成本法有两步以上的分配步骤,并且是通过资源成本动因来分配而不是根据百分比。

多级作业成本法体系体现出一种与众不同的经营性味道,因为它所需的许多数据都来源于经营性数据资料,而不仅仅是来源于总账。例如,Pillsbury 和 AT&T 等许多公司都是从两级作业成本法开始的。然而,后来它们都转向了多级作业成本法。因为多级作业成本法体系注重经营,并且有助于业务经理了解企业的业务。下面是 Pillsbury 的一个经理说的一段话。

> 在我们公司已经使用了两级作业成本法之后,我又看到了多级作业成本法的重要性,其工序演绎(scenario-playing)的能力和机动性使公司从作业成本分配(ABC)演变到了作业成本管理(ABM)。
>
> ——Pillsbury 公司

那些使用多级作业成本体系的公司管理人员相信,它的复杂性可以帮助公司得到更准确的成本和对操作有进一步了解。对操作的进一步了解就会有更好的改进加工程序的方法。加工程序的改进又会增加顾客满意度,带来竞争优势。区分多级作业成本法体系和两级作业成本法体系的三个关键特性如下:

1. 多级作业成本法有两个以上的分配步骤；
2. 多级作业成本法把资源成本动因考虑在内；
3. 多级作业成本法更多地使用了经营性信息,例如成本动因和消耗率。

让我们逐个探究一下这些特性,了解一下为什么多级作业成本分配体系对管理者而言有如此多的价值。

多级作业成本分配体系的关键特性

了解多级成本分配体系的关键就是了解业务活动、资源、资源成本和成本动因之间的关系以及它们是如何帮助管理者了解操作情况的。为了更清晰地了解作业成本法的实际工作情况,我们以 Wookland Park 公司的一个产品为例进行观察研究(Woodland Park 公司是一个商用卡车和公共汽车所用塑料的制造商)。

102Z 是 Woodland Park 公司的产品之一,它是大卡车控制板的塑料仪表表框。制作 102Z 需要树脂材料和多种业务,例如收货、生产设计、原材料管理、调试、注模机的加工、装配、检查、包装、运输。我们着重看调试和模型机器处理业务。这些业务所需要的资源包括:注模机、人工、电能以及设备。图 12-10 列示了调试业务和机器处理业务之间的关系以及资源使用情况。

多级作业成本分配体系的第一个关键特性就是使用两个以上的分配步骤。在图 12-10 中,注意设备的成本是通过三个步骤分配到最终成本对象中的,即卡车仪表表框。在两级作业成本分配体系中,设备成本只通过两个步骤分配到卡车仪表表框中。在多级作业成本分配体系中,我们假设机器和人力资源是以其占地面积来计量其所承担的设备成本。在两级作业成本分配体系中,我们忽略了设备同机器设备和人力资源的内在关系,用百分比法来把设备成本直接分配到调试和机器加工业务活动中。但这就使得解释愈加困难,同时对我们了解企业的操作流程也没有多大的帮助。多级作业成本法就克服了这个问题。只要是为了描述操作流程的需要,在多级作业成本法下可以使用任何数量的分配步骤。

多级作业成本法的第二个关键特性就是它对经营信息的广泛运用。来看一下图 12-10 所列的卡车仪表表框这个成本对象。加工一个表框需要 15 分钟机时。这由业务活动消耗率反映了出来,$r_2 = 0.25$ 机时/表框。同样地,r_1 代表了调试活动的消耗率。每一轮生产 100 个表框,需要一次调试($r_1 = 0.01$)。每个表框要消耗 0.6 磅的树脂材料。因此,对于年需求量为 800 个的表框,总共需要 8 次调试(800×0.01)、200 个加工小时(800×0.25)以及 480 磅树脂(800×0.06)。

对于这些业务活动还有一个类似的阐述。例如,每个机器加工小时就需要一个注模机器小时、三个人工小时以及 0.3 千瓦的能源。我们可以看到,成本动因是对业务活动情况(调试和加工小时)和资源消耗情况(机器小时,人工小时和千瓦时)的一种计量。资源消耗率(图 12-10 中所示的每个业务活动旁的 rs)代表了每个业务活动为其单位成本动因所消耗的资源的比率。

两级作业成本法对于业务活动所消耗的资源的处理有所不同。在两级作业成本法下,作业活动和资源之间的关系通过百分比来体现。使用多级作业成本法的管理者相信,比起百分比而言,资源消耗率能够提供更有价值的操作信息。在我们的例子中,Woodland Park 公司的管理者现在拥有了可以帮助他们更有效管理的成本和操作信息。例如,看一下后面

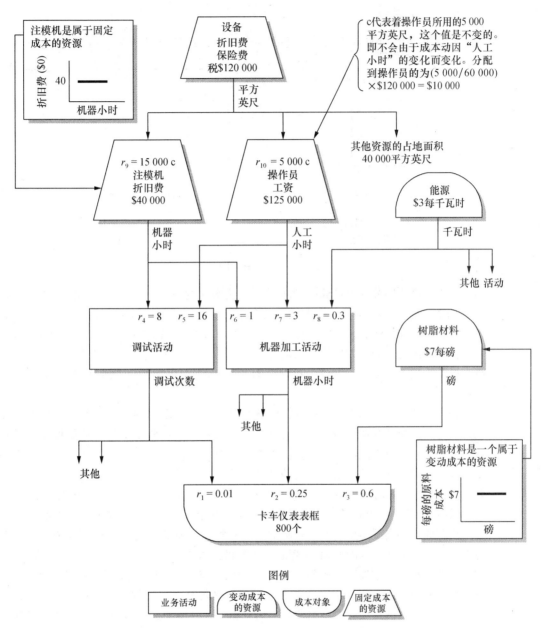

图 12-10　在作业成本法下成本对象,业务活动和资源之间的关系

的流程图。在多级作业成本法中有更多的有用的操作信息。操作经理用这些信息来寻求操作上的改进,这些信息包括每机器小时的人工小时或每机器小时的千瓦时等。运用多级作业成本法的成本性态特点,管理者可以预计这些改进的效果。如果用两级作业成本法的话,这是非常困难的,甚至是不可能的。

让我们来看一个例子。假设 Woodland Park 公司可以增加其卡车仪表的销售量为每年 900 个,但没有足够的机器小时来生产增加的这 100 个仪表。为了满足新的需求量,加工时间也要增加 25 个小时。管理层相信,通过使用快速换装的冲模,可以缩短 75% 的调试时

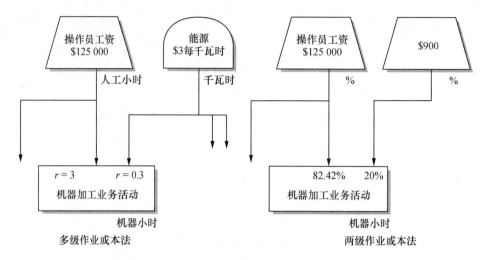

流程图

间。这个改进能够节约出足够的时间来生产这增加的 100 个仪表吗？新机器小时的消耗率 r_4 为 2 小时/调试。所以，调试期间所耗用的机器小时为 18 个小时（$900 \times 0.01 \times 2$），而现在需要 64 小时（$800 \times 0.01 \times 8$）。因此，节约出来的 46 个小时对于生产增加的 100 个仪表而言是绰绰有余的。如果使用的是两级作业成本法，分析这个改进要难得多。因为我们没有机器小时的消耗率。相反，我们会有一个基于历史关系和总账数据而得出来的百分比。

多级作业成本法的第三个关键特性就是其对成本性态的确认。在图 12-10 中，变动成本的资源——能源和树脂资源——是用"⌒"表示的。这些资源的财务数据用每单位成本动因来表示。对于能源，用 3 美元/千瓦时来计量。能源成本会直接随着加工作业的改变而改变。因为电力部门是根据所消耗掉的千瓦时来收取费用的。多加一个加工小时就要多消耗 0.3 千瓦时的电，那么能源成本就会增加 0.9 美元（3×0.3）。因此，能源是属于变动成本的资源，并很容易就可以看出加工小时和千瓦时是影响能源成本的因素。

固定成本的资源是用"⌂"表示的，如设备、机器和人工等。我们用总成本作为其财务数据。对于成本动因的变动，机器和人力资源的成本是固定的（在一个相关范围内）。增加一个加工小时会增加一个机器小时和三个人工小时。但机器的成本（折旧费）和人工（工资）是不会变的，只要机器小时和人工小时能够满足这个增加的话。那我们有没有违背我们对于成本动因的定义呢？不完全是。如果加工小时增加得足够多，那么所需要的机器小时或人工小时就会超过现有的能力水平。管理层就会决定是否需要购买更多的机器或招聘更多的员工。固定成本资源的成本不会随着成本动因的改变而自动地改变，它包括了管理决定的因素。然而，成本动因真的影响到了成本，优秀的经理就会最终根据业务活动的变化来调整资源的使用。

简而言之，两级作业成本法通常会忽略资源的成本性态。这就意味着用两级作业成本法来计划未来的经营是比较困难的。因为它不能预测需求量和相关成本动因的变化的影响。例如，如果我们预期仪表的需求量会增加，用两级作业成本法的话，我们就不能预计变动生产成本的增加量，例如原材料和能源的成本。但用多级作业成本法就可以很准确地预测树脂和能源这些变动成本的增加量。

小结与复习

问题：

参见第 4 章所讨论的 AT&T 的一个客户中心的票据部门（附录 4）。假设这个票据部门设计了一个多级作业成本体系。图 12-11 显示了这个多级作业成本体系的流程。考虑一下票据部门的流程图表，如图 12-12 所示。

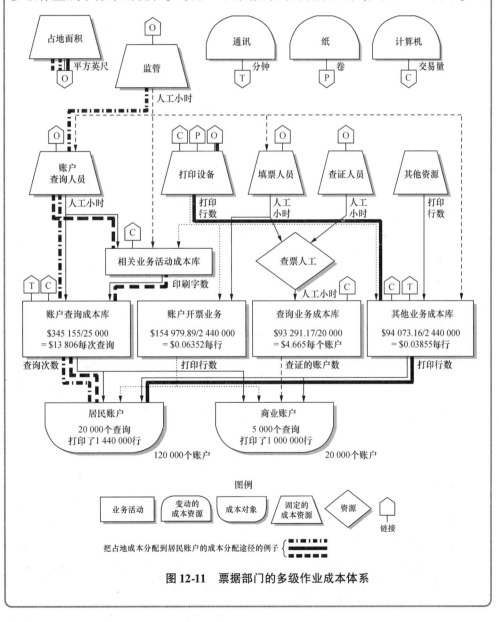

图 12-11　票据部门的多级作业成本体系

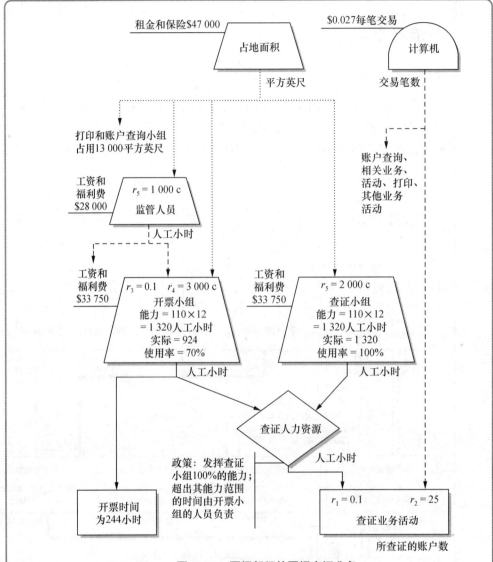

图 12-12 票据部门的票据查证业务

管理者希望把那些不增加顾客价值的业务活动去掉。一个方法就是减少对商业票据的查证,只查证70%的商业票据(随机抽取的)并且只查证每个票据的某些部分。只查证每个票据的某些部分将每个票据查证的时间从6分钟缩短到了3分钟。管理层认为这个操作不会导致质询的增加并且也不影响票据的正确度。因为每个票据只有部分将会被查证,电脑处理也会从每个账户25个减少到15个。AT&T的劳工协议详细说明当由于工序的改良,使得混合票据查证的劳动力使用和查证的劳动成本库降到了70%以下,那么公司有权利闲置一些工人直至劳动力只用率达到70%。目前,票据人员(包括填票人员和查证人员)的使用率为85%

(实际工作时间的组成如下:244 小时实际填表时间 + 20 000 个账户 × 0.1 人工小时 = 2 000 个小时的查证时间再除以 24 × 110 每个员工的产能 = 2 640)。工资和员工福利是每人每月 2 812.5 美元。每个员工每个月的工作时间为 110 个小时。目前,有 24 个票据人员,其中 12 个人是做查证工作的,即查证小组。因为辞退闲置员工会对员工士气方面产生的负面影响,所以如果成本节约得不多的话,管理层是不会贸然辞退闲置员工的。

1. 用多级作业成本体系分配成本比较复杂,同时还需要一些电脑软件。为了感受到其复杂性,我们利用不同的成本分配方法把占地成本分配到居民账户中去。以下列出了其中的三种方法,并在图 12-11 中也有列示。

分配路径 1:占地面积→账户查询人员→相对应的业务活动→账户查询业务→居民账户

分配路径 2:占地面积→监管→账户查询人员→账户查询业务→居民账户

分配路径 3:占地面积→印刷工→其他业务活动→居民账户

不论是 Excel 表格程序还是商业软件的计算机程序,在这几种分配途径中都会用成本动因的比例来计算每一步的分配数额。例如,对于占地成本的 47 000 美元的第一批分配是基于账户查询人员、监管人员、打印设备、开票人员以及查证人员所占的平方英尺。

总共有 11 种路径把这些占地成本分配到居账户中。其他 8 种路径使用的是和图 12-11 同样的形式。

2. 在图 12-12 中,计算机资源(用箭头和消耗率来表示的)与账户查询、相关业务活动、打印设备以及其他业务活动的关系都没有列示。不把这些关系列示出来的目的就是为了确定由于流程改进票据部门所进一步节约的人工成本。

3. 为什么"交易数量"是计算机成本的真正成本动因,而监管人员的"人工小时"却不是票据部门真正成本动因呢?

4. 确定由于流程改进而节约的开票人工和计算机成本。还会有什么可以节约的潜在成本呢?你会有什么建议?

答案:

1. 剩余的 8 种路径如下所示:

分配路径 4:占地面积→账户查询业务→账户查询人员→居民账户

分配路径 5:占地面积→监管人员→账户查询人员→相关业务活动→账户查询业务→居民账户

分配路径 6:占地面积→监管人员→相关业务活动→账户查询业务→居民账户

分配路径 7:占地面积→监管人员→开票人员→开票业务→居民账户

分配路径 8:占地面积→开票人员→开票业务→居民账户

分配路径 9:占地面积→监管人员→其他业务活动→居民账户

分配路径 10：占地面积→打印设备→相关业务活动→账户查询业务→居民账户

分配路径 11：占地面积→打印设备→开票业务→居民账户

我们会注意到，不同分配路径的分配步骤数量从 3 步（路径 4、8、9）到 5 步（路径 5）不等。用两级作业成本法的话，所有路径都只有两次分配，也就是说每个分配路径只有 3 步。作为经理，你必须决定由于成本准确度以及经营性信息的增加所获得的利益是否超过了使用多级作业成本法所带来的成本的增加量。

2. 我们还可以确定业务变更是如何影响资源的。通过从变更的那一点开始，在那张流程图上的所有路径一路向上，最终到达了计算机资源。在我们的例子中，起始点是查证业务。因为查证账户的数量降低了，计算机交易的数量也会随之减少，这样计算机成本就会减少。在这个例子中，只有一条路径是从查证业务贯穿到计算机业务的，如图 12-11 所示。从图 12-11 上可以看出，账户查询业务、相关业务活动、打印业务以及其他业务活动的成本动因水平不会受到账户查询量下降的影响。没有其他成本动因与计算机资源的改变相关，所以我们不需要列示它们的关系。

3. 任何对于计算机需求的增加，都会自动导致交易数量的立即增加。因为计算机出租公司是以交易数量来收取公司费用的，那么查证账户数的减少将会"自动"导致计算机成本的降低。而开票的人工小时不会自动随之改变。我们使用这个成本动因作为分配的基础，但这需要管理层对改变资源成本的决定。当查证的账户数量减少时，开票的人工小时也会减少，但支付的工资总数不会改变——只有使用率在下降。如果这个使用率下降到了 70% 以下，管理层会决定是否要减少人工成本库，进而减少人工成本。

4. 表 12-10 列示了流程改进后，预计节约的成本——41 580 美元。监管人员和占地面积使用率的下降还会导致进一步的成本节约。闲置的 8 个开票人员之前所占用的面积，要么让其有其他用途，要么出租。

表 12-10　对查证业务流程改进的成本分析

	总成本分析			
资源	现在的成本		流程改进后的成本	
计算机	20 000 个账户 × 25 个交易/账户 × \$0.027/交易 =	\$13 500	14 000 个账户 × 15 个交易/账户 × \$0.027/交易 =	\$5 670
开票人员	\$2 812.5/人工小时 × 24 小时 =	\$67 500	[（14 000 个账户 × 0.05 小时/账户 + 244 小时] ÷ 0.7 = 设计能力 1 349 或 1 349 ÷ 110 ≈ 12 人工小时*	
			成本是 12 人工小时 × \$2 182.5 =	\$33 750
	总成本	\$81 000	总成本	\$39 420
			节约成本（\$81 000 − \$39 420）	\$41 580

* 核验使用率：能力 = 12 × 110 = 1 320；实际 =（14 000 个账户 × 0.05 小时/账户）+ 244 小时 = 944 小时 使用率 = 944 ÷ 1 320 = 71.5%。如果有 13 个人的话，使用率将会是 944 ÷ 1 430 = 66%，所以还可以闲置一个员工。

会计词汇

副产品（by-product）
成本会计系统（cost accounting system）
成本分配基础（cost-allocation base）
成本分配（cost application）
直接法（direct method）
多级作业成本体系（multistage ABC systems）
生产部门（producing department）
服务部门（service department）
阶梯法（step-down method）

基础习题

12-A1 用直接法和阶梯法分配成本

飞利浦工具和冲模公司有三个服务部门：

	部门的预算成本
自助餐厅（100 000 美元收益减 250 000 美元花费）	$150 000
工程部	2 500 000
工厂总行政部	950 000

预算的成本动因如下：

生产部门	员工数	为生产部门服务的工程小时数	总的人工小时数
加工部	100	50 000	250 000
装配部	450	20 000	600 000
精加工与上色部	50	10 000	100 000

要求：

1. 飞利浦公司将所有服务部门的成本直接分配到生产部门而不是分配到其他服务部门。列示每个服务部门的成本将如何分配到生产部门。为帮助解答，在解答此题前先看要求2。

2. 公司决定用阶梯法来分配成本。工厂总行政部的成本将首先被分配。接下来是自助餐厅和工程部。自助餐厅的员工每年工作 30 000 个小时。工程部有 50 名员工，每年工作 100 000 个小时。用阶梯法重新计算要求 1 的问题。比较两个问题的结果，你更愿意采用哪种方法，为什么？

12-A2 成本分配、服务部门、作业成本法、顾客收益和流程图的总体框架

考虑一下洛杉矶大林公司的生产设备。假设这个设备是装配那些卖给沃尔玛、Kmart 和 Walgreens 的显示器。有三个部门——装配部门、电力部门、维修部门。装配部门使用作

业成本法。占地成本的总成本是根据占地面积分配给维修部门和装配部门的。电力部门的成本是根据所使用的兆瓦时来分配的。装配部门根据不同业务和资源的需求生产了三种不同种类的显示器。A 类显示器由高容量的简单零件组成。B 类产品是由中等容量的复杂零件组成。C 类产品由小容量的复杂零件组成。

管理层使用四个步骤的作业成本法。第一步已经完成了，结果在图 12-13 中列示了。

要求：

1. 参考图 12-1。在图 12-1 中所列示的所有类型的成本分配，从大林公司中找到一个例子，如果有的话。
2. 对于服务部门，这个设备的成本应该采用什么分配方法？说明理由。
3. 计算服务部门分配的成本以及装配部门的总成本。
4. 用作业成本法计算出每种显示器的成本。
5. 如果大林想确定沃尔玛、Kmart 和 Walgreens 的顾客收益，它该如何改进这个分配体系？

12-A3 分配总部成本

中央铁路局将其所有核心公司的间接费用成本分配至各个部门。有些成本，例如特定内审费用和律师费是按时间来确定的。但其他的一些成本却很难分配，因此每个部门各自所获收益将被用作分配基础。这些成本包括经营管理人员的工资、差旅费、公益事业、设备租金、折旧、公司捐款、公司及一般市场总体开发的成本。

20×7 年以收益为基础的成本分配如下所示（以百万为单位）：

部门	收益	分配的成本
北部地区	$120	$6
岩石台地地区	240	12
平原地区	240	12
汇总	$600	$30

在 20×8 年，北部地区的收益保持不变，但平原地区的收益激升至 280 000 000 美元——由于世界市场的变化，后者还很难预测。中西部地区原本预计收益会大规模上涨，但激烈的市场竞争反而使其收益下降到 200 000 000 美元。忽略其他成本的上涨，以收益为分配基础的总成本仍然是 30 000 000 美元。总裁非常高兴今年的总部成本没有上涨。

要求：

1. 计算 20×8 年各部门分配到的总部成本。
2. 与 20×7 年的成本相比，每个部门的经理将怎样评价 20×8 年自己部门的成本？以收益为成本分配基础的缺点是什么？
3. 假设 20×8 年各部门预计的收益相应分别是 120 000 000 美元、240 000 000 美元、280 000 000 美元，而预计的收益将用作成本分配基础。计算 20×8 年各部门分配到的成本。你认为这种方法优于第 1 问中所用的方法吗？为什么？
4. 许多会计人员和管理者反对分配总部成本，为什么？

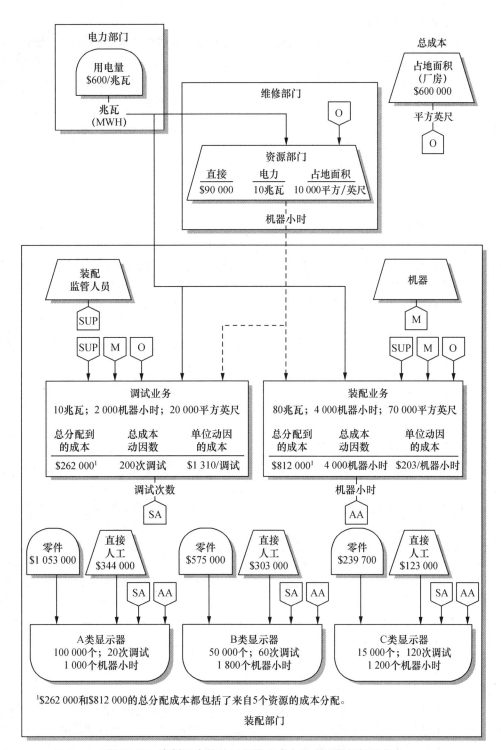

图 12-13　洛杉矶大林公司用作业成本法分配服务部门成本

12-A4 联合产品

Alberta 金属公司从市场上购买原料矿石并加工成两种产成品：A 和 B。每磅矿石的成本是 12 美元，进一步加工的成本是每磅 4 美元。20×7 年 Benjamin 计划用 800 000 磅的矿石加工出 200 000 磅的 A 产品和 600 000 磅的 B 产品。A 产品每磅售价是 30 美元，B 产品是每磅 15 美元。公司分配联合成本是出于存货计价的目的。

要求：

1. 使用实物量法分配 A 和 B 的联合成本。
2. 使用相对销售价值法分配 A 和 B 的联合成本。
3. 假设 B 产品在联合加工过程后还不能被销售，而需要进一步的加工；进一步加工需要固定成本 300 000 美元和变动成本每磅 1 美元，此时它的售价是每磅 21.50 美元。使用相对销售价值来分配 A 和 B 的联合成本。

12-B1 计算机成本的分配

回顾本章"服务部门成本的分配"部分，特别是大学里使用计算机的例子。预算是每月固定成本 100 000 美元，变动成本是每计算机小时 200 美元。基于长期预测的使用量，固定成本按一次性总额法进行分配，30% 分配给商学院，70% 分配给工程学院。

要求：

1. 假设实际成本与预算的相符，使用量都是 600 小时，如果某个月中商学院使用 210 小时，工程学院使用 390 小时，请算出成本是如何分配的。
2. 假设其他方面都与要求 1 一致，但固定成本的分配是以实际用量为基础的，请算出每个学院的成本分配。如果你是商学院的院长，你倾向于这种方法还是要求 1 中的方法？为什么？

12-B2 服务部门成本的分配

Antonia 清洁公司为许多不同的客户提供清洁服务。公司有两个生产部门——民用部和商用部，两个服务部门——人事部和行政部。公司决定将所有服务部门的成本都分配给生产部门：人事部的成本以员工数为分配基础，行政部以部门直接成本为分配基础。20×2 年的预算如下：

	人事部	行政部	民用部	商用部
部门直接成本	$70 000	$90 000	$240 000	$400 000
员工数	6	10	36	24
直接人工小时			30 000	45 000
清洁的平方英尺数			4 500 000	9 970 000

要求：

1. 用直接法分配服务部门的成本。
2. 用阶梯法分配服务部门的成本，人事部的成本应首先被分配。
3. 假设公司民用部的定价以小时为基础，而商用部的定价则以清洁的平方英尺数为基础。使用要求 2 中阶梯法的结果来计算：a. 民用部提供直接人工小时服务的单位成本；b. 商用部清洁每平方英尺的成本。

12-B3 顾客收益

Vegas 公司有三条产品和两类顾客。下表列示了 Vegas 公司的销售、产品成本和服务成本的数据。

	X 产品	Y 产品	Z 产品
销售	$2 000	$6 000	$20 000
售货成本	1 000	2 000	14 000

	第一类顾客	第二类顾客	汇总
X 产品的销售	$1 000	$1 000	$2 000
Y 产品的销售	5 000	1 000	6 000
Z 产品的销售	0	20 000	20 000
服务成本	$2 000	$13 000	$15 000

要求：

1. 计算每类产品的销售毛利率。哪类产品是最有利可图的？
2. 计算每类顾客的边际毛利率。
3. 计算每类顾客的销售服务成本百分比。
4. 哪一类顾客的收益比较大？
5. 制作一张两类顾客的边际毛利率和销售服务成本百分比的图表。提一个改进顾客收益的战略。

12-B4 联合产品

Cedar Rapid Milling 公司以每磅 0.5 美元的价格从市场上购买燕麦，然后加工成燕麦粉、燕麦片和燕麦麸。将燕麦生产成燕麦粉和燕麦麸时，成本为每磅 0.3 美元。燕麦粉和燕麦麸的零售价分别是每磅 1.5 美元和 2 美元。每磅燕麦可以生产出 0.2 磅燕麦粉和 0.8 磅燕麦麸。每磅燕麦粉还可以进一步加工成燕麦片，需要 240 000 美元的固定成本和每磅 0.5 美元的变动成本。Cedar Rapid Milling 公司计划 20×7 年加工 1 000 000 吨燕麦，购买价格是 500 000 美元。

要求：

1. 使用实物量法将联合成本分配至燕麦粉和燕麦麸当中。
2. 使用相对销售价值法将联合成本分配至燕麦粉和燕麦麸当中。
3. 假设燕麦粉没有销售市场，必须进一步加工成燕麦片销售。燕麦片的售价是每磅 2.8 美元。使用相对销售量法将联合成本分配至燕麦片和燕麦麸当中。

补充习题

简答题

12-1 为什么成本分配方法是一个公司的成本会计体系中十分重要的一部分？

12-2 在公司高层与成本会计师的会议中，首席执行官问到了公司新产品线的成本。成本会计师回答说："产品成本取决于对产品的了解程度。"你同意这样的说法吗？简要说明理由。

12-3　请说出 10 类成本分配。

12-4　当计算顾客收益时,为什么追溯直接成本?为什么分配客服成本到顾客身上而不是先把它们分配到生产部门再分配到顾客身上是十分重要的?

12-5　"越多越好"是一家大公司的首席执行官在被问到分配销售成本、总成本和管理费用到产品时的回答。你同意这样的说法吗?为什么?

12-6　请列出服务部门成本分配的 3 条指导方针。

12-7　请简述部门的直接成本怎么会变成间接成本。

12-8　对服务部门的变动成本进行分配时,为什么预计成本率比实际成本率更重要?

12-9　"我们过去都采用一次性总额法进行固定成本的分配,但由于管理层预计的耗用量一直低于实际耗用量,最终我们不得不放弃了这个方法。"你认为这是一个普遍存在的问题吗?如何避免类似问题的发生?

12-10　请简述两种比较常见的服务部门成本分配的方法。

12-11　"对于分配到生产部门的成本,阶梯法比直接法分配得更多。"你同意这样的说法吗?请说明理由。

12-12　什么是非数量相关的成本动因?请举 2 个例子说明。

12-13　在作业成本核算法中,多种间接费用资源的成本如何被分配到生产部门、服务部门和客户中去?

12-14　"特定资源的成本库,不是变动成本库就是固定成本库,不存在两者混合成的成本库。"这种说法正确吗?请给出理由。

12-15　请举出 4 个作业成本核算法下将成本分配到生产部门、服务部门和客户中去的具体作业及其相关成本动因。

12-16　请说出在作业成本核算法下,分配生产部门业务活动成本库的 4 个步骤。

12-17　列出决定一个顾客的服务成本高低的因素。

12-18　第 6 章中曾提到联合成本因决策目的而不能被分配到单一的产品中去。那么在什么情况下类似的成本可以分配到产品当中?

12-19　简述两种传统的联合成本分配方法。

12-20　什么是副产品?我们如何计算其价值?

12-21　假设 Winter Park 公司有两处工厂,分别位于塞伦和杨斯顿。杨斯顿工厂仅仅生产三种产品。它们的原料和生产工艺很相近。塞伦工厂生产多种产品。对于这两个工厂,你会建议它们用什么成本分配体系(传统法还是作业成本核算法)?为什么?

12-22　学习附录 12。会区分多级作业成本核算体系和两级作业成本核算体系。

12-23　学习附录 12。在图 12-11 和图 12-12 中,r 代表的是资源消耗率和业务活动消耗率。为什么这些比率对寻求流程改进的管理者而言是十分重要的?

12-24　学习附录 12。简述资源消耗和单位动因成本的区别。

12-25　为什么了解顾客收益是必要的?如果公司所有的产品都是可以获利的,它的顾客也是可赢利的吗?请解释说明。

理解练习

12-26 分配与成本性态

在对服务部门的成本进行分配时,一般有3个原则,其中一个就是应分析支持成本的成本性态。为什么许多公司把固定支持成本与变动支持成本分开进行分配?

12-27 成本分配与销售

当以另一个消费部门的作业为基础将成本分配至某个消费部门时容易产生混乱。请解释"实际销售额常被错当为总部成本分配的基础"这句话。

12-28 成本分配与市场营销

现在,许多公司都在分配更多的非生产性成本。因为在价值链中,这部分所占的比重越来越重。得到更多关注的一个价值链功能就是市场营销。那么如何将全国范围的广告投入成本分配到区域中去呢?

练习题

12-29 固定成本库和变动成本库

City of Cedarcrest 公司签订了一份影印设备的租赁合同,费用为每个月2 000美元再加上每份0.02美元。颜料、纸张、操作员的工资等营运费用都是每份0.03美元。各部门计划每月的影印数量为50 000份。公共工程部预计它每月有18 000份。但在8月,它有21 000份。

要求:

1. 假设用一个预定的比率来分配所有的影印成本。应该用哪个比率?公共工程部在8月又将分配到多少成本?

2. 假设固定成本库和变动成本库是分开来进行分配的。详细说明每个成本库将如何分配。计算8月公共工程部分配到的成本。

3. 要求1和要求2的方法,哪个你更喜欢?为什么?

12-30 以销售量为基础进行分配

Frontier市场公司在盐湖有三家杂货店。总部成本是以销售量作为成本分配基础进行分配的。以下列示的是11月份预计和实际的销售收入:

	Sunnyville	Wedgewood	盐湖城
预计销售	$600 000	$1 000 000	$400 000
实际销售	600 000	700 000	500 000

11月的总部成本是180 000美元。

要求:

1. 以预计销售量为成本分配基础,把总部成本分配到每家店中。

2. 以实际销售量为成本分配基础,把总部成本分配到每家店中。

3. 用预计销售作为分配基础分配总部成本的优势是什么?

12-31 直接法和阶梯法、作业成本核算法以及流程图

Dallas房屋维护公司为多个不同的客户提供清洁服务。公司有两个生产部门——民用部和商用部,两个服务部门——人事部和行政部。公司的每个部门都使用作业成本核算体系。之前,服务支持部门的成本是不分配的。但现在公司决定将所有服务部门的成本都分配给生产部门:人事部的成本以员工数为分配基础,行政部是以部门直接成本为分配基础。Dallas 用一个流程图列示了其作业成本核算体系,如图 12-14 所示。这个流程图表是基于对 20×7 年的预计数。

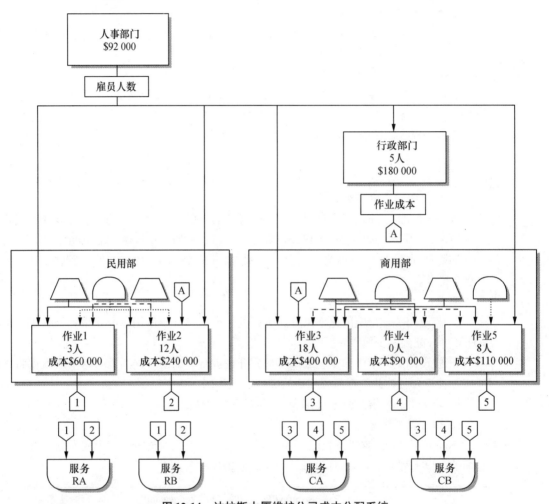

图 12-14 达拉斯大厦维护公司成本分配系统

要求:

1. 用直接法来计算分配给民用部和商用部的成本。
2. 用阶梯法计算分配给民用部和商用部的成本,应首先分配人事部的成本。
3. 阐述民用部和商用部是如何把成本分配到顾客身上的。

12-32 直接法和阶梯法的成本分配

Butler 家用品公司有两个生产部门,加工部和装配门;两个服务部门,人事部和保管部。公司对 20×7 年 4 月的预计如下:

	服务部门		生产部门	
	人事部	保管部	加工	装配
部门直接成本	$32 000	$70 000	$600 000	$800 000
平方英尺	2 000	1 000	10 000	25 000
员工数量	15	30	200	250

Butler 以员工数为分配基础分配人事部的成本，以平方英尺为基础分配保管部的成本。

要求：

1. 用直接法分配人事部和保管部的成本。
2. 用阶梯法分配人事部和保管部的成本，人事部的成本应首先被分配。

12-33 客户赢利度

下表提供了一家公司有关销售、产品成本和服务成本的数据，这家公司有三条生产线，分别生产产品 L、M、N。这家公司有两种类型的客户。

	产品 L	产品 M	产品 N
销售收入	$300	$600	$2 000
销售成本	150	200	1 400

	客户类型 1	客户类型 2	合计
X 产品销售收入	$150	$150	$300
Y 产品销售收入	500	100	600
Z 产品销售收入	0	2 000	2 000
服务成本	200	900	1 100

1. 计算各产品的边际成本占销售收入的百分比，三种产品中哪个获利最大。
2. 计算各类型客户的边际成本占销售收入的百分比。
3. 计算各类型客户的服务成本占销售收入的百分比。
4. 公司从哪类客户处获利最多？

12-34 客户赢利度

下表提供了一家商店有关销售、产品成本和服务成本的数据。这家商店出售四种商品，并拥有三种类型的客户。

产品 A		产品 B		产品 C		产品 D	
销售收入	$32 000	销售收入	$88 000	销售收入	$280 000	销售收入	$144 000
销售成本	20 000	销售成本	70 400	销售成本	224 000	销售成本	81 000

	客户类型 1	客户类型 2	客户类型 3	销售数量合计
A 产品数量	200	2 000	1 000	3 200
B 产品数量	200	1 200	3 000	4 400
C 产品数量	200	400	5 000	5 600
D 产品数量	400	400	1 000	1 800
销售数量合计	1 000	4 000	10 000	15 000

商店为所有客户提供服务的服务成本为 75 000 美元，此成本按照销售数量分配给各类

型的客户。

1. 计算各产品边际成本占销售收入的百分比,其中哪个产品获利最大。
2. 计算各类型客户的边际成本占销售收入的百分比。
3. 计算各类型客户的服务成本占销售收入的百分比。
4. 公司从哪类客户处获利最多?
5. 画一张类似图 12-9 的图,标明三类客户各自的产品边际成本占销售收入的百分比和服务成本占销售收入的百分比,并为每类客户提出提高利润的建议。

12-35 联合成本

下图为 Robinson 化学公司两种溶剂的生产过程:

联合成本(包括分拆点前的处理成本)为 300 000 美元。在分拆点后,溶剂 A 售价为 30 美元/加仑,溶剂 B 售价为 45 美元/加仑。

1. 使用实物量法将 300 000 美元的联合成本分配到两种溶剂。
2. 使用相对销售价值法将 300 000 美元的联合成本分配到两种溶剂。

12-36 联合成本和流程图

Hernandez 化学制品公司生产两种溶剂,流程图如图 12-15 所示。

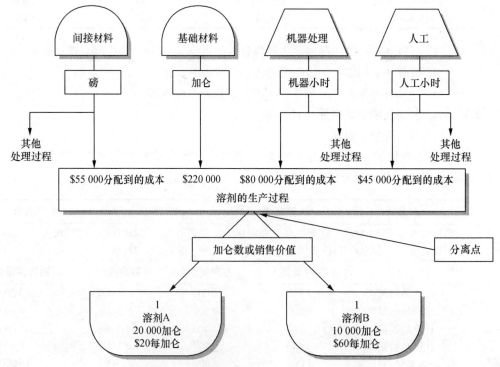

图 12-15　赫南德兹化学制品公司联合成本流程图

联合投入的成本（包括分拆点前的处理成本）为 400 000 美元。溶剂 A 在分拆点售价为每加仑 20 美元，溶剂 B 售价为每加仑 60 美元。

要求：

1. 使用实物量法将 400 000 美元的联合成本分配到两种溶剂中。
2. 使用相对销售价值法将 400 000 美元的联合成本分配到两种溶剂中。

12-37　副产品成本核算

Allsap Apple 榨汁公司从当地果园购买苹果后把它们榨成苹果汁，榨汁后剩下的果肉出售给农民作为家畜的食料，此食料为副产品。

20×2 年的财政年度，公司花费 800 000 美元购买了 8 000 000 磅苹果。经过榨汁处理后，剩下 1 000 000 磅果肉，Allsap Apple 公司花 30 000 美元将果肉包装并运输，以 50 000 美元的价格将其出售。

要求：

1. 有多少苹果的联合成本将被分配到果肉中？
2. 计算果肉的全部存货成本（和销货成本）。
3. 假设榨汁花费 130 000 美元，过滤、杀菌、包装果汁花费 150 000 美元，计算生产的苹果汁的存活成本。

12-38　成本分配渠道

阅读附录 12 中的"小结与复习"。图 12-11 是账户部门的多级作业成本体系。账户部门人工和确认人工资源应包括哪些成本？请编写一张成本分配通道单，从两种人工资源到商业账户成本目标。

思考题

12-39　分配汽车成本

一家大城市的汽车厂主要是为本城市的其他多个部门提供汽车。现在这家汽车厂拥有 50 辆汽车。最近一项调查显示，像这个汽车厂那样拥有、经营以及保养这些汽车，每辆汽车每年需要花费 2 400 美元的固定成本和每公里 0.2 美元的变动成本。

每个月汽车厂的成本都会按行驶的英里数分配到每个使用者的部门。虽然每个月的差异可能很大，但是平均来说一辆汽车一年要行驶 24 000 英里。20×7 年 4 月 50 辆汽车总共行驶了 50 000 英里，汽车厂 4 月的成本是 38 000 美元。

城市的总设计师似乎总是在担心她的汽车成本。4 月份的时候，她特别不安，因为她为部门的 5 辆汽车、15 000 英里的总行驶里程支付了 11 400 美元。这是部门中很正常的英里数。总设计师在给汽车厂主管的便笺上写道："我从你 4 月的收费中能计算出每英里大约不到 0.76 美元。"但回复是："我按照指示把汽车厂的总成本分配到各个使用部门。你们部门使用了 4 月份的公司整个用量的 30%（15 000 美元/ 50 000 英里），所以我把汽车厂 30% 的成本分配到你们部门（0.3×38 000），那似乎是公平的。"

要求：

1. 计算在这个城市拥有、保养以及运营一辆汽车每英里的平均年度成本。
2. 请解释为什么 4 月份分配的成本（0.76 美元/英里）超过了要求 1 中的平均成本。
3. 描述一下所用的成本分配方法带来的令人不满意的结果。

4. 你将如何改进这种成本分配方法?

12-40 成本分配

Vigil 卡车公司有 1 个服务部门和 2 个区域营运部门。服务部门的预算成本为每个月 750 000 美元的固定成本加上在南北两个区的经营费每 1 000 吨英里 0.75 美元(吨英里是指载重量乘以行驶的英里数)。服务部门每个月的实际成本是以吨英里为成本动因来分配的。

要求:

1. Vigil 公司 4 月份一共运营了 500 百万吨英里,两个区各一半。服务部门的实际成本正好等于 500 百万吨英里的预算成本。以实际的吨英里为基础,成本应该如何分配到每个区域?

2. 假设北区业务因为罢工被耽误了,因此实际的运营量比原先预测的低了很多。北区只运营了 150 百万吨英里,南区则运营了 250 百万吨英里,实际的成本正好和这个低水平运营上的预算相等。以实际的吨英里为基础时,成本应该如何分配到每个区域?注意总成本将会降低。

3. 参照在要求 1 中的条件,各种低效率导致服务部门的总成本达到了 1 250 000 美元。计算分配到南北区的成本。这样分配成本公平吗?如果不公平,应该如何改进?

4. 参照要求 2 中的条件,假设对装备和空间的投资能力来说,服务部门的可提供的最大能力为北区 360 百万吨英里、南区 240 百万吨英里服务。假设固定成本按这个能力分配,变动成本按预先确定的每 1 000 吨英里某一标准比率来分配。请计算每个部门的成本。这种成本分配方法的优势是什么?

12-41 服务部门分配和作业成本核算法、产品成本

Fancy 装置公司为零售店生产显示器。公司有三条生产线,分别是标准、高级和特制。Fancy 装置公司将服务部门分配系统和作业产品核算系统结合在一起。公司有两个服务部门,分别是电力部门和设备部门。Fancy 用以消耗的兆瓦特小时和机器小时为基础的直接法将两个服务部门的成本分配到处理加工部门。处理加工部门有两个作业中心,分别是建立/修理和组装。零件和组装人工是直接分配到各产品的。建立/修理部门的成本是按建立数量分配,组装成本是按机器小时分配的。

最近时期的报告数据如下:

	生产线		
	标准	高级	特制
产出和销售单位	100 000	10 000	1 000
每单位销售价	$20	$50	$250
零件成本总计	$1 003 800	$115 080	$15 980
直接人工成本总计	$298 000	$72 000	$68 000
设置数	20	12	8
组装机器小时	1 000	400	100

（续表）

资源/部门	成本总计	驱动单位	作业中心使用的驱动单位	
			设置/维修	组装
组装部监管人员	$92 400	%	2.60%	97.40%
组装部机器	$247 000	机器小时	400	1 500
设备管理部门	$95 000	机器小时	400	1 500
电力部门	$54 000	兆瓦特小时	10	80

请做一张进度表来计算毛利润，使得利润能超越各产品和 Fancy 设置公司其他价值链的成本。

12-42 服务部门分配和作业成本核算、产品赢利率、流程图

（这个思考题和 12-41 是一样的，但是请用流程图示来提供数据。）Fancy 装置公司为零售店生产显示器。公司有三条生产线，分别是标准、高级和特制。Fancy 装置公司将服务部门分配系统和作业产品核算系统结合在一起。公司有两个服务部门，分别是电力部门和设备部门。Fancy 用以消耗的兆瓦特小时和机器小时为基础的直接法将两个服务部门的成本分配到处理加工部门。处理加工部门有两个作业中心，分别是建立/修理和组装。零件和组装人工是直接分配到各产品的。建立/修理部门的成本是按建立数量分配，组装成本是按机器小时分配的。图 12-16 是 Fancy 装置公司的经营流程图示。

要求：

请做一张进度表来计算毛利润，使得利润能超越各产品和 Fancy 设置公司其他价值链的成本。

12-43 服务部门分配和作业成本核算、客户赢利度

（本题只有在 12-41 题和 12-42 题都做完后，才能做。）参阅 12-41 题和 12-42 题。Fancy 装置公司有两种类型的客户。第一种类型的客户主要购买标准显示器，第二种客户购买三种产品，但是是唯一会购买特制显示器的客户。每类客户购买产品结构数据如下：

	各生产线售出产品数			
	标准	高级	特制	合计
客户类型一	75 000	5 000	0	80 000
客户类型二	25 000	5 000	1 000	31 000
总计	100 000	10 000	1 000	111 000

请做一张表来计算毛利润，使得利润能超越各类客户的其他价值链成本。

12-44 经销商的客户赢利度

Mountain Cities 经销商经销运动鞋类和器械。Mountain Cities 将许多产品分发到零售商那，公司只将产品分为两类——鞋类和器械。

- 鞋类产品是以盒装运抵 Mountain Cities 的，再以原盒装分发给客户。
- 器械是大体积运送的。Mountain Cities 必须拆开这些包装，并将它们再包装以满足特定器械的小数额订单，如体重控制器和高尔夫杆、包。

Mountain Cities 有两类客户：

1. 专卖店：订单量少，主要需要鞋类。

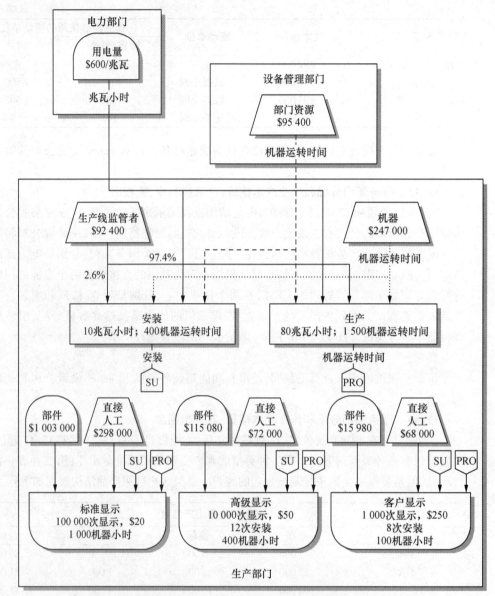

图 12-16 Fancy Fixtures 公司的 ABC 系统下的服务部门成本的分配

2. 商店：鞋类和器械订单量都大。

Mountain Cities 的管理层已设立了一个战略目标来提高产品赢利度和客户赢利度。还有一个相关的用来支持着个战略的附属目标是用准确的成本会计系统来确定可赢利的产品和客户。

Mountain Cities 现在所用的是较为简单的成本会计系统来计算产品和客户赢利度。唯一的直接成本是购买鞋类和器械的成本。Mountain Cities 将间接成本分配到产品中，以产品磅数作为成本分配基础的所有间接成本，而且只有一个间接成本库。最近几年积累的成本和运营数据都在表 12-11 中。

表 12-11　Mountain Cities 经营数据

产品数据		
	鞋类	器械
年盒数需求量	2 800	2 000
每盒平均购买成本	$70	$120
已购每盒的平均重量	18.75 磅	31.25 磅
每盒的平均售价	$460	$790
鞋类盒数需求量	1 200	1 600
器械和数需求量	400	1 600
年盒数需求量总计	1 600	3 200
订单数	160	70

其他数据
一个单独的成本库应该包括接收、存储、精选、包装、运送、订单加工和客户服务活动所需的资源的成本。这些资源年成本为 1 380 000 美元。分配该成本库,假定两个产品的成本分配基础是已售产品的磅数。

要求:

1. 制作一张表,体现各类产品的毛利润。
2. 制作一张表,体现各类客户的毛利润。
3. 根据你需求 1 和需求 2 的回答,请提供一个建议来提高客户赢利度。

12-45　客户赢利度和服务成本分配

(这道题是 12-44 题的继续,只有做完了 12-44 题才能做本题。)

根据对 Mountain Cities 公司经营的研究,订单数量是订单加工和客户服务活动的更好的成本分配基础。总的间接成本库为 1 380 000 美元,而这两项活动的资源成本为 552 000 美元。Mountain Cities 现在想通过将订单加工和客户服务活动的成本分配到客户而不是产品中去,来修改它的成本系统。

要求:

1. 制作一张表,显示 Mountain Cities 所产各产品的毛利润。
2. 制作一张表,显示客户产品毛利润、客户服务成本和客户赢利度。
3. 制作一张图,显示各类客户产品毛利润百分比和客户服务百分比。根据这张图,给出一个可以提高各类客户赢利度的战略建议。
4. 比较修改后的成本系统得出的客户赢利度和题 12-44 得出的赢利度,解释一下产生重大差异的原因。

12-46　医院设备

美国许多州都有医院委员会。在医院得到与以成本为基础的特殊医疗设备相关的退款之前,必须先由医院委员会批准购买这种医疗设备;也就是说,医院不能从政府机关为购买此设备要求补助,除非这个委员会授权政府这样做。

在这样一个州中,有两家医院计划购买并分担昂贵的 X 射线设备,以应付一些不常见的病例。使用这台机器的折旧和相关的固定成本预计为每个月 12 000 美元,变动成本为每道 X 射线 30 美元。

委员会要求每个医院预测自己在该设备 5 年的预期使用寿命中对它的使用量。大学医院预计每个月平均使用 75 道 X 射线,而儿童医院预计每个月使用 50 道 X 射线。委员会认为这个信息对将被证实的先进性的规模和程度至关重要;也就是说,如果每个月的 X 射线超过一定的量,将需要一个不同规模的空间、设备以及人员,那就意味着每个月有更高的固定成本。

要求:

1. 假如固定成本按照医院预计的平均用量来分配,变动成本为该财政年预算的每道 X 射线 30 美元。在 10 月份,大学医院使用了 50 道 X 射线,儿童医院也使用了 50 道 X 射线。请计算分配到大学医院和儿童医院的成本分别是多少。

2. 假设由于这个设备的管理员无效率地使用,总成本变为 16 500 美元,那么在要求 1 中的答案将如何变化?为什么会这么变化?

3. 传统的成本分配方法并不是使用要求 1 中的方法,而是使用实际的成本和实际的用量来确定分配的比率。实际的成本按月汇总,然后按照当月 X 射线的使用量分配。假如实际成本和预计的 100 道 X 射线的成本一致,请计算分配给两家医院的成本,并要求 1 中的结果进行比较。这种传统的分配方法的主要缺点是什么?它可能的影响是什么?

4. 描述一下要求 1 中所说的方法可能没有想到的影响。你如何扭转长期耗用的错误预测?

12-47 服务部门的成本分配——直接分配法

Wheelick 仪器公司有两个生产部门——机械仪器部和电子仪器部,它还拥有两个服务部门——建筑服务部和原料接收处理部。公司买来大部分的零部件,然后由各个部门将其组装起来,以在国内及国际市场上销售。

电子仪器部是高度自动化的,其制造成本主要取决于每台仪器零部件的数量,而机械仪器部却恰恰相反,主要依靠大量手工劳动组装仪器,它的成本主要取决于直接的人工小时数。

建筑服务部门的成本主要取决于建筑所占用的平方英尺,而原材料接收处理部的成本主要取决于所处理的零部件的数量。

仪器 M1 和 M2 是由机械仪器部生产的,而 E1 和 E2 是由电子仪器部生产的。有关数据如下:

	直接原材料成本	零部件数量	直接人工小时
M1	$74	25	4.0
M2	86	21	8.0
E1	63	10	1.5
E2	91	15	1.0

20×7 年的预算数据如下:

	建筑服务部	原料接收处理部	机械仪器部	电子仪器部
直接部门成本(包括直接的原材料成本)	$150 000	$120 000	$680 000	$548 000
所占用的平方英尺		5 000	50 000	25 000
产成品数量			8 000	10 000
每台仪器平均零部件数量			10	16
直接人工小时数			30 000	8 000

要求：

1. 用直接分配法分配服务部门的成本。

2. 用要求1的结果来计算机械仪器部每个人工小时的成本和电子仪器部门每个零部件的成本。

3. 用要求2的结果来计算M1、M2、E1及E2的单位产品成本。

12-48 服务部门的成本分配——阶梯法

参照12-47题的数据。

要求：

1. 用阶梯法分配服务部门的成本。

2. 用要求1的结果来计算机械仪器部每个人工小时的成本和电子仪器部门每个零部件的成本。

3. 用要求2的结果来计算M1、M2、E1及E2的单位产品成本。

12-49 直接分配法和阶梯法

Griffia公司按照未分配前的产量标准编制的各个部门的间接费用预算如下：

建筑部门	$20 000
人事部	1 200
总厂管理部门*	28 020
餐厅运营损失	1 430
仓库	2 750
机加工部	35 100
组装部	56 500
合计	$145 000

＊在餐厅前分配的数据。

管理层认为，大部分可感知的产品成本是通过使用部门间接费用率而得到的，而这些费用率只能在将适合的服务部门的成本分配到生产部门后得到。

各部门选择的成本动因如下：

部门	直接人工小时数	员工数量	所占用的平方英尺	总人工小时	必需品
建筑部门	—	—	—	—	—
人事部*	—	—	2 000	—	—
总厂管理部门	—	35	7 000	—	—
餐厅运营损失	—	10	4 000	1 000	—
仓库	—	5	7 000	1 000	—
机加工部	5 000	50	30 000	8 000	3 000
组装部	15 000	100	50 000	17 000	1 500
合计	20 000	200	100 000	27 000	4 500

＊所使用的基础是员工数量。

要求：

1. 用阶梯法分配服务部门的成本，并计算机加工部和组装部每个直接人工小时的间接费用率。

2. 用直接分配法分配服务部门的成本,并求出机加工部和组装部的每个人工小时的间接费用率。

3. 假如以直接的人工小时作为成本动因,整个工厂的间接费用率是多少?

4. 根据下表提供的两项工作的有关信息,用要求1、要求2、要求3的间接费用率计算每项工作的3种不同的间接成本。

	直接人工小时数	
	机加工部	组装部
K10	19	2
K12	3	18

12-50 作业成本核算分配

Yamaguchi 公司为东京的一个郊区生产电子板。生产加工过程是这样的:由电脑控制的机器人设备将所提供的零部件自动组装在电子板上,再将零件焊在锡板上。材料处理和质量确保需要人工和机器的结合。虽然有些所用的原料会随电子板的需求量的变化而改变,但是相比那些固定成本原料来说,它们并不重要。

Yamaguchi 公司制造三种电子板,模型1、2和3。作业成本核算系统第一到第三步的设计程序已经完成。图12-17所示的就是 Yamaguchi 公司的经营流程图。

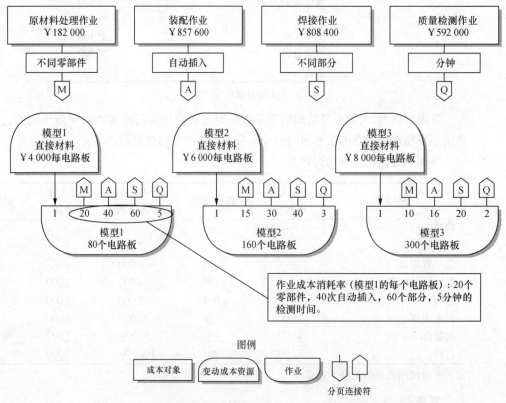

图 12-17 Yamaguchi 公司的两阶段作业成本计算法系统示意图

要求：

1. 计算三种类型电子板的总生产成本和每种类型每个电子板生产成本。

2. 假设模型1的设计可以简化，简化后只需要10个不同零件（而不是20个），只要3分钟的测试时间（而不是5分钟）。计算模型1电子板的总成本和单个成本。模型2和3的单个成本会改变吗？为什么？请解释。

12-51 用作业成本法分配成本

St. Louis 批发商使用作业成本核算系统确定产品的成本。一项重要的工作是从仓库收货，有三种资源将支持这项工作：(1) 记录及保存记录；(2) 人工；(3) 检查。

记录以及保存记录是以收货的次数来计算的变动成本，每次收货16.5美元。

人工是按照收到货物的重量来计算成本的，因为人工是轮流雇佣的，所以它固定在一个大的范围之内。现在每个月搬运460 000磅的人工成本是23 000美元，而在300 000—550 000磅之间的成本是不变的。最后，检查的成本是由收到的箱子的数量决定的，检查成本为每个箱子2.75美元。

St. Louis 发商批发的一种产品是糖果，有各种各样的糖果，因此仓库每天都会收到不同的货。在7月份，仓库一共接收了550次货，包括4 000箱总重80 000磅的货物。

要求：

1. 计算7月份接收糖果的总成本。

2. 管理层在考虑削减掉一些销量很小的糖果品牌——那将使仓库总共接收220次货，包括2 500箱总重60 000磅的货物。计算削减后节约的成本。

3. 假如接收货物的成本是按重量计算的，那么7月份每接收1磅糖果的成本是多少？如果管理层用这个成本来估算削减20 000磅糖果对成本的影响，将会产生什么错误？

12-52 戴尔计算机公司的作业成本法

戴尔计算机公司采用作业成本法来决定其产品和客户赢利率。这套系统非常复杂，公司用了几年时间才完成并开始运行。下面针对此系统中的一个组成部分，我们做一个简单的假设。

戴尔有用奔腾处理器和双核处理器生产笔记本电脑的生产线。下面考虑 XPS M1210 的生产线。假定制成一台笔记本电脑只需要3个作业步骤：(1) 获得零配件；(2) 组装计算机；(3) 检查计算机运行。为了满足不同的订购需求，不同的计算机有着不同的成本。因此，为了正确估算产品或客户的赢利率，让戴尔的管理者清楚每个订单成本是非常重要的。假设一个计算机订单的成本是其所用的零配件的成本与从零配件一直到产成品的3个作业过程所需成本之和。

假设作业分析员发现，获得零配件的成本占配件本身的4%，每个零配件所需的组装成本为24美元，最后每台计算机的检查成本为56美元。在现有的操作水平下，检查成本几乎是完全不变的，而只有1/2的获得零配件和组装成本是变化的。

假定戴尔计算机公司收到一家会计师事务所的订单：为其审计职员订购15台笔记本电脑。这些计算机是完全相同地，每台需要12个零配件，成本为1 100美元。最后计算机的标价为每台1 990美元。

要求：

1. 计算为会计师事务所生产的这15台计算机每台的成本。

2. 客户要求 10% 的折扣,如果戴尔公司同意了,那么这 15 台计算机的利润是多少?
3. 成本在戴尔计算机的定价中起什么作用?

12-53 联合成本及决策

一个化工公司有一组生产工艺,需要耗用 1 000 加仑的原材料,加工成为 80 磅的 X1 和 400 磅的 X2。尽管这些产品的联合成本是 1 200 美元,但在生产分离点时,两类产品都无价值。分离后在 X1 上要追加 350 美元成本才能生产出售价为 1 000 美元的 A 产品;同样地,在 X2 上追加 200 美元才能生产出售价为 1 000 美元的 B 产品。

假设你负责这组生产工艺的运作及 A、B 产品的销售。

要求:

1. a. 假设你按照实物量法来分配联合成本,请将每组 250 美元的利润分配给产品 A 和 B。

b. 你会停止生产其中一种产品吗?为什么?

2. a. 假设你采用可变现净值法(相对销售价值法)来分配联合成本,请将每组 250 美元的利润分配给产品 A 和 B。假设在分离点 X1 和 X2 无市场,那么它们的可变现净值要由其生产的最终产品的销售价格倒推出来。计算出在分离点时 X1 和 X2 的估计值,然后再将这个估计的可变现净值作为分配的基础。

b. 假设你有了一套在可变现净值法上分配联合成本的产品赢利率的内部分析。你的首席工程师告诉你,经过对此分析报告的研究,他发现了一种方法:可以生产更多的 B 产品并相应减少生产一部分 A 产品,但是每单位材料上的成本不变。你会采用这种新的方法吗?为什么?如果多生产了 40 磅的 B 并减少了 40 磅的 A,总利润将会是多少?

12-54 AT&T 的多级作业驱动成本系统

阅读附录 12 关于 AT&T 的客户服务中心的账户部门的讨论。假设这个账户部门已经设计出一个多级作业成本核算系统。图 12-11 显示了多级作业成本核算系统的流程图。

要求:

1. 计算个人客户和商业客户的账户成本。
2. 根据新的多级作业成本核算的信息,你可以给账户部门的管理层提供什么关于外包给当地服务部门的建议。
3. 准备一张表格或者图表,分别用传统法、二级作业成本核算法和多级作业成本核算法来比较个人账户成本和商业账户成本。根据结果,说明哪个系统对于管理层的战略计划和经营控制目标给出了更准确、更多的信息。

案例题

12-55 数据处理成本分配

Gibraltar 保险公司组建了一个系统部门,负责实施并运行公司的数据处理系统。公司认为这套自创的系统比以前服务部所用的系统更有效率、更节约。

Gibraltar 的 3 个部门——意外险评估部门、数据存储部门和财务部——对硬件和与性能相关的资源以及操作资源有不同的需求。该系统设计时认知这些不同的需求。另外,该系统还被设计满足 Gibraltar 长期能力的需要。多余的能力在满足 Gibraltar 需要后向外界用户出售。设计和安装该系统对资源的需求比例的估计值如下:

	硬件和与能力相关的资源	操作资源
数据存储部	25%	60%
意外险估计部	50	15
财务部	20	20
扩大(外部使用)	5	5
总计	100%	100%

Gibraltar 目前正在将这些多余的能力销售给外部使用者。

同时,公司系统已经开始正常运作,公司管理层决定按照电脑的实际使用时间将系统部门的成本重新分配到各个用户部门中去。当前会计年度的第一季度的实际成本分配请况如下表所示。

部门	使用比例	数据
数据存储部	60%	$330 000
意外险评估部	15	82 500
财务部	20	110 000
外部使用	5	27 500
总计	100%	$550 000

自系统部门成立以来,3 个系统使用部门就一直抱怨它的成本分配方法。数据存储部的月成本是以前的 3 倍。财务部对分配给外界使用者的成本很关心,因为这部分成本分配的成本是对外界可乎开具费用清单的基础。

Gibraltar 的主管 Rashed 决定复查成本分配的方法,为了这次复查,他收集了一些补充资料,见下面的表 12-12、表 12-13、表 12-14。

表 12-12　系统部门成本和作业水平

	年预算		第一季度			
			预算		实际	
	小时	美元	小时	美元	小时	美元
硬件和其他能力相关资源	—	$600 000	—	$150 000	—	$155 000
软件开发	18 750	562 500	4 725	141 750	4 250	130 000
运营						
电脑相关	3 750	750 000	945	189 000	920	187 000
输入/输出相关	30 000	300 000	7 560	75 600	7 900	78 000
总计		$2 212 500		$556 350		$550 000

表 12-13　历史用量

	硬件和其他所需能力	软件开发		运营			
				电脑		输入/输出	
		范围	平均	范围	平均	范围	平均
数据存储部	25%	0—30%	15%	55—65%	60%	10—30%	15%
意外险评估部	50	15—60	40	10—25%	15	60—80	75
财务部	20	25—75	40	10—25%	20	3—10	5
外部使用	5	0—25	5	3—8%	5	3—10	5
	100%		100%		100%		100%

表12-14 系统部门的使用
第一季度(小时)

	软件开发	运营	
		输入/输出	电脑相关
数据存储部	450	540	1 540
意外险评估部	1 800	194	5 540
财务部	1 600	136	410
外部使用	400	60	410
总计	4 250	920	7 900

通过分析,Rashed 觉得这种成本分配方法还需要改进:他认为应该按照计划的长期需求的比例将硬件和与能力相关的成本分配到使用系统的部门中去。硬件的实际成本与预算成本的差额将留在系统部门,而不该分配到使用部门中去。

软件的开发与操作成本应该按照使用部门的实际使用时间来分配。使用的时间率是按照每年的预计数据预定的,当前会计年度使用的时间率如下:

功能	每小时率
软件开发	$30
运营	
电脑相关	200
输入/输出相关	10

Rashed 计划用第一季度的作业和成本数据来证明他的建议——他的建议将用于系统部门和使用部门,以观察他们的意见和反应;然后再获得公司管理层的认可。

要求:

1. 根据 Rashed 的建议,计算意外险评估部门第一季度分配到的数据处理成本的预算。

2. 如果 Gibraltar 采纳了 Rashed 的建议方案,请制表说明第一季度系统部门的实际成本是如何分配到使用部门中去的。

3. 请说明 Rashed 的建议是否能做到以下两个方面:

a. 改进系统部门的成本控制。

b. 改进使用部门的成本计划与控制。

12-56 资料研究和 AT&T 公司

AT&T 使用本章附录 12 的多级作业成本核算。AT&T 一开始用的是两级作业成本核算系统,但不满意。详细的有关 AT&T 公司的经验和作业成本管理系统的信息可见"Activity-Based Management at AT&T," by T. Hobdy, J. Thomson, and P. Sharman, *Management Accounting*(April 1994)。

比较课本和文章中设计和实施作业成本核算系统的方法,回答下列问题:

1. 文章中,在修改作业成本核算系统前,"一些账户成本"是怎样分配到不同的客户的(发票账户)?

2. 文章中,什么样的商业单位被选进指导作业成本核算项目?这些指导研究的经理方面的总体目标是什么？

3. 从文章中，给出一些成本目标、作业、资源和成本驱动的例子。

4. 对于 AT&T 公司，"对于这些独立客户的服务支持成本是由确定的作业和动因消耗特性决定的。"对于图 12-12 中的账单确认作业，成本消耗特性对于劳务资源代表了什么？

5. 图 12-11 是 AT&T 的账单部门的运营。文章中提到了类似的流程图，它的作用是什么？

6. 文章中，"每个成本目标的成本都是由每项作业消耗的驱动力单位乘以每单位驱动力的成本得到的"。用图 12-11 中的数据解释这个方法可以运用于个人账户的客户。

7. 在文章中，作业成本核算显示"25％的总中心成本是可分配到信息调查（账户查询和交易）中的"。根据课本所示，应该有多少百分比的总账单成本分配到账户查询中？

8. AT&T 在实施中能为信息调查作业改进什么流程？

合作学习练习

12-57 ABC 的资料研究和客户利益

每组 3 到 5 人，每个小组成员需要选择下列一个产业：

- 生产业
- 保险业
- 医疗业
- 政府
- 服务业

每人要在互联网上找到一个使用 ABC 和 ABM 并专注于客户利益的公司，方法之一就是点击 www.Hyperion.com，从所选产业中选择一个公司。每小组准备一个大概介绍。按以下步骤：

1. 描述公司和生意。
2. ABC/ABM 的规模有多大？
3. ABC/ABM 的目标是什么？
4. 总结项目的结果。

每人在他的公司中分好组之后，讨论 ABC/ABM 的应用中小组的共同性。

互联网练习

12-58 Sears Holdings 公司的成本分配

分配间接成本是个巨大的挑战。几乎所有的公司都有一些部门，不论管理层整体监管公司还是按部门管理，这些部门产生的成本如何分配是个难题。我们看看 Sears Holdings 公司，一个有 3 个主要运行分部的公司。

1. 去 Sears Holdings 的主页 www.searsholdings.com。在 Sears Holdings 一些旗下有多少公司？是哪些公司？有多少在你所在的区域？如果其中有一个或更多的公司不在你的区域。以前听说过吗？

2. 点击投资者。进入 Sears Holdings 最近的年报。点击财务信息。查看"合并财务报表的注释"。公司提供了分部收入的信息了吗?加总今年分部的利润,是多少?现在看今年的利润表,利润是多少?为什么和加总的税前利润不同?全公司的运行成本是如何分配的?管理费用以怎样的比例计入每个分部?

    3. 如果 Sears Holdings 想要按照总收入将管理费用分配到各主要分部,那该比例又会如何?如果使用的分配基础是商店的数量呢?

第 13 章 制造费用的会计处理

学习目标

学习完本章之后,你应该做到:
1. 计算预算制造费用比率并将制造费用分摊到产品中;
2. 在将间接费用分配到产品和服务时,确定并使用合适的成本分配率;
3. 确认标准化间接费用率的意义和目的;
4. 用变动成本法编制损益表;
5. 用完全成本法编制损益表;
6. 计算产量差异并说明产量差异应怎样在损益表中列示;
7. 解释为什么公司会倾向于使用变动成本法。

戴尔计算机公司

戴尔计算机公司是计算机行业中根据顾客订单制造计算机的世界领先制造商。戴尔公司自己并不制造计算机的部件(如主板、硬盘等),而是将部件组装成满足顾客订单要求的计算机。

戴尔公司首创"直销模式"——将计算机直接销售给最终的用户而不是通过中间商,这避免了由于中间商的加价而使戴尔公司失去价格上的竞争优势的可能。顾客可以在众多可供选择的方案中,配置满足自己需要的计算机。在订货之前,顾客可以获得各种不同配置的建议及其报价。

一旦接到顾客的订单,制造单元就要投入组装工作了。戴尔公司分别为不同的产品系列(如 Dimension 台式计算机、OptiPlex 台式计算机、Latitude 和 Inspiron 笔记本计算机、PowerEdge 和 PowerApp 网络服务以及 Precision 工作台等产品)设置制造单元。公司的管理层认为,对顾客的订单作出快速的反应,是获得和保持竞争优势的关键。

向戴尔公司订货可以采用电话订货方式,也可以采用网络订货方式。实际上,戴尔公司大约有 50% 的收入来源于公司的网站,其每天的收入超过 40 000 000 美元,每周的点击次数超过 300 万次。通过互联网,顾客可以了解戴尔公司所有产品的配置及其价格。互联网还为顾客提供个性化的系统支持主页和技术服务。"互联网是为戴尔公司定制的",戴尔公司的董事长和首席执行官迈克尔·戴尔说,"各种类型的顾客都会选择直销方式——他们喜欢直销的直接、便捷、节约以及作为直销顾客的体验。"

戴尔的销售费用是很重要的。一个例子就是像图中这样显示的展会中展示品的成本。在戴尔,很多精力被倾注在确保恰当的成本被分摊到众多的电脑产品和消费者类型上。

  为什么像戴尔这样的高利润公司的经理人依然对尽量多地了解每一条生产线的成本如此感兴趣呢？面对已经记录了当年利润的财务报告,还有没有为了其他管理目的而要详细了解成本的必要呢？答案是肯定的——为什么戴尔的总利润处于行业领先地位的大部分原因就是它的经理人所做的战略和经营决策。这些决策都是基于详细的成本信息的。例如,戴尔的成本核算系统为经理人提供生产成本信息以评价定价政策和生产线的状况。戴尔的经理人们需要了解每一种正在生产的计算机的成本来确定价格,决定营销和生产的各种方式,评价生产经营。同时,生产成本在利润表中表现为销售成本并且在资产负债表中表现为产成品。虽然有两种生产成本核算系统是可行的,一种为了管理决策制定而另一种是为了财务报告,但是同时拥有这两种完整但单独使用的系统的效益是超过成本的。因此,决策制定和财务报告的需要都会影响生产成本核算系统的设计。
  在第4章中,你学习了制造业公司的三种成本:直接原材料、直接人工以及制造费用也就是间接制造成本。你也了解到对于很多公司来说,间接成本占到了整个经营成本的40%之多。因此,对于经理人来说,这是一个很重要的成本领域。本章,我们将关注制造费用。

制造费用核算

很多年之前,直接材料成本和直接人工成本是很多公司最大的成本。而今,自动化企业例如戴尔有的却是较少的直接人工和极大的间接费用成本。因此,分配间接费用到产品上是精确计量产品成本很重要的环节。

> **目 的 1**
> 计算预算制造费用率并将间接费用分摊到产品中。

怎样从制造费用到产品?

经理人需要了解产品成本以作出经营决策,比如哪个产品或服务是要加强的或削弱的。再如,怎样为每一个产品和服务定价。理想情况下,经理人应在他们做决策时准确了解所有成本,包括间接费用。因为会计师能够直接追溯材料成本和直接人工成本到产品和服务上。这些成本是一旦生产完成就可以马上知道的,并且可以很确切地知道。相反,因为不可能经济可行地即时了解所有的间接生产成本。会计师必须估计它们。因此,会计师们使用预算间接费用率(budget overhead rates, predetermined overhead rate)来分摊制造费用到产品。这使得总成本的估计数在产品或服务完成以及要做经营决策时是可用的。当间接费用的相对成本规模比较大时,我们就可以理解企业拥有准确的制造费用会计系统是多么的重要了。

很多制造企业的制造费用的规模是大到足够激励整个公司去寻找把它们转变成为直接成本的方法的。戴尔通过把制造费用从间接转化为直接来提高它的生产成本信息的精确度。戴尔是怎么做到的呢?通过辨明特定生产流水线的装配人工和机器设备。工作车间(mod)完成特定生产流水线的装配和软件安装。这使得分配机器成本到产品有比较简便的依据。不过,大量的制造费用还是需要分摊的。所以我们先来看看像戴尔这样的公司是如何分摊这些制造费用到产品和服务上去的吧!

预算间接费用分配率

工厂间接费用的会计处理步骤可概括如下:

1. 选择一个或多个成本动因作为分配间接费用的基础,如直接人工小时、直接人工成本、机器小时和生产调试次数等。成本动因应该是与产品的一项成本或一组成本相关的,具有共同分母的作业,如机械加工成本、生产调试成本或能源成本等。成本动因应该是计量间接费用和生产量之间因果关系的最佳尺度。

2. 编制计划期间(通常为一年)工厂间接费用的预算。两个关键项目是:(1) 预算的间接费用数额;(2) 成本动因的预算量。每一个间接费用成本库都有一套预算间接费用和相关的预算成本动因量。① 在生产方式简单的企业中,可以只编制一套间接费用的预算。

3. 将每一个成本库的预算工厂间接费用总额除以其预算的成本动因数量,计算出**预算工厂间接费用分配率**(budgeted factory-overhead rate)。

> **预算工厂间接费用分配率**(budgeted factory-overhead rate):每一个成本库的预算工厂间接费用总额除以其预算的成本动因数量。

4. 在按订单生产时,得到实际的成本动因数量(如机器小时)。

5. 将预算的间接费用分配率乘以实际发生的成本动因数量,从而将预算间接费用分配给各订单。

6. 年末,对实际发生的间接费用与已分配给产品的间接费用之间的差异作出处理。

间接费用分配示例

既然知道了工厂间接费用处理的步骤,我们就可以通过实例来观察工厂间接费用是如何被分配的。现以恩瑞可公司的资料为例。② 以下是为下一年度(20×7年)编制的间接制造费用预算:

	机加工	组装
间接人工	$75 600	$36 800
物料	8 400	2 400
设施费	20 000	7 000
修理费	10 000	3 000
工厂租金	10 000	6 800
生产管理	42 600	35 400
设备折旧	104 000	9 400
保险费、财产税等	7 200	2 400
合计	$277 800	$103 200

随着不断地生产产品,恩瑞可公司将工厂间接费用分配给各个订单——分配时所采用的预算间接费用分配率可以按下列公式计算:

$$\text{预算间接费用率} = \frac{\text{预算工厂间接费用总额}}{\text{预算成本动因总量}}$$

假设机加工部门以机器小时作为唯一的成本动因,组装部门以直接人工成本作为唯一的成本动因,则其间接费用分配率计算如下:

---

① 成本库的概念在第4章的定义为:公司用单个成本动因分摊到作业或成本目标的一组个体成本的集合。

② 如果第14章和分批成本法安排在这个章节前面出现,你将注意到关于恩瑞可机械部件公司的例子在第13章和第14章相同,所有数据完全匹配。

	20×7 年	
	机加工	组装
预算间接制造费用总额	$277 800	$103 200
预算机器小时	69 450	
预算直接人工成本		$206 400
预算间接费用分配率		
每机器小时：$277 800/69 450 =	$4	
预算间接费用分配率		
每 1 美元直接人工：$103 200/206 400 =		50%

注意间接费用率是预算的：它们是估计出来的。恩瑞可公司的会计接下来会用这些预算率来根据实际情形分配间接费用。也就是说，分配到一个特定产品上的总间接费用是预算间接费用乘以实际机器运转时间或这个产品的实际使用人工成本。也就是我们将向一个在制造中用了 6 个机器运转小时并且在装配中发生直接人工成本 40 美元的产品分配 44 美元的间接费用。

制造：6 小时实际机器运转小时 × $4/小时	$24
装配：直接人工成本 $40 × 50%	20
总间接费用	$44

假设恩瑞可公司到年底时已经在制造中使用了 70 000 个机器运转小时并且在装配中发生了 190 000 美元的直接人工成本，它应该向生产的产品分配总计 375 000 美元的间接费用。

制造：70 000 实际机器运转小时 × $4/小时	$280 000
装配：$190 000 实际直接人工成本 × 0.50	95 000
分配的总体间接费用	$375 000

这里的 375 000 美元是恩瑞可公司本年间接费用的估计，并且它会成为恩瑞可公司本期生产或下期利润表销售成本的一部分。如果实际间接费用不同于 375 000 美元，公司将通常把这部分差异归于本期生产费用，如果恩瑞可的实际间接费用在 20×7 年是 392 000 美元，它将把 $392 000 − $375 000 = $17 000 加到 20×7 年的附加费用中 (additional expense)。

这样就完成了我们的六个步骤。下面我们再回顾第一步并且发掘公司可能怎样选择一些合适的成本分配动因量(cost allocation base)。

成本分配动因量的选择

正如你在本书中看到的很多次一样，没有一个成本分配动因是适用于所有情况的。会计师的目标就是发现连接因果的最好的成本分配动因。在恩瑞可的制造部门，机器

> 目 的 2
> 在将间接费用分配到产品和服务时，确定并使用合适的成本分配率。

的使用是间接费用成本的最大原因,比如折旧和维修。因此,机器运转时间是最适合分摊间接费用的成本分配动因。因此,恩瑞可必须追踪每批产品(job)的机器运转时间,同时会产生额外的一个数据收集成本。也就是说它必须在每批产品的直接原料成本和直接人工成本之外,另外加上一个积累机器运转时间。

相应地,直接人工是恩瑞可公司装配部门的主要成本分配动因。因为员工是用手工装配部件的。假设,公司记录下每个工人在每个产品(或每批产品)上的时间花费,接下来,我们需要做的就只是用50%的间接费用分配率去分配已经记录直接人工的成本,不需要另外附加的数据。

如果各个人员进行同样任务的每小时劳动报酬率差异很大,恩瑞可可能用人工的小时数,而不是为人工花费的金额作为基础。否则,相比每小时花费8美元的工人工作一小时,恩瑞可应该分摊给每小时花费10美元的工人更多的间接费用,即使每个工人都用相同设备而且通常受到相同的间接费用支持。但有时候直接人工成本也可以成为最好的成本分配动因量,即使工资率在一个部门差异很大。例如,高级技术劳动者可能使用更贵的机器并且使用更多的间接支持。更进一步,很多制造间接费用成本包含了很贵的人工边缘福利(labor fringe benefit),如奖金和代交的劳动报酬所得税。直接人工成本而非直接人工的小时数经常会是这些边缘福利成本的动因。

如果一个部门发现存在多于一个分配间接费用的成本分配动因时,它应该为每一个成本分配动因积累一个单独的成本库并且将每一种间接费用放入合适的成本库。在实践中,这种系统对于很多机构来说都花费过大。相反,这些机构选择少量的成本分配动因(通常只有一个)来为分配间接费用提供一个基础。在这些情况下,我们经常使用80-20法则——20%的成本分配动因驱动80%的间接费用。例如,假设一个公司辨别出10个不同的成本分配动因对应的10个不同的间接费用成本库。通常,它可以精确地分配大约80%的所有间接费用而仅使用2个分配基础。也可能为其他20%的成本再单独设立一个成本库,但这样的花销会很大。所以它粗略地把这些成本分配到两个主要的成本库。

这些选择的成本分配动因应该是那些引发了大部分间接费用的动因。例如,假设机器运转时间引发70%的某一部分的间接费用,组成部件的数量会引发20%,并且5个选择性的成本分配动因引发另外10%。很多经理人并不是以全部成本分配动因作为依据来分配这些成本库,常常只是使用一个成本分配动因——机器运转小时数来分配所有间接费用。其他经理人会把所有成本分给两个成本库,一个以机器运转时间为分配依据,另一个以组成部件的数量为分配依据。

想一下戴尔,正如我们前面所叙述的,戴尔把它的很多间接成本都转化成了直接成本。但是戴尔不能直接分配的两个重要成本(也就是说,还是间接成本)是设备和设计。设备成本包括必然发生的成本比如折旧、保险金以及工厂的税金。戴尔以"每一条经济链的占用面积"作为成本分配动因来分配这些成本。

戴尔在设计整个公司价值链的部分使用了很多产品和过程设计成本。它以诸如主板上可以辨认区域的数目这样一个复杂的成本分配动因来分配这些成本到每一条经济链上。举个例子来说,比起台式机或PC机来说,计算机的终端机产品由于其主板上可辨认区域数目计量的复杂性，要求更多的设计时间和精力。因此，计算机终端机产品比台式机或 PC 机要承担更多设计成本的分配。

另一个例子是 Harley-Davidson，它已经从直接人工作为成本分配动因转变为使用过程时间作为成本分配动因了，正如我们下面的"商业快讯"中所描述的。

间接费用在 Harley-Davidson 的分配

2003 年 8 月，以 Milwaukee 为基地的摩托车制造商——Harley-Davidson 庆祝它的 100 周年诞辰。正如每一个 Harley-Davidson 人在今天如此开心的同时，对有些人来说这个公司已经经过如此多的岁月是着实让他们惊讶的。在 20 世纪 80 年代到 90 年代，Harley Davidson 扭转了最近的一次败势，并且在 1999 年，30 年来第一次从 Honda 手中攫取了市场头把交椅。Harley-Davidson 现在（2005 年 57 亿美元的销售额）是最大的以美国为依托的摩托车生产商。而今公司重新获得竞争力的关键之一就是 JIT 理论的实践应用。公司发现经营方面的一个重大部分的变化就是需要相应的公司会计体系的变化，这毫不奇怪。过去会计体系主要关注的地方是直接人工，它不仅仅是产品成本本身的一部分，而且可以发挥一个分配间接费用的全能基础的作用。但是直接人工仅仅在过去占总产品成本的 10%，它的确不是产生间接费用的主体。虽然 Harley-Davidson 的生产程序那时已经发生了变化，使用的会计系统依然还是概念化的，并未做相应调整。

这个强调提供直接人工细节信息的 JIT 系统对于经理人来说并不是那么有用的，让每一个直接人工提供者记录每一个产品或部件所耗费时间并且接下来将这些在时间卡上的信息输入会计系统是花费很大的。例如，如果每天每个工人在 20 个产品上劳作，共有 500 个工人。这个系统就要记录 10 000 个分录，一个月就要记录 200 000 个分录。直接人工提供者记录时间所花费的时间、出纳将数据输入系统所花费的时间以及会计师核查这些数据准确性所花费的时间都是极其浩大的——并且所有关于制造产品的成本信息是用于财务报告，但是对于经理人来说其实根本没有用。

JIT 系统迫使制造业经理人关注并且迎合客户和尽量减少没有经济附加值的作业。渐渐地，会计师也开始关注这些相同的目标。会计的用户就是这些使用会计信息的经理人们，而且在为不给经理人任何帮助的作业上花费的力气确实是不合生产需要的（即没有经济附加值）。因此，当务之急是简化这个耗钱、耗时记载详细化直接人工成本的记录过程。直接人工被简化成直接成本，并且它不可能用于间接费用的分配。在考虑过过程处理时间、流程经历时间、原材料价值以及每个产品单位单独的成本作为成本分配动因量后，公司选择了过程处理时间、直接人工和间接费用合并组成加工成本，它是以总过程处理时间作为基础分配的。这并不造成成本成果与过去成本结果的极大不同，但新系统更加简单并且花费更小。

只有直接原材料被直接分配入产品，加工成本在一个简单的过程处理时间的衡量数量下分配。会计系统应该产生多于成本的效益，更加复杂的系统并不一定是较好而必要的系统。Harley-Davidson 变化会计系统的主要目标被简化了——消灭不必要的任务并且理顺其他,这些变化产生了一个重点突出的会计系统。

资料来源:源自 W. T Turk,"新生的管理会计:Harley-Davidson 的经验",B. J Brinkered,*Emering Practices in Cost Management*(Boston:Warren,Gorham & Lamout,1990),pp. 155—166;K,Barron,"Hog Wild",*Forbes*,May 15,2000;以及 Davidson 2005 年报。

间接费用分配的问题

标准化的间接费用率

恩瑞可公司的那个例子所展现的正是我们称之为**标准成本核算方法(normal costing)**的东西。为什么用标准这个词呢?我们的整年产品成本核算一贯使用年平均间接费用率,不用逐天或者逐月地更换。

一个完成的标准产品的成本包含一部分平均或者说是标准化的间接费用。根据这个说法,在标准成本系统中,制造产品的成本由实际直接原材料、直接人工以及标准分配的间接费用。

> **目 的 3**
> 确认标准化间接费用率的意义和目的。

> **标准成本核算系统(normal costing system):** 成本系统的一种,其中制造产品的成本是由实际直接材料成本、实际直接人工以及标准分配的间接制造费用组成的。

一个部门实际发生的间接费用量是很少与分配的间接费用量一致的。经理人可以分析实际发生和分配成本差异的来源。这是非常普遍的——而且是非常重要的——这些差异发生的原因是实际经营时发生的数量和计算预算间接费用率时用作分母的数量是不同的。(例如,在计算预算间接费用率的时候使用了 100 000 的预计直接人工小时数,但之后实际只发生了 80 000 小时)。其他经常发生的原因包含预测水平差、间接费用项目的使用效率低、个别制造费用项目价格变化的行为(例如只在休整期的维修工作)和工作日差异(如这个月是 20 个工作日,下个月是 22 个工作日)。

公司通常倾向于使用年预算制造间接费用率而不管月与月之间的差异,以及特殊间接费用的个别情况。为什么呢?因为标准化的生产成本更有利于决策,而且对存货成本核算目的而言更有针对性,更优于被月与月产量波动和很多间接费用的特殊行为扭曲的所谓实际生产成本。在高产量月份,当单位成本由于产量高而较低时,雇员们称这是由于按成本买入而带来的效益,如下表所示。

	实际间接费用			直接人工小时数	实际间接费用分配率*每直接人工小时
	变动	固定	总计		
高峰产量月份	$60 000	$40 000	$100 000	100 000	$1.00
低产量月份	$30 000	$40 000	$50 000	50 000	$1.40

* 用总间接费用除以直接人工小时数,注意固定成本的表现导致每单位间接成本从 1.00 美元波动到 1.40 美元,变动成分是两个月份都是 0.60 美元。但是固定成分在高峰产量月份为 0.40 美元($40 000/100 000)而在低产量月份为 0.80 美元($40 000/50 000)。

不足分配和超额分配间接费用的处置

在预算间接费用分配率的最后一步处理了实际和分配的间接费用之间的差异,我们再来进一步看看核算这种差异的可选择方法。回顾 20×7 年恩瑞可将 375 000 美元的间接费用分配到它的产品而实际间接费用是 392 000 美元。那 17 000 美元的差异是一项资产还是一种费用呢?要记住产品已经完成并且很可能已经卖出了。进一步说,销售价格可能依据分配的间接费用来设定。所以,因为这多余的 17 000 美元不会帮助公司获取更多收入,它通常情况下作费用处理。

在恩瑞可卖出 20×7 年生产的产品时,375 000 美元将作为销售成本的一部分,其余的 17 000 美元也一定要用其他什么方法来转为费用。我们称它为**不足分配的间接费用**(under applied overhead)——因为分配的量比实际发生的量少。相反,**超额分配的间接费用**(over applied overhead)发生于分配的量超过实际发生的量的时候。在年末,

> **不足分配的间接费用**(under applied overhead):超过分配于产品的间接费用的实际间接费用。

> **超额分配的间接费用**(over applied overhead):超过实际发生间接费用的分配于产品的间接费用。

公司会通过直接冲销或比例分摊的方法处置不足分配或超额分配的间接费用。

直接冲销 直接冲销的方法把 17 000 美元的不足分配的间接费用看做一项本期利润的减项,把它加入销售成本。同理,我们从销售成本中扣除超额分配的间接费用。

隐含在直接冲销中的理论是公司多数本期生产的产品在本期已经卖掉,而且另一种更加烦琐的处置并不能抵过它所带来的麻烦。另一种证明是说多余的代表不足分配间接费用的间接费用并不符合期末存货的定义,因为它们并不代表资产。它们大部分程度代表本期的无效率的费用,并且因此是本期费用。由于简便,直接冲销的方法是最通常使用的。

在存货中间比例分摊 另一种方法是在在产品、产成品和销售成本之间按比例分摊。分摊不足**分配**(prorate)的间接费用意味着根据期末会计余额的大小来按比例分

> **分配**(prorate):以最后账户余额的规模作为比例来分配超额分配的间接费用和不足分配的间接费用。

配。理论上讲,如果会计目标是达成尽量准确的实际成本分配,我们应该用实际而非预算的间接费用成本率来重新计算所有单个产品的间接费用成本。这个方法几乎是完全行不通的,因此实际的做法是以三个会计科目的期末余额为基础来分配。假设恩瑞可

的期末余额是在产品 155 000 美元、产成品 32 000 美元、销售成本 2 480 000 美元(总计 2 667 000 美元)。比例分配结果如下表所示。

	(1) 20×7 年末 未调整余额	(2) 不足分配间接 费用的分摊		(3) 20×7 年末 调整后余额
在产品	$155 000	155/2 667 × $17 000 =	$988	$155 988
产成品	32 000	32/2 667 × 17 000 =	204	32 204
销售成本	2 480 000	2 480/2 667 × 17 000 =	15 808	2 495 808
总计	$2 667 000		$17 000	$2 684 000

在这里分配给存货的金额并不是很显著。在实际中,只有重大影响存货计量时才会使用比例分配。

变动和固定分配率的使用

通常一个产品或一项服务的成本是其直接成本和分配成本的和。正如我们所见,间接费用的分配是产品成本核算中最棘手的方面。固定成本的出现是成本核算困难出现的主要原因。很多公司在设计会计核算系统时是不分变动或固定成本的。例如,恩瑞可机器部件公司的制造部门建立了这样的分配率:

$$\text{预算间接费用分配率} = \frac{\text{预算总间接费用总额}}{\text{预算机器运转时间}} = \frac{\$277\,800}{69\,450}$$
$$= \$4/\text{小时}$$

但是有些公司真的是为了控制的目的,需要在产品成本核算时区分变动间接费用和固定间接费用。假设恩瑞可的制造部门已经做了这个区分。经理人们确定租金、监管费用、折旧费用以及保险费用是固定成本,而间接人工、原材料辅助、能源消耗以及维修费用是变动成本,这个部门建立两个分配率:

$$\text{预算变动间接费用分配率} = \frac{\text{预计总变动间接费用}}{\text{预计机器运转时间}} = \frac{\$114\,000}{69\,450}$$
$$= \$1.64/\text{小时}$$

$$\text{预算固定间接费用分配率} = \frac{\text{预算总间接费用总额}}{\text{预算机器运转时间}} = \frac{\$163\,800}{69\,450}$$
$$= \$2.36/\text{小时}$$

这些分配率都可以用于生产成本核算,但是对于控制的目标来说区分变动间接费用和固定间接费用更为重要。为什么呢?因为固定和变动成本中超额分配和不足分配的间接费用的解释说明常常是相当有差异的。

在以下复习与小结之后,我们将把注意力转向引起固定和变动间接费用不同的其他事项。

小结与复习

问题:

复习恩瑞可的范例,假设恩瑞可公司在 20×7 年的销售量是 5 000 000 美元。没有期初或期末存货,也就是说恩瑞可把它 20×7 年制造的所有东西都卖出了。公司使用上面提到的预算制造费用分配率,20×7 年的生产过程中,制造部门需要 85 000 小时的机器运转时间,装配部门需要 260 000 美元的直接人工成本。20×7 年的成本费用中原材料的使用占到了 2 400 000 美元并且直接人工成本是 490 000 美元。实际制造间接费用成本是 455 000 美元。用求毛利润的思路准备一个 20×7 年的利润表。它应包含为直接冲销超额分配间接费用或不足分配间接费用而单独设立的一行。

答案:

制造部门:85 000 小时机器运转时间 × $4/小时	$340 000
装配部门:$260 000 的直接人工成本 × 直接人工成本的 50%	130 000
总间接费用:	$470 000

超额分配的间接费用:$470 000 − $455 000 = $15 000

表 13-1 恩瑞可机器部件公司利润表 20×7

销售收入		$5 000 000
销售成本		
直接原材料	$2 400 000	
直接人工	490 000	
制造间接费用	470 000	
总计		(3 360 000)
超额分配间接费用		15 000
毛利润		$1 655 000

商业快讯

诺特网络是一家年收入达 105 亿美元的加拿大公司,它在电话、数据库、因特网的有线和无线解决方案等方面都处于全球领先地位。在 20 世纪 90 年代(当时公司的名称还是北方电讯),诺特网络逐渐注意到其采用标准的完全成本法编制的损益表并不能提供管理层所需的全部信息。公司也意识到问题出在报表的格式而不是内容上。编制更有意义的损益表所需的信息存在于会计系统中,但传统的损益表并没有以最有用的方式表现出来。因此,公司的会计师在编制损益表时采用了变动成本法。

法律和法规对报表形式的要求不允许北方电讯公司彻底地抛弃完全成本法。公司采用的解决办法是保持最上面的一行、收入和最下面的一行以及税前收益不变,但中间的每一项的报告形式都与以前有所不同,其格式如下:

  收入
    产品成本
    产品毛利
  生产/经营成本
    存货准备
    新产品引入
    销售及市场营销费用
  直接毛利
    管理成本
    其他营业费用(或收益)
  营业利润
    公司评估费
    其他非经营性费用(或收益)
  资产负债表调整前收益
    资产负债表调整
  税前收益

这种格式是变动成本法的极端应用。只有直接材料被看做是产品成本,而其他所有成本,包括直接人工和变动间接费用都作为期间成本在发生时计入费用而不计入存货成本。例如,直接人工是制造成本的一部分,任何期间计入的数额都是那一期间实际发生的金额,而不管这些人工是与已售出的产品有关还是与存货有关。管理者使用四种计量"利润"的指标:产品毛利(计量增加的价值),直接毛利(计量产品生产和销售的成果),营业利润(计量总的经营成果)以及资产负债表调整前利润(计量全公司范围内的利润)。

旧的完全成本核算系统与新系统之间的主要差别是新系统将除直接材料之外的一

切成本计入费用,而旧系统将其中的一部分资本化。这两个系统之间的调节是一个会计问题,与公司的经营状况无关。因此,损益表上添加的最后一行是为了提供一个调整项——资产负债表调整,它代表了完全成本法报表与变动成本法报表之间的差额,是为了满足法律和法规的要求,但可以被管理者忽视。

诺特公司的努力表明了两个很重要的结论:第一,调整某种会计方法以满足管理者的特定需要是可能的;第二,公司通常无须在完全成本法和变动成本法之间作出选择,无论采用哪一种形式都可以从基本会计系统中产生。

资料来源:From P. Sharman, "Time to Re-examine the P&L", *CMA Magazine*, September 1991, pp. 22—25, and *Nortel Networks 1991 Annual Report*(http://www.nortelnetworks.com/corporate/investor/reports/index.html)。

变动成本法与完全成本法

固定制造间接费用的会计处理

本章我们将比较两种主要的产品成本核算方法:变动成本法(边际贡献法)和完全成本法(职能法、完全成本法或财务报告法)。这两种方法只在一个方面有所区别:在变动成本法下,固定制造间接费用不计入产品成本,而在完全成本法下,固定制造间接费用计入产品成本。

如图 13-1 所示,变动成本核算系统将固定制造间接费用(固定工厂间接费用)看做需要立即从销售收入中扣除的期间成本而不是作为未耗成本保留在存货成本中。并在以后作为销售成本的一部分从销售收入中扣除。注意,变动成本法与完全成本法唯一的区别在于对固定间接费用的会计处理。[3]

完全成本法比变动成本法使用得更加广泛,这是为什么呢?因为无论是公共会计职业界还是美国国家税务局都不允许在对外报告或纳税时使用变动成本法。因此,所有美国企业在给股东和税务机构的报告中都使用完全成本法。上一节的"商业快讯"中就是一个公司使用变动成本法的例子。

然而,随着边际贡献法在业绩评价和成本分析中应用得越来越多,变动成本法在内部报告中的使用也日益增加。超过半数的美国大公司在编制内部报告时都在使用变动成本法,而近 1/4 的公司将其作为主要的内部报告格式。例如,印第安那州曼西市的 BorgWarner 公司的一家工厂最近在编制产品线的业绩报告时将完全成本法改为变动成本法。为什么呢?因为变动成本法可以"消除存货数量水平的波动对财务结果的影响,因而可以把生产业绩与财务报告更紧密地联系起来"。

---

[3] 变动成本核算(variable costing)有时被称为直接成本核算。但是,变动成本核算更具描述性,所以我们在整个课文中不加例外地使用它。

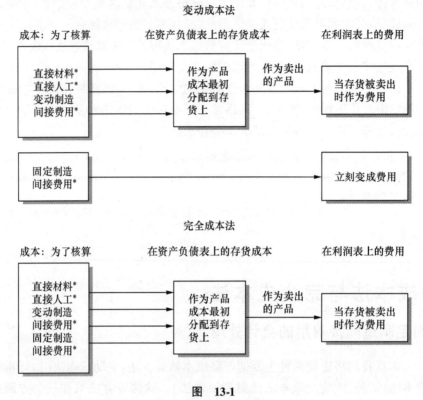

图 13-1

* 产品被制造,通常通过使用单位成本来将成本分配到存货上。

直到一二十年前,在内部报告中使用变动成本法的成本还是非常高的,因为它要求用两种方法处理成本信息:一种用于对外报告,一种用于对内报告。计算机的广泛使用和计算机成本的降低减少了使用变动成本核算系统的额外成本。大多数管理者再也无须面对是否要出资建立一个独立的变动成本系统这样的难题了。相反,他们只需要根据报告形式选择变动成本核算格式或者完全成本核算格式。现在许多设计良好的会计系统都可以提供这两种格式的任意一种。

证明资料

为了更好地了解这两种产品成本核算系统的计算过程,我们以戴尔公司的一个假设的部门为例,姑且叫它 Desk PC 部门。这个部门生产不同种类的笔记本电脑,但是为了简便起见,我们认为所有的计算机都是一样的。这个部门有以下的生产计算机的标准成本。

标准成本下的基础生产数据	
直接原材料	$205
直接人工	75
变动间接制造费用	20
每台计算机的标准变动成本	$300

每年的固定间接费用预算是 1 500 000 美元,每年预期(或预算)的产量是 15 000 件,销售价格为每件 500 美元。简单起见,我们假设 20 美元单位变动制造间接费用的唯一成本动因是生产数量。同时,我们假设预算和实际的销售及管理费用都是每年 650 000 美元的固定费用加上销售额的 5% 的销售佣金。实际生产数量如下表所示:

	20×7	20×8
数量		
期初存货	—	3 000
产量	17 000	14 000
销售量	14 000	16 000
期末存货	3 000	1 000

不存在标准变动成本差异,每年实际发生的固定制造间接费用为 1 500 000 美元。

基于以上信息:

1. 用变动成本法编制 20×7 年和 20×8 年的损益表。
2. 用完全成本法编制 20×7 年和 20×8 年的损益表。
3. 列示 20×7 年和 20×8 年营业损益差额的调整以及两年的总调整。

变动成本法

我们由采用变动成本法编制损益表来开始讨论。表 13-2 所示变动成本法报表的格式与第 5 章给出的边际贡献法报表格式相似。唯一的新特征是表 13-2 给出了销货成本的详细计算过程,而销货成本要受到期初和期末存货变动的影响。相反,在前面的章节里,都假设损益表中没有期初和期末的存货的变化。

目 的 4

用变动成本法编制损益表。

表 13-2 Desk PC 部门:比较损益表采用变动成本法
20×7 和 20×8 年(以千美元计)

		20×7	20×8
销售额(销售量分别为 140 000 件和 160 000 件)	(1)	$7 000	$8 000
变动费用			
所销售产品的变动生产成本			
期初存货成本(以 $300 的标准变动成本计算)		$—	$900
加:标准变动生产成本(产量分别为 170 000 件和 140 000 件)		5 100	4 200
可供销售的数量:每年 170 000 件		$5 100	$5 100
减:期末存货成本(以 $3 的标准变动成本计算)		900*	300†
所销售产品的变动生产成本		$4 200	$4 800
变动销售费用:销售额的 5%		350	400
总变动费用	(2)	4 550	5 200

(续表)

		20×7	20×8
贡献毛利	(3)=(1)-(2)	$2 450	$2 800
固定费用			
固定工厂间接费用		$1 500	$1 500
固定销售和管理费用		650	650
总的固定费用	(4)	2 150	2 150
营业收益(采用变动成本法计算)	(3)-(4)	$300	$650

* 300 件 × $300 = $900 000。
† 100 件 × $300 = $300 000。

计算产品成本时将全部变动制造成本以单位产品 300 美元的分配率分配到所生产的产品上。因而存货的计价采用标准变动成本。相反,不把固定制造成本分配到所生产的产品上,而是在它们发生的当期作为费用处理。

在继续阅读之前,一定要逐步地把例题资料与表 13-2 相对照。注意,在计算边际毛利时,销货的变动成本及变动销售和管理费用都被减去。变动销售和管理费用不计入存货成本,它只受销售水平而不受存货变动的影响。

完全成本法

表 13-3 列示了标准完全成本法的计算框架。正如你所看到的那样,它在以下 3 个方面不同于变动成本法。

> 目 的 5
> 用完全成本法编制损益表。

表 13-3　Desk PC 部门:比较损益表采用完全成本法
20×7 和 20×8 年(以千美元计)

		20×7	20×8
销售额		$7 000	$8 000
销货成本			
期初存货(以 $400* 的标准变动成本计算)	$—		$1 200
产品制造成本(以 $400 的标准成本计算)	6 800		5 600
可供销售的产品成本	6 800		6 800
减:期末存货成本(以 $400 的标准变动成本计算)	1 200		400
已售产品成本(标准成本)		5 600	6 400
毛利(标准值)		1 400	1 600
产量差异†		200 F	100 U
毛利(实际值)		1 600	1 500
销售和管理费用		1 000	1 050
营业收益		$600	$450

* 变动成本　　　$300
　固定成本($15 000/150)　100
　标准完全成本　　$400

† 以 15 000 件的预期产量为基础,计算产量差异;
　20×7　$200 000 F　(17 000 - 15 000) × $100
　20×8　 100 000 U　(14 000 - 15 000) × $100
　两年合计　$100 000 F　(31 000 - 30 000) × $100

U 代表不利差异,F 代表有利差异。

首先,计算销货成本时使用的单位产品成本是 400 美元,而不是 300 美元。为什么呢?因为 100 美元的固定间接费用加到了 300 美元的变动制造费用上。这里所分配到单位产品上的固定制造间接费用 100 美元

固定制造间接费用(fixed-overhead rate):
分配到每个制造的单位上的固定制造间接费用的数量,它是由预算间接费用除以预算期预计的生产量确定的。

就是**固定间接费用分配率(fixed overhead rate)**。它就是固定间接费用预算数除以预期成本动因作业量(在本例中为生产数量)得到的:

$$固定间接费用分配率 = \frac{预算的固定制造间接费用}{预期生产量} = \frac{\$1\,500\,000}{15\,000} = \$100$$

其次,固定工厂间接费用在完全成本法损益表中不作为单独的一行列示,而是作为销货成本的一部分和作为产量差异④出现。**产量差异(production-volume variance)**是当实际产量偏离计算固定间接费用分配率所用的预期产量时出现的:

产量差异(production-volume variance):
出现在任何实际生产量不同于计算固定间接费用率时的预期生产量情况下的差异,它可以计算为(实际产量 − 预期产量)× 固定制造间接费用率。

产量差异 =(实际产量 − 预期产量)× 固定间接费用分配率

最后,在完全成本法损益表的格式中,将成本分为制造性和非制造性两大主要类别,而在变动成本法损益表中,将成本分为固定成本和变动成本两大主要类别。在完全成本法报表中,收入减去全部制造成本(包括固定的与变动的)为毛利;而在变动成本法报表中,收入减去所有的变动成本(包括制造性和非制造性)为边际贡献。这种差异通过 20×8 年的简明比较损益表来说明(单位为千美元)。

变动成本法		完全成本法	
收入	$8 000	收入	$8 000
全部变动成本	5 200	全部制造成本*	6 500
边际贡献	2 800	毛利	1 500
全部固定成本	2 150	全部非制造成本	1 050
营业收益	$650	营业收益	$450

* 标准完全销售产品成本加上生产数量差异(production-volume variance)。

 管理决策练习

在制定决策时,经理人们不要混淆毛利和边际贡献这两个概念是非常重要的。列示出这两个概念的区别。

答案:

它们有以下区别:

---

④ 通常,这应该是一个成本动因作业差异(cost-driver activity variance)。在我们的例子里,生产量是唯一的成本动因,所以它可以被称为产量差异(production-volume variance)。

- 毛利是完全成本法损益表中的一个概念；边际贡献是变动成本法损益表中的概念。
- 毛利等于收入减去制造成本；边际贡献等于收入减去所有的变动成本。
- 毛利以成本按功能分类为基础；边际贡献以成本按动因分类为基础。
- 计算毛利是为了满足财务报告的要求；计算边际贡献主要是为了短期管理决策的需要。

固定间接费用与产品的完全成本

变动成本法与完全成本法三个方面的差别都源于这两种方法对固定制造间接费用的处理方法不同。在本节中，我们将探讨如何在完全成本法核算系统中处理固定工厂间接费用。

变动和固订单位成本

我们将继续使用 Desktop PC 部门的例子，比较：(1) 部门预算和控制中所使用的弹性预算中的制造间接费用；(2) 完全成本计算系统中分配至产品的制造间接费用。为了强调完全成本法的基本假设，我们也将把制造间接费用分为变动成本和固定成本两部分（现实中大多吸收成本系统并不做这样的区分）。

请看下面的变动间接费用成本图：

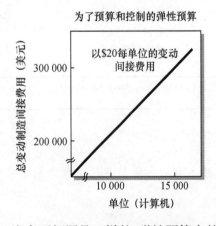
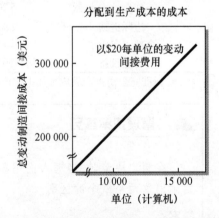

注意两幅图是一样的，弹性预算中的预期变动间接费用与分配至产品的变动间接费用是相同的。预算和分配的变动间接费用均为每件 20 美元。每生产 1 000 件产品，我们预期会多消耗 20 000 美元的变动间接费用，而这 20 000 美元的变动间接费用需要转到存货账户中。用于预算和控制的变动成本与用于产品成本计算的变动成本相同。

相反,已分配的固定间接费用分配图则不同于弹性预算的固定间接费用图:

固定间接费用

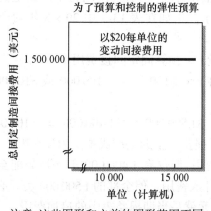
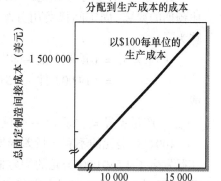

注意:这些图形和之前的图形范围不同。

固定间接费用的弹性预算为预算总额 1 500 000 美元,它不受产量的影响。相反,分配的固定费用依赖于实际产量。

分配的固定成本 = 实际产量 × 固定间接费用分配率
= 生产数量 × \$100

假设实际产量与预期产量 15 000 件相等,已分配的固定间接费用为 1 500 000 美元(15 000 件 × \$100),与弹性预算额相等。然而,只要实际产量偏离预期产量,用于预算和控制的成本将不同于用于产品成本计算的成本。为了进行预算和控制,管理者采用固定成本的实际成本性态模型。相反,正如图中所示,完全成本法对这些固定成本的处理就好像它们具有变动成本性态一样。已分配的固定间接费用与预算的固定间接费用之间的差额就是产量差异。

产量差异的性质

产量差异可计算如下:

产量差异 = 已分配的固定间接费用 – 预算的固定间接费用
= (实际产量 × 固定间接费用分配率)
– (预期产量 × 固定间接费用分配率)

或者

产量差异 = (实际产量 – 预期产量) × 固定间接费用分配率

在实际应用中,产量差异经常简称为**数量差异(volume variance)**,我们使用产量差异是因为它能更准确地描述这一差异的根本性质。使用产量差异变量也是为了区别于第 8 章中使用的销售量差异。除了术语相似,它们其实是完全不同的概念。

产量差异是在实际产量与产品成本计算时所使用的固定间接费用分配率中的分

> **目 的 6**
> 计算产量差异并说明产量差异应怎样在损益表中列示。

> **数量差异(volume variance)**:产量差异的通用名称。

母——预期产量不相符时产生的:

1. 当预期产量与实际产量相等时,不存在产量差异。
2. 当实际产量小于预期产量时,产量差异为不利差异,因为生产设施的使用情况比预期的要差,固定间接费用分配得少了。正如在表 13-3 中 20×8 年的产量差异计算为:

产量差异 =(预期产量 – 实际产量)× 预算固定间接费用率
　　　　 =(14 000 件 – 15 000 件)× $100 = – $100 000 或 $100 000 U

或

产量差异 = 预算值 – 分配值 = $1 500 000 – $1 400 000 = $100 000

100 000 美元的不利产量差异增加了损益表中的生产成本。为什么呢? 回忆一下,实际发生了 1 500 000 美元的固定制造费用,但仅有 1 400 000 美元被分配至存货。因此,也只有 1 400 000 美元在存货售出时计入费用。但全部的 1 500 000 美元必须在某一时刻计入费用,所以这额外的 100 000 美元就是当期损益表中的追加费用。

3. 当实际产量超过预期产量时,如 20×7 年的产量差异为有利差异,因为生产设施的使用情况比预期要好,固定间接费用多分配了:

产量差异 =(17 000 件 – 15 000 件)× $100 = $200 000 F

在这里,1 700 000 美元将计入存货。由于只有 1 500 000 美元是实际发生的,未来的费用账户将被高估 200 000 美元,因此要在本期费用中减去 200 000 美元的有利差异。

产量差异是在计量成本偏离最初用于确定固定间接费用分配率时所使用的作业量水平的传统成本指标。大多数公司认为,尽管有时负责产量差异的管理者需要做一些解释或调查,但产量差异在短期内还是无法直接控制的。有时,达不到预期产量是由于能力的限制引起的,原因有诸如令人失望的销售额、糟糕的生产计划、意外的机器故障、熟练工人的缺乏、罢工、风暴等。

变动间接费用不存在产量差异。固定间接费用产量差异这一概念的出现是由于控制(通过弹性预算)的会计处理与用于产品成本计算(通过分配率)的会计处理之间产生的矛盾。再次强调一下,固定间接费用预算服务于控制的目的,而产品成本分配率的使用把固定间接费用按处理变动成本的方法进行处理。

最主要的一点是,固定成本不像变动成本那样是可分的。它们是作为一个整体出现的,与一定数量的总生产或销售能力而不是单个产品的生产或销售相关。

 管理决策练习

一些会计人员认为,产量差异是度量公司生产能力利用情况的一个很好的指标:有利(不利)差异意味着生产能力的有效(无效)利用。不要陷入这种错误的认识,为什么呢?

答案:

产量差异只告诉了你一件而且是唯一的事情就是:实际产量高于或低于计算固

定间接费用分配率的预计产量。如果一位管理人员通过降低产品的售价来利用限制的生产能力以避免出现不利差异,这样做的结果是边际贡献的降低(例如,新的价格低于变动成本),这不是生产能力的有效利用。如果有利差异是在不顾产品质量下降或其他由于设备超负荷工作所带来的无效率情况下的剩余产量带来的,这样的"有利"差异当然也不是所期望的。

变动成本法和完全成本法的调整

我们很容易调整表 13-2 和表 13-3 中的营业收益的差异。在一个给定的年度,收益的差额等于计入费用的固定制造间接费用总额的差额,见图 13-2。在变动成本法的损益表中,20×7 年发生的固定制造间接费用 1 500 000 美元自动确认为费用额。在完全成本法下,固定制造间接费用出现在两处:销售成本和产量差异。

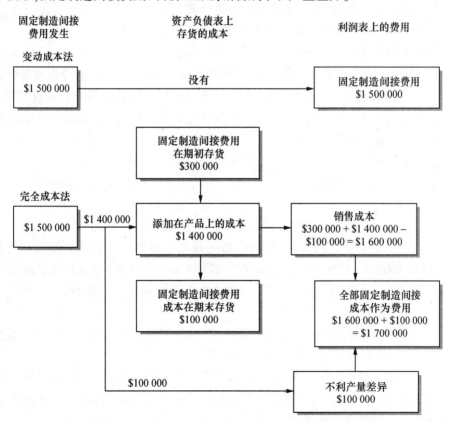

图 13-2　20×8 年期间内的固定制造间接费用成本流

在完全成本法下,300 000 美元的固定成本是 20×8 年以前发生而保留在 20×8 年的期初存货。在 20×8 年,1 400 000 美元的固定制造间接费用加入到存货中,而 100 000 美元仍保留在 20×8 年的期末存货中。所以 20×8 年销货成本中的固定制造间接费用为 $300 000 + $1 400 000 − $100 000 = $1 600 000。此外,产量差异为 100 000 美元是不利差异。在完全成本法下,计入20×8年费用的固定制造间接费用总额为1 700 000美元,或者说比采用变动成本法计算的金额1 500 000美元多200 000美元。所以20×8年变动成本法计算的收益要高出200 000美元。

变动成本法和完全成本法损益表中的差异很容易解释:用固定间接费用产品成本分配率乘以期初和期末存货数量的变动量。以2008年为例,存货的变动为2 000件,因此净收益的差额为2 000件 × $100 = $200 000。

记住,决定变动成本法与完全成本法之间收益差额的是销量与产量之间的关系。当销量超过产量,也就是存货减少时,变动成本法计算的收益要比完全成本法计算的收益高。

为什么采用变动成本法

为什么许多公司编制内部报表时采用变动成本法?原因之一是产量影响完全成本法的收益,而不影响变动成本法的收益。现以20×8年的完全成本报表(表13-3)为例来加以说明,在这张表中列示的营业收益为450 000美元。

目 的 7
解释公司为什么会倾向于使用变动成本法。

假设管理者决定在20×8年12月多生产了1 000件(尽管它们还没有被售出),这会影响营业收益吗?首先,注意到毛利是不会变化的。为什么呢?因为毛利是以销量而不是以生产量为基础计算出来的。但是,产量差异会变化:

如果产量 = 14 000 件
产量差异 = (15 000 - 14 000) × $100 = $100 000 U
如果产量 = 15 000 件
产量差异 = (15 000 - 15 000) × $100 = 0

因为生产15 000件时无产量差异,新的营业收益等于毛利减去销售和管理费用,即$1 600 000 - $1 050 000 = $550 000。所以产量增加1 000件而销售量保持不变。这可以使完全成本法的营业收益增加100 000美元,也就是由450 000美元增加到550 000美元。

这种常量的增加会怎样影响表13-2中的变动成本法报表呢?不会有任何改变。产量不会影响变动成本法下的营业收益。

假如对管理者的业绩评价主要是以营业收益为基础,而公司采用的又是完全成本法,那么管理人员就会试图生产不必要的产量以提高报告的营业收益。但在变动成本法下不会存在这种倾向。

一些公司也经常以哪一种系统能提供更好的业绩信号为标准来选择是采用变动成本法还是完全成本法。以销售为导向的公司可能倾向于采用变动成本法,因为这种公司的收益主要是受销售水平的影响。相反,以生产为导向的公司,比如很容易卖出所有生产的产品的公司,可能更倾向于采用完全成本法。为什么呢?因为在完全成本法下,增加产量可以提高营业收益,而变动成本则不能。

其他差异的影响

到目前为止,我们所举的例子中都特意忽略了产量差异(只在完全成本法报表中才会出现)以外的其他差异产生的可能性。所有其他差异都可以同时出现在变动成本法和完全成本法的损益表中。这一节我们将阐述第 8 章讲到的其他差异。

弹性预算差异

再次以 Desktop PC 部门为例,我们假设一些 20×8 年(我们例子中的第 2 年)的其他事项:

弹性预算差异	
直接材料	无
直接人工	$170 000 U
变动制造间接费用	$30 000 U
固定制造间接费用	$70 000 U
补充数据(用于计算以上差异,见附录 13):	
生产 14 000 件产品的标准直接人工工时数	$87 500
标准人工每小时工资率	$12.00
实际发生的直接人工工时	$100 000
实际人工每小时工资率	$12.20
实际发生的变动制造间接费用	$310 000
实际发生的固定制造间接费用	$1 570 000

正如第 8 章所解释的,变动间接费用和固定间接费用均可产生弹性预算差异。请看下表:

	实际金额	弹性预算金额×14 000 件	弹性预算差异
变动制造间接费用	$310 000	$280 000	$30 000 U
固定制造间接费用	$1 570 000	$1 500 000	$70 000 U

图 13-3 反映了固定间接费用弹性预算差异与产量差异之间的关系。实际固定间接费用与分配至产品的固定间接费用的差额为少分配(或多分配)的间接费用。因为实际固定间接费用 1 570 000 美元超过了分配的固定间接费用 1 400 000 美元,固定间接费用少分配了 170 000 美元,这就意味着该差异是不利差异。170 000 美元少分配的固定间接费用包括两部分:(1) 100 000 美元的不利产量差异;(2) 70 000 美元的不利固定间接费用弹性预算差异(也称为固定间接费用开支率差异或简称为固定间接费用预算差异)。

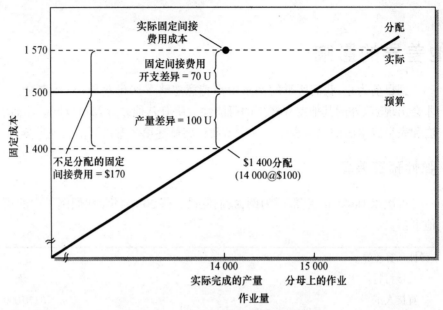

图 13-3　20×8 年的固定间接费用方差

除产量差异外的其他所有差异本质上都是弹性预算差异,它们用来计量在实际达到的产出下实际量与弹性预算量之间的差异。弹性预算主要用于辅助设计计划和控制系统,而不是成本计算。产量差异不是一种弹性预算差异,它是用于辅助产品成本计算。

表 13-4 是融入了这些新的事项的完全成本法下的损益表。这些新差异使收益减少了 240 000 美元,认为它们和产量一样都是不利差异,所以减少了 20×8 年的收益。当成本差异为有利差异时,会提高营业收益。

表 13-4　对表 13-3 的 20×8 年用完全成本法计算的损益表的调整

单位:千美元

销售额,16 000 × $500		$8 000
期初存货标准成本,3 000 × $400	$1 200	
产品制造标准成本,14 000 × $400	5 600	
可供销售量 17 000 × $4	$6 800	
减:期末存货标准成本,1 000 × $400	400	
销货标准成本,160 000 × $4		6 400
毛利标准金额		$1 600
弹性预算差异,均为不利差异		
变动制造成本($170 000 + $30 000)	$200	
固定制造费用	70	
产量差异(因固定制造费用而产生),不利差异	100	
总差异		370
实际毛利		$1 230
销售和管理费用		1 050
营业收益		$180

小结与复习

问题:

1. 参看表13-2和表13-3,假设20×8年的产量是14 500件而不是14 000件,但销量是16 000件。假设全部变动制造成本的净差异为200 000美元的不利差异。将这些差异作为对销货标准成本的调整。同时假设实际的固定成本为1 570 000美元。分别采用变动成本法和完全成本法编制20×8年的损益表。

2. 解释为什么采用变动成本法与采用完全成本法计算的营业收益不同,列示计算过程。

3. 不考虑要求1,变动成本法还是完全成本法能够使管理者有更大的余地通过生产决策来影响短期营业收益?为什么?

答案:

1. 见表13-5和表13-6。注意,期末存货为1 500件而不是1 000件。

表13-5　20×8年损益表(变动成本法)

单位:千美元

销售额		$8 000
期初存货(以$300的标准变动成本计算)	$900	
加:生产产品的变动成本	4 350	
可供销售产品	$5 250	
减:期末存货(以$300的标准变动成本计算)	450	
销售产品的标准变动成本	$4 800	
全部变动成本的净弹性预算差异	200	
(不利差异)销售产品的实际变动成本	$5 000	
变动销售费用,销售额的5%	400	
抵减销售额的变动成本总额		5 400
边际贡献		$2 600
固定制造费用	$1 570*	
固定销售和管理费用	650	
固定费用总额		2 220
营业收益		$380†

* 可以用两行来表示,1 500 000美元预算额加上70 000美元差异。

† 这个数额与表13-3中的营业收益650 000美元之间的差异是由于200 000美元的变动成本不利差异和70 000美元固定成本弹性预算不利差异引起的。

表 13-6 Desk PC 部门 20×8 年采用完全成本法编制的损益表
20×8 年损益表   单位：千美元

销售额		$8 000
期初存货（单位标准成本 $400）	$1 200	
产品制造的标准成本	5 800	
可供销售产品	$7 000	
减：期末存货标准成本	600	
销售产品的标准成本	$6 400	
全部变动制造费用的净弹性预算差异，不利差异	$200	
固定制造间接费用的弹性预算差异	70	
产量差异（不利差异）	50 *	
差异总额	320	
实际销售成本		6 720 †
实际毛利		$1 280
销售及管理费用		
变动部分	400	
固定部分	650	1 050
营业收益		$230 ‡

　　* 产量差异为 $100 × (15 000 预期产量 − 14 500 实际产量)。

　　† 这种格式与表 13-4 略有不同。有意造成这种不同是为了说明损益表格式不是严格确定的。

　　‡ 将这个结果与表 13-4 中的营业收益 180 000 美元进行比较，唯一的不同是由于产量是 14 500 件，从而造成 100 000 美元不利产量差异而不是 50 000 美元。

2. 存货水平减少：3 000 − 1 500 = 1 500 件。在完全成本法下，固定间接费用分配率为每件 100 美元。所以，采用完全成本法比采用变动成本法计算的营业收益中多计了固定间接费用 1 500 000 美元。变动成本法报表中固定间接费用为 1 570 000 美元，而完全成本法报表中固定间接费用列在三处：1 600 000 美元在销货成本中，70 000 美元的不利差异在固定间接费用弹性预算差异中，50 000 美元的不利差异在产量差异中，共计 1 720 000 美元。一般来说，当存货减少时，完全成本法列示的收益要少于变动成本法列示的收益；当存货增加时，完全成本法列示的收益要多于变动成本法列示的收益。

3. 完全成本法给管理者在通过生产计划影响营业收益方面提供了更大的余地。在变动成本法下，营业收益将随着净销售量的变动而同步变化；但在完全成本法下，营业收益同时受产量和销量的影响。例如，比较表 13-2 和表 13-5 的变动成本计算法，正如表 13-5 的注释 2 所指出的那样，在变动成本法下的营业收益可能受各种差异（但不包括产量差异）的影响，但生产计划本质上不影响营业收益。

> 另外,比较一下表 13-4 和表 13-6,正如表 13-6 的注释 3 中所解释的,生产计划和销售量均影响营业收益。产量为 14 500 件而非 14 000 件,所以 50 000 美元固定间接费用就成为期末存货的一部分(一项资产),而不是产量差异的一部分(一项费用)——也就是说,与表 13-4 相比,表 13-6 中的产量差异少了 50 000 美元,而期末存货增加了 50 000 美元的固定间接费用。采用完全成本法时,每增加一个单位产品,20×8 年管理者的营业收益就会增加 100 美元,尽管这部分产品并未卖出去。

总而言之,我们注意到了两个重要的事实。第一,本章覆盖的每一个重要话题都对利润有影响。完全成本法和变动成本法因对待固定制造费用的不同而报告了不同的营业收益。完全成本法会产生可能影响收益的产量差异。表 13-7 比较了变动和完全成本法的影响。

第二,经理人的绩效评估和奖励经常都是基于营业收益的。这两个事实导致的直接结果就是,经理人倾向于选择能提高现在的营业收益的行为。

表 13-7　收益影响的比较

	变动成本法	完全成本法	评述
1. 固定制造费用是否计入存货?	否	是	关于成本何时计入费用的基本理论问题
2. 产量差异是否存在?	否	是	在完全成本法下,预期产量的选择会影响营业收益的计量
3. 其他差异的处理方法?	相同	相同	强调这一事实,即基本差异是对固定制造费用的会计处理,而不是对变动制造费用的处理
4. 变动成本和固定成本之间的分类是按惯例进行的?	是	否	但是,如果需要的话,完全成本可进行修改以得到变动和固定成本的分类
5. 存货水平变动对营业收益的常见影响			
产量 = 销量	相等	相等	
产量 > 销量	较低*	较高†	
产量 < 销量	较高	较低	
6. 成本—数量—利润之间的关系	与销量有关	与产量和销量有关	管理控制的好处:数量的变动对营业收益的影响在变动成本法下更易于理解

* 即低于完全成本法。
† 即高于变动成本法。

记忆重点

1. **计算预算制造费用比率并将制造费用分摊到产品中**。会计师们通常使用预算制造费用率将间接制造费用(制造费用)分摊到产品上。他们用总预算制造费用除以成本分配基础作业,比如预计机器运转时间,来计算这个比率。

2. **在将间接费用分配到产品和服务时,确定并使用合适的成本分配率**。在成本分配基础和使用这些基础的制造费用之间必须有一个很强的因果关系。

3. **确认标准化间接费用率的意义和目的**。通常来说,预算制造费用率会是年度的平均数。记录的产品成本是标准成本,由实际直接材料加上实际直接人工加上用预算比率分配过的制造费用。在决策制定和存货核算的目的上,标准产品成本通常会比实际成本更有用。

4. **用变动成本法编制损益表**。变动成本法和完全成本法是两种主要的成本核算方法。变动成本法注重成本性态对收益的影响,这种方法不把固定制造间接费用计入产品成本,而是在它发生时立即费用化。

5. **用完全成本法编制损益表**。完全成本法或者说是传统成本法忽略了成本性态的差别。所有在生产过程中发生的成本都计入存货成本,因而,我们把固定制造间接费用计入存货成本,只有当产品售出时,固定制造间接费用才会出现在损益表中。

6. **计算产量差异并说明产量差异应怎样在损益表中列示**。当使用完全成本法时,只要实际产量不等于计算固定间接费用分配率时所用的预期(预算)产量,就会出现产量差异。当实际产量小于预算产量时,出现的产量差异是不利差异,这种不利产量差异等于固定间接费用分配率乘以预算产量与实际产量的差额。当实际产量超过预期产量时,出现的产量差异是有利差异。这两种类型的产量差异通常都是作为当期损益表中收益的调整数。有利差异会增加当期的收益而不利差异则相反。

7. **解释为什么公司会倾向于使用变动成本法**。使用营业收益来度量经营成果的公司都会倾向于使用变动成本法。这是因为产量的变化会影响完全成本法下计算出来的收益而对变动成本法下的收益没有影响。如果一个公司希望管理人员把主要精力都放在销售上,会倾向于使用变动成本法,因为销量水平是变动成本法下收益的主要驱动因素。

附录 13:产量差异与其他差异的比较

本章介绍的唯一的新差异是产量差异,它产生的原因是固定间接费用会计必须满足两个目标:预算控制目标和产品成本核算目标。让我们用图 8-4 所展示的方法来检验这种差异。该方法的分析结果列示在图 13-4 中,这值得大家仔细研究,特别是两个脚注。请在继续阅读前仔细思考该图表。

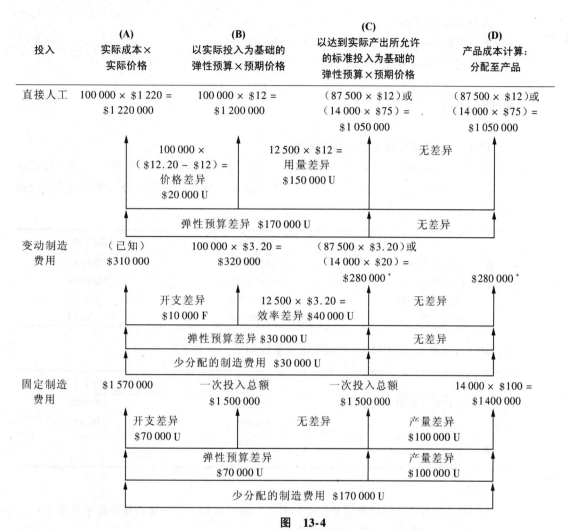

图 13-4

少分配或多分配的间接费用为实际发生的间接费用与分配的间接费用之间的差额,分析如下:

$$\text{少分配的间接费用} = （\text{弹性预算差异}）+ （\text{产量差异}）$$
$$\text{变动间接费用} = \$30\,000 + \$0 = \$30\,000$$
$$\text{固定间接费用} = \$70\,000 + \$100\,000 = \$170\,000$$

会计词汇

预算制造费用率（budgeted factory-overhead rate）
固定制造费用率（fixed-overhead rate）
标准成本系统（normal costing system）
过度分配的间接费用（overapplied overhead）
产量差异（production-volume variance）

比例分配(prorate)
不足分配的间接费用(underapplied overhead)
数量差异(volume variance)

基础习题

13-A1 计算间接费用的预算分配率

Donald Aeronautics 用预算间接费用分配率向各订单分配间接费用,其中 A 部门以机器小时为分配基础,B 部门以直接人工小时为分配基础。20×7 年年初,公司管理层获得的预测数据如下:

	部门 A	部门 B
直接人工成本	$1 500 000	$1 200 000
制造费用	$1 820 000	$1 000 000
直接人工小时	90 000	125 000
机器小时	350 000	20 000

M89 号订单近几个月的有关成本记录累计如下:

	部门 A	部门 B
生产投入材料	$12 000	$32 000
直接人工成本	$10 800	$10 000
直接人工小时	900	1 250
机器小时	3 500	150

要求:

1. 部门 A 的预算间接费用分配率是多少?部门 B 的预算间接费用分配率是多少?
2. M89 号订单的间接费用总额是多少?
3. 如果 M89 号订单中包括 120 件产品,每件产品的成本为多少?
4. 至 20×7 年年末,全年运营的实际结果记录如下:

	部门 A	部门 B
实际发生的间接费用	$1 300 000	$1 200 000
实际直接人工小时	80 000	120 000
实际机器小时	300 000	25 000

计算每个部门和整个企业少分配或多分配的间接费用。

13-A2 间接费用的会计处理

Penski Precision Tooling 公司以机器小时和部件数量作为分配制造间接费用的成本动因。20×7 年实际发生的制造费用为 134 000 美元,已分配的制造费用为 126 000 美元。在对少分配或多分配的制造费用做出会计处理之前,销售成本为 525 000 美元,毛利为 60 000 美元,期末存货数据如下:

直接材料	$25 000
在产品	75 000
产成品	150 000
存货总额	$250 000

要求：

1. 制造费用是多分配还是少分配了？金额是多少？

2. 假定 Penski 公司直接冲销多分配或少分配的制造费用，以此调整销售成本。编制日记账分录，并计算调整后的毛利。

3. 假设 Penski 公司采用按比例分摊的方法，以年末未调整的存货余额为基础对多分配或少分配的制造费用进行处理。编制日记账分录，并计算调整后的毛利。

4. 假定实际的制造费用为 124 000 美元而不是 134 000 美元，Penski 公司直接冲销多分配或少分配的制造费用，以此调整销售成本。编制日记账分录，并计算调整后的毛利。

13-A3　变动成本法和完全成本法的比较

下面是 Blair 公司一年的经营情况：

产量	3 000
销量	2 250
直接人工	$4 500
直接材料	$3 000
销售和管理费用(全部是固定的)	$900
固定制造费用	$4 000
变动制造费用	$2 500
期初存货	$0
毛利	$2 400
期末直接材料存货	$400
期末在产品存货	$0

要求：

1. 变动成本法计算的期末完工产品存货成本是多少？

2. 完全成本法计算的期末完工产品存货成本是多少？

3. 变动成本法计算出的营业收益是高一些还是低一些？高或低多少？为什么？（答案：低 1 000 美元，但要解释原因。）

13-A4　完全成本法与变动成本法的比较

下面是 Trahn 公司以变动成本法编制的简要损益表。假设 20×7 年和 20×8 年完全成本法下的预算产量是 1 400 件，总固定成本相同，没有期初和期末在产品。

20×8 年 12 月 31 日的损益表

销售收入,1 280 件 × $12		$15 360
减：变动成本		
期初存货,110 件 × $7	$770	
产品的变动生产成本,1 200 件 × $7	8 400	
可供销售货物变动制造成本	$9 170	
期末存货成本,30 件 × $7	210	
所售产品的变动生产成本	$8 960	
变动销售和管理费用	600	
总的变动成本		9 560
边际贡献		$5 800
减：固定成本		
预算的固定制造费用	$4 200	
固定销售和管理费用	350	
总的固定成本		4 550
营业收益		$1 250

要求：

1. 用完全成本法编制损益表。假设实际固定成本等于预算固定成本。
2. 具体解释完全成本法和变动成本法计算的营业收益的差别。

13-B1 间接费用的弃置

MacLachlan 制造公司在 20×7 年超额分配了 20 000 美元的间接费用。在超额分配或不足分配的间接费用调控之前,期末存货中原材料,在产品和产成品相应的分别为 75 000 美元、100 000 美元和 150 000 美元。没有调整的销货成本是 250 000 美元。

1. 假设有 20 000 美元完全是因为销货成本的调整而直接冲销,计算调整后的销货成本。
2. 管理层决定将 20 000 美元分摊到适合的账户上(用没有调整之前的期末余额),而不是把它完全以直接冲销的方式作为销货成本的调整,毛利会比第 1 问中的高还是低？具体是多少？

13-B2 用预算率分摊间接费用

Bellevue 诊所计算接待每一个病人的成本,它用不同的预算间接费用率,分摊成本到部门然后再分配部门层面的成本到单独的病人个体,考虑下面为 Bellevue 的两个部门所做的 20×7 年预算：

	药房	医疗记录
部门间接费用成本	$225 000	$300 000
存档处方的数量	90 000	
来访病人数量		60 000

药房部分分配间接费用的成本库是存档处方的数量,在医疗记录部门是来访病人的数量。在 20×7 年 6 月,David 支付了三次去诊所的费用并且在药房有 4 张存档处方。

1. 为两个部门计算部门层面的间接费用率
2. 计算病人 David 20×7 年 6 月分摊到的间接费用
3. 在 20×7 年末实际发生的间接费用是：

药房	$217 000
医疗记录	$325 000

药房存档了 85 000 份处方,并且诊所在 20×7 年期间有 63 000 名病人来访,计算各个部门超额分配或不足分配的间接费用。

13-B3 变动成本法和完全成本法的比较

下面是 YoungStown 制造公司年度的经营信息资料：

销量	1 400
产量	1 600
直接人工	$4 200
直接材料	3 500
固定制造费用	2 200
变动制造费用	300
销售和管理费用(全部都是固定的)	700
期初存货	0
毛利	5 600
期末直接材料存货	800

* 不存在在产品。

要求：

1. 用完全成本法计算的期末完工产品存货成本是多少？
2. 用变动成本法计算的期末完工成品存货成本是多少？

13-B4 本章例题的扩展

参见表 13-2 和表 13-3,假设 20×8 年的产量是 15 500 件而不是 140 000 件,销售量是 15 000 件。并且所有变动制造成本的净差异是 18 000 美元的不利差异,实际的固定制造成本是 1 560 000 美元。

要求：

1. 用变动成本法和完全成本法编制 20×8 年的损益表。采用与表 13-5 和表 13-6 相似的格式。
2. 解释为什么变动成本法和完全成本法计算的收益是不同的,并列示计算过程。

补充习题

简答题

13-1 假设一家公司以机器小时为分配制造费用的成本动因。该公司怎样计算预算间接费用分配率？怎样用预算分配率来计算分配给特定的订单的制造费用。

13-2 "每个部门必须为分配成本选择一个成本动因。"你同意这个说法吗？请解释。

13-3 "有时，直接人工成本是分配间接费用的最好成本动因，即使在部门中工资率有所不同。"你同意这个说法吗？请解释。

13-4 为一家制造业企业确定将制造费用分配给订单的四个成本动因。

13-5 将实际制造费用与预算间接费用比较，是产品成本计算过程的一部分，还是产品成本控制过程的一部分？请解释。

13-6 实际发生的间接费用与分配的间接费用存在差异的原因有哪些？

13-7 "采用实际间接费用分配率，单位产品成本随产量的增加而急剧上升，反之亦然。"你同意这个说法吗？请解释。

13-8 解释正常成本核算法。

13-9 假设以获得尽可能准确的分配结果为目标，处理少分配或多分配间接费用最理想的方法是什么？

13-10 "由于数据的处理费用变得越来越低，除直接材料、直接人工之外，更多的成本有可能被划为直接成本。"请举三个这类成本的例子。

13-11 在处理固定制造费用方面比较变动成本法和完全成本法。

13-12 在产量差异方面比较变动和完全成本法。

13-13 在美国，1/4 的公司内部报告时使用变动成本法。这些公司必须在向外部报告时做调整。请解释。

13-14 "在变动成本法中，只有直接原材料和直接人工存货化了。"你同意这种观点吗？请解释。

13-15 "完全成本法把更多的成本类型作为产品成本。"请具体解释。

13-16 "越来越多的公司在它们的公司年度报告中采用变动成本法。"你同意这个观点吗？请解释原因。

13-17 变动成本法为什么只用于对内报告，而不用于对外财务报告以及报税？

13-18 比较边际贡献和毛利的异同。

13-19 固定间接费用是怎样分配到产品成本中去的？

13-20 列举出完全成本法报表格式区别于变动成本法报表格式的三个方面。

13-21 "用于预算和控制的弹性预算成本不同于用于产品成本计算的已分配成本。"这里的成本指的是哪一种类型的成本？请并解释。

13-22 "变动成本法与本—量—利分析是一致的。"请解释原因。

13-23 "在一个标准完全成本核算系统中，分配到产品上去的固定间接费用很少会等于预算的固定间接费用。"你同意这个观点吗？请解释原因。

13-24 "产量差异的大小依赖于计算固定间接费用分配率使用的是什么预期产量。"请解释原因。

13-25 直接人工为什么没有产量差异？

13-26 "不利的产量差异就意味着固定间接费用没有得到很好的控制。"你同意这个观点吗？解释你的原因。

13-27 "单位产品的固定成本直接受所使用的预期产量（计算固定间接费用分配率时的分母）的影响。"你同意这个观点吗？解释你的原因。

13-28 "当销售量超过产量时，用完全成本核算法计算的收益会超过用变动成本核算法计算的收益。"你同意这个观点吗？解释你的原因。

13-29 假设只有当标准完全成本核算法计算的收益超过预算收益时，才会给管理人员支付奖金。如果11月份的营业收益稍低于预算收益，则管理人员在12月份会做什么事情来增加他获得奖金的机会？

13-30 为什么存货水平很低的公司并不关注变动成本法和完全成本法的选择？

13-31 "间接费用差异只会随着完全成本法的应用而产生。"你同意这个观点吗？解释你的原因。

理解练习

13-32 成本动因和制造费用的关系

"发生的制造费用与被选择的用于分配成本的成本动因之间应该有密切的关系。"为什么？

13-33 服务业的成本分配

"服务业只将直接人工成本追溯至订单。所有的其他费用都是按直接人工成本的一定比例进行分配的。"你同意这个说法吗？请解释。

13-34 对固定成本的会计处理

把固定成本分配到产品似乎引起了各种各样的问题，但为什么公司还是继续采用把固定成本分配到单位产品上去的会计系统呢？

13-35 销售决策与完全成本法

产品定价和促销决策通常应该以它们对边际贡献的影响为基础，而不是以对毛利的影响为基础。解释使用完全成本法损益表格式是如何可能对产品定价和促销决策提供误导信息。

13-36 使用产量差异评价生产情况

销售量差异（见第8章）强调了实际销售量超过或没达到目标销售量时对销售收益的影响。产量差异对评价实际产量超过或没达到目标产量的影响是否提供了类似的信息？解释原因。

13-37 完全成本法与价值链

产品价值链上的许多成本，如研发成本和产品设计成本都被认为是期间成本，并不会被分配到单位产品成本上去。完全成本法系统可以进行扩展，以用于把这些期间成本分配到产品上去。这样做的优点和缺点是什么？这样会帮助管理人员作出更好的决策吗？

练习题

13-38 发现未知

Hatch 制造公司在 12 月份关于机械部门有如下预算间接成本和其他数据。

预算数据：	
间接人工和材料供应	$70 000
工厂租金	$19 000
监管	$84 000
机器折旧	$139 000
超额分配间接费用的成本库	机器运转时间
预算间接费用分配率	$6 每机器运转小时
其他数据：	
实际 12 月期间的机器运转时间	68 000
实际 12 月期间的间接费用成本	$439 000

计算总预算机器运转时间、总间接费用成本，并且说明实际的间接费用成本和分配的间接费用成本之间的差异应该在 Hatch 的 12 月份的损益表上如何处理。

13-39 发现未知

Lawson 机械制造公司在 4 月份有如下为它装配部门准备的预算间接费用成本和其他数据。

预算数据：	
间接人工和材料供应	$170 000
工厂租金	$52 000
监管	$67 000
机器折旧	$216 000
超额分配间接费用的成本库	机器运转时间
总预算直接人工小时	50 000
其他数据：	
实际 12 月期间的机器运转时间	$16 100
实际 12 月期间的间接费用成本	$577 000

计算预算制造间接费用率、实际直接人工小时数，并且说明在 Lawson 4 月份的损益表中，实际的间接费用成本和分配的间接费用之间的差异是如何处理的。

13-40 间接费用项目之间的关系

填空：

	项目1	项目2
a. 预算制造费用	$600 000	$420 000
b. 成本动因,预算直接人工成本	400 000	?
c. 预算制造费用分配率	?	120%
d. 发生的直接人工成本	570 000	?
e. 发生的制造费用	830 000	425 000
f. 分配的制造费用	?	?
g. 少分配(或多分配)的制造费用	?	35 000

13-41 少分配和多分配的间接费用

Wosepko Welding 公司按每人工小时 8.5 美元的分配率来分配间接费用。20×7 年有关经营活动的数据(以千美元为单位)如下:

	项目1	项目2
直接人工小时	30	36
直接人工成本	$220	$245
间接人工成本	32	40
销售佣金	20	15
生产设备折旧	22	32
直接材料成本	230	250
工厂燃料成本	35	47
产成品仓库折旧	5	17
销售成本	420	510
其他的工厂成本	138	204

要求:

为两个项目计算:

1. 分配的制造费用;
2. 发生的制造费用总额;
3. 少分配或多分配的制造费用的数额。

13-42 年末少分配间接费用的处理

Liz Cosmetics 公司采用正常成本核算系统,在第 1 个经营年度末,有关账户余额如下:

在产品存货	$200 000
产成品存货	200 000
销售成本	400 000
实际制造费用	409 000
已分配的制造费用	453 000

要求:

为处理年末制造费用余额的两种不同方法编制日记账分录。两种方法下的毛利相差多少?

13-43 变动成本法和完全成本法的简单比较

Khalid 公司 20×7 年 1 月 1 日开始营业,现金资产是 150 000 美元,股本是 150 000 美元。在 20×7 年,Khalid 公司生产了一些存货,其成本总共为 60 000 美元,其中包括 16 000 美元的工厂租赁成本和其他的固定制造费用成本。20×8 年公司没有进行任何生产,销售出一半的存货获得现金 43 000 美元。20×8 年,还没有进行任何生产,销售出剩下的另一半存货获得现金 43 000 美元。20×8 年和 20×9 年公司都没有固定费用。

没有其他任何种类的交易,所得税忽略不计。

要求:

分别用(1)完全成本法和(2)变动成本法(直接成本法)编制 20×7 年、20×8 年、20×9 年年末的资产负债表以及损益表。

13-44 四年间的比较

Balakrishnan 公司 20×6 年 1 月 1 日开始营业,并且只生产和销售一种产品。完全成本法和变动成本法提供的前四年的营业收益数据如下:

年度	完全成本法	变动成本法
20×6	$80 000	$60 000
20×7	70 000	60 000
20×8	50 000	50 000
20×9	40 000	70 000

单位产品标准生产成本、销售价格以及完全成本法下各固定间接费用分配率和预期的产量水平每年都是相同的。任何一种成本都不存在弹性预算差异。所有的非生产性费用都是固定的,每年都不存在非生产性成本差异。

要求:

1. 在什么年度产量等于销量?
2. 在什么年度产量超过销量?
3. 20×9 年 12 月 31 日完工产品存货是多少?(以完全成本法计价)
4. 如果已知完全成本法下的固定间接费用分配率是单位产品 3 美元,那么 20×9 年产量和销量的差异是多少?(答案以件为单位)

13-45 变动成本法和完全成本法

Chan 机械制造公司 20×7 年的经营数据如下:

销售额:12 000 件 每件 $17	
实际产量	15 000 件
预期产量	18 000 件
制造成本	
变动部分	$120 000
固定部分	63 000
非制造成本	
变动部分	$24 000
固定部分	18 000

要求：

1. 假设公司采用的是变动成本法，计算该公司 20×7 年的营业收益（不需编制表格）。

2. 假设 20×7 年 1 月 1 日没有期初存货，没有任何差异分配到存货上去，公司采用完全的完全成本法进行产品成本核算。计算：(a) 分配到 20×7 年 12 月 31 日期末存货上的成本；(b) 20×7 年 12 月 31 日的营业收益（不需要编制表格）。

13-46 产量差异的计算

Osaka 机械制造公司 20×7 年变动间接费用的预算为 14 100 000 元人民币，固定间接费用预算为 26 230 000 元人民币。预期 20×7 年的产量为 6 100 件。20×7 年生产的 5 800 件的实际成本如下：

变动间接费用	¥14 160 000
固定间接费用	26 340 000
总的间接费用	¥40 500 000

要求计算产量差异，注意标示出是不利差异还是有利差异。

13-47 变动成本法和完全成本法之间营业收益的调节

Blankstone 器具公司 20×4 年生产电动钻孔机 12 000 台，预期产量仅为 10 500 台，公司的固定间接费用分配率是每台 720 美元×4 年销售 11 000 台的完全成本法经营收益是 18 000 美元。

要求：

1. 计算

a. 固定间接费用预算

b. 产量差异

c. 变动成本法营业收益

2. 调整完全成本法和变动成本法之间的营业收益，包括两种成本核算方法计算出的营业收益差异，并解释这种差异。

13-48 制造费用差异

学习附录 13，参看 Gonzalez 公司下面的经营数据：

	制造费用	
	固定部分	变动部分
实际发生	$14 200	$13 300
以产量的标准工时计算的预算额	12 500	11 000
已分配的	11 600	11 000
以投入的实际工时计算的预算额	12 500	11 400

根据上面的信息，填写下面的表格。注意用 F 标示出有利差异，用 U 标示出不利差异。

a. 弹性预算差异 $_____   固定 $_____
                                                                                                             变动 $_____

b. 产量差异 $_____   固定 $_____
                                                                                                             变动 $_____

c. 支出差异 $_____   固定 $_____

		变动	$_____
d. 效率差异	$_____	固定	$_____
		变动	$_____

13-49 差异

学习附录13，参看下面关于制造费用的经营数据：

	变动部分	固定部分
以投入的实际工时计算的预算额	$45 000	$70 000
已分配的	41 000	64 800
以产量的标准工时计算的预算额	?	?
实际发生的	48 500	69 500

利用上面的数据，用差异额填写下面的表格，用 F 标示出有利差异，用 U 标示出不利差异。

	总的间接费用	变动部分	固定部分
1. 支出差异	_____	_____	_____
2. 效率差异	_____	_____	_____
3. 产量差异	_____	_____	_____
4. 弹性预算差异	_____	_____	_____
5. 少分配的间接费用	_____	_____	_____

思考题

13-50 恩瑞可机械部件公司的成本分配基础的选择

参考本章中有关恩瑞可机械部件公司的讨论。假设恩瑞可决定在两个都是以机器运转小时数作为单一成本分配基础的部门只使用一个间接费用成本库。

1. 使用正文中的预算数据来计算工厂的预算间接费用分配率。

2. 如果恩瑞可在 20×7 年使用了 70 000 机器运转小时。那么分配到产品上的总制造间接费用是多少？

3. 以单独的机械部门和装配部门的分配率分配的制造间接费用是 375 000 美元。解释为什么这个值与第 2 问中得到的值是不同的。

13-51 恩瑞可机械部件公司的成本分配基础的选择

继续参考本章中有关恩瑞可机械部件公司的讨论。假设恩瑞可决定在两个都是以直接人工成本作为单一成本分配基础的部门只使用一个间接费用成本库。

1. 使用文中的预算数据来计算工厂的预算间接费用分配率。

2. 如果恩瑞可在 20×7 年使用了 190 000 美元的直接人工成本，那么分配到产品上的总制造间接费用是多少？

3. 以单独的机械部门和装配部门的分配率分配的制造间接费用是 375 000 美元。解释为什么这个值与第 2 问得到的值是不同的。

13-52 会计师事务所成本动因的选择

Brenda 是 Brenda Mccoy 会计师事务所的管理合伙人,他正在考虑采用更多的成本动因来追溯成本,而不是以直接人工为唯一的成本动因——这样有助于事务所确定委托人的账单。

去年的成本如下:

直接专业人工	$5 000 000
间接费用	10 000 000
总成本	$15 000 000

包括在间接费用中的成本如下:

计算机费用	$750 000
文秘成本	700 000
复印费	250 000
直接人工的福利津贴	800 000
与委托人通话费用	500 000
合计	$3 000 000

现在,事务所的数据处理技术使存档并将这些成本追溯至个别订单成为可能。

作为一次试验,12月 Brenda 安排将这些成本追溯到六宗审计工作中,其中两个订单的记录列示如下:

	审计业务	
	公司	银行
直接专业人工	$15 000	$15 000
直接人工的福利津贴	3 000	3 000
与委托人通话费用	1 500	500
计算机费用	3 000	700
文秘成本	2 000	1 500
复印费	500	300
直接成本合计	$25 000	$21 000

要求:

1. 以去年成本为基础,计算间接费用分配率。
2. 假设将去年的成本重新分类,3 000 000 美元的成本将被视为直接成本而不是间接费用。分别按直接人工的一定比例计算间接费用分配率。
3. 使用要求 1 和要求 2 中的 3 个分配率;计算上表中公司和银行审计业务的总成本。
4. 假设委托人的账单是按订单总成本的 30% 标价的,计算要求 3 的情况下的标价。
5. 你更偏爱分批成本核算法还是间接费用分配法?请解释。

13-53 已分配成本和公用事业

纳帕县(加利福尼亚)的大陪审团指控圣海伦市因其自来水和污水排放服务而向顾客乱收费。圣海伦市将"行政管理费用"分配到自来水和污水排放部门的预算中,然后将这些成本计入"订单",也就是说计入自来水和污水排放部门的顾客账单中。大陪审团宣称圣海伦市在1996—1997年将76 581.20美元计入有关成本这一行为,只不过是为了补偿与自来水和污水排放服务无关的城市费用筹集资金的"一个骗术",其结果是顾客收到了"高涨的自来水账单"。

城市的财务主管解释说,进行间接费用的分配是为了要求自来水和污水排放部门为其他部门所耗用的自来水和污水排放服务付账。市长John最终说:"显然,他们(大陪审团)不知道自己在谈论什么。"

要求:

1. 分配给自来水和污水排放部门的费用是否可以作为自来水和污水排放账单中允许补偿的合法的成本?请解释你的判断。

2. 假设间接费用中至少有一部分是自来水和污水排放部门的合法成本。指出会计制度可能发生的变化,从而为接受自来水和污水排放服务的其他部门提供更精确成本计量。

13-54 为控制和产品成本计算的间接费用会计

一家大型食品制造商的泡菜部门根据预计其每年的变动间接费用为150 000美元,固定间接费用总额为350 000美元和直接人工小时为100 000小时,并根据这些来确定其间接费用的分配率为每直接人工小时5美元。

经营年度的有关数据如下:

	耗用的直接人工小时	发生的间接费用
前6个月	55 000	$262 000
后7个月	41 000	236 500

要求:

1. 前6个月和后6个月期间发生的多分配或少分配的间接费用的金额各是多少?在你的回答中需说明间接费用是少分配还是多分配的。

2. 扼要解释(每个部分不超过50个字)引起间接费用少分配或多分配可能的原因。分别就变动成本和固定成本进行重点讨论,引用准确的数字来支持你的判断。

13-55 变动成本法和完全成本法的比较

为了强调本章中谈到的一些概念,此题使用简单数据。

假设Perth Woolen公司生产一种毯子,每条20美元。该公司采用标准成本核算系统,产品的总标准变动成本是每条8美元,固定制造成本是每年150 000美元,销售和管理费用是每年30 000美元,并且都是固定的。预计每年的产量是25 000条。

要求:

1. 对下面20×7年的实际销量和产量(以千件为单位)的9种组合,分别采用变动成本法和完全成本法编制简要损益表。

	(1)	(2)	(3)	(4)	(5)	(6)	(7)	(8)	(9)
销量	15	20	25	20	25	30	25	30	35
产量	20	20	20	25	25	25	30	30	30

采用下面的格式：

变动成本法		完全成本法	
收入	$aa	收入	$aa
销货成本	(bb)	销货成本	(uu)
毛利	$cc	标准毛利	$vv
固定制造成本	$(dd)	有利(不利)产量差异	ww
固定销售和管理费用	(ee)	实际毛利	$xx
		销售和管理费用	(yy)
营业收益	$ff	营业收益	$zz

2. (a) 在9种组合中，哪种组合变动成本法计算的收益要大于完全成本法计算的收益，哪种组合变动成本法计算的收益要小于完全成本法计算的收益，哪种组合变动成本法计算的收益等于完全成本法计算的收益？

(b) 在9种组合中，哪一种产量差异是不利差异以及哪种是有利差异？

(c) 在变动成本法下，每多销售一条毯子，利润会增加多少？在完全成本法下，情况又是如何？

(d) 在变动成本法下，每多生产一条毯子，利润会增加多少？在完全成本法下，情况又是如何？

(e) 假设 Perth Woolen 公司成功的关键因素是销售量而不是产量，那么是变动成本法还是完全成本法能更好地衡量其业绩？

13-56 全部固定成本

Glibralter 公司临海新建了一个大的海水淡化工厂，这个工厂的生产是全自动化的，它有自己的动力源、光源和热源等等。海水不需要花费任何成本，所有的生产和其他经营成本都是固定的，它们不随产量的变化而改变，因为产量是由控制面板上的指针盘调节的。此外，员工每年的工资也是固定的。

淡化的水并不销售给家庭消费者，主要销售给当地的酿酒厂、蒸馏厂和饮料厂。每加仑的售价为 0.60 美元，这个价格预期在一段时间内不会改变。

下表是开始两年的经营数据资料：

	以加仑为单位		成本(全部是固定的)	
	销量	产量	制造成本	其他成本
20×4	1 500 000	3 000 000	$600 000	$200 000
20×5	1 500 000	0	600 000	200 000

由于订单能在4个工时内处理完，在20×5年年初，管理层决定严格按销售量来调整产量。

要求:

1. 编制20×4年、20×5年及两年合计的3栏式损益表。采用两种方法:(a)变动成本法;(b)完全成本法。

2. 这两种方法:(a)变动成本法;(b)完全成本法的损益平衡点分别是多少?

3. 每种方法下20×4年12月31日和20×5年的资产负债表上的存货成本分别是多少?

4. 对要求1和要求2的答案进行评论,讨论哪种成本核算方法更加有用?

13-57 半固定成本

Plymouth公司与Gibralter公司(问题13-56中的公司)只在一个方面不同:Plymouth公司既有变动成本也有固定生产成本,它的成本是每加仑0.14美元,固定生产成本是每年390 000美元。

要求:

1. 除了产品的成本性态的变化外,利用前一道题相同的数据,编制20×4年、20×5年及两年合计的3栏式损益表,采用两种方法:(a)变动成本法;(b)完全成本法。

2. 20×4年12月31日和2005年12月31日资产负债表上的存货成本在这两种方法下分别是多少?

13-58 完全成本法和变动成本法

Tranpani公司20×4年和20×5年有如下的实际经营数据:

	20×4	20×5
产成品数量		
期初存货	—	2 000
产量	15 000	13 000
销量	13 000	14 000
期末存货	2 000	1 000

下表是两年来以标准单位成本计算的基本生产数据:

直接材料	$22
直接人工	18
变动制造费用	4
单位标准变动成本	$44

每年的固定制造费用预算是98 000美元,预计产量是14 000件,因而固定间接费用分配率是$98 000/14 000 = 7美元/件。

预计的销价是每件$75,销售和管理费用预算如下:每销售一件的变动费用是9美元,每月的固定费用是85 000美元。

假设在20×4年完全不存在任何来源于标准变动成本或预算销售价格或预算固定成本的差异。另外,也不存在期初和期末的在产品存货。

要求:

1. 用标准变动成本法(直接成本法)和标准完全成本法编制20×4年的损益表(下一

个问题将处理 20×5 年的情况）。

2. 具体解释为什么变动成本法和完全成本法计算的营业收益不同。

13-59 完全成本法和变动成本法

假设情况如上题，另外，参看下面 20×5 年的实际数据：

直接材料	$285 000
直接人工	174 200
变动制造费用	36 000
固定制造费用	95 000
销售和管理费用	
变动部分	118 400
固定部分	85 000
销售额	1 068 000

要求：

1. 用标准变动成本法（直接成本法）和标准完全成本法编制 20×5 年的损益表。
2. 具体解释为什么变动成本法和完全成本法计算出的营业收益不同。

13-60 间接费用差异的基本原理

Durant 公司正在建立一个标准完全成本核算系统和一个弹性间接费用预算系统。产品的标准成本最近已经建立起来，具体数据如下：

直接材料，3 磅 × $20	$60
直接人工，2 工时 × $14	28
变动间接费用 2 工时 × $5	10
固定间接费用	?
完工成品的单位标准成本	$?

预期的生产活动以每月 7 500 个标准直接人工工时表示。固定间接费用预计为每月 60 000 美元，预先制定的用于产品成本计算的固定间接费用分配率并不改变。

要求：

1. 计算出合适的单位直接人工固定间接费用分配率和单位产品的固定间接费用分配率。
2. 假定人工工时从 0 变为 10 000 工时，用图表展示以下变量的相应变化过程：
    a. 预算的变动间接费用；
    b. 分配到产品上去的变动间接费用。
3. 假定人工工时从 0 变为 10 000 工时，用图表展示以下变量的相应变化过程：
    a. 预算的固定间接费用；
    b. 分配到产品上去的固定间接费用。
4. 假设完成一个既定月份的产量需要耗费标准的直接人工工时为 6 000，实际发生的变动间接费用是 31 000 美元，实际的固定间接费用总计 62 000 美元。计算：
    a. 固定间接费用弹性预算差异；

b. 固定间接费用产量差异；
　　c. 变动间接费用弹性预算差异。
　5. 假设完成一个既定月份的产量需要耗费标准的直接人工工时为 7 800。实际发生的间接费用是 99 700 美元，其中 62 000 美元是固定的。计算：
　　a. 固定间接费用弹性预算差异；
　　b. 固定间接费用产量差异；
　　c. 变动间接费用弹性预算差异。

13-61　L. A. Darling 公司的产量差异

　L. A. Darling 公司每年从设计、生产和安装商店的固定设备中取得的收入是 60 亿美元。如何对固定制造间接费用进行会计处理是该公司面临的一个挑战。假设该公司的一个生产分部 2007 年生产 700 000 个货架的预算成本资料如下：

直接材料	$140 000 000
直接人工	20 000 000
其他的变动制造成本	15 000 000
固定制造成本	105 000 000
总的制造成本	$280 000 000

　在 2007 年，该分部生产了 750 000 个货架，销售了 720 000 个货架，取得销售收入 360 000 000 美元。假设该公司不把销售或管理费用分配到产品成本中去。

　要求：

　1. 计算下面的 2007 年单位产品预算成本：

单位变动制造成本	?
单位固定制造成本	?
总的单位制造成本	?

　2. 计算 2007 年的产量差异，注意标示出有利差异或不利差异。

　3. 计算 2007 年完全成本法下从货架生产和销售中获得的利润，销售和管理费用忽略不计。

　4. 计算 2007 年变动成本法下从货架生产和销售中获得的利润，销售和管理费用忽略不计。

　5. 完全成本法和变动成本法中，哪一种方法计算出的利润能更好地衡量 2007 年的经营业绩？解释你的结论。

13-62　固定间接费用和实际生产能力

　Goldberg Paper 公司的造纸工厂预期的生产情况为每月 45 000 个机器工时，实际的生产能力为每月 60 000 个机器工时，1 月份实际产量的标准机器工时为 54 000。预算的固定制造费用项目如下：

设备折旧费	$340 000
厂房折旧费	64 000
监督管理费	47 000
间接人工	234 000
保险费	18 000
财产税	17 000
总计	$720 000

因为没有预料到的进度困难以及需要更多的间接人工,实际的固定制造费用是 747 000 美元。

要求:

1. 以实际生产能力作为分配固定制造费用的基础,编制 1 月份固定间接费用差异的汇总分析。

2. 以预期的生产活动作为分配固定制造费用的基础,编制 1 月份固定间接费用差异的汇总分析。

3. 解释为什么要求 1 和要求 2 中有的差异是相同地,而有的差异是不同的。

13-63 预期产量的选择

罗莎妮·麦金太尔是佐治亚州纸制品公司的咨询顾问,她正在帮助该公司的一个分部建立 20×5 年的标准成本系统。为了产品成本核算的目的,该系统必须将固定制造费用成本分配到生产的产品中去。她决定以机器工时的固定间接费用分配率为基础,但她不能确定合适的产量作为计算固定间接费用分配率的分母。佐治亚州纸制品公司增长得非常迅速,该分部大约每 4 年就会扩张其生产能力,最近的 1 次扩张在 20×5 年年初,现在总的生产能力是每年 2 800 000 个机器工时,麦金太尔预测到 20×9 年,每年会有如下的经营水平(以机器工时计算的):

年度	所耗的生产能力
20×5	2 250 000 工时
20×6	2 450 000 工时
20×7	2 700 000 工时
20×8	2 800 000 工时
20×9	2 900 000 工时

目前的计划是在 20×9 年另外增加 500 000 个机器工时的生产能力,麦金太尔确定了三种分配固定间接费用的基础:

(a) 问题中每年的预计产量

(b) 当前的生产装备下 4 年的平均产量

(c) 实际(或全部)的生产能力

要求:

1. 假设到 20×8 年每年的固定制造费用预期是 36 400 000 美元,为了简单起见,假设没有通货膨胀。分别以三种分配基础计算 20×6 年、20×7 年和 20×8 年的固定间接费用分配率。

2. 简要地描述每种分配基础的影响。

3. 你更倾向于使用哪种方法？为什么？

13-64 经营结果的分析

利兹工具公司生产和销售各种各样的机器工具，公司采用一个标准的成本会计系统进行账簿记录。

20×4年年初，公司的总经理向董事会提交了预算报告，董事会接受了20×4年利润为16 800英镑的目标，并同意如果实际利润超过这个目标利润，就给总经理一笔奖金。总经理对年度利润超过预算目标非常有自信，因为他所得的月度报告已显示年度销售收入将会超过预算10%。当会计师在20×4年11月30日提供调整的预测报告(预测年利润会低于目标利润14%)时，总经理感到非常迷惑。

	预测数	
	X4/1/1	X4/11/30
销售收入	£156 000	£171 600
标准销售成本	108 000*	118 800
标准毛利	£48 000	£52 800
多(少)吸收的固定制造费用	0	(6 000)
实际毛利	£48 000	£46 800
销售费用	£11 200	£12 320
管理费用	20 000	20 000
总的经营费用	£31 200	£32 320
税前收益	£16 800	£14 480

* 包括30 000英镑的固定制造费用。

自20×4年1月1日作出预测后，不存在售价的变化和产品组合的转移。损益表上唯一的成本差异是不完全吸收的制造间接费用。由于主要供应厂商因工人罢工而关闭造成原料短缺，公司20×4年只生产了16 000的标准机器工时(预算机器工时是20 000)，幸运的是，公司完工产品存货数量很大，能够满足所有订单的要求。

要求：

1. 分析并解释为什么尽管销售额增加了且更好地进行了成本控制，利润反而下降了？列示计算过程。

2. 如果有可能的话，利兹工具公司12月份能采用什么样的计划来提高年末报告的营业利润？解释你的答案。

3. 列示并解释利兹工具公司将采用一种怎样的替代内部成本报告程序来避免当前程序的影响。列示在替代程序下修改的预测。

4. 如果按要求3中的替代程序来编制财务报告，董事会会接受吗？解释你的原因。

13-65 标准的完全成本法和变动成本法

Schlosser公司某一年度有如下经营结果。所有差异都作为标准销售成本的增加项或减少项被冲销。计算出以字母表示的未知项。

销售额：150 000 件 × $20	$3 000 000
标准变动制造成本的净差异	$33 000，不利差异
标准变动生产成本	每件 $11
变动的销售和管理费用	每件 $3
固定的销售和管理费用	$650 000
固定的制造间接费用	$165 000
每年最大的生产能力	190 000 件
年期望产量	150 000 件
产成品的期初存货	15 000 件
产成品的期末存货	10 000 件
期初存货：变动成本法基础	a
贡献毛利	b
营业收益：变动成本法基础	c
期初存货：完全成本法基础	d
毛利	e
营业收益：完全成本法基础	f

13-66 差异的处理

20×4 年 1 月，路易斯安那园林装备公司新建了一个生产剪草机的分部。管理层希望这些剪草机的质量明显优于市场上大多数竞争对手。20×4 年，该分部生产了 100 000 台剪草机，财务结果如下：

销售额：75 000 件 × $18

- 标准直接人工：100 000 × $8 = $800 000
- 直接人工差异：$34 000 U
- 标准直接材料：100 000 × $5 = $500 000
- 直接材料差异 $9 500 U
- 发生的标准间接费用：100 000 × $4 = $400 000
- 间接费用差异：$3 500 F

公司采用的是完全成本计算系统，允许该分部选择下面两种方法中的任一种方法来对差异进行会计处理：

a. 直接冲减收益

b. 分摊到期间内生产的产品上（方法 b 要求差异平均地分摊到期间内生产的产品上）

要求：

1. 分别采用方法 a 和方法 b 计算该分部的营业收益。假设没有销售和管理费用。
2. 分别采用方法 a 和方法 b 计算期末存货价值。注意没有期初存货。
3. 支持每种方法的主要理由各是什么？

13-67 标准成本系统中的简单问题

学习附录 13，Winnipe 化学公司使用的是弹性预算系统和标准成本系统。

- 发生的直接人工成本为 12 000 工时，$150 000

- 发生的变动间接费用为 $37 000
- 固定间接费用弹性预算差异，$1 600，有利差异
- 生产的产成品数量，1 800
- 发生的固定间接费用，$38 000
- 每工时分摊 3 美元的变动间接费用
- 标准直接人工成本，每小时 13 美元
- 计算固定间接费用分配率时分母所使用的产量，每月 2 000
- 每件产成品的标准直接人工工时，6 工时

分析所有的差异（用与图表 15-10 相似的格式进行分析）

13-68 标准成本系统中的简单问题

学习附录 13，Munchen 公司采用标准成本计算系统，以下是有关它的唯一产品的月度数据（EUR 代表欧元）：

- 发生的固定间接费用，EUR 6 300
- 以每小时 EUR 11 为基础分配变动间接费用
- 标准直接人工成本，每小时 EUR 44
- 每月分母所使用的产量，220 件
- 每件产成品标准直接人工工时，5 工时
- 发生的直接人工成本，1 000 工时，EUR 42 500
- 发生的变动间接费用，EUR 10 400
- 固定间接费用预算差异，EUR 300，有利差异
- 生产的产成品，180 件

分析所有的差异（用与图 13-4 相似的格式进行分析）。

案例题

13-69 多重间接费用分配率和作业成本法

惠普公司的一个部门组装和测试印刷电路板（简称 PC 板）。这个部门有许多不同的产品，一些产品的产量高，而另一些产品的产量低。多年来，间接费用以直接人工为基础的单一的分配率分配计入产品成本。然而，现在的直接人工在间接费用总额中所占的比例已经下降到 6%。

管理者决定改进部门的产品成本核算系统，取消直接人工类别，将直接人工作为制造费用的一个组成部分；管理者还确认了几项作业及每项作业适当的成本动因。第一项作业（起始台）的成本动因是未经加工的印刷电路板的数量，相关的分配率计算如下：

$$\text{起始台作业的分配率} = \frac{\text{作业的预算制造费用总额}}{\text{未加工的印刷电路板}}$$

$$= \frac{\$150\,000}{125\,000} = \$1.20$$

由此可见，起始台每加工一个印刷电路板要发生成本 1.20 美元。产品成本由直接追溯到电路板上的成本和制造作业中累计的间接成本（制造费用）组成。

利用上述分配率，考虑 37 号印刷电路板的下列数据：

直接材料		$55.00
分配的制造费用		?
制造产品成本总额		?

在37号印刷电路板的生产中,相关的成本分配基础如下:

作业	成本动因	分配给每项作业的制造费用
1. 起始台	未经加工的印刷电路板的数量	1 × $1.20 = $1.20
2. 插轴	插轴的数量	39 × 0.07 = ?
3. 浸插	插件的数量	? × 0.20 = 5.60
4. 手工插件	手工插件的数量	15 × ? = 6.00
5. 波峰焊接	焊接电路板的数量	1 × 3.20 = 3.20
6. 反插	插件的数量	8 × 0.60 = 4.80
7. 测试	测试作业中的标准时间	0.15 × 80.00 = ?
8. 缺陷分析	缺陷分析和修复的标准时间	0.05 × ? = 4.50
合计		?

要求:

1. 填空。
2. 在这种成本核算系统下,产品的直接人工是如何鉴别的?
3. 为什么管理者偏爱多重间接费用分配率和作业成本法,而不是传统的成本核算系统?

13-70 存货计价、生产计划和分部的业绩评价

Calais公司非常重视公司不同分部管理者之间的相互竞争,年终会拿出分部净经营收益(在扣除奖金和所得税之前)的5%—10%来奖励经营得好的分部,分部管理者对生产计划拥有较大的自主权。

布雷特妮分部生产和销售一种产品,该种产品有长期需求,但具有季节性,而且每年的需求有波动。20×4年11月30日,该分部的管理者吉劳德正在制定12月份的生产计划。从1月1日到11月30日的生产经营数据如下(EUR代表欧元):

期初存货,1月1日,单位:件	10 000
单位产品的售价	EUR 400
发生的总的固定制造成本	EUR 9 350 000
其他的总固定成本(不计入存货成本)	EUR 9 350 000
总的变动制造成本	EUR 18 150 000
其他的总变动成本(随销量而波动)	EUR 4 000 000
产量	110 000
销量	100 000
差异	无

10月和11月的产量均为10 000件,实际的月生产能力为12 000件,最大的存货存储

能力为25 000件,12月份到下年2月份的销售量预计为每月6 000件。为了保留住核心员工,没有总经理特批的话,月生产量计划不能低于4 000件。存货水平不能低于10 000件。

计算固定间接费用分配率时分母所使用的产量每年均为120 000件。公司采用的是标准吸收成本核算系统,所有的差异均在年末作为标准销售成本的调整项。

要求:

1. 参看上面的条件,并假设经理吉劳德想使公司20×4年的净收益最大化。

   a. 12月份的计划生产量应为多少件?

   b. 假设12月份的成本性态和以前月份相同,20×4年报告出的整体净营业收益是多少? 列示计算过程。

   c. 如果12月的产量计划为4 000件,报告出的净收益会是多少?

2. 假设公司使用的是标准变动成本法而非标准完全成本法:

   a. 假设12月份的产量计划与要求1a中的相同,20×0年的净收益会是多少?

   b. 假设12月份的产量是4 000件时,情况又会怎样?

   c. 调整本题与要求1中的净收益。

3. 从公司整体的长期利益来看,该部门管理者制订的12月的产量计划应该是多少? 详细解释原因。在你的解释中,应包括在此情形下完全成本法和变动成本法对激励机制的影响的比较。

4. 假设采用的是标准完全成本法,经理吉劳德想使他的税后利润最大化。利用题目开头的数据,假设20×5年的所得税税率会减半,为了避税将差异在年末进行冲销也是允许的,那么12月份的计划产量应该为多少? 为什么?

13-71 业绩评价

Iowa/Illinois玉米公司的一个分部为中西部的农夫们生产玉米种子。20×4年詹森当上了该公司的总经理,他很关注分部经理控制成本的能力。为了评价业绩,詹森建立了一个标准成本系统。

标准成本以20×4年的成本为基础,20×4年的每一种成本都被20×5年的产量1 520 000 cwt除,以得到20×5年的标准成本(cwt表示100磅):

	20×4 成本(千美元)	20×5 标准(每100磅)
直接材料	$1 824	$1.20
直接人工	836	0.55
变动间接费用	1 596	1.05
固定间接费用	2 432	1.60
总计	$6 688	$4.40

2005年年末,詹森把实际经营结果与他确立的标准进行了比较,产量是1 360 000 cwt,差异如下:

	实际	标准	差异
直接材料	$1 802	$1 632	$170 U
直接人工	735	748	13 F
变动间接费用	1 422	1 428	6 F
固定间接费用	2 412	2 176	236 U
总计	$6 371	$5 984	$387 U

詹森对直接材料出现不利差异并不感到奇怪,毕竟 20×5 年的玉米价格比 20×4 年的平均价格高了 10%。但对于固定间接费用缺少控制措施使人感到很困惑。于是,他把产品经理召集在一起,要求解释原因。

要求:

1. 对出现的较大的固定间接费用不利差异进行解释。
2. 讨论用前一年的成本作为下一年标准的合理性。

合作学习练习

13-72 间接费用的会计处理

以 4—6 人为一组。每组都对一位当地公司的成本会计师进行采访。被采访者应是一家小公司的最高财务官,而非大型公司的部门会计主管或成本分析师。选择被采访者最重要的要素是他熟悉公司的间接费用是如何被分配到产品或劳务中去的。

对成本会计师进行访谈,探讨下列问题。如果你的问题有了初步的答案,请准备下一个的问题。你的目标是尽可能具体地了解一个公司分配间接费用的程序。如果是一家大型公司,你可以将重点放在公司的一个部门、一条生产线或其他具体对象。

讨论的问题是:

1. 间接费用中包括什么类型的成本?与直接材料和直接人工相比,间接费用的数额有多大?
2. 有集中不同类型的间接费用成本库吗?部门、作业、固定或变动成本不同会有不同的成本库吗?由于术语含义变化广泛,请解释你对这些项目的看法。
3. 直接费用是如何分配到最终产品或劳务中去的?分配时采用了什么成本动因?

访谈之后,编制一张尽可能详细的成本分配体系图。以这张体系图向全班同学解释你们小组选择的公司是如何分配间接费用的。

互联网练习

13-73 戴尔

公开披露的损益表是以完全成本法为基础编制的,毕竟完全成本法是美国公认的会计原则所接受的。但是,因为完全成本法没有将固定成本和变动成本分开,以完全成本法编制的损益表可能不能提供长期决策所需的信息。本题的练习关注于拓展戴尔计算机已公布的完全成本法的财务报表所贡献的信息,作为一个计算机的制造者,戴尔已经成为一个闻名遐迩、家喻户晓的名字。

1. 访问戴尔的网站 www.dell.com,在它提供的家用和办公笔记本电脑中挑一款来回答。当你到达产品页时,你可以发现什么类型的信息?可不可能这款笔记本电脑会有多于一种的价格？为什么？

2. 现在点击"关于戴尔"，从目录中选择"投资者"，参照离岸运货量来看一下最近一年的信息。相较之前年度离岸运货的单位数量是增加了还是减少了？记录最近一年离岸运输计算机总数量的全年信息。

3. 看戴尔最近的 10-K 分析报告。看"管理层对于财务状况和经营状况的讨论和分析"这一部分。试回答：Latitude 笔记本电脑的总收入是多少？Latitude 笔记本电脑的平均销售价格是多少？这个价格与建议销售价格相比如何？你认为为什么这个价格是不同的？

4. 看最近的营运合并报表。当前年度的销货成本、销售费用、管理费用和机械修理费用是多少？查看涉及当前年度的现金流量表。试回答：本年的折旧和摊销金额是多少？假设这些费用中的 80% 是与个人计算机相关的（因为戴尔 80% 的收入是从个人计算机的销售中来的），并且这个折旧和摊销是戴尔当前年度唯一的固定费用。计算一台个人电脑的单位平均变动销售成本以及平均边际收益。在这个状况下个人电脑制造和销售的盈亏平衡点数量是多少？在公司现在报告出来的利润表的情况下，这个数字合理吗？

第14章 分批成本及分步成本核算系统

学习目标

学习完本章之后,你应该做到:
1. 区分分批成本核算法及分步成本核算法;
2. 为分批成本核算系统中的典型业务编制总日记账分录;
3. 在分批订货条件下使用作业成本法系统;
4. 说明服务性机构是如何使用分批成本核算法的;
5. 解释分步成本核算法的基本原理,并说明它与分批成本核算法的区别;
6. 计算产出的约当产量;
7. 在分步成本核算系统中,对主要的交易活动计算成本并编制日记账分录;
8. 解释期初存货在加权平均法下如何影响单位成本的计算;
9. 在适时制下使用反冲成本法。

JELLY BELLY 糖果公司

请说出前总统罗纳德·里根最喜爱的糖果、热门影片《哈里·波特》中出现的糖果(口味类似泥土、青草和催吐剂)以及第一种进入外太空的糖果。所有的答案都是雪花软糖。而这其中最著名的品牌之一就是 Jelly Belly。笔者注意到,这种糖果经常出现在参加冗长艰难的管理会计考试的学生的课桌上。

Jelly Belly 是世上头号美食家制造的雪花软糖。Jelly Belly 糖果公司生产的糖果有玉米糖、巧克力、橡皮糖、酸味糖、各种主要时令的蜜饯等上百种令人馋涎欲滴的糖果。生产 Jelly Belly 牌雪花软糖需要如下几个步骤。首先用花生酱、桃泥、牛奶巧克力等配料给一壶热的胶粘混合物加调味料及上色。接着,以1 260粒为一盘待冷却,在加外壳前用玉米粉和糖做一层糖衣。最后的工序包括打光并在每粒糖上印上 Jelly Belly 然后包装起来。

Jelly Belly 的会计人员(也可亲切地称他们为数糖者)是如何确定各生产步骤中的成本的呢?调味料的成本是如何转移到加糖衣这一步,然后又是如何转移到加外壳这一步的呢?而所有步骤的成本是如何统一起来并分摊到销往世界各地成千上万的产品的呢？这些问题的答案有助于管理层确定每件售出产品的利润并且制定价格。为了回答这些问题，Belly Jelly 的会计人员已经开发了完全能满足管理层决策需要的分步成本核算系统。

当你的眼睛因为美味的 Jelly bean 软糖而发亮的时候，你的脑海中绝对不会去考虑 Jelly Belly 公司为了给我们带来如此多的欢乐而花费了多少成本。但是对 Jelly Belly 的会计师们来说，他们最头疼的却是如何将繁杂的成本分配到各个产品中去。管理者要利用这些成本来决定赢利性和确定成本策略。

分批成本核算法与分步成本核算法的区别

分批成本核算法(job costing)和分步成本核算法是产品成本核算系统中最常见的两种方法。由于每件或每批产品要求的技术投入不同，所以分批成本核算法把产品成本分配到每一件或每一批产品中去。通常，采用分批成本核算法的行业包括建筑、印刷、航天、家具、特制机械以及任何单独定制的制造行业。

> **目 的 1**
> 区分分批成本核算法和分步成本核算法。

> **分批成本核算法(job costing)**：把产品成本分配到每一件或每一批产品中去。

分步成本核算法（process costing）把产品成本分摊到大量几乎相同的产品中去。这种方法通常用于化工、石油、塑料、橡胶、木材、食品加工、玻璃、采矿、水泥以及肉类包装等行业。这些行业利用大规模的流水线生产方式来生产相似产品，每一件都要经过一系列相同的生产步骤或操作过程。

> **分步成本核算法**（process costing）：把产品成本分摊到大量几乎相同的产品中去。

分批成本核算法和分步成本核算法的主要区别在于它们分摊产品成本的方法不同。分批成本核算法会在截然不同的批次或订单中把成本分配到具体的某一订单，可能是单件实物（如定制沙发），也可能是多件相似产品（如一打桌子）。相反地，分步成本核算法则是把生产成本平均分配到每一件产品中。

最重要的一点是，产品成本核算是个均分的过程。单件存货成本是由累积的生产成本（例如与生产活动相关的总成本）除以特定生产计量单位得到的。分批成本核算法和分步成本核算法最基本的不同之处在于分母的大小不同。在分批成本核算法中，分母很小（例如1幅画、100份广告传单、1台特制包装机器或1座大桥）。然而，在分步成本核算法中，分母却很大（例如成千上万磅、加仑或板材量尺）。

分批成本核算法和分步成本核算法是可能的成本核算系统闭合集中的两个极端。每家公司都设计一套自己的会计系统来适应其生产活动。一些公司采用的就是**混合成本核算系统**（hybrid costing systems），融合了分批成本核算法和分步成本核算法的理念。

> **混合成本核算系统**（hybrid costing systems）：利用大批量的几近相同产品的平均成本为基础来分配产品成本的一种产品成本分配方法。

分批成本核算法举例

通过例子来学习分批成本核算法，学习效果会是最好的。但首先让我们来了解一下分批成本核算法中要使用的基础记录。在分批成本核算系统中最核心的单据是**分批成本单**（job-cost record），如图14-1所示。分批成本单涵盖了某一产品、服务或一个批次产品的所有成本。一份未完工订单的分批成本单可以为在产品存货账户提供明细。一份已完工的订单的分批成本单包括了产成品存货账户的全部内容。

> **分批成本单**（job-cost record）：涵盖了某一产品、服务或一个批次产品的所有成本的文件。

> **领料单**（materials requisitions）：用于记录各订单使用的材料的文件。

> **工时卡**（labor time）：用于记录特定直接劳动力用于每份订单的时间的文件。

如图14-1所示，分批成本单囊括了领料单和工时卡这些源文件的所有信息。其中，**领料单**（materials requisitions）用于记录各订单使用的材料，**工时卡**（labor time）用于记录特定直接劳动力用于每份订单的时间。

成本计算单：	设计	部门			
开始日期	20×7/1/7	订单编号	963		
完成日期	20×7/1/14	完工数量	92		

成本	日期	参考	数量	金额	总计
直接材料：					
6 横木	20×7/1/7	N41	24	120.00	
包装料	20×7/1/9	K56	12	340.00	460.00
直接人工：					
钻孔	20×7/1/8	7Z4	7.0	105.00*	
	20×7/1/9	7Z5	5.5	82.50	
磨光	20×7/1/13	9Z2	4.0	80.00	267.50
制造费用：					
分摊	20×7/1/14		9.0 工时	180.00	180.00
总成本					907.50
单位成本					75.625

领料单：编号 __N41__
订单编号_____ 日期 20×7/1/7
部门____设计____

著录	数量	单位成本	金额
6" 横木	24	5.00	120.00

授权 __J. Hags__

工时卡：编号 __7Z4__
员工编号 __464-89-7265__
部门____设计____
日期 __20×7/1/8__

开始	结束	工时	价格	金额	订单
8:00	11:30	3.5	15.00	52.50	963
12:30	4:00	3.5	15.00	52.50	963
4:00	5:00	1.5	15.00	15.00	571

总计　　　　8.0　　　　120.00
主管 __M. Butsles__

图 14-1　完工成本计算单及源文件样本

＊工时卡 7Z4 中，8 小时中的 7 小时以及 120 美元中的 105 美元都属于订单 963。

如今，成本计算单和其他的源文件大都是电脑文件而非纸质记录。通过在线数据输入、后备地址寄存器译码和光感扫描就可以将记录所需的许多信息输入电脑而不用再记录在纸上。然而，无论记录是在纸上还是在电脑文件中，会计系统都必须采集并保存相同的基本信息。

每份订单一开始，我们都会为它创造一份分批成本单。每加工一件产品，我们都要在分批成本单上做好记录。当产品经过不同部门时，它的三类成本就会在成本计算单上累积。其中，直接材料成本来源于领料单，直接人工成本来源于工时卡，而预算分配率(每个制造费用库都有独立的分配率)被用来分配工厂制造费用。预算分配率的计算将在本章后半部分加以描述。

Enriquez 机械零件公司的基本记录

我们将使用 Enriquez 机械零件公司的记录和日记账来说明分批成本核算系统是如何运作的。20×7 年 12 月 31 日,公司的记录如下:

直接材料(12 种)	$110 000
在产品	—
产成品(两份订单中未售出的部分)	12 000

以下总结了 20×8 年的相关交易:

	设计	装配	总计
1. 购买的直接材料	—	—	$1 900 000
2. 用于生产的直接材料	$1 000 000	$890 000	1 890 000
3. 发生的直接人工成本	200 000	190 000	390 000
4a. 发生的间接制造费用	290 000	102 000	392 000
4b. 分摊的间接制造费用	280 000*	95 000	375 000
5. 完工并转至产成品的产品成本	—	—	2 500 000
6a. 销售收益	—	—	4 000 000
6b. 销售成本	—	—	2 480 000

* 我们将在本章后半部分解释分摊的制造间接费用的特性。

图 14-2 概括了 Enriquez 机械零件公司分批成本核算系统的成本流。该图总结了公司账面上重要生产账户间的业务。当你继续分析这接下来的一项项业务时,要对应图 14-2 核对每条解释。公司通常会在业务发生时登记分录。然而,为了从宏观上了解整个流程,针对 20×8 这一整年,我们使用加总后的分录。首先,我们把使用的直接材料、直接人工和分摊的间接制造费用转至在产品账户。接着,再把完工产品成本从在产品账户转至产成品账户。当公司卖出产品后,产品成本变成了费用,即销售成本。

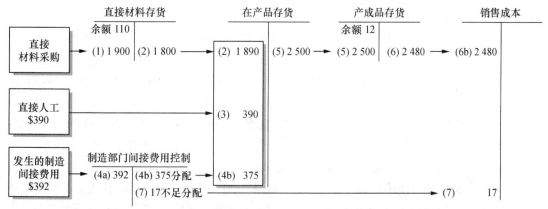

图 14-2 分批成本核算法成本流(以千美元计)

直接材料和直接人工成本的分摊

图 14-2 中的前三项业务把直接材料和直接人工成本追溯到了在产品中。相关的分录很简单。

> **目 的 2**
> 为分批成本核算系统的典型业务编制总日记账分录。

1. 业务:购买的直接材料, $1 900 000
   分析:资产直接材料存货增加,负债应付款项增加
   分录:直接材料存货　　　　　　　　　　　1 900 000
   　　　　应付款项　　　　　　　　　　　　　　　　　1 900 000

2. 业务:征用的直接材料, $1 890 000
   分析:资产在产品存货增加,资产直接材料存货减少
   分录:在产品　　　　　　　　　　　　　　1 890 000
   　　　　直接材料存货　　　　　　　　　　　　　　　1 890 000

3. 业务:发生的直接人工成本, $390 000
   分析:资产在产品存货增加,负债应计工资增加
   分录:在产品　　　　　　　　　　　　　　　390 000
   　　　　应计工资　　　　　　　　　　　　　　　　　　390 000

间接制造费用的分摊

业务 4a 和 4b 是关于工厂制造费用的。在业务 4a 中,我们把实际工厂制造费用归纳进工厂部门制造费用控制的总账户,该账户暂被视为资产。每个部门都会有各种具体的制造费用账户来帮助控制制造费用,但为了方面起见,我们把它们全部记入工厂部门制造费用控制账户。

4a. 业务:发生的工厂制造费用, $392 000
    分析:零时账户工厂部门制造费用控制增加
    　　　混合资产账户减少且/或负债账户增加
    分录:工厂部门制造费用控制　　　　　　　　392 000
    　　　　现金,应付款项和各种其他资产负债表账户　　392 000

在业务 4b 中,我们把工厂制造费用归入在产品账户。为了做进一步的决策,如要重视哪些产品、放弃哪些产品以及如何给每件产品定价,我们就得在产品完工时知道所有的成本。因为会计人员直接把直接材料和直接人工追溯至产品中,这些成本在产品完工时就能得到。相反地,为了在生产中把工厂制造费用分摊到产品中,会计人员必须在在产品完工时通过估计总产品成本制定预算(预定)分配率,并以此把制造费用分配到各订单中。

下列步骤总结了如何计算分批成本核算系统中的工厂制造费用:

1. 确定即将使用的制造费用中心的数目,选择一个成本分配动因作为分配制造费用的基础。成本分配动因量包括直接人工小时数、直接人工成本、机器小时数及生产安装。
2. 为计划生产期间准备间接制造费用预算,通常为一年。两个重要项目是预算制

造费用和成本分配动因量的预算数量。每个制造费用中心都会有一组预算制造费用和相应的预算成本分配动因量标准。

3. 用每个成本库的总预算制造费用除以预算成本分配动因量标准,计算出预算制造费用分配率。

4. 获得每件产品实际的成本分配动因量数据(例如机器小时数)。

5. 将步骤3中的制造费用分配率乘以步骤4中的真实成本分配动因量数据,计算出产品的预算制造费用。

通过以上步骤,让我们一起来计算 Enriquez 机械零件公司的间接制造费用。20×8 年的生产制造费用预算如下:

	生产	安装
间接人工	$75 600	$36 800
供给	8 400	2 400
能效	20 000	7 000
维修	10 000	3 000
工厂房租	10 000	6 800
监管	42 600	35 400
设备折旧	104 000	9 400
保险、财产税等	7 200	2 400
总计	$277 800	$103 200

Enriquez 公司为每个部门选择了一个单独的成本分配动因量,设计部门用的是机器小时数,安装部门用的是直接人工成本。当 Enriquez 生产产品时,用来分配产品间接制造费用的预算分配率是这样计算的:

　　预算制造分配率 = 总预算制造费用/总预算成本分配动因量

两部门的预算制造分配率如下:

	20×8 年	
	生产	安装
预算制造费用	$277 800	$103 200
预算机器小时数	69 450	
预算直接人工成本		$206 400
预算制造分配率,每机器小时: $277 800 ÷ 69 450 =	$4	
预算制造分配率,每直接人工成本: $103 200 ÷ $206 400 =		50%

注意制造分配率是预算的,即估计的。这些分配率被用来分配实际生产过程中的制造费用。也就是说,某一特定产品的总制造费用是通过预算制造分配率和该产品的实际机器小时数或人工成本相乘而得到的。假设年末 Enriquez 设计部门使用了 70 000 机器小时数,安装部门发生了 190 000 美元的直接人工成本。生产出的产品应该分配到总计 375 000 美元的制造费用:

设计部门：实际机器小时数 70 000 × $4 = $280 000
安装部门：实际直接人工成本 $190 000 × 0.5 = 95 000
应分配的总间接制造费用 $375 000

总日记账分录如下：

4b. 交易：应分配的间接制造费用，$95 000 + $280 000 = $375 000
分析：资产在产品存货增加。资产工厂部门制造费用控制减少
分录：在产品　　　　　　　　　　　　　　　　　375 000
　　　工厂部门制造费用控制　　　　　　　　　　　　　375 000

完工产品、销售收益和销售成本

业务 5 和业务 6 分别为生产的完工和产品的最终售出。当 Enriquez 完成了一笔订单，它会将这笔订单的成本转入完工产品存货。当这笔订单被售出，同样的成本又会变成销售成本。

5. 交易：完工产品成本, $2 500 000
分析：资产完工产品存货增加，资产在产品存货减少
分录：产成品　　　　　　　　　　　　　　　　　2 500 000
　　　在产品　　　　　　　　　　　　　　　　　　　　2 500 000

6a. 交易：销售收益, $4 000 000
分析：资产应收款项增加。收入账户销售收益增加
分录：应收款项　　　　　　　　　　　　　　　　4 000 000
　　　销售收益　　　　　　　　　　　　　　　　　　　4 000 000

6b. 交易：销售成本, $2 480 000
分析：费用销售成本增加，资产完工产品存货减少
分录：销售成本　　　　　　　　　　　　　　　　2 480 000
　　　产成品　　　　　　　　　　　　　　　　　　　　2 480 000

最后，图 14-2 中的业务 7 是关于实际制造费用与分配制造费用差异的处理。在 20×8 年，Enriquez 给产品分配了 375 000 美元的制造费用，而实际却发生了 392 000 美元的制造费用。由于这多余的 17 000 美元不会帮助公司产出更多的未来收入，我们一般把它当作费用而非资产来处理。我们称之为被低估的制造费用，因为被分配的量小于实际发生的量。相反地，被高估的制造费用发生于被分配的量大于实际发生的量。在年末，Enriquez 公司通过把 17 000 美元被低估的制造费用转入销售成本立即注销来处理被低估或被高估的制造费用：

7. 交易：被低估的制造费用, $17 000。
分析：销售成本增加，工厂各部门制造费用控制减少
分录：销售成本　　　　　　　　　　　　　　　　17 000
　　　工厂部门制造费用控制　　　　　　　　　　　　　17 000

这七项业务解释了所有发生于 20×8 年的直接材料、直接人工和间接制造费用。如图 14-2 所示，所有这些成本终结于直接材料成本、在产品成本、完工产品或销售成本之一。

> **管理决策练习**
>
> 假定你是一个制造部门的经理。通过明确出现在以下的会计分录中的交易,加深你自己对分批成本核算环境下产品成本的理解。这些交易中间,哪些是记录的真实成本,哪些反映的是预计的成本呢?
>
> 1. 在产品存货　　　　　　　　　　　　　×××
>   　　应计工资　　　　　　　　　　　　　　　×××
> 2. 在产品存货　　　　　　　　　　　　　×××
>   　　公司部门间接控制费用　　　　　　　　　×××
> 3. 销售成本　　　　　　　　　　　　　　×××
>   　　产成品　　　　　　　　　　　　　　　　×××
>
> **答案:**
> 　　第一个会计分录记录的是会计系统追溯到具体订单成本的直接劳动的真实成本。当订单已经完成,我们开始做第二条分录来记录公司间接费用的分摊。当工厂将订单产品交付运输后,将进行最后一条分录的登记,来记录销售成本。该成本是实际成本(直接材料和直接人工)和预计成本的综合(使用的公司的间接费用)。

分批成本核算环境下的作业成本分析法及管理

　　无论采用什么样的生产系统,公司都可以找出能分配到不同产品中的资源。这些资源的成本是公司成本会计体系必须记录的间接费用的一部分。在大多数情况下,大量的间接费用足以证明投资于成本系统能够提供更加精确的成本信息。不管我们是否使用这些成本信息来报告存货、计算订单成本或是制定成本计划和控制,更精确的成本带来的好处都超过了设置和维持成本系统的费用。正如我们之前所看到的,作业成本分析法通常能提高成本精确性,因为它注重完成的工作(作业)与消耗的资源(成本)之间的因果关系。

分批成本核算环境下作业成本分析法的说明

　　我们通过戴尔的例子来说明分批成本核算环境下的作业成本分析法。回忆一下,戴尔是我们在第 13 章中引入的主题。若干年前,戴尔采用了分批作业成本分析法系统。是什么促使戴尔作出了这个决定呢?公司的经理们给出了两个理由:(1) 高级管理层制定的激进的成本缩减目标;(2) 了解生产线赢利能力的需要。这个例子和其他任何的经营案例一样,了解赢利能力意味着了解整个经营过程的成本结构。作业成本分析系统的一个关键优势就是它着重于了解工

> **目 的 3**
> 在分批订货条件下使用作业成本法系统。

作(作业)与资源消耗(成本)是如何联系的。所以,作业成本分析系统对戴尔来说是个合理的选择。而且,一旦戴尔的经理们提高了他们对公司成本结构的了解,通过作业管理法缩减成本会容易得多。

就像大多数执行作业成本分析法的公司一样,戴尔开始开发自己的作业成本分析系统,专注于价值链中最重要、最核心的流程——设计和生产流程。当戴尔把最初的系统设计好后,它又添加了价值链中剩余的阶段。

为了了解生产线的赢利能力,戴尔的经理们确定了研发、产品设计、生产、市场营销、销售渠道和客户服务环节等主要作业。然后,他们用适当的成本动因把作业成本分配到进行生产的产品线中去。虽然每一环节都很重要,但我们将聚焦在产品设计和生产环节。产品设计是戴尔最重要的增值环节之一,它提供了一个易于生产和可以信赖的无缺点电脑产品。工程成本(主要是薪水和 CAD 设备折旧)占据了戴尔主要的设计成本。这些成本是非直接的,因此,戴尔必须通过成本动因量来把它们分配到生产线中。

生产成本包括直接材料和间接生产费用。间接生产费用由六个作业中心和相关成本库组成:接受、准备、组装、检测、包装和运输。设备成本(工厂折旧、保险、税收)被认为是生产环节的一部分,应按照每个作业中心占据的平方英尺数分摊到每个中心。

戴尔通过用每年分摊到一条生产线的预算而非直接成本总数除以预算生产总件数来得到预算分配率。然后通过定期调整来反映预算变化的分配率,并以此来计算每个订单的成本。

现在,戴尔把每个作业中心的成本分解为增值作业和非增值作业,然后以非增值作业作为成本缩减的目标项目。非增值作业的一个例子便是生产环节中的准备作业。

 管理决策练习

运用作业成本法的一个主要的目的就是增加产品成本核算的准确性,这样经理们就会对制定基于成本的决策更有把握。假设你是戴尔公司的一个经理,现在你必须在根据成本系统累计出来的成本的基础上加上一个适当的加价,以此来定出产品的价格。举例来说,如果累计的总工作成本是1 200美元,一个足够弥补所有的未分配成本以及适当的利润的适当加价将被加入到该成本上去,得出的才是售价。利用下表,确定作业成本法基础上的比例加价比以前基础上得出的加价是多还是少。哪个系统让你更加确信得出的计算机价格足够弥补所有成本并加上了适当的利润?为什么?

价值链作业	作业成本或未分配成本	
	以前的成本核算系统	作业成本法核算系统
研发	未分配	ABC 分配成本
设计	未分配	ABC 分配成本
生产	传统分配法	ABC 分配成本
营销	未分配	ABC 分配成本
分发	未分配	ABC 分配成本
售后服务	未分配	ABC 分配成本

答案：

在以前的成本系统下，戴尔通过仅仅加上生产成本来确定价格。因此，这个加价是非常大的，这样公司确实能够弥补所有的未分配成本，并加上了适当的利润。经理们对这个系统的自信度很低。作业成本法提供了对所有价值链成本的估计。加价比较低，但是对该成本的自信度确实很高。

小结与复习

问题：

回顾 Enriquez 的说明，特别是图 14-2。准备一张 20×8 年损益表，对高估或低估的间接费用使用直接销账法。

答案：

图 14-3 概括了 Enriquez 的说明对财务报表最终的影响。注意直接销账法意味着我们把 17 000 美元加入销售成本。研究图 14-3，通过账户追溯三个主要的成本元素（直接材料、直接人工和间接生产费用）。

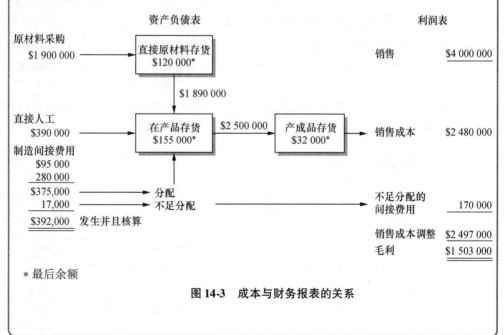

图 14-3　成本与财务报表的关系

服务和非营利机构中的分批成本核算法

到目前为止,本章集中介绍了制造企业如何利用分批成本核算法来分摊产品的成本。但是,分批成本核算法也可以应用于非制造业的情况。例如,大学中的研究"项目"、航空公司的维修检查"工作"、职业会计师的审计"职责",在这些情况下,重心从产品的成本转移到了服务、计划和项目的成本。

> **目 的 4**
> 说明服务性机构是如何使用分批成本核算法的。

服务和非营利机构通常不把它们的"产品"称为一份"工作订单"。相反地,它们可能会称之为一个项目或一项服务。一个"项目"是以服务而非产品的形式频繁生产出一组可以确认的活动。这样的例子包括安全项目、教育项目和家庭讨论项目。会计师可以把成本或收入追溯到单个的医院患者、单个的社会福利个案以及单个的大学研究计划。但是,各部门经常在许多个项目上同时工作,所以分批成本核算法的挑战就在于把不同部门的成本分摊到各个不同的项目中。只有这样,经理才能在有竞争力的项目中最优地配置有限资源。

在服务行业中,例如维修、咨询、法律和会计服务,每个顾客的单子都是拥有特殊账户或订单编号的不同的工作。会计师可以把成本、收入或两者都追溯到订单中。例如,汽车修理店一般为每辆被修理的车都准备一张维修单,用来记录被分配的材料和人工成本。顾客只能看到一份显示材料,包括零件零售价和用于他们订单的人工费的副本。同时,会计师把每个订单的实际零件和人工成本追溯到维修单的副本,来衡量每个订单的利润。为了获取这些实际的成本,维修师必须为每个新订单在计时卡上输入他们的开始和完工时间。这就是为什么你可能看见他们每次在工作开始或结束的时候在计时卡上盖章了。

合同的预算和控制

在许多服务型机构和一些生产业务中,分批订单法不仅被应用于核算产品成本,还能达到计划和控制的目的。例如,一家会计师事务所 20×8 年的简化预算如下:

收入	$10 000 000	100%
直接人工(各职务所耗的专业小时)	2 500 000	25%
间接费用与营业收入	$7 500 000	75%
间接费用(所有其他成本)	6 500 000	65%
经营收入	$1 000 000	10%

在这个例子中,

$$预算分配率 = \frac{预算间接费用}{预算直接人工} = \frac{\$6\,500\,000}{2\,500\,000} = 260\%$$

为了准备每份合同的预算,负责审计的合伙人要预测将来必要的直接专业小时数。直接专业小时数是指合伙人、经理和审计师助理用来完成合同的时间。预算直接人工成本等于适当的每小时人工成本乘以预算小时数。而会计师事务所合伙人每小时的收费比审计师助理要高得多。

这样的公司是如何分摊间接费用的呢?会计师事务所通常使用直接人工成本或直接人工小时数作为成本动因来分配间接费用。在我们的例子中,公司使用的是直接人工成本。合同的预算总成本等于直接人工成本加上间接费用,本例中为260%的直接人工成本,再加上任何其他的直接成本。

这意味着合伙人会根据他们的小时数要价按比例要求更多的间接费用支持。例如,合伙人一小时工作的直接人工成本100美元会导致价值为260美元的计划间接费用支持。如果这份工作由一个要价仅50美元的助理完成,那计划的间接费用也仅为130美元。

负责合同的合伙人为一个特定的包括详细范围和步骤的审计使用预算。例如,现金或应收账款的审计预算会明确确切的完工量、小时数以及合伙人、经理和助理的必要工作时数。合伙人通过比较当期已记录的小时数和原始预算以及估算的剩余小时数来监控进度。如果公司采用固定的审计费用,那么一份合同的赢利能力就取决于公司是否能在预算时限内完成审计。

合同成本的精确性

服务型公司的经理,例如审计和咨询公司,频繁地使用合同预算或实际成本作为指标来定价,并以此在特定服务或顾客中分配精力。因此,不同合同的计划或实际成本的精确性可能影响到定价和运营决定。

假设会计师事务所合同的定价方针是150%的总专业成本加上出差成本。公司预测成本并为一份审计合同定价如下:

	预测成本	价格
直接专业人工	$50 000	$75 000
分摊的间接费用,260%直接专业人工	130 000	195 000
不包括出差费的总成本	$180 000	270 000
出差成本	14 000	14 000
合同的总预算成本	$194 000	$284 000

注意客户支付的成本费,例如出差成本,不加入间接费用,也不应该在设定费用时有任何溢价。一旦客户接受出价,公司需要监控工作的完成情况以及发生的间接费用来确保成本的控制。

分步成本核算法基础

分批成本核算法的一种替代方法就是分步成本核算法。在我们研究分步成本核算

机械流程公司设计、制造、安装能供顾客们使用的传输系统,Nally and Gibson 就是它的顾客之一。该传输系统可以胜任不断运输的环境,而且成本较低。在 Nally and Gibson 拥有的这个矿井中,石灰石被从一个矿井中开采出来,然后通过机械流程公司提供的运输系统到达加工工厂。机械流程公司利用分批成本核算法来确定生产运输系统的成本。而 Nally and Gibson 利用分布成本核算法来确定开采、粉碎、运输、加工和储存石灰石的成本。

法的程序之前,先来看一个真实的应用。或许你没有感觉出来,但你很可能已经生活在 Nally and Gibson 公司产品的包围之中。实际上,如果你居住在普通的公寓或宿舍里,你就可能会发现周围大约有 400 吨的这种产品,在街道、马路、人行道和墙壁上,甚至有可能在你的牙膏里。Nally and Gibson 公司是市场上工业用和商用石灰石产品的主要生产商。石灰石在高速公路、中学的轨道道床、水泥人行道、建筑物、增强泥土性能的产品、住房和成千上万的其他地方(甚至在某些牙膏里)都被广泛地使用着。

石灰石产品的制造过程是一个很好的分步生产系统的例子。石灰石的生产过程是由一系列生产石灰石成品的分步流程组成的。把石灰石矿石转换为可用的石灰石产品的基本流程很容易理解,也很简单。基本流程是:从 Nally and Gibson 的露天矿场和肯塔基州乔治敦的矿场采矿,然后运到加工场所。在那里,根据对成品粗细程度的不同要求,矿石会历经数个阶段的碾磨和压碎。这些分步流程简单、相似,也许会让你觉得追溯这些产品生产成本的会计系统会很简单,甚至可能对公司的成功没有重要影响。然而,准确及时的成本信息对产品的成本核算和 Nally and Gibson 公司的决策都非常重要。

例如,把开采、运输和碾磨成本精确地分配到各种各样的产品对公司的成功非常关键。该公司的成本会计系统首先累计这些流程的总成本,然后用分步成本核算系统计算每吨产品的平均成本。就像公司总裁法兰克·汉姆顿所说的那样:"如果 Nally and

Gibson 没有处理好成本核算,我们就不会像现在这样成功。"

Nally and Gibson 的一项成本就是把露天矿石从矿场运输到工厂。用卡车开上一英里到矿场再上个陡坡,这个过程又贵又危险。机械流程公司提供了解决办法,那就是设计、制造、安装了一个供 Nally and Gibson 使用的 3 000 英尺的传输系统。机械流程公司对这项工作使用的会计系统是分批成本核算法系统的一个很好的例子,是要求独特资源组合的顾客指定产品。

结果,Nally and Gibson 公司的生产提高了 50%,同时安全性得到了提高,成本得到了降低。我们可以从这个例子中看到一个公司使用的成本会计系统取决于其产品和服务的性质。公司经理需要的成本信息决定了成本会计系统的类型。机械流程公司的经理需要的是那些拥有特质的独特产品的成本。而 Nally and Gibson 公司的经理要求非常不同的成本信息,因为其产品是碎石灰石。

像 Jelly Belly 和 Nally and Gibson 公司都是用一系列连续的分步流程来生产大批量同类或者相似的产品的,例如钉书钉或者做油炸马铃薯片用的马铃薯切片,它们并不使用我们之前看到过的分批成本核算方法。为什么呢?因为一种叫做分步成本核算法的方法对这些公司更有用。

为什么 Nally and Gibson 公司不使用分批成本核算法把成本分摊到产品中呢?首先是因为没有详细的工作订单。公司并不是在接到某一个客户的订单时才开始生产产品,而是先预测产品的需求量,然后根据这个需求量安排生产。其次,要把成本追溯到某一片油炸薯片或者即使是一货车的石灰石也是十分困难的,而且成本极高。况且做到这样高的精确度,并不会带来什么好处。所以从"成本—收益"原则出发,公司应该用更多的数量作为基数来计算单位成本,如一个月的产量。

正如我们在本章前面所见,所有产品成本都使用平均的方法来决定每件产品的成本。有时成本要在相对较少的数量间平均,例如在一个分批生产系统下生产的特殊的印刷工作。其他时候,成本要在极其广的连续分布流程生产系统生产的同类产品间平均,例如石灰石。分步成本核算法就是针对公司通过一系列生产过程连续生产大批量产品分配成本的。虽然单一部门有时包含不止一个流程,通常这些流程都发生在不同的部门。

分步成本核算法与分批成本核算法之比较

把分步成本核算法与你已经熟悉的分批成本核算法进行比较,有助于你更好地理解分步成本核算法。分批成本核算法与分步成本核算法适用于不同类型的产品。每

> **目 的 5**
>
> 解释分步成本核算法的基本原理,并说明它与分批成本核算法的区别。

一单位或每一批(订单)产品都较独特且易于辨认的行业多采用分批成本核算法,如印刷业、建筑业、家具生产行业等。当生产是通过一系列步骤,如混合、烹调而大规模进行时,多采用分步成本核算法,如化工厂、面粉厂、玻璃厂、牙膏厂以及石灰石厂等。

简单起见,我们只列示具有固定成本性质的间接资源成本库。现实中可能有几个具有固定和变动成本性质的成本库,可以选择合适的成本动因来分配间接资源成本库。

图 14-4 揭示了分批成本核算法与分步成本核算法的主要区别。相比之下,在分批成本核算法中,每一订单都有对应的一个在产品账户。分步成本核算法要求建立几个在产品账户,每个账户对应一道工序或一个部门。当货物由一道工序转至下一道工序

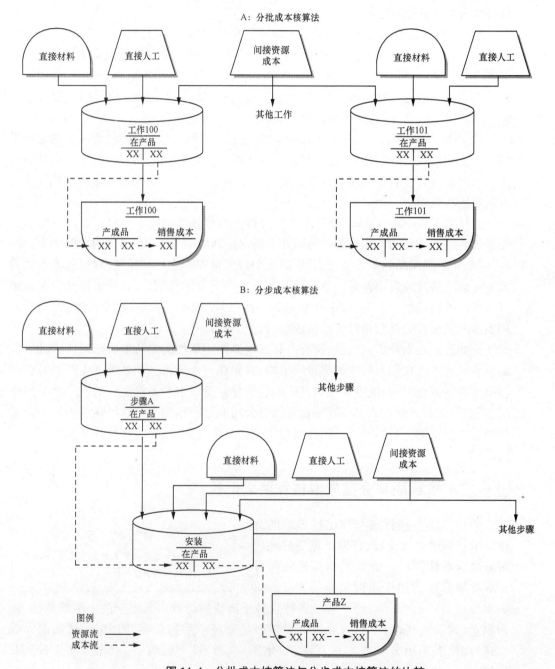

图 14-4 分批成本核算法与分步成本核算法的比较

时,其成本也随之转移。

我们来看看 Nally and Gibson 公司的分步成本核算系统。如图 14-5 所示,该公司的生产系统有 4 道核心工序。首先,公司从露天矿场或矿井采集石灰石矿石;然后,经铁路或卡车将矿石运输到工厂;在工厂里,根据客户的要求,对矿石进行筛选,然后碾磨成不同大小;最后,经碾磨的石灰石存放在仓库里等待出售运输。每一道工序均需要耗费资源。其中,直接材料是开采的石灰石,直接人工在 4 道工序里都使用到。

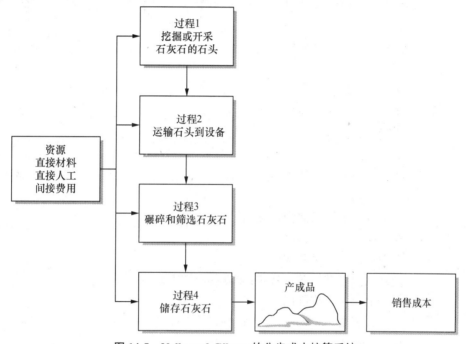

图 14-5　Nally and Gibson 的分步成本核算系统

分步成本核算法并不对单个产品进行区分,而是由某一期间累计成本除以当期生产数量得到范围较广的平均单位成本。除了生产性活动,分步成本核算法也可以运用到非生产性活动中。例如,我们可以用全州汽车驾驶执照考试成本除以考试次数,也可以用邮政局分拣部门的总成本除以已经分拣的邮件数量等。

以 Magenta Midget 冷冻蔬菜公司为例,我们可以对分步成本核算法有一个初步的了解。公司将小胡萝卜、豆子等蔬菜快速蒸煮加工后冷冻。只有两个生产步骤:蒸煮加工和冷冻。以下我们看到已蒸煮加工的蔬菜的成本(以百万美元计)由蒸煮部门转移到冷冻部门:

在产品——蒸煮部门				在产品——冷冻部门			
直接材料	14	完工产品转到下一个部门的转出成本		从蒸煮部门转来的成本	24	完工产品转移至产成品的成本	
直接人工	4			直接人工	1		
工厂间接费用	8			工厂间接费用	2		
	26		24		27		25
期末余额	2			期末存货	2		

需要转移的成本金额是由蒸煮部门的累计成本除以蒸煮蔬菜的总磅数后所得到的数值决定的。得到的每磅成本再乘以实际转入冷冻部门的蔬菜磅数即为实际转入冷冻部门的产品成本。

这里分步成本核算法的日记账分录与分批成本核算法的计算系统类似。也就是说，直接材料、直接人工和间接费用的会计处理方法与前面相同。但是，在产品账户变成了若干个后，每一个生产部门都相应建立一个在产品账户，在这里就是"在产品——蒸煮部门"和"在产品——冷冻部门"账户。根据前面所给的数据编制出以下的分录：

1. 在产品——蒸煮部门　　　　　　　　　　　　　　14
　　　直接材料存货　　　　　　　　　　　　　　　　　14
　　　记录直接材料的使用
2. 在产品——蒸煮部门　　　　　　　　　　　　　　4
　　　待换算工资　　　　　　　　　　　　　　　　　　4
　　　记录直接人工
3. 在产品——蒸煮部门　　　　　　　　　　　　　　8
　　　工厂间接费用　　　　　　　　　　　　　　　　　8
　　　记录分配至产品的间接费用
4. 在产品——冷冻部门　　　　　　　　　　　　　　24
　　　在产品——蒸煮部门　　　　　　　　　　　　　　24
　　　记录从蒸煮部门转出货物；蒸煮部门期末余额为2
5. 在产品——冷冻部门　　　　　　　　　　　　　　1
　　　应计工资　　　　　　　　　　　　　　　　　　　1
　　　记录直接人工
6. 在产品——冷冻部门　　　　　　　　　　　　　　2
　　　工厂间接费用　　　　　　　　　　　　　　　　　2
　　　记录分配至产品的间接费用
7. 产成品　　　　　　　　　　　　　　　　　　　　25
　　　在产品——冷冻部门　　　　　　　　　　　　　　25
　　　由冷冻部门转出产品；冷冻部门期末余额为2

产品成本核算的核心问题是，各部门应如何计算转出产品的成本和存留在本部门中的产品的成本。如果每单位转出产品与每单位期末存货所耗用的工作量相同，则问题很容易解决，用总成本除以总产量得出一单位产品的成本，以此来计算转出产品的总成本和总存留在本部门的未完工产品的成本。但是，如果存货中的产品只是部分完工，那么产品成本的核算系统必须明确区分转出的全部完工产品的成本和未转出的部分完工产品的成本。

分步生产系统的设计各异。图14-4的图B(以及图14-5)所示的生产设计是连续的——产品从工序A转到工序B并持续到完工。在实际中还有很多其他设计——每一个都是为了满足特定的生产要求而设计的。例如，不同产品部件可以经过平行的工序加工最后再组装。在这种情况下,工序 A 和工序 B 可能会在同一时间里生产着最终产品的不同部分。但是,不管特殊情况如何,分步成本核算法的基本原理是一样的。

分步成本核算法的应用

为了帮助你更好地理解分步成本核算法,我们以渥克维尔木制玩具有限公司为例。公司购买木材作为造型部门的直接材料。该部门只加工一种玩具——牵线木偶。然后产品会被转到修饰部门进行操作手柄的安装、穿线、涂漆和穿衣。

4 月份,造型部门生产了 25 000 个相同产品,该月的成本为:

直接材料		$70 000
加工成本		
直接人工	$10 625	
工厂间接费用	31 875	42 500
成本总额		$112 500

完工产品的单位成本即是:$112 500/25 000 = $4.50。详列如下:

直接材料,$70 000/25 000	$2.80
加工成本,$42 500/25 000	1.70
已完工木偶的单位成本	$4.50

但是,如果 25 000 个木偶并没有在 4 月份全部完工,情况会怎样呢?比如说,假设在 4 月末仍然有 5 000 个在产品木偶在造型部门中——只有 20 000 个木偶是当期开始加工并全部完工的。直接材料已经全部投入到在产品和产出品中了。但是只有转出品进行了 100% 的加工,剩余 5 000 个在产品木偶只进行了 25% 的加工。造型部门应该如何计算转出产品的成本和期末在产品存货的成本呢?答案根据以下 5 个重要步骤计算而得:

- 步骤 1:汇总实物的流转量
- 步骤 2:计算产出的约当产量
- 步骤 3:汇总要分配到在产品的应计总成本
- 步骤 4:计算单位成本
- 步骤 5:在完工产品和期末在产品之间分配成本

现在,我们就来进行这 5 个步骤的计算,记住每个步骤都为财务经理提供了有益于经营控制的数据。

实物数量和约当产量(步骤1和步骤2)

正如表14-1的第1列所示,步骤1列示的是生产的实物数量。部门劳动产出应该如何计量呢?表14-1告诉我们该部门有

> **目 的 6**
> 计算约当产量。

25 000个产品实物,但是这25 000个产品实物在计算该部门的产出时的权重是不一样的。为什么呢?因为只有20 000个是完工产品并已从该部门转出,剩下的5 000个只是部分完工,它的权重和完工产品的权重是不一样的。所以我们应该用约当产量而不是实物数量来表示产出。

表14-1 截至20×7年4月30日造型部门产出的约当产量

生产流程	步骤(1) 实物数量	(步骤2)约当产量	
		直接材料	加工成本
投产并完工	20 000	20 000	20 000
期末在产品存货	5 000	5 000	1 250 *
应计数量	25 000		
迄今为止已完成的工作量		25 000	21 250

* 实物产量5 000×加工成本的完工程度0.25。

约当产量(equivalent units)就是已投产本该完工的产品数量。例如,4件完工了一半的产品等价于2个约当产量。如果每件

> **约当产量**(equivalent units):已投产本该完工的产品数量。

只完成了1/4,则它们就等价于一个约当产量。所以,约当产量等于实物数量乘以该产品完工百分比。

在本例中,如表14-1的步骤2所示,产出可以计量为直接材料的25 000个约当产量,但仅能计量为加工成本的21 250个约当产量。为什么加工成本只有21 250个约当产量而直接材料为25 000个约当产量呢?因为直接材料已被全部投入到那25 000个产品中了,相反,除了20 000个全部完工的产品外,另外5 000个只加工了25%,这些加工成本只够加工1 250个全部完工产品。

约当产量的计算要求估算是将某种既定资源的多少分配给了在产品,当然,这并不是一项简单的工作。有些估算相对比较容易作出。例如,估算用了多少直接材料就非常简单。但是,你又如何计量某件产品用了多少能源、维护或者监督的劳动量呢?加工成本包含了这类难于计量的要素。你既要估计完成一件产品共需要多少这类要素,又要估计这些要素有多少投入到了在产品中。例如在纺织业这样的行业里,总是一直都有大批的在产品,要精确地估计这个百分比就更困难了。为了使估计简单,一些公司规定了该公司在产品的完工百分比为1/2、1/3或者2/3。在另一种情况下,由于生产的连续性使得每个月底的在产品存货数量变化不大,会计人员会忽略在产品的成本而把每月的生产成本都分摊到产成品。

约当产量的计量方法并不只局限于生产领域。它也常常作为一个共同的尺度来计量工作量。例如，医院的重视部门可以用加权数量来计算产出，依据放射时间、物料和投入的有关成本进行分级。一个简单的胸部透视可能获得 1 个权重；而一个颅部透视可能获得 3 个权重，因为它使用的资源（如技师的工时）是权重为 1 的程序的 3 倍。

产品成本的计算（步骤 3—5）

表 14-2 是一份生产成本的报告。它反映了分步成本核算法的步骤 3—5。步骤 3 汇总了应计总成本（即"在产品——造型部门"账户中的成本总额或借方的数额）；步骤 4 用成本总额除以两类成本相应的约当产量得出单位成本。完工产品的单位成本——材料成本加上加工成本——为 $2.80 + $2.00 = $4.80。步骤 5 使用这个单位成本来给不同产品分配成本。20 000 个完工产品已经吸收了 100% 的直接材料和加工成本。因此我们可以用这个单位成本乘以完工产品的数量来得出完工成品的成本。5 000 个在产品已经吸收了 100% 的直接材料。因此在产品的材料成本为 5 000 个约当产量乘以 2.80 美元，即 14 000 美元。相反，这 5 000 个在产品只吸收了 25% 的加工成本。因此其加工成本为 1 250 个约当产量（5 000 个实物数量的 25%）乘以 2.00 美元，即 2 500 美元。为什么单位成本是 4.80 美元而不是 4.50 美元呢？因为加工成本 42 500 美元是由 21 250 个产品分摊而不是 25 000 个产品。

> **目 的 7**
>
> 在分步成本核算系统中，对主要的交易活动计算成本并编制日记账分录。

表 14-2　截至 20×7 年 4 月 30 日造型部门生产成本报告

		详述	总成本 直接材料	加工成本
（步骤3）	待核算成本	$112 500	$70 000	$42 500
（步骤4）	除以约当产量		÷25 000	÷21 250
	单位成本	$4.80	$2.80	$2.00
（步骤5）	成本分配			
	分配至已完工并转移至修饰部门的产品 20 000 件 × $4.80	$96 000		
	分配至期末的在产品，4 月 30 日，5 000 件			
	直接材料	$14 000	5 000($2.80)	
	加工成本	2 500		1 250($2.00)
	期末在产品存货，4 月 30 日	$16 500		
	已核算成本总额	$112 500		

以上数据的日记账分录为：

1. 在产品——造型部门		70 000	
直接材料存货			70 000
4 月份生产使用的原材料			
2. 在产品——造型部门		10 625	
应计工资			10 625
4 月份直接人工			
3. 在产品——造型部门		31 875	
工厂间接费用			31 875
4 月份分配的间接费用			
4. 在产品——修饰部门		96 000	
在产品——造型部门			96 000

4 月份由造型部门完工并转移到组装部门的完工产品成本

"在产品——造型部门"账户增加金额 112 500 美元减去转出金额 96 000 美元,得到期末余额 16 500 美元:

在产品——造型部门			
1. 直接材料	$70 000	4. 转到修饰部门	$96 000
2. 直接人工	10 625		
3. 工厂间接费用	31 875		
应计成本总额	112 500		
4 月 30 日余额	$16 500		

小结与复习

问题:

在乔治敦的 Nally & Gibson 工厂对从附近矿场采集来的石灰石矿石进行加工。图 14-5 显示了多样的加工步骤。步骤 3 是碾磨和筛选石灰石矿石。为了生产碾磨石灰石,公司先从肯塔基州乔治敦的矿场采矿,再对矿石进行碾磨加工。假设 5 月份,公司从矿场采集了 288 吨矿石并运输到了加工厂。在月末,仍有 15 吨在加工,平均完成 40%。过去五个月采石场的矿石成本为每吨 120 美元。5 月份碾磨矿石的人工和间接费用为 39 060 美元。假设 5 月初无在产品。

1. 试计算公司 5 月碾磨矿石的成本。
2. 试计算 5 月底在产品存货的成本。

答案：

生产流程	(步骤1) 实物数量(吨)	(步骤2)约当产量	
		直接材料	加工成本
投产并完工	273	273	273
期末在产品	15	15*	6*
总产量	288		
迄今为止投入的工作量		288	279

* $15 \times 100\% = 15$；$15 \times 40\% = 6$。

	详述	总成本	
		直接材料	加工成本
步骤3 待核算成本	$73 620	$34 560	$39 060
步骤4 除以约当产量		÷288	÷279
单位成本	$260.00*	$120.00	$140.00
步骤5 成本分配			
分配至已完工并转出的产品,273吨 × $260.00	$70 980		
分配至期末在产品,15吨			
直接材料	$1 800	15($120.00)	
加工成本	840		6($140.00)
期末在产品存货	$2 640		
已核算成本总额	$73 620		

* 单位成本($260) = 直接材料成本($120) + 加工成本($140)。

期初存货的影响

到现在为止，我们介绍的例子都很简单，因为所有的产品都是当期投产的。换言之，就是没有期初存货。实际上，期初存货的存在使计算复杂很多。

> **目 的 8**
> 解释期初存货在加权平均法下如何影响单位成本的计算。

那么，当存在期初存货的时候，我们应该如何计算产品成本呢？我们仍然会使用之前介绍过的5个步骤进行计算，但实际计算的结果会随着我们使用的存货制度不同而不同。最常用的两种存货系统是加权平均法和先进先出法。在以下两个部分里，我们会用渥克维尔公司5月份生产的例子来分别说明在这两种方法下分步成本核算法。该公司完工部门4月份的期末在产品存货为5 000 件。这就是5 月份的期初存货。

产量		
在产品,4 月 30 日:5 000 件;直接材料投入产出100%,加工成本投入25%		
5 月投产件数:26 000		
5 月完工件数:24 000		
在产品,5 月 31 日:7 000 件;直接投入100%,加工成本投入60%		
成本		
在产品,4 月 30 日		
直接材料	$14 000	
加工成本	2 500	$16 500
5 月份增加的直接材料投入		82 100
5 月份增加的加工成本投入($14 560 + $42 160)		56 720
待核算总成本		$155 320*

* 注意,待核算总成本155 320 美元中除了5 月份投入的138 820 美元外,还包括期初存货中的 16 500 美元。

加权平均法

加权平均分步成本核算法[weighted-average(WA) process-costing method] 就是将当期全部产品成本加上期初在产品存货中的前期产品成本作为总成本,再将这一总额除以迄今为止的约当产量,而不管加工是在当期进行还是前期进行的。

> 加权平均分步成本核算法[weighted-average(WA) process-costing method]:一种成本核算方法,具体做法是:将(1)当期全部产品成本加上(2)期初在产品存货中的前期产品成本作为总成本,再将这一总额除以迄今为止的约当产量,而不管加工是在当期进行还是前期进行的。

为什么用加权平均这个词来描述这种方法呢? 主要是由于用于分配产品成本的单位成本受到迄今为止所发生的总成本的影响,而不管这一成本是当期发生的还是前期发生的。如果直接材料,直接人工或间接费用的成本不同于前期成本,我们使用加权平均法来计算单位成本。

表14-3 演示了此方法的前两个步骤——实物数量和约当产量的计算。约当产量的计算忽略了所有31 000 件产品的来源,即不管它们是来自期初在产品,或全部都是5月份投产的,还是二者兼而有之。表14-4 为一份生产成本报告,汇总了计算产品成本的步骤3—5。

表 14-3 造型部门 20×7 年截至 5 月 31 日的约当产量(加权平均法)

生产流程	(步骤1) 实物数量	(步骤2)约当产量	
		直接材料	加工成本
在产品,4 月 30 日	5 000(25%)*		
5 月份投产	26 000		
合计	31 000		
当期完工并转出的产品	24 000	24 000	24 000
5 月 31 日在产品	7 000(60%)*	7 000	4 200†
总产量	31 000		
迄今为止已完成工作量		31 000	28 200

* 当天加工成本的完工程度。
† 0.60 × 7 000 = 4 200。

表 14-4 造型部门 20×7 年截至 5 月 31 日的生产成本报告(加权平均法)

		详述	总成本	
			直接材料	加工成本
(步骤3)	在产品,4 月 30 日	$16 500	$14 000	$2 500
	当期投入成本	138 820	82 100	56 720
	待核算总成本	$155 320	$96 100	$59 220
(步骤4)	除数,迄今为止生产的约当产量		31 000	28 200
	单位成本(加权平均)	$5.20	$3.10	$2.10
(步骤5)	成本分配完工并转出的产品, 24 000 件*($5.20)	$124 800		
	在产品,5 月 31 日 7 000 件直接材料	$21 700	7 000*($3.10)	
	加工成本	8 820		4 200*($2.10)
	在产品总成本	$30 520		
	已核算成本总额	$155 320		

* 产出的约当产量,详见表 14-3。

转入成本

许多采用分步成本核算法的公司其生产流程是连续的。例如,渥克维尔木制玩具公司将其造型部门加工完毕的产品紧接着转入修饰部门进行进一步加工,修饰部门将其收到的产品成本称为**转入成本**(transferred-in costs)——由后续部门收到的发生在前一部门里的产品成本,它与新增加的直接材料成本相似,但不完全相同。因为转入成本是上游部门发生的各种

> **转入成本**(transferred-in costs):由后续部门收到的发生在前一部门里的产品成本。

成本(直接材料和加工成本)的混合体,所以不应该被后续部门称为直接材料成本。

我们处理转入成本的方法与直接材料成本相同,但有一点除外:转入成本与本部门投入的直接材料要分开来处理。所以,如表14-4的报告包括的将是三栏而不是两栏:转入成本、直接材料成本和加工成本。单位成本总额为此3项单位成本的合计。现在来看一家食品公司如何设计一个作业成本系统来处理大量的转移成本(下面的"商业快讯")。

商业快讯

在 Planters Specialty 公司的作业成本法核算和过程图

美国人每年消费3亿磅以上的花生小吃。生产花生小吃的主要厂商是 Planters Specialty 公司。Planters 在美国市场上的产品包括普通型烤花生、干烤花生、咸味和非咸味花生。生产一份花生小吃需要几步生产作业。大部分的花生在烤之前要"洗净"(去掉颜色),花生在包装和运输之前可以油烤或者干烤。

那么,在生产花生小吃的公司里的作业成本计算系统会是怎么样的呢?首先,让我们看一下生产活动。下图展示了加工花生的主要活动。注意在作业成本系统中,注意力更多地是放在主要作业活动之间的生产关系而不是部门之间的关系。在传统的系统里,我们会有几个生产部门,例如"洗净和油炸"部门以及"包装和运输"部门,收货、运货和储存作业是辅助(服务)职能或部门的一个组成部分。在作业成本系统里这些部门仍然存在于公司里,但是我们关注的是作业之间的相互关系而不是部门之间的。于是转变成了用主要作业设计成本会计系统来报告成本。

现在让我们更进一步看一下洗净和油炸作业及其相关的资源和辅助的作业流程。为了让我们的论述简单明了,我们删除了一些诸如间接材料和监督活动之类的因素。花生去皮的步骤如下:去皮涉及操作工把花生放入去皮机器,去皮过程需要空气加力,同时需要维修工维护。因为去皮机器占有空间,所以一部分的占有成本被分配到了这些机器。下面这张流程图描述了成本性态,对洗净部分来说,花生和空气是变动成本资源,去皮机器、维修工、操作工是固定成本资源。

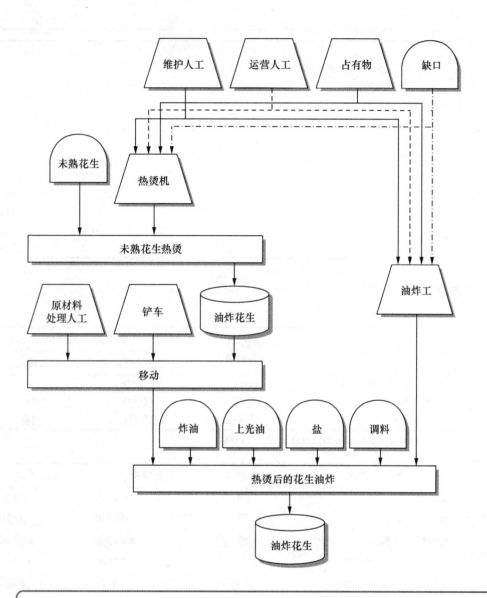

小结与复习

问题:

米得顿食品公司是一家英国食品加工公司。采用加权平均法,计算完工产品成本及期末在产品的存货成本。

产量
　　期初在产品:5 000 件;原材料投入 100%,加工成本投入 40%
　　本月投产:28 000 件
　　本月完工:31 000 件
　　期末在产品:2 000 件,原材料投入 100%,加工成本投入 50%
成本
　　期初在产品
　　　直接材料　　　　　　　　　　　　　　　　　£ 8 060
　　　加工成本　　　　　　　　　　　　　　　　　　1 300　　　£ 9 360
　　本月投入直接材料　　　　　　　　　　　　　　　　　　　　41 440
　　本月投入加工成本　　　　　　　　　　　　　　　　　　　　14 700
　　待核算总成本　　　　　　　　　　　　　　　　　　　　　£ 65 500

答案：

生产流程	(步骤1) 实物数量	(步骤2)约当产量	
		直接材料	加工成本
当期完工并转出的产品	31 000	31 000	31 000
期末在产品	2 000	2 000 *	1 000 *
约当产量	33 000	33 000	32 000

* 2 000×100% =2 000;2 000×50% =1 000。

加权平均法	总成本	直接材料	加工成本
期初在产品	£ 9 360	£ 8 060	£ 1 300
当期投入成本	56 140	41 440	14 700
已核算总成本	£ 65 500	£ 49 500	£ 16 000
约当产量,加权平均法		÷33 000	÷32 000
单位成本,加权平均法	£ 2.00	£ 1.50	£ 0.50
转出 31 000×£ 2.00	£ 62 000		
期末在产品			
直接材料	£ 3 000	2 000(£ 1.50)	
加工成本	£ 500		1 000(£ 0.50)
在产品总成本	£ 3 500		
已核算成本总额	£ 65 500		

适时生产制中的分步成本核算法:反冲成本法

在存货的各个阶段——原材料、在产品、各个流程(或部门)的存货和产成品存货,追踪成本使会计系统变得极为复杂。如果没有存货,所有成本都将直接记入所售产品成本,那么会计系统就会变得简单多了。使用适时制的公司通常只保持很少的存货,甚至是零存货。因此,根据不同类别的存货来追踪成本的传统会计系统就不适合这些公司,甚至会造成失败。鹰牌石膏产品公司正是其中一个。这个公司在美国科罗拉多州落基山脉生产商用和民用石膏墙板。像很多使用适时生产系统的公司一样,它保持着很低的存货水平并使用**反冲成本法(backflush costing)**——一种只有在生产完工时才将成本分配至产品的会计系统。反冲成本法是如何使用的呢?正如我们将看到的那样,它是一种很简单的方法。

> **目 的 9**
> 在适时制下应用反冲成本法。

> **反冲成本法(backflush costing)**:一种只有在生产完工时才将成本分配至产品的会计系统。

反冲成本法的原理

反冲成本法只包含两种成本:原材料和加工成本。它的特点是不存在在产品账户。实际的原材料成本记入原材料存货账户,实际人工和间接费用记入加工成本账户。成本由这两个临时账户直接转入产成品存货账户。一些反冲成本系统甚至删去了产成品存货账户而将成本直接转入销货成本,特别是在产品完工后并不进仓库而是立即发货的情况下。反冲成本系统假设产品开始加工后很快就完工了,以至于加工成本账户总是保持于 0 附近。成本几乎是刚刚记入账户就被转出了。

反冲成本的计算实例

斯达克技术有限公司(STI)生产汽车音响系统的扬声器。STI 最近引入了适时制和反冲成本法。以 AX27 型扬声器 7 月份的生产情况为例。AX27 的原材料标准单位成本为 14 美元,单位标准加工成本为 21 美元。7 月份,STI 购买原材料 5 600 美元,发生加工成本 8 400 美元,其中包括所有人工成本和间接费用,完工并售出 AX27 产品 400 个。

反冲成本计算分 3 个步骤:

1. 记录实际原材料和加工成本。为简便起见,现假设实际原材料和加工成本与标准成本相同。当原材料购进时,反冲成本系统将其价值记入原材料存货账户:

原材料存货   5 600
    应付账款(或现金)   5 600
记录原材料的购进

类似地,当直接人工和制造间接费用发生时,即被计入加工成本账户:

加工成本	8 400	
应计工资和其他账户		8 400

记录发生的加工成本

2. 将成本分配至完工产品。当生产完成时,根据完工产品数量及单位产品标准成本,把成本从原材料存货和加工成本账户直接转入产成品:

产成品存货(400 × $35)	14 000	
原材料存货		5 600
加工成本		8 400

记录已完工的产品成本

由于生产周期短,从加工成本的发生到转至产成品之间几乎没有间隔,因而加工成本账户余额接近于 0。

3. 记录期间销货成本。所销产品的标准成本由产成品存货账户转至销货成本账户:

销货成本	14 000	
产成品存货		14 000

记录售出的 400 件产品的成本,单位成本 35 美元

假设完工产品被立即发货给顾客,则产成品存货账户可以忽略,步骤 2 和步骤 3 可以合并,产成品存货账户可以省略掉:

已售产品成本	14 000	
原材料存货		5 600
加工成本		8 400

如果实际发生的加工成本和转入产成品存货中的标准成本不相等时又如何呢?两者的差额多作为多分配或者少分配的间接费用来处理。反冲成本法假设加工成本账户余额应始终接近于 0。在每个会计期末,该账户的任何余额都被转入销货成本。假设 7 月份实际加工成本为 8 600 美元,而转入产成品(即分配至产品)的总额为 8 400 美元,则这 200 美元的加工成本账户余额将在月末转入销货成本。

销货成本	200	
加工成本		200

确认少分配的加工成本

小结与复习

问题:

反冲成本法中最极端(也是最简单)的情况是仅在一个时点登记产品成本分录。假设 SIT 公司除了没有在产品存货账户外,也没有原材料存货账户,原材料是在生产需要的时候才购买的。这样,STI 公司的直接材料和加工成本都直接记入其产成品存货账户。

编制 7 月份生产的 400 件产品的日记账分录(不要求摘要),并填写 T 形账户。如前所述,购买原材料花费 5 600 美元,加工成本为 8 400 美元。为什么一个公司会使用这种极端的反冲成本法呢?

答案:

原材料和加工成本分配到产成品存货:

产成品存货	14 000
应付账款	5 600
应付工资和其他账户	8 400

产成品存货		应付账款、应付工资及其他账户
原材料 5 600		5 600
加工成本 8 400		8 400

这个例子说明了反冲成本法是简单而且成本低廉的。如果(1)原材料存货较少(可能是由于实行适时发货制),或者(2)生产周期较短,使得任何时候未完工产品的原材料成本和加工成本的金额都是无关紧要的,则反冲成本法就可以提供合理而精确的产品成本。

记忆重点

1. **区别分批成本核算法和分步成本核算法**。追溯产品成本是一个平均过程。分步成本核算法在追溯成本至大批量相似产品时广泛地使用平均数概念。分批成本核算法在追溯成本至唯一或小批量相似产品时优先地使用平均数概念。

2. **为分批成本核算系统中的典型业务编制总日记账分录**。分批成本核算法系统中日记账的重点是存货账户,其中在产品存货格外受到关注。使用的直接材料、直接人工和分配的工厂间接费用在在产品账户中累积。接着,完工产品成本从在产品账户转移到了完工产品账户。

3. **在分批订货下使用作业成本法系统**。作业成本分析法可用于任何拥有不同级别的共享资源的商业活动。在分批成本核算法系统中,作业成本分析法帮助经理们了解每个订单的成本结构。间接费用被分配到了作业中心。然后,根据适当的成本动因分配到各订单。作业管理分析法通过使用作业成本来区分信息以及对公司成本结构的更充分的了解来控制和减少间接费用。

4. **说明服务性机构是如何使用分批成本核算法的**。分批成本核算法同时用于非制造业以及制造业。例子包括诸如汽车维修、咨询和审计等服务成本。例如,会计师事务所主要使用分批成本核算法来计划、控制审计业务。

5. **解释分步成本核算法的基本原理,并说明它与分批成本核算法的区别**。分步成本核算法是在生产大批量同类产品时用来计算存货成本的。分步成本核算法根据部门或者流程来归结成本。每一个部门都有自己的在产品账户。而分批成本核算法与其不同的是,前者是根据每批产品的订单来追溯和归结成本的。

6. 计算产出的约当产量。分步成本核算法的核心概念是约当产量,即已投产且本该完工的产品数量。

7. 在分步成本核算系统中,对主要的交易活动计算成本并编制日记账分录。分步成本核算法有以下5个基本步骤:

(1) 汇总实物的流转情况
(2) 计算产出的约当产量
(3) 计算应计总成本
(4) 计算单位成本(步骤3÷步骤2)
(5) 将成本分配至完工产品和期末在制品

步骤3和步骤5提供了编制日记账分录的数据。这些分录包含了产品生产的各个部门的在产品账户。

8. 解释期初存货在加权平均法下如何影响单位成本的计算。期初存货的存在使分步成本核算法变得复杂。使用加权平均法计算产品单位成本时,本期的期初在产品存货包含了前期的劳动投入和本期的劳动投入。解释期初存货在先进先出法下如何影响单位成本的计算。先进先出法关注的是本期的生产投入。

9. 在适时制下使用反冲成本法。许多使用适时制的公司都运用反冲成本法。这种方法下没有在产品存货账户,只是在生产过程结束之后才将成本分配至产品。

会计词汇

反冲成本法(backflush costing)

约当产量(equivalent units)

混合成本核算系统(hybrid costing systems)

分批成本核算法(job costing)

分批成本记录(job-cost record)

分批成本记录(job-cost sheet)

分批成本记录(job order)

分批成本核算法(job-order costing)

工时卡(labor time tickets)

领料单(materials requisitions)

分步成本核算法(process costing)

工时卡(time cards)

转入成本(transferred-in costs)

加权平均分步成本核算法(weighted-average(WA) process-costing method)

基础习题

14-A1 分批成本法、基本日记账分录

以下数据（以千计）总结了 Smothers 制造公司 20×7 年的工厂经营活动，它第一年的商业活动如下：

a. 用现金购买的直接材料	$360
b. 供给并使用的直接材料	330
c. 用于生产的直接人工	125
d1. 非直接人工	80
d2. 工厂设备的折旧	55
d3. 混杂的工厂间接费用（通常会详述）	40
e. 分配的间接费用：180% 直接人工	?
f. 完工产品成本	625
g. 销售成本	400

1. 编制总日记账分录，不需要解释。本题中可把 d 部分的项目合并为"发生的间接费用"。
2. 列出所有存货、销售成本以及工厂各部门间接费用控制的 T 形账户。试计算存货的期末余额，不用调整高估或低估的工厂间接费用。

14-A2 基本分步成本核算法

CellTel 公司大批量地生产便携式激光唱碟播放器。现在我们简单地假设这家公司只有两个部门：组装部门和测试部门。2 月份组装部门的制造成本如下：

增加的直接材料		$60 800
加工成本		
直接人工：	$50 000	
工厂间接费用：	40 000	90 000
应计组装成本：		$150 800

此例没有期初在产品。假设组装部门在 2 月份开始安装 19 000 部激光唱碟播放器，但只有 17 000 部安装完毕。原材料已经全部投入，但只投入了一半直接人工。

要求：
1. 计算 2 月份约当产量和单位成本；
2. 计算已完成和转出到测试部门的产品成本，并计算期末在产品成本（具体日记账参照 14-34 题）。

14-A3 加权平均分步成本法

Magnatto 是一家生产电钻的公司。材料投入从组装部门开始。加工成本贯穿整个生产过程。当这个组装过程完成，货物就会马上转移到最终完成部门。

20×7 年 7 月组装部门的数据如下：

6月30日在产品数量: $175 500(由 $138 000 原料成本和 $37 500 加工成本组成);直接材料100% 投入,但加工成本只投入25%	10 000 件
7月开始加工的数量	80 000 件
7月份已完成的数量	70 000 件
7月31日在产品数量:100%直接材料完成,但加工成本只投入50%	20 000 件
7月份增加的直接材料	$852 000
7月份增加的加工成本	$634 500

要求:

1. 计算7月份从组装部门转移出来的总的货物成本;

2. 计算期末在产品成本。准备一个产品成本报告或类似的列表。假设使用加权平均分步成本(日记账分录参照14-38题)。

14-A4 反冲成本法

Digital 控制公司生产家用和办公电子自动高温器。Kansas 分部只生产一种产品:自动调节器,这种产品的标准成本是37美元,包括22美元的原料成本和15美元的加工成本。1月份实际购买原材料数为45 000 美元,工资支出为11 000 美元,生产间接费用为19 000 美元。完工产品为2 000 件。

Kansas 分部运用反冲成本法,这种方法记录物料存货成本和加工成本并在产品完工时把成本分配到产品。1月1日没有完工产品,但1月31日有20件。

要求:

1. 编制日记账分录(不需解释说明)。记录 Kansas 分部1月份的成本,包括购买原材料成本、发生的加工成本和生产间接费用、产品成本分配以及销货成本。

2. 假设1月份实际生产间接费用是22 000 美元而不是19 000 美元,编制日记账分录以确认1月底少分配的加工成本。

14-B1 分批成本法、基本日记账分录

牛津印刷公司的数据如下(以千计):

存货,20×7年12月31日	
直接材料	£ 18
在产品	25
完工产品	100

20×8年的总业务如下:

a. 购买直接材料	£ 109
b. 使用的直接材料	95
c. 直接人工	105
d. 发生的工厂间接费用	90
e. 分摊的工厂间接费用,80%的直接人工	?
f. 完成并转入完工产品的产品成本	280
g. 销售成本	350
h. 销售收入	600

1. 编制 20×8 年业务的总日记账分录，不需要解释。
2. 列出所有存货、销售成本以及工厂各部门间接费用控制的 T 形账户。试计算存货的期末余额，不用调整高估或低估的工厂间接费用。

14-B2 反冲成本法

Hassan 公司批量生产数字手表。组装部门生产成本如下：

增加的直接材料		$1 620 000
加工成本		
直接人工	$415 000	
工厂间接费用	260 000	675 000
应计组装成本		$2 295 000

为简单起见，假设公司只有两个部门：组装部和修饰部。没有期初在产品。

假设一开始有 9 000 000 件产品在组装部门装配。600 000 件已经完成，同时转移到修饰部。其余 300 000 件期末在产品的直接材料已全部投入，但加工成本只投入一半。

要求：
1. 计算安装部门约当产量和单位成本；
2. 计算已完工转移到修饰部门的产品成本。此外，计算组装部门的期末在产品成本（日记账分录参照题 14-35 题）。

14-B3 加权平均分步成本法

Rainbow 油漆公司采用分步成本法系统。原材料在某个特定工序开始时被添加，而加工成本贯穿整个生产过程。月初在产品完工 40%，月末完工 20%。一加仑原材料生产一加仑成品。数据如下：

期初存货	550 加仑
直接材料	7 150 加仑
期末存货	400 加仑
发生的加工成本	$35 724
增加的直接材料成本	$65 340
期初存货的加工成本	$1 914
期初存货的直接材料成本	$3 190

要求：

运用加权平均分步成本法。编制约当产量明细表和产品成本分配表。说明产成品成本和期末在产品成本（日记账分录见 14-37 题）。

14-B4 反冲成本法

Audio 汽车零件有限公司最近在汽车零部件的生产中使用了反冲成本法。某车间生产 4 英寸喇叭。标准成本如下：

原材料	$9.80
加工成本	4.20
合计	$14.00

只有在收到订单后,才会开始计划生产。一旦完工,产品立即被发运到顾客那里。因此,没有产成品库存。生产成本直接分配到销货成本。

10月份,1 500只喇叭生产出来并发运到顾客那里。购买的原材料费用为15 500美元,实际的加工成本(人工成本加间接费用)为6 300美元。

要求:

1. 编制日记账分录以记录10月份4英寸喇叭的生产成本。
2. 假设10月份的实际加工成本为6 000美元而不是6 300美元,编制日记账分录以确认多分配的加工成本。

补充习题

简答题

14-1 "对不同的目的有不同的产品成本法"。请说出至少两种目的。
14-2 请说出分批成本法和分步成本法的不同之处。
14-3 请描述分批成本法系统中支持在产品的细节。
14-4 什么类型的源文件为分批成本记录提供信息?
14-5 请列出三个使用分批成本法的服务型行业的例子。
14-6 "律师事务所使用分批成本法来追溯合同成本。因此,用来抵消间接费用的溢价不如使用分步成本系统公司的大。"你同意吗?请解释。
14-7 举出三个能采用分步成本法的行业的例子。
14-8 举出三个可采用分步成本系统的非营利性组织的例子。
14-9 分步成本法核算会计中的五个主要步骤是什么?
14-10 在分步成本法会计的五个主要步骤中,识别前两个和后三个步骤的主要不同之处。
14-11 假设某大学有10 000名全日制学生和5 000名半日制学生。运用约当产量这个概念计算"约当全日制学生"的数量。
14-12 用公式表示分步成本法中在产品有期初存货时的实物流量。
14-13 转入成本和直接材料成本的异同点有哪些?
14-14 在反冲成本法系统中,当某期的实际加工成本超过同期分配到完工产品中的加工成本时会发生什么情况?

理解练习

14-15 累积分批成本的目的

"累积分批成本是为了存货估值和收益确定。"请说出两个其他的目的。

14-16 分批成本法与分步成本法的比较

"分批成本法与分步成本法之间最基本的区别就是分母的不同。"请解释。

14-17 服务性公司的成本分配

"服务性公司只追溯直接人工成本到工作订单,所有其他成本都按直接人工成本的一定比例来分配。"你同意吗？请解释。

14-18　在分步生产环境下产品成本计算的目的

所有产品成本的计算都是使用平均值来决订单位产品成本的。在分批生产系统中,平均值是以相对小的数量单位为基础。在分步生产环境下,单位数量大得多。一旦平均单位成本已经确定,分步成本法中产品成本计算的核心问题是什么？

14-19　适时制环境下的分步成本计算

采用适时存货控制制度的公司通常存货很少或者一点存货都没有。因此,传统的会计系统可能不适合。许多这样的公司采用反冲成本法。反冲成本法仅仅适用于采用适时制的公司吗？请解释。

练习题

14-20　商业部门中的分批成本法

所有商业部门都会使用分批成本法系统。请说出以下所举的例子是属于制造业、销售业还是服务业。
  a. 安永的审计业务
  b. 塔吉斯的新产品广告
  c. 戴尔的台式电脑装配
  d. 麦肯锡的咨询业务

14-21　直接材料

在下列四个独立的情况下填空(以百万美元计)：

	1	2	3	4
直接材料存货,20×7年12月31日	8	8	5	—
购买的	5	9	—	8
使用的	7	—	7	3
直接材料存货,20×8年12月31日	—	6	8	7

14-22　在产品存货账户的使用

Cheung 铸造公司 4 月份的生产形成了其主要账户中的如下活动(以千计)：

在产品存货	
4 月 1 日的余额	12
使用的直接材料	50
订单收取的直接人工	25
分配到订单的工厂间接费用	55

总成本分别为 72 000 美元和 56 000 美元的工作订单 A13 和 A37 在 4 月份都完成了。

1. 编制 4 月份完工产品的日记账。
2. 试计算记录完工产品后的 4 月 30 日的在产品存货余额。
3. 将订单 A13 的赊销额编制为 101 000 美元。

14-23 分批成本记录

西方国家大学对不同的研究计划采用分批成本记录。使用这种记录方式的主要原因是为了满足由联邦政府赞助的成本偿付要求。

以下数据涉及医学院的一个癌症研究计划：

- 1月5日　直接材料,多样的医疗供给,$925
- 1月7日　直接材料,多样的化学药品,$780
- 1月5—12日　直接人工,研究同事,120 小时
- 1月7—12日　直接人工,研究助手,180 小时

研究同事每小时收费 32 美元,研究助手收费每小时 19 美元。间接费用分配率为直接人工成本的 70%。问题：草拟一份分批成本记录,把所有数据填入计划成本记录。试计算到 1 月 12 日的计划总成本。

14-24 分批成本数据分析

Ganz 建筑公司的分批成本记录包括以下数据：

订单编号	日期			5月31日订单总成本
	开始	完成	销售	
1	4月19日	5月14日	5月15日	$3 200
2	4月26日	5月22日	5月25日	8 800
3	5月2日	6月6日	6月8日	6 500
4	5月9日	5月29日	6月5日	8 100
5	5月14日	6月14日	6月16日	3 900

试计算 Ganz 公司的：(1) 5 月 31 日的在产品存货；(2) 5 月 31 日完工产品存货；(3) 5 月的销售成本。

14-25 分批成本数据分析

Cabrillo 建筑公司为了投机买卖而建造房屋。也就是说,房屋建造前还不知道买主是谁。即使在建造过程中,卖主同意购买房屋,销售收入也得等到房屋完工并被验收才能入账。

订单编号	日期			9月30日订单总成本	4月份加入的总建筑成本
	开始	完成	销售		
43	4/26	9/7	9/8	$180	
51	5/17	9/14	9/17	170	
52	5/20	9/30	10/4	150	
53	5/28	10/14	10/18	200	$50
61	6/3	10/20	11/24	115	20
62	6/9	10/21	10/27	180	25
71	7/7	11/6	11/22	118	36
81	8/7	11/24	12/24	106	48

1. 试计算 Cabrillo (a) 9 月 30 日和 10 月 31 日在建中的房屋成本；(b) 9 月 30 日和 10 月 31 日完工房屋成本；(c) 9 月、10 月销售房屋成本。

2. 编制 9 月、10 月把完工房屋从在建中账户转到已完工房屋账户的总日记账分录。

3. 记录 53 号订单的现金销售收入（价格 = $345 000）以及销售成本。

14-26　未知数求解

DeMond 化学制品 20×7 年 12 月 31 日的结余如下（以百万美元计）：

分摊的工厂间接费用	$200
销售成本	500
发生的工厂间接费用	215
直接材料存货	30
完工产品存货	160
在产品存货	120

完工产品成本为 420 美元。20×4 年间申请到的用来生产的直接材料成本为 210 美元。购买的直接材料成本为 225 美元。工厂间接费用按直接人工成本 160% 的分配率来分配。

试计算期初存货直接材料、在产品和完工产品的余额。不用考虑高估或低估的间接费用的调整。

14-27　未知数求解

Ramakrishnan 制造公司 20×7 年 12 月 31 日的结余如下（以百万计）：

在产品存货	$14
完工产品存货	175
直接材料存货	65
发生的工厂间接费用	180
分配的工厂间接费用，150% 的直接人工成本	150
销售成本	350

20×7 年购买的直接材料成本为 275 美元。20×7 年申请的用来生产的直接材料成本为 235 美元。完工产品成本为 493 美元。

试计算期初存货直接材料、在产品、完工产品的余额。不用考虑高估或低估的间接费用的调整。

14-28　间接费用科目间的关系

请填空：

	情景 1	情景 2	情景 3
预算工厂间接费用	$3 600 000	$?	$1 500 000
预算成本动因			
直接人工成本	$2 000 000		
直接人工小时		450 000	
机器小时			250 000
间接费用分配率	?	$5	?

14-29 商业部门中的分步成本法

分步成本法系统应用于所有商业部门。对于以下所举的例子,请说出该公司是属于制造部门还是服务部门。

a. 可口可乐饮料装瓶

b. 美国邮政局的信件投递

c. Nally & Gibson 的石灰石生产

d. 麦肯锡公司的咨询业务

14-30 分步图及分步成本法

参照图 14-4 的图 B,试举出分步成本法系统中以下各项的一个例子:(1) 转入成本;(2) 变动成本资源;(3) 直接固定成本资源;(4) 非直接资源成本。

14-31 约当产量

通过计算 Nally & Gibson 假设情况下的直接材料、直接人工和间接费用的约当产量来巩固你对于约当产量概念的理解(参照图 14-5)。

在步骤 3,即碾磨和筛选石灰石矿石中,共有 400 吨的石灰石矿石在 3 月被运到了工厂。期初无石灰石矿石存货。3 月,碾磨、筛选和储存了 320 吨。到 3 月末,80 吨的矿石中有 40%被碾磨、筛选过。碾磨筛选过程中直接人工和间接费用平均发生。

14-32 基本分步成本法

Jamestown Textiles 的某个车间生产棉制品。所有原材料在生产开始时就全部投入。加工成本在生产过程中均匀投入。

4 月,无期初存货。投产、完工并转出产品数量是 650 000 单位,4 月 30 日在产品为 220 000 单位,每件在产品的加工成本投入为 60%。4 月份发生的成本:直接材料为 3 654 000 美元;加工成本为 860 200 美元。

要求:

1. 计算 4 月份的约当产量和单位成本。

2. 计算完工并转出产品的成本。计算期末在产品的成本。

14-33 不均衡流量

Dallas Instrument 公司某车间生产简单的计算器。在一系列生产阶段中投入了多种原材料。外壳和包装套占原材料成本的 10%,在装配过程的最后阶段投入。所有其他原材料,直到计算器的完工率达到 50%时投入。

20×4 年期间,计算器投入生产 74 000 台。年底,6 000 台计算器处于不同的完工阶段,它们的完工率都超过 50%。平均来说,完工率都可视为 70%。

当年发生如下的成本:直接材料 205 520 美元,加工成本 397 100 美元。没有在产品存货。

要求:

1. 编制实物产量表和约当产量表。

2. 编制单位成本、产成品成本和在产品成本表。

14-34 日记账分录

参考 14-A2 题的数据。编制简要的直接材料、直接人工及间接费用分配的日记账分录。编制完工并转出产品的日记账分录,并过账到在产品账户。

14-35 日记账分录

参考 14-B2 题的数据。编制简要的直接材料、直接人工、间接费用分配的日记账分录，编制完工并转出产品的日记账分录，并过账到在产品——组装部账户。

14-36 计算约当产量

考虑 20×7 年的以下数据：

	实物数量
20×7 年年初数量	80 000
20×7 年产成品	90 000
在产品期末存货	10 000
在产品期初存货	20 000

期初存货的直接材料的完工程度为80%，加工成本的完工程度为40%。期末存货直接材料的完工程度为20%，加工成本的完工程度为10%。

要求：

编制至今为止已完成工作量的约当产量统计表。

14-37 日记账分录

参考 14-B3 题的数据，编制简要的直接材料和加工成本使用的日记账分录。假设产品已经转到另一个部门，编制产成品结转的日记账分录。

14-38 日记账分录

参考 14-A3 题的数据，编制简要的直接材料和加工成本使用的日记账分录。编制产成品结转和从装配车间结转到成品车间的日记账分录。

思考题

14-39 戴尔电脑的分批成本法

位于得克萨斯州奥斯汀的戴尔公司的制造流程包括装配、功能测试以及公司电脑系统的质量控制。公司设计的根据订单度身定制制造流程的策略，能使公司很快地生产出定制的电脑系统。例如，公司同不同的供应商签订合约来生产未配置的 Latitude 基础系统的笔记本电脑，然后戴尔为这些电脑配置个性化系统再发货给客户。生产过程中，各阶段的元件和配件的测试都有质量控制检测。

请描述戴尔应如何建立分批成本法系统来决定其电脑成本。对戴尔来说，一份"订单"指什么？元件、装配、测试、质量监控的成本是如何分配至各"订单"的？

14-40 制造成本的关系

Woodson 制造公司上一财政年度的一部分运营数据如下（以千美元计）：

	存货	
	开始	结束
原始材料	$70	$90
在产品	75	35
完工产品	100	120
其他数据：		
使用的原始材料		$468
一年中用于生产的总制造成本（包括原始材料、直接人工、以80%直接人工成本来分配的工厂间接费用）		864
可供销售成本		1 004
销售及总费用		50

回答下列问题：
1. 计算一年中购买的原始材料成本。
2. 计算一年中用于生产的直接人工成本。
3. 计算一年中产品的生产成本。
4. 计算一年中产品的销售成本。

14-41 分录与总录的关系、日记账

红湖制造公司是一家包装设备生产商，以下是它的三张分批成本记录单上总结的数据。

	订单412		订单413		订单414
	4月	5月	4月	5月	5月
直接材料	$9 000	$2 500	$12 000	—	$13 000
直接人工	4 000	1 500	5 000	2 500	2 000
分配的工厂间接费用	8 000	?	10 000	?	?

公司的财政年末为5月31日。工厂间接费用按直接人工的一定比例来分配。4月30日直接材料存货的余额为19 000美元；完工产品存货余额为18 000美元。

5月中订单412完工并转入了完工产品账户。5月末订单413仍在生产，开工于5月24日的订单414也在生产。订单412和订单413是唯一两份在四五月生产的订单。

截至5月30日，订单412及其他完工产品均已售出。5月的销售总成本为33 000美元。4月30日的销售成本余额为450 000美元。

1. 编制一张显示4月30日在产品存货余额的表。这张表应包括各订单记录的总成本。综合起来看，分批成本记录是支持在产品余额总录的分录。
2. 间接费用的分配率是多少？
3. 为5月所有加入在产品的成本编制总日记账分录。同样，为所有从在产品转入产成品以及从产成品转入销售成本的成本编制分录。请转入正确的T形账户。
4. 编制一张显示5月31日在产品存货余额的表。

14-42 咨询公司的分批成本法

Lubbock工程咨询公司是一家职业土木工程公司。它主要为得克萨斯州的重建筑行业进行调研工作。公司对得到的订单给出固定报价,因此公司的赢利就取决于对订单分任务所需时间的预测能力(这种情况同审计相似,诸如调平现金以及确认应收账款等审计步骤都需要预算时间)。

不同职业的员工可能服务于同一客户,从合伙人到经理到资深工程师再到助理。另外还有秘书及其他员工。

Lubbock 工程咨询公司 20×5 年的预算如下:

职业员工的报酬	$3 600 000
其他成本	1 449 000
总预算成本	$5 049 000

每个职业员工必须提交一份每周时间报告,用来记录花费于客户订单的时间。时间报告共有七栏,每天为一栏,如下所示:

- 可记账的小时数
    客户 156
    客户 183
    等等

- 不可记账的小时数
    参加新设备的研讨会
    未指派时间
    等等

这些时间报告是用来计算用于客户订单的小时数和成本的。合伙人认为这些记录非常有必要,因为它们能测算不同订单的赢利能力以及为将来提高预测能力提供经验基础。

1. 公司按订单直接支付的职业报酬(直接人工)的一定预算比率来分配间接费用。对所有类别的员工,平均可记账小时数为总小时数的 85%。不可记账小时作为附加的间接费用。作为直接人工(可记账职业报酬成本)一定比例的间接费用分配率是多少?

2. 一位资深工程师每年工作 48 周,每周工作 40 小时。他的报酬是 60 000 美元。他在过去一周内为两份订单工作过,10 小时用于订单 156,30 小时用于订单 183。由于他的工作,多少成本应被分配至订单 156?

14-43 Nally & Gibson 的加权平均分步成本核算法

Nally & Gibson 生产的产品中有一种是用于高速公路建设的碎石灰石。为了生产碎石灰石,公司需要把石灰岩压碎。这些岩石来自 Georgetown 的采石场。假设 5 月 1 日 Nally & Gibson 有 24 吨矿石处于加工中(完工程度为 75%)。期初在产品存货的成本为 6 000 美元。5 月,公司增加了 288 吨采石场的矿石,月底仍有 15 吨处于加工中,平均完工程度为 1/3。最近 5 个月采石场的矿石成本为每吨 120 美元。5 月份矿石加工过程中的人工成本和间接费用为 40 670 美元。Nally & Gibson 采用加权平均分步成本法。

要求:

1. 计算 5 月份用于生产的每吨碎石的成本。
2. 计算 5 月底在产品存货的成本。
3. 假设人工成本和间接费用的弹性预算为 16 000 美元加每吨 80 美元,对 5 月份的人工成本和间接费用的控制进行评价。

14-44 分步成本法和作业成本法

Frito-Lay 是一家生产薯条的公司。它采用适合大量生产的不间断技术。其 Plano 工厂的设备每小时生产 6 000—7 000 磅的薯条。工厂一天 24 小时运作。从生的马铃薯到包装的最终产品,生产一包薯条的整个过程需要 30 分钟。

要求:

1. 薯条生产加工过程的什么特征暗示了所采用的成本会计制度?说明最适合 Frito-Lay 的成本核算方法。

2. 生产加工过程的什么特征表明采用了作业成本法?这对 Frito-Lay 意味着什么?

3. 当存在期初存货时,产品成本的计算更加复杂。估计 Frito-Lay 公司的期初存货相对总产量的比例,并说明其对于成本核算系统的含义。

14-45 非营利机构的分步成本法

国家税务局每年都必须处理数百万的所得税申报表。当纳税人交来申报表时,代扣代缴申报表和支票要与提交上来的数据相匹配,然后进行各种数据检查。当然,某些申报表更复杂,因此处理申报表的时间是围绕着一个平均数波动的。

一些计量专家一直都监测着某一批特殊申报表的处理过程,他们一直都在寻找提高效率的途径。

假设 4 月 15 日收到 3 000 000 份申报表。4 月 22 日,所有辅助资料(穿孔卡、检查支票折等)都已附在申报表上,但 40% 的申报表仍然需要作最后的检查,其他申报表完全检查完毕。

要求:

1. 假设最后检查的时间在整个检查过程中占 20%,按约当产量法计算已完成的工作量。

2. 耗用的资料和辅助资料为 600 000 美元,为了便于计算,资料和辅助资料可作为直接材料,加工成本为 4 830 000 美元。计算资料、辅助资料和加工成本的单位成本。

3. 计算还未完全处理的纳税申报表的成本。

14-46 两种原材料

以下是 4 月份 Penusylvania 调配车间的有关数据:

	数量
3 月 31 日在产品	0
本期投产量	60 000
完工并转到成品车间的产成品	40 000
成本	
原材料	
塑料混合物	$300 000
软性混合物	$80 000
加工成本	$192 000

塑料混合物在生产开始时投入,而软性混合物在产品的完工程度达到 80% 时投入。加

工成本在生产过程中均匀地投入。

期末在产品的加工成本的完工程度是40%。所有在产品的完工程度都未达到80%。

要求：
1. 计算4月份的约当产量和单位成本。
2. 计算完工并转到成品车间的产成品的总成本。计算期末在产品的成本。

14-47 原材料和纸盒

Manchester公司生产和销售小型轻便磁带录音机，其业务正在蓬勃发展。装配车间在各个阶段都投入了多种原材料。成本是以分步成本法为基础计量的。最后的步骤是对产品做最后的检查并装入纸盒。

最后的检查时间占总生产过程的5%。除了纸盒，所有原材料都是在加工成本的完工程度达到80%时投入的。

没有期初存货。20×7年生产投入150 000台。年末不是旺季，5 000台录音机处于各种完工阶段。所有在产品的完工程度为95%，它们在等待作最后的检查并装入纸盒内。

除了纸盒，生产中耗用的直接材料成本为2 250 000英镑。使用的纸盒成本为319 000英镑。加工成本总共为1 198 000英镑。

要求：
1. 编制实物数量、约当产量、直接材料和纸盒的单位成本及加工成本计算表。
2. 编制产成品和期末在产品成本的汇总表。

14-48 反冲成本法

Adirondak Meter公司生产一系列的计量设备。其中一种产品是徒步旅行者和登山爱好者用的测高仪。Adirondak采用带有自动化、计算机控制和机械生产系统的适时生产制。收到订单且原材料和零件准时到达后，公司就安排生产。测高仪的生产周期不到一天，产成品的打包和运送是生产周期的一部分。

Adirondak的反冲成本法制度为测高仪的生产设了三个账户：原材料和零件存货、加工成本、产成品存货。4月初（正如每月的期初），所有账户余额均为0。以下是4月生产和交易的情况。

原材料和零件的采购	$287 000
发生的加工成本	$92 000
产成品	11 500件

单位预算成本（标准成本）为：材料和零件24美元，加工成本8美元。

要求：
1. 写出4月份生产的汇总日记账分录。
2. 计算4月份的销货成本。解释你的假设。
3. 假设4月实际发生的加工成本为95 000美元而不是92 000美元，其他条件不变，编制4月底所需的额外一笔分录，解释为什么这笔分录是必要的。

合作练习

14-49 分批成本法和分步成本法

将 6 个学生平分为两组。在下列情境中，要确定产品或者服务的成本更倾向于使用分批成本法还是分步成本法。并解释你为什么这么认为。

a. 通用磨房公司生产麦圈；
b. Prudential 公司的人身保险费用
c. Ethan Allen 公司生产一个沙发
d. Kiewit Construction 公司建造桥梁
e. Chevron 公司生产汽油
f. Kinko 公司生产 200 份 140 页的课程包
g. Todd Shipyards 生产一艘豪华渡船

互联网练习　www.prenhall.com/horngren

14-50 在一系列公司中运用分步成本核算法

分步成本核算法是通过衡量总生产成本并将它们平均到一段时间内（通常为一个月）产生的总产品上去的一种成本核算方法。得出的平均成本再被用于决定存货成本和销售成本。让我们来看一些公司，看一下它们有没有可能使用分步成本核算法。

1. 点击 Lands' End 公司的主页 www.landsend.com。点击页面底部的"关于我们"的按钮。判断 Lands' End 属于什么类型的公司？它的主要业务是什么？你认为该公司可能使用分布成本核算法吗？为什么？

2. 点击 La-Z-Boy 公司的主页 www.lazboy.com。点击"关于 La-Z-Boy"的按钮。La-Z-Boy 属于什么类型的公司？它的主要业务是什么？你认为该公司可能使用分布成本核算法吗？为什么？

3. 点击 Tasty Baking 公司的主页 www.tastykake.com。Tasty Baking 公司属于什么类型的公司？它的主要业务是什么？你认为该公司可能使用分布成本核算法吗？为什么？

4. 浏览 Tasty Baking 公司最近的年报。你发现了哪些存货账户？你从哪里发现了有关存货的信息？从这些信息中，你能分辨出 Tasty Baking 公司是使用了何种类型的成本核算系统吗？说明你的理由。

附录 A

表 1 现值系数表

Period	3%	4%	5%	6%	7%	8%	10%	12%	14%	16%	18%	20%	22%	24%	25%	26%	28%	30%	40%
1	.9709	.9615	.9524	.9434	.9346	.9259	.9091	.8929	.8772	.8621	.8475	.8333	.8197	.8065	.8000	.7937	.7813	.7692	.7143
2	.9426	.9246	.9070	.8900	.8734	.8573	.8264	.7972	.7695	.7432	.7182	.6944	.6719	.6504	.6400	.6299	.6104	.5917	.5102
3	.9151	.8890	.8638	.8396	.8163	.7938	.7513	.7118	.6750	.6407	.6086	.5787	.5507	.5245	.5120	.4999	.4768	.4552	.3644
4	.8885	.8548	.8227	.7921	.7629	.7350	.6830	.6355	.5921	.5523	.5158	.4823	.4514	.4230	.4096	.3968	.3725	.3501	.2603
5	.8626	.8219	.7835	.7473	.7130	.6806	.6209	.5674	.5194	.4761	.4371	.4019	.3700	.3411	.3277	.3149	.2910	.2693	.1859
6	.8375	.7903	.7462	.7050	.6663	.6302	.5645	.5066	.4556	.4104	.3704	.3349	.3033	.2751	.2621	.2499	.2274	.2072	.1328
7	.8131	.7599	.7107	.6651	.6227	.5835	.5132	.4523	.3996	.3538	.3139	.2791	.2486	.2218	.2097	.1983	.1776	.1594	.0949
8	.7894	.7307	.6768	.6274	.5820	.5403	.4665	.4039	.3506	.3050	.2660	.2326	.2038	.1789	.1678	.1574	.1388	.1226	.0678
9	.7664	.7026	.6446	.5919	.5439	.5002	.4241	.3606	.3075	.2630	.2255	.1938	.1670	.1443	.1342	.1249	.1084	.0943	.0484
10	.7441	.6756	.6139	.5584	.5083	.4632	.3855	.3220	.2697	.2267	.1911	.1615	.1369	.1164	.1074	.0992	.0847	.0725	.0346
11	.7224	.6496	.5847	.5268	.4751	.4289	.3505	.2875	.2366	.1954	.1619	.1346	.1122	.0938	.0859	.0787	.0662	.0558	.0247
12	.7014	.6246	.5568	.4970	.4440	.3971	.3186	.2567	.2076	.1685	.1372	.1122	.0920	.0757	.0687	.0625	.0517	.0429	.0176
13	.6810	.6006	.5303	.4688	.4150	.3677	.2897	.2292	.1821	.1452	.1163	.0935	.0754	.0610	.0550	.0496	.0404	.0330	.0126
14	.6611	.5775	.5051	.4423	.3878	.3405	.2633	.2046	.1597	.1252	.0985	.0779	.0618	.0492	.0440	.0393	.0316	.0254	.0090
15	.6419	.5553	.4810	.4173	.3624	.3152	.2394	.1827	.1401	.1079	.0835	.0649	.0507	.0397	.0352	.0312	.0247	.0195	.0064
16	.6232	.5339	.4581	.3936	.3387	.2919	.2176	.1631	.1229	.0930	.0708	.0541	.0415	.0320	.0281	.0248	.0193	.0150	.0046
17	.6050	.5134	.4363	.3714	.3166	.2703	.1978	.1456	.1078	.0802	.0600	.0451	.0340	.0258	.0225	.0197	.0150	.0116	.0033
18	.5874	.4936	.4155	.3503	.2959	.2502	.1799	.1300	.0946	.0691	.0508	.0376	.0279	.0208	.0180	.0156	.0118	.0089	.0023
19	.5703	.4746	.3957	.3305	.2765	.2317	.1635	.1161	.0829	.0596	.0431	.0313	.0229	.0168	.0144	.0124	.0092	.0068	.0017
20	.5537	.4564	.3769	.3118	.2584	.2145	.1486	.1037	.0728	.0514	.0365	.0261	.0187	.0135	.0115	.0098	.0072	.0053	.0012
21	.5375	.4388	.3589	.2942	.2415	.1987	.1351	.0926	.0638	.0443	.0309	.0217	.0154	.0109	.0092	.0078	.0056	.0040	.0009
22	.5219	.4220	.3418	.2775	.2257	.1839	.1228	.0826	.0560	.0382	.0262	.0181	.0126	.0088	.0074	.0062	.0044	.0031	.0006
23	.5067	.4057	.3256	.2618	.2109	.1703	.1117	.0738	.0491	.0329	.0222	.0151	.0103	.0071	.0059	.0049	.0034	.0024	.0004
24	.4919	.3901	.3101	.2470	.1971	.1577	.1015	.0659	.0431	.0284	.0188	.0126	.0085	.0057	.0047	.0039	.0027	.0018	.0003
25	.4776	.3751	.2953	.2330	.1842	.1460	.0923	.0588	.0378	.0245	.0160	.0105	.0069	.0046	.0038	.0031	.0021	.0014	.0002
26	.4637	.3607	.2812	.2198	.1722	.1352	.0839	.0525	.0331	.0211	.0135	.0087	.0057	.0037	.0030	.0025	.0016	.0011	.0002
27	.4502	.3468	.2678	.2074	.1609	.1252	.0763	.0469	.0291	.0182	.0115	.0073	.0047	.0030	.0024	.0019	.0013	.0008	.0001
28	.4371	.3335	.2551	.1956	.1504	.1159	.0693	.0419	.0255	.0157	.0097	.0061	.0038	.0024	.0019	.0015	.0010	.0006	.0001
29	.4243	.3207	.2429	.1846	.1406	.1073	.0630	.0374	.0224	.0135	.0082	.0051	.0031	.0020	.0015	.0012	.0008	.0005	.0001
30	.4120	.3083	.2314	.1741	.1314	.0994	.0573	.0334	.0196	.0116	.0070	.0042	.0026	.0016	.0012	.0010	.0006	.0004	.0000
40	.3066	.2083	.1420	.0972	.0668	.0460	.0221	.0107	.0053	.0026	.0013	.0007	.0004	.0002	.0001	.0001	.0001	.0000	.0000

表 2　年金现值系数表

Period	3%	4%	5%	6%	7%	8%	10%	12%	14%	16%	18%	20%	22%	24%	25%	26%	28%	30%	40%
1	.9709	.9615	.9524	.9434	.9346	.9259	.9091	.8929	.8772	.8621	.8475	.8333	.8197	.8065	.8000	.7937	.7813	.7692	.7143
2	1.9135	1.8861	1.8594	1.8334	1.8080	1.7833	1.7355	1.6901	1.6467	1.6052	1.5656	1.5278	1.4915	1.4568	1.4400	1.4235	1.3916	1.3609	1.2245
3	2.8286	2.7751	2.7232	2.6730	2.6243	2.5771	2.4869	2.4018	2.3216	2.2459	2.1743	2.1065	2.0422	1.9813	1.9520	1.9234	1.8684	1.8161	1.5889
4	3.7171	3.6299	3.5460	3.4651	3.3872	3.3121	3.1699	3.0373	2.9137	2.7982	2.6901	2.5887	2.4936	2.4043	2.3616	2.3202	2.2410	2.1662	1.8492
5	4.5797	4.4518	4.3295	4.2124	4.1002	3.9927	3.7908	3.6048	3.4331	3.2743	3.1272	2.9906	2.8636	2.7454	2.6893	2.6351	2.5320	2.4356	2.0352
6	5.4172	5.2421	5.0757	4.9173	4.7665	4.6229	4.3553	4.1114	3.8887	3.6847	3.4976	3.3255	3.1669	3.0205	2.9514	2.8850	2.7594	2.6427	2.1680
7	6.2303	6.0021	5.7864	5.5824	5.3893	5.2064	4.8684	4.5638	4.2883	4.0386	3.8115	3.6046	3.4155	3.2423	3.1611	3.0833	2.9370	2.8021	2.2628
8	7.0197	6.7327	6.4632	6.2098	5.9713	5.7466	5.3349	4.9676	4.6389	4.3436	4.0776	3.8372	3.6193	3.4212	3.3289	3.2407	3.0758	2.9247	2.3306
9	7.7861	7.4353	7.1078	6.8017	6.5152	6.2469	5.7590	5.3282	4.9464	4.6065	4.3030	4.0310	3.7863	3.5655	3.4631	3.3657	3.1842	3.0190	2.3790
10	8.5302	8.1109	7.7217	7.3601	7.0236	6.7101	6.1446	5.6502	5.2161	4.8332	4.4941	4.1925	3.9232	3.6819	3.5705	3.4648	3.2689	3.0915	2.4136
11	9.2526	8.7605	8.3064	7.8869	7.4987	7.1390	6.4951	5.9377	5.4527	5.0286	4.6560	4.3271	4.0354	3.7757	3.6564	3.5435	3.3351	3.1473	2.4383
12	9.9540	9.3851	8.8633	8.3838	7.9427	7.5361	6.8137	6.1944	5.6603	5.1971	4.7932	4.4392	4.1274	3.8514	3.7251	3.6059	3.3868	3.1903	2.4559
13	10.6350	9.9856	9.3936	8.8527	8.3577	7.9038	7.1034	6.4235	5.8424	5.3423	4.9095	4.5327	4.2028	3.9124	3.7801	3.6555	3.4272	3.2233	2.4685
14	11.2961	10.5631	9.8986	9.2950	8.7455	8.2442	7.3667	6.6282	6.0021	5.4675	5.0081	4.6106	4.2646	3.9616	3.8241	3.6949	3.4587	3.2487	2.4775
15	11.9379	11.1184	10.3797	9.7122	9.1079	8.5595	7.6061	6.8109	6.1422	5.5755	5.0916	4.6755	4.3152	4.0013	3.8593	3.7261	3.4834	3.2682	2.4839
16	12.5611	11.6523	10.8378	10.1059	9.4466	8.8514	7.8237	6.9740	6.2651	5.6685	5.1624	4.7296	4.3567	4.0333	3.8874	3.7509	3.5026	3.2832	2.4885
17	13.1661	12.1657	11.2741	10.4773	9.7632	9.1216	8.0216	7.1196	6.3729	5.7487	5.2223	4.7746	4.3908	4.0591	3.9099	3.7705	3.5177	3.2948	2.4918
18	13.7535	12.6593	11.6896	10.8276	10.0591	9.3719	8.2014	7.2497	6.4674	5.8178	5.2732	4.8122	4.4187	4.0799	3.9279	3.7861	3.5294	3.3037	2.4941
19	14.3238	13.1339	12.0853	11.1581	10.3356	9.6036	8.3649	7.3658	6.5504	5.8775	5.3162	4.8435	4.4415	4.0967	3.9424	3.7985	3.5386	3.3105	2.4958
20	14.8775	13.5903	12.4622	11.4699	10.5940	9.8181	8.5136	7.4694	6.6231	5.9288	5.3527	4.8696	4.4603	4.1103	3.9539	3.8083	3.5458	3.3158	2.4970
21	15.4150	14.0292	12.8212	11.7641	10.8355	10.0168	8.6487	7.5620	6.6870	5.9731	5.3837	4.8913	4.4756	4.1212	3.9631	3.8161	3.5514	3.3198	2.4979
22	15.9369	14.4511	13.1630	12.0416	11.0612	10.2007	8.7715	7.6446	6.7429	6.0113	5.4099	4.9094	4.4882	4.1300	3.9705	3.8223	3.5558	3.3230	2.4985
23	16.4436	14.8568	13.4886	12.3034	11.2722	10.3711	8.8832	7.7184	6.7921	6.0442	5.4321	4.9245	4.4985	4.1371	3.9764	3.8273	3.5592	3.3254	2.4989
24	16.9355	15.2470	13.7986	12.5504	11.4693	10.5288	8.9847	7.7843	6.8351	6.0726	5.4509	4.9371	4.5070	4.1428	3.9811	3.8312	3.5619	3.3272	2.4992
25	17.4131	15.6221	14.0939	12.7834	11.6536	10.6748	9.0770	7.8431	6.8729	6.0971	5.4669	4.9476	4.5139	4.1474	3.9849	3.8342	3.5640	3.3286	2.4994
26	17.8768	15.9828	14.3752	13.0032	11.8258	10.8100	9.1609	7.8957	6.9061	6.1182	5.4804	4.9563	4.5196	4.1511	3.9879	3.8367	3.5656	3.3297	2.4996
27	18.3270	16.3296	14.6430	13.2105	11.9867	10.9352	9.2372	7.9426	6.9352	6.1364	5.4919	4.9636	4.5243	4.1542	3.9903	3.8387	3.5669	3.3305	2.4997
28	18.7641	16.6631	14.8981	13.4062	12.1371	11.0511	9.3066	7.9844	6.9607	6.1520	5.5016	4.9697	4.5281	4.1566	3.9923	3.8402	3.5679	3.3312	2.4998
29	19.1885	16.9837	15.1411	13.5907	12.2777	11.1584	9.3696	8.0218	6.9830	6.1656	5.5098	4.9747	4.5312	4.1585	3.9938	3.8414	3.5687	3.3317	2.4999
30	19.6004	17.2920	15.3725	13.7648	12.4090	11.2578	9.4269	8.0552	7.0027	6.1772	5.5168	4.9789	4.5338	4.1601	3.9950	3.8424	3.5693	3.3321	2.4999
40	23.1148	19.7928	17.1591	15.0463	13.3317	11.9246	9.7791	8.2438	7.1050	6.2335	5.5482	4.9966	4.5439	4.1659	3.9995	3.8458	3.5712	3.3332	2.5000